王鹤鸣 王洪治 等 著

中国少数民族家谱通论

2011年上海市哲学社会科学规划重大项目
"中国少数民族家谱整理与研究"（2011DLS002）
"十三五"国家重点图书出版规划项目
2017年度国家出版基金资助项目

作者简介

王鹤鸣 上海图书馆原党委书记兼历史文献研究所所长、研究员。1967年复旦大学历史系研究生毕业,1992年起享受国务院特殊津贴。近二十年来,主编《中国谱牒研究》、《中华谱牒研究》、《上海图书馆馆藏家谱提要》、《中国家谱总目》、《中国家谱资料选编·图录卷》等多部专集,著有《解冻家谱文化》、《中国家谱通论》、《中国家谱史图志》、《中国祠堂通论》、《中国寺庙通论》等多部专著,发表数十篇谱牒论文。荣获多项省部级以上奖项,其中国家级奖项两项。

吉林九台满族石文继家悬挂的结绳家谱"子孙绳"（2016年9月）

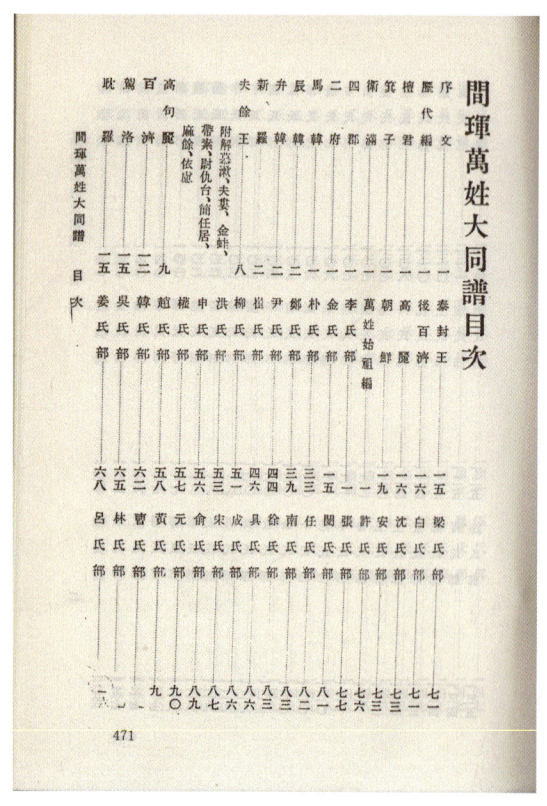

《间珲万姓大同谱》目次，该谱为简介入迁中国东北地区的532户朝鲜族家庭谱系的大同谱

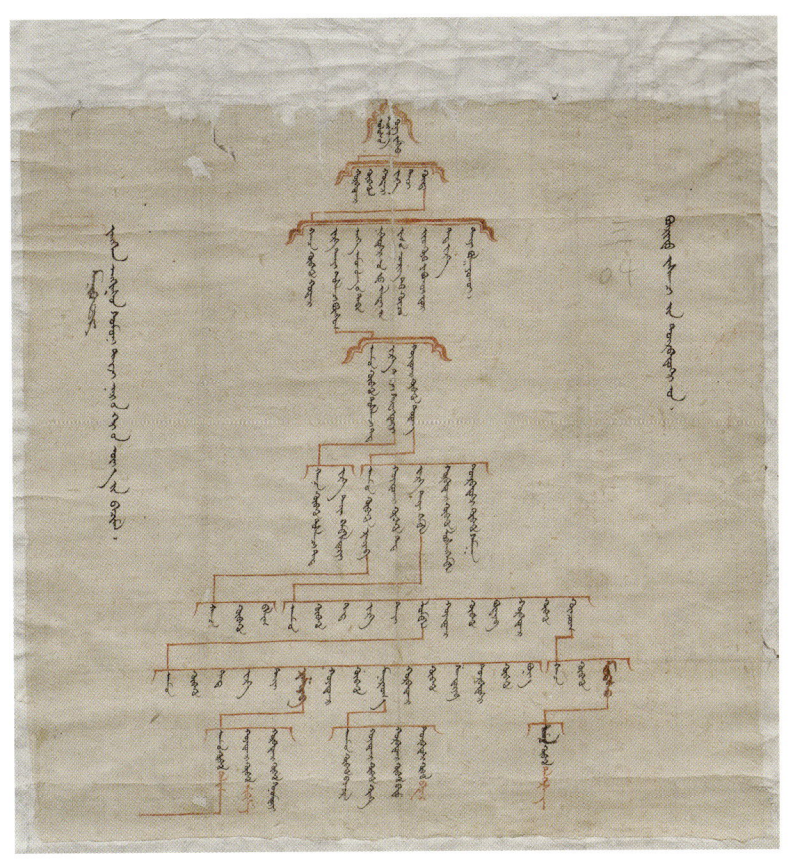

蒙古族《伊克昭盟鄂尔多斯左翼前旗巴图蒙克达延汗三子巴尔斯博罗特始十九代家谱》中的首幅谱单,揭示了始祖等祖先的名字

达斡尔族布特哈莫日登哈拉族人参加修谱大会,在20余米长的谱单上稽谱寻根

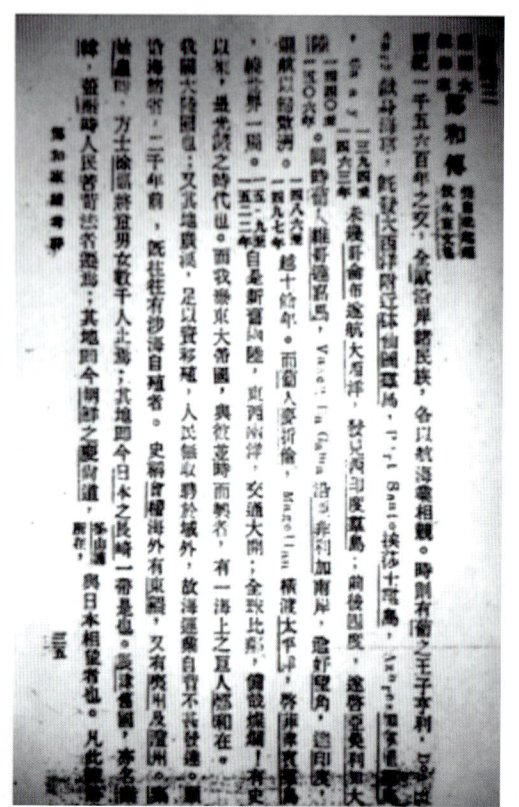

《郑和家谱考释》刊载《郑和传》，郑和是回族人，因有"功于郑州"，明成祖朱棣赐姓"郑"

新疆维吾尔自治区图书馆艾尔肯书记将自家的维吾尔语家谱《穆罕默德·尼牙孜家史》赠送给上海图书馆王鹤鸣(2013年9月)

新疆阿勒泰市古籍整理办公室赠送上海图书馆的哈萨克族《阿巴克克列依——伊铁力家谱》封面

上海图书馆王洪治（左）采访锡伯族吉连老人，了解民族西迁历史（2004年9月）

兴起新修家谱习俗的裕固族家庭

四川黑水县藏族白金特家门楣上首悬挂38块"猪下颌骨",表明白金特是家族第38代传人,"猪下颌骨"是一种特殊的实物家谱

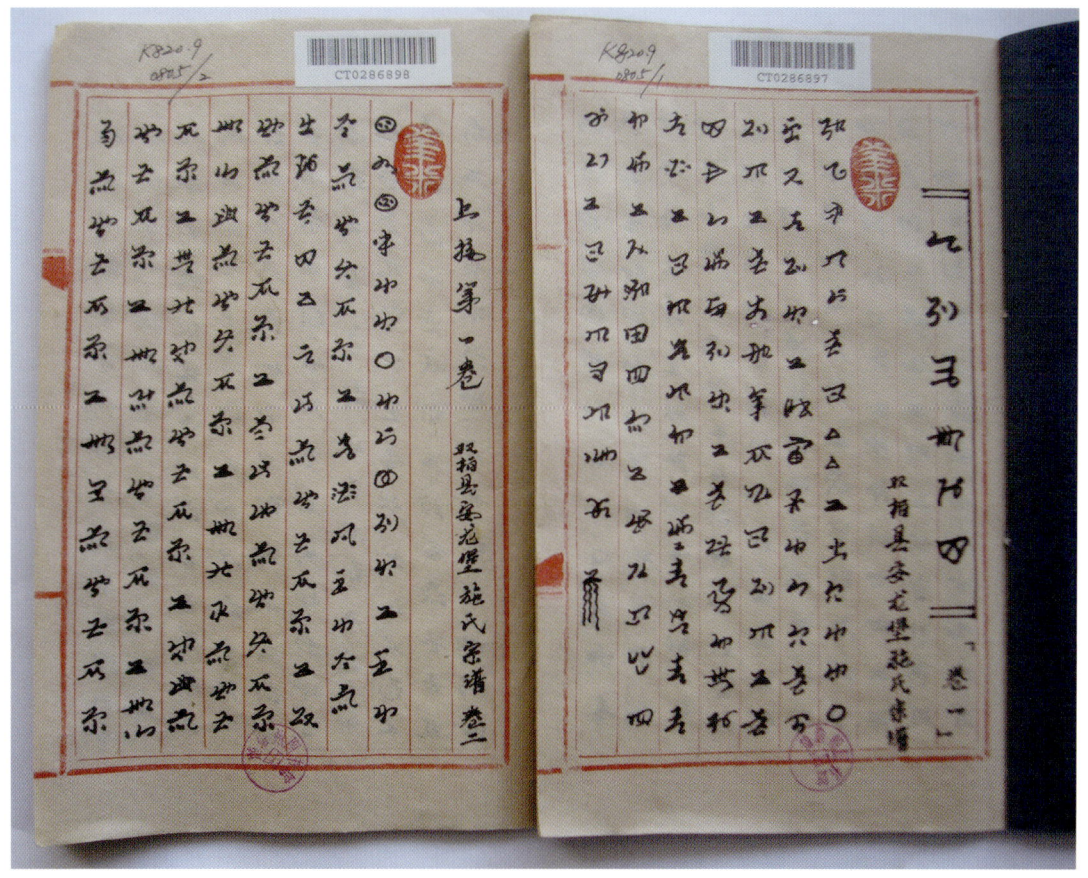

云南楚雄彝族施氏家谱

云南大理白族太和段氏家谱

2015年4月,上海图书馆王鹤鸣、周秋芳在四川都江堰市采访羌族《汶阳郭氏族谱》主编郭勇基先生(左)

哈尼族众男子围坐在丰盛的宴席边,倾听歌手"摩批"吟唱家族谱系

湖北恩施刘映汉先生主编的土家族《刘氏族谱》

佤族非遗文化传承人岩聪与子女一起背诵口传家谱（2017年4月）

坐落在沱江边的苗族田氏祠堂，为道光十七年（1837）时任钦差大臣、贵州提督苗族人田兴恕率族人捐资兴建

居住在云南宁蒗县永宁乡泸沽湖的纳西摩梭人实行"走婚制"(学名"阿夏婚")，号称"女儿国"，至今保留了母系口传家谱的习俗，这是泛舟在泸沽湖的摩梭人

布依族家谱十分重视传统伦理文化的传承。云南省多依河景点卖茶油蛋的布衣族祖孙,这里的儿童放学后都要帮家里干活

广西凌云县五指山崖刻壮族碑谱《泗城岑氏族谱》局部(2006年11月)

侗族村庄都有鼓楼,它是侗族族人议事和休闲娱乐的场所

广西龙胜县的瑶族长发村,保持了瑶族家谱文化习俗的传承

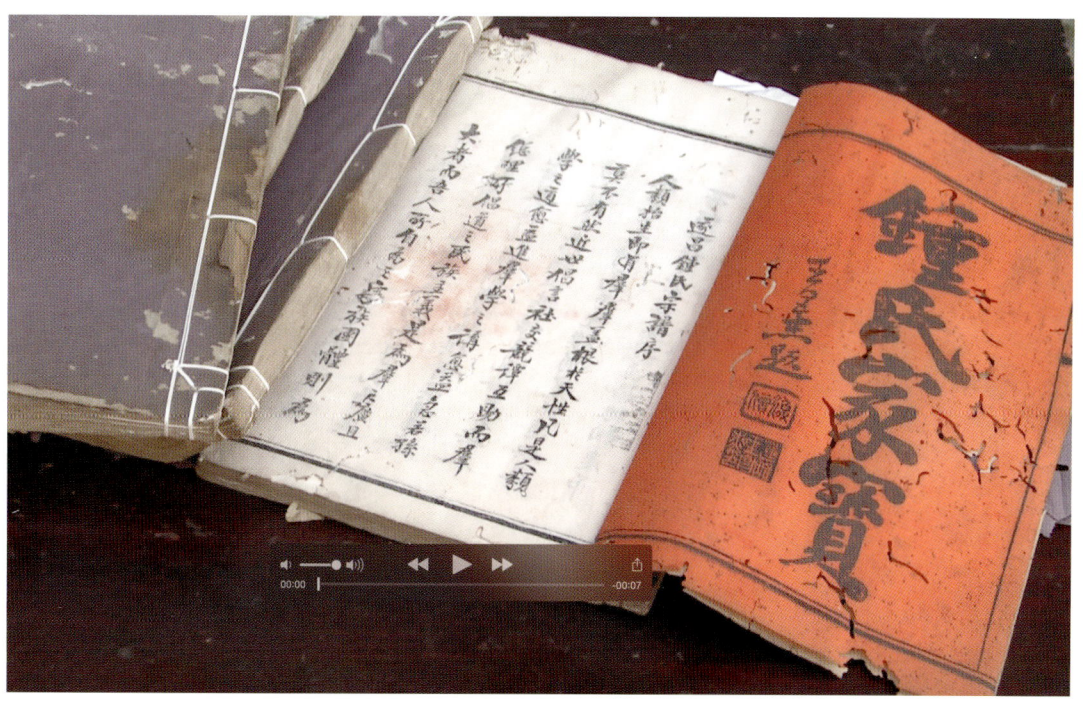

畲族《钟氏宗谱》

台湾日月潭风光优美，高山族中保持口传家谱文化习俗的邵族村社居民就住在湖畔

前　言

王鹤鸣

家谱,又称宗谱、族谱等,是记述血缘集团世系、人物和事迹的载体,包括口传家谱、实物家谱、文字家谱等类别。家谱蕴藏着大量有关历史学、民族学、社会学、人口学、民俗学、经济史、人物传记、族规家法、宗教制度以及地方史等方面的丰富资料,不仅有重要的史料价值,而且是海内外华人寻根问祖的主要依凭。

国家编正史、地方纂方志、家族修家谱,构成中华民族历史大厦三大支柱,是中华民族绵延五千年而不衰的重要文化基因,历时数千年的民间持续编修家谱活动,是中华民族特有的历史文化习俗。

在中华民族历史文化发展长河中,由55个少数民族创造的少数民族家谱,数量可观,类别多样,内容丰富,是中华民族家谱文化不可或缺的重要组成部分。它与汉族家谱一样,都是中华民族优秀传统文化中的瑰宝。

然而长期以来,由于各种原因,学界对少数民族家谱的整理和研究,已明显落后于其他方面的少数民族历史文化研究。时至今日,既没有一部反映整个少数民族家谱资源的目录,更没有一部完整、系统研究少数民族家谱的学术专著,甚至学界对少数民族家谱的资料现存整体状况也未进行深入系统的调研,了解甚少。

为了搜集、整理和开发少数民族家谱资源,本人于2011年9月申报的《中国少数民族家谱整理与研究》被列为上海市哲学社会科学规划重大项目(批准号2011DLS002),最终成果有二:一是工具书《中国少数民族家谱目录》,二是专著《中国少数民族家谱通论》。《中国少数民族家谱目录》由上海图书馆陈建华先生主持编撰,陈先生并将该目录申报为国家社科基金项目;《中国少数民族家谱通论》则由本人组织力量撰写。

如果说,《中国少数民族家谱目录》是2009年出版的《中国家谱总目》(本人任主编,陈建华任副主编)的逻辑发展,则《中国少数民族家谱通论》是2010年出版的本人专著《中国家谱通论》的自然延伸。

《中国家谱通论》主要依据数量众多的汉族书本家谱资料来进行撰写,《中国少数民族家谱通论》则是一部揭示中国少数民族家谱发展沿革、带有少数民族家谱特色的学术专著,撰写起来有一定难度。一是少数民族尽管有一定数量的文字家谱,但存世的少数民族家谱大多是原始的、不成熟的家谱,如口传家谱、实物家谱、谱单等。二是少数民族家谱固然有一定数量收藏在各级图书馆等文化单位,但有不少家谱如谱单等,仍是保存在各少数民族群众的家里,不少是少数民族居住的偏僻山寨里。三是少数民族家谱虽有不少是用汉文书写的,但仍有很多家谱是用少数民族文字如满文、蒙古文、彝文、哈萨克文、纳西文、傣文、维吾尔文等文字书写的。四是近几十年,学界已开始关注少数民族家谱,据统计,论文已涉及十多个少数民族的家谱,但有些少数民族如高山族、维吾尔族等,尽管存世有一定数量的文字家谱,但学界尚无专题论述这些民族家谱的论文。论述整个少数民族家谱的专著,仅有一本王华北著《中国少数民族家谱研究》,2013年新华出版社出版,18万字,作者主要依据书本家谱介绍了8个少数民族的家谱。等等。

为了撰写《中国少数民族家谱通论》,我们采取大协作的方式来共同完成这项艰难的科研任务。考虑到云南是少数民族最多的地区,而满族家谱是少数民族家谱中数量较多、发展较为成熟的家谱,于是我们邀请云南省图书馆和吉林师范大学满族研究所作为我们的合作伙伴。根据少数民族家谱主要收藏在各边境地区的特点,我们上海图书馆课题组成员分工先后到达吉林、辽宁、内蒙、甘肃、青海、新疆、西藏、四川、云南、贵州、湖南、福建、山东、浙江、台湾等地区,搜集少数民族家谱资料,与有关单位协商,聘请有关专家、学者和家谱收藏者,包括少数民族的学者、专家和家谱收藏者来承担有关的课题撰写任务。

历时五年,终于将《中国少数民族家谱通论》结项并交出版社出版。

论著《中国少数民族家谱通论》,由"专论"和"分论"两部分组成。

"专论"从宏观上分为三部分:一是论述了中国少数民族家谱的种类,按其发展成熟程度,大致可归为口传家谱、实物家谱和文字家谱三个类别;二是论述了少数民族家谱具有历史悠久、类别多样、区域分布等诸多特色,与汉族家谱比较,就内容而言,既受汉族家谱文化影响,又打上本民族文化印记,是其最突出的特点;三是列举大量史实,阐述了少数民族家谱为多元一体中华民族的形成提供珍贵的第一手资料。

"分论"按东北内蒙、西北、西南、中南东南四个地区分别对满族、朝鲜族、蒙古族、达斡尔族、回族、维吾尔族、哈萨克族、锡伯族、裕固族、藏族、彝族、白族、羌族、哈尼族、佤族、苗族、土家族、纳西族(摩梭人)、布衣族、壮族、侗族、瑶族、畲族、高山族等24个少数民族家谱一一作了论述。

将《中国少数民族家谱通论》置于当今中国家谱研究领域、特别是中国少数民族家谱研究领域,则本书所具开创性的特点便清晰地呈现出来。

第一,深入挖掘少数民族家谱最新的资料,撰写富有新意的专题家谱论文。

本书作者,或是多年从事少数民族家谱研究的学者,或是多年在图书馆等文化单位从事家谱整理与研究的专家,或是少数民族事务管理机构的领导,或者本人就是某部少数民族家谱的主修人员,其中既有汉族的研究人员,又有少数民族的研究人员十余位。他们根据课题要求,努力深入挖掘有关书本资料,特别是深入到收藏少数民族家谱的有关图书文化研究单位,乃至少数民族居住的山寨村落,搜集调研第一手的家谱资料,从而写出了富有新意、各具特色的家谱论文。如吉林师大满族研究所所长许淑杰教授,为了撰写满族家谱论文,于2012年春节,赴离长春市60公里远的被誉为"中国萨满文化的活化石"的胡家乡小韩村,参加了石氏宗族亮谱、上谱和续谱的祭祀活动,从而完成了《丰富多彩的满族家谱》一文,将满族生动形象的续谱祭祀活动的场面展现在读者面前。又如中央民族大学钟进文(裕固族)教授的《裕固族民俗中的兴建家谱现象探析》一文,也是作者多次到甘肃肃南裕固族自治县明花乡进行调研后才撰写的。张杰《神秘的藏寨 原始的谱系——四川黑水县色尔古藏寨藏族"猪下颌骨"家谱简介》一文,介绍了四川黑水县色尔古藏寨藏族创造了在门楣悬挂"猪下颌骨"的方式来表达尊崇祖先、世系传承的文化习俗,这种独特的"猪下颌骨"家谱,为中国原始实物家谱类型增添了新的品种,这是作者多年在色尔古藏寨调研的科研成果。顾燕《高山族家谱初探》一文,则是作者于2014年赴台湾搜集资料后撰写的论文。可以说,本书所收论文,均是作者以最新调研资料而形成的成果,几乎每篇论文都有自己的亮点,其中高山族、维吾尔族、裕固族等更是学术界首次发表的该族家谱的专题论文。因此,本书的面世,反映了中国少数民族家谱研究领域当今达到的最新水平。

第二,以少数民族分布四大板块新的视角,揭示少数民族家谱分布的区域特色。

本书"分论"按东北内蒙、西北、西南、中南东南四个地区,以相应的论文,论述了各地区的少数民族家谱,受历史、地理、文化等诸多因素的影响,中国少数民族家谱分布呈现了明显的区域性特色:东北内蒙地区的蒙古族、满族、朝鲜族等,受汉族文化影响较早、较深,因此其家谱不仅数量较多,类别多样,而且发展比较成熟;西北地区少数民族家谱用民族自己的文字如哈萨克文、锡伯文、维吾尔文等书写,家谱有一定的数量;西南地区地理环境比较恶劣,生活在这个地区的众多少数民族,有着强烈的氏族观念与家族观念,本地区都流传和遗存有心授口传家谱的文化习俗,其中哈尼族、彝族口传家谱数量最多;中南东南地区少数民族成分相互交错突出,不少家谱揭示本族族源时,时苗时侗时瑶时土时畲,或与汉族交错,为我们提供了中华各民族相互融合过程的重要资料。

第三,以构成中华民族命运共同体新的高度,论述了中国少数民族家谱所具有的重要历史文化价值。

习近平总书记在2015年指出:"我国是统一的多民族国家,各民族多元一体,是老祖宗留给我们的一笔重要财富,也是我们国家的重要优势。""我国56个民族都是中华民族大家庭的平等一员,共同构成了你中有我、我中有你、谁也离不开谁的中华民族命运共同体。"本书"专论"一章中,列举了蒙古族、锡伯族、纳西族、土家族、苗族、侗族、瑶族、朝鲜族、回族等家谱的大量史实,说明中国的各族人民之间经历了很长很长时间的经济文化交流,不是几年、几十年,而是千百年。这样长久的相互交流,已经结成你中有我、我中有你、难分难解的特殊关系。中国少数民族家谱,作为记载各少数民族家族世系、人物和事迹的历史图籍,无论是大多数在中国境内发展形成的少数民族的家谱,还是少数由境外迁来中国发展形成的少数民族的家谱,都为"各民族在分布上的交错杂居、文化上的兼收并蓄、经济上的相互依存、情感上的相互亲近,形成了你中有我、我中有你、谁也离不开谁的多元一体格局"提供了最生动、最原始的第一手资料。放眼世界,这种现象,即使不说是独特的,至少也是罕见的。

第四,以少数民族原始形态的家谱为调研采访重点,昭示了中国少数民族家谱研究领域的最新动态和发展方向。

少数民族家谱不仅数量可观,内容丰富,而且类别多样。有别于汉族,尤其珍贵的是,少数民族保存了许多原始形态的家谱资源,如口传家谱、实物家谱和初始的文字家谱谱单等。少数民族原始形态的家谱历史悠久,是中华民族家谱文化的重要组成部分。但少数民族这些原生态的家谱当今却面临失传消亡的危险。近几十年来,世袭传承口传家谱的祭司越来越少,实物家谱和谱单大多深藏在少数民族居住的崇山峻岭中,山寨村落中保留实物家谱和谱单的一些老人,越来越为老祖宗留下来的这些传家宝即将失传而万分忧虑。上海图书馆少数民族家谱整理和研究课题组成员,为抢救、保护好这些濒临失传的不可多得的珍稀家谱,在前期研究工作的基础上,于2015年4月、2016年9月与11月、2017年4月,先后数次赴东北内蒙、云南和浙江等地,采访蒙古族、满族、朝鲜族、彝族、白族、纳西族、傣族、佤族、哈尼族、畲族等有关口传家谱、实物家谱和谱单的内容,以生动形象、原汁原味的采访文字和拍摄图片充实本书内容。目前,此项研究刚刚开始,但充实到本书的有关原始形态家谱的文字图片,则使本著作从宏观上昭示了中国少数民族家谱研究领域的最新动态和发展方向。

《中国少数民族家谱通论》虽是一部论文专著,但结构完整,资料扎实,论述清晰,图文并茂,且具一定规模,是中国家谱文献领域第一部全面论述中国少数民族家谱的学术论著。本书的问世,填补了中国少数民族家谱研究的空白。

本书的面世,对丰富少数民族历史文献宝库、完善中国家谱学理论、促进中国特色民族理论研究的发展、推动中华民族大家庭的融合等,均有着重要的意义。

在中国历史上,受汉族编修家谱的影响,少数民族如蒙、满、朝鲜、达斡尔、回、哈萨克、维吾尔、锡伯、苗、彝、哈尼、白、土家、布衣、佤、纳西、壮、土族、畲、高山族等也纷纷编修家谱。其中满族、哈尼族、彝族编修的家谱种数均在千种以上。少数民族家谱不仅有一定的数量,而且种类多样。如中国最原始形态的口传家谱,就是20世纪50年代在西南对佤、彝、哈尼、怒等少数民族进行历史文化调研时发现的,而在东北对鄂伦春族、锡伯族调研时,则发现了最原始的结绳家谱的遗迹。这些都是十分珍贵的历史文献,本课题将数量众多的少数民族家谱进行深入挖掘、整体开发,这就大大丰富、充实了少数民族历史文献宝库,为进一步开展少数民族理论研究提供了非常珍贵的资料。

中国少数民族家谱是整个中国家谱宝库的重要组成部分,本课题广泛搜集整理少数民族家谱,论述少数民族家谱的体例、内容和功能等,并与汉族家谱进行比较研究,从而探讨、总结少数民族家谱编修的特点、规律,这将更加完善中国家谱文献的宝库,丰富中国家谱的研究内容,对近三十年来在全国各地少数民族中自发出现的编修新家谱的活动,也具有参考指导意义。

少数民族家谱内涵丰富,举凡姓氏来源、家族迁徙、世系世传、人物传记、风俗礼仪、祠堂坟茔、族规家法、艺文杂志、字辈排行等,记载的都是本族人的事迹,内容涉及一个家族的方方面面,实是一个家族的百科全书,它保存了许多正史、方志和其他史书所未记载的重要史料。对数以千计的少数民族家谱进行整体开发,不仅能为研究少数民族的渊源、姓氏来源、家族迁徙、历史人物、婚姻制度、宗族制度、民族文化、民族交往,以及经济、政治、教育等诸多少数民族历史重要问题,乃至为整个中国历史研究(如中国移民史、中国疆域史等)提供其所特有的第一手资料,而且对于了解中国这一地域辽阔、历史悠久、民族众多、关系复杂、社会发展不平衡、生态环境差异极大的多民族、多元文化的国家是如何在历史发展中形成的,提供许多有价值的文献史料——这对进一步探讨中国特色社会主义民族理论的诸多问题,也有促进作用。

中国是统一的多民族国家,中华民族的历史也就是汉族与55个少数民族不断融合、发展的历程——少数民族家族受汉族文化影响并逐渐汉化,成为汉族群体的组成部分;很多汉族家族由于各种因素融合到了少数民族中,成为少数民族的一部分;各少数民族之间也相互融合。本书列举各少数民族家谱的大量史实,生动地揭示了中华各民族如何在历史上彼此接触、混杂和融合,终于形成今天这样一个"你中有我、我中有你"而又各具个性的多元统一体——这对促进建立平等、团结、互助、和谐的民族关系,促进中华民族大家庭的融合,也是有帮助的。

王洪治先生为上海图书馆副研究馆员,退休十余年来,先后五十余次深入少数民族地区采风,拍摄大量图片,编撰《56个民族　56张笑脸》等著作。本书图片,除部分由相关作者提供,其余均为王洪治先生拍摄提供。

本书的问世,得到了上海图书馆和云南省图书馆、吉林师大满族研究所以及有关单位的大力支持,得到了相关少数民族家谱研究人员的大力支持,承上海古籍出版社列入出版规划,并列为国家"十三五"规划重点出版图书,在此表示衷心的感谢!

本书历时五年,尽管课题组成员在搜集资料、撰写专题上作出了很大的努力,付出了辛勤的劳动,但肯定有诸多不妥之处,敬希读者指正。

王鹤鸣
2017年4月28日

目　　录

前言 ··· 王鹤鸣 1

专论：中国少数民族家谱的种类、特点和价值

一、少数民族家谱的种类 ·· 3
　　（一）口传家谱 ·· 4
　　（二）实物家谱 ··· 17
　　（三）文字家谱 ··· 23
二、少数民族家谱内容特点 ··· 35
　　（一）满族家谱 ··· 35
　　（二）回族家谱 ··· 38
　　（三）畲族家谱 ··· 40
　　（四）锡伯族家谱 ··· 43
三、少数民族家谱为多元一体中华民族的形成提供了第一手资料 ············· 47
　　（一）东北内蒙地区举例：蒙古族家谱、朝鲜族家谱 ····················· 48
　　（二）西北地区举例：锡伯族家谱、回族家谱 ·························· 53
　　（三）西南地区举例：纳西族家谱 ···································· 60
　　（四）中南东南地区举例：湖南土家族、苗族、侗族、瑶族家谱 ··········· 65

分论：中国各地区少数民族家谱研究

一、东北内蒙地区少数民族家谱研究 ······································ 71
　丰富多彩的满族家谱 ·· 许淑杰 73

深受汉文化影响的朝鲜族家谱 ·· 王鹤鸣 85
蒙古族家谱的收藏与特点 ·· 伯苏金高娃(蒙古族) 94
从麻纸谱单到历史图籍的达斡尔族家谱 ·· 王鹤鸣 105

二、西北地区少数民族家谱研究 ·· 118

回族家谱概述 ··· 吴建伟 121
一部融家史与家谱为一体的维吾尔语著作
——《穆罕默德·尼牙孜家史》简介 ········· 阿布力米提·买买提(维吾尔族) 145
参天之树必有根　怀山之水必有源
——哈萨克族族谱研究 ·· 阿扎提(哈萨克族) 153
姓姓皆有家谱的锡伯族 ··· 王鹤鸣 194
裕固族民俗中的兴建家谱现象探析 ······································ 钟进文(裕固族) 232

三、西南地区少数民族家谱研究 ·· 242

西南地区少数民族家谱概述 ··· 王水乔 247
神秘的藏寨　原始的谱系
——四川黑水县色尔古藏寨藏族"猪下颌骨"家谱简介 ············ 张　杰 290
彝族谱牒的史学研究价值 ··································· 普珍(彝族) 298
论白族家谱的编纂
——以喜洲《赵氏族谱》和史城《董氏族谱》为例 ····················· 王水乔 305
传承优良家风的羌族《汶阳郭氏族谱》 ······················ 郭勇基(羌族) 314
哈尼族的口传家谱 ·· 王鹤鸣 323
由隋嘎的族谱看西盟佤族进入父系社会的时间 ··· 毕登程(哈尼族)、隋嘎(佤族) 338
土家族族谱与土家大姓土著渊源 ··· 黎小龙 342
云南纳西摩梭人母系家族世系表 ··· 王鹤鸣 352
论苗族家谱《龙氏迪光录》的社会功能 ·································· 王　波　胡展耀 357
布依族《黄氏宗谱》与儒家伦理 ···································· 王芳恒(布依族) 362

四、中南东南地区少数民族家谱研究 ·· 369

壮族家谱概说 ··· 黄家信(壮族) 371
湖南的苗族族谱 ··· 寻　霖 387
湖南侗族家谱 ··· 蒋江龙 402
湖南瑶族的族谱 ··· 杨　佳 410

畲族家谱略述 ··· 宗亦耘 417

高山族家谱初探 ··· 顾　燕 428

附　录 ·· 438
　（一）中国少数民族家谱论文目录（1958~2015）················ 438
　（二）中国少数民族人口一览表 ·· 453
　（三）中国少数民族语言系属及宗教情况一览表 ···················· 456
　（四）中国少数民族主要节日一览表 ···································· 458
　（五）中国各少数民族家谱数量统计 ···································· 463

专论：中国少数民族家谱的种类、特点和价值

一、少数民族家谱的种类

中国是一个统一的多民族国家。中华人民共和国成立后,经过中央政府组织专家学者进行识别,中国最终确定了56个民族。汉族人口最多,其他55个民族相对汉族人口较少,习惯上被称为"少数民族"。

55个少数民族分别是:满族、朝鲜族、赫哲族、蒙古族、达斡尔族、鄂温克族、鄂伦春族(以上7个少数民族主要分布于东北内蒙地区)、回族、东乡族、土族、撒拉族、保安族、裕固族、维吾尔族、哈萨克族、柯尔克孜族、锡伯族、塔吉克族、乌孜别克族、俄罗斯族、塔塔尔族(以上14个少数民族主要分布于西北地区)、藏族、门巴族、珞巴族、羌族、彝族、白族、哈尼族、傣族、傈僳族、佤族、拉祜族、纳西族、景颇族、布朗族、阿昌族、普米族、怒族、德昂族、独龙族、基诺族、苗族、布依族、侗族、水族、仡佬族(以上25个少数民族主要分布于西南地区)、壮族、瑶族、仫佬族、毛南族、京族、土家族、黎族、畲族、高山族(以上9个少数民族主要分布于中南、东南地区)。

据2010年全国第六次人口普查统计,大陆31个省(区、市)汉族人口为1225932641人,占91.51%,比2000年第五次人口普查的91.59%下降了0.08个百分点;各少数民族人口总和为113792211人,占8.49%,比2000年第五次人口普查的8.41%上升了0.08个百分点。少数民族中人口最多的是壮族,有16926381人,人口最少的是珞巴族,仅有3682人。

中国56个民族分布的特点是:大杂居,小聚居,相互交错居住。汉族地区有少数民族聚居,少数民族地区有汉族居住,各少数民族交错居住。这种分布格局是长期历史发展过程中各民族间相互交往、流动而形成的。中国少数民族人口虽少,但分布很广。全国各省、自治区、直辖市都有少数民族居住,绝大部分县级单位都有两个以上的民族居住。中国的少数民族主要分布在内蒙古、新疆、宁夏、广西、西藏、云南、贵州、青海、四川、甘肃、辽宁、吉林、湖南、湖北、海南、台湾等省区。中国民族成分最多的是云南省,有25个民族。

中国是由56个民族共同缔造的国家,各民族在漫长的历史发展过程中,相互学习,相互交流,相互促进,建立了休戚与共、相互依存的亲密关系,形成了多元一体的伟大的中华民族。自两千多年前秦汉时期形成多民族统一的中国以来,统一始终是中国发展的主流,各民族为实现和维护国家的统一做出了重要贡献。

在中华民族历史文化发展长河中,各民族创造了各具特色的文化。国编史,方纂志,家修谱,构成中华民族历史大厦的三大支柱,由55个少数民族和汉族共同创造的记载家族世系、人物、事迹的家谱文化,是中华传统历史文化的重要组成部分。

中国少数民族家谱数量可观,据上海图书馆陈建华先生主持的国家社科基金项目《中国少数民族家谱目录》最新统计,中国55个少数民族中,满族、朝鲜族、赫哲族、蒙古族、达斡尔族、鄂温克族、回族、土族、裕固族、维吾尔族、哈萨克族、锡伯族、门巴、珞巴、羌族、彝族、白族、哈尼族、傣族、傈僳族、佤族、拉祜族、纳西族、景颇族、阿昌族、普米族、怒族、独龙族、基诺族、苗族、布依族、侗族、水族、仡佬族、壮族、瑶族、仫佬族、毛南族、土家族、黎族、畲族、高山族等42个少数民族均有文字家谱,达10231种(因个别少数民族家谱涉及几个少数民族,故本统计数中约数十种为重复统计)。中国少数民族家谱是中国家谱文化中不可或缺的有机组成部分,是一份非常重要、非常珍贵的历史文化遗产。

中国少数民族家谱种类多样,按其发展成熟程度,大致可归为三类:即口传家谱、实物家谱和文字家谱。

(一)口传家谱

所谓口传家谱,就是心授口传流传下来的反映家族世系的家谱,这是中国家谱文化中形态最原始、最古老的家谱。

我国古代典籍中,记载了文字产生以前时代的家族世系。如《山海经》卷一八记载的姜姓炎帝神农氏家谱:"炎帝之妻、赤水之子听訞生炎居。炎居生节并,节并生戏器,戏器生祝融。祝融降处于江水,生共工,共工生术器……共工生后土,后土生噎鸣。"记载帝俊的家谱:"帝俊生禹号,禹号生淫梁,淫梁生番禺,是始为舟。番禺生奚仲,奚仲生吉光,吉光是始以木为车。"

这些家谱首先通过世代口传心授流传下来,成为口传家谱,然后才被文字记载下来。我国原始先民们的口传家谱的习俗在一些少数民族中保留得较为明显。

蒙古人在有文字以前,就有"世系事迹,口相传述"的习俗。公元14世纪的蒙古史著作《史集》一书,曾记载了古代蒙古人口述家谱的习惯:"蒙古人有保存祖先的系谱、教导每一个孩子知道系谱的习惯。他们将有关系谱的话语视为氏族的财产,因此他们中间没有人不知道自己的部落和起源。"在蒙古文字创立仅仅几十年后成书于1240年的《蒙古秘史》一书中,叙述了成吉思汗以前的20多代世系。"当初元朝的人祖是天生一个苍色的狼,与一个惨白色的鹿相配了……产了一个人,名字唤作巴塔赤罕。巴塔赤罕生的子,名塔马察;塔马察生的子,名豁里察儿篾儿干……那时也速该把阿秃儿的妻诃额仑正怀孕于斡难河边迭里温孛答黑山下生太祖……名帖木真。"蒙古人在没有文字的情况下,能记下自巴塔赤罕至帖木真长达六七百年的家族谱系,可见口传家谱在古代蒙古人中的流行程度。

口传家谱的习俗在一些少数民族中一直流传和遗存到近代和现代。近百年来特别是新中国成立后民族工作者在进行民族调查时,曾经在不少少数民族中,调查到他们世代流传下来的口传家谱。这些口传家谱一般都是连名家谱。这种连名家谱将上一代名字的末一个或两个乃至三个音节,置于下一代名字之前。这种连名的形式,与古诗中的顶针手法颇有异曲同工之妙,如唐代著名诗人李白的《白云歌送刘十六归山》:"楚山秦山皆白云,白云处处常随君。常随君,君入楚山里,云亦随君渡湘水。渡湘水,女萝衣,白云堪卧君早归。"这种形式便于记忆、背诵和流传。

彝族:中国西南地区,深山浚谷,空间封闭,地理环境比较恶劣。生活在这个地区的彝族人,为求生存、求发展,有着强烈的氏族观念与家族观念。与此适应,彝族先民向有记述家谱的文化传统。彝族家谱大多是口传家谱,即以心授口述、口耳相传的家谱。为了背诵方便,便于记忆,彝族口传家谱大多是父子连名制。

2016年11月18日,上海图书馆调研少数民族家谱课题组赴云南楚雄彝族文化研究院采访。座谈会上,鲁成龙向我们介绍了滇东、滇西地区彝族文化的简况。鲁系彝族"罗罗颇"毕摩,先祖曾居四川西北,系阿皮玛罗的子孙,为楚雄市树苴乡依七么村鲁氏第13代毕摩传承人。鲁成龙毕摩还应邀在自己开设的酒店门前草地上,内穿黑衣、外披毛皮斗篷,头戴法笠,手持法铃,非常流利地背诵了他自己家族的连名家谱,即楚雄市树苴乡依七么鲁氏宗族《家堂祖师经》。其口传谱系为:

阿皮玛罗—玛罗多伽………—罗遮第—第墨呐—墨呐多—多者能—者能娘—娘峨

眉—峨眉树—树铺哩—哩罗玛—罗玛迭—迭阿呐—阿呐兔—兔依伽—依伽奔—奔把腊—把腊谢—谢呙背—呙背提—提纹呢—纹呢嘎……共61代,鲁成龙是第62代。(见下图)

云南彝族"毕摩"鲁成龙背诵口传连名家谱(2016年11月)

彝族背诵口传家谱非常普遍。2016年11月23日,我们课题组与云南宁蒗县文化系统干部共进午餐,席间,谈到了少数民族口传家谱等问题,在座的县文管局局长张达峰脱口而说:"我家也有口传连名家谱的。"于是,我们请张达峰在新盖的宁蒗县图书馆阅览室介绍自己家的连名口传家谱。

张达峰说:他家是属于大小凉山的黑彝,姓瓦扎,他的彝名叫瓦扎马加。解放初,瓦扎改为张姓,于是他起了个汉文姓名张达峰。瓦扎家族有70多代,他能背诵18代。说着,就流畅地背诵起来:瓦扎阿霍—阿霍俄足—俄足甘此—甘此阿醋—阿醋井都—井都阿成—阿成比你—比你思顶—思顶阿紫—阿紫工你—工你阿史—阿史伍都—伍都乌多—乌多拉玛—拉玛子迁—子迁伟农—伟农马加—马加子恩。其中第17代"伟农马加"是张达峰本人,第18代"马加子恩"是他的儿子。

张达峰介绍,自己从四五岁开始就学习背诵本家族的世系,凉山彝族男子都将背诵本族系谱作为立足于社会的基本的条件之一,认为具备了这个条件就能在社会中获得许多方便。张达峰说:"别人一听我们的始祖从'瓦扎'开始,就知道我们属于彝族哪一支了。"口传家谱在彝族的社会生活中占有重要地位。

怒族:云南碧江县怒族奉行口传连名家谱。碧江一区九村怒族人能够背诵41代祖先世系。他们自称"怒江的土著",又称"斗霍族",意译是"住在上边的人"。传说"斗霍"氏族的始祖名"茂英充",是女性。依据怒族的神话传说,"茂英充"这一名字包含"从天上降下来的人"之意,而"斗霍族"亦颇以此为荣。"斗霍族"的世系连名如下:

1. 茂英充　2. 充罗并　3. 罗并者　4. 者茂特　5. 茂特绷　6. 绷喜耀
7. 喜耀维　8. 维维曲　9. 曲维能　10. 能波赤　11. 赤赤维　12. 维罗别
13. 别下休　14. 下休达　15. 达局留　16. 局留谷　17. 谷喜有　18. 喜有宾
19. 宾好给　20. 好给抽　21. 抽那耀　22. 那耀劝　23. 劝下尤　24. 下尤室
25. 室局采　26. 局采奴　27. 奴奴局　28. 奴局谷　29. 谷娟血　30. 娟血独
31. 独老底　32. 底老乌　33. 乌老求　34. 求老曼　35. 曼老催　36. 催虐漫
37. 漫额叫　38. 叫走偶　39. 偶同寿　40. 寿砍杜　41. 杜几舟

"斗霍"人确信世系中最初的始祖"茂英充"是位女性。去其神话的外衣,显现了历史的合理内核:正如男系氏族是从女系氏族发展而来的一样,以男系为主的父系口传家谱是从女性即始祖母发展而来的。①

哈尼族:哈尼族几乎每个家族都有心授口传自己家族谱系的文化习俗。《中国少数民族古籍总目提要·哈尼族卷》共刊载124份口传谱系,代数最多的是72代,最少的是16代。其中30至39代之间的有5份,40至49代之间的有25份,50至59代之间的有43份,60至70代之间的有49份等,平均代数为55代。据这124份口传家族谱系统计,其第一代始祖大多是天神"俄玛",也有少数以具备母系血缘关系的"苏咪乌"("诗米乌""苏米语"等)为第一代始祖。

2017年4月17日,上海图书馆课题组在云南红河州博物馆采访了绿春县大兴镇龙丁村"摩批"龙元昌。龙元昌,1956年出生,是土生土长的哈尼族人,高中学历。平时喜爱哈尼族传统文化。他说:我们哈尼族几乎家家都有家谱。我祖父、父亲是乡官,我十二三岁读小学时,父亲就教我背家谱。我家家谱:神谱有12代,人谱有48代。

他说:"神谱只有举行一定的仪式才能背,今天我只能背48代人谱:1.苏米语、2.语退雷宗、3.退雷宗、4.宗咪烟、5.咪烟恰、6.恰提实、7.提实力、8.力保本、9.保本伍、10.伍木然、11.木然撮、12.撮莫语、13.莫语咀、14.咀孔伍、15.伍里飘、16.飘莫躲、17.莫躲谈、18.谈多数、19.数莫作、20.莫作娘、21.娘松、22.松古、23.古许、24.许马、25.马处、26.处土、27.土呸、28.呸觉、29.觉斗、30.枇木、31.龙仁(按,第29—31代未连名,不知为何)、32.仁昂、33.昂洪、34.洪汝、35.汝高、36.高才、37.才嘎、38.嘎黑、39.黑伟、40.伟然、41.然黑、42.黑鲁、43.鲁苗、44.苗鲁、45.鲁沙、46.沙者、47.者普、48.普波。我在上述父子连名谱中,名波忠,属第49代,儿子为第50代。我的名字叫龙元昌,但在连名谱中名波忠,两者是不相同的。"

龙元昌说:老人去世后,在出殡前几小时,要背家谱。先要举行仪式,杀一只大公鸡,要请民间艺人"摩批"到场,家人先背一代名字,"摩批"跟着念一代名字,同时"摩批"左手拿带刺的镰刀在棺木上敲一下,背一代,敲一下,意思是将历代先祖名字告诉死者,回到祖先那里去。这个过程就是念的"指路经"(见下页图)。

纳西族:2016年11月23日,上海图书馆课题组采访了纳西族"毕摩"和国伟,纳西族称他"东巴"。和国伟今年66岁,他是40多岁从表哥那里学习背诵各种经文而成为纳西族的"东巴"的,也被称为"智者""活佛",是纳西族的祭司和高级知识分子。

我们来到和国伟的家里,客厅的四周墙壁上,挂满了他本人创作的书法绘画作品,色彩鲜艳,和国伟还向我们展示了他在纳西族各种礼仪场合吟诵的诸多经本。

---

① 《怒族社会历史调查》,云南人民出版社,1981年,第37页。

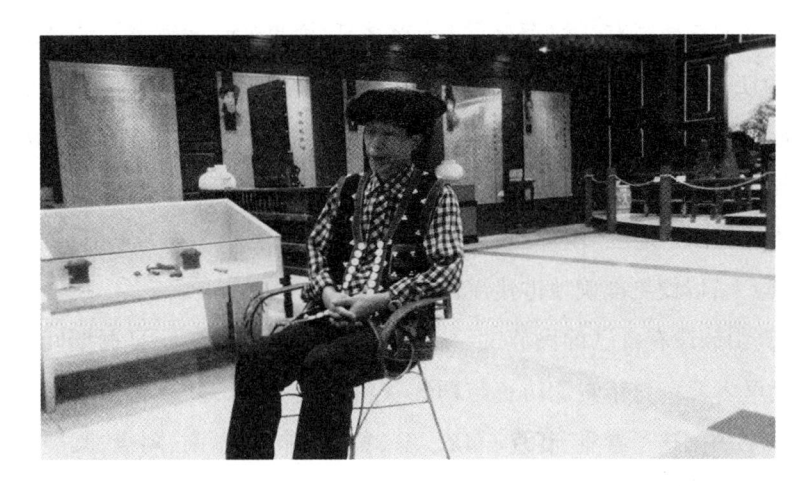

云南绿春县大兴镇龙丁村哈尼族"摩批"龙元昌背诵口传家谱(2017年4月)

我们直奔主题,请和国伟在自己家里吟诵本家族的口传连名家谱。

和国伟吟诵本家族的口传连名家谱:尤老板读—板读板社—板社久吾—纳子兰—阿民次塔—阿民音勒—今土割补—伟刷伟高—伟高不苴—不苴伟日—伟日伟毛—伟毛伟楚—伟楚伟冒—伟冒伟高—伟高伟志—伟志伟安—伟安伟和—和国伟。到和国伟,共计18代。(见下图)

云南纳西族"东巴"和国伟吟诵口传连名家谱(2016年11月)

和国伟滚瓜烂熟背诵自己家族的谱系,他对纳西民族文化的执着,给我们留下了深刻的印象。和国伟讲,在玉龙县十多万纳西族人中,约有十个"东巴",他每年参加各种祭祀礼仪活动达二三十场。

在云南大理丽江地区有一块著名的《丽江木氏宗谱碑》,该碑谱于清道光二十二年(1842)立在丽江东南的木氏祖茔山上,现收藏在丽江博物馆,该碑用汉文记载了纳西族土司木氏家族上古时代的口传连名世系:天羡从从—从从从羊—从羊从交—从交交羡—交羡比羡—比羡草羡—草羡里为—里为糯于—糯于伴普—伴普于—于歌来—歌来秋。①

纳西族木氏是丽江地区著名望族,明初赐姓"木"氏,其口传连名家谱到清代刻在《丽江木氏宗谱碑》上,以便更准确地世代流传。

高山族:高山族没有自己的民族文字,高山族族谱皆为口传。日据期间由台北帝国大学三名人类学者耗费三年实地访查与两年资料整理,得以完成《台湾高山族系统所属之研究》一书,书内阐述了泰雅、赛夏、布农、邹、鲁凯、排湾、卑南、阿美、雅美9个族群的分布区域、发祥地与神话传说、部落迁移的原因与经过等。最为珍贵的是,该书记载了所访问的291个部落与309份根据当地族人口述整理的系谱资料,是至今可见的对高山族族谱记录最多、最完整的谱系书籍。

这些谱系资料大多由部族首领或头目口述,而后由整理者进行记录与后期加工而成。口述所记世代一般在5至10代间。其中最长的谱系长达64代,采自居于台东市的卑南人射马干社部落家族;最大的家系,多达389个人,采自居于花莲秀林乡的泰雅人太鲁阁群古白杨社部落家族。最短的系谱,只记录两三个世代,如居于苗栗县狮潭乡的赛夏人坑头社部落家族,共记录了三代人;居于屏东县三地门乡的排湾人三磨溪口社部落家族,仅记录了三代人,每代仅一人而已。

高山族的口传谱系资料,记录了口述者的第一世祖先至最新的一代族人世系及相互间的传承关系。各家族所传诵的系谱,皆为单系继承。②

除上述彝族、怒族、哈尼族、纳西族、高山族外,其他少数民族特别是西南地区的少数民族,如羌族、苗族、佤族、傈僳族、普米族、拉祜族等都流传和遗存有心授口传的家谱,这些口传家谱大多为连名家谱,朗朗上口,这样既可区分辈分,又易于记忆,便于心授口传。

进一步剖析各少数民族口传家谱的形式和内涵,则又可细分为父子连名家谱、母女连名家谱、逆推反连口传家谱和神人连名谱系等几种类别。

1. 父子连名家谱

所谓父子连名家谱,就是父亲名字的后一二个音节,为儿子名字的前一二个音节,即

---

① 《北京图书馆藏家谱丛刊·民族卷》第48册,北京图书馆出版社,2003年,第457页。
② 参见顾燕《高山族家谱初探》一文。

父亲名字的后一二字,为儿子名字的前一二字。父子连名家谱反映的是原始父系氏族社会以来的各少数民族家族世系繁衍简况,是以男子为中心的社会产物。

近百年来,至今尚在各少数民族中间流传和遗存的口传家谱,主要是父子连名家谱。

彝族有自己本民族的文字,因只掌握在少数毕摩和上层人士手中,因此用彝文编修的家谱只是少数,大多数是口耳相传的父子连名家谱。父子连名,原为古代羌人所发明。作为古代羌人分衍出来的彝族,保存了这个文化习俗。《新唐书·南诏传》记载,彝族南诏统治者蒙氏家族世系是"王蒙氏,父子以名相属,自舍龙以来,有谱次可考",其谱系为:舍龙—独逻—逻盛炎—炎阁。① 表明南诏统治者蒙氏家族实行的是父子连名的谱系。父子相连的家谱只记男性,不记女性,也就是说,彝族家谱只在男子中传,不在女子中传,如成年男子没有生育儿子,那这一支世系就要失传。

1921年丁文江赴云贵调查地质,采辑《安氏世纪》,记录了彝族水西安氏土司口传家谱,计114代。其中又分前后两段,前一段为早期世系,前后连名,计30代:

(1)希母遮 (2)遮道公 (3)公竹诗 (4)诗亚立 (5)立亚明 (6)明长夫
(7)长夫作 (8)作阿切 (9)切亚宗 (10)炭亚仪 (11)仪亚祭 (12)祭迫能
(13)迫能道 (14)道母仪 (15)母仪尺 (16)尺亚索 (17)索亚得 (18)得洗所
(19)洗所多 (20)多必益 (21)必益堵 (22)堵洗仙 (23)仙洗佗 (24)佗阿大
(25)大阿武 (26)武阿懦 (27)懦侏渎 (28)渎侏武 (29)武老撮 (30)撮朱渎

后一段为氏族分衍记录,计84代。

据专家分析,"安氏谱系中的前三十代,应为氏族时期"。

我国西康倮族(拉祜族)也有父子口传家谱。20世纪30年代傅懋勣在川康调查时,就记录了罗洪家谱:"共十四代五十四人,世系清晰,脉络分明。"

佤族的父子连名并不限定哪个儿子可与父亲连名,每个儿子都能连。买来的养子也能与养父连名,但他必须抛弃其生父的名字与家谱。如一个孩子一经卖给别人做养子后,就不能再背自己的家谱和姓生父的姓,而必须背养父的家谱和改姓养父的姓,表明他永远是属于养父家的人。

---

① 《新唐书》卷二二二上《南蛮上》,中华书局,2000年,第4755页。

2. 母女连名家谱

所谓母女连名家谱,其始祖是女性,按母女次序世代传承,就是母亲名字的后一二个音节,为女儿名字的前一二个音节,即母亲名字的后一二字,为女儿名字的前一二字。中国各民族原始社会不仅存在父子连名家谱,而且存在母女连名家谱。父系口传家谱是父系社会的产物,母系口传家谱是母系社会的产物。正如父系社会是从母系社会发展而来的,父系连名家谱也是从母女连名家谱发展而来的。

20世纪50年代民族工作者在进行民族调查时,发现佤族有2000多年历史,先后经历母系氏族社会、父系氏族社会发展,到解放前正处于原始社会向阶级社会的过渡时期。调查中发现佤族连名家谱一般有20余代,多的达42代。佤族中有这样一段传说:"人们请格雷诺和格利比两人来当领导。格雷诺是男子,格利比是女子,他们结了婚。格利比创造了道理,从此有了兄弟男女之序。女子比男子先懂得道理,男子要听女子的话。后来,女子不愿当领导了,便让格雷诺来领导,但男子有不懂的事情,还要向女子请教。女子共领导30代人,男子才领导20代人。"根据这段传说可以推断,现传佤族口传连名家谱20代以前的当属母女连名的母系家谱。①

本书《由隋嘎的族谱看西盟佤族进入父系社会的时间》一文则认为:因为隋嘎能背本族的族谱到100代,说明他的家族进入父系氏族的时间,至少在2500年以前。至于西盟佤族的整个氏族历史,那就长得多了,因为在父系社会之前,还有漫长的母系社会。妈侬、安木拐,实际上就是母系社会的始祖母。

在永宁纳西族中普遍存在这种母女连名家谱。据《永宁纳西族的母系制》一书介绍,永宁纳西人称每个较小的母系血缘集团叫"斯日"。该书介绍的拖支乡阿栽布泽斯日就是一份母子连名家谱:布泽—纳布卡特—纳吉得马—纳卡得马—纳卡采尔—采尔得马—纳卡得马—达石得马—纳卡得马—厄车布特—得马采尔—得马色诺—格土—丹史得马—达石得马。共15代。②

这种口传母女家谱的习俗今天仍在部分少数民族中间保留着。笔者因实施上海社科重大项目《中国少数民族家谱整理与研究》课题的需要,于2012年11月21日前往云南宁蒗县纳西族摩梭人居住地泸沽湖调查。号称女儿国的摩梭人延续的是母系社会的习俗,由老祖母掌权,传女不传男。我们探访女儿国的重点,是了解摩梭人有否反映家族

---

① 《佤族社会历史调查》,云南人民出版社,1983年,第5页。
② 严汝娴、宋兆麟:《永宁纳西族的母系制》,云南人民出版社,1983年,第39页。

世系延续的家谱,哪怕是最原始形态的实物之类的雏形家谱。为此,我们走访了彩塔家族,来到了彩塔家族的老祖母屋。老祖母宾玛拉姆已70岁,由其在丽江旅游部门工作的37岁的女儿甲茨玛接待我们。我们请甲茨玛介绍摩梭人有无家谱的情况。据她介绍,摩梭人一般家庭都没有文字家谱,包括最原始的家谱。我问她:"那你们如何记住自己的老祖宗呢?"她回答得很快:"口耳相传呗!"既然如此,我们就请她与其母一起回忆,并由我们笔录了她家族的世系:

云南省宁蒗县永宁乡摩梭彩塔家族世系

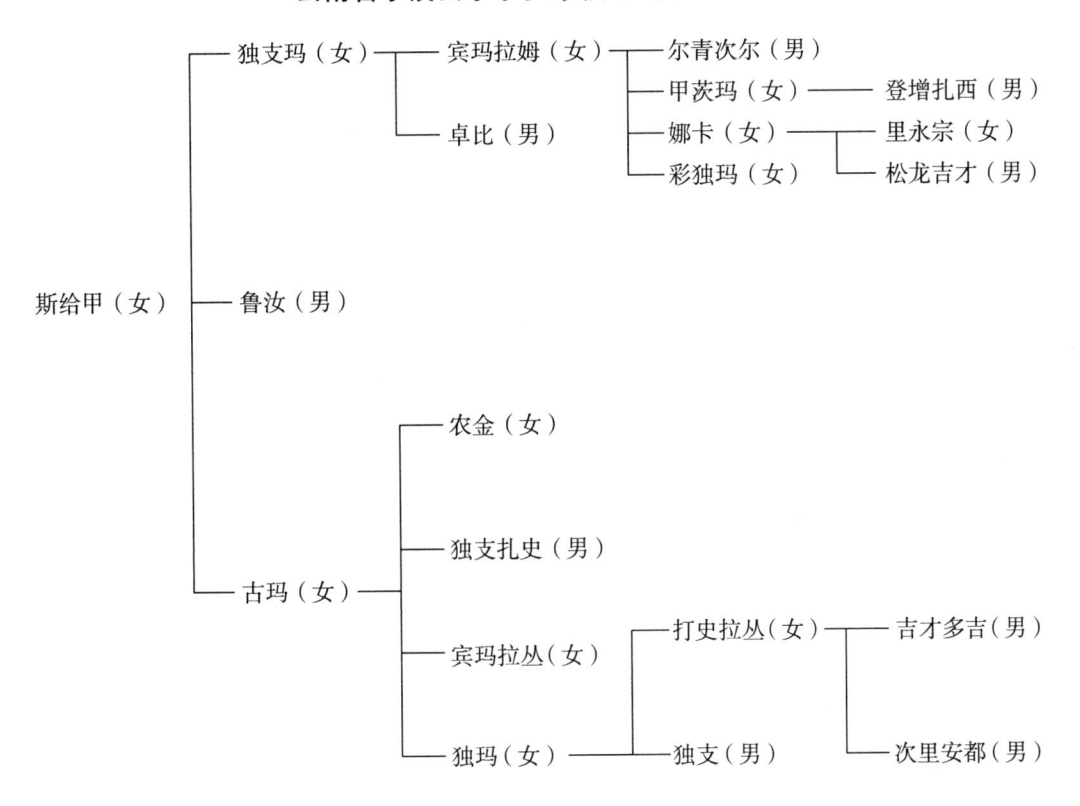

```
                   ┌─独支玛(女)─┬─宾玛拉姆(女)─┬─尔青次尔(男)
                   │            │              ├─甲茨玛(女)──登增扎西(男)
                   │            │              ├─娜卡(女)────里永宗(女)
                   │            └─卓比(男)     └─彩独玛(女)──松龙吉才(男)
                   │
斯给甲(女)─┬─鲁汝(男)
           │
           │            ┌─农金(女)
           │            │
           │            ├─独支扎史(男)
           └─古玛(女)──┤                ┌─打史拉丛(女)─┬─吉才多吉(男)
                        ├─宾玛拉丛(女)──┤              │
                        │                └─独玛(女)────独支(男)──┬─次里安都(男)
                        └─独玛(女)──独支(男)
```

由上述世系表可看出:尽管摩梭人一般没有形成文字的家谱世系,但他们在崇先尊祖心理支配下,"口耳相传",对自己的直系亲属记忆非常清晰,因此能在短时间内将本家族的成员姓名、相互关系,包括每个人的生卒年龄等都能一五一十地回忆出来。这份世系表记载了五代二十一人,辈分最高的是一位老祖母,家族传女不传男,是一份十分珍贵的母女口传家谱世系表,同时表明了今天有的少数民族家族中间仍保留着口传母女家谱的习俗。

3. 逆推反连口传家谱

少数民族的口传家谱,一般是"顺推正连",即父、母名字的后一二个音节,为儿、女名字的前一二个音节,或者说父、母名字的后一二字,为儿、女名字的前一二字。"逆推反连"口传连名家谱则相反,新生儿(女)名字后面连着父亲或母亲的名字,即下一代名字的后一二个字,是上一代名字的前一二个字,按世系次序口传。

解放初期对西南少数民族的调查发现,佤族就保留这样一种特殊的口传家谱。佤族在背家谱时总是从自己或自己的儿子开始往上逆推,即在儿子名字后面加上父名,如此为一代。而后再用父名加上祖父名又为一代,如此依序推至始祖。如"散比里、比里松",是一个家谱中的两代。"散比里"标明着散是比里的儿子,"比里松"标明比里是松的儿子。两代相连虽然仅指散与比里两人,但它却标明着三代人的辈分,即儿子、父亲和祖父。

本书《由隋嘎的族谱看西盟佤族进入父系社会的时间》一文介绍,隋嘎能背诵本族的族谱到100代,就是逆推反连的口传家谱。

2017年4月13日,我们上海图书馆《中国少数民族家谱抢救与整理》课题组采访了西盟佤族勐卡镇娜妥坝村非遗历史文化传承人岩聪,他介绍了自己家族的情况。他的爷爷是佤族的头人,在马撒一带,管理7个村寨。佤族十分重视家族世系的传承,佤族没有文字,有自己的语言,几乎每个家庭都会背诵自己的家族世系。于是我们请他背自己的家谱。

岩聪非常流畅地背诵了自己的家谱:付、聪、章、松、肯、乐、相、雷、车、听、朋、盖、平、克、克勒、捏娘、生、吹、冷、很、配、额、司感、司岗、里……共29代。其中"章"是他父亲,属第27代;"聪"是他本人,属第28代;"付"是他的儿子,属第29代。以上谱系是由岩聪边背诵,边请当地文化站的同志据读音记录下来的。

从上述记录可知,与彝族等口传家谱不一样,佤族口传家谱属于逆推反连口传家谱类型,即从本人算起,一代一代往上延伸,追溯到最老的始祖。而彝族等口传家谱则是以始祖为第一代,自上而下延伸,直到本人,为最后的世系代数。

岩聪告诉我们,他是1960年出生的,到5岁的时候,他爸爸"章"就开始教他背家谱,不断背诵,家族世系就一直印在脑子里。(见下页图)

佤族保留逆推反连口传家谱的习俗与他们同族不能结婚的族规有密切关系。佤族男女相亲,要背自家的家谱,从本人算起,一代一代往上延伸,追溯到最老的始祖。如果老祖宗是同一人,则不能结婚;如果老祖宗不是同一人,就可以结婚。

云南佤族非遗文化传承人岩聪吹奏自己创制的乐器"得"(2017年4月)

逆推反连口传家谱的习俗在高山族诸族群中也有流传和遗存。高山族诸族群留存有父系、母系氏族,父系氏族如泰雅、赛夏、布农、邹、鲁凯、雅美等氏族尊男子为始祖,一般按父子世系次序口传家谱;母系氏族尊女子为始祖,一般按母女世系次序口传家谱。无论是男系氏族还是母系氏族,皆是单亲口传,若同辈有兄弟数人或姐妹数人,则分列数份口传家谱流传和遗存。与汉族家谱女子不入谱的规定不同的是,高山族父系氏族家族世系不摒弃妻子和女儿,她们的名字也尽可能会在口传的世系中有所反映。

不仅如此,高山族各族群在口传连名家谱的方式上有的还是"逆推反连"。以高山族中第二个大族群的泰雅人为例。

泰雅人分布于台湾北部中央山脉两侧,东至花莲太鲁阁,西至东势,北到乌来,南迄南投县仁爱乡等120余个村落,人口85000余人,是分布面积最广的一个族群。

泰雅人没有氏族名称,也没有姓氏,仅维持着祭祀习俗相同的一个祖先、同一根源及血族团体。但是泰雅人虽无姓却有名,名字采用"逆推反连"连名制,即新生儿的名字,由两部分组成,前面是孩子的名字,即本名;后面连上父亲或母亲的名字。平时称呼人名时,一般只叫本名,其后父亲或母亲的名字通常省略。[①]

高山族泰雅人这种流传的新生儿(女)名字后面连着父(母)的名字,按世系次序口传的连名家谱,也是一种很独特的逆推反连的口传连名家谱。

---

① 参见顾燕《高山族家谱初探》一文。

4. 神、人连名谱系

上述父子连名家谱、母女连名家谱和逆推反连口传家谱,皆是同一个家族的世系连名家谱,是族人的血缘世系家谱。而本节论述的神、人连名谱系,则是超越家族血缘连名,是从天神到族人的连名谱系。哈尼族的家谱文化称得上是这类神人连名谱系的代表。

哈尼族的家谱文化呈现神、人连名谱系的特色,与哈尼族在民族发祥、形成时期流传于红河地区的大型古歌集《窝果策尼果》的传说有密切关系。

《窝果策尼果》认为:世界是由一个组织完善、互相统属的神、鬼、人、飞禽、走兽、水族协调统一的神圣家族体系所构成。其中,人的世系是由天神"俄玛"开启的:天神"俄玛"生下第二代祖玛窝,玛窝生下第三代人窝觉。以下按照连名谱系排列下去,即窝觉—觉涅—涅直—直乌—乌突—突玛—玛约—约涅—涅本—诗米乌—乌突里—突里佐—佐梅烟—梅烟恰—恰乞形……一直排到念诵此谱系的歌手本人,计有八十代之多。第十二代"诗米乌"已能认母亲了("诗米乌"意即"不会吃错奶头")。第十三代"乌突里"已有固定的男女交配对象("乌突里"意即"钥匙放进锁洞里",喻男女交合),由此接着排下哈尼祖先的连名谱系。①

在上述世系中,最重要的是第一代的"俄玛"和第十二代的"诗米乌"。"俄玛"是最高最大的天神,是开启人间谱系的天神;"诗米乌"的意思就是"不会吃错奶头",即已开始能认母亲了。也就是说,从"诗米乌"这一代开始,已具备母系血缘关系了。

哈尼族几乎每个家族都有心授口传以"俄玛"或"诗米乌"为第一祖先的文化习俗。以《红河哈尼族谱牒》刊载的 56 份谱系为例,其中将"俄玛"列为第一代始祖的达 42 份,将"诗米乌"为第一代始祖的计 12 份。这些资料充分表明,由于各地历代"摩批"广为吟唱口传大型古歌集《窝果策尼果》,使其神话中关于天、地、神、人、动物之间一套严密谱系深入千家万户,因此使哈尼族各地各家族的谱系大多以天神"俄玛"为第一代始祖,或以已具备母系血缘关系的"诗米乌"为本家族的第一代始祖。

如流传云南元阳县的《洞浦村朱氏谱系》就以"俄玛"为第一代始祖,其谱系为:"俄玛—玛窝—窝和—窝作—作念—念最—最乌—乌突—突玛—玛永—永念—念毕—阿培送咪窝—窝突里—突里佐—佐莫烟—莫烟铲—铲特史—特史里—里波辈—波辈乌—乌和然—和然聪—聪莫依—莫依最—最堂朋—堂朋沙—沙鲁补—补哈毕—哈毕欧—欧莫

---

① 参见《中国少数民族古籍总目提要·哈尼族卷》,中国大百科全书出版社,2008 年,第 7~13 页。

佐—莫佐鲁—鲁依波—依波欧—欧练通—通练热—热为毕—为毕聪—聪弄祖—祖毕最—毕最生—生窝车—车空—空批—批主—主楼—楼哈—哈达—达科—科毕—毕忠—忠龟—龟者—者木—木沙—沙最—最弄—弄果—果周—周热—热科—科到—到木—木然—然祖—祖贤—贤呼—□□—□□—□□。"共六十九代。① 本谱系以天神"俄玛"为第一代始祖,已具备母系血缘关系的"诗米乌"("送咪窝""苏米语"等)则被列为第十三代先祖"阿培送咪窝","送咪窝"即"诗米乌"。这是一份从天神到族人的谱系表。其中,从第一代到第十三代,是从神到人的世系;从第十三代开始,则是洞浦村朱氏家族族人的世系。

纳西族的《玉龙山灵脚阳伯那木氏贤子孙大族宦谱》,刊载的也是从神到人的连名谱系,是谱开首即以口诀和父子连名语句刊载纳西族"人之初"和木氏家族远古世系。其中前十一句为纳西语关于"人之初"的口诀,大意是:天生了人蛋,地孵了它,蛋里滴出六滴露水,其中一滴落到海里,发出一道金光,变成了第一个人胡萨,胡萨生曼萨。从此开始以父子连名记述了十二世:天羡从从—从从从羊—从羊从交—从交交羡—交羡比羡—比羡草羡—草羡里为—里为糯于—糯于伴普—伴普于—于歌来—歌来秋。这十二世皆是天神,一至七世都娶天女,第八世"里为糯于"则开始娶人:"娶吴女吴钟。"十二句以后则以汉文用父子连名的方式刊载了木氏家族的远古世系。

哈尼族、纳西族的连名谱系与其他彝语支民族连名家谱不同的地方在于,哈尼族、纳西族的连名谱既是家族血缘的连名,又是超越家族血缘的连名,是从神到人的谱系。

(二)实物家谱

以实物作为记载家族世系的载体,是少数民族家谱中最具特色的一类家谱,遗留当今的实物家谱主要有结绳家谱、无字精制布家谱、猪下颌骨家谱、绣片家谱等类别。

1. 结绳家谱

所谓结绳家谱,就是以结绳记事的方法反映家族世系情况的家谱,这也是中国家谱文化中形态最原始的家谱,同时也是最古老的实物家谱。

在文字产生以前,我国曾经历过结绳记事的时代。所谓结绳记事,就是用绳子打结来帮助记忆,我国古书上有许多关于"上古结绳而治"的记载。《周易·系辞下》曰:"上古结绳而治,后世圣人易之以书契,百官以治,万民以察。"明确指出在文字产生以前,人

---

① 《中国少数民族古籍总目提要·哈尼族卷》,中国大百科全书出版社,2008年,第72~73页。

们通过结绳帮助记忆。许慎《说文解字·序》载:"及神农氏,结绳为治,而统其事。"唐李鼎祚《周易集解》引《九家易》指出:"古者无文字,其有约誓之事:事大,大其绳;事小,小其绳。结之多少,随物众寡,各执以相考,亦足以相治也。"这种结绳记事的方法,直至近现代,在我国边远地区的一些少数民族,如东北地区少数民族、云南哈尼族、西藏门巴族、台湾高山族等还在使用。世界上许多民族也都曾利用过这种方法。

人们不但用结绳记事来记账目、过日子、传递信息,而且还用其记载本家族历代成员的情况,记载本家族的世系,于是就形成了特殊的结绳家谱。

居住在黑龙江大兴安岭海拉尔河流域的鄂伦春人,就一直使用结绳记事,他们不但用打绳结的方法来记数,而且用打绳结来记录自己的世代。一直到十七八世纪,他们还在马鬃绳上打结来表示每一家有几代人,有3代就打3个结,有5代就打5个结。他们对这表示世代的结绳非常崇拜,一般都把它挂在自家房子的木梁正中。这种打结记录一家世系的马鬃绳,就是他们原始的家谱。

20世纪80年代,张其卓对辽宁岫岩的少数民族进行过考察,其成果《满族在岫岩》向我们透露了满族、锡伯族等少数民族存在的结绳记事、结绳家谱的痕迹。

满族家谱的历史很久远,直可追溯到最原始的结绳家谱。原始满族家族都有"子孙绳",系用五色彩线拧成的长数丈的线绳。绳上打几个结,表示有几代祖先。生一男孩,即在绳结上拴一用竹子制成的小弓箭;生一女孩,即在绳结上拴一彩色布条。"子孙绳"平时珍藏在"子孙袋"中,挂在西墙的"祖宗板"上。

祖宗板右供子孙妈妈,又称佛托妈妈、锁头妈妈、托托妈妈,汉译为"恩情的妈妈",被视为"保佑子孙繁衍、人口平安的神"。每年逢祭日,全家向"祖宗板""子孙绳"跪拜致祭。这条"子孙绳"就是满族最原始的结绳家谱。

满族祭祀有多种类型,比较重要的是大祭,分三日。第一日祭关帝和观音圣像,第二日祭天地,第三日祭子孙妈妈。祭子孙妈妈时,房门外东边立柳树一根,将"子孙绳"拉出拴于柳枝上。

大祭子孙妈妈的次日,满族还在"子孙绳"上进行挂锁、改锁的祭祀仪式。这一天,小儿、小女跪在子孙妈妈位前,一般由老太太用柳枝蘸净水,洒在小儿、小女头上,然后男孩颈上套上红彩线,女孩颈上套上蓝彩线,这就是挂锁。三天后,将彩线取下来,贮存在线袋中。再逢祭日,将原来套过的彩线系在"子孙绳"上。到女儿成人许配人后,有的在婚前,有的在结婚生小孩后,婆家准备两头猪、两坛酒、两斗黄米,送媳妇回娘家祭子孙妈妈,将原来系在"子孙绳"上的蓝色彩线解下来,这就是改锁。解下的彩线请回婆家,系在婆家的索绳上。

显然,将彩线系在绳索上的挂锁和从绳索上取下彩线的改锁仪式,不仅带有原始社会结绳记事的痕迹,而且是结绳家谱记载家族成员的具体办法。所谓挂锁,即按小儿、小女性别分别用红色、蓝色的彩线系到索绳上,即带有将新增儿女上谱的性质。所谓改锁,即将已出嫁女儿的彩线从娘家的索绳上取下来,再系到婆家的索绳上,实际上就是将已出嫁女儿从娘家的家谱上除名,然后列入婆家的家谱。这条"子孙绳"无疑就是结绳家谱。

如果说满族具有结绳家谱性质的"子孙绳"记载家族世系尚嫌较模糊的话,那么锡伯族的结绳家谱记载家族世系的辈数、子女人数就清晰多了。在民间广为流传的《喜利妈妈的传说》中说道:"很早以前,锡伯族的祖先就生活聚住在大兴安岭地区,以打猎和捕鱼为生。他们没有文字,记一件事情,就在木头上刻个符号。锡伯族盛行祖先崇拜,他们为了传宗接代,也把祖先的辈数刻记在木头上。但是天长日久,记事的木头慢慢腐烂散失,后辈很难记清自己先祖的名称、辈数。后来,人们在劳动实践中想出了一个很好的办法,在屋子对角拉一条绳子,锡伯语叫'喜利',每生一子添一小弓箭、箭袋,每生一女添一小吊床、小布条,而增添一辈人就系一块羊背式骨。这样一代接一代,从不间断。后辈对自己先祖的情况就一目了然了。"①

锡伯族这条长约两丈的丝绳,就是他们的结绳家谱。丝绳上有几块背式骨,表明本家族经历了多少代;有几个小弓箭,知道本家族有多少男子;有几条红布条,知道本家族有多少女子。作为结绳家谱,锡伯族的这条丝绳所记的内容较鄂伦春的马鬃绳、满族的"子孙绳"更加精确。至今,在一些锡伯族家中,仍保留有这种祖传下来的"喜利妈妈"索绳。

由上述鄂伦春族的马鬃绳、满族的"子孙绳"、锡伯族的丝绳可看出,结绳记载同一血缘集团的世系,是原始社会结绳记事的重要内容。马鬃绳、"子孙绳"、丝绳就是结绳家谱的具体形式。这些马鬃绳、"子孙绳"、丝绳等,已含有家谱中"血缘"和"世系"两个要素,同口传家谱一样,是中国家谱最原始的形态;与口传家谱不同的是,结绳家谱是中国家谱最原始的实物家谱。

结绳家谱始于何时?满族、锡伯族非常尊重女祖先,称其为子孙妈妈,并以起着谱书作用的绳索将子孙妈妈作为保佑子孙繁衍和人口兴旺的神来祭祀,且平时对这表示家族世系的绳索非常崇敬,慎重收藏。从以上方面来进行分析,或可以推断:结绳家谱同口传

---

① 郭德兴:《锡伯族家谱及其价值》,《中共伊犁州党校学报》,2009 年,第 2 期。

家谱一样,始于母系氏族社会晚期。

2. 无字精制布家谱

用一块精制青布或黑布置放小竹筒内作为铭记家族世系成员的实物载体,是苗族家谱文化的重要特点。

苗族是我国少数民族中人口较多的一个民族,据 2010 年全国人口普查,苗族人口近 943 万,居少数民族第 5 位,主要分布在贵州、湖南、云南、广西、四川、湖北、广东等地。

苗族由于没有文字,虽然也有一定的宗族制度,但无法像汉民族一样,族谱成为宗族制度中不可缺少的组成部分。直至清代末年以后,一些汉化较早、族中人文较盛的少数民族家族支系或村落才仿照汉民族宗族制度开始修谱,诞生了苗族的文字家谱。另一方面,苗族在家谱文化方面一个突出的习俗就是存在"无字精制布家谱",即用一块精制青布或黑布置放小竹筒内作为铭记家族世系成员的实物载体。

据 2000 年湖北民族学院"苗族课题组"调查,在湖北恩施土家族苗族自治州宣恩县的小茅坡营村、苗寨村和湖南湘西土家族苗族自治州花垣县的夯寨村等苗族居住地区,保留着这样的文化习俗:苗族人将一块无字的精制青布或黑布密封在一个小竹筒内,苗语称"表"。每逢人口出生或死亡,都要举行隆重的入"表"、出"表"仪式。婴儿出生后,拿出"表"顺转两次,谓之入"表";族内人死后,再拿出"表"反转两次,谓之出"表"。"表"是苗族族内的一件最高信物,其入"表"、出"表"仪式显示:苗族既要保持家族的血缘关系,但又不愿留下任何文字依据。在族内,每一个人都时刻牢记自己的族源,自己入了"表"(或谱);但在族外,对外人来说却一无所知。这件被苗语称为"表"的信物起到了家谱的作用,这块被称为"表"的精制布,实际上就是一件"无字精制布家谱"。

据考证,湖北宣恩县的小茅坡营村苗族是从湖南花垣县的夯寨村一带迁去的,两地相距 300 公里以上,分属两个省,200 多年以后在语言上还完全相通,在习俗上完全一致。特别是他们都完整地保留了"无字精制布家谱",并且依靠"无字精制布家谱"这条血缘纽带把自己和家族紧密地联系在一起,充分体现了苗族的内在凝聚力,同时表明苗族的"无字精制布家谱"带有一定的普遍性。

苗族传统文化习俗上保留了"无字精制布家谱",与苗族的悲壮历史有着密切关系。苗族既是一个古老的民族,又是一个多灾多难和不断迁徙的民族。苗族先民可追溯到与炎黄同时代的蚩尤九黎部落和三苗部落,他们同炎黄部落共同开发了黄河流域和长江流域,为中华文明奠定了基础。在以后的沧桑岁月中,苗族同炎黄部落"逐鹿中原",蚩尤九黎部落在河北涿县遭到惨败,蚩尤被杀,整个蚩尤部落被逐出黄河流域,大部分向南迁徙,整个民族过着颠沛流离的生活。苗族的迁徙主要有两条路线:一是向南,即由北方向山东一直迁徙到洞庭湖一带,后又由洞庭湖向湘西以及武陵山区等地继续迁徙;二是向西北,由陕西到甘肃一带,再到云南、贵州、四川的部分地区。历史上,残酷镇压和围剿苗族的事时有发生。在不断的战争和颠沛流离中,用文字详细记叙族谱是一件很危险的事情。苗族人为了保存自己,被迫采用"无字精制布家谱"的形式,将世代传承的家谱变成内在的坚定信仰,仅仅举行入"表"、出"表"的简单仪式,达到了编修家谱传承家族世系的功能,既使民族的血缘不至于中断和混乱,又掩盖了自身的本来面目,对外起到了保密作用。①

苗族这种隐姓埋名以求民族自保的"无字精制布家谱"的诞生及传承,是苗族悲壮历史的生动反映,同时为中国实物家谱园地增添了颇有特色的一个品种。

3. 猪下颌骨家谱

所谓猪下颌骨家谱,就是用排列在门楣上首的猪下颌骨来记述家族世系的实物家谱。

中华民族各族人民都有尊崇祖先、寻根问祖、牢记世系传承的文化传统,并通过记载本家族世系、人物事迹的历史图籍或反映本家族世系传承的各种原始实物载体将这种情感表达出来,生活在四川黑水县色尔古藏寨的嘉绒藏人以什么方式来表达自己尊崇祖先、牢记世系传承的情感呢?就是挂在门楣上首的猪下颌骨——色尔古藏寨藏人称之为"年轮"。

据笔者调查,色尔古藏寨的嘉绒藏人有在门楣上首悬挂猪下颌骨的文化习俗。色尔古藏寨150多户人家中,就有数十家门首曾挂有猪下颌骨,其中有些人家因地震损毁了房屋门楣上悬挂的猪下颌骨没有重新安置,至今还有16家挂有猪下颌骨。一块猪下颌骨代表一代,门首上挂几块猪下颌骨,表示本家族世系传承已达多少代。这些猪下颌骨必须是没阉割过的公猪,表明尽管色尔古藏寨嘉绒藏人生活习俗中尚有一些母系氏族社会的遗留痕迹,但现今社会生活中男子已占据了主导地位。

色尔古藏寨历史上较有地位的土司、头人等,其门楣上首一般都挂有猪下颌骨。

白金特今年45岁,他是色尔古藏寨土司的后人,他家门楣上首共悬挂两排共38块猪下颌骨,已被烟熏得看不出本来的模样,旁边放有几块能看得出颜色的猪下颌骨,是近百年悬挂上去的。38块猪下颌骨,表明他家族从西藏阿里地区迁到色尔古藏寨已有38代,已经一千多年,他是家族第38代传人。

---

① 周兴茂:《湖北苗族的"无字家谱"》,《贵州民族学院学报》,2004年第4期。

白英钢的祖先是色尔古藏寨的头人,他家大门上首挂有 6 块猪下颌骨,表明他家族可记忆的世系已有 6 代,他是家族第 6 代传人。

每年除夕、春节,各家族都要在门楣挂猪下颌骨的地方贡物上香祭祖。

这猪下颌骨不是自己想挂就能挂上去的,必须新一代的传承人结婚以后,并由这个家庭的当家人主持隆重的仪式,才能正式悬挂上去。据白金特介绍,他的儿子白明富(尕让)大学毕业已回色尔古藏寨发展事业,待白明富结婚后,要举行隆重的悬挂第 39 块猪下颌骨仪式,诸亲好友参加祝贺,白明富成为家族第 39 代传承人。

猪曾是狩猎的对象,后来又成为饲养的对象,是我国古人的重要食物。生活在色尔古藏寨的嘉绒藏人以悬挂猪下颌骨的方式来表达自己尊崇祖先、牢记世系的情感,反映了古代色尔古藏寨嘉绒藏人对猪的神化与崇拜。

家谱是记载家族世系传承的载体,色尔古藏寨的嘉绒藏人以悬挂猪下颌骨的方式来反映本家族的世系传承,因此,这种悬挂的猪下颌骨我们可以称其为"猪下颌骨家谱"。色尔古藏寨嘉绒藏人独创的这种"猪下颌骨家谱",为我国原始家谱类别增添了一个新的实物家谱品种。

4. 绣片家谱

云南楚雄彝族自治州禄丰县中村乡阿勒村彝民藏有家谱,但他们的家谱不是写在纸上,而是绣在色彩鲜艳的"绣片"上。这个"绣片"上绣了若干朵鲜花,并且有一条"根","根"按一定方向蔓延,表明这个家族的"根"在何处,是按照一定的迁徙路线,经过若干代到达中村乡阿勒村的。这个"绣片"保存了彝民对列代祖先的记忆,可称为"绣片"家谱,这也是一种实物家谱。(见下图)

云南禄丰县中村乡阿勒村彝民的绣片家谱

以上简要介绍了结绳家谱、无字精制布家谱、猪下颌骨家谱、绣片家谱等四种类别的实物家谱,实际上在少数民族中间,还存有其他不少表达尊祖崇先意愿的实物家谱。

(三) 文字家谱

文字家谱是在原始形态的口传家谱、实物家谱基础上发展起来的用文字记载家族世系、人物、事迹的家谱,是比较成熟的完整的家谱。但就文字家谱本身而言,也经历了由简陋的谱单到刻石记谱的碑谱,再到成熟的书本家谱的发展历程。

1. 谱单

所谓谱单,就是从本家族始祖或始迁祖开始,将历代家族成员按世系先后次序或按分支世系先后次序用文字平列记载在一幅或几幅纸、布上,包括姓名、任职等内容。平时收藏起来,逢时过节挂在中堂或平摊在长桌上进行祭拜。

我国许多少数民族都流传和遗存有用谱单的形态来揭示本家族历代世系成员的简况,特别是东北地区的各少数民族。

满族:满族较原始的家谱形态,除结绳家谱外,就是谱单。满族谱单有三种形式,一是宝塔形谱单,始祖名字列宝塔尖,子孙后代名字似宝塔结构自上而下展示家族世系次序,一层表示一个世系辈分,同层属同一代,系同宗兄弟关系。有些宝塔形谱单上首尚录有简单的谱序,概述本宗族族源、迁徙经过等,大部分谱单只记载世系男姓人名。满族当今流传、遗存的谱单主要是这类宝塔形的谱单。二是辐射形谱单,始祖名字列在辐射圆形图中心,子孙后代名字围绕中心一个圆圈一个圆圈辐射展示家族世系次序,一个圆圈表示一个世系辈分,同圆圈内属同一代,系同宗兄弟关系。三是树根形谱单,始祖名字记载在谱单中间,其子孙后代名字如树根一样,不规则地向各个方向展开。(见下页图)

满族谱单从文字构成上大略可以分为四种:一种是纯粹以满文修编的家谱,如吉林九台石姓清咸丰六年(1856)修满文家谱;一种是满汉两种文字合璧的家谱,如伊通黑龙江将军依克唐阿家谱、吉林市舒穆禄氏家谱,这一类的谱单为数不少;还有一种是一份家谱以两种文字各自独立成文,如吉林市徐氏宗谱,最早是全满文谱,其后又将满文谱翻译成汉文谱,以汉字标注满音;最后一种是纯粹用汉文修订的,如吉林市口钦佟赵姓家谱。满族谱单表现形式直观,记载方便,适合续修,因此,在满族民间比较通行。[①]

---

① 参见许淑杰《丰富多彩的满族家谱》一文。

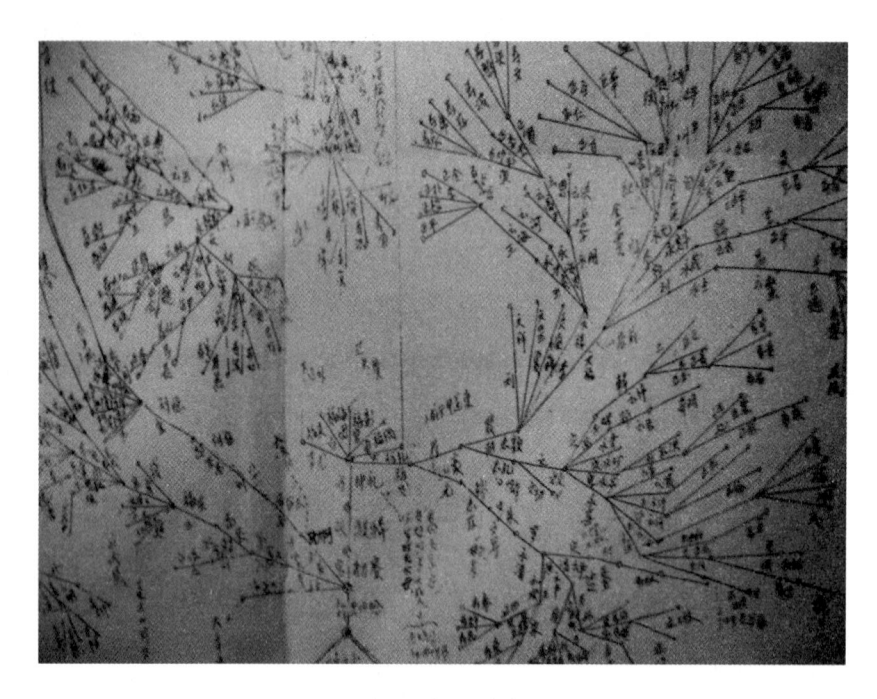

满族树根形谱单

达斡尔族：内蒙古莫力达瓦旗民宗局收藏有数十种达斡尔族谱单,说明达斡尔族各家族以谱单形式编修家谱是比较普遍的。

《中国少数民族古籍总目提要·达斡尔卷》介绍了达斡尔族七种谱单提要,基本可分为两类：一为"哈拉"部落类型家谱,是整个"哈拉"部落的家谱,记述范围较广；一为"莫昆"氏族类型家谱,记载的是本氏族世系、人物等事迹,记述范围较窄。

达斡尔族于清初归附后不久,受满族编修家谱文化习俗影响,非常迅速地在文化上将满族编修家谱的习俗接受过来,以谱单形态开始编修本族的家谱,这与达斡尔族原先存在的"灵魂不死"、"崇敬祖先"的萨满宗教观念有着密切的关系。

《中国少数民族古籍总目提要·达斡尔卷》介绍的达斡尔族七种谱单,就有各家谱续修时间的记载。如《布特哈敖拉氏多新(多金)莫昆族谱》,曾于清康熙三十六年(1697)、道光三十年(1850)、民国十六年(1927)三次续谱,后又于1988年第四次续谱。达斡尔族各部落、氏族每二三十年或更长时间必择日定适中地点,召集同姓各族之代表,召开祭祖修谱会,续修谱牒,将上届修谱以后添生的男性名单书写到原来的谱单上,生者名字书在其父亲之名下,以朱笔加填；上届修谱以后死亡者的名字,以墨笔书写。如有变更者,随时订正。

上述族谱谱单,宽度一般90多厘米,而长度很长,短的490厘米,长的20多米,最长的达28米,平时卷起来收藏,逢时过节挂起来,或完全铺开来,有些谱单一个房间都铺不开,需在室外用很多长桌连在一起,才能将谱单完全铺开供族人查寻祭拜。

锡伯族:家谱载体形态主要有谱单和谱书两种。据统计,《中国少数民族古籍总目提要·锡伯族卷》刊载120种锡伯族家谱中,共有谱单88种,其中纸质31种,布质57种。

纸质谱单,一般为一纸,但也有二纸,有的如辽宁《抚顺胡氏家谱》则有四纸。纸质谱单,一般为墨汁书写,但也有少数谱单,如辽宁《吴门中锡伯人士火火力祖谱单》,记述始祖火火力等祖先牌位及五代人名、官职等,用彩绘书写。(见下图)

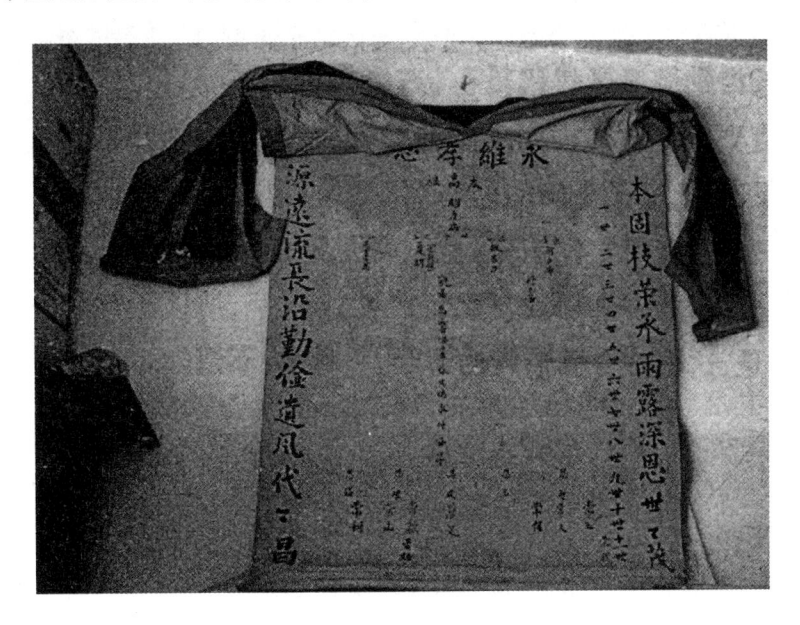

锡伯族悬挂墙上的陶氏谱单

布质谱单,一般为白色棉布,但也有一些布质谱单是书写在黄布、红布甚至黄绸上,如新疆《纳达齐牛录艾雅拉氏家谱》书写在黄布上,新疆《扎库齐牛录郭尔吉氏家谱》书写在红布上,新疆《乌珠牛录胡希哈尔氏族家谱》则书写在黄绸上。

无论是纸质还是布质谱单,其大小长短无统一规定,不少谱单宽度在60至80厘米之间,长度在160厘米上下。如新疆《扎库齐牛录富察氏家谱》,为一幅棉布谱单,光绪二十七年(1901)编修,其宽度为68厘米,长度为160厘米。又如新疆《扎库齐牛录吴扎拉氏家谱(2)》,为一幅黄棉布谱单,民国年间编修,其宽度为60厘米,长度为160厘米。也有的谱单很大,如新疆《堆齐牛录关氏家谱》,为一幅棉布谱单,同治三年(1864)编修,其宽度为

250厘米,长度则达440厘米。也有的谱单很小,如新疆《堆齐牛录瓜尔佳氏家谱(1)》,为一幅黄布谱单,1937年编修,其宽度仅为30厘米,长度为40厘米。

蒙古族:蒙古族也有以谱单形式书写家谱世系族人姓名、简历的文化习俗。

辽宁喀喇沁左翼蒙古族自治县的《图琳固英族谱》,就是将家谱世系书写在长卷上的一份蒙古族谱单。该谱单又名《梁哈族谱》,系成吉思汗黄金家族末代驸马图琳固英族谱,长8米,宽1.7米,用蒙古文按塔式结构手写而成。该谱平时卷起来收藏,逢时过节则打开来,顶礼膜拜。该族谱记载了天聪九年(1635)至宣统元年(1909)图琳固英传人的名字及其社会地位,族谱上能辨认的共14代1904人,其中获取清朝政府各种官爵的达1153人:一等塔布囊22人,二等塔布囊3人,三等塔布囊43人,四等塔布囊1019人,扎萨克13人,郡主1人,贝勒63人,贝子2人,镇国公4人,协理22人,卓索图盟长4人,内务大臣1人,理藩院大臣8人,御前行走8人,未得品衔者386人,喇嘛365人。

《图琳固英族谱》记载了近300年的蒙古历史,完善了蒙古族1000年的历史追踪,填补了蒙古政权及元顺帝之后蒙古王朝沿革研究的空白。《图琳固英族谱》尽管只是一份谱单,但具有较高的史料价值和文物价值。①

2016年9月12日,笔者访问内蒙古社科院图书馆,研究馆员高娃向我们介绍了一份蒙、汉文对照版的谱单,这也是在该图书馆110多份家谱中唯一一份蒙汉对照的蒙古族家谱:《哲里木盟奎蒙克塔斯哈喇诺颜始十六代家谱》。该家谱分刊在两份卷轴上,两份卷轴展开、拼接以后,宽约1米,长约3米,从上到下呈宝塔形,为毛边纸写本,左边为蒙古文,右边为汉字,名字前面还有职爵名号。

在这份《十六代家谱》上,我们惊讶地发现家族第八代有"皇后"字样,也就是说,这个家族出了清代皇后,惊得高娃连声说:"我以前也没发现,这份《十六代家谱》居然出了皇后!"表明这个家族在清代地位异常显赫,这份《十六代家谱》有重要的资料价值。(见下页图)

回族:如广西《白氏族谱》,就是一种卷轴式的谱单。这里所说的"白氏",是广西乃至我国回族中一个比较重要的家族,即白崇禧家族,在广西回族中,是人口最多的一个家族。其始祖是元代回族著名诗人伯笃鲁丁,史书记载:"伯笃鲁丁,字至道,答失蛮人,进士,至元三年任岭南广西道肃政廉访副使。"广西《白氏族谱》是一个长长的卷轴式的谱单,长约2米,宽约1米多,简明地记载了白氏宗族从始祖伯笃鲁丁到第十几代子孙的世系,以及后裔的迁徙情况,中间并无间断,这种能够把自己的血统直接地追溯到元代回族

---

① 张文广:《悠悠族谱,民族瑰宝——喀左蒙古图琳固英族谱》,《今日辽宁》,2003年第6期。

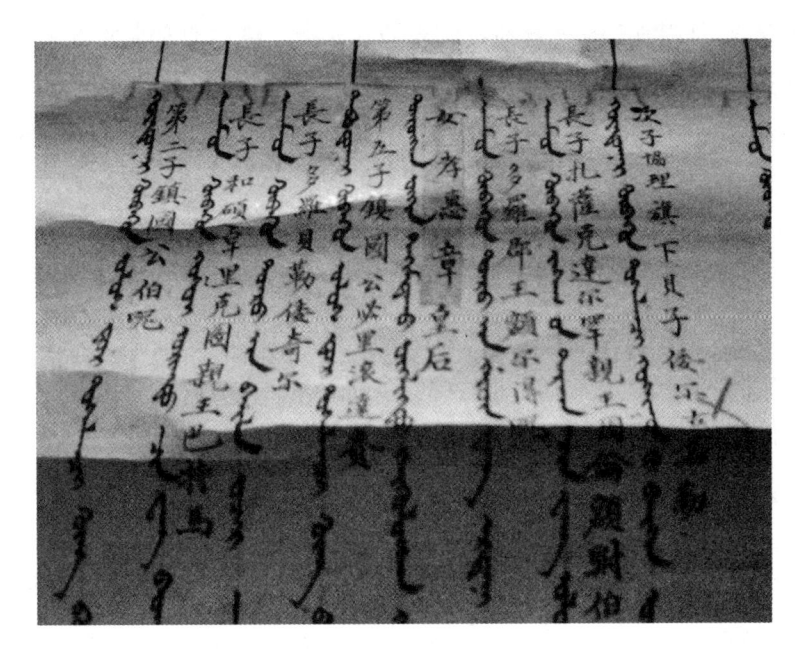

蒙古族《哲里木盟奎蒙克塔斯哈喇诺颜始十六代家谱》局部（2016年9月）

人的族谱，在我国回族中并不多见。

沈阳《白氏族谱》也是一份图表式谱单，谱长88厘米，宽38厘米，白纸书写，记载了白家到沈阳后的七代共144人。云南巍山三家村马有良藏《赛典赤家谱》也是一图表式谱单，系用绵纸书写，长约120厘米，宽约75厘米。

这种谱单，后人可以不断地将世系续修下去。如《黑氏家谱》也是一份谱单，长159公分，宽61公分，内容为谱序、谱系，其世系就经后人多次"誊录""重录""又录""再录"。[①]

2. 石碑家谱

所谓石碑家谱，就是将家族世系、人物、事迹等宗族资料以文字镌刻在石碑上的家谱。所以将家谱刻在石碑上，目的很清楚——刻谱于石，以垂永久。

我国早在两千年前的汉代就已出现石碑家谱，且非常盛行。如清咸丰二年（1852）出土于浙江余姚县的《三老碑》，大约于东汉建武二十八年（52）刻石，是一著名石碑家谱。该碑以竖线分为两部分，右为家谱，用横线分为四格，第一格记载祖父母名讳和忌日，第二格记父母的名讳、忌日，第三、四格记兄弟姐妹的名字。各格依辈分排列，上下为父子关系，左右为夫妻或兄弟姐妹关系。这种中竖父子、横列兄弟的世系表同后世家谱有着

---

① 刘侗主编：《辽宁回族家谱选编》，天津古籍出版社，1992年，第36页。

明显的渊源关系，是当时一种比较通行的表列式家谱。该碑的左半部为文字部分，说明三老的功德和立碑的目的，将祖父母、父母的名讳、忌日刻之于石，以合《春秋》"言不及尊"之义，以便后代子孙有所避忌。又如立于汉桓帝延熹三年（160）五月的《孙叔敖碑》，碑阴刻有碑谱，为又一汉代著名碑谱。汉代以降，汉族书刻石碑家谱不断发展，尤其到明清时代，在各宗族祠堂内立碑书刻家谱非常普遍，内容丰富，类别多样。

受汉族石碑家谱文化的影响，少数民族也出现以文字刻在石碑的方式来编修家谱的文化习俗。《中国少数民族古籍总目提要》揭示，白族、纳西族、仫佬族、毛南族、裕固族、羌族以及回族等不少少数民族都出现石碑家谱的谱牒文化类别。

如仫佬族《潘氏族谱碑》，碑在今广西壮族自治区罗城仫佬族自治县东门镇横岸村上勒蒙屯潘氏宗祠内。碑面112cm×72.5cm，汉文22行，每行27字。石刻，楷体。一面有字，保存完好。碑文记潘氏籍系河南开封府荥阳县，原迁至江苏常州府无锡县凤凰街金鸡巷。后遭世乱，避至浙江省湖州府德清县。宋咸淳年间（1265~1274）迁至湖南宝庆。元代之后，祖带三子曰葛、枝、亮流离至广西。随后，有的迁往别处，有的返回故乡。到浔州府的潘氏一支，遂在浔州定居；在庆远府的潘三帝，落脚河邑阿练里板册村（今罗城桥善乡板册屯）；到潘公平，则由板册入罗邑龙良寨州村（今罗城东门镇榕木村）；元代时祖三人由寨州始迁至木梓村（今罗城东门镇凤梧村公所在地），以后迁各村繁衍至今。《潘氏族谱碑》对研究清代仫佬族历史、迁徙有参考价值。①

又如毛南族《谭家世谱碑》，碑在今广西壮族自治区环江毛南族自治县下南乡波川小学。长方形石碑，一面有字，碑面158cm×105cm，汉文，28行，青石，楷体。清乾隆五十二年（1787）卢炳蔚、谭德成撰文，谭三楚、李明才抄刻。碑文载述毛南人谭氏始祖谭三孝，原籍湖南常德府武陵县东关外城太平里通长街古灵社，幼习诗书，"嘉靖元年取中八名举人，二年会试，复中五十名进士"。特授广东肇庆高要知县，后擢升广西庆远府河池州知州。"莅任三年，厂务水灾，归贡（亏空）厂税银八千，无由填足，罢职归农，逃散异乡"。后移居毛南土苗地方，"卖货生理，苗语难通"，遂与当地女子结婚，生有四子。儿子随母说毛南话而成毛南人。《谭家世谱碑》载述环江地区谭氏毛南人的迁徙情况及发展经历，对于研究毛南历史和民族融合有参考价值。②

再如白族《董氏族谱碑》，碑存大理市凤仪镇北汤天村董氏宗祠内。2016年11月19

---

① 《中国少数民族古籍总目提要·仫佬族卷》，中国大百科全书出版社，2009年，第31页。
② 《广西少数民族地区碑文契约资料集》，广西民族出版社，1987年，第253~254页。

日,我们上海图书馆课题组一行来到大理市东北郊的凤仪北汤天村,前往参观"法藏寺"中的"董氏祠堂",搜集收藏在该祠堂的《董氏族谱碑》(白族)的有关资料。法藏寺比丘住持释惟实向我们介绍了《董氏族谱碑》的有关情况。相传,董氏为国师,向为南诏、大理国统治阶级重用。《董氏族谱碑》共六块,大理石质,每块均高91厘米,宽91厘米,直行楷书,前五块于清光绪十八年(1892)刻立,第六块石碑则是1991年续修镌刻的。碑刻记载了从始祖董伽罗尤至32世的董嗣先,世世代代有人袭密宗僧人阿吒力之职,长达750年,历大理国、元、明三个时代,是大理白族典型的密宗世家。这六块世系碑保存了不少珍贵地方史料,从中可知董氏源流及与佛教密宗的渊源,是研究大理白旗佛教密宗的重要资料。董氏族谱的书籍已毁,但保存在大理市凤仪镇北汤天村董氏宗祠内的这六块约8000余字的碑刻幸存,表明石碑家谱保存时间较之书本家谱更为悠久,正所谓:刻谱于石,能垂永久。《董氏族谱碑》以碑文形式记载家族世系,是迄今发现记载家族世系最长的碑谱之一。(见下图)

云南大理"法藏寺"住持释惟实介绍《董氏族谱碑》(2016年11月)

回族也保存很多碑谱,且形式多样,如济南唯天桥区桑梓店镇老寨村就有一块回族《米氏五枝三世祖碑记》。该碑谱以记载北宋著名回族书法家米芾为主,至光绪十一年(1885),米姓在老寨村已有三世,其中关于米芾所记事略,均与正史记载相同。米芾"后裔散居江、浙、邹、滕境界,世守清真教规"[①]。

有些回族碑谱,则将家谱镌刻在墓碑上,以墓碑碑文的形式来叙述家族的渊源、世系,以求"万代不朽"。明朝任职临安卫千户世职的马坚后裔马德俊的墓碑(位于通海县河西镇

---

① 伊牧之主编:《济南回族家谱选辑》,济南市伊斯兰教协会,2004年,第148页。

下回村)碑文载:"自始祖坚公以赐进士出身宦游入滇,初授广西衔,继而调升临安卫,遂落籍建水回龙村,历代相沿,五传而至我德俊公。溯我德俊公原有兄弟三人,长德全、三德金、次德俊公也。长房德全公住居建水回龙村,即提督军门如龙之支派,三房德金公住居蒙自鸡街,其二房住居河东关外下回村者,即我德俊公也。公生有盛德,佑启后人,瓜瓞绵绵,子孙繁茂,其中文经武纬、科甲蝉联、冠裳济美、克绍箕裘者,代不乏人,相传至今已十有余代矣。窃念公之坟墓卜葬于本村北郊之外祖茔,诚恐代远年湮,难以认识,兹因十八世孙正明出力经营,并同族内管事建学暨阖族老幼子孙等为公建碑石,特述其梗概,以作木本水源之纪念,并垂万代不朽云。"此类碑文还有玉溪市玉苗村马氏先茔碑记、新县新化区马氏来源墓志铭、峨山甸百亩合家老祖墓碑、峨山文明村合家老坟碑等。①

3. 书本家谱

所谓书本家谱,就是记载家族世系、人物、事迹的印刷发行的历史图籍,书本家谱体例较完整,内容较丰富,图文并茂,是少数民族家谱发展的高级形态。

中国家谱发展的沿革大致可以分为七个阶段。自母系氏族社会晚期至商代是萌芽阶段,标志是出现了口传家谱、结绳家谱、甲骨家谱和青铜家谱,这几类家谱已具有血缘集团、世系等谱牒基本要素,但内容简单,形态原始,只能称其为家谱的起源。周代是家谱的诞生阶段,周代建立了宗法制和嫡长子继承制,记载血缘亲疏、嫡庶长幼的家谱制度有了很大发展,诞生的《世本》,被公认为中国家谱的开山之作。魏晋南北朝至唐朝是家谱的兴盛阶段,魏晋南北朝时期修谱成风,国家专门设立谱局和谱官。到唐代,在官修谱牒发展的同时,私修谱牒也发展迅速。宋代是家谱的变革、转型时代,随着科举的进一步实施,门阀士族制度遭受致命打击,官修谱牒已经失去价值而衰落,私修谱牒则盛行,并出现了欧阳修、苏洵分别编修的《欧阳氏谱图》《苏氏族谱》等为代表的书本式家谱。明代是家谱的完善阶段,修谱的体例、内容趋于成熟,这期间已出现受汉化较深的个别少数民族家族开始编修书本家谱。清代及民国时期是家谱的普及阶段,中国家谱在数量、内容等方面都达到了高峰,不仅汉族修谱,不少少数民族尤其是少数民族中的土司、头人等阶层也深受影响,纷纷编修家谱,流传今天的少数民族一些重要的家谱主要都是在这一时期编修的。近半个世纪,海内外华人形成编修新家谱的热潮,少数民族编修家谱也发展到新的阶段,这是历史上的家谱文化在社会主义时代条件下的继承与发展、延续与创新。

---

① 金少萍:《云南回族宗族制度探析》,《回族研究》,1991年第2期。

从上述中国家谱发展沿革可看出,汉族和少数民族编修书本家谱主要是在宋代以后开始并不断发展的,少数民族中出现编修比较成熟的书本家谱则与该族的历史文化和汉化程度较深有密切关系。

在蒙古族各旗,因爵秩的继承问题,必须将旗下各贵族的家系记录清楚。原则上每三年要整理一次,并报理藩院备案。这些都是最基本的家谱世系资料,尽管由于战乱等原因,很多已散失,但蒙古有些显赫家族的世系被完整地保存,并在此基础上编修书本家谱。

如《蒙古博尔济吉特氏族谱》,为喀喇沁蒙古罗密于雍正十三年(1735)八月编修。蒙古博尔济吉特氏一族,为元帝后裔。罗密在《蒙古博尔济吉特氏族谱》序中论述自己编修该谱原委时指出:

> 夫国有史,家亦有乘。蒙古自出塞以后,屡遭威勒忒之变,残编散佚,缺略殊多,各家纪载,每至互相舛错。老成凋谢,文献无征,世远年湮,前人事迹,或致废坠。密忝列蒙古裔孙之列,不揣愚陋,欲述先人支派源流,以垂后祀。缘王事驰驱,未能如愿。今年逾耳顺矣,爰于退食之余,广览博稽,详加考证,删繁摘要,录其次第源流,以备家乘;译以满、汉文字,以便披览。后之子孙,欲求先世支派原委,展阅斯编,了然在目。因以念世泽之绵长,感圣恩之高厚,勉为忠孝,毋至陨越,亦不负余区区述谱之意,是又余之所厚望也矣。①

乾隆四十八年(1783)八月,其裔孙博清额在罗本基础上续修重纂。原稿由蒙古文写成,后被译为汉、满两种文字。

《蒙古博尔济吉特氏族谱》蒙文、满文本,迄今未能获悉,其汉文抄本在中国国家图书馆、内蒙古社会科学院图书馆、内蒙古自治区图书馆等单位有所收藏。全三册,内容简介如下:

第一册题名《蒙古博尔济吉特氏族谱》,上、下两卷。首卷刊雍正十三年(1735)八月罗密"序",续载乾隆四十六年(1781)八月十五日博清额重纂"序"两篇。上卷述其族先世系上逮元朝,远溯额讷特珂即天竺国之嘛哈萨嘛谛汗,及图伯即西藏之库谆三搭里图汗,至元顺帝拖欢忒睦尔乌哈哈图汗各世次原委。下卷自蒙古必里克图汗即北元昭宗爱猷识理答腊,至察哈尔国灵丹呼图克图汗,以及清初外藩部落、京旗蒙古各世次原委。

---

① 《北京图书馆藏家谱丛刊·民族卷》第1卷,北京图书馆出版社,2003年,第676~677页。

第二册题名《蒙古世谱图考》,不分卷,博清额编修。内载:《元朝秘史》世系谱、《辍耕谱》元朝世系谱、《元史》所载世系谱、《蒙古族谱》所载世系谱、蒙古国主世系图(上)、蒙古国主世系图(下)、蒙古子姓分派图。每图之后,均有博清额考订文字。

第三册题名《格勒博罗特谱传》,全一册,不分卷,德坤编修,著作年代不详。该书亦是罗密编修族谱的续修之作,主要记述达延汗第九子格勒博罗特后裔世系,其内容比《清史稿》中所载丰富。

《蒙古博尔济吉特氏族谱》作为蒙古显赫家族的一部族谱,保存了大量珍贵史料,对研究蒙古历史有着重要资料价值。

满族家谱由结绳家谱发展为书本家谱,与清代八旗制度建立有很大关系。八旗制度规定:汗、贝勒、大臣以及各级额真是统治阶级,而诸申、伊尔根、阿哈等是被统治阶级,为防止混淆与变化,于是制定了严密的户籍制度,规定八旗人丁三年编审一次,各佐领负责造户口清册,包括父兄官职名字、子弟及兄弟之子,并户下人若干。而人丁身份地位、官职的承袭,都需要宗谱作为重要凭证。乾隆年修的《大清会典》更明确记载:"凡八旗氏族,载在册籍者曰正户,僦仆而本主听出户者曰开户,由所隶佐领别宗支,核真伪,稽远近,考其谱系。"正由于家谱与明确身份、承袭官职有密切关系,从而促进了满族家谱的编修。

满族大量书本家谱的涌现主要是在满人入关以后。清初统治者以"孝"治天下,康熙曾谕"笃宗族以昭雍睦",雍正进而要求"修族谱以联疏远",由于最高统治者的提倡,加上入关以后,满族的生活方式、风俗习惯日趋汉化,于是将汉族编修家谱的文化习俗接受过来,尤其是满族各级官员,纷纷编修满族家谱。

满族家谱有以满文编修的,也有以满、汉文合璧编写的,更多的是以汉文记述的。如《八旗满洲氏族通谱》,是乾隆九年(1744)成书的一部满文族谱,共80卷。该谱根据原存档和名门望族所存有的谱书编修,内容丰富,资料翔实,详记八旗满洲氏族的源流,一一考其异同,并分列其世系,是研究满清八旗氏族源流最重要的一部参考书。该谱另有汉文文本。《八旗满洲氏旗通谱》的问世,对满族修谱起了推波助澜的作用。(见下页图)

满族以文字书写的家谱是各少数民族中受汉族家谱文化影响最深、数量较多的书本家谱。据统计,当今存世的少数民族家谱为10231种,满族占第二位,达2111种。

回族分布比较广泛,主要在宁夏、甘肃、青海、河南、河北、山东、云南、安徽、新疆、辽宁、广西、北京等地。回族是以外来群体为主,融合、吸收中国本土群体而发展形成的少数民族。回族在未形成为一个民族的时候,使用着各种不同的语言,如阿拉伯语、伊朗语等。而在形成一个民族后,则与汉族一样使用汉语,因此,尽管有的回族家谱的封面上有

《八旗满洲氏族通谱》

少数阿拉伯文字,但总体上讲是以汉文编修的。

回族编修家谱历史悠久,分布比较广泛,且散存在各地的回族家谱有一定的数量。

据宁夏图书馆统计,该馆现存回族家谱14部,且有一定质量:"这些回族家谱中,谱史、版本最悠久的当属《六箴堂张氏家谱》《铁氏家谱》,距今600余年;《戴氏宗谱》距今570年,《脱氏家谱》《冯氏家谱》《黑氏家谱》距今300多年历史。最具民族史料价值的属《六箴堂张氏家谱》《戴氏家谱》《铁氏家谱》《黑氏家谱》《脱氏家谱》,最具地方特色的仅有《马氏族谱全集》。"①

据中国民族图书馆统计,该馆收藏回族家谱计17种。"这些家谱中,谱史最悠久的分别是距今几千年历史的《黑氏家谱》,距今有630年历史的《六箴堂张氏家谱》,距今有600年历史的《戴氏宗谱》,距今有560年历史的《脱氏家谱》《冯氏家谱》《铁氏家谱》等等"②。

又据《广西回族的族谱及其史料》一文揭示,广西地区已搜集到的回族族谱共有14种,编修时间最早的是《白氏族谱》,明永乐十六年(1419)编修,最迟是1989年编修的《鹿寨海氏族谱》,其余12种均为清代及民国时期编修。③

再据云南昭通地区调查,该地区居住着18万回族同胞,占云南全省64万回族人口的四分之一强。"据我们的实地统计,全市有回民姓氏118个,传统的回族姓氏有马、赛、

---

① 谢梅英、蔺炜丽:《宁夏图书馆回族家谱文献的史料价值及特点分析》,《当代图书馆》,2003年第4期。
② 王华北、王苹:《回族家谱与文化》,《北方民族》,2005年第4期。
③ 翁乾麟:《论广西回族的族谱及其史料价值》,《回族研究》,2001年第3期。

撒、虎、纳、张、李、杨、米、所、铁、孔、阮、戚、甄等20余姓。每一个大姓便是一个宗族,都有自己的族谱家规。昭通回族的汉文家谱族牒数量之多,历史之悠久,居云南全省之首。其中马姓回族所占人口最多"①。

清代及民国时期是回族家谱编修的高峰时期,尤在回族人口居住较多的地区,编修家谱的文化习俗比较明显。如福建晋江陈埭回族丁氏,系南宋末年阿拉伯穆斯林之后裔由江苏行贾卜居于闽泉,元末迁居晋江之陈埭,至明代后期,便已跻身于泉州的名门望族,成为人口众多、经济发达的回民社区。20世纪末,陈埭丁氏开始谱牒资料的搜集和整理工作,搜集的丁氏族谱近30部,少数是康、乾间编修的,多数为道光、光绪和民国时期续修的,数量可观的族谱为研究陈埭丁氏回族历史提供了丰富的第一手资料。②

由上述列举蒙古族、满族、回族家谱的资料可知,少数民族书本家谱历史比较悠久,数量也比较可观,有着重要的资料价值,是少数民族家谱发展的高级形态,是中华民族家谱宝库中不可或缺的重要组成部分。

---

① 胡青、马良灿:《回族家谱的三个维度:族源、族规与人伦》,《回族研究》,2007年2期。
② 庄景辉:《〈陈埭丁氏回族宗谱〉的编校出版及其价值》,《中国史研究动态》,1997年第8期。

二、少数民族家谱内容特点

从上节少数民族家谱种类简介可知,少数民族家谱具有历史悠久、类别多样、区域分布等诸多特色,与汉族家谱比较,就内容而言,既受汉族家谱文化影响,又打上本民族文化印记,是其最突出的特点。

(一) 满族家谱

满族家谱经历了由简到繁、由略至详的演变过程。早期满族家谱的主要内容就是家族世系图表,随着时间推移,受汉族家谱的影响与时俱增。1940年编修的本溪县《伊尔根觉罗氏族通谱》的体例就比较完整,包括谱序、历次创修宗谱原序、伊尔根觉罗氏族通谱、国初地名部落移驻考、创修支谱名目、家训篇、篆古家训、族长表、族长执行规则、宗派篇、祭祀规则、五服图、省属族居表、谱注释例、谱图篇、谱注篇。"该谱书篇目内容具有代表性,大多数谱书与之相类似。"①表明到清末、民国时期,满族家谱的体例内容皆比较完整了。

翻阅满族家谱,基本按汉族家谱的体例、内容进行编修,深受汉族家谱的影响,主要体现在以下几方面:

一是修谱宗旨。《吴氏谱书》刊载五世孙吴宗阿于康熙四十二年(1703)撰写序言:"尝闻国有史,家有谱,所以昭信纪实,重本笃亲,使世世子孙,乃昭然知所自出焉。"《索绰罗氏谱书统宗·原序》说:"客有问余:何为而集谱书也? 余应之曰:此编一成,上之可以追述先人,下之可以流传后世。凡人皆宜重本源,况我满人尤宜郑重,而不容遗忘也!"《白氏源流族谱图纂字序》开宗明义指出:"谱牒不修,无以昭慎终追远,名字不纂,何以序

---

① 张德玉:《浅论满族家谱的文化特征》,《北方民族》,2006年第3期。

长幼尊卑?"这些满族家谱叙述修谱宗旨用的是汉族家谱术语。

二是凡例。即修谱的规则。以《新修富察氏志谱》为例,共有凡例14条,其第三条是:"书法今定以名为纲,用大字书,下注本人字号、功名、生卒及葬所毕,妻室另行,亦大字平书,下注明某某处人,某人女,次书生卒,与其夫合葬否亦载明。侧室则另行低半格书,子女几人,即于其母名下注明。其再娶侧室有出者,各于名下注明。女适某或待字亦标出。如此条分缕晰,庶可一览了然。"第五条则说:"夫妇为万化之始,名分宜严。凡元配曰娶某氏;未娶而夭,别娶者曰聘某氏;娶某氏续配曰继娶某氏;有三、四娶者俱依次直书;若已娶正室而又置小星及收媵从者,皆书侧室。"其他有关过继、祖茔、祠堂等也都在凡例中有所规定,与汉族家谱凡例基本一致。

三是世系图。这是谱书中最重要的部分。满族家谱也具备这一内容,并且各家族所采用的形式全都是仿照汉人的。不少家族采用欧阳修所创的谱图,如《新修富察氏志谱》主张用欧阳修的五世图表:"有经有纬,经则上下五格,祖父子孙曾一线直接;纬则左右同行,挨行平列,兄弟从堂,一类横推。经之纬之,而九族以辨,五服以明。"《他塔喇氏家谱》则强调:"迁、固创侯表,盖仿古旁行邪上例。今表列五格,格书一世,服穷五世之意也。上下列父子,横列兄弟,长幼一序之经也。"采用的也是欧阳修的五世图表。

四是字辈排行。满族名字原没有字辈排行,后受汉族影响,名字音译采用汉字。康熙时皇室中讲究子孙辈分用字及字的偏旁,以明皇族宗支世次,于是满族其他家族纷纷仿效,家谱中就有了字辈排行的规定。如《马佳氏族谱》以32字为其子孙排行:"天经国纬,祖德宗功。嘉猷懋绩,宣勤效忠。钧衡鼎笏,代有传人。显扬蕃衍,承泽存仁。"文后另加小注说:"以上三十二字自二十世起,凡我苗裔一代用一字以记事,男女一致遵守排用……不得任意更改,以免混乱。"

满族家谱汉化后,逐渐具备汉族家谱的特征。如吉林东台市胡家乡小韩村石氏各房家谱(手抄本)的谱序上,都写有"清文宗继盛,赓兆咏明良。璞蕴祥徵玉,昆衡宝润芳"二十字,为家族的字辈排行,一代用一字,以区别家族成员的辈分。如二太爷房的石清友属"清"字辈,为十一代,四太爷房的石文学和七太爷房的石文继属"文"字辈,为十二代。这在全满文的家谱中不可能出现,因为满族人的名字音译过来都特别长。(见下页图)

又如《吉图呢察氏族谱》(1931年)"谱例"第七条,为避免子孙胡乱起名,以讹传讹,特规定:"兹将所拟定十六字,凡我族人,各宜遵守,谨列于下:振兴国家,云汉维济;鼎铭显耀,世荣延续。"满族家谱不仅有了字辈排行,而且字辈内容所宣扬的思想与汉族家谱也是类似的。

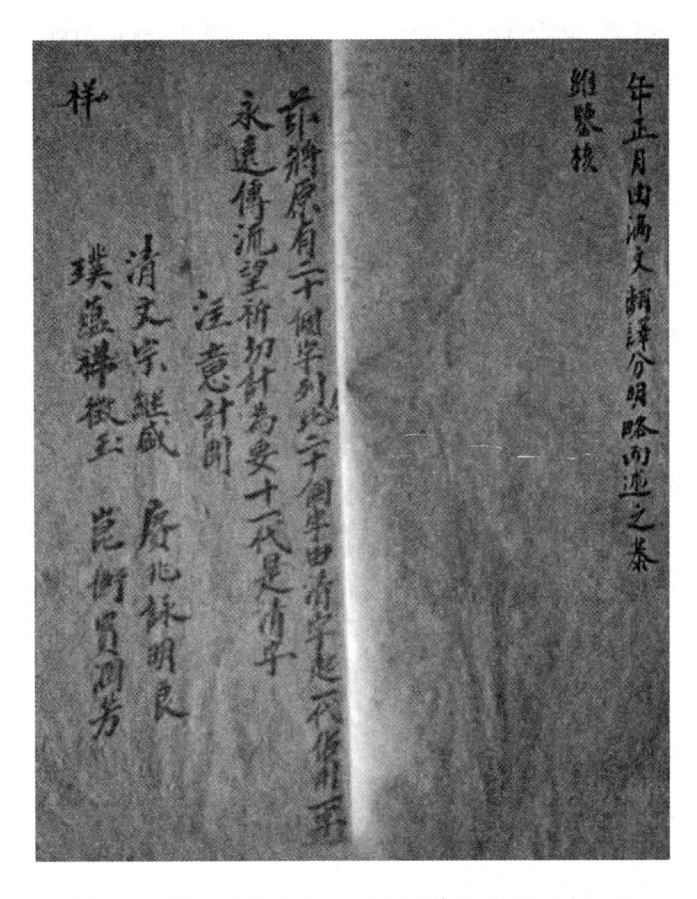

吉林东台市胡家乡小韩村石氏家谱字辈排行（2016年9月）

此外，满族家谱在家训、族规、祭祀、艺文等方面，也都受到汉族家谱的明显影响。

另一方面，满族家谱毕竟是满族人编修的揭示满族世系、人物、事迹的家谱，在编修内容以及编修形式等方面又都带有满族的民族特色。

在家谱内容方面，满族特色多有显示。如祭祀，一向是满族重视的事，在不少族谱中，都有专载祭祀的一章。虽然在若干仪注上已经显现汉化的痕迹，但是满洲的原始文化仍然存在其中。如《新修富察氏志谱》祭祀规定："每逢祭祀，选择吉日……购牲为紧要，毛无杂色，不剪尾、不穿耳，选其肥大养于净室，以红朱涂于背头间，派妥人经管饮食，必洁必净，所以昭诚敬也。……持香赴净室引牲，迨至堂门外，主祭者行三叩首礼，复位；陪祭以次，均复位。执事者引牲至堂中，盆前以白布七尺缠刃宰牲，不使血溢于地。……俟牲毛去净，五脏洗洁，剖牲五段（头段首，二、三、四、五段系由背脊剖成两块，再由腰中分为四块，共成五段）。用热水全浸，将牲品于祭盘分献五脏。……执事者撤牲暨五脏，各取上分加米作小肉饭,此饭只准族人吃。"从以上的记载中,我们不难看出:祭祀时焚香烛、行三跪九叩首等仪注,应是汉化的结果;而以活牲祭祀,则显然是满洲旧俗,保存了萨满教祭祀的遗风。

满族家谱谱名也显示了满族家谱的民族特色。满族家谱的谱名,很多以汉姓为称,如完颜氏称《汪氏宗谱》,佟佳氏称《佟氏谱书》,伊尔根觉罗氏称《赵氏谱单》,瓜尔佳氏称《关氏谱书》,富叉哈卡氏称《傅氏谱书》等。但仍有不少家谱以满族姓氏题于谱名,如光绪十六年(1890)编修的《索绰罗氏谱书》,嘉庆十二年(1807)编修的《福陵觉尔察氏谱书》,光绪二十三年(1897)编修的《永陵喜塔腊氏谱书》,1924 年编修的《萨嘛喇氏族谱》等。至于为什么要保留满族姓氏,宋小濂为《他塔喇氏家谱》作序时指出,数典不能忘其祖:"盖他塔喇氏满洲名族,即使世变无常,而一姓渊源自不可泯,万勿泥世俗之见,改而为唐,使他塔喇氏之子孙,十世百世终为他塔喇氏,而不为唐氏,则序斯谱者之意也。"

翻阅满族家谱,可看到许多满族名词,如"阿玛"(意为父)、"额娘"(意为母)、"达祖母"(意为大祖母)、"穆昆"(意为族长)、"穆昆达"(意为总族长)、"牛录额真"(意为佐领)、"甲喇额真"(意为参领)等,这些也都是满族家谱所特有的。

(二)回族家谱

分析回族家谱的最大特点,就是家谱中渗透伊斯兰文化的精神,而这与回族的发展历史有密切关系。回族不是中国境内原有的氏族部落融合、发展而形成的民族,而是以外来移民群体为主,融合中国本土民族成分而形成的一个民族,它是在一种多元的文化背景特别是以儒家文化为主导的汉文化背景中形成的。(见下页图)

乾隆三十三年(1768)《太师马家谱历史系统图考》之《序言》就揭示了回族家谱的这个特点:"考吾鼻祖系出西域……祖居陕西固原柳树巷,要皆忠厚传家,簪缨继世。迨至洪武十六年,有编修翰林院马沙者,系鼻祖之后裔,因讲解西竺所贡天经八卷,蒙明主见喜,仍敕封太师之职。……父之所以教子,兄之所以戒弟,务忠厚传家,经书继世,恪守教规,葆发以妈乃之光亮;刻志光前,不负祖先之培积,以相延于千万世而与一日也。"这段序言告诉我们:该马氏家族系出西域,表明其是移民群体,来到陕西等地,长年接受儒家文化,"忠厚传家,簪缨继世",但又保留着伊斯兰文化特征,"恪守教规,葆发以妈乃之光亮",表明回族文化既忠于自己的信仰体系,又认同汉族的儒家文化。

回族家谱中包含伊斯兰文化的精神,在家谱的家法、族规中更是明显表露出来。如《傅氏宗谱》(1938)族规规定:"族中尊卑长幼各宜安分,尊长不可凌辱卑幼,卑幼不得违

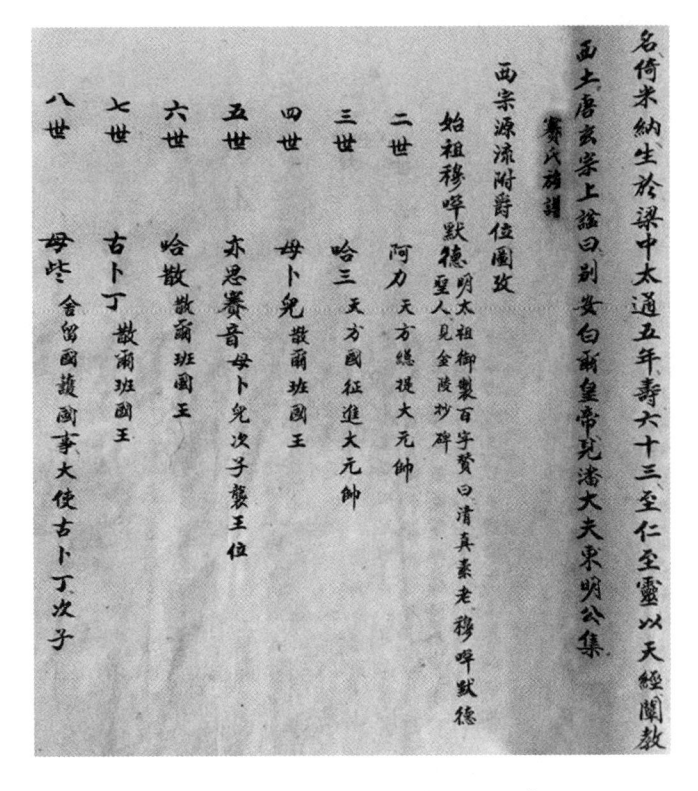

云南省图书馆收藏的回族《赛氏族谱》

抗忤逆尊长。"这是典型的儒家思想。但《傅氏宗谱》又强调："子孙虽愚，经书不可不读。虽科第难期，读书原以明理，念经以明宗教，吾教当行可止之事，载在经典，关系匪轻，不可丝毫违反。"叮嘱后人要拜主，因为"天地万物本乎主，念、礼、斋、课、朝乃主命也"。所谓念、礼、斋、课、朝，回族人称为"五功"，是伊斯兰教对每个信仰者的最基本的要求。

又如嘉庆七年(1802)《下坝马氏家谱》规定了十条族规：

一族之教，认清真则有念、礼、斋、课、朝，论民教则有耕读与安分。并酌定族议规……合族子弟后生有所惩戒，无敢逾越。耕读为衣食之源。……故为尊长，必据下列十件清真正条，各教之大道，以训诫子弟，儆顽惰以化愚蠢。士可作国家之桢干，农可作盛世之良民，斯不负我太师之根。……十大正条如下：

一、议论公祖之规定须认真讲究，不得以小犯上，若族有忤逆犯上者，族长照犯罪过大小依法处之。

二、各家父兄应约束各家子弟，不准擅入邪门，倘故入邪门，照法处治子弟，重责戒父兄,从重认罚,以警其余。

三、族中子弟宜悔过迁善,不准附合匪人,拦路抢劫。若阳奉阴违,务须认真查拿,送官处治。

四、年幼子弟宜安分守纪,不准借故生端,若三五成群借故敲磕于人,族中查拿送官处治。

五、族中子弟不准奸淫邪盗、通婚估娶,抗违者送官处治。

六、族中受人过分欺侮时,齐族理论,但须各带用费,先礼后从,勿恃众妄为。

七、族中不准占势,以大压小,以富欺贫或以贫骗富,违者依法处治。

八、族中子弟不准酗酒滋事,若违者,以教规处治。

九、各族中子弟务须教以礼为本,指从正路,若凡不信,送官处治。

十、念经耕读,或习耕种,不可惯习不种。

上述十条族规,涉及人伦、教门、婚姻、本分、教规、治家等方面,其中遵守教门、不准擅入邪门、以教规处治等内容,明显含有伊斯兰文化的内涵;而遵守孝道、以礼为本、不准拦路抢劫、不准奸淫邪盗、不准酗酒滋事等,则既是儒家文化中的要义,也是伊斯兰文化所蕴含的精神,该马氏家谱的族规将两者有机结合起来。

回族家谱渗透伊斯兰文化的精神,需妥善处理宗教与宗族的关系,因此,回族家谱的体例、内容与汉族家谱相比,比较简略:就大多数族谱而言,一般都分为"序言"、"族规族训"、"世系表(世系图)"三部分。回族家谱不仅内容类目明显少于汉族家谱,而且其追根溯源、世系排列等方面内容也较为简单。有不少回族家谱仅是世系排列。有的家谱则仅是一张谱单,将世系书写在白纸上。如沈阳白家第五世白雯云、白香云保存的《白氏家谱》就是一张谱单,长88厘米,宽38厘米,白纸书成,记载白家到沈阳后的七代世系,共144人。尽管如此,作为中国重要少数民族之一的回族的家谱,以其特有的伊斯兰文化精神,无疑为中国家谱园地增添了鲜艳的色彩。

(三)畲族家谱

畲族是我国东南地区的主要少数民族,最早的居住区域在今闽、粤、赣三省交界的山区,过着日出而作、日落而息、自给自足的封闭生活。唐代中期,朝廷在此设置郡县,随即有大量汉民迁入,畲民不堪唐政权的封建压迫和歧视,被迫四处迁徙,部分畲民开始向闽、浙、赣边界转移。畲族村落与汉族村庄交错分布,畲族人口稀少,处于汉族强势文化的包围之中,其经济、社会生活和思想观念发生了深刻变化。畲族没有自己的文字,接受的是纯粹的汉族封建文化的教化,随着封建化程度日益加深,畲汉文化和习俗逐渐融合趋同。但另一方面,畲族又保留着自己的民族特色。畲族的谱牒文化充分显示了这个特点。

1.畲族非常看重家族源流和血脉谱系,重视编修家谱。在畲族与汉族交往过程中,畲族处弱势地位,强烈的民族意识使畲民非常笃信祖先崇拜,受汉族文化影响,这种意识表现为编修家谱的实际行动。《(浙江景宁)蓝氏宗谱》(清抄本)指出:"不画祖图为供奉者谓之不孝,不修敕书族谱者谓之不顺。"《(浙江丽水)宣邑钟氏宗谱》[光绪三十一年(1905)]曰:"族谱实乃家宝,必须先于他物而珍重弗失。"因此,畲族有为数不少的明、清、民国家谱和其他谱牒资料留传下来。

据许旭尧在《谈畲族谱牒文化的基本特点》一文中介绍:"浙江畲族大多修有各姓支族家谱,这些家谱多数依据入浙前旧谱续修,亦有分迁各地后续修的分支宗谱。清乾嘉以前,家谱为手抄本,后有线装刻印本。现存的畲族家谱最早的修于明代中期,其余多修于清后期和民国期间。"

畲族人修完谱后,要汇集各房代表举行祭谱仪式,然后正式付梓刊行。仪式由族长作为家族全权代表,由师公具体操作进行。祠堂正厅设道教诸神和地藏、土地、地府十殿王灵位,供三牲等祭品。先在野外接请本支系祖宗神并安于灵位,献祭诵传。接着在正堂为先祖诵经唱书超度。师公翩翩起舞唱诵,余者奏乐鸣金和唱。然后在祖神灵台前宣读族谱中高辈分者行第,一边读一边在族谱的上下代之间画一红线,表示各宗各房血缘子孙的延续关系,最后送神纳钱结束。祭谱仪式自早晨开始至翌日凌晨结束,无异于一场畲族传统的功德道场。祭谱习俗已延续数百年之久,目的是祈求祖宗神灵保佑族人平安发达。

2.畲族家谱体例、内容深受汉族家谱的影响。翻开畲族家谱,内容类目包括谱序、凡例、源流考、家训族规、仕宦录、祖先像图、祖祠祖坟图、传记、排行字头、世系图、行第等,与汉族家谱基本相同。在修谱宗旨方面,畲族家谱强调:"族之有谱,犹国之有史。谱者,所以联支派、别昭穆、明尊卑、分长幼,使瓜瓞绵绵,秩然而不紊者,皆赖谱有以统之,是则谱之所系大已哉。"这样的文字与汉族家谱序言何其相似。

畲族家谱也非常推重欧苏谱法。《浙江(丽水)宣邑类氏宗谱》[光绪三十年(1904)]"凡例"规定:"家谱系图遵欧阳氏仿《史记》年表世经人纬之法,而行第则遵苏氏仿礼家宗图派联系属之义,今合二氏方为尽善。"编修过程中,均按照欧苏谱式并参考汉族家谱规范操作,在《浙江(丽水)汝南郡蓝氏宗谱》(1934年)续修宗谱序中规定:"窃取欧苏意,将增谱牒修。辛勤推本实,仔细探源流。懿范非新立,规条本谋旧。小心虞有错,谨理免天尤。昭穆行行究,支图代代口。庸才司监督,告竣以心留。"

当时有些畲族家族往往延请当地汉族文人名士或者职业谱手主持修谱,或请他们为家谱作序、写传、撰文、献诗。如晋江《雷氏族谱》是请陈姓的私塾先生代修的;闽东福鼎、霞浦等地的《钟氏族谱》是请郑、张等姓的汉族知识分子撰修的;闽东《雷氏族谱》聘请浙江温州、处州的汉族儒士撰修。这种做法也使畲族家谱与汉族家谱更易趋于一致。

3. 畲族家谱保留了自己民族的特色。畲族是杂散居住的少数民族,与汉族传统文化相比,畲族传统文化是一种弱势文化。文化上的弱势地位使畲族形成了既自尊又自卑、对汉文化既模仿又抗拒的民族文化心理,强烈的民族自我保护意识,使他们在吸纳汉文化的同时,力图保持本民族文化、习俗的独立性。畲族家谱设置专门的祖图和高皇歌等内容,就是力图保持本民族文化的反映。

祖图用彩色颜料在白布上绘制而成,完整的一堂祖图包括三青、十王、射猎师爷、打猎师爷、本姓始祖、左右门神、金鸡、玉兔和长联等画像。其主体是两幅描绘、解析畲族始祖盘瓠传奇经历和盘、蓝、雷、钟四姓由来的连环画式长卷,畲族称为长联。

高皇歌,亦称盘瓠歌,以盘瓠传说为基础创作,叙述盘瓠出生成长、揭榜平番、变身完婚、生儿育女、高辛封姓、辞官入山和打猎殉身的身世经历,内容与祖图相同。高皇歌有各种手抄本流传,在畲族群众中世代传唱,被誉为畲族起源的民族史诗和英雄史诗。

祖图和高皇歌分别以美术和文学的形式记述和解析畲族起源,是畲族家谱颇有特色的内容,比纯文字形式的家谱更容易为人理解、记忆和接受。

此外,畲族根据本民族习俗,在取名和排行上也有自己的特点。畲族家庭成员一般有小名、本名(书名),还有法名和讳名。法名是专为经过传师、学师活动的男女所取的,讳名则是专在死后办白事时使用的。畲族还有特殊的排行方法,各姓略有不同。钟姓以"大、小、百、万"四字为行次,雷姓以"大、小、百、千、万"五字为行次,蓝姓以"大、小、百、千、万、念"六字为行次,不断循环,周而复始,以此作为辈分长幼的标志,并能够识别民族、姓氏及血缘远近。畲族的这些取名与排行方法,与汉族还是有所不同的。

总之,畲族家谱生动显示了在畲汉两族漫长交往共处中,畲族深受汉文化影响,是历史上受汉族影响较大的少数民族之一,同时又保留了本民族文化心理所需要的、寄托民族信仰要求的社会习俗。

（四）锡伯族家谱

清康熙三十一年（1692），锡伯族正式编入八旗，编为 65 个牛录，从此处于清朝八旗制度的严格管理之下。清政府严格执行旗人户籍、丁口编审和官职世袭制度，承袭官职必须"预先缮造家谱，存于都统衙门"，经过八旗都统"核真伪，稽疏远"后，方上奏皇帝批准。这对锡伯族各"哈拉""莫昆"编修文字家谱，也起到了推动的作用。

清初，锡伯族归属满清后逐步接受了满语、满文，进一步受到满汉文化习俗的影响，20 世纪 40 年代开始，锡伯族创制了以满文为基础的锡伯文，因此，就锡伯族书写家谱文字而言，存在用满文、满汉合璧、汉文和锡伯文等多种书写形式。留在辽宁地区的锡伯族就更多地受到满汉文化的影响，因此书写家谱的文字，以汉文居多。如辽宁地区的《锡伯族何氏宗谱》，主要记述何氏宗族原居地、迁徙、辈字、世系等内容，乾隆五十五年（1790）用满文书写，光绪二十九年（1903）续修时用满汉合璧文字书写，到 1942 年再续修时则用汉文书写，何氏宗谱书写文字上的不同，反映了东北地区锡伯族在接受满汉文化程度上的逐步加深。

锡伯族家规是锡伯族家谱文化的重要内容，有些置于家谱谱序或记事栏内，更多的则单独为文，以"家规""家训"名之。其载体形式，有的为谱单，不少是书本。每过大年，长者以此教育和训导后辈。

先举一些例子。如乌珠牛录佟佳氏家规，刊于光绪十八年（1892）编修的谱书内，此谱除谱序、世系外，就是将家规以条目形式记于佟佳氏家谱记事栏内，涉及敬祖睦族、尊老爱幼、讲礼节、爱家乡及对违犯者的各种处罚条目等，成为佟佳氏家谱的重要内容。又如乌珠牛录永托里氏宗族族规，是一部专门记载永托里氏家族的家规著作，光绪二十八年（1902）编修，宽 18 厘米、长 22 厘米，共计 9 页，以满文记载了永托里氏的宗族族规共 17 条，从尊老爱幼、父子长幼关系到如何参与族内婚丧祭祖、奖勤及惩治不孝等都作了具体规定。再如依拉齐牛录顾尔佳氏家族家规，也是一部专门记载顾尔佳氏家族的家规著作，1941 年编修，宽 30 厘米、长 35 厘米，用满文记述男人、女人、老人、年轻人劳动、生活、尊老爱幼、互相交往应遵守的纪律，共 6 条。

下面以光绪十九年（1893）编修的新疆《伊犁锡伯营镶黄旗（一牛录）佟佳氏家规》为例，对锡伯族的家规内容作进一步剖析。

该家规首先论述了家族"和睦为贵"的重要性："窃惟自古至今，均以敬祖先、在九族之内和睦相处、亲疏不分为重,是即人有氏族之亲,犹如树木之有茂密之枝叶、水有无数之支溪一样。氏族之中以和睦为贵;家庭之内以孝悌为先。故理应崇尚和睦以固根基"。

其次,阐述了所以制定家规的缘由是与西迁至新疆伊犁新的社会环境密切相关:"由盛京所属胡世台牛录移驻伊犁之时,我族一支之几户几家并无亲疏之分,故离乡之前未带宗谱。今移驻伊犁已四十载之久,日后长辈谢世,人口繁殖,年远日久时,已致忘记根本,以一时之怨恨,难免在氏族内部制造分裂等事之发生。所以,我氏族召集全氏族之会议,商议制定今后子子孙孙遵照行事之宗谱和家规。自此之后,虽年远日久,隔世传代,务须念及祖先养育之恩泽,在氏族内部更加亲密无间,和睦相处,以不忘根源,不得分散疏远,遇有红白诸事,不分辈分,不分尊卑,不分男女,均如一家,各尽其力,积极行走。"

再次,家规的内容以维护家族尊老爱幼次序、和睦家族为重点,对各种违犯家规的惩罚措施非常具体。家规规定共有八条:

一条,"氏族之内部辈分高又有父祖之尊而不能修身齐家,而有下贱邪恶之举和氏族内之大小诸事持不同意见,请而不到并有不顾子孙之体面者,必须召集全氏族会议,当众之面罚一头猪,以祭祖先之灵位。之后,氏族成员共同用餐。所罚一头猪,必须是百斤以上为准"。

一条,"在氏族内身居父叔之尊而不遵照氏族章程,有失和睦相处之道德并对氏族内红白诸事知而不去参加,其言行有失氏族之公德,影响本氏族之声誉,并经常有不轨之行为者,则召集全氏族会议定其罪责,按规定罚羊一只,以祭祖先之灵位。祭祖之后让氏族成员共同用餐。所罚羊必须是六十斤以上为准"。

一条,"氏族内部遇有氏族成员谢世时,不分亲疏,每家每户必有一人服孝,此孝以七七四十九天为期,一律在四十九大祭之日脱孝。若有不服孝者,在氏族会议上按其辈分与这次丧葬中伊该服何种孝服,就叫他服何种孝服并在服孝前重打三百鞭"。

一条,"对生身父母不尽孝顺,经常犯上欺下,口出狂言,语伤长辈,而且在氏族内表现自高自大者,将其重打二百鞭,好好反省"。

一条,"在兄弟之间互不关心,凡事不能互相照顾,一家有事,一家他出干别事者,将其重打一百鞭,之后,必须让他做他所不做之事"。

一条,"不养育妻子儿女,浪荡游街,不务正业,使其妻子儿女失去基本的生活条件,以使全氏族声誉扫地者,将其重打一百鞭,必须让他收养妻子儿女"。

一条,"氏族内身处子孙和儿媳之辈而在长辈面前口出乱言,以使长辈灰心,并与父叔并肩而坐,并肩而行者,召集氏族会议,议定罪责,将其重打九十鞭,以示众人"。"妇女、儿媳等犯有上述罪责者,就按照以上各条所定规则,在祖先灵位之前罚跪并行掌嘴之刑,以此示众"。"妇女、儿媳中有多嘴多舌和行为不轨,声名狼藉,不听从父母和丈夫之规劝,以及公公婆婆、丈夫均谢世之后,不抚养子女或身负重孝而行为不轨者,将其抓来,设祖先之灵位,让她罚跪,肩挑三重扁担并用鞋底掌嘴百掌,以此示众"。

一条,"在氏族内部凡遇有大小诸事都能和睦相处,男子不能失掉祖辈传统,妇女则不能改节失信"。①

制定规则是重要的,关键是执行。为此,各家族逢时过节祭祀祖先时,族长要宣讲家规,教育族人遵照家规,规范自己言行,男尊女卑,尊老爱幼,家族团结,世代相传,永世遵行。另一方面,为了平时督促本家族全体族人遵循家规,及时发现违犯家规行为,严格按照家规对违犯家规者处以必要的惩罚,因此各家族在修定家规的同时,都相应成立必要的组织机构,以保证家规的执行,达到维护家族和睦的目的。

《伊犁锡伯营镶黄旗(一牛录)佟佳氏家规》于1924年第四次修订时,在家族全体成员参加的大会上,选出唐武泰、萨吉、郭尔米选、灵保、伊克唐阿、来保为新的氏族长,同时又选出破果之妻、灵保之妻、佟精阿之妻、塔尔洪巴吐之妻为媳妇辈氏族长。这次大会还选出佟佳氏各祖支内的氏族长名单:长祖一支:喀拉春、松果尔;妇女中:吴里善之妻、灵保之妻。次祖一支:伯拉克、王连;妇女中:巴尔本泰之妻、万春之妻。四祖一支:德益真;妇女中:德益真之妻。六祖一支:克西克图、宏吉泰;妇女中:士春之妻、精丰泰之妻。②

与汉族家谱家规相比较,锡伯族家规显示了自己的民族特色:一是汉族家规大多置于该族家谱中间,成为家谱有机组成部分,而锡伯族的家规有的置于该家族家谱中间,与世系、谱序等共同构成家谱的重要组成部分,但很多锡伯族家规则单独成文,独立成册,且内容丰富具体,表明锡伯族将家规放在非常重要的位置;二是汉族家规内容比较全面,包括敬长老、孝父母、友兄弟、尊师长、睦近邻、崇俭朴、恤孤寡、戒奢侈、戒淫逸、禁赌博等伦理规范,而锡伯族家规重点突出,主要以维护家族尊老爱幼次序、和睦家族为主要内容,对各种违犯家规的惩罚措施非常具体;三是为了办理族内大小诸事,督促全体族人执

---

① 贺灵、佟克力辑注:《锡伯族古籍资料辑注》,新疆人民出版社,2005年,第377~378页。
② 贺灵、佟克力辑注:《锡伯族古籍资料辑注》,新疆人民出版社,2005年,第379页。

行家规,锡伯族家规中,都明文确立家族及各支系负责人(即家族氏族长,各支系氏族长),特别是专门确立媳妇辈妇女负责人,以保证平时监督全体族人尤其是妇女遵循家规。而在汉族家谱家规中,很少见到类似内容。

总的来说,随着历史上中国各民族交往日益加深,少数民族家谱深受汉族家谱影响,但又保持各少数民族自己的特色。上面简要介绍了清代、民国时期满族、回族、畲族、锡伯族等少数民族家谱的特点,少数民族家谱大大丰富了中国家谱的内容。从少数民族家谱中,不仅可以了解中国各少数民族历史沿革和文化习俗,而且可以寻觅到中华民族大家庭形成过程中的诸多历史痕迹。

三、少数民族家谱为多元一体中华民族的形成提供了第一手资料

论到少数民族家谱的价值,诸如寻根价值、文物价值、道德价值、文化价值以及对中国历史、经济、地理、民族、语言、艺术、建筑、民俗、人口、社会、医药等诸多学科提供重要的资料,可谓汗牛充栋,能列上数十百条,述以数十百万字。受篇幅所限,这里就少数民族家谱为多元一体中华民族的形成提供珍贵的第一手资料作一阐述。

中华民族不同于欧美那样的由国民或公民直接构成的民族,而是由历史上形成和存在的各民族群体构成,因此是"多元一体的格局"。

中国是一个历史悠久的文明古国,领土广阔,自然地理环境和气候有很大差异,社会历史条件也不尽相同,在千百年的历史发展和演变的漫长岁月中,在不同条件下,不同地域里生活的人群形成了各种各样的民族群体,各个民族群体在长期的交往交流交融的过程中逐渐凝聚为一体,形成了"中华民族"。"中华民族"这个族称在全民族抗击日本帝国主义入侵的过程中,已经得到全民认可,各个民族群体在"用我们的血肉筑起新的长城"的过程中实现了中华民族的自觉——"自觉而称为中华民族"。

1988年11月,费孝通先生在香港中文大学作了"中华民族的多元一体格局"的重要演说。费孝通提出:中华民族是"由许许多多分散孤立存在的民族单位,经过接触、混杂、联结和融合,同时也有分裂和消亡,形成一个你来我去、我来你去,我中有你、你中有我,而又各具个性的多元统一体"[1]。费孝通明确肯定了中华民族是由历史上多个民族群体凝聚成的民族共同体,是一个民族实体。

费孝通提出的"中华民族多元一体论",得到了学术界的普遍认可,也得到了党和政

---

[1] 费孝通等著:《中华民族多元一体格局》,中央民族学院出版社,1989年,第1页。

府的充分肯定。周恩来总理早就指出:"历史的发展使中国各民族是杂居的,互相同化,互相影响。"习近平总书记在2014年中央民族工作会议上的讲话中明确指出:"各民族在分布上的交错杂居、文化上的兼收并蓄、经济上的相互依存、情感上的相互亲近,形成了你中有我、我中有你、谁也离不开谁的多元一体格局。"①

2015年9月30日下午,在中华人民共和国第66个国庆日到来前夕,习近平总书记在人民大会堂亲切会见了13位来自内蒙古、广西、西藏、宁夏、新疆的民族团结优秀代表,向他们致以节日的祝贺,再次强调了中华民族是"你中有我、我中有你、谁也离不开谁的多元一体格局"。他指出:"我国是统一的多民族国家,各民族多元一体,是老祖宗留给我们的一笔重要财富,也是我们国家的重要优势。我国各族人民共同缔造了中华人民共和国,都为中华民族形成和发展作出了卓越贡献。""我国56个民族都是中华民族大家庭的平等一员,共同构成了你中有我、我中有你、谁也离不开谁的中华民族命运共同体。"②

金冲及先生在《中华民族是怎样形成的》一文中指出:"中华民族的形成经历了漫长的过程。大体上有两个阶段:前一阶段是几千年来历史的演进,后一阶段是近代以来在反抗外来侵略者的共同斗争中形成了自觉的认识。"③

多民族大一统格局是我国自秦汉以来就基本形成的历史传统和独特优势,中国少数民族家谱,作为记载各少数民族家族世系、人物和事迹的历史图籍,无论是人口较多的少数民族家谱,还是人口较少的少数民族家谱,都为"各民族在分布上的交错杂居、文化上的兼收并蓄、经济上的相互依存、情感上的相互亲近,形成了你中有我、我中有你、谁也离不开谁的多元一体格局"提供了最生动、最原始的第一手资料。

下面就按东北内蒙、西北、西南、中南东南四大地区,举例介绍各少数民族家谱为多元一体中华民族的形成提供的珍贵资料。

(一) 东北内蒙地区举例:蒙古族家谱、朝鲜族家谱

东北内蒙地区家谱为多元一体中华民族的形成提供珍贵资料,以蒙古族家谱、朝鲜族家谱为例。

---

① 《人民日报》,2014年9月30日。
② 《人民日报》,2015年10月1日。
③ 金冲及:《中华民族是怎样形成的》,《江海学刊》,2008年第1期。

1. 蒙古族家谱

蒙古族是中国北方的重要少数民族,主要分布在内蒙古自治区,其余分布在黑龙江、吉林、辽宁、新疆、甘肃、青海、河北、河南、四川、云南、北京等省、市、自治区。

据史籍记载,蒙古族起源于大约公元7世纪的唐朝望建河(今额尔古纳河南岸)的一个部落,史称"蒙兀室韦"。公元12世纪,蒙古部落首领铁木真统一了蒙古。1206年,铁木真被拥戴为蒙古大汗,号成吉思汗,建立了蒙古国。从此,"蒙古"也就由原来的一个部落的名称变成为民族的名称,开始形成为现代民族。

福建福州蒙古族萨氏家谱为我们提供了北方少数民族族源、迁徙和文化融合等方面许多重要资料。

福州萨氏的先世为西域色目人答失蛮氏。始祖思兰不花(一作萨拉布哈)、阿鲁赤(一作傲位齐)父子以军功起家,累著勋伐,深受元世祖忽必烈赏识。元英宗时,阿鲁赤奉命镇守晋北大同路至代州一带。阿鲁赤之子萨都剌就出生在代州的雁门(今山西省代县西北),因此被视为雁门人,后来定居福州的萨氏族人也以雁门为本族的郡望。

萨都剌是元代著名诗人,于至元二年(1336)任福建闽海道肃政廉访司知事,元英宗时被赐姓"萨",后起汉名天赐,号直斋,是萨氏家族受姓之祖。

萨都剌二弟野芝,字天与,曾任江西建昌路总管。野芝子仲礼,字守仁,元统元年(1333)进士,任福建行中书省检校,从此卜居福州,是为雁门萨氏入闽始祖。

萨氏自元代入闽,迄至明末,垂三百余年,但人丁不旺。福州萨氏家族之盛,始于清初。萨嘉曦称:"我萨氏自元之季以仕宦而籍闽中,居会城者垂六百年,至国初族姓繁衍。今吾族人无间亲疏厚薄,皆同出于八世祖葛斋公。"[1]葛斋公即萨希亮,万历四十四年(1616)生,康熙二十八年(1689)卒,其子萨容、宏、掞、嘏、宣即为福州五大支派之祖。此后,福州萨氏家族蕃衍瓜瓞,蔚为闽省望族,登科第者50余人。

对此,《雁门萨氏宗谱》(清道光三年)有一段生动描述:

萨氏入闽第十三世萨龙光,字肇藻,福州府学廪生,乾隆丁酉(1777)拔贡,庚子(1780)科以易经中式第五名举人,辛丑(1781)科联捷八十五名进士,殿试时,乾隆帝问:"闽省何由有萨姓?"时首揆三中堂知萨家世甚悉,代为简介萨氏家世,于是"上颔之,钦点(萨龙光)翰林院庶吉士"。

龙光长子侍枫,字聿齐,为萨氏入闽第十四世,系甲子(1804)科举人,殿试时,当侍枫

---

[1] 《雁门萨氏宗谱》萨嘉曦《从伯父杰臣公七十寿言》。

未及奏履历,嘉庆帝即先询:"尔非福建萨氏乎?"侍枫"摘帽碰头谨以是奏"。侍枫任工部员外郎五年。

福建萨氏的先世为西域色目人。元明时期编印的《萨天锡诗集》序跋均称:"萨都剌,字天锡,回族人。"表明到了明代,已进一步确认萨氏为色目人中的回族人。乾隆时编印《四库全书总目》的《雁门集三卷》条目则称萨都剌为"蒙古人":"元萨都拉撰。萨都拉,字天锡,号直斋,其祖曰萨拉布哈,父曰傲拉齐。以世勋镇云代,居于雁门,故世称雁门。萨都拉实蒙古人也。"(《雁门萨氏宗谱》《四库全书总目》)元代统治者将中国分为蒙古人、色目人、汉人、南人四个等级,雁门萨氏虽是色目人,但其先祖思兰不花、阿鲁赤父子以军功起家,深受元世祖忽必烈赏识,就其权势而言,"实蒙古人也"。嗣后,福州萨氏后裔均称自己为蒙古人。

受汉族续修家谱的文化习俗影响,福州萨氏自明至清以及民国先后八次续修家谱。第一次,明隆庆元年(1657)始修萨氏族谱。第八次,民国三十五年(1946)《续编世系稿本》。

历时三百年八次续修的《雁门萨氏族谱》,详细记述了雁门入闽萨氏的族源、世系、迁移、人口分布、名人事迹等,内容翔实,体例完备,以第一手资料生动反映了蒙汉民族融合的历史进程。

如清道光三年(1823)《雁门萨氏族谱》卷四《露萧公行述》记载:雁门萨氏入闽始祖萨仲礼,其子琅事母至孝,以孝行闻名乡里,人称敦孝先生。萨琅子琦,字廷珪,明宣德五年(1430)进士,选翰林院庶吉士,授编修,官至礼部右侍郎兼詹事府少詹事。萨琦"治家一遵紫阳家训","持家训俗,悉革先世色目旧习,凡饮食起居,冠婚丧祭,一本朱文公《家礼》。士论韪之,至今闽中称礼族焉"。表明萨氏仲礼,于元统元年(13331)任福建行中书省检校,成为雁门萨氏入闽始祖,历经其子萨琅,再到其孙萨琦,已"悉革先世色目旧习,凡饮食起居,冠婚丧祭,一本朱文公《家礼》"。也就是说,萨氏入闽约一百年时间,其"饮食起居,冠婚丧祭"等文化习俗已完全接受汉族文化了。(见下页图)

雁门萨氏何许人也?色目人?回族人?蒙古人?汉人?中华民族大家庭成员也!

2. 朝鲜族家谱

据2010年全国人口普查统计,中国朝鲜族有1830929人,主要分布在吉林和黑龙江、辽宁省,其余散居于内蒙古自治区和内地一些城市。延边朝鲜族自治州是主要聚居区。明末清初从朝鲜半岛迁入中国东北的朝鲜族人是最早迁入定居的一批,距今已有300多年的历史。

三、少数民族家谱为多元一体中华民族的形成提供了第一手资料

《雁门萨氏族谱》

收藏在辽宁凤城市的朝鲜族旗人《文氏家谱》（1925年），为我们揭示了300年前朝鲜族人入居中国东北以及加入旗籍的史料："始祖文瑞公原籍朝鲜国民，世居玉尚左洞处，距鸭绿江一百二十里，尚有祖茔在焉。自公三十岁由前清顺治年间蒙恩选来中国，增入新满洲都京镶白旗注册，考试入四译馆当差，拨归奉天省凤凰城，充朝鲜通官，迎送岁贡差务，落户于城东三官庙，后移于城西二台子处。由三世分徙于北山、红花岭、唐家沟、北京、奉天等处，各有坟墓。"这段资料告诉我们：一是文氏家族始祖文瑞原为朝鲜国民，世居朝鲜玉尚左洞；二是文瑞于清顺治年间，被清政府选中来中国，加入新满洲都京镶白旗；三是文瑞考试入四译馆当差，后拨归奉天省凤凰城（今凤城）充朝鲜通官迎送岁贡；四是1925年编修家谱时文氏家族的分布情况等。

由姜运球、梁承武于1929年编著的《间珲万姓大同谱》，则是一部简介入迁中国东北地区的59个姓氏532户朝鲜族家庭谱系的大同谱，反映了众多迁入东北地区朝鲜族家庭的谱系和各家庭成员在中国工作、学习的概况。下面以李秉均家庭为例。

李秉均原籍咸北明川郡西面白鹿洞，现住地延吉县智仁社西沟广济村。戊辰二月十九日生。贯公州。壬戌渡江。壬辰功臣佐郎麒寿十二世孙，贞裕（字子庆）八世孙,荣夏(字茂伯)七世孙,秀复六世孙,逮昇(字天庆)五世孙,仁郁曾孙,载渊孙,基元(字治善)子。字汝极。汉文受学儒教。母延安车氏,庚子三月六日生,丁酉九月十六日卒。妻韩山李皖植女,壬戌三月十三日生。长子贤洙,字凤华,乙酉四月十八日生。二子银洙,字敏举,庚寅五月四日生。长妇金海金氏,辛巳五月二十四日生。长孙鹤石,普通学校卒业。二孙太世,普通学校卒业,中国师范学校卒业。三孙太永,中国县立学校卒业,职业学校修业。四孙鹤寅,癸丑十一月五日生。次妇善山金氏,癸巳七月十三日生。次子孙灿高,县立学校卒业,职业学校修业。次孙灿镐,县立学校修业。三孙灿赫,县立学校修业。

《间珲万姓大同谱》简介532个家庭内容基本与李秉均家庭类似,即简介每户家庭谱系、原在朝鲜半岛的居住地、入迁东北时间及住处、户主简况、家庭成员妻子以及子女简况,等等。

《间珲万姓大同谱》向我们揭示了入迁中国东北地区的朝鲜族众多家庭,接受的是汉文化教育,子女均在当地的各类学校学习。如20世纪40年代吉林省立民主学院就曾接收很多朝鲜族青年为该院学生。(见下图)

这就清楚地告诉我们,尽管中国的朝鲜族与朝鲜半岛上的朝鲜民族有着密不可分的历史文化渊源,但从朝鲜半岛迁入中国东北的朝鲜族人,在特定的历史环境中,由于国情不同,

1946年吉林省立民主学院院长周保中为朝鲜族学生姜寿元颁发的毕业证书

文化背景不同,在民族心理特征以及文化构成等诸多方面已与朝鲜半岛的民族有着质的差异,已形成为中国境内的一个民族,中国的朝鲜族是具有中国特色的朝鲜民族,是中华民族大家庭中的一员。迁入中国东北的朝鲜族人,长期以来,在开发边疆、保卫边疆中,与东北各民族人民荣辱与共、肝胆相照,"跃血流汗,开荒林,拓旷野,建人生活舞台"①,共同创造了东北地区的物质文明和精神文明,为中华民族的繁荣昌盛谱写了光辉的篇章。

(二) 西北地区举例:锡伯族家谱、回族家谱

西北地区家谱为多元一体中华民族的形成提供珍贵资料,以锡伯族家谱、回族家谱为例。

1. 锡伯族家谱

中国各民族之间的相互交流、相互融合与各民族的不断流动迁徙有着密切关系。中国历史上,各少数民族的迁徙,规模之大,历程之艰难,影响之深远,当首推新疆地区的锡伯族。

锡伯族是我国北方一个历史悠久的少数民族,主要聚居在新疆、辽宁、吉林、黑龙江等地。新疆察布查尔锡伯自治县是锡伯族最大的聚居区。据2010年全国人口普查统计,锡伯族190481人。

"锡伯"是本民族自称,系由其祖先鲜卑音转而来。"锡伯"之称谓与汉字书写最早见于清代,有多种称谓,但未能统一。新中国成立后,"锡伯"名正言顺地作为一个独立的少数民族而置身于祖国民族大家庭之中。

锡伯族发源于东胡系部族,由东胡—鲜卑(拓跋部)—室韦(失韦)—锡伯演变而来,经过了两千多年的发展历史。

室韦由数十个部落组成,分布广泛。到北魏时,史称南室韦的一部分由大兴安岭南迁至洮儿河和绰尔河流域游牧的同时,又开始农业生产,基本成为定居部族,他们是锡伯族的直系祖先。

辽朝在锡伯族先民主要聚居地——绰尔河上游设立了泰州重镇,锡伯先民在该州统辖之下从事农业。

明末,锡伯部又被置于蒙古科尔沁部统治之下。1629年,科尔沁蒙古携锡伯等部宣布归属后金。后金在蒙古部实行盟旗制度,科尔沁部被分置为十旗,所属锡伯人也被编入这十旗之中,开始了锡伯族的军制生涯。

---

① 《间琿万姓大同谱·序》。

清康熙三十年(1691),在清政府的干预下,科尔沁蒙古将所属锡伯同卦尔察、达斡尔一起"进献"清政府。至此,锡伯部结束被蒙古族统治400年的历史,直接归满族贵族统治,因其归属较晚,清统治者称他们为"伊彻满洲"(新满洲)。清政府将"赎出"的锡伯族整编为八旗65个牛录。牛录为满语,清八旗组织基本的户口和军事编制单位,约三百人为一牛录,设"牛录额真"一人管理,"牛录额真"正式成为官名,后改名"牛录章京",汉译为"佐"或"佐领"。

锡伯族归属满清后,在清政府调遣下,不断迁徙,调往新的驻地。

清康熙三十一年(1692),调遣到齐齐哈尔、乌拉吉林(今吉林市)、伯都讷(今吉林省扶余地区)等地驻防。这是锡伯族的第一次南迁。

五六年之后,清政府将上述地区的锡伯族军民又调遣至辽宁沈阳、开原、辽阳、义州、金州、兴京、牛庄、抚顺以及京师(北京)等地驻防。除京师外,锡伯族官兵均携带眷属。这是锡伯族的第二次南迁。

锡伯族规模最大的是西迁。

乾隆二十七年(1762),清政府在新疆伊犁设立除了阿勒泰地区外,统辖天山南北的伊犁将军府。乾隆二十九年(1764),为了加强新疆伊犁地区的防务,清政府决定"由盛京锡伯内拣其精壮能牧者一千名,酌派官员,携眷遣往"[1]。这一年的农历四月十八日,清朝政府从盛京(沈阳)等地征调西迁新疆的锡伯族官兵携家属4000余人(其中官兵1020人,家属3275人),和留居东北的锡伯族男女老少,聚集在盛京的锡伯族家庙——太平寺,祭奠祖先,聚餐话别。次日清晨,锡伯族官兵及其家属,告别了家乡的父老乡亲,踏上了西迁的漫漫征程。锡伯族诗人管兴才在《西迁之歌》描述:"车辚辚,夜夜餐风露宿;路漫漫,日日劳累已极。""啊!翻越了高耸入云的杭爱山(今蒙古国境内),跋涉那河水纵横的乌里雅苏台(今蒙古国境内)草地,穿过了朔风凛冽的科布多(今蒙古国境内),又往冰雪封冻的塔尔巴哈合(今新疆塔城)进发。"[2]经过一年零三个月的艰苦跋涉,终于到达新疆的伊犁地区。现在的察布查尔锡伯族自治县就是他们当年的驻地,当地的锡伯人是他们的子孙。

乾隆三十一年(1766)初,迁驻伊犁察布查尔地区的锡伯族官兵,组成了锡伯营,下分八个牛录,成为"伊犁四营"之一。锡伯营设领队大臣、总管、副总管、佐领、骁骑校、领催等官职,受伊犁将军辖制,是集军事、行政、生产三项功能于一体的组织机构。

---

[1] 《锡伯族档案史料》,辽宁民族出版社,1989年,第290页。
[2] 吴世旭著:《锡伯族西迁》,辽宁民族出版社,2011年,第224页。

西迁不仅是一个民族的迁徙,也是一种文化的传播。西迁至新疆察布查尔地区的锡伯族,在长久处于几乎"真空"的自然生存环境里,强化了他们的民族意识,显示了顽强的民族性格,至今还完整地保留着自己的语言文字及浓厚的风俗习惯,和世代延续编修家谱的习俗,以表达思念故乡和不忘祖根的情结。这不能不说是一个民族文化发展史上的奇迹。

另一方面,西迁至新疆察布查尔地区的锡伯族人,与新疆当地各族人民一起,在边疆地区屯垦戍边,为保卫边陲、建设边疆、平定内乱、抵御外侮作出了巨大的贡献。在风沙弥漫的大西北,勤劳的锡伯族人民凿山筑渠,历时六年于嘉庆十三年(1808)修建完成了长达100多公里的察布查尔大渠。潺潺的流水使荒漠的原野变成了阡陌纵横、树木葱绿、瓜果飘香、美丽富足的地方。

乾隆二十九年(1764)锡伯族西迁新疆是锡伯族历史上的重大事件,也是锡伯各家族史上的重大事件,因此各家族家谱谱序上都作了浓墨重彩的描绘:

《八牛录果尔吉氏宗谱》记载:"乾隆二十九年,由盛京所属复州正蓝旗苏尔格纳牛录移驻伊犁。留居盛京的始祖:阿达顺、果诺霍图。移驻伊犁的高祖:佐领阿哈里,披甲多霍。"《八牛录富察氏宗谱》记载:"原系盛京所属金州正红旗吉灵阿牛录人,乾隆二十九年移驻伊犁。留居东北的始祖:披甲恩杜里。移驻伊犁的高祖:色尔吉纳。"《八牛录瓜尔佳氏宗谱》记载:"原系辽宁省岫岩城正白旗关保牛录之瓜尔佳氏,乾隆二十九年移驻伊犁。留居岫岩的祖先:永琐(西林保之父)。移驻伊犁的高祖:西林保。"《伊犁锡伯营一牛录永妥里氏宗谱》记载:"永妥里氏,原系沈阳镶白旗第六佐领锡伯营伍达里牛录之锡伯人。留居沈阳的始祖:陶吉那。其子特格移驻伊犁。"《伊犁锡伯营一牛录佟佳氏宗谱》记载:"伊犁锡伯营一牛录佟佳氏,系盛京锡伯营镶黄旗胡什台牛录居民,乾隆二十九年移防伊犁。高祖:巴当西。"[①]这些谱序意在告诉本族的子孙后代:我家族的祖籍在何处?始祖是谁?是哪一年迁来新疆的?来疆的始迁祖是谁?留在东北的同宗先祖是谁?这是作为一个锡伯族家族的子孙后代都必须牢牢记住的家族史上几件根本性的大事。

为了纪念这次西迁,锡伯族把农历四月十八日定为"西迁节",每逢这一天,全国各地的锡伯族男女老少都要穿上盛装,欢聚在一起,隆重开展各种纪念活动。"西迁节"已成为锡伯族的民族传统节日。2006年,"西迁节"被列入首批国家级非物质文化遗产名录。

2. 回族家谱

回族人口在我国55个少数民族中已居第二位,据2010年全国第六次人口普查统计,

---

① 贺灵、佟克力辑注:《锡伯族古籍资料辑注》,新疆人民出版社,2005年,第375~376页。

达 10586087 人,是中国少数民族中人口较多、分布最为广泛的民族之一。回族主要聚居于宁夏回族自治区,在甘肃、新疆、青海、河北以及河南、云南、山东、安徽、辽宁、广西、福建、广东,也有不少聚居区。

回族是回族民族的简称。"回族不是中国境内原有的氏族部落融合、发展而形成的民族,而是基本上由于外来人的融合、发展而形成的民族。"[①]其先民来源主要有两方面。一是 13 世纪初期,蒙古军队三次西征期间,一批批信仰伊斯兰教的中亚各族人民和波斯人、阿拉伯人,不断来到我国,散居于全国各地,被叫做"回族人",成为当时"色目人"阶层的主要部分,后来他们自己也以回族自称了。二是在此之前,约在 7 世纪中叶,一些阿拉伯和波斯的穆斯林商人,陆续从海上的"香料之路"和陆上的"丝绸之路"来到中国东南沿海的广州、泉州、杭州、扬州及内地的长安、开封等地定居,这些人都信仰伊斯兰教,他们在这些地区建立了中国最早一批清真寺,其中不少人还在中国大陆购置田地,娶妻生子,世代定居。追根溯源,他们被确定为回族民族的先民。回族族源中还包含有汉、蒙古、维吾尔等民族的成分,有的是通婚所致,也有的是社会的、经济的和宗教的因素使然。回族在长期历史发展过程中通过通婚等多种因素,并吸收了汉、蒙古、维吾尔族等生活习俗,到元末明初,逐渐形成了回族民族。

汉语是汉族和回族共同使用的语言,这是汉族自己的语言,也是回族自己的语言。因为回族在未形成为一个民族的时候,使用着各种不同的语言,如阿拉伯语、伊朗语等,而在形成为一个民族的时候才共同使用汉语,所以汉语的共同使用是回族形成的重要标志之一。

回族有小集中、大分散的居住特点。在内地,回族主要与汉族杂居;在边疆,回族主要与当地少数民族杂居;大都分布于水陆交通线上,因此经济文化较为发达。

回族人信仰伊斯兰教,回民从出生、结婚到丧葬都有一套独特的仪式和风俗习惯,既有宗教的内容(如出生取经名、结婚念"尼科罕"、丧葬要站拜念经等),又是回族的传统习惯。

回族在其形成为回族民族以及后来发展过程中,受汉族文化的影响,逐渐形成了编修和续修家谱的文化习俗。回族编修家谱历史比较悠久,分布比较广泛,散存在各地的回族家谱且有一定的数量,具有重要的资料价值。

第一,在众多的回族家谱的谱序中,保存了很多回族家族渊源等重要资料。如:

《张氏合族支派家谱》(光绪三十年)"总序"指出:"吾族自唐时由西域初来中国,流落陕西平凉府固原州柳树湾人士,乐土安居……有族谱流系,相传有绪不绝。"

---

① 白寿彝、马寿千:《几种回回家谱中所反映的历史问题》,《北京师范大学学报》,1958 年第 2 期。

《太师马家谱历史系统图考》(乾隆三十三年)"序言"指出:"考吾鼻祖系出西域……祖居陕西固流柳树巷,要皆忠厚传家,簪缨继世。迨至洪武十六年,有编修翰林院马沙者,系鼻祖之后裔,因讲解西竺所贡天经八卷,蒙明主见喜,仍敕封太师之职。"

《六箴堂张氏家谱》创修于明建文壬午年(1402),原谱封面有阿波文字,该谱"先世略史"指出:"当李唐之季,天方教统穆罕默德遣门生戛辛氏膺诏东来。从者叶二古柏,以阿波文字成中西旁注,佐书以进,恩遇有加。建寺所于帝都,导伊斯兰先路者也。"介绍了张氏祖先源自西域、信奉伊斯兰教、在长安建清真寺、倡导回教的情况。

《黑氏家谱》在"谱序"中提到:"祖原名黑资哩","系西域一头目",唐贞观时"及至面君,赐黑为姓","蒙授职亲军指挥",说明黑氏族人的先祖来自西域,历史悠久。

《广州萨氏族谱》(1949年)谱序:"我回族萨姓,溯自唐朝,由西域入居东土,迄今千有余载矣。"

第二,回族家谱也保存了许多回族家族迁徙分布到全国各地的第一手资料。

广西《白氏族谱》"谱序"中介绍了广西白氏家族落籍桂林的简历:"吾族始祖伯笃鲁丁系元朝进士,原籍江南江宁府上元县民,住居水西门外内桥湾。公于至元二年以廉访副使莅任西粤,迨后致仕回籍,坟葬金陵南门外,地名夏家凹。公之次孙永龄,官名伯龄,于明洪武十三年游宦部属,分发出京,又经莅任粤西。龄偕兄清、北、秀等仍随入粤,因而落籍桂林。唯永秀公后代繁昌,更伯为白,而白氏之流传自兹始矣。"

《六箴堂张氏家谱》"谱序"指出:张氏"始祖之世家,金陵水西门外拴马桩人也"。于金陵开设药铺一座名"六箴堂"。明"靖难之役",战火蔓延,家道中落,"永乐改元逾二载(1405),从移民诏,迁居山东宁津县长官镇"。始祖锁壁公为优贡生,任布政司照磨,其次子张质任太医院待诏,次孙张续任太医院吏目,曾孙张增任医官院府学正科之职,堪称杏林世家。

《李氏宗谱》"谱序"亦云:"尝思木有本而水有源,吾人溯祖追宗即以明木本水源之义也。始祖永健公系江南江宁府上元县民籍,康熙间携眷至湖南衡州府贸易,不意始祖母姚太君在彼身故,随葬于铁炉门外对河清真寺侧众地。数年,继祖母杨太君暨其子来粤西择居,省垣(指今桂林市)人地两宜,遂落业焉。"

据松林马姓家谱记载:其祖先原为西域圣裔,于天宝元年(742)春来到中国,居陕西长安,又移住固原府寺口子。洪武十四年(1381)其祖马能、马俊二公随傅友德、沐英、蓝玉三将转战滇黔,屡建战功,直抵威郡,得守乌撒卫之职,世居威宁城内,松林马姓于雍正八年或十年期间与其他各族一道迁至云南昭鲁定居。(见下页图)

云南红河州图书馆副馆长马峰(回族,左二)介绍哈尼族文献资料(2017年4月)

第三,为伊斯兰文化与儒家文化的融合提供了重要资料。

中华历史文化,是中华民族在悠久历史发展长河中创造的异常灿烂的文化,也是不断吸收融合外来民族的优秀文化而形成的博大精深的文化,回族家谱就为我们提供了儒家文化与伊斯兰文化相互融合的生动事例。

在回族家谱家规中,一方面按中国封建伦理的要求,规定了家族成员必须遵从的"三纲五常"、"三从四德"、"为臣尽忠、为子尽孝"、"尊卑有等"、"闺门有范"等行为规范,这体现了儒家文化的特征;另一方面,又按伊斯兰文化的要求,规定家族成员必须遵行"清真规矩",做好"念、礼、斋、课、朝"五功,"念经以明宗教","不可丝毫违犯"。如《广州马氏族谱》序言要求本族成员:"知感真主赏赐","遵行贵圣穆罕默德之训教,意诚心虔,淘淘相承,我族子子孙孙日炽日昌矣。"①对家族成员如何遵循伊斯兰教规提出了明确具体的要求。表明早期回族先民,与各地汉族一起开发当地文化中,与汉文化及伦理观念融会贯通,共同构筑了中华民族古代文化和优秀的传统道德,而在回族与汉族及其他少数民族交汇融合过程中,比较严格地保持了本民族的特性与宗教信仰。

回族家谱充分显示了汉族所提倡的儒家精神与回族所遵循的伊斯兰教宗旨的有机结合,儒家文化给伊斯兰文化注入了新的内容,伊斯兰文化也极大地丰富了儒家文化。回族家谱所体现的儒家文化与伊斯兰文化的这种有机结合,是回族家谱所独具的最鲜明的民族特征。

---

① 马建钊主编:《中国南方回族谱牒选编》,广西民族出版社,1998年,第9~11页。

第四，为中华民族融合提供重要资料。

中国回族是以外来群体为主、融合吸收中国本土群体而发展形成的少数民族,回族家谱为中华民族融合提供了许多重要珍贵的资料。

在回族形成和发展过程中,受汉族文化影响,不少"回族"逐渐汉化,成为汉族群体组成部分。另一方面,汉族、蒙古族、彝族等族人也有不少融合到回族中间,成为当今回族的有机组成部分。这方面例子很多。诸如明朝航海家、云南回族人郑和本姓马,系马姓世系后裔,多数人为回族,少数人已改变为汉族。明朝清官、海南回族海瑞的后人中有的仍为回族,有的已融为汉族。这些已为大家所熟知。

回族家谱则为这方面的融合提供了更为细致、更加生动的第一手资料。如云南《腾冲明·朱姓族谱》揭示:该明氏迁腾始祖明恭系汉族,明初都指挥,"原籍南京应天溪县人氏也,即今之江苏省江宁县。于洪武三年奉调南征,攻缅甸后,驻守边疆。当日始祖原配杨氏殁世之后,始祖又请媒查访永昌回教刘指挥官之女,屡屡请媒求许,刘府复言教道各别不允,始祖言信教自由,只求刘府不弃,许可他作回教,故此有凭据可征,刘府才许,择吉出阁之日使人扶持,照回教俗为婚"①。自此以后,明氏后人即融合成回族。

回族《沧州戴氏家谱》(创始于明嘉靖十一年)则有"退佛门而入古教,称西域回族"之语,曰:"吾高祖号济贫公,与一缠头僧相契。缠头僧敬佩吾高祖忠爱之志,而劝之言曰'公利民之心与古教济贫之意同义也'。希吾高祖退佛门而入古教,称西域回族。吾高祖自斯即为回族之称耳。"②生动地记载了汉族融入回族的过程。

河北回族《脱氏谱书》则揭示该回族是蒙古族丞相脱脱三公子脱周彬后裔:"元至正十五年(1355)脱脱遇害后,脱周彬避难隐居于新河县董村。清康熙二十四年(1685)第十七世兄弟二人脱光明、脱光显由新河迁居盛京(沈阳)小西关落户,后在辽宁繁衍,后人皆为回族。"③金少萍通过回族家谱和田野调查,对滇东、滇东北回族马姓来由分析时,就发现有汉族孔姓融入回族的资料,"孔氏自云,其先本宣圣之后,赘于回而改从其俗"。据孔姓回族老人回忆,20世纪30年代中期,山东曲阜曾派人送来家谱。滇东回族《保氏族谱》记载了蒙古族保姓中的一支因与马姓回族缔结婚姻而改姓马的:"有从母之故,改姓马者,十七世天祥公是也。"据金少萍调查,当地回族毛姓原本彝族,也因婚姻关系入赘回族。④

---

① 《云南回族社会历史调查》(二),云南民族出版社,1985年,第52页。
② 《河北回族家谱选编》,河北人民出版社,2006年,第291页。
③ 《河北回族家谱选编》,河北人民出版社,2006年,第517页。
④ 参见金少萍:《滇东、滇东北马姓回族名称来由浅析》,《回族研究》,2005年第4期。

回族《咸阳王世谱》刊载:"咸阳王始祖所非尔,乃西域天方国普化力国王,西方教主至圣穆罕默二十六世孙也。峻德宏仁,好生恶杀。寻以邻国侵扰,不忍加兵,于宋神宗熙宁三年,同弟艾尔沙,三子五孙,率部下五千三百余人,驼马五十余骑,入贡京师。神宗大悦,授公为本部正使总管。"云南地区远离京城,"叛服不常","元世祖将兵取大理,收郑阐,以宗王镇之,后屡骚动,帝命咸阳王赛典赤抚之"。"命王涖滇,不五年而滇大治。"赛典赤在滇"首建孔庙,次创社学,训导文明,开礼乐诗书之化,随行养济,惠鳏寡孤独之民,迄今善政虽往,治绩犹存,凿石开河,万世永赖。""尤可异者,王命忽辛、张立道凿开海口,只许流水,不许通舟,关防风脉,虽后人万夫之勇,不能再损一分,何其神也!"①

回族家谱记载的回族与其他民族"你来我往、我来你往、我中有你、你中有我"的历史事实,呈现了回族、汉族和其他兄弟民族间"出入相友,守望相助""诗书之士,砚席与同;田畯之家,畔耕有让。同心贸易,曾分管鲍之金;把臂定交,只少朱陈之雅。何尝此疆彼界,何尝别户分门"②的情景,为我们提供了中华民族融合过程的生动之处。

(三) 西南地区举例:纳西族家谱

西南地区是我国少数民族聚居最多的地区,其家谱为多元一体中华民族的形成提供珍贵资料,兹以纳西族家谱为例。

纳西族是一个有着悠久历史和灿烂文化的民族,根据2010年人口普查统计,现有人口为326295人,主要分布滇、川、藏三省区交界的横断山脉地区,即云南省的丽江、宁蒗、永胜、中甸、德钦、鹤庆、剑川、兰坪、华坪、贡山,四川省的盐边、盐源、木里、巴塘、攀枝花,以及西藏自治区的芒康、察隅等县市。其中,云南省的丽江纳西族自治县,聚居着2/3以上的纳西族人口。

元朝以前的纳西族社会,基本上处于一种"酋寨星列,不相统摄"的状况,即较为集中统一的纳西民族及其政权尚未形成,可称之为纳西族发展史上的古代社会阶段。元代纳西族聚居地丽江路土官及地方行政区划的设置,在一定意义上标志着纳西民族的崛起。从1253年忽必烈平大理到清朝雍正元年(1723)"改土归流"的四百余年间,元、明、清三代中央王朝直接在纳西族地区推行封建土司制度,这段时期内先后被分封的纳西族土司主要有:丽江土知府,巨津、通安、宝山诸州土司,维西叶枝土司,宁蒗永宁、蒗渠土司,盐

---

① 《咸阳王世谱》,《北京图书馆藏家谱丛刊·民族卷》第二册,北京图书馆出版社,2003年,第1~5页。
② 《回民起义》,第二册,转引《云南回族社会历史调查》(三),云南人民出版社,1986年,第23页。

源左所、瓜别、古柏树土司等。尤为值得一提的是，明朝洪武十四年（1381），朱元璋遣傅友德、沐英等率军远征云南，丽江纳西族土司阿甲阿得于次年即"率众归顺"，因而深得明王朝统治者的赏识，被钦赐以木姓。木氏的势力自此开始迅速壮大，云南丽江一带便成了纳西族社会、政治、经济、文化的中心。

木氏土司不仅在政治经济上占据纳西族重要位置，而且在文化上也处于纳西族领先地位，以汉文书写的内容丰富的《木氏宦谱》就是其突出体现。

被称为《木氏宦谱》的，主要有三种版本。

第一种全名题为《玉龙山灵脚阳伯那木氏贤子孙大族宦谱》，明正德年间云南丽江土知府阿秋阿公尚未袭职时编撰，刊有明正德十一年（1516）永昌张志淳《木氏宦谱序》和明永历四年（1650）鹤庆梁之杰《木氏宦谱重叙》。第二种题为《木氏宦谱》，因各代世系配有画像，简称为《画谱》，刊有明嘉靖二十四年（1544）成都杨慎"木氏宦谱序"，及清道光二十一年（1841）南海陈钊镗《木氏宦谱后序》。第三种是题为《木氏历代宗谱》的碑谱，于清道光二十二年（1842）立在丽江东南的木氏祖茔山上。

以上三种《木氏宦谱》，体例内容基本一致，《玉龙山灵脚阳伯那木氏贤子孙大族宦谱》和《木氏历代宗谱》，主要刊载纳西族"人之初"传说口诀和木氏家族自唐代开始的历代世系，而《画谱》则主要刊载宋代以后木氏家族世系。三种版本详略不一，各有侧重，但都透露了纳西族与其他民族相互融合的一些重要信息资料。

刊《北京图书馆藏家谱丛刊·民族卷》第48册的《玉龙山灵脚阳伯那木氏贤子孙大族宦谱》，为木度钞录本，计148页。是谱开首即以口诀和父子连名语句刊载纳西族"人之初"和木氏家族远古世系，其中前十一句为纳西语关于"人之初"的口诀，十二句以后则以汉文用父子连名的方式刊载了木氏家族的远古世系。大意是：天生了人蛋，地孵了它，蛋里滴出六滴露水，其中一滴落到海里，发出一道金光，变成了第一个人胡萨，胡萨生曼萨。从此开始以父子连名记述了十二世：天羡从从—从从从羊—从羊从交—从交交羡—交羡比羡—比羡草羡—草羡里为—里为糯于—糯于伴普—伴普于—于歌来—歌来秋。这十二世中，一至七世为天神，都娶天女："天羡从从娶天女弓都母书"，"从从从羊娶天女当青青书"，"从羊从交娶天女集黑集书"，"从交交羡娶天女阿君岩书"，"交羡比羡娶天女宽都木书"，"比羡草羡娶天女为挥来书"，"草羡里为娶天女青挥蒲蒲，能生三子，遂分三种人，寿一千七百岁"。第八世"里为糯于"则开始娶人："娶吴女吴钟，寿一千五百岁。"[1]

---

[1]《北京图书馆藏家谱丛刊·民族卷》第48册，北京图书馆出版社，2003年，第581页。

《玉龙山灵脚阳伯那木氏贤子孙大族宦谱》在这里向我们揭示的是纳西族先民"人之初"的传说故事。

在一本用纳西象形文字写的《卓伯所》里,也有同样的故事。书中说他的弟兄因为乱伦,全被洪水淹没,只有他不乱伦而单独生存下来,并和天女"青挥蒲蒲"结婚,生三子,后来就分成三族,大儿是藏族祖先,老二是纳西族祖先,老三是白族祖先。在丽江地区也有类似的传说:藏、纳西、白族是三兄弟,大哥住土房,二哥住木房,老三住瓦房。再看看"草羡里为"和"青挥蒲蒲"两个象形文字的写法,一个是戴着珍珠的象首人身(这是代表纳西族祖先的符号),一个是一名女子、一片叶子和一堆火,这反映了当时部落的情况:家庭组织已排除了兄弟姐妹之间相互性交的关系,所以才会有因所谓乱伦而受洪水惩罚的说法。那代表祖先的象首和人身的符号,及世系排列的人名中第一次出现火的符号,绝不是偶然的巧合,标志着纳西族先民已经产生氏族制,进入了旧石器时期。更重要的是,"草羡里为"和"青挥蒲蒲"结婚生三子的传说,生动反映了纳西族、藏族、白族三族先民渊源相同、三族同祖的"兄弟"关系。①

第二种称为《画谱》的,自宋代开始刊载木氏家族历代先祖,体例内容基本与《玉龙山灵脚阳伯那木氏贤子孙大族宦谱》宋代以后的木氏家族世系一致,因其编撰年代较晚,故刊载木氏家族世系时,较《玉龙山灵脚阳伯那木氏贤子孙大族宦谱》增加了五代。本谱与《玉龙山灵脚阳伯那木氏贤子孙大族宦谱》最大的区别,就是简介历代世系时增加了许多画像,如《玉龙山灵脚阳伯那木氏贤子孙大族宦谱》刊载木氏家族世系到改土归流时的木德一代结束,《画谱》对木德如同先祖各代一样,配有画像,而且木德之后五代皆配有画像。

在《画谱》里,刊载了一个有趣的插曲,即木氏"第一代肇基始祖",画的是一位穿红色袈裟、貌似喇嘛、叫作"蒙古爷爷"的,称他在宋徽宗时乘一香木顺金沙江东下,到丽江白沙上岸,五个木氏支系的村民共推他为首领。《画谱》从宋代开始,除始祖"蒙古爷爷"外,以下各代与《玉龙山灵脚阳伯那木氏贤子孙大族宦谱》完全一致。

这里就涉及木氏家族世系一个重要问题,即木氏家族的始祖是谁?首领是谁?《画谱》认定宋徽宗时乘一香木自金沙江东下的"蒙古爷爷"是木氏的"第一代肇基始祖",是木氏的首领。《玉龙山灵脚阳伯那木氏贤子孙大族宦谱》则认为:"人之初"传说中的第十二代"哥来秋"生四子,即束、叶、买、何,其中叶氏一支就是木氏先祖,木氏"始祖叶占年","传至唐武德时,祖叶占年凡七续传秋阳","秋阳"就是木氏家族第一世。该谱然后就按父子连名谱系

---

① 参见王立政:《丽江纳西族"木氏宦谱"》,《民族文化》,1983年第1期。

二世"阳音都谷"、三世"都谷剌具"、四世"剌具普蒙"排列下来,直至三十九世"木钟"结束。也就是说,《玉龙山灵脚阳伯那木氏贤子孙大族宦谱》认定,木氏"始祖叶占年","秋阳"为木氏有据可查的第一世,是木氏的首领。究竟木氏始祖是宋代的"蒙古爷爷",还是传说中的"叶占年"?其首领是"蒙古爷爷",还是唐代的"秋阳"?这有待丽江木氏后人和丽江木氏研究者进一步研究考证,但《画谱》认定"蒙古爷爷"是木氏的"第一代肇基始祖",有时间,有来历,有身份,有形象,不管最终是否认定其为丽江木氏的始祖、首领,个中却透露了纳西族历史文化发展中的重要信息,即纳西族先民不仅与西南地区的藏族、白族等少数民族先民有着渊源同祖的"兄弟"关系,而且在其后来发展中,与其他地区的少数民族如中国北方地区的蒙古族等,也有着重要的民族往来和融合的关系。

第三种题为《木氏历代宗谱》的是石刻碑谱,于清道光二十二年(1842)立在丽江东南的木氏祖茔山上。《木氏历代宗谱》和《玉龙山灵脚阳伯那木氏贤子孙大族宦谱》内容体例基本一致,主要刊载纳西族"人之初"传说口诀和木氏家族自唐代开始的历代世系,但二者比较仍有区别。一是详略不一。《木氏历代宗谱》因是碑谱,故只是简介各代的姓名、字、号,所处年代,任职功勋,配偶子女等,简明扼要。而《玉龙山灵脚阳伯那木氏贤子孙大族宦谱》介绍各代成员时,则详细介绍该成员经历、树立功勋经过、皇帝的敕谕诰封原文、家庭成员情况等,内容非常丰富。二是刊载世系代数不一。据统计,《玉龙山灵脚阳伯那木氏贤子孙大族宦谱》刊载木氏世纪自一世秋阳始,至木德止,共39代,而《木氏历代宗谱》刊载木氏世纪自一世秋阳始,至木旻等止,共41代。《木氏历代宗谱》立于清道光二十二年,撰刻晚于《玉龙山灵脚阳伯那木氏贤子孙大族宦谱》,所以多了两代。三是刊载世系人名有所不同。比较上述二谱,自一世秋阳至三十四木懿,二谱世系人名完全一致,但自三十五世开始,《玉龙山灵脚阳伯那木氏贤子孙大族宦谱》刊载的人名为:木靖—木兴—木尧—木钟—木德,而《木氏历代宗谱》刊载的人名则为:木漠—木松—木润—木揖—木仁—木朝等—木旻等。所以产生差异,因《玉龙山灵脚阳伯那木氏贤子孙大族宦谱》为长房按长子嫡传系统排列世系人名,而《木氏历代宗谱》非长房撰刻,于是自三十五世开始,与丽江城中木土司家藏的《玉龙山灵脚阳伯那木氏贤子孙大族宦谱》排列世系逐渐分歧,亦由于不按长房长子嫡传系统排列,《木氏历代宗谱》出现一代多名兄弟并列的情形。

《木氏历代宗谱》简明扼要,脉系连贯,堪称纳西族历史的一个提要,从中为我们提供了纳西族汉化过程的许多重要信息。《木氏历代宗谱》刊载:"二十一世阿甲阿得,讳木得,字自然,号恒忠。洪武十五年,天兵南下,得率家首先降附,进贡。钦赐以木姓。世袭土官知府职,并授中顺大夫。"①这里记载的是明朝洪武十四年(1381),皇帝朱元璋遣傅友德、沐英等率军远征云南,丽江纳西族土司阿甲阿得于次年即"率众归顺",因而深得明王朝统治者的赏识,被钦赐以木姓的史实,此事对纳西族的汉化过程有着里程碑的意义。从《木氏历代宗谱》的刊载可清楚看出,"二十一世阿甲阿得"前后的记载有着明显的区别:一、二十一世前,木氏家族没有姓,历代世系由长房嫡传父子连名来反映,如二十一世前五代的名字为:阿琮阿良—阿良阿胡—阿胡阿烈—阿烈阿甲—阿甲阿德。而二十一世后,不仅保留了父子连名的文化习俗,而且有了姓与名,还有字与号。如二十一世阿甲阿得,讳木得,字自然,号恒忠;二十二世阿德阿初,讳木初,字启元,号如春;二十三世阿初阿土,讳木土,字养民;二十四世阿土阿地,讳木森,字生蒙,号大林,等等。二、二十一世前,族人去世后无坟墓,草葬玉龙山中,二十一世后,受汉人葬俗影响,棺椁殓尸,择吉日,测风水,入土安葬,并建"墓碑",将其生殁年月以及孝男孝孙之名完整刻于碑上。对一个家族来说,族人"生"和"死"是家族中最重要的事情,《木氏历代宗谱》二十一世前后有关"生""死"记载的明显区别,反映了明初以后,中原先进的汉文化已加快渗入到纳西族地区,促进了纳西族的汉化进程和纳西族地区社会、经济和文化的发展。(见下图)

云南丽江木府 48 代传人 88 岁木光老人介绍木氏宗谱(2016 年 11 月)

上述三种纳西族《木氏宦谱》,向我们揭示了:纳西族先民与西南地区的藏族、白族等少数民族先民有着渊源同祖的"兄弟"关系;在其后来发展中,与其他地区的少数民族如中国北方地区的蒙古族等,有着重要的民族往来和融合的关系;明初以后,中原先进的汉

---

① 《北京图书馆藏家谱丛刊·民族卷》第 48 册,北京图书馆出版社,2003 年,第 460 页。

文化加快渗入到纳西族地区,促进了纳西族的发展。这一切,一定程度上也代表了西南地区各少数民族互相融合促进发展的历史文化进程。

(四)中南东南地区举例:湖南土家族、苗族、侗族、瑶族家谱

谈及中华民族历史上"你来我往、我来你往、我中有你、你中有我"的融合过程,湖南地区的土家族、苗族、侗族、瑶族家谱为我们提供了生动的画面。

湖南是一个多民族的省份,有汉、土家、苗、侗、瑶、白、回、壮、维吾尔等50余个民族。少数民族中世居人口比较多的是土家、苗、侗、瑶族。据1990年统计,土家族1794710人,苗族1557073人,侗族753768人,瑶族458581人。

土家族、苗族、侗族、瑶族为湖南少数民族中的土著民族,先秦以来即生活在湖南,分布比较广。其他少数民族则主要为外地迁入湖南。如白族为宋末元初自云南迁入,今多聚居于桑植县。回族、维吾尔族、蒙古族多为明初自北方随军迁入,今多聚居于常德、邵阳等市县。满族主要清初自北方迁入。壮族多为自湘桂毗邻的广西宾州、贺县迁入,今多聚居于江华。畲族则为明末清初自福建、广东迁入,分布于湘东南汝城、桂东等县。

由于各少数民族只有语言,没有文字,对本民族的历史往往通过口耳相传而缺乏文字记载。汉族史籍中虽有零星记载却不系统准确,往往以"三苗"或"苗""蛮"统称南方土著少数民族,如《左传·昭公元年》"于是乎虞有三苗",《韩非子》"三苗之不服者"等。"三苗"是其时南方土著部落的统称,并不一定专指湖南现今苗族。唐宋以后的史籍中才出现"莫徭""苗""土人""仡伶""峒""僮""蛮"等专门称呼少数民族的名称,如宋代朱辅《溪蛮丛笑》载:"五溪之蛮,皆盘瓠种也。聚落区分,名亦随异。沅其故壤,环四封而居者,今有五:曰苗、曰瑶、曰僚、曰僮、曰仡佬。风声气习,大抵相似。"谭其骧先生在《近代湖南人中之蛮族血统》一文中,依据历史文献,将湖南地区的土著少数民族统称为"蛮族"。

民国或民国以前湖南少数民族族谱中,只有回族、维吾尔族、蒙古族并不讳言其非汉族,这主要是因为这些民族迁湘日短,其生活习惯、宗族信仰与汉民族都有很大差异,如族中只有礼拜堂,而无宗祠,或名宗祠,但不设神龛。一时未能完全与汉民族融为一体,且以占领军身份进驻湖南,政治地位自然较其他民族优越,因此也就无法且无必要攀附华夏名流。

而土家、苗、侗、瑶等少数民族则极为讳言土著,无不编造迁湘过程,由土著氏族转变为迁湘氏族。目前湖南所有土家、苗、侗、瑶、白、壮等少数民族族谱没有一家坦言其为土

著,无不称其辗转自江西等迁来。一般说来,湖南少数民族族谱援附中原华胄,伪造始迁源流主要有两种形式。一为随大流,湖南绝大多数氏族之家谱都称明洪武间自江西迁来,故少数民族族谱也沿袭此说以求他族认同,这主要体现在湘西北土家族、白族族谱中。如1948年《桃源县志初稿·氏族志》中汉族、土家族氏族皆称明永乐二年自江西吉水拖船埠迁来。二为攀附荒远,自称唐宋间即已迁湘,再以"年湮代远,谱牒散佚"来掩饰,湘南、湘西、湘西南苗、侗、瑶族族谱多持是说。如1922年城步《杨氏通谱》"源流总序"称:"居忠唐僖宗乾符元年甲午生,昭宗时奉命守邵州,有贼首贺大王作叛,公单骑擒之,以功封镇国大将军。光化元年戊午岁,家遭回禄,隋朝玉牒被焚。"新晃蒲氏族谱称:"先世豫章南昌府丰城县七里街朱氏巷马头寨,至晋洪隋公,为来楚始祖,由楚迁黔,至六龙山、米贡山,见其地山川秀丽,遂卜居于此。至元初添统公,授辰沅总镇,四子:子佳、子臣、子裕、子昆,同徙居晃州西晃山。因昔朝兵火,谱牒无存。"

20世纪80年代以来,随着改革开放及海外华人寻根问祖热的兴起,湖南民间族谱纂修活动得以恢复。由于少数民族地位的不断提高,在新修族谱中,少数民族都不讳言民族成分,甚至有一些汉族贪国家民族政策之利而自认为少数民族者。

湖南少数民族,无论是历史上编修的旧谱,还是近几十年来新修的家谱,其中都为我们提供了许多中华民族历史上"你来我往、我来你往、我中有你、你中有我"融合过程的实例。

土家族、苗族、侗族、瑶族家谱揭示:土家、苗、侗、瑶四族世代杂居,相互交错,相互交融。许多家族时土时苗时侗时瑶,或亦土亦苗亦侗亦瑶,或与汉族相互交错,相互交融。如渠阳(今靖县)黄氏,其谱称宋时与明、潘、姚、蒙诸姓一并自江西迁来,今靖县、城步等地黄氏为苗族,而分迁鄂西者又为侗族。新晃蒲氏为侗族,而由此分迁怀化者为瑶族,分迁武冈、邵阳者却又为汉族。隆回虎形山奉氏为瑶族,而同源的新化奉氏又是汉族。沅陵莲花池向氏为苗族,而由此分迁湘西、湘西北者多土家族,而迁武冈、新化、安化、邵阳者又为汉族。

湖南少数民族中,民族成分最为复杂者莫过于杨氏。杨氏至今人口数十万,散处湘、黔、滇、桂、川、渝六省(区、市),民族成分汉、侗、苗、瑶、土家、布依、水各族皆有,来源莫辨,皆祖杨再思。

湖南少数民族之民族成分的转化不仅出现在少数民族与汉族之间,也同样出现在不同的少数民族之间。如湖南蒲氏以新晃居多,今新晃蒲氏为侗族。在今湖南湘西的怀化、辰溪、溆浦三县交界的罗子山一带居住着两万多瑶族同胞,人称为"七姓瑶":蒲、刘、丁、沈、石、陈、梁。其中蒲姓即自新晃迁来。七姓族谱皆称其原籍为江西吉安府。湖南邵阳、武冈二地至今也生活着大量汉族蒲姓,亦源于新晃蒲氏。

湖南少数民族成分混杂的原因:

一是古代民族区分不细,文献中往往以"苗""蛮"统称湖南南方所有土著少数民族,以致历史上许多侗族、瑶族、土家族等资料都淹没在苗族史料中。许多南方土著少数民族都以"苗蛮"的身份出现,特别是苗、侗二族,由于长期杂处于湖南西南部,基本上是混为一谈。清人李宗昉《黔记》卷三有"洞苗在天柱、锦屏二属。择平坦近水地居之,种棉花为务。男子衣着与汉人同"。这里所谓"侗家苗"、"杨保苗"、"洞苗",实际上都是指侗族。

二是民国以后,不同族源的同姓民族之间随意联谱,相互援附。如2002年散居于湘、黔、川、渝、滇、桂等六省区市六十八县融合了汉、苗、侗、土家、瑶、布依、水等各民族的数十万杨姓纂修《杨再思氏族通志》。2012年,湘西、湘西北及鄂、黔26县"官府田"、"虞卡田"、"大庸田"、"麻阳田"、"保靖田"、"鹤城田"等联修《田氏族谱》,以田完三十五世孙如云公为始祖。

三是20世纪80年代新一轮的民族自治县、民族乡的划定中,一些地方不加鉴定将某一区域人口全部划为某一民族,人为造成少数民族成分扩大化。其结果是将该区域内不是少数民族的汉族划为了少数民族,同时也将该区域内其他少数民族统一划为了某一少数民族。

四是父母一方有一人为少数民族,子女也主动随着划归为该民族。这都是造成当今少数民族成分混杂的重要原因。

(本节参考寻霖《湖南的苗族族谱》、蒋江龙《湖南的侗族族谱》、杨佳《湖南瑶族的族谱》等文章资料编写。)

由上述蒙古族、朝鲜族、锡伯族、回族、纳西族、土家族、苗族、侗族、瑶族等家谱列举的大量史实告诉我们:中国的各族人民之间经历了很长时间的经济文化交流,不是几年、几十年,而是千百年。这样长久的相互交流,已经结成你中有我、我中有你、难分难解的特殊关系,形成一个由56个民族组成的有机整体,也即命运共同体,这就是多元一体的中华民族。"放眼世界,这种现象,如果不说是独特的,至少也是罕见的。"[1]

综上所述,中国少数民族家谱类别多样,内容丰富,价值巨大,由55个少数民族和汉

---

[1] 金冲及:《中华民族是怎样形成的》,《江海学刊》,2008年第1期。

族共同创造的中国家谱文化宝库,是中华传统文化特有的历史文献。微观而言,家谱作为记载家族世系、人物、事迹的历史图籍,是家族的百科全书,是平民百姓珍贵的家族记忆档案。宏观视野,绵亘数千年的中国家谱文化,贯穿了中华文明的发展史,称得上是整个中华民族的历史记忆档案。中国家谱文化是中华优秀传统文化的重要组成部分。今天,我们对老祖宗留给我们的少数民族家谱这份优秀的文化遗产进行科学总结,给予现代化解释,赋予时代特征,这对于加强中华民族的凝聚力、向心力,从而促进实现中华民族伟大复兴的中国梦是十分有益的。

分论:中国各地区少数民族家谱研究

一、东北内蒙地区少数民族家谱研究

本地区包括满族、朝鲜族、赫哲族、蒙古族、达斡尔族、鄂温克族、鄂伦春族等七个少数民族。

据2010年全国人口普查：满族人口10387958人，分布于全国各地，以辽宁省和河北省为多。朝鲜族人口1830929人，主要分布在吉林省延边朝鲜族自治州。赫哲族人口有5354人，主要分布在黑龙江省同江、饶河和抚远等市、县。蒙古族人口5981840人，主要分布在内蒙古自治区，其余分布在黑龙江、吉林、辽宁、新疆、甘肃、青海、河北、河南、四川、云南、北京等省、市、自治区。达斡尔族人口131992人，主要聚居在内蒙古莫力达瓦达斡尔族自治旗、鄂温克族自治旗和黑龙江省齐齐哈尔市梅里斯达翰尔族区等地。鄂温克族人口30875人，主要分布在内蒙古自治区鄂温克族自治旗、陈巴尔虎旗、阿荣旗、根河市以及黑龙江省的讷河等地。鄂伦春族人口8658人，主要分布在内蒙古自治区呼伦贝尔市鄂伦春自治旗和黑龙江省呼玛、爱辉、逊克、嘉荫等县、区。

满语属阿尔泰语系满—通古斯语族满语支，满文是16世纪末借鉴蒙古文字母创制的。清代后期，满族就已普遍习用汉语、汉文。朝鲜族有自己的语言和文字。赫哲族有自己的语言，但无文字，其语言属阿尔泰语系满—通古斯语族满语支，现已通用汉语文。蒙古语属阿尔泰语系蒙古语族，分内蒙古、卫拉特、巴尔虎—布里亚特三种方言。现在通用的文字是13世纪初用回鹘字母创制的，经过本民族语言学家多次改革，已经规范的蒙古文。达斡尔语属阿尔泰语系蒙古语族，无文字。鄂温克族的语言属阿尔泰语系满—通古斯语族通古斯语支，有海拉尔、陈巴尔虎、敖鲁古雅三种方言，但没有文字。鄂伦春族有自己的语言，没有本民族文字。语言属阿尔泰语系满—通古斯语旗通古斯语支，一般通用汉语文。

据统计，本地区除鄂伦春族外，其他六个少数民族均收藏有文字书写的家谱。其中满族 2111 种,朝鲜族 30 种,赫哲族 4 种,蒙古族 407 种,达斡尔族 33 种,鄂温克族 6 种,合计家谱 2591 种。

本地区少数民族家谱有着鲜明特点:

一是数量可观。据统计,全国少数民族家谱共 10231 种,本地区家谱数为 2591 种,占四分之一,在中国少数民族家谱中居重要位置。满族 2111 种,居中国少数民族家谱第二位。

二是类别多样。本书专论中提到的口传家谱、实物家谱和文字家谱类别,在本地区均有充分反映。蒙古人在有文字以前,就有"世系事迹,口相传述"的习俗。鄂伦春族的马鬃绳、满族的"子孙绳"、锡伯族的丝绳等形象生动展示了实物家谱的内涵。满族家谱从谱单发展到历史图籍,更揭示了中国文字家谱的历史发展轨迹。

三是多种文字书写家谱。本地区有满文、蒙古文、朝鲜文、汉文单种文字书写的家谱,也有蒙文与汉文、满文与汉文等合璧书写的家谱。

四是本地区家谱发展比较成熟,特别是满族家谱、朝鲜族家谱和蒙古族家谱,体例较完整,内容较丰富,在中国少数民族家谱领域居领先地位。本地区少数民族编修书本家谱主要是在宋代以后开始并不断发展的,少数民族中出现编修比较成熟的书本家谱则与该族的历史文化和汉化程度较深有密切关系。

下面对满族、朝鲜族、蒙古族、达斡尔族的家谱分别进行论述。

丰富多彩的满族家谱

许淑杰

满族的家谱文化经历了从口传谱序、结绳谱系到文字谱书的发展,既保留了满族文化特色,也深受汉文化影响,达到了较为成熟的程度,在中国少数民族家谱中可谓"一枝独秀"。

一

满族,清代自称为"满洲",辛亥革命后通称为"满族"。其族源远可上溯至先秦的肃慎,而其直接来源则是辽金时代的女真人。12 世纪初,女真建立"金"政权。13 世纪,"金"为蒙古所灭,元朝政府在松花江下游和黑龙江流域设斡朵里、胡里改、桃温等万户府,管辖当地的女真人和水达达。在蒙古人统治时期,女真人保持了南迁趋势,到明朝初年,自北向南,女真形成东海(野人)女真、海西女真、建州女真三大集团,其中建州女真主要以浑河流域为中心,分布在南抵鸭绿江、东至长白山北麓和东麓的广大地区,主要有苏克苏护、董鄂、完颜、哲陈、讷殷、鸭绿江、珠舍里等部;海西女真主要分布在今辽宁开原以北的松花江中游和辉发河流域的广大地区,包括乌喇、叶赫、辉发、哈达四部,史称"扈伦四部";野人女真则分布在松花江下游和黑龙江流域,以及库页岛在内的广大地区,包括虎尔哈、瓦尔喀等部落。在女真诸部中,建州女真因为所处最南,与明朝最近,因此发展最快。

明万历十一年(1583),建州女真首领努尔哈赤起兵,以建州女真为核心,不断扩充势力。至万历十六年(1588),努尔哈赤逐步统一海西女真及东海女真各部,并在统一过程中,创立了军政合一的八旗制度。明万历四十四年(1615),努尔哈赤在赫图阿拉城(新宾)称汗建国,国号"大金",史称后金。后金天聪九年(1635),皇太极以"向者无知之人,往往称为'诸申(女真)',夫诸申之号,乃席北超墨尔根之裔",因而废"诸申(女真)"而建号"满洲",并诏令"自今以后,一切人等,止称我国满洲原名,不得仍前妄称"。自此,以国名为指称,"满洲"成为以建州女真为核心形成的这一新兴部族的代称。顺治元年(1644),清军入关,"满洲"遂成为中国统治民族,直到辛亥革命推翻清王朝,满族逐渐成为其民族的通称。

随着满族入关,八旗中汉军、蒙古等其他部族成分不断加入,满洲又有了"佛满洲"与"伊彻满洲"之别。所谓"佛满洲"即旧满洲,"伊彻满洲"即新满洲。"佛"与"伊彻"为满语"旧""新"之意。在清代,一般将努尔哈赤时期编入的八旗满洲称为"佛满洲(陈满洲)",后来扩充至将清入关前所编的八旗满洲视为"佛满洲(陈满洲)",而在清入关后编入八旗满洲者,则称为"伊彻满洲(新满洲)"。

在清朝统一全国过程中,满洲八旗不断被调拨驻防于全国各政治军事重地。满族也随之分散于各地,形成大分散、小聚居的民族分布格局,为维护中国统一多民族国家的稳定、开拓祖国疆域、促进经济文化发展做出了重大贡献。据 2010 年全国人口普查统计,满族人口为 10387958 人,在中国 55 个少数民族中仅次于壮族、回族,居第三位,为中国人口较多的少数民族之一,主要分布在辽宁、吉林、黑龙江三省,以辽宁省最多,其余散居在河北、新疆、甘肃、宁夏、山东、广东、湖北、江苏等省区,主要相对集中居住于北京、成都、西安、广州等历史上的八旗驻防地。

满族世居白山黑水,东北地区独特的自然条件造就了满族独特的生产生活习俗及民族文化。满族以渔猎、饲养、采集为业,兼事农耕;满族重视礼仪,有自己的民族语言、文字,并留下了大批满文文献,如《满文老档》《满洲实录》等。17 世纪 40 年代,满族大量入关后,开始普遍习用汉语文,但在清代"首崇满洲""国语骑射"的既定国策下,满语、满文作为满族的民族语言、文字,依然在社会生活中占有重要地位,发挥重要作用。满族的服饰、饮食文化也对中国传统文化产生了重要影响,如旗袍已经成为中国传统民族服饰。清代旗人的诗词、小说、书画等,也都达到了前所未有的高度,代表了中国传统文化发展的水平。在满族文化中,最能够体现其民族文化特色的是满族萨满祭祀。满族及其先世,皆曾有信奉萨满教的习俗。萨满教是信奉"万物有灵"的原始宗教,祭祀各种神灵,包括自然神祇、动植物神祇和英雄祖先神祇;萨满祭祀分为野神祭和家祭,每年都要根据不同的节令祭天、祭神、祭祖先,以猪为主要祭品。在大祭时要杀猪,还要祭"索罗杆子",让乌鸦来飨食专供的祭品。室内西炕不得随意坐人和堆放杂物。忌打狗、杀狗和忌食狗肉,不戴狗皮帽、不铺狗皮褥子等。与祭祖的习俗相结合,满族还形成了编修和续修家谱的习俗。满族修谱多在龙虎年,意在企盼子孙兴旺发达,光宗耀祖。这种习俗流传至今。清代满族通过修谱和祭祖,传递了旗人家族的谱系,增强了族人的血肉感情,维系了宗族的团结,也维护了满洲旗人作为统治民族的优遇,从而也形成了独特的满族家谱文化。

二

出于对祖先的追记,八旗制度建立后,承袭官职、维系民族优遇的需要,统治者的积极倡导,加之入关后汉文化的影响,修纂家谱成为满族的传统。从满族早期神话传说对部族、家族历史的叙说,到极具满族特色的实物家谱——子孙绳,再到有了文字以后的文字家谱,满族的家谱经历了从"口传谱系"到"结绳谱系"再到"文字家谱"的发展过程。

在满族早期社会,有诸多以不同形式承载的神话传说,如萨满祭祀神歌中的萨满诸神神谱、民族英雄谱、满族说部(满语称为"乌勒本",汉语为"传"或"传记"之意)对满族先世各部族兴亡、迁徙的叙说,对部族英雄的礼赞,及至追溯民族记忆的三仙女孕育满族始祖布库里雍顺的传说等,都是满族早期"口传谱系"的表现形式。

在满族入关之前,也采用结绳记事的方式来记载世系,这就是"子孙绳"。子孙绳又名"索络条子",是一条由黑、白、蓝或黑、白、黄等三色线拧成的绳索,曾经广泛地存在于满族民间。满族人家每当添人进口时,如果生育男孩,就在子孙绳上拴一个小弓箭,如果生育女孩,就在子孙绳上拴一个红色(也有黄色)布条,隔代之间一般用嘎拉哈(猪的后膝骨)表示。从子孙绳上所系的弓箭和布条数目的多寡,就可以看出家族子孙繁衍的情况。因此,一条子孙绳,就是一个家族特殊的人口簿。每当举行祭祀、重大节庆日或家族中有喜庆之事时,都要举行祭祀子孙绳的仪式,将"子孙绳"的一端悬挂在室内西墙的"祖宗板"上,另一端则续接到屋外的柳树枝上,以此祈祷家族人丁兴旺、平安健康。平时则将"子孙绳"用一个黄布口袋装着,悬挂于西屋西墙上,俗称"锁口袋"或"妈妈口袋"。而这也是满族的生育女神"佛多妈妈"的神位所在。随着文字的出现,文字家谱的产生,"子孙绳"在满族祭祀中的生育祈祷意义逐渐突出,而谱系记载功能逐渐为文字家谱所取代。

1599年清太祖努尔哈赤命额尔德尼和噶盖二人参照蒙古文字头创制满文,俗称无圈点满文或老满文。30年后,1632年清太宗皇太极令达海加以改进,形成有圈点满文。随着满文的产生,满族家谱也进入了文字家谱阶段。目前所见,纯粹的满洲旗人的文字家谱是在满族入关之后产生的,并且随着八旗制度的完善,统治者的倡导,满洲人与中原文化接触日益紧密,满族家谱的修纂经历了一个日渐成熟,并随着民族命运的发展变化而起起落落的过程。

从顺治、康熙,到乾隆时期,随着满族入关、康乾盛世的到来,满族的一些显赫家族开始修纂家谱,尤其雍正十三年(1735)敕谕鄂尔泰、徐元梦等人编纂,至乾隆九年(1744)才成书的《八旗满洲氏族通谱》,全书80卷,共收录清代皇族爱新觉罗氏以外的八旗满洲姓氏以及八旗蒙古、汉军和高丽姓氏计1114个。对每一姓氏的由来、归附时间、勋绩等内容均详加记述。对每一姓氏取其功勋卓著者,计立传2240人。其中满洲的姓氏主要有:瓜尔佳氏、佟佳氏、钮祜禄氏、索绰罗氏、舒穆禄氏、赫舍里氏、马佳氏、纳喇氏、齐佳氏、富察氏等,后来分别冠汉字单姓主要有关(瓜尔佳)、佟(佟佳氏)、郎(钮祜禄氏)、索(索绰罗氏)、徐(舒穆禄氏)、赫(赫舍里氏)、马(马佳氏)、那(纳喇氏)、齐(齐佳氏)、富(富察氏)等姓氏。有所谓"八大姓"之称,但其说法所指不一。《八旗满洲氏族通谱》是八旗满洲姓氏的总谱,这种官方修谱的举措极大地推动了满族民间私家修谱活动的发展,而《八旗满洲氏族通谱》的内容、体例等,则直接为满族民间修纂家谱提供了范例和重要线索。因此,这之后,满族民间修谱活动愈益兴盛。至嘉庆道光时期,延至咸丰,旗人私家纂修家谱蔚然成风,修撰了为数不少的私家谱书。这一时期修纂的家谱,既保留了满族本民族文化特色,同时,从谱书编纂的结构、体例、形式到内容等方方面面,越来越向汉族谱靠拢,从而形成了一批体例成熟、内容完善、史料价值很高的满族家谱。

  从现存的这一时期修纂的家谱可见,其中关于"族源"及重要人物事迹等部分,有些就是直接从《八旗满洲氏族通谱》中抄录而来。如嘉庆十九年(1814)续修《他塔喇氏家谱》中,就全文抄录了《八旗满洲氏族通谱》所载他塔喇氏相关传文。但由于家谱作为私家文献保存和传承的特殊方式,这些编纂较早的满族家谱,能够完好传世至今的并不是很多。历经嘉、道、咸,延至清末,乃至民国,随着旗人生活的没落,统治地位的丧失,一方面出于对旧有地位的珍视,另一方面基于对家族谱系的追记、传承,旗人对标记自己身份地位的家谱的修纂反而更加重视,出现了大批旗人谱书。但是,由于条件所限,此期所修旗人家谱远不如嘉庆、道光时期的规模和水平。然而由于修纂时代较为切近,我们今天所见旗人家谱,实际以这一时期修纂者居多。建国以后,经过"文革",满族家谱与汉族家谱一样,都被归于"破四旧"之列,因此遭受重大破坏。"文革"后,尤其是20世纪80年代以来,随着文化传统的回归,满族家谱的修纂也呈现出复兴的迹象。尤其2000年以后,东北民间满族修续家谱活动较为活跃。从多年来对旗人家谱的调查来看,除了一些较大旗人家族谱书,主要是北京旗人的谱书,主要收藏于国家图书馆、中央民族大学图书馆等单位,民间旗人家谱主要分散于满族最主要的聚居区黑、吉、辽东北三省广大民间,而以辽宁地区最多,吉林地区次之,黑龙江地区则又次之。另外,其他历史上重要的八旗驻防地,如广州、新疆等地,也有分布。

三

自八旗制度创立以来，就有大量的汉人、蒙古人、朝鲜人等加入其中，并日益满洲化，由于这部分旗人的文化认同已经愈益趋近于满洲，因此，在当前的民族文献整理中，这部分旗人的家谱通常都放在满族家谱整理的范围之内。以满洲旗人为主的旗人家谱今天存量较大，如果以外在形式为标准划分，大致可分为两类：

一类是谱单。主要是以宝塔式的结构图表自上而下直观地呈现家族自始祖以降，诸代族人的人名、世系。有些谱单有简单的谱序，大部分只有人名世系和修纂时间。这些谱单从文字构成上大略可以分为四种：一种是纯粹以满文修订的家谱，如吉林九台石姓清咸丰六年（1856）修满文家谱；一种是满汉两种文字合璧的家谱，如伊通黑龙江将军依克唐阿家谱、吉林市舒穆禄氏家谱。从目前调查掌握情况来看，这一类的谱单为数不少，当然这其中大部分都是后人续修谱书时对前代谱书的翻译；还有一种是一份家谱以两种文字各自独立成文，如吉林市徐氏宗谱，最早是全满文谱，其后又将满文谱翻译成汉文谱，以汉文标注满音；最后一种是纯粹用汉文修订的，如吉林市口钦佟赵姓家谱。从目前所见来看，这一类谱单比较多（见下页图）。以上这四种谱单形式包括了家谱的最核心部分，内容虽简略，但表现形式直观，方便使用，因此，实际上在民间是比较通行的。

另一类是谱书。这类家谱比较多，是满族家谱的主体。从内容考察，这类谱书由于不同家族的不同社会地位、不同经济文化状况，内容有所区别，具有明显的"人自为书，家自为说"的多元特点。如初修于清光绪十八年（1892）的《索绰罗氏族宗谱》（民国十八年及1986年重修）由"序"、"始祖"、"安祖宗方位章程"、"祭祖"、"世系"及"附录（满洲族源）"六部分组成；修于民国三十二年（1943）的《那氏族谱》则由"序"、"世系谱"、"叶赫那拉氏羊公墓表"、"坟茔图"、"大祭祀所用物件草图"、"本族冬腊月祭祀祖上礼节"、"本族世代取字"、"本族贤孝"、"规劝"及"赞助人"十部分组成。有些较为显赫家族的族谱内容则更为丰满，如民国五年（1916）吉林永吉《伊尔根觉罗氏谱书》的内容包括："序"、"历次修谱原序"、"国初地名部落移驻考"、"氏族通谱"、"创修友谱名目"、"家训"、"篡古家训"、"族长表"、"族长执行规则"、"宗派"、"祭祀规则"、"五服图"、"省属族居表"、"谱注释例"、"谱图"、"谱注"等十六部分。而大多数一般家族所修家谱，仅有两个基本组成部分："序言"和"世系表"（"世系图"），甚至有的家谱连"谱序"也不具备，只有"世系表"，与谱单的构成内容基本相同。

吉林九台关姓 2010 年修汉文谱单

总的来看,满族家谱以记载满族家庭世系、人物和事迹为中心,内容包括姓氏源流、家族迁徙、世系图录、家传、婚姻、族规、家训、风土人情等,其内涵十分丰富,涉及社会、历史、宗教、文化、人口、经济、民俗、语言、伦理、教育、思想、地理等诸多方面。

此外,从家谱外在装订形式看,满族家谱又可分为奏折式、卷轴式、大张对折式等。可谓形式多样,内容丰富。

四

满族家谱从《八旗满洲氏族通谱》到皇室的玉牒,王公贵胄乃至平民布衣的家谱,丰富多彩,独具特色。

第一,不论谱书还是谱单,外观大小相差悬殊。

满族家谱中,大的谱单面积可达40余平方米,小的则仅有大约0.9平方米;大的谱书页面有8开大小,小的谱书则不足32开。如我们看到的吉林九台的尼玛察氏杨姓的谱单就达40余平方米,吉林永吉的徐氏新修谱单也不小于30平方米。这与这些家族历史较长、户门较大、人口较多直接有关。这样的谱单,一方面因其超大而令人叹为观止,但同时,也带来一些问题,如:面积太大,不易收藏、保存;同时悬挂展示需要较大空间,也不便日常祭祀使用。

第二,材质多样。

满族修家谱使用的材料往往就地取材,纸质的、布质的,甚至皮革的,不一而足。仅就纸质谱书而言,上层社会修纂的家谱普遍较为讲究,编纂体例完整、规范,纸质考究,装帧精美,皇室玉牒自不必说,一些贵族官宦人家,如麟庆的家谱,完全是以图画的形式编纂的,颇为考究。而普通民间家谱则不同。一般民间家谱的用纸,或许出于经济原因,通常较为粗糙,很多情况下都是就地取材,装订也极为简单。比较常见的有一种毛头纸,也就是过去民间糊窗户用的窗户纸(学名冬窗纸或东昌纸),还有用烧纸(一种祭奠冥钞用纸)的。不论窗户纸还是烧纸,纸质均较为粗糙,书写不便,不易保存。尤其烧纸,纸质薄而脆弱,极易破损,加以装订又较为简单、随意,因此,严重影响了谱书的保存及使用。

第三,文字形态多样。

满族家谱从文字构成上看,大略可以分为四种。如前所述,有纯粹以满文修订的、满汉两种文字合璧的、汉字满音的、纯粹汉文的。清道光、咸丰朝以前,纯粹满文家谱较多。咸丰朝以后,满汉合璧及满文汉字家谱逐渐增多。清末民国以来,则大都是汉文家谱了。满族家谱文字形态的变化基本反映了入关后满族在汉文化影响下,民族传统日益失落,汉化日益明显的民族文化发展趋势。

第四,萨满文化渗透于满洲旗人家谱当中,并通过家谱对满人的道德观念和民俗文化等产生深刻的影响。萨满教是满族民族的原生宗教,对满族有深刻的影响,渗透于其社会生活的方方面面,在满族的家谱当中,萨满教的影响反映也十分明显。表现为:其一,家谱的作用之一是满足生者对逝者的祭祀需要,而满族的祭祀需要在萨满主持下,通过萨满祭祀仪式完成。其二,许多满族家谱都非常重视祭祀的相关问题,并专列篇目对祭祀的神歌、礼节、仪式,甚至安放祖宗牌位的方位、所用物件等都详加记述,以作为祖先成例约束和指导后人的祭祀活动,这其中就反映了明显的萨满文化特色。如伪满康德十年(1943)那寿山编《那氏族谱》中就专门列出"大祭祀所用物件草图"、"本族冬腊月祭祀祖上礼节"两篇,不但对大祭祀所用物件作出明确说明,对祭祖礼节的规定也事无巨细,这些祭祀礼节中的萨满教文化特色是显而易见的。

第五,体现了明显的满汉文化兼容性。

这首先表现于满族族谱在修订上,满汉两种文体兼有,甚至一谱两体,满汉合璧。其次,还表现在家谱的外在形式与汉族家谱基本相同。另外,在内容上,还表现在汉族传统的伦理道德观念也渗透于满族族谱之中。如汉族传统的孝道观念、尊祖敬宗观念、重男轻女思想等,在满族家谱中均有体现。

五

近年来,在东北民间满族社会有很多家族,如吉林九台的赵姓、关姓,辽宁盖州的关姓等,均在1986年、1988年、1998年、2000年、2012年前后,即虎年或龙年,对谱书进行了续修,而2010年和2012年,即最近的龙年和虎年,满族民间续谱活动则更为频繁、活跃。吉林九台的石姓、杨姓、赵姓,吉林市乌拉街的于(赵)姓、永吉的徐姓、黑龙江宁安的关姓等,均在此期进行了祭祖续谱活动。这既反映了满族修续谱书活动的活跃,也印证了满族龙虎年修续谱书的民族习俗。这些家族的续谱祭祀活动,以吉林九台石姓家族比较有代表性。

吉林九台石姓家族,满族老姓锡克特哩氏,佛满洲正黄旗,是世居清代打牲乌拉地区的古老家族,该家族不但保存了完整的家谱,还较为完整地传承了满族萨满祭祀习俗,是当今世界仅存的为数不多的"萨满文化活化石"。该家族2012年1月28日(正月初六)至2月1日(正月初十),在吉林省九台市胡家乡小韩村举行了隆重的续谱祭祖活动,难得一见。

祭祀主要在"谱房"(家谱存放之所)西屋内进行。院内设置七星斗,祭祀时,排神、请神和送神等活动都在此进行。具体过程如下:

(一)准备

1月26日(正月初四),族长(穆坤达)召开家族会议,议定续谱的原则,筹集活动经费,安排续谱和祭祀的先行准备工作。包括置办供品、牺牲用猪(无杂毛的黑色公猪),收拾场地、用具和神器等。

(二)续谱

1月28日(正月初六)至1月30日(正月初八)续谱。续谱一般分为亮谱、上谱、拜谱三大部分。

1月28日,亮谱,就是由族长或族中长者,将家谱请出,悬挂于西屋北墙之上,然后上香,家族成员磕头跪拜。

1月28~29日,上谱,各宗支报自家出生或过世人员情况,由专人用红笔将近年出生的家族人名填上,将去世人的名字描黑。

1月30日,拜谱,将续完的家谱悬挂起来,全体家族成员按照辈分依次在谱单前跪拜。然后将家谱收起,放回祖宗匣内,置于祖宗板上。

(三)祭祀

1月31日(正月初九)~2月1日(正月初十):举行祭祀活动(见下图)

1月31日(正月初九):家祭,包括杀猪敬祖、蒸米、作打糕、放家神等。

2月1日(正月初十):大神祭,包括放大神案子、换索、杀猪敬神、放瞒尼神。

2月1日(正月初十)晚上:送神。全部活动结束。

2012年吉林九台满族石姓祭拜家谱

吉林九台满族锡克特哩氏(石姓)家族续谱祭祀活动隆重、热烈,充满萨满祭祀的神秘色彩,又有一定的娱乐成分,是当前所见最富原生特点的满族萨满祭祀。

六

1984年11月20日,国家档案局、教育部、文化部联合下发了关于抢救整理家谱的文件(国档会字【1984】7号文件),文件中明确指出:"家谱是我国宝贵文化遗产中亟待发掘的一部分,蕴藏着大量有关人口学、社会学、民族学、经济史、人物传记、宗教制度以及地方史的资料,它不仅对开展学术研究有重要的史料价值,而且对当前某些工作也起着很大作用。"从中可见,满族谱牒有着重要的史料价值,它不仅是家族史、民族史、地方史重要的直接的史料来源,同时也是明清史、民国史的基础性史料。

首先,在家族史研究方面的价值。

家庭是社会组织的细胞,家族是社会重要的组织机构。因此,家族史研究是重要的史学研究内容,与国史、方志一起,构成中华民族历史学大厦的三大支柱,是中华民族悠久历史文化的重要组成部分。而谱牒则是家族史的重要史源,对家族史研究具有直接的重要的史料价值。完全可以说没有谱牒学就没有家族史学。从历史上说来,我国家族史的研究虽然起步较早,但相对于国史(王朝史)和地方史(方志)的研究则要逊色得多,作为家族史研究的重要史源——谱牒在家族史研究中也还没有得到充分有效的利用。正因为如此,家族史的研究具有广阔的前景。正如史学大师顾颉刚所言:"我国史学领域有尚待开发的两个'大金矿'",即地方志和族谱。梁启超先生指出:"欲考族制组织法……等无数问题,恐除族谱家谱外,更无他途可以得资料。"并把谱牒的搜集称之为"不朽之盛事"。由此可见谱牒在家族史研究方面的重要价值。满族谱牒以记载满族家庭世系、人物和事迹为中心,其内涵十分丰富,涉及社会、历史、宗教、语言、伦理、教育、地名等诸多学科,在家族史研究方面的重要价值不可小视。

其次,在民族史方面的价值。

民族是由家族构成的,满族谱牒在满族民族史的研究中同样具有基础性和直接性,有着不可替代的作用。不可想象没有谱牒学支撑的民族史会是个什么样子。作为少数民族的族谱,满族家谱是极为珍贵的历史文化遗产,其中所记载的大量珍贵史料,为我们研究满族人民的生产、生活、宗教、语言文化等方面提供了不可替代的第一手材料,其史料价值是不言而喻的。具体而言,满族族谱对于满族的源流、满族人口的迁徙、满族的民族风俗、满族家族史、满族历史人物、满族宗法制度等方面的研究都具有重要的价值。

满族族谱对于满族族源的考证有重要的史料价值。通过众多的家谱对本家族族源的记述可以清楚地考证出满族民族的构成。如《索绰罗氏谱书》原序中就记述："凡人皆宜重本源，况我满人，尤宜郑重而不容遗忘也。回溯我先祖，自长白山随我朝太祖高皇帝创业东方，乾坤一统，圣祖仁皇帝将我先祖拨往盛京岫岩以来，迄今三百余年，族户大繁。"如《凤城卢氏家谱》载："祖籍山东莱州府栖霞县卢家大奔人，于顺治八年（1651）从山东逃荒到东北，先落脚海城县析木城，后迁居凤城通远堡定居。卢氏随军八旗，汉军八旗镶黄旗，隶属盛京管辖。"《吴西勒氏谱书》载："我满族旗族，无不始自前清来归斯土，尊祖当以始迁祖为始，亲族当以始迁祖同族。"吴西勒氏，又译敖奇勒，系巴尔虎蒙古，按《盛京通志》内载："系喀尔卡人，自康熙二十二年拨驻凤城，任巴尔虎牛录章京。"《文佳氏家谱》载："始祖文瑞公原籍朝鲜国民，世居玉尚庄洞处，距鸭绿江一百二十里，尚有祖莹在焉。"这些对本族族源的记述，均证明了满族民族形成过程中吸纳了汉族、蒙古族、朝鲜族的民族成分。

满族族谱对于考证满族人口的迁徙有重要的史料价值。如辽宁本溪《马氏谱书》载："原籍山东登州府栖霞县马家营，顺治十三年（1656）二世祖马国庶被盛京内务府拨至辽阳城东大汤沟镇红旗界太子河离南小市充当鱼差，入都京内多务府正黄旗，是为网民。"《福陵觉尔察氏谱书》载："氏族原住长白山之东，花脸山迤北，卧漠河必罕鄂多里和陈，由此迁到长白山觉尔察地方，践土而居，因以为氏。"《凌云堂白氏事宜录》载："吾白氏满洲人也，北有长白，是吾故里，清太祖在此发祥，招服满洲，编立八旗，吾白氏编入正黄旗黑太佐领下。"由此可以看出满族民族迁徙的大致情况。

满族族谱对于考察满族的民族风俗有重要的史料价值。满族谱书中的族规家训以及祭祖等篇目是研究满族的民族风俗、文化的第一手资料。如《那氏族谱》《索绰罗氏族宗谱》等对满族祭祖习俗的记述，对研究满族的民族风俗、文化具有重要的参考价值。满族族谱中的人物传记，对于本族发展历程的记述等，对满族的家族史、满族历史人物、满族宗法制度等的研究都具有重要的参考价值。

复次，在通史研究方面的价值。

我国自古就是一个多民族的国家，从这种意义上说，没有民族史就没有完整的中国通史。尤其对明清两朝说来，更是如此。没有满族史的明清史不仅是不完整的，甚至是缺少重要内容的。因此，谱牒对通史研究，尤其是对通史中特定的断代史的研究具有重要的价值。具体说来，一方面它能为某些断代史的研究提供基础的、鲜活的、具体的、间接的史料支撑，另一方面它也能够补充正史中的某些不足。如清代满族人口的研究，尤其是皇族人口畸变对清代分配结构的影响的研究、清代民族政策研究、清代家族势力对政治影响的研究等,都离不开满族谱牒的支撑。同时,它还能订正通史中的某些错误,比如对努尔哈赤以十三副遗甲起兵的补充,甚至对传说中太后下嫁问题的证明,据说某些谱牒都能提供一些证明,其价值断不可低估。

最后,在地方史研究方面的价值。

满族具有大聚居小杂居的特点。满族谱牒对聚居区方志的编修具有直接的史料价值。比如满族谱牒对各满族自治县方志的编写是重要的史料资源。如《佟佳氏谱书》记载了其先世居于辽东,后经商迁于抚顺,并在抚顺马市交易中结识了努尔哈赤,后成为清代开国功臣的史事,记述颇为详尽,是正史中所不载。再比如《章佳氏族谱》中关于章佳地方的记载,《敖氏族谱》中关于兴京巴尔虎旗等的记载,都对地方史的研究有重要的参考价值。

当然,我们在肯定其主流价值的同时,也要对其局限性做出说明。一般说来,谱牒属于主观史料,因此它难免有攀龙附凤、隐恶扬善的不实之辞。谱牒往往是一家一户小生产单位的文化表现,因此受其立场观点的影响,所记不一定全面完整。谱牒是一个具有民族品格的文化册籍,因此对他族的记叙不一定正确。谱牒是对历史的记述,为增强历史感有时往往也会产生一些没有历史根据的久远追述,影响它的客观性、真实性。谱牒有时离谱,这是我们在使用它时应注意甄别的。

总之,凡是有满族人居住的地方就有谱谍存在的可能,满族谱牒特点是鲜明的,形式是多样的,内容是丰富的,价值是巨大的,在祖国文献宝库中是一颗璀璨的明珠。

(作者单位:吉林师大满族研究所)

参考文献

《清太宗实录》,中华书局影印本,1985年。
孙文良:《满族大辞典》,辽宁大学出版社,1990年。
傅波、张德玉:《满族家谱研究》,辽宁古籍出版社,1996年。
李林:《满族宗谱研究》,辽宁民族出版社,2006年。
中国谱牒学研究会编:《谱牒学研究》(第三辑),书目文献出版社,1992年。
中国谱牒学研究会编:《谱牒学研究》(第四辑),书目文献出版社,1995年。

深受汉文化影响的朝鲜族家谱

王鹤鸣

据2010年第六次全国人口普查统计,朝鲜族1830929人,主要分布在吉林和黑龙江、辽宁省,其余散居于内蒙古自治区和内地一些城市。延边朝鲜族自治州是主要聚居区。

朝鲜族的先民,是从朝鲜半岛迁入中国东北的朝鲜族人,最早迁入定居的一批,距今已有300多年的历史。

朝鲜族是中国少数民族中主要从境外迁来的少数民族之一。中国的朝鲜族是从朝鲜半岛迁入中国后,在特定的历史环境中逐渐形成的一个民族。

中国的朝鲜族自境外迁入中国东北已有300多年历史了,但就文化渊源来说,中国的朝鲜族与朝鲜半岛上的朝鲜民族有着密不可分的关系。特别是具有持续编修特点的家谱,要论述中国朝鲜族的家谱,涉及家族族源、始祖、世系、迁徙、体例、内容、人物等许多谱牒的重要问题,就很自然地要联系朝鲜半岛的朝鲜族家谱来进行历史的辨证的分析。

2003年北京图书馆出版社出版的《北京图书馆藏家谱丛刊·民族卷》,计100册,共收录蒙、满、回、朝鲜、达斡尔、锡伯、彝、纳西等民族家谱137种,涉及姓氏近70个。其中自49册以后全部为朝鲜家谱,达65种,占了民族卷丛刊的一半数量。需要指出的是,该丛刊收录的朝鲜族家谱,包含了中国的朝鲜族和朝鲜半岛上的朝鲜族两方面的家谱,表明鸭绿江两岸的朝鲜族家谱内容是难以分割的,数量是很可观的。

基于此,本文论述中国朝鲜族的家谱联系朝鲜半岛上的朝鲜族家谱来进行历史的辨证的分析,着重说明:一、朝鲜族家谱是在汉文化影响下不断发展的;二、朝鲜族家谱的特点;三、迁入中国东北的朝鲜族人的家谱为形成具有中国特色的朝鲜民族等提供了生动的第一手资料。

一

常建华先生在《朝鲜族谱研究》(天津古籍出版社,2005年)一书中,将朝鲜族谱的发展划分为三个时期:

1. 创立期的朝鲜早期族谱(15~16世纪)。这期间撰写的家谱是高丽时期修谱的继续,其修谱思想来自中国儒家,特别是宋儒的主张,尤其苏洵的修谱观点受到重视,撰谱作者多为本族士大夫,家谱形式是"内外谱"。

2. 转型期的朝鲜中期族谱(17~18世纪)。修谱宗旨进一步受宋儒影响,苏洵"观谱生孝"的观点在谱序中大量引用,张载关于管摄人心、厚风俗、收宗族的主张也大量出现。更强调修谱的社会作用与政治功能,修谱仍是"内外谱",但出现主张删减外姓的记载,女子在谱中地位有所下降。续修家谱进一步加强。家谱反映宗族社会结构特征更为突出。

3. 定型期的朝鲜晚期族谱(19~20世纪初)。这时期的修谱宗旨更加突出伦理道德的教化,家谱作为孝悌之道的载体,修谱意义得到了升华。修谱时间三四十年一修,表明谱学成熟定型。修谱已普及到全社会,通谱更加盛行。

翻开各个时期的朝鲜族谱,可以清晰看出,朝鲜族谱源自中国家谱,是在中华文化影响下逐步发展起来的。作于成化十二年(1476)的《安东权氏家谱序》:"人道亲亲也,亲亲故尊祖,尊祖故敬宗,敬宗故收族。""有不记高曾祖考名号者,子孙浸以乖隔,视同路人,何待服尽亲尽而后疏且远哉。"其论述家谱渊源、作用的用语与中国家谱如同一辙。青松沈氏嘉靖乙巳(1545)谱更明确指出,"族之有谱古也,周之宗法、汉之世表是已"。表明朝鲜族谱的源头与周代的宗法制度有密切关系,其体例可追溯到汉书的世表。

15世纪以后兴修的朝鲜族谱,受到宋代儒家思想的影响尤为明显。19世纪撰写的《沃沟张氏旧谱序》总结几个世纪以来编修的朝鲜族谱:"有感于欧苏之说、程张之训,而不忘尊祖重本之意。"① 表明朝鲜族谱主要受宋代欧阳修、苏洵、程颐、张载四位著名思想家"尊祖重本"思想的影响。

苏洵(1009~1066)于仁宗至和年间修成本族《苏氏族谱》。苏洵论述自己作谱原因时说:"情见乎亲,亲见于服。服始于衰,而至于缌麻,而至于无服。无服则亲尽,亲尽则情尽,情尽则喜不庆,忧不吊。喜不庆,忧不吊,则途人也。吾之所以相视如途人者,其初兄弟也,兄弟,其初一人之身也。悲夫!一人之身分而至于途人,吾谱之所以作也。""呜呼!观吾之谱者,孝悌之心可以油然而生矣!"②

在这里,苏洵强调修谱的目的是孝悌收族,避免服尽亲尽的族人视同途人。

---

① 转引常建华:《朝鲜族谱研究》,天津古籍出版社,2005年,第115页。
② 《嘉祐集》卷一四,《苏氏族谱·谱例序》。

苏洵关于修谱生孝、勿至途人的观点,在 15 世纪已被朝鲜族修谱时引用。如《水原白氏世谱》明永乐三年(1405)《旧序》:"观是谱者,孰不有孝悌油然之心也哉。"又如李麟于成化十三年(1477)作《全义李氏族谱·成化草谱序》:"子孙之观是谱者,究源寻派,知一身之所自出,孝悌之心油然而生。"

进入 16、17 世纪,苏洵的修谱主张更是被朝鲜族谱广泛引用,如延安李氏族谱、宁越辛氏族谱、晋阳何氏族谱、德山苏氏族谱、清风金氏族谱、金海金氏族谱、新平李氏族谱、晋州姜氏族谱、新昌孟氏族谱、密城朴氏族谱、金浦公氏族谱等谱序都重申了苏洵的修谱观点。①

朝鲜族谱也大量引用张载关于修谱与收族的见解。张载(1020～1077)是宋代思想家中最早提出建立宗族制的。他的名篇《宗法》指出:"管摄天下人心,收宗族,厚风俗,使人不忘本,须是明谱系、世族与立宗子法。"张载明谱系、收宗族的思想适应了宋代加强伦理教化、加强宗族制度的政治需要,16 世纪以后的朝鲜族谱,不少引用苏洵观谱生孝观点的同时,也引用张载的见解,有的则是单独重申张载的修谱观点。如《文化柳氏世谱》嘉靖序中,就一字不漏地引用张载的上述修谱观点。1928 年编修的《善山朴氏世谱》强调:"管摄天下人心,收宗族,明谱牒,厚风俗,使人不忘本,须是明谱系。"该谱在引用张载修谱主张时,增加了"明谱牒"三个字。

1939 年辽宁省盘山县吴家乡团结村的朴云续修的《咸阳朴氏世谱》,是新罗国创立者朴赫居世后裔的家谱,刊载 1678 年(清康熙十七年,朝鲜李朝肃宗四年)朴恬主持第一次修谱时的谱序,强调将程颐、张载的"明谱收宗"思想作为修谱的指导思想:"程张两夫子尝以明谱收宗为第一义其以此乎?然则是谱也,于本祖合族之道亦可谓重且大矣。"②

在体例内容上,朝鲜族谱也深受中国家谱影响。如 1898 年编修的《光州卢氏引仪公(世杰)派世谱》,体例内容由谱序(新旧)、传记(志石文、墓铭、事迹、行状)、先茔山图、凡例、行列字定式、行列图、世系、干事录(有大门长、宗孙、主干、校正、编次、司贷、收单执事、董仪)构成,与中国家谱十分类似。不仅如此,朝鲜族谱体例内容上也宣扬"三纲五常""三从四德"等封建主义思想。如 1926 年编修的《镇川金氏世谱》,列有"褒题积成卷轴"一节标题,内容包括"孝烈李娘记事"、"节妇许氏纪绩碑文"、"筑圃先生祖孙节孝纪绩碑文"、"节妇遗事"等,宣扬仁俊妻南氏"丧夫又无子","卒后溺井下,烈行卓异"以及

---

① 常建华:《朝鲜族谱研究》,天津古籍出版社,2005 年,第 54 页。
② 姚斌等整理:《辽宁朝鲜族家谱选》,辽宁民族出版社,1990 年,第 124 页。

圣镐妻崔氏"夫弱冠死于病"后"投江而死"等贞节烈妇事迹。

朝鲜族谱为保持世系的连续和完整,很重视家谱的续修。随着编修族谱的深入,续修也越来越频繁。如清州韩氏《戊辰族谱序》:"我韩氏有谱始刊于万历丁巳,重刊于崇祯再甲申,族始源派,族谱颠末,俱见于二谱之叙矣。又后四十余年,子姓益蕃,生于甲申后已有抱孙者,而名无所载,则宜更有编辑之事,而恨未有任之者矣。"表明该谱始修于万历丁巳(1617),再修于崇祯再甲申(1704),戊辰(1748)是第三次,始修与再修期间为87年,而再修与三修期间为44年。

又如现居于辽宁省盘山县吴家乡团结村的朴云一家,是在1919年从朝鲜黄淮边碧城郡迁来中国东北的,朴云于1986年将珍藏的《咸阳朴氏世谱》献给盘山县人民政府作为民族古籍整理的资料。《咸阳朴氏世谱》是新罗国创立者朴赫居世后裔的家谱,先后修编六次:

第一次修谱是在1678年(清康熙十七年,朝鲜李朝肃宗四年),朴恬主持了第一次修谱;第二次修谱是在戊午谱后11年的"甲戌谱"(1694年,清康熙三十三年,朝鲜李朝肃宗二十年),由朴庆后主持;第三次修谱是在甲戌后九十六年的戊申谱(1788年,清乾隆五十三年,朝鲜李朝正宗十二年),这次由朴远庆主持;第四次修谱是在"戊申谱"后六十年的丁未(1847年,清道光二十七年,朝鲜李朝宪宗十四年),即"丁未谱",这次修谱由朴弼宁主持;第五次修谱是在"丁未谱"后五十九年(1905年,清光绪三十一年,朝鲜李朝大院君八年),这时正值日俄战争时期,日本帝国主义加深对朝鲜的侵略。随着朝鲜政局的动荡和战乱频仍,朴氏子孙更各在东西,世系无从查找。在这种情况下由朴震宅主持第五次修谱,即"乙巳谱"。这次修谱仅仅三个月时间就将谱书续成,看来是很简易的续谱了。第六次修谱是在"乙巳谱"后的三十五年(1939),由已迁入中国东北的朴世焕主持续修。当时中国的东北和朝鲜国都已沦为日本帝国主义的殖民地。中国正全面进行抗日的民族解放战争,朝鲜人民也组织抗日武装进行斗争。朝鲜半岛处于"世故荡倾,舆情涣析"的情况下,迁入东北的朴氏子孙仍以"重文献,尚传统"为传统,续修了现存的《咸阳朴氏世谱》。这次由朴善的第27世孙朴世焕主持,在世系上记到朴氏第30代子孙。

将《咸阳朴氏世谱》献给盘山县人民政府的朴云,为咸阳朴氏义城派的第27世孙,在谱书上的名字为朴象焕,生于1911年,他的名字记在谱内的第27世栏内,他的儿孙辈由他续记在第28、29世栏中。①

---

① 姚斌等整理:《辽宁朝鲜族家谱选》,辽宁民族出版社,1990年,第6页。

《咸阳朴氏世谱》始编于1678年,最后一次修谱是在1939年,在此期间内共修谱六次,平均52年一修。中国家谱向有三十年一小修、六十年一大修的续修传统,《咸阳朴氏世谱》达到52年一修,表明朝鲜家谱在续修上也深受中国家谱文化的影响。

总之,进入18、19世纪以后,朝鲜族谱基本成熟、定型,而且更加普及,续修很规范。这时,不仅朝鲜"簪缨之家""阀阅世家""故家巨族""旧家世族"有族谱,并且"家有家乘,派有派谱,宗有大宗谱",门类齐全,就连一般人家也各有家谱,修谱已普及到全社会。

二

统观朝鲜族谱,一方面受到中国家谱的深刻影响,另一方面又带有本民族的鲜明特色,其最具民族特色的族谱形式是"内外谱"。

所谓"内外谱",就是族谱世系是双系的,既有父系的世系,又有母系的世系。如《广州安氏族谱》的《旧序》作于15世纪初太宗年间,作者安省称:"余平生逢人则必问其内外之谱者,相干于吾本宗安氏,则不限同异姓,不限远近系而并记之。以安氏姓孙为上卷,外孙为中、下卷。""同源异源、姓孙外孙之别其卷者,明内外之分也。于吾同曾高祖之外孙并书于上卷者,示甚切也。""余记外族妻族并以同高为限,别为一卷。"表明该谱共三卷,安氏本姓为一卷,外姓孙系为二卷,且世系"同高为限"。作于成化十二年(1476)的《全义李氏族谱·成化草谱序》明确指出该谱是内外族谱:"我皇考讳贺,慕古悼今,广搜博访,撰内外族谱,有若全义李氏、月城金氏、铜州崔氏、孔岩许氏,修其世系枝派,贻厥后裔,其垂晓方来之意至矣。"这段文字表明,当时内外谱很普遍,有若全义李氏、月城金氏、铜州崔氏、孔岩许氏等家族修的均是内外谱。

到17世纪,晋阳河氏谱序记载反映该谱亦是内外谱:"自护军以来八九世,至吾先考生卒、仕止、行录、碑碣,并冠于右,本谱之外,又附外谱。噫,此为河氏内外一门之谱。"

朝鲜族谱内外谱的这种形式,反映了妇女在社会上有一定的地位,族谱有关妇女的记事较多,以至妻室的家人,所嫁女儿的婆家等世系也列表单独成卷。这一现象与中国明清时代的家谱不同,但倒有点类似于中国魏晋南北朝时期的家谱。魏晋南北朝时期,世家大族垄断朝政,家谱担当了仕官的特殊功能,所谓"官之选举,必由于簿状;家之婚姻,必由于谱系",世家大族不仅要保持自己的政治特权,而且要保持婚姻特权,与之适应,女儿可入谱,家谱不仅记载祖、父、兄等直系亲属的官位,而且对姐妹夫的官位,甚至外祖父的官位也一一记述。当时的家谱往往是一姓为主同时兼叙其他姻亲姓氏的综合性家谱。如新疆吐鲁番阿斯塔那隋唐墓中出土的魏晋南北朝时期的《某氏残族谱》，系张氏族谱，而与张氏有婚姻关系的宋、马、索、东等姓氏都有记载。15世纪以后的朝鲜社会与魏晋南北朝时期类似，政坛上有门阀等特殊阶级，他们把持朝政，婚姻讲究门当户对，婚姻已成为集合政治力量的一种工具，而妇女在其中担当了重要角色，这时期编修的家谱必然要反映这种政治、社会关系，于是就出现了"内外谱"这种族谱形式。可见，朝鲜族谱这种内外谱形式，实际上是当时朝鲜社会政治在族谱文化载体上的反映。

朝鲜族谱这种"内外谱"尚可进一步称之为"八寸谱"。如修于16世纪七八十年代的《本宗恩津世谱》，就是一部收录八祖之系派的"内外八寸谱"："凡人之宗，高祖、外高祖暨内外曾祖之父、祖母之祖父、祖母之外祖父、外祖母之祖父及外祖父，是八高祖也，撰录八祖之系派，即八寸谱也。"这里的"八高祖"，大致相当于中国五服的亲属范围，但它是双系的，既有父系，又有母系，包括内外祖先。中国的五服也包括女姓，但女性是作为丈夫附属出现的，而朝鲜因是内外谱，女性与男性具有平等、并列地位，这是区别。但随着父系宗法观点的加强，"详于同姓以重祖，略其外孙以尊宗"，男女同刊的"内外谱"发生了倾斜，家谱记载女子、记载外姓的内容逐步削弱。

三

朝鲜族谱保存了许多珍贵的史料。如《水原白氏世谱》明永乐三年（1405）的《旧序》："始祖松溪公以唐朝金议使被宵人杜以奇、裴玄默之倾陷，自窜于新罗，宣德王之元年庚申岁也。天子累征，终不返中土，仍居鸡林，吾东方白氏之繁衍自此始矣。"表明朝鲜水原白氏的始祖乃是中国唐朝人，曾任唐朝金议使，因受人排斥迁居朝鲜，而后在朝鲜生根、繁衍、发展。

收藏在辽宁凤城市的朝鲜族旗人《文氏家谱》（1925年编修），则为我们揭示了300年前朝鲜族人入居中国东北以及加入旗籍的史料："始祖文瑞公原籍朝鲜国民，世居玉尚左洞处，距鸭绿江一百二十里，尚有祖茔在焉。自公三十岁由前清顺治年间，蒙恩选来中国，增入新满洲都京镶白旗注册，考试入四译馆当差，拨归奉天省凤凰城，充朝鲜通官，迎送岁贡差务，落户于城东三官庙，后移于城西二台子处。由三世分徙于北山、红花岭、唐家沟、北京、奉天等处，各有坟墓。"这段资料告诉我们：一是文氏家族始祖文瑞原为朝鲜国民，世居朝鲜玉尚左洞处；二是文瑞于清顺治年间，被清政府选入来中国，加入新满洲都京镶白旗；三是文瑞考试入四译馆当差，后拨归奉天省凤凰城（凤城）充朝鲜通官迎送岁贡;四是1925年编修家谱时,文氏家族的分布情况。① 为我们提供了300年前朝鲜族的先民,从朝鲜半岛迁入中国东北的第一手资料。(见下图)

迁居中国的朝鲜族百年民居(2016年9月)

由姜运球、梁承武于1929年编著的《间珲万姓大同谱》是一部简介入迁中国东北地区的532户朝鲜族家庭谱系的大同谱,由三部分组成:一是历代编,罗列统治朝鲜半岛的自檀君至朝鲜王朝计18个历史时期历代君王的姓名;二是万姓始祖编,共计列出朝鲜半岛306个姓氏的始祖姓名、籍贯,以及贯籍未详的119个姓名;三是间珲万姓大同谱氏部,为本书的主体部分,共简介59个姓氏532户家庭的谱系,包括每户家庭原在朝鲜半岛的居住地、入迁东北时间及住处、户主简况、家庭成员妻子以及子女等简况。② 举例如下:

李秉均:原籍咸北明川郡西面白鹿洞,现住地延吉县智仁社西沟广济村。戊辰二月十九日生。贯公州。壬戌渡江。壬辰功臣佐郎麒寿十二世孙,贞裕(字子庆)八世孙,荣夏(字茂伯)七世孙,秀复六世孙,逵升(字天庆)五世孙,仁郁曾孙,载渊孙,基元(字治善)子。字汝极。汉文受学儒教。母延安车氏,庚子三月六日生,丁酉九月十六日卒。妻韩山李皖植女,壬戌三月十三日生。长子贤洙,字凤华,乙酉四月十八日生。二子银洙,字敏举,庚寅五月四日生。长妇金海金氏,辛巳五月二十四日生。长孙鹤石,普通学校卒业。二孙太世,普

---

① 《清代朝鲜族旗人文氏族谱浅析》,《满族研究》,1997年,第2期。
② 《间珲万姓大同谱》刊《北京图书馆藏家谱丛刊·民族卷》100册,北京图书馆出版社,2003年。

通学校卒业,中国师范学校卒业。三孙太永,中国县立学校卒业,职业学校修业。四孙鹤寅,癸丑十一月五日生。次妇善山金氏,癸巳七月十三日生。次子孙灿禼,县立学校卒业,职业学校修业。次孙灿镐,县立学校修业。三孙灿赫,县立学校修业。

金仁国:原籍咸北明川郡阿洞面龙湖洞,现住地延吉市尚义县细鳞河大兴洞。癸亥八月五日生。贯金海。己亥渡江。通训大夫得贤六世孙,通政大夫生芳五世孙,宗律子。字才彦,汉文受学。氏母庆州郑氏,妻利川徐致甫女。长男秉学,长妇顺昌朴永三女。二男秉禄。

金应寿:原籍咸北吉州郡雄坪面龙南洞,现住地延吉市守信县四人班龟岩洞。癸巳二月四日生。贯光山。甲寅渡江。自贤二十世孙,吉州郡文庙掌议熙淳子。汉文受学,儒教。氏母金海金应却二女,汉文受学。次女芩顺。

赵义龙:原籍咸北镜城郡梧村面朴上洞,现住地延吉市尚义县富岩村。丙戌九月十六日生。贯忠州。丁巳渡江。汉杰十六世孙,北青郡守万福十四世孙,良锡子。字云协。汉文受学。东西医学研究院讲习。氏母江陵崔氏。室忠州石氏,甲申生。长男周一,戊申生,县立第二十五校卒业。二男昊一,癸丑生,县立第二十五校卒业。

姜时活:原籍咸北钟城郡丰谷面丰川洞,现住地龙井市。甲午九月十四日生。贯晋州。戊午渡江。世河曾孙,本郡文庙掌议仁周孙,尚宪子。号三友,韩进士丰季门人。汉文受学。局子街养蚕讲习所讲习,延吉勇智社十六校高等科修业,中国师范讲义修业。天道教局子街青年会会员,天道教局子街传道师,汪清县石岘新兴学校教员依兰沟伟财洞英振学校教员,伟一青年会常务。氏母宜宁南风宪美甫长女,丁卯二月十七日生。妻全州咸兴观察府主事李世一女,丙申八月十日生。

池羽声:原籍咸北富宁郡西上面仓坪洞,现住地延吉市守信县四甲河南市。丁亥四月二十九日生。贯忠州。己未渡江。武及第振义九世孙,明浩曾孙,景洙孙,武科及第正九品成圭长子。汉文教授。历商务会会长、普光学校校监,现医药业。氏母阳川参奉许律二女。妻水原崔根汝长女,戊子八月十五日生。长子莲球,普光学校修业。

上述是从《间珲万姓大同谱》532户朝鲜族家庭谱系中任意选取的6个家庭的谱系。从中可看出该大同谱简介各家庭谱系主要由下面几方面内容组成:一是户主个人简况,包括姓名字号、出生年月、经历等;二是家族世系传承情况;三是家庭成员简况,包括户主妻子、子女的出生年月、经历等情况;四是由朝鲜半岛迁入东北的时间;五是迁入东北之前的原籍居住地和迁入东北后的居住地;六是迁入东北后户主汉文受学等接受汉文化的情况;七是入迁东北后子孙辈在各类学校学习的情况,等等。

《间珲万姓大同谱》虽然简介的是入迁吉林省延吉、和龙、汪清、珲春四县的 532 户朝鲜族家庭的谱系,实际上代表了整个入迁东北的朝鲜族家庭的基本情况。(见下图)

陈列在吉林延边州博物馆的《间珲万姓大同谱》

《间珲万姓大同谱》向我们揭示了入迁中国东北地区的朝鲜族众多家庭,接受的是汉文化教育,子女均在当地的各类学校学习。这就清楚地告诉我们,尽管中国的朝鲜族与朝鲜半岛上的朝鲜民族有着密不可分的历史文化渊源,但从朝鲜半岛迁入中国东北的朝鲜族人,在特定的历史环境中,由于国情不同,文化背景不同,在民族心理特征以及文化构成等诸多方面已与朝鲜半岛的民族有着质的差异,已形成为中国境内的一个民族,中国的朝鲜族是具有中国特色的朝鲜民族,是中华民族大家庭中的一员。迁入中国东北的朝鲜族人,长期以来,在开发边疆、保卫边疆中,与东北各民族人民荣辱与共、肝胆相照,开荒林,拓旷野,建人生活舞台,[1]共同创造了东北地区的物质文明和精神文明,为中华民族的繁荣昌盛谱写了光辉的篇章。

(作者单位:上海图书馆)

---

[1] 《间珲万姓大同谱·序》。

蒙古族家谱的收藏与特点

伯苏金高娃(蒙古族)

　　蒙古族是一个历史悠久而富有传奇色彩的民族,在我国历史发展的长河中有着重要地位,对世界政治、历史、军事、宗教、文化等产生过深远影响。

　　蒙古族历史文献研究是一项重要课题,并早已形成为一门独立的科学。蒙古族家谱则是研究蒙古族历史不可或缺的重要历史文献。

　　20世纪90年代初,我参加了国家社科基金项目、国际图联(IFLA)"促进发展中国家图书馆事业核心计划"(ALP)项目《中国蒙古文古籍总目》的编撰工作,对内蒙古社会科学图书馆所藏的蒙古文古籍进行著录,从而接触了蒙古族家谱,并对家谱专门编目造册,对蒙古族家谱有了初步的了解。在参与编写《中国蒙古文古籍总目》的同时,我也掌握了我国各大图书馆、档案馆所藏蒙古族家谱的收藏情况。此外,2004年我参加了国家民委重点项目《中国少数民族古籍提要·蒙古族卷》的编撰工作,进一步了解了蒙古族家谱的收藏情况和特点等。现就蒙古族的形成和蒙古族家谱的收藏以及特点等有关问题介绍如下。

蒙古族的形成

　　我国是蒙古族的发祥地之一,有关蒙古族的史料记载至少可以上溯到战国时期。蒙古族的发展同我国北方各民族的历史有密切的联系。

　　匈奴是蒙古高原第一个见于史乘的古老部落,战国时期就逐渐形成了一股力量。公元前3世纪末,匈奴建立了强大的游牧国家。匈奴人在蒙古高原留下了长久不灭的痕迹,匈奴的某些制度和习俗在蒙古高原各民族中世代流传。如左右翼和十进制的军事行政划分,一直延续到明清时期。鄂尔多斯右翼中旗或鄂尔多斯左翼中旗等名称,今天内蒙古自治区有些地方还在沿用。一部分匈奴人留在蒙古高原,同化在其他的部落和民族之中,这些人的后裔在13世纪以后成了蒙古族的成员。

　　唐代以前,大漠南北的蒙古高原大半属于突厥语世界。阿尔泰山南北,一直到中亚,都是突厥语族部落的居住地。552年,突厥人推翻了柔然汗庭,建立了突厥汗国,这个汗国很快分裂成北突厥和西突厥。北突厥先后并于隋唐,后来又出现了后突厥汗国。745年,后突厥亡于回鹘汗国。突厥、回鹘势力进入内蒙古东部地区,向这一带的各个部落打开了通向大漠南北的门户。有一部分室韦—鞑靼人约在8世纪后半进入银山地区,也有许多其他民族的人从西、南方面,流入蒙古高原。

大约与匈奴同时见于史乘的是东胡。东胡,是华夏人对现在的内蒙古东部地区族属相同或相近的各部落的总称。公元前3世纪末,匈奴征服了东胡人,把他们划归左贤王统治。东胡人及其后裔的居住地大体上就是内蒙古东部地区。从昭乌达沙漠到额尔古纳河流域,是以东胡人和他们的后裔、鲜卑人、室韦—鞑靼人为主的语言相同或相近、地域相连、风俗也相似的各个部落的居住地。鲜卑人集团中的拓跋鲜卑,他们起源于呼伦贝尔高原,经过长期的辗转迁徙,来到内蒙古土默川平原。多数研究者认为,鲜卑人,包括东部鲜卑和拓跋鲜卑,他们的语言是蒙古语。

《辽史》《金史》中有许多关于蒙古族部落的记载。《元朝秘史》关于各个部落和氏族的史料,把整个蒙古高原各民族部落的分布勾勒得十分清楚,其中蒙古部的记载尤其详尽。辽金时代的蒙古人包括札剌亦儿人、塔塔儿人、蔑儿气人、八儿忽人、瓦剌人,但当时称为蒙古的只有尼鲁温蒙古和迭列列斤蒙古。

蒙古的名称早在唐代就为中原所知,以"蒙兀"首次见于史籍。《旧唐书·北狄传》在抄录《通典》的文字之后补充了更多的新内容,其中就提到"蒙兀室韦"。从这些资料可以看出,在突厥、回鹘统治时期,"蒙兀室韦"还住在额尔古纳河流域。他们进入外蒙古高原,应当是840年回鹘汗国崩溃以后的事。

蒙古人逐渐组成了很大的部落集团,分成尼鲁温蒙古和迭列列斤蒙古两大分支。尼鲁温蒙古是成吉思汗十世祖母阿阑豁阿夫死之后感应光灵而生的三个儿子的后代。因为出自阿阑豁阿圣洁的腰脊,所以叫作尼鲁温。另一部分蒙古人,不属于阿阑豁阿后裔的蒙古人,则称为迭列列斤。到了13世纪,尼鲁温蒙古已经有了许多氏族部落,这些氏族和部落大都是《元朝秘史》中提到的阿阑豁阿后代。据《元朝秘史》记载,尼鲁温蒙古的大部分氏族部落都是在成吉思汗四世祖、六世祖这两代形成的。

尼鲁温蒙古部首领铁木真(1162~1227)势力强大,在13世纪初统一了蒙古地区诸部;于1206年在斡难河举行"忽里勒台"大会,铁木真被推戴为蒙古大汗,号"成吉思汗",建立了蒙古汗国,蒙古族成为北方的统治民族。

蒙古汗国建立后,用新的千户制体系分封人口。战败的部落塔塔儿、克列、乃蛮等被瓜分到各千户,原有的部落界限进一步被打乱,这正是蒙古民族形成的开始。辽金时期蒙古高原各部是形成蒙古民族的基本成员。以合木黑蒙古方言为基础的蒙古语成为民族的共同语言。蒙古高原成为民族的共同地域。用粟特体突厥文（畏吾儿文）字母书写的畏吾儿体蒙古文成为民族文字。走向更广阔的世界舞台之后，蒙古高原各部族形成了 Mongol jin ulus（蒙古族人众）的民族观念。在经济生活中，他们都是住毡帐的人众——游牧民族。

当时的蒙古汗国是奴隶制贵族的国家。成吉思汗发动大规模的对外扩张战争，经过半个世纪，蒙古汗国变成了横跨欧亚的大帝国。

由上述简介可知：形成蒙古族的核心部落是蒙古人，即室韦—鞑靼人；蒙古语是在室韦—鞑靼人语言的基础上经过突厥化过程而形成的；畏吾儿体蒙古文成为蒙古民族的文字，并相应产生了蒙古族的文学和艺术；就地域而言，原蒙古人是从东胡后裔的内蒙古东部地区，并同突厥特勒人和其他各民族融合而向整个蒙古高原扩散而形成的；就经济生活而言，游牧经济一直到晚近，几乎是整个蒙古民族的主要生产专业。总之，13世纪之后，蒙古高原复杂的民族成分逐渐融化在蒙古族中，大体完成了蒙古民族的形成过程，从而在蒙古高原形成了有着相同的语言、文字、信仰、地域、文化以及在经济生活中有许多共同特点的蒙古族。

蒙古族的口传家谱

蒙古族有着编修家谱的优良传统。与其他少数民族类似，蒙古族早期的原始家谱是口传家谱。

蒙古人在有文字以前，就有"世系事迹，口相传述"的习俗。

公元14世纪的蒙古史著作《史集》一书，曾记载了古代蒙古人中口传家谱的习惯——蒙古人有保存祖先的系谱、教导出生的每一个孩子知道系谱的习惯。这样他们将有关系谱的话语做成氏族的财产，因此他们中间没有人不知道自己的部落和起源。

在蒙古文字创立仅仅几十年后所形成的《蒙古秘史》一书中，开门见山叙述了成吉思汗以前的二十多代世系：当初元朝的人祖，是天生一个苍色的狼，与一个惨白色的鹿相配了。……产了一个人，名字唤作巴塔赤罕。巴塔赤罕生的子，名塔马察。塔马察生的子，名豁里察儿篾儿干。豁里察儿篾儿干生的子，名阿兀站孛罗温。阿兀站孛罗温生的子，名撒里合察兀。撒里合察兀生的子，名也客你敦。也客你敦生的子，名挦锁赤。挦锁赤生的子，名合儿出。合儿出生的子，名孛儿只吉歹篾儿干。……他生的子名脱罗豁真伯颜。……脱罗豁真生二子。一个名都蛙锁豁儿。一个名朵奔篾儿干。……朵奔篾儿干死了

后,他的妻阿阑豁阿又生了三个孩儿,一个名不忽合答吉,一个名不合秃撒只,一个名孛
端察儿。……孛端察儿又娶了妻,生了个儿子,名把林失亦剌秃合必赤。……合必赤
的子,名篾年土敦。篾年土敦生子七人。一名合赤曲鲁。……合赤曲鲁的子,名海
都。……海都生三子,一名伯升豁儿多申……伯升豁儿多申生了一子,名屯必乃薛
禅。……屯必乃薛禅生二子,一名合不合罕……合不生七子,一名翰勤巴儿合,一名把
儿坛把阿秃儿。……把儿坛把阿秃儿生四子,……一名也速该把阿秃儿。……那时也
速该把阿秃儿的妻诃额仑正怀孕于斡难河边迭里温孛答山下,生子太祖……故就名帖
木真。①

蒙古人在没有文字的情况下能记下这连续二十三代、长达六七百年的家族谱系,可
见口传家谱在古代蒙古人中的流行程度。

蒙古族文字家谱的收藏

蒙古族除口传家谱外,还有很多类型多样、收藏各地的文字家谱。

论到蒙古族的文字家谱,首先要提到的是高文德、蔡志纯编著的《蒙古世系》,该书于
1979 年由中国社会科学出版社出版,是一部介绍许多蒙古贵族世系的重要著作。《蒙古
世系》以下列史籍为依据:其中汉文文献有《元朝秘史》(《四部丛刊》本),宋濂《元史·宗
室世系表》(中华书局标点本),《圣武亲征录》(王国维校注本),柯劭忞《新元史·宗室世
系表》(退耕堂开雕初刻本),屠寄《蒙兀儿史记·宗室世系表》(古籍出版社影印本),张
廷玉《明史·鞑靼传》、《瓦剌传》(中华书局标点本),《蒙古世系谱》(民国二十八年刊
本),赵尔巽《清史稿·藩部世系表》(中华书局标点本),祁韵士《藩部要略·藩部世系
表》(浙江书局刻本),《外藩蒙古回部王公表传》(《国朝耆献类征》初编本),傅恒等《西
域图志》(乾隆四十七年武英殿刻本)等。蒙古文相关文献有:《蒙古秘史》《黄金史纲》
《蒙古黄册》《黄史》《蒙古世系谱》《蒙古源流》《水晶鉴》《金鬘》等十几种古籍文献。国
外文献有:波斯拉施特《史集》、法国伯希和《卡尔梅克史评注》等史书中记载的蒙古族贵
族世系。《蒙古世系》记录了蒙古贵族祖先合布勒罕之前的世系、合布勒罕诸子世系、
也速该诸子世系:(1)哈撒儿、哈赤温系;(2)铁木哥、别里古台系。成吉思汗诸子世系:
(1)长子术赤系;(2)次子察合台系;(3)三子窝阔台系;(4)四子拖雷系。忽必烈诸子世
系、妥欢帖睦尔诸子世系、达延汗诸子世系:(1)图鲁博罗特世系;(2)巴尔斯博罗特世系

---

① 《蒙古秘史校勘本》,内蒙古人民出版社出版,1980 年,第 913~930 页。

等世系;(3)格呼森札札赉尔诸子世系等共 48 个世系。以上成吉思汗等黄金家族的世系是贵族家乘,成为蒙古族贵族族谱的重要组成部分。

近几百年来编修的许多蒙古族文字家谱,则分散收藏在各级文化机构以及个人收藏者家中。

(1)内蒙古社会科学院图书馆馆藏:《阿雅泰墨尔根阿海始十二代家谱》,3 幅,31.2cm×76.4cm,清末毛笔写本;《成吉思汗九骏之一太师孛斡儿出家谱》,1 幅,146cm×104cm,清末毛笔写本;《伊克昭盟鄂尔多斯札萨克多罗贝勒阿拉坦鄂齐尔左翼前旗家谱》,72 幅,78.5cm×50.7cm,民国毛笔写本;《鄂尔多斯右翼后旗镇国公扎木苏始九代家谱》,1 幅,56cm×41cm,清光绪四年(1878)毛笔写本;《鄂尔多斯右翼后旗镇国公扎木苏代家谱十一代家谱》,1 幅,54cm×49cm,民国毛笔写本;《鄂尔多斯右翼后旗贝子色棱纳木扎始六代家谱》,1 幅,49cm×50cm,清光绪二十年(1894)毛笔写本等 113 种。(见下图)

内蒙古社科院图书馆高娃(右)介绍馆藏谱单(2016 年 11 月)

(2)内蒙古自治区图书馆馆藏:《乌喇特东公旗台吉家谱》,一册,线装,78.5cm×50.7cm,民国毛笔抄本;《蒙古博尔济锦氏族谱》,三册,汉文抄本,清乾隆四十八年(1783),罗密裔孙博清额在罗本基础上续修重纂。

(3)内蒙古大学图书馆馆藏:《鄂尔多斯右翼中旗管旗章京诺尔布家谱》,清宣统三年(1911),毛笔写本黑白缩微卷,原件藏于德国马尔堡图书馆;《鄂尔多斯左翼中旗台吉伊什丹巴家谱》,清末毛笔写本黑白缩微卷,原件藏于德国马尔堡图书馆;《伊克昭盟鄂尔多斯左翼中旗郡王扎木扬家谱》，清末毛笔写本黑白缩微卷。原件藏于德国马尔堡图书馆；《蒙古营家史》，佚名，清末毛笔写本黑白缩微卷，原件藏于丹麦哥本哈根皇家图书馆等 27 种。

（4）中国国家图书馆馆藏：《喀尔喀札萨克图汗部札萨克图汗兼多罗郡王索特诺木喇布坦家谱》，清光绪二十七年（1901）毛笔写本，1 幅，30cm×51cm；《喀尔喀札萨克图汗部右翼左旗镇国公衔札萨克一等台吉玛尼巴扎尔家谱》，清光绪二十七年（1901）毛笔写本，1 幅，30cm×51cm；《喀尔喀札萨克图汗部车凌多尔济旗辅国公达什车林家谱》，清光绪二十七年（1901）毛笔写本，1 幅，30cm×51cm 等 25 种；

（5）各地档案馆也有一些馆藏：如内蒙古自治区阿拉善盟阿拉善左旗档案馆馆藏《哈萧诺颜洪古尔至玛哈巴拉家谱》，清嘉庆二十年（1815）朱墨毛笔写本，1 幅，113.5cm×268cm，线装；内蒙古自治区档案馆馆藏《黄金家族哈萨尔世系谱》，清中后期毛笔写本，1 册，23.4cm×12.3cm；内蒙古自治区锡林郭勒盟苏尼特左旗档案馆馆藏《诸台吉家族史》，清同治五年（1866）毛笔写本，1 册，18.9cm×18.5cm，线装；《巴图蒙克达延汗之子巴尔斯博罗特家谱》，清末毛笔写本，1 册，21.9cm×10.3cm，折叠装；内蒙古自治区哲理木盟库伦旗档案馆馆藏《哈尔固苏木哈尔固嘎查宝山家谱》，民国期间抄本，1 册，20cm×27.5cm，线装；辽宁省喀喇沁左翼蒙古族自治县档案馆馆藏《喀喇沁左旗王爷乌梁海氏家谱》，民国期间毛笔抄本，1 幅，720cm×160cm。

（6）其他蒙古族聚集地区，辽宁省阜新蒙古族自治县蒙古语文办公室藏《兀良哈氏诺颜家谱》，清末毛笔抄本复印件 1 幅，63cm×44cm；《蒙古孛儿只斤氏家族史》，清末期间毛笔抄本复印件 1 册，大 4 楷，线装等 5 种；黑龙江省杜尔伯特蒙古族自治县博物馆藏有《博尔济根蔡罕什巴古家谱》，清咸丰时期写本，10 页，14cm×28cm，散叶；内蒙古日报社蒙古文资料室藏《碑文及家谱》，清末期间木刻版及毛笔写本复印件，10 册，26cm×18cm，23.7cm×33.5cm，8cm×45.5cm，线装。①

另外，还有个人收藏的家谱，如：青海民族学院少数民族语言文学系才仁巴利收藏的《哈萧诺颜洪古尔长兄二子家谱》，清嘉庆年间竹笔写本，1 幅，39cm×44cm；青海省黄南州州志办公室才让收藏的《青海省札萨克一等台吉车棱达哩家族史》，清宣统三年（1911）毛笔抄本复印件，4 页，29cm×41.8cm，散叶，此家谱原件存于南京档案馆；《青海省札萨克一等台吉索诺木多尔济家族史》，清光绪三十二年（1906）毛笔抄本复印件，4 页，

---

① 乌林西拉主编：《中国蒙古文古籍总目》，北京图书馆，1999 年，下卷，第 1532~1568 页。

28cm×41.8cm,散叶;《青海省厄鲁特部前头旗札萨克多罗郡王巴勒珠尔喇布坦家族史》,清光绪十四年(1888)毛笔写本复印件,4页,29.5cm×41.8cm,散叶,此家谱原件在南京档案馆。

蒙古族家谱的特点

初步梳理、探讨以上列举的蒙古族家谱的数量、类型、体例和内容等,蒙古族家谱许多鲜明的特点就呈现出来。

(1)蒙古族家谱数量较多。由上节收藏单位可知,仅内蒙古社会科学院图书馆、内蒙古大学图书馆和中国国家图书馆三家单位,收藏蒙古族家谱数量即达近200种。蒙古族家谱数量之所以较多,是因为蒙古贵族保持了编修家谱的文化习俗,同时与蒙古族各旗本身因职爵的继承问题而必须将旗下各贵族的家族世系记录清楚也有密切关系。

17世纪蒙古沦为满洲附庸以后,满洲在蒙古实施盟旗制度,为了维持这一新封建体制,对于各旗主的家系都必须进行完整的记录。在清政府处理蒙事的理藩院中,必须保存全蒙古封建贵族们详尽的谱系,以便处理有关继承或争端的问题。2006年由中国藏学出版社出版的赵云田点校的《乾隆朝内府刻本〈理藩院则例〉》记载:"乾隆二年(1737)奉旨:蒙古王、札萨克等家谱履历,朕未明晰。尔院将当初袭封根源,酌量各旗部落,徐修家谱奏闻。钦此。""十年(1745)奉旨:蒙古王等家谱,原定五年一修,今将留内收藏者撤出,应修改者改入,应嗣后着十年具奏一修。"这里出现的"当初袭封根源",表明为继承爵位,当时蒙古黄金家族曾有"袭封根源"报表上报理藩院;"徐修家谱奏闻"的意思是,黄金家族继位者凡满十八岁即可入谱上报;以前家谱是五年一修,乾隆十年后"十年具奏一修"。

清政府关于蒙古贵族袭封世系上报理藩院和十年编修家谱的规定,直接促进了蒙古贵族家谱的编修工作。保存至今的蒙古家谱相差年限为十年的比较多。如:清同治四年(1865)写本《鄂尔多斯右翼后旗巴图蒙克达延汗三子巴尔斯博罗特始十七代家谱》、清光绪元年(1875)写本《鄂尔多斯右翼后旗巴图蒙克达延汗三子巴尔斯博罗特始十八代家谱》等。显然,这与《乾隆朝内府刻本〈理藩院则例〉》关于"蒙古王等家谱""嗣后着十年具奏一修"的规定有关。

(2)蒙古族家谱编修的时间主要是在清朝中、后期和民国时期。上节共列举收藏在各级文化机构以及个人收藏家手中的蒙古族家谱计30种,其中在清代编修的为25种,民国时期编修的为5种。清代编修较早的是内蒙古自治区图书馆收藏的三册《蒙古博尔济锦氏族谱》,清乾隆四十八年(1783)罗密裔孙博清额在罗本基础上续修重纂;内蒙古自治区阿拉善盟阿拉善左旗档案馆藏的清嘉庆二十年(1815)朱墨毛笔写本《哈鼐诺颜洪古尔至玛哈巴拉家谱》;内蒙古社会科学院图书馆蒙古文古籍库藏的清道光十五年(1835)写本《鄂尔多斯右翼后旗巴图蒙克达延汗三子巴尔斯博罗特始十七代家谱》等。这也再次论证了《乾隆朝内府刻本〈理藩院则例〉》关于编修蒙古贵族家谱的规定直接促进了蒙古族家谱的编修工作。

(3)蒙古族文字家谱主要有谱单和书本家谱两大类型。上节列举的30种蒙古族家谱,就其形式而言,基本分为两类:一类是谱单,即书写在一幅或数幅纸上反映家族世系传承、家庭成员简况等内容的简明家谱,平时卷起来收藏,逢时过节则打开来,顶礼膜拜。上节列举的三幅《阿雅泰墨尔根阿海始十二代家谱》、一幅《成吉思汗九骏之一太师字斡儿出家谱》、一幅《喀尔喀札萨克图汗部札萨克图汗兼多罗郡王索特诺木喇布坦家谱》、一幅《喀尔喀札萨克图汗部右翼左旗镇国公衔札萨克一等台吉玛尼巴扎尔家谱》等皆属谱单这一类。另一类是书本家谱,即装订成册、内容丰富的书本式家谱,其中有些是排版印刷的。上节列举的《蒙古博尔济锦氏族谱》,三册,汉文抄本,清乾隆四十八年(1783),罗密裔孙博清额在罗本基础上续修重纂;《黄金家族哈萨尔世系谱》,清中末期间毛笔写本一册,23.4cm×12.3cm;《哈尔固苏木哈尔固嘎查宝山家谱》,民国期间抄本一册,20cm×27.5cm;《碑文及家谱》,清末期间木刻版及毛笔写本复印件十册等;可归为这一类。

(4)当今存世的蒙古族文字家谱主要是谱单,其文字书写在纸上的形态一般为垂丝宝塔形,始祖名字列垂丝宝塔顶端,始祖子孙后裔名字(包括职爵等内容)按世系先后一层一层地排列在下面,一层表示一代,子孙世系衍接则按直系血缘关系用线条上下连接起来。凡新生的子孙名字用红字写在谱单上,去世后则用墨笔描成黑字。改名时用黑笔将新名写于纸条上贴在旧名之上,表示此人已改名。谱单一般为麻纸,大小不一。如《阿雅泰墨尔根阿海始十二代家谱》,尺寸为31.2cm×76.4cm;《成吉思汗九骏之一太师字斡儿出家谱》,尺寸为146cm×104cm;《鄂尔多斯右翼后旗镇国公扎木苏始九代家谱》,尺寸为56cm×41cm;《鄂尔多斯右翼后旗镇国公扎木苏代家谱十一代家谱》,尺寸为54cm×49cm;等等。谱单文字构图既像宝塔,也像夸张的蒙古包。

有的大家族子孙越来越多,因此需要不断用新的麻纸书写新出生的子孙后裔,然后与原来的谱单麻纸粘连起来,于是谱单越来越长,越来越宽。如辽宁省喀喇沁左翼蒙古族自治县档案馆馆藏《喀喇沁左旗王爷乌梁海氏家谱》谱单,其尺寸为720cm×160cm。鄂尔多斯市档案馆馆藏伊克昭盟鄂尔多斯左翼后旗(现在的鄂尔多斯市达拉特旗)奇颜氏家谱,则是由若干块麻纸粘连而成的一幅长宽面为7.2m×3.45m的巨型图谱。

更有如内蒙古社会科学院图书馆馆藏的伊克昭盟鄂尔多斯左翼前旗(现在的鄂尔多斯市准格尔旗)巴图蒙克达延汗三子巴尔斯博罗特始十九代家谱,为书写于麻纸的谱单,则由72幅高88cm、宽46.4cm的麻纸粘连而成,可称之为特大型超级谱单。现在这个由72幅麻纸组成的谱单,以散叶形式按顺序存放于内蒙古社会科学院图书馆蒙古文书库书柜里,是一件珍贵的历史文物。

(5)尽管蒙古族谱单形态单一,主要记载一个家族的历代人名、职爵等内容,内容比较单纯,但具有重要的资料价值。以辽宁喀喇沁左翼蒙古族自治县收藏的《图林固英族谱》为例,这是一件将家族世系书写在长卷上的蒙古族谱单。此谱单又名梁哈族谱,系成吉思汗黄金家族末代驸马图琳固英的族谱,长8m,宽1.7m,用蒙古文按塔式结构手写书成。该族谱记载了天聪九年(1635)至宣统元年(1909)图琳固英族人的名字及其社会地位,族谱上能辨认的共14代,计1904人,其中获取清朝政府各种官爵的达1153人。其中一等塔布囊22人,二等塔布囊3人,三等塔布囊43人,四等塔布囊1019人,札萨克13人,郡王1人,贝勒63人,贝子2人,镇国公4人,协理22人,卓索图盟长4人,内务大臣1人,理藩院大臣8人,御前行走8人,未得品衔者386人,喇嘛365人。该族谱不仅记载了一个家族近300年的历史,由于图琳固英系成吉思汗黄金家族末代驸马,因此该族谱也折射反映了近300年的蒙古历史,从而完善了蒙古族1000年的历史追踪,填补了蒙古政权及元顺帝之后蒙古王朝沿革研究的某些空白,有着重要的历史资料价值和较高的文物价值。①

(6)当今存世的蒙古族书本家谱较少,但有些蒙古族的书本家谱受汉族文化影响较深,体例完整,质量较高。如《蒙古博尔济锦氏族谱》,为元帝后裔、喀喇沁蒙古罗密于清雍正十三年(1735)八月编修,原稿蒙文写成,后由作者译为汉、满两种文字。清乾隆四十八年(1783)八月,其裔孙博清额在罗本基础上续修重纂。

《蒙古博尔济锦氏族谱》,全三册。第一册题名《蒙古博尔济吉特氏族谱》,上、下两卷。上卷述其族先世系上逮元朝,远溯额讷特珂即天竺国之嘛哈萨嘛谛汗,及图伯即西藏之库谆三搭里图汗,至元顺帝拖欢忒睦尔乌哈哈图汗各世次原委。下卷自蒙古必里克图汗即北元昭宗爱猷识理答腊,至察哈尔国灵丹呼图克图汗,以及清初外藩部落,京旗蒙古各世次原委。第二册题名《蒙古世谱图考》,不分卷,博清额编修。内载:(一)《元朝秘史》世系谱;(二)《辍耕谱》元朝世系谱;(三)《元史》所载世系谱;(四)《蒙古族谱》所载

---

① 张文广:《悠悠族谱 民族瑰宝》,《今日辽宁》,2003年第6期。

世系谱;(五)蒙古国主世系图(上);(六)蒙古国主世系图(下);(七)蒙古子姓分派图。每图之后,均有博清额考订文字。第三册题名《格勒博罗特谱传》,全一册,主要记述达延汗第九子格勒博罗特后裔世系,其内容比《清史稿》所载丰富。①

由上述简介可知,《蒙古博尔济锦氏族谱》作为蒙古族的一部书本家谱,内容丰富,保存了大量珍贵史料,对研究蒙古历史有着重要的资料价值。

(作者单位:内蒙古社会科学院图书馆)

参考文献

高文德、蔡志纯编著:《蒙古世系》,中国社会科学出版社,1979 年。

亦邻真:《中国北方民族与蒙古族族源》,《内蒙古大学学报》,1979 年,第 1、2 期。

卢明辉:《关于蒙古族族源问题讨论综述》,《社会科学战线》,1980 年,第 4 期。

苏日巴达拉哈:《蒙古族族源之新探》(一、二),《内蒙古社会科学》,1981 年,第 5 期;1982 年,第 1 期。

汤晓芳:《蒙古族族源研究的回顾及其新进展》,《蒙古学资料与情报》,1985 年,第 1 期。

纳古单夫:《关于〈尹湛纳希家谱〉》,《内蒙古社会科学》,1985 年,第 5 期。

曹纳木:《蒙古帝王世袭谱》,《内蒙古社会科学》(蒙文版),1986 年,第 1 期。

乌林西拉主编:《中国蒙古文古籍总目》(上下卷,索引卷),北京图书馆出版社,1999 年。

杨丰陌主编:《喀喇沁左翼旗乌梁海氏家谱》,辽宁民族出版社,2003 年。

巴音:《内蒙古最大的家谱图——鄂尔多斯左翼后旗家谱图》,《中国档案》,2003 年,第 10 期。

达力扎布:《〈喀喇沁左翼旗乌梁海氏家谱〉评介》,《清史研究》,2006 年,第 4 期。

巴音编著:《成吉思汗后裔——鄂尔多斯左翼后旗台吉家谱图》(蒙古文),内蒙古教育出版社,2012 年。

苏亚拉图、龙梅主编:《中国少数民族古籍总目提要·蒙古族卷·书籍类(综合)》,

---

① 参见纳古单夫:《〈蒙古博尔济吉特氏族谱〉版本述略》,《文献》,1988 年第 2 期。

中国大百科全书出版社,2013年。

奇·斯钦、包桂兰编著:《准格尔旗奇颜氏家族》,内蒙古出版集团内蒙古人民出版社,2014年。

从麻纸谱单到历史图籍的达斡尔族家谱

王鹤鸣

达斡尔族的家谱文化,见诸文字记载的尽管只有四百年历史,却经历了用满文书写麻纸谱单提升到以汉文编撰历史图籍的发展过程。

一

达斡尔族是我国北方历史悠久、文明古老、勤劳勇敢的民族。

达斡尔族世居黑龙江中游北岸奥列斯莫日登广大地区。这里依山傍水,山清水秀,土地肥沃,水草丰美,物产丰富。达斡尔族祖先,具有体格强壮、性格忠勇、爱劳动、好团结、重礼貌、好孝悌、善于骑射又好游艺运动等品质。达斡尔族以男性血缘团体所居之山地河流之名称而得姓氏,以氏族为群体,以打猎、游牧、耕种为业,过着自给自足的定居生活。

关于达斡尔族的起源,目前存在着契丹起源说和蒙古起源说两种不同的学术观点。

达斡尔族以血缘氏族组织——"毕尔基""哈拉""莫昆""莫音""贝功"为基本社会结构。

(一)"毕尔基"是部落联盟的统称,在达斡尔族的历史上确曾存在过,它是达斡尔族社会组织中最高一层社会组织的名称。

(二)"哈拉"是部落的统称,是由同一个父系祖先的后代组成的血缘集团,达斡尔族把古老的父系氏族称为"哈拉",是达斡尔族社会中重要的社会组织。

"哈拉"有其血缘集团性职能:认为土地是人类赖以生存的根本,要重视和保持"哈拉"居住地域的聚居性和稳定性,像珍惜生命一样保护耕地、草场、山林、江河和周边生态环境;恪守"哈拉"外婚制,不准同一"哈拉"之间通婚;实行"哈拉"内部民主制,凡事关"哈拉"整体利害的重大事宜,均在"哈拉"会议或"哈拉"首领、长老会议上决策议定,一经决定坚决照办。每隔若干年召开一次续修"哈拉"族谱会议,全"哈拉"各"莫音"都派代表参加;组织全"哈拉"大规模联合围山狩猎活动;"哈拉"在清代还兼有基层行政和军事机构的职能,清廷在设置佐、旗的时候,没有把"哈拉"等组织关系打乱,在很大程度上保留了达斡尔族原有的社会组织形式。

（三）"莫昆"是氏族的统称，是从"哈拉"分化出来的血缘关系更近的共同体，比"哈拉"具有更强的约束力，是达斡尔族社会组织中最基本的社会组织。

"莫昆"的职能主要是：严禁"莫昆"内部通婚；管理"莫昆"公共财产；具有不成文的"莫昆"习惯法；举行"莫昆"祭祀和宗教活动；民主推举德高望众、为人公正、有胆有识、能力高强的人为氏族长——"莫昆达"；有"莫昆"共同的墓地。

（四）"莫音"是支族的统称，是比"莫昆"血缘关系更为亲近的共同体，它是随着人口的增加由"莫昆"派生出来的组织。"莫音"没有自己的族谱，其族谱包括在"莫昆"族谱之内。"莫昆"有"莫昆达"（氏族长），"莫音"没有"莫音达"（支族长），也无作为血缘团体的职能范围。

（五）"贝功"是家族家庭的统称，是达斡尔族社会组织的细胞和基石。清末以前，达斡尔族父系大家庭较为普遍，三世同堂和四世同堂的家庭比比皆是，有的大家庭人口多达四五十人。

"达斡尔"是达斡尔族的自我称谓，早在公元6世纪就已经出现，历史上还曾有"达胡尔""打虎儿""达呼尔""达古尔""达糊里"等不同的称呼，新中国成立后根据本民族的意愿统一定名为"达斡尔"。主要聚居在内蒙古自治区莫力达瓦达斡尔族自治旗、鄂温克族自治旗和黑龙江省齐齐哈尔市梅里斯达斡尔族区，少数居住在新疆维吾尔自治区塔城县。

达斡尔族人口较少。据史料记载：光绪三年（1877）黑龙江将军所辖地区达斡尔人2万9千人。1947年，全国达斡尔族人口近4万人。1982年，全国达斡尔族人口94014人。1990年，全国达斡尔族人口121357人。2000年，全国达斡尔族人口有132747人（含现役军人394人）。2010年全国人口普查，全国达斡尔族人口131992人。

达斡尔语属阿尔泰语系蒙古语族，有全民族通用的独立语言，属阿尔泰语系蒙古语族的一个独立语支。由于居住分散，形成了布特哈、齐齐哈尔和新疆三种土语，但语音、词汇、语法的差别不大，可以互相通话。

达斡尔族曾经有过自己的文字，由于历史的原因失传了。清代，也曾有过满文字母的达斡尔文。满文字母达斡尔文对达斡尔族文化的繁荣发展起了巨大的促进作用。

近代，为了繁荣和发展达斡尔族的语言文字和文化教育，一些有识志士倾心于创制文字。1916年达斡尔族莫日登哈拉的先人钦同普用斯拉夫字母创制了达斡尔文字，并在部分族众中亲自进行试教。莫日登哈拉著名学者孟希舜曾进行达斡尔语言的教学尝试，编写《达斡尔语教学课本》。新中国成立后,达斡尔族人积极拥护并踊跃参与编写以斯拉夫文为字母形式、布特哈方言为基础、纳文土语为标准的《达斡尔文字方案》(草案);之后,莫日登哈拉学者恩和巴图教授主编的《达斡尔语记音符号》,经过技术小组的审查修改后公布试行。在试教过程中普遍受到欢迎,它对挖掘达斡尔族文化遗产、促进达斡尔语文学艺术创作、继承和繁荣达斡尔语言本身产生了巨大的作用。

达斡尔族过去信仰原始萨满教。萨满教产生于生产力和人类智能发展到一定程度的远古时代,是人类社会原始宗教的晚期形式,是漫长历史进程中逐渐出现的原始拜物教。"万物有灵"和"灵魂不死"的观念是形成原始萨满教的思想基础,认为世上存在着一种超自然的力量,这种力量主宰或影响着人们的生活。萨满教相信灵魂不灭,认为人死灵魂不死,进入灵魂世界,生前行善者的灵魂再次转世为人,行恶者的灵魂转为畜牲。

萨满教崇拜对象归纳起来可分为两大类:一类是对自然和自然物的直接崇拜;另一类是对精灵、鬼魂和祖先的崇拜。

萨满教作为人类社会原始宗教之一,没有特定的创始人,没有宗教社会团体组织,没有集中宗教活动场所,没有成文的经卷大典,没有统一规范的宗教礼仪。

萨满教遍布全球,古代亚洲南起越南北至西伯利亚、北极海辽阔领域内生存的各民族都曾信奉原始萨满教。达斡尔族人信仰萨满教,直到20世纪40年代还很盛行。

清太宗天聪八年(1634)五月,达斡尔部长巴尔达齐率众归附满洲,进贡貂皮。太宗崇德二年(1637)闰四月,索伦、达斡尔部长博木博果尔等进朝贡皮,后于崇德四年(1639)十一月间聚众叛清。满洲统治者遣兵征之,博木博果尔等转战年余,终以寡不敌众,被清师所获,其部众遂全体投清。

达斡尔族是勤劳勇敢的英雄民族。在反掠夺、保家乡的抗暴自卫正义战争中,达斡尔族人表现了不畏强暴、勇往直前的英雄气概。在沙俄入侵、国难当头的危机时刻,更是自发群起,全哈拉、全民族、全方位投入抗击沙俄的人民战争之中,尤其是在举世闻名的雅克萨反击战中,挫败了沙俄觊觎黑龙江的图谋,迫使沙皇俄国不得不回到谈判桌上来,签订了中俄《尼布楚条约》,为捍卫祖国北疆付出了巨大的民族牺牲。在清代,达斡尔族中涌现出一大批智勇双全、战功赫赫的英雄战将。在日本帝国主义侵占东北后,达斡尔族人积极支持和参加中国共产党领导的抗日活动,在东北各族人民抗日斗争史上作出了重要贡献。在敌强我弱、敌进我退和政局动荡、胜负未卜的关键时刻,主动接受中国共产党的领导,积极投身到火热的解放战争之中,在东北乃至全国战场都有他们鲜血染红的足迹。在和平建设和改革开放的伟大实践中,又涌现出一批又一批忠于党、忠于祖国、忠于人民、忠于社会主义事业的优秀干部以及带头人,他们率先垂范,团结奋进,为振兴家族、光大民族、昌盛中华再创辉煌业绩,谱写了许许多多可歌可泣的光辉篇章。

二

达斡尔族于清太宗时归附清廷,康熙二十二年(1683)则进一步归于黑龙江将军萨布素管辖,编入满洲旗内,受清朝之文教感化,学习满族文字。达斡尔族先辈不忘本源,受满族编修家谱的影响,始立氏族家谱,以遗后世,各"哈拉""莫昆"均用满文、满汉合璧或汉文字进行始修、续修家谱的活动,代代相袭。

达斡尔族主要以谱单形式编修本族的家谱。所谓谱单,就是从本家族始祖或始迁祖开始,将历代家族成员按世系先后次序或按分支世系先后次序平列记载在一幅纸或布上,内容包括姓名、任职等内容,平时收藏起来,逢时过节挂在中堂进行祭拜。

内蒙古莫力达瓦旗民宗局收藏有数十种达斡尔族谱单,说明达斡尔族各家族以谱单形式编修家谱是比较普遍的。(见下图)

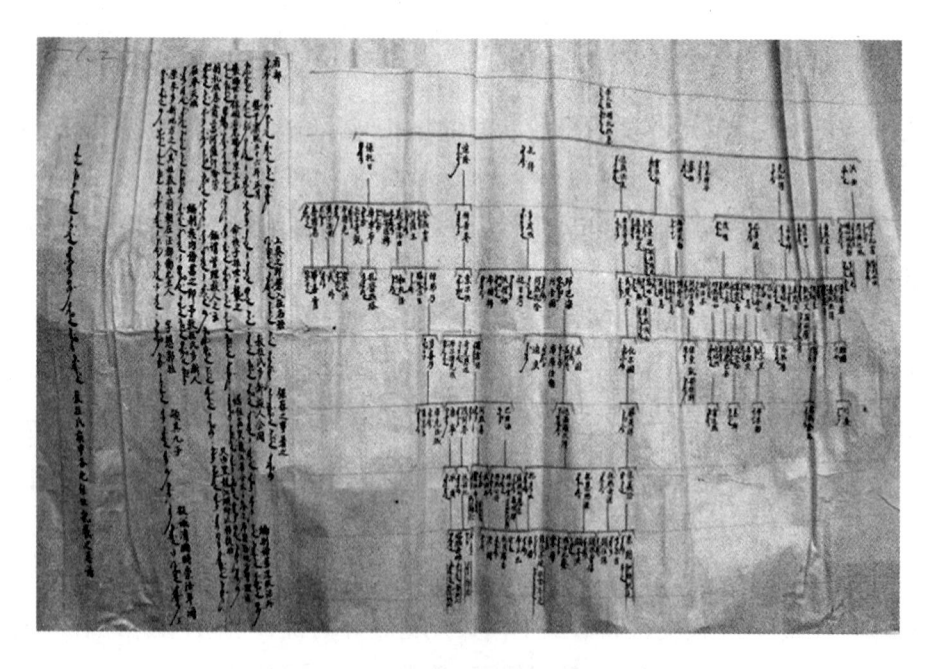

用满汉文字书写的达斡尔族敖氏家族谱单

《中国少数民族古籍总目提要》第三卷（达斡尔卷）介绍了达斡尔族七种家谱提要，即《郭布罗氏莽乃莫昆族谱》《布特哈敖拉氏多新（多金）莫昆族谱》（"布特哈"为祖籍之意）、《布特哈鄂嫩氏总族谱》《布特哈莫日登哈拉族谱》《布特哈达斡尔德都勒氏家谱》《布特哈郭布罗氏塔温浅族谱》和《布特哈达斡尔苏都尔氏家谱》，下面我们就以此七种家谱为例，对达斡尔族谱单家谱的形式、内容等作一简介。

由上节简介达斡尔族社会组织结构可知，以上七种家谱基本可分为两类：一为"哈拉"部落类型家谱，如《布特哈莫日登哈拉族谱》《布特哈鄂嫩氏总族谱》等，是整个"哈拉"部落的家谱，包含部落内诸多"莫昆"氏族谱系在内，是涵盖面较广的家谱；一为"莫昆"氏族类型家谱，如《郭布罗氏莽乃莫昆族谱》和《布特哈敖拉氏多新（多金）莫昆族谱》，就是两部氏族家谱，记载的是本氏族世系、人物等事迹。

达斡尔族于清初归附满洲后不久，受满族编修家谱文化习俗影响，即开始编修家谱。如《郭布罗氏莽乃莫昆族谱》和《布特哈鄂嫩氏总族谱》始修于清顺治年间，《布特哈莫日登哈拉族谱》于清康熙六年（1667）立谱，《布特哈达斡尔苏都尔氏家谱》修于清雍正元年（1723）。达斡尔族在政治上归附满洲后，马上就在文化上将满族编修家谱的习俗接收过来，开始编修本族的家谱，这与达斡尔族原先存在的"灵魂不死""崇敬祖先"的萨满宗教观念有着密切的关系。

满族编修家谱是受汉族影响形成的文化习俗，从原始的结绳家谱到谱单、再至体例完整、内容丰富的历史图籍，满族家谱编修经历了由简单到高级的发展过程。受满族文化影响出现的达斡尔族家谱，直到解放前，则主要停留在谱单的水平上。

《中国少数民族古籍总目提要》第三卷介绍的达斡尔族家谱，基本上都是谱单。如《郭布罗氏莽乃莫昆族谱》，麻纸，楷书，页面94cm×2800cm；《布特哈敖拉氏多新（多金）莫昆族谱》，麻纸，楷书，页面94cm×2310cm；《布特哈鄂嫩氏总族谱》，麻纸，楷书，页面94cm×2310cm；《布特哈达斡尔德都勒氏家谱》，麻纸，楷书，页面98cm×960cm；《布特哈郭布罗氏塔温浅族谱》，麻纸，楷书，94cm×2600cm；《布特哈达斡尔苏都尔氏家谱》，麻纸，楷书，页面490cm×90cm，等等。上述谱单皆为麻纸，用满文或满、汉文字书写，由于历代族人悉心收藏保管，尽管经历数百年，但以上七种谱单至今都保存完好。

上述族谱谱单，宽度一般90多厘米，而长度很长，短的490厘米，长的20多米，最长的达28米，平时卷起来收藏，到逢年过节时挂起来或完全铺开来则一个房间都容不下，需要在室外用多张长桌拼接，才能将谱单完全铺开供族人查寻祭拜。

达斡尔族各部落、氏族每二三十年或更长时间必择日于适中地点，召集同姓各族之代表召开祭祖修谱会,续修谱牒,将上届修谱以后增添的男姓名单书写到原来的谱单上,生者名字在其父亲之名下,以朱笔加填,死者名字,以墨笔写之。(见下图)如有变更者,随时订正。续修族谱会前,各部落、氏族都要组建精干的筹备班子,保证续谱工作的接续性、准确性、完整性,做到不错不漏不误。

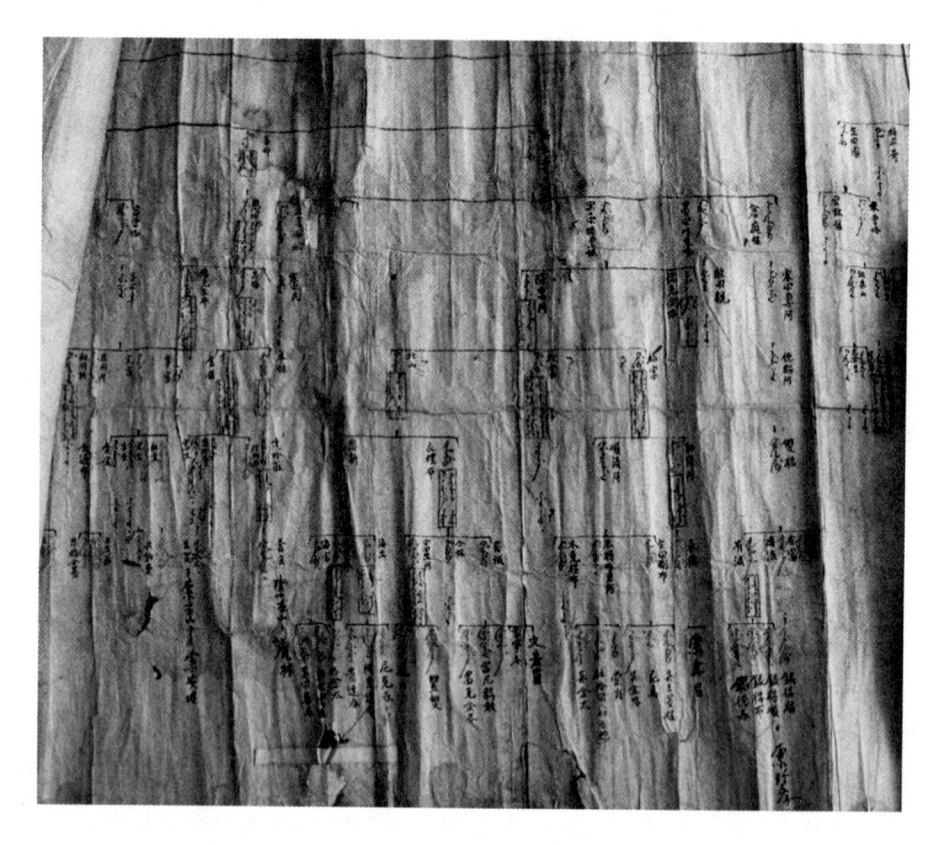

达斡尔族索氏家族谱单

《中国少数民族古籍总目提要》第三卷介绍的达斡尔族七种家谱,就有各家谱规模较大的续修家谱时间的记载。如《布特哈敖拉氏多新(多金)莫昆族谱》,曾于清康熙三十六年(1697)、道光三十年(1850)、民国十六年(1927)三次续谱,后又于1988年第四次续谱;《布特哈鄂嫩氏总族谱》曾于1923年、1939年由五个莫昆两次续谱;《布特哈达斡尔德都勒氏家谱》1938年、1985年分别续修;《布特哈达斡尔苏都尔氏家谱》,在清道光二十八年(1848)、光绪四年(1878)、光绪三十四年(1908)和1938年四次续修。

作为主要记载家族世系成员姓名、任职的谱单,尽管属于比较原始、形式比较简单的家谱,但也揭示了本家族的许多重要信息。

如《郭布罗氏莽乃莫昆族谱》,揭示了该氏族17世纪前世居精奇里江下游左岸郭布罗阿彦地方,清顺治六年(1649)迁居嫩江支流讷莫尔河。一支是塔温浅各屯,一支是莽乃、莫热、莽乃伯尔科、倭都台四屯,属莽乃莫昆。该氏族始祖为萨吉达库,谱单共记载萨吉达库以下19代世系人名,其中有百余名知名人物,如清朝末代皇后婉容、长顺、穆腾阿将军等。

又如《布特哈鄂嫩氏总族谱》,其始祖为额穆盖,记载16代人名,其中在清朝任七品以上的官员有:三品轻车都尉8个、三品顶戴19个、四品顶戴1个、副都统6个、五品顶戴2个、六品顶戴16个、七品顶戴4个、佐领21个、蓝翎18个、云骑尉11个、骁骑校9个,对研究达斡尔族鄂嫩氏历史有参考价值。

再如《布特哈达斡尔苏都尔氏家谱》,揭示苏都尔氏于清代顺治八年(1651)由精奇里江口东侧迁至嫩江支流诺敏河后,建立了绰日哈、查哈阳、霍勒托辉、毕台、乌尔科五屯。苏都尔氏先人在清代任过佐领以上官员者28名。其中知名人物有参加过中俄《尼布楚条约》签订及其前期中俄谈判的外交官孟额德、齐齐哈尔建城总管玛布岱、库伦办事大臣安住(又名安德)等。这些资料对研究达斡尔族苏都尔氏历史,以及对研究整个达斡尔族历史,都有参考价值。

三

《中国少数民族古籍总目提要》第三卷介绍了达斡尔族七种家谱,其中六种是六幅麻纸谱单,而其中的《布特哈莫日登哈拉族谱》则是从麻纸谱单发展升华而编撰的一部历史图籍。

下面,我们对莫日登哈拉编修族谱情形作进一步介绍。

莫日登哈拉是达斡尔民族的重要组成部分,其人口约占全国13万达斡尔族人口的十三分之一,主要分布在内蒙古自治区呼伦贝尔市的莫力达瓦达斡尔族自治旗、鄂温克族自治旗、鄂伦春自治旗、海拉尔区、扎兰屯市、牙克石市、满洲里市、阿荣旗、根河市、陈巴尔虎旗、新巴尔虎右旗、新巴尔虎左旗和呼和浩特市、包头市、乌兰察布盟、通辽市,以及新疆维吾尔自治区塔城市和北京市、天津市、黑龙江省、湖南省等地。

清康熙六年(1667),莫日登哈拉开始编修部落一级的总谱,以萨吉哈为始祖,满文记载。嗣后哈拉下属各莫音虽曾续修过氏族一级的支谱,但就哈拉总谱而言,直到1918年才进行续修。是年,莫日登哈拉在绘图勒莫日登村举行重修总谱大会。由于已有二百多年未曾进行哈拉总谱续修,因此各莫音支族家谱核对清初的哈拉总谱时,存在有的祖先之名未列总谱内或世系差误等问题。这次总谱重修,主要以各个支族祖名为标准,将各支族谱系拼合在一起。

1918年莫日登哈拉重修总谱会,由于对哈拉各支族世系缺乏细致的核对,因此莫日登哈拉族人散居各村,往往出现同族父老兄弟存在互不相识,更不能辨其亲疏等情形。解放后,在中国共产党和人民政府的领导下,实行民族政策,国内各民族友好合作成为一个大家庭,为再次重修莫日登哈拉总谱提供了良好的社会环境。为进一步厘清莫日登哈拉支族世系,在孟希舜等族人主持下,于1954年4月17日(阴历三月十五日),在宜和大莫日登村举行续修族谱大会,莫日登哈拉属下各地区各支族族人均派代表参加会议。会议期间,以莫日登哈拉各支族谱系核对哈拉总谱世系,并将1918年上届修谱以来增加的男姓名单续写到原来的谱单上。此次重修总谱,孟希舜先生以满文起草《孟氏重修家谱序》,并由孟荣连先生译为汉文。1954年修谱大会,得到莫旗党政、公安及博兴努图克公所和孟尔丁嘎查政府方面大力支持,重修总谱大会取得圆满成功,对莫日登哈拉族人亲密团结、加强学习、力求进步、积极参加社会各项活动起了推动作用。

自1954年暮春在大莫日登村召开重修总谱大会后,因生活安定、祥和、幸福,莫日登哈拉家族人口日繁,但后代族人尚未入谱,因此,莫日登哈拉部族广大族人有着续修族谱之强烈愿望和呼声。经过周密的筹备,1998年6月20日,即相距44个春秋之后,莫日登哈拉在莫日登哈拉世居地——尼尔基镇又一次隆重举行续谱大会,这是达斡尔族莫日登哈拉历史上规模最大、影响最广的一次族谱续修会议。

是日,350名代表受七个莫日登万余名族人的重托,上至白发苍苍的耄耋老人,下至火性年华的青年后生,身着节日民族盛装,四面八方蜂拥而来,兴高采烈地参加大会。

半个小时的预备会议刚刚结束,即将1954年续修的长达20余米的麻纸谱单完全展开铺在长桌上,大家分头看族谱、辨长幼、寻祖根。

大会根据族众所望,为了尊宗祭祖,铭记先辈恩德,发扬传统美德,于上午11时,在尼尔基哈德隆重举行了莫日登哈拉续谱纪念碑落成典礼。碑体高3米,宽80厘米,厚20厘米。前额为日月图,表示日月沧桑历史悠久;额下正面刻有"布特哈莫日登哈拉续谱纪念"12个红光闪闪的大字;碑后面刻有正文212字,概述莫日登哈拉辉煌历史,以纪念此次续谱,昭示后人。

下午3时,莫日登哈拉续修族谱大会隆重开幕,筹委会主任莫德尔图作《筹备工作报告》,十三代长辈代表讲话,自治旗政府领导到会祝贺,全场都报以热烈的掌声。

晚上,举行家族晚会,穿着五颜六色民族服装的莫日登哈拉族人翩翩起舞,犹如孔雀展翅,争奇斗艳,将修谱活动推向了高峰。

1998年举行的续修族谱大会,不仅是莫日登哈拉家族尊宗祭祖、明辨长幼的续谱大会,也是莫日登哈拉家族一次重大的文化盛会,更是振兴家族、和睦宗族、光大民族、迈向新世纪的动员大会。

四

1998年重修总谱大会后,结集《达斡尔族布特哈莫日登哈拉族谱》,由莫德尔图主编,内蒙古文化出版社2002年出版,16开本,81万字。本书的面世,标志达斡尔族的家谱文化已由满文书写麻纸谱单发展到用汉文编撰历史图籍的新阶段。

《达斡尔族布特哈莫日登哈拉族谱》由满文资料、综述、族谱、人物录及文献等部分组成。

置于全书最前面的是影印满文家谱资料,保留了莫日登哈早期用满文书写的家族世系表,横表列出了自第一代至十八代的部分族人名单。

第一编《综述》,分族称族源、历史沿革、社会组织、生产生活、文化艺术、科技教育、卫生医疗、体育娱乐、风俗习惯、宗教信仰、历史古迹、村屯简介、大事记等十三个方面,从历史角度全面介绍了莫日登哈拉各个方面的情况,其中有的如亲属称谓、风俗习惯等涉及整个达斡尔民族。

第二编《族谱》,以横表形式,分阿尔哈浅尼尔基、怀讷(后)宜卧奇、乌其肯(小)莫日登(含小库木尔)、阿尔哈浅、开塔拉、端德(腰)宜卧奇(含舍乌热托尔苏)、端德(腰)宜卧奇(库如奇)、塔温浅尼尔基、额莫勒(前)宜卧奇、绘图勒(绘图)莫日登(含西瓦尔图)、博克图莫日登、怀讷(后)莫日登、宜和(大)莫日登(含大库木尔)、乌尔科莫日登等十四个村屯介绍莫日登哈拉十几代谱系(个别至二十代),竖按世系次序、横按长幼顺序列出各代入谱族人姓名、性别、任职情况;并附录布特哈地区莫日登哈拉尚未接续族谱者和新疆地区莫日登哈拉尚未接续族谱者。本编是全书的重点,占了全书二分之一篇幅。

第三编《人物录》,共入选人物730人,分四部分:

第一部分,入选清朝时期九品等官员及以上329人,其中一品官员6人,二品官员29人,三品官员12人,四品官员31人,五品官员及以下251人。

第二部分,入选民国时期人物12人。

第三部分,入选中华人民共和国建国后人物384人,其中包括专家学者(副高级职称以上)59名,盟(地)、厅级干部19名,旗(县)处级干部77名。

第四部分,入选历史名人5人。

人物介绍采用简介类文体,配有本人照片;简介主要包括姓名、生卒年(年龄)、性别(男不写)、祖籍、政治面貌、职务、专业技术职称、简历、工作业绩、科技研究等成果及获奖情况等项目。

为方便查找人物,在本编人物前置《人物姓名笔画索引》。

第四编《文献》,收录有1954年孟希舜起草的《孟氏重修家谱序》、1997年8月18日《关于达斡尔族布特哈莫日登哈拉续修族谱事宜告骨肉同胞书》、1998年6月20日莫日登哈拉续修族谱筹委会主任莫德尔图在续谱大会上的报告和有关讲话、莫日登哈拉续修族谱筹备委员会名单、莫日登哈拉续修族谱大会盛况、达斡尔族布特哈莫日登哈拉续谱纪念碑图案及碑文、莫日登哈拉续修族谱捐款单位和个人名单、《达斡尔族布特哈莫日登哈拉族谱》编辑人员分工名录等。这些都是了解莫日登哈拉编修家谱历史的重要文献资料。(见下图)

全书前有编辑说明,对续修族谱上下限、地域范围、入谱族人要求、收录女性族人、收

《达斡尔族布特哈莫日登哈拉族谱》一书封面

录人物著录规范等都作了具体规定。此外,书前有前言、总序,书末有后记。

由上述《达斡尔族布特哈莫日登哈拉族谱》简介,充分说明此书称得上是一部有一定规模、内容较丰富、体例较完整且颇具达斡尔族民族特色的谱牒著作,是一部记载达斡尔族莫日登哈拉家族世系、人物和事迹的历史图籍,与达斡尔族早期用满文书写的麻纸谱单相比,不仅是量的增加,更是质的飞跃,是达斡尔族家谱文化发展到历史新阶段的重要例证。

本书主编莫德尔图对续修莫日登哈拉族谱的意义有一段精辟论述:"达斡尔民族有自己的民族史,有自己的文化史。族谱文化犹如桦树皮文化、兽皮文化、萨满教文化一样,都以独具一格的风采为中华民族浩如烟海、金碧辉煌的文化宝库增添了一颗灿烂晶莹的耀眼明珠。族谱文化具有鲜明的宗族性、民族性、历史性、地域性特点,它的重要意义及其作用在于:第一,尊宗敬祖,铭记恩德,弘扬美德,世代相袭;第二,续修族谱,互辨亲疏,明辨长幼,尊老爱幼;第三,和睦宗族,骨肉亲情,互帮互助,团结奋进;第四,光大民族,发扬传统,承上启下,以示后人;第五,振奋精神,振兴部族,繁荣经济,昌盛中华;第六,历史文献,珍贵史料,是研究达斡尔民族史、人物史、民俗史不可多得的宝贵财富。"[①]

《达斡尔族布特哈莫日登哈拉族谱》问世不是偶然的。

首先,1998年的重修总谱大会经过周密的组织和精心的筹备。

在达斡尔族中,莫日登哈拉是一支人数比较多的部族。随着历史和社会的变迁与发展,莫日登哈拉族人分布存在面广、点多和续谱难度大的特点,族谱编委会为了保证族谱的延续性,使之不至于中断、失传,多次多方共商。

第一次,于1988年借自治旗三十周年旗庆之机,莫旗、海拉尔、新疆三地莫日登哈拉族人共议有关续谱事宜;

第二次,于1993年借自治旗三十五周年旗庆之机,莫旗、海拉尔莫日登哈拉族人又聚会研究;

第三次,于1997年借莫旗、呼盟、内蒙古三级达斡尔学会在尼尔基召开乌如喜业勒图生平事迹研讨会之机,莫旗、海拉尔、牙克石、呼和浩特等地的莫日登哈拉族人再次聚会,又认真做了研究。

最后,经过多方协商,多次努力,达成共识,由巴图巴雅尔、孟和扎布、阿木古郎、莫德尔图、那顺达来、恩和巴图、铁林嘎、孟铁英、孟德福等力倡,委托莫德尔图主持,于1997

---

① 莫德尔图主编:《达斡尔族布特哈莫日登哈拉族谱》,内蒙古文化出版社2002年,第408页。

年8月18日在莫日登哈拉集中之地莫旗尼尔基镇,召开了由莫日登哈拉各支族代表参加的莫日登哈拉续修族谱筹备会议。

为使筹备工作正常运行,筹备委员会在莫旗尼尔基成立。组成人员以有热心、有能力、有余力之离职人员为主,并考虑邀请与此工作有某种业务关系的在职中年族人参加,并不限制辈分、长幼、官职。筹备委员会设主任一人,副主任若干人和秘书长一人,副秘书长若干人;下设秘书、财务、后勤三组。筹备委员会先后召开过十次委员会议。

其次,为使总谱续修工作科学、规范、有序进行,1998年莫日登哈拉续修族谱大会通过了切实可行的总谱续修凡例。

时间断限:上至初建七屯前的清朝初年,下限一般断至1998年(部分至2002年),凡四百年。其重点为1954年以后出生者与因种种原因未曾入谱者。

本谱地域范围:主要是历史上的莫日登哈拉居住地区,也包括以后由这一地区调防和迁往其他地区者,如内蒙古的海拉尔区、鄂温克族自治旗、呼和浩特市及新疆维吾尔自治区的塔城地区等。

入谱标准:1954年修谱大会上遗漏未入谱孟氏男性家族成员;1954年修谱大会后出生之孟氏全体子女(义、养子女需注明)。考虑到时代变化,在尊重续谱传统的基础上,经续修族谱大会决定,特将本哈拉女性收录,重点是1954年后出生者。

自愿入谱:本次续谱,系在尊重本人意愿的前提下,采取自愿入谱的原则,一般不予强求。其资料来源,一般由个人或其家中的长辈提供。

第三,搜集入谱名单是做好续修族谱工作的关键。

筹备委员会认为,续谱大会能不能开、开得成不成功的关键,在于广泛搜集和填报入谱名单,尽量做到不错不漏,保证续谱工作的接续性、准确性、完整性。因此,筹委会及其办公室全力以赴地抓了五项工作:研究、整理、抄写老族谱,为新入谱人员做好接续工作;抓好搜集和填报工作,印发续谱通知和入谱申报表格;通过各地联络员搜集入谱名单,做到不错不漏不误;通过报纸、电视发广告,尽力做到家喻户晓;对少数家庭进行家访,接续不上的还要帮助寻根查找。截止1998年续修大会,已接纳入谱人员共达2317人,其中农村特困户免费接纳入谱861人。

第四,落实经费是续修总谱的重要保证。

根据修谱实际需要,筹委会规定:修谱为宗族家事,属民间行为,需全体入谱人员集资办理。编委会初定每个入谱人员集资20元。派代表或个人交纳、汇至莫旗财政局博音。同时号召、欢迎家族热心并有经济实力者踊跃赞助,数额不限。另外积极争取各方以各种方式赞助。对赞助个人和单位在修谱大会上一并致谢,并载入族谱附录。

总计入谱人员交纳款项共达26980元,个人捐款额达5300元,5个莫日登哈拉聚居村屯捐款额达9000元,9个单位捐款额达13000元,这就保证了筹备及召开会议期间所需各项经费、总谱印刷费用和立碑所需等各项活动支出。

上述莫日登哈拉续修《达斡尔族布特哈莫日登哈拉族谱》的做法,不仅对达斡尔族各哈拉、莫昆续修家谱有参考价值,即对其他民族续修家谱也有借鉴意义。

(本文刊《寻根》2015年3、4期。本文部分资料由王洪治提供)

参考文献

《中国少数民族古籍总目提要》第三卷(达斡尔卷),中国大百科全书出版社,2009年。

莫德尔图主编:《达斡尔族布特哈莫日登哈拉族谱》,内蒙古文化出版社,2002年。

德文成主编:《达斡尔德都勒氏族谱》,2008年。

《达斡尔族简史》,内蒙古人民出版社,1986年。

《达斡尔族社会历史调查》,内蒙古人民出版社,1985年。

满都尔图:《达斡尔族》,民族出版社,1991年。

《蒙古、东乡、土、保安、达斡尔文化志》,上海人民出版社,1999年。

阿勇:《关于达斡尔的族源问题》,《内蒙古社会科学》,1984年第2期。

乌云达赉:《达斡尔族的起源》,《内蒙古社会科学》,1990年第3期。

二、西北地区少数民族家谱研究

  本地区包括回族、维吾尔族、哈萨克族、柯尔克孜族、锡伯族、塔吉克族、乌孜别克族、俄罗斯族、塔塔尔族、东乡族、保安族、撒拉族、土族、裕固族等14个少数民族。
  据2010年全国人口普查：回族人口10586087人，主要分布在宁夏回族自治区，是我国人口较多、分布最广的民族之一。维吾尔族人口10069346人，大部分聚居在天山以南、伊犁等北疆各地。哈萨克族人口1462588人，主要分布在新疆以及甘肃省的阿克塞哈萨克族自治县。柯尔克孜族人口186708人，主要分布在新疆各地区。锡伯族人口190481人，主要聚居在新疆各地区，其余散居在吉林、辽宁、黑龙江、内蒙古等地。塔吉克族人口51069人，主要分布在新疆的塔什库尔干塔吉克自治县。乌孜别克族人口10569人，分布于新疆的伊宁、塔城、乌鲁木齐等地。俄罗斯族人口15393人，是俄罗斯移民的后裔，主要散居在新疆的伊犁、塔城、阿勒泰和乌鲁木齐等地。塔塔尔族人口有3556人，主要聚居在新疆伊宁、塔城、乌鲁木齐等城镇。东乡族人口621500人，主要聚居在甘肃省及新疆伊犁地区。保安族人口20074人，主要聚居在甘肃省积石山保安族东乡族撒拉族自治县。撒拉族人口130607人，主要聚居在青海省循化撒拉族自治县及隆化回族自治县、甘肃省积石山保安族东乡族撒拉族自治县。土族人口289565人，主要分布在青海省的互助、民和、大通、同仁等县以及甘肃省的天祝、永登、卓尼等县。裕固族人口14378人，主要聚居在甘肃省肃南裕固族自治县境内。
  回族由于长期和汉族杂居，习用汉语、汉文。维吾尔语属阿尔泰语系突厥语族，使用以阿拉伯字母为基础的维吾尔文。哈萨克语属阿尔泰语系突厥语族，文字是在阿拉伯文字母的基础上创制的。柯尔克孜语属阿尔泰语系突厥语族，使用以阿拉伯文字母为基础的文字，有的地区也通用维吾尔文和哈萨克文。锡伯族有自己的语言和文字，语言属阿尔泰语系满语—通古斯语族满语支，锡伯文是1947年在满文基础上略加改动形成的。

塔吉克族使用塔吉克语,属印欧语系伊朗语族帕米尔语支,普遍使用维吾尔文。乌孜别克语属阿尔泰语系突厥语族,乌孜别克族无文字,通用维吾尔文和哈萨克文。俄罗斯语属印欧语系斯拉夫语族,文字为俄文。塔塔尔语属阿尔泰语系突厥语族西匈奴语支,塔塔尔族无文字,通用维吾尔文和哈萨克文。东乡语属阿尔泰语系蒙古语族,无本民族文字,通用汉文。保安族使用保安语,属于阿尔泰语系蒙古语族,多数人兼通汉语,通用汉文。撒拉族属阿尔泰语系突厥语族西匈奴语支,无本民族文字,一般使用汉文。土族语属阿尔泰语系蒙古语族,过去通用汉文,1980年创制了以拉丁字母为基础的土族文字,正在试行。汉语是各地裕固族共同交际的工具。

据调查,本地区少数民族收藏文字家谱统计如下:回族395种,土族8种,裕固族1种,维吾尔族3种,哈萨克族121种,锡伯族120种,合计648种。

回族是我国人口较多,空间分布较为广泛的少数民族,全国98%的县级行政区域内都居住和生活着一定数量的回族。回族家谱数量在本地区中居首位,回族是善于学习的群体,他们很快仿效汉儒谱学,积极编撰家谱,内容较丰富,体例较完整,对认识回族的历史文化和民族之间的融合有重要的资料价值。

本地区维吾尔族因历史文化诸多原因,普通百姓的家史、家谱很少见。由维吾尔族阿布力米提·穆罕默德介绍的《穆罕默德·尼牙孜家史》,是一部将家族发展的家史和族人繁衍变迁的家谱融会到一起的历史图籍,称得上是新疆泽普县融家史与家谱为一体的第一部维吾尔语著作,堪称中国少数民族家谱园地中的一朵奇葩。穆罕默德·尼牙孜家族人丁兴旺,人才辈出,这是近半个世纪以来国家政通人和在维吾尔族家族发展史上的生动反映。

《参天之树必有根,怀山之水必有源——哈萨克族族谱研究》一文,则从宏观上介绍了由二百多个部落和部族组成的哈萨克族,每个部落和部族都有自己的系谱和系谱传记人的概况,并对哈萨克族克烈、乃蛮、瓦克、阿勒班、素宛等主要部落世系表和重要系谱作了简介,充分说明哈萨克族不仅有悠久的历史,而且各部落都具有口头背诵和用本民族文字记载家族世系的文化习俗,在全国各少数民族中,哈萨克族这种续修家谱的优良文化传统是非常突出的,也是值得继承发扬的。

锡伯族家谱数量在本地区居第二位,其家谱数量与人口比例居各少数民族前列。锡伯族原居在东北、内蒙古等地区,西迁至新疆察布查尔地区的锡伯族,完整地保留着自己的语言文字和世代延续编修家谱等文化习俗,几乎家家户户皆编修保存家谱,这不能不说是一个民族文化发展史上的奇迹。

裕固族是本地区人口较少的少数民族,在历史上一直以口传方式传承文化传统,但是随着现代化和城镇化的发展,兴起了编修家谱的现象,这是裕固族第一代知识分子退出历史舞台后,对"地方知识"的重视和"文化自觉"的产物。虽然家谱文化尚不完备,但是昭示着游牧民族"口承文化"文本化的一种诉求。

下面分别对回族、维吾尔族、哈萨克族、锡伯族、裕固族家谱进行论述。

回族家谱概述

吴建伟

一、回族概述

回族的形成是中外多种族、民族长期融合的结果。它不是在我国古代的某个氏族、部落的基础上发展而来的,而是以历史上来华的各族(主要是阿拉伯、波斯、中亚突厥各古代民族)穆斯林人口为主,又吸收和融合了汉、蒙古、藏、维吾尔、白族等我国原有民族人口后而逐渐形成的。

回族的族源最早可追溯到唐宋时期来我国经商的阿拉伯(大食)和波斯人。大批阿拉伯、波斯人经商居留于广州、杭州、泉州、扬州等地。每处多达数千人。这些来华经商的阿拉伯、波斯人多系穆斯林,在各地城市中聚居一处,称为"番坊"。唐宣宗大中五年(851)阿拉伯商人苏莱曼在《苏莱曼东游记》中说:"中国商埠为阿拉伯人麇集者曰康府(今广州)。其处有伊斯兰教掌教一人,教堂一所。……各地伊斯兰教商贾既多居广府,中国皇帝因任命伊斯兰判官一人,依伊斯兰教风俗,治理穆斯林。判官每星期必有数日专与穆斯林共同祈愿,朗读先圣诫训。终讲时,辄与祈愿者共为伊斯兰教苏丹祝福。判官委任正直,听诉公平,一切皆能依《古兰经》、'圣训'及伊斯兰教习惯行事。故伊拉克商人来此地方者,皆颂声载道。"[1]由于大食与中国相隔万里,"诸蕃国之入中国,一岁可以往返,唯大食必二年而后可"[2],所以大食番客必定要在中国久居,"李泌知胡客留长安久者,或四十余年,皆有妻子,买田宅,举质取利,安居不欲归。命检括胡客有田宅者停其给。凡得四千人"[3]。至宋代,"政和四年(1114)五月十八日诏,诸国蕃客到中国居住已经五世,其财产依海行无合承分人,及不经遗嘱者,并依户绝法。仍入市舶司拘管"[4],可见番客在中国购置田宅、房屋定居,已达五世之久。在中国所生后代,宋代称之为"土生

---

[1] 张星烺:《中西交通史料汇编》第二册,中华书局,1997年,第201页。
[2] 周去非著、杨武泉校注:《岭外代答校注》卷二《外国门下》,中华书局,1999年,第126~127页。
[3] 司马光等:《资治通鉴》卷二三二,中华书局,1972年,第7493页。
[4] 徐松辑:《宋会要辑稿·职官》四四之九至一〇,中华书局影印本,1957年,第3368页。

番客""三世番客""五世番客"。

元代时,成吉思汗及其继任者发动了三次大规模西征,大批中亚、西亚等地的穆斯林被裹挟至中国。他们的到来,使中国的穆斯林人口大大增加,同时分布也更为广泛。元代将信仰伊斯兰教的穆斯林统称为"回族人"。据记载,元代的穆斯林人数约在百万以上。这一时期,回族人的成分主要有:居住在东南沿海城市的穆斯林番客、东来的大批西域回族、融入回族的非穆斯林种族。随着人口的增加,分布范围从唐宋时期的沿海番客扩散到内陆地区,陕西、甘肃、宁夏、新疆、山西、山东、河北及云南等地逐渐形成聚居区。《明史》卷三三二《西域传四》:元时回族遍天下。

明代在元代回族人群体的基础上,又不断吸收其他穆斯林民族和非穆斯林民族成员,使该群体更加扩大。在全国范围内形成了西北、云南、江南、中原、华北五个较大的回族聚居区。

至清代前中期,回族人口继续发展,分布区域更加扩散。到中后期,发生了甘宁青、云贵、西北三次大规模的回民起义。随着起义的失败,清政府对这些地区的回民予以残酷镇压,人口锐减。同时,又将劫后余生的回民大批迁徙到偏僻的边疆地区。

到民国时期,回族人口在清末历史最低点的基础上逐渐回升。1949年后,人口增长速度更快。

回族是我国人口较多、空间分布较为广泛的少数民族。根据2010年全国人口普查资料统计,回族总人口为10586087人,已超过满族,在少数民族中仅次于壮族,居第二位。全国98%的县级行政区域内都居住和生活着一定数量的回族。其中,人口在100万以上的有两个省区,即宁夏回族自治区和甘肃省;在100万以下、50万以上的有5个省区,即河南、新疆维吾尔自治区、青海省、云南省和河北省;50万以下20万以上的也有5个省市区,即山东省、安徽省、辽宁省、北京市、内蒙古自治区;20万以下10万以上的有8个省市,即天津市、贵州省、陕西省、江苏省、吉林省、黑龙江省、四川省、福建省;10万以下5万以上有4个省市,即湖南省、湖北省、山西省、上海市;5万以下1万以上有4个省市区,即广西壮族自治区、广东省、浙江省、重庆市;万人以下的有江西、西藏、海南3个省区。

香港有穆斯林居民3万多人,其中中国回族有2万多人,占香港穆斯林总人口的70%,大部分来自广东、广西、上海、南京、北京、云南等地。台湾回族有4万多人。

二、回族家谱之内容

中国的家谱修撰,到了明清两代,其结构已基本定型。明清两代编修的家谱,内容大致排列如下:

1. 谱序:有自序和他序的区别,其内容为叙述修撰缘起,本谱的修撰历史、过程与内容大要及修订年月等,作用是宣扬本谱主旨,颂扬祖德,使子孙读来能敬祖向善。如果本谱是续修之作,那么,除收载新写的序外,以往历次修谱的旧序,一般也一并收入。有时为了增光族望,还专请当时名人作序,并将以往名人为列谱所作的序也依时代先后排列收载。谱序在有些家谱中亦有别称为"引""谱说""谱铭""谱券"等。

2. 题辞:不是每部家谱都有的,大多是前代皇帝或名人为本家族或家谱的题辞,放在显著位置,目的是以此炫耀家世。

3. 恩荣:集中记载历代皇帝对本家族或某些成员的褒奖,包括各种敕书、诰命、御制碑文等,有的还包括皇帝或地方官员为本家族题写的各种匾额。目的是通过重君恩来彰明祖德。

4. 凡例:也有称谱例,主要是介绍本谱的编写体例、收录范围、结构特点、各种著录规则,以及本谱中各类目的立类理由、适用范围、各种可入谱和不可入谱人物的标准,以及诸如如何避讳等行文要求。

5. 图:明清时代家谱的卷首,多数都有图版,内容不完全相同,一般总有祖庙、祖茔、祠堂以及牧场、水源或住宅四至图。

6. 节孝:宋代以至明清,特别重视节孝,家族中出了节妇孝子,是全家族的光荣,因此,很多家谱在首卷都立节孝一章。

7. 像赞:将本家族先人中显达之人,画出其仪容,置于卷首,以求达到光大望族、熏陶后人的目的,有些还刊载一些先人遗墨。

8. 考:有疑则考。一个家族,存在几百年、千余年,自然有些事情不太清楚,可修谱时又必须写上,因此,只得进行考索。通常需要进行考证的,大抵有如下内容:姓氏来源、迁徙经过和原因、某些世系、仕籍、先人科名以及祠庙、祖茔等,也有的家谱将这些内容称之为谱镜、谱撮。

9. 世系:也称世表、世系表、世系图、根图,是以图表形式反映家族成员的血缘关系,这是家谱的主要内容,通常是五代为一表。

10. 世系录:也有家谱作世序、世系考、传实、行实、世录。是对世系表的解释,即记录一个人生、老、病、死、葬的简历,内容包括父名、排行、名、字、号、生卒年月日时、享年、官职、功名、德行、葬地、葬向、妻妾的生卒年月日时、封诰、岳家、子女、女嫁之人,有无富贵外孙等,特别重生死、血统。

11. 派语:也称字辈,为记载族人的排行字语。封建时代,家族排行都是有一定寓意的,大多是由皇帝、名人、祖先确定,子孙后代,一代一字作为排序。如孔子后代排行字语为:希、伯、公、彦、承、宏、闻、贞、尚、衍、兴、毓、传、继、广、昭、宪、庆、繁、祥、令、德、维、垂、佑、钦、绍、念、显、扬,就是明清两代皇帝赐予的,孟、曾、颜三家亦一体遵行。

12. 传记:与世系录有点相似,不同的是世系录是本家族每个男性成员均有,而传记类则是家族中有功名贤能、特殊事迹、丰功伟业、名可行世之人方可入传。传记又分为内传、外传两种,内传为有懿行的女子传记,外传为男子传记,可由后人自写,也可请当时名人写。

13. 宗规家训:可单称为族规、祠规、家规、家训、家箴、规约,相当于家族法规,内容广泛,基本上为修身、齐家、忠君、敬祖、互助、守法等方面。其中一部分为规约,族人必须遵守,如有违犯,则以家法制裁。另一些为训语,主要为劝诫的内容,教人做人行事的道理,这部分通常称为家教。还有一部分为庙规,也称家礼,为家族祭祀礼仪,如祖庙、祠堂组成、祭祀规矩、程序、婚丧仪式等。这部分内容是封建伦理道德在家谱中的集中体现。

14. 祠堂、祠产、坊墓:记录家族祠堂的历史与现状、规制、神位、世次,以及祠产、义庄、义田、祭田的管理和祖茔及各房墓地的分布和坐向等。

15. 先世考辨:主要为叙述家族历史,如得姓始末、始祖、支派、迁徙、分布情况。尤其是本支的迁徙、定居历史和各支外迁史,以及一些同姓、同宗的考辨等。

16. 志:家谱中另一种褒奖重要的内容,大多为家族中专门资料的汇集,如科名、节孝、仕宦、宗行、宗寿、宗才、封赠、族内学校、学产、历代祖屋、祖茔、祖产分布等。这是明清家谱取法于史书中的"志",即专门史而成。

17. 杂记:其他类不收或遗漏的均在此处叙述,大多为本家族的一些专门资料,如男女高年、争讼、田产、茔地的契约、合约、合同、诉讼文书等,范围很广很杂。

18. 文献:也称著述、艺文、文苑,收载的均为本家族先人的著述,其中包括各种家规、家训、家范、墓志、行状、诗、文、帖、简、奏疏等。有的是全收,有的仅开列目录。

19. 修谱姓氏:一般包括两项内容,一为领衔编纂人姓名,一为捐献经费人姓名,均列在谱末。

20. 五服图:五服是封建家族法规的重要依据,很多家谱后附有五服图,目的是为了令族人重视和了解,不得混乱。

21. 余庆录:家谱修成,末尾照例留几页空白纸,上书"余庆录",意为子孙绵延,留有余庆。

22. 领谱字号:为了防止家谱外传,一般在家谱后都有顺序号,然后登记注册,某人领某号,定期抽查。

此外,在有些家谱中,还有一些特殊的内容,如某些家谱专设义谱一类,收载族内各支所收异姓养子、义子的世系。有些家谱中收录有家族中重要人物的年谱资料等。近代一些家谱后面,有的还附有一些统计图表,如人口等。[1]

当然,由于各种原因,以上所说的家谱的各项内容,并不是每部家谱都完全按照以上各项著录的。

回族家谱一般都比较简略。目前所知的回族历史上最早、记述时间最长、迄今为止较为完整的中原回族望族家谱《怀宁马氏宗谱》由以下部分组成:

一、目录;二、序;三、圣旨;四、赞与传;五、科甲;六、先宗系考与考妣序章;七、考、记、碑文及规约等;八、字辈。

《南海甘蕉蒲氏家谱》包括:一、历代修谱芳名录;二、历代序文;三、家谱凡例;四、蒲姓源流考;五、远近宗支图;六、远近世系谱;七、远近恩荣谱;八、祠宇谱(图及碑记附);九、甘蕉蒲族村场图(本族鹅鸭埠附);十、坟茔谱(图及墓志附);十一、历代家传谱;十二、艺文谱(待编);十三、杂录谱;十四、蒲氏家谱书后文;十五、跋。

以上两部家谱体例完整,记载详备,在回族家谱中较为稀见。一般来说,绝大多数回族家谱基本都由"序""字派""世系"三个部分组成。

当然,相比绝大部分回族家谱而言,也有一些回族家谱取法汉族家谱,载有比较少见的内容。如《沧州戴氏宗谱》记有《轶闻史记》《大曲头曲王庄之来历》《戴家庄之来历》《戴家庄清真寺之来历》《戴家庄八郎堂庙之来历》《狐狸庙之来历》。[2] 迹近传说,内容在虚实之间。最有特色的是其中收录了戴鹰《沧桑纪略》,系戴氏自撰年谱,纪事自明万历二十五年(1619)至清康熙二十五年(1686)自身经历。从一个侧面反映了明清沧州地区的地方社会情况。《沧州吴氏家谱》载《道德典范》(分《义行》《孝友》《节孝》《旌表节孝人志名录》)、《碑记》《匾文》《职衔》《移居》,相当于回族家谱中的"志"。《沧州李氏家

---

[1] 来新夏、徐建华:《中国的年谱与家谱》(增订版),商务印书馆,1997年,第121~126页。
[2] 刘侗:《辽宁回族家谱选编》,天津古籍出版社,1992年,第103~160页。

谱》记有《沧州李氏功名录》《沧州李氏阿訇表》,后者在回族家谱中亦不多见。又如湖南汉寿县《黄氏族谱》卷首《教门冈清真寺图式记》:"天下清真寺,先祖所凭依,后人所瞻仰,方象规模,无分式款,皆一寺耳。龙来冈上,千寻之体势非凡;鱼跃湖中,万顷之波涛足羡。前有案而屏障,横明月左无山以相隔,堆近七星,此西寺之情景也。西寺得山水之秀气,山水壮西寺之大观。我族子孙若得以奉千秋之俎豆,启百代之人文者,非祖宗培植之功,如何是之有基勿坏乎。"①《百奇郭氏族谱》中收有《招郎自鹿港回家临别口述笔记》《鹿港初探小记》《鹿港堂亲第二次接洽经过情状》三文,记述了郭氏族人经商台湾的情况。②

三、回族家谱之纂修与管理

"谱牒,就是家族档案,进而成为民族的记忆,是中华传统文化特有的历史文献,是人类对自身繁衍谱系的理性认知,是人类进步文明的基本体现。"③在传统社会时期,纂修家谱是宗族的首要大事。

(一)纂修家谱之目的

自从回族穆斯林来到中国后,就被汉儒文化的汪洋大海所包围。回族穆斯林是善于学习的群体,他们仿效汉儒谱学,积极编撰家谱,以达到"追本溯源、敬宗睦族、凝聚血亲、恪守教门"的目的。回族穆斯林的家谱成于元,昌于明,而盛于清和民国。古语云:谱系者,人之本根也。不明世系则尊卑何分?不求根本则宗族何始?继往圣,开来学。此道统之传。圣贤之事业也。即此推广之,人人各有所继往,各有所开来。如家乘者,是家乘不失其续,则上下贯通,无不各得其继往开来,历久永存。程子曰:"管摄天下人心,收宗族,厚风俗,使人之不忘本,须是明谱系,立宗子法也。"回族家谱的编纂是出于一定目的的,为了维护家族的繁荣与稳定。当然,家谱编纂在历史的每个时期都有着共有的和相对不同的目的。仔细地分析本文所收集到的回族家谱,其动因主要有以下几方面:

第一,追本溯源,记录家族发展史,凝聚家族向心力。

如《张氏宗谱自序》:"家之有谱,犹国之有史。国无史,何以识兴衰;家无谱,怎知支派?二者大小虽殊,而其不可缺则一也。"④《奉天脱氏族谱书序》:"夫谱者布也,布列其

---
① 马建钊、张菽晖:《中国南方回族古籍资料选编补遗》,民族出版社,2006年,第16~17页。
② 马建钊、张菽晖:《中国南方回族古籍资料选编补遗》,民族出版社,2006年,第16~17页,第159~161页。
③ 栾成显:《"国有史,地有志,家有谱":谱牒——中华传统文化又一宝藏》,《光明日报》,2011年4月20日。
④ 刘侗:《辽宁回族家谱选编》,天津古籍出版社,1992年,第8页。

先人之事迹也。不知其先人之善者谓之不明。脱氏祖一代元勋,资兼文武,功高麟阁,忠树千秋,其后又乌可不知耶!"①《戴氏谱序》:"余致力吾族宗谱之旨,在于尊祖敬宗,后裔悉源,固守先章,以留香烟之传,勿失吾祖之本也。世世代代递及千古耳。"②《临清回族"仁寿堂"马氏谱序(九)——家谱三修序》又载:"万物本乎天,人本乎祖。父乾母坤,则四海九州非遥也。一家焉耳。水源木本,即高曾云仍罔隔也,一体焉耳。顾合敬同爱所以联一体之气。贵统同,而支分派别,所以存一体之真。又贵辨异,大传一篇可按也。"③《冠县回族沙氏谱序(一)——五世沙钰谱序》:"古有小史奠系世,辨昭穆,有世本录名号,继统绪。后世议谱者,往往宗之。此明道先生所谓管摄人心,收宗族,使不忘本也。谱之谓编,要矣哉!"④《济阳回族丁氏族谱序(三)——谱序》:"盖闻族之不可无谱,犹国之不可无史也。国无史则一国之政治繁简、法度、得失,后人莫可得而悉。族无谱,则一族之支分、亲疏、派别、次第,后人莫可得而明。虽然,则国史之撰记不易,固不必论,而族谱之创修繁难,余则因有感焉。"⑤

第二,敬宗收族,维护家族内部关系。

如《重刊脱氏谱书叙》:"窃考新河脱氏之有族谱,始明天启间,其后续有修纂藏之宗祠,故流传不广,而族人世系不明,亲属莫辨者多有焉。脱先生悲之,因将族谱抄录校订,出资而付诸剞劂,盖使族人知脱氏为元脱脱丞相之后,同为一源,冀各相劝勉维护,同归至善。尚望脱氏宗人能体斯义,知同出于一体,则互相爱敬而睦其族,明祖先之伟烈而感发兴起,思有以光大之,则异日家睦族昌,世传纶綍,为吾邑甲族者,未必非兹谱之力也。"⑥

第三,教化族人。

如《丁氏族谱》:"而前人之功德名显,后人之品重身荣。不但振扬于时,亦可留视于后代。"⑦湖南靖州(金陵)《丁氏族谱》:"第由谱牒修则世系明而昭穆序,尊卑辨而情谊亲,上可以绵祖宗之世德,下可以垂后人之法承,庶仁孝诚敬之心亦于是少尽焉。"⑧

安庆怀远《怀宁马氏宗谱》:"……遂复订排行刊刻颁布……且望尊戒卑,长谕少,若

---

① 刘侗:《辽宁回族家谱选编》,天津古籍出版社,1992年,第53页。
② 刘侗:《辽宁回族家谱选编》,天津古籍出版社,1992年,第99页。
③ 伊牧之:《山东回族谱序集注》(内部资料),山东省伊斯兰教协会编印,2010年,第114页。
④ 伊牧之:《山东回族谱序集注》(内部资料),山东省伊斯兰教协会编印,2010年,第237页。
⑤ 伊牧之:《山东回族谱序集注》(内部资料),山东省伊斯兰教协会编印,2010年,第19页。
⑥ 刘侗:《辽宁回族家谱选编》,天津古籍出版社,1992年,第51页。
⑦ 马文清:《回族谱序与宗源考略》上卷,吉林文史出版社,2011年,第4页。
⑧ 马文清:《回族谱序与宗源考略》上卷,吉林文史出版社,2011年,第61页。

有不孝不悌辱及祖宗者,则相与惩治之。砥行立名,光耀前烈者,则相与奖励之。毋倚势而凌弱,毋恃富而欺贫,虽以厚一本之风俗,实以作朝廷孝廉之选也。"①

河北青县《崇伦堂马氏家乘》:"家谱之作,所以表彰先世志有后也,而劝戒子孙之意。寓为人之生初不别善恶。欲其近善远恶,家教为先。家谱者家教之本益。家谱历述先德,使子孙读之,知先德之不可坠。兴其继武之念,思所以善,及所以去恶,上齐家之要义。世之教子孙者,每不审其才德,取古人高远难行之事责之,其于祖宗之嘉言美行置而不论,宜子孙视之不亲切,不能行其万一。"②

河南沈丘槐店《李氏族谱》:"李氏族谱,谱李氏之族也。族则何必有谱,所以别亲疏、生爱敬也。上治祖祢,下治子孙,使人孝悌之心油然而生也。"③

第四,为免犯讳。

如《宋氏族中款约》:"三、是谱之族字号,系乃出之一、二、三、四房众,依照原来旧谱,共增修谱内并载长房续增字号者,以备将来子孙浩繁,便于稽查班辈,庶不致写错字号,尊卑不分。……五、吾族自始祖后,分为四支,迄今人数浩繁,字号杂陈,多有取名而未能避讳者,此其弊,实缘谱帙之久荒,未获重为修葺。六、自是谱重修,族众各执一册,自当顾名思义,毋得妄行犯讳可也。"④张氏《重修族谱序》:"后世庶不至祖宗名讳子孙雷同……"⑤

第五,防止同姓联姻。

如山东济宁《金氏族谱》简介:"原金氏老谱被侵占济宁日军焚之。1941年,马氏族人以'世族宗派渐就堙没',为防止'金、马后世子孙联姻',急思续修成'中堂式'暨大谱单式族谱……"⑥该姓家谱《后序》:"……传于世祖资。资与母舅马氏最相得,且羡其德行出众,又叹其无膝下之欢,遂承母舅宗祧,以为马氏之始祖焉。……如后世子孙联成姻亲,诚堪顾虑,因竭诚急思重修……"⑦

第六,保证家族血缘的纯洁。

保证家族血缘的纯洁性,最重要的就是要理清世系源流,使"人知所自出",由于兵乱等原因,有的家族数十年甚至更长时间才重修一次。如此一来,必然会出现冒认、攀附显贵、改名、赐姓等情况,从而使家族血缘的纯洁性被打破了。所以广西桂林《张氏家族》有一则序

---

① 马文清:《回族谱序与宗源考略》上卷,吉林文史出版社,2011年,第89页。
② 马文清:《回族谱序与宗源考略》上卷,吉林文史出版社,2011年,第107页。
③ 马文清:《回族谱序与宗源考略》上卷,吉林文史出版社,2011年,第500页。
④ 马文清:《回族谱序与宗源考略》下卷,吉林文史出版社,2011年,第564页。
⑤ 马文清:《回族谱序与宗源考略》下卷,吉林文史出版社,2011年,第590页。
⑥ 马文清:《回族谱序与宗源考略》下卷,吉林文史出版社,2011年,第612页。
⑦ 马文清:《回族谱序与宗源考略》下卷,吉林文史出版社,2011年,第614页。

曰:"迨至乾隆戊戌,越六十余载无人举行,族谱多有遗失,族人上不知祖源,下不悉流传字号,竟至任意舛安,紊乱他族,余忧之。"①而修纂家谱正是正本清源的一个重要途径。

(二)纂修家谱之过程

1. 定期修谱

从回族家谱的修谱序言、族规、凡例等文献中可以发现,各家族都把修纂家谱作为后代子孙义不容辞的责任与义务,要求定期修谱。河北孟村丁庄子《丁氏宗谱》"总序":"族贵贵有谱,谱贵贵常修,要定纂,做到十年一小修,十五年或二十年一大修。"②河北孟村丁庄子《丁氏宗谱》"谱例":"斯谱告成,每届十五年或二十年有族内贤达龄长者,倡导补修。"③《沧州吴氏家谱》"凡例"云:"修谱以十年为续修之期。"④《脱氏宗谱甲申序》:"我脱氏宗谱当十年一续也……"⑤《光绪续修定氏宗谱序》:"仍准六十年统修一次,三十年补修一次。"⑥

2. 成立谱局或修谱班子

一般家族修谱都要成立修谱班子。如西赵河赵氏就"在天津成立'西赵河刘氏修谱办事处',对搜集各处谱牒资料不遗余力"。⑦ 广东香港刘氏《刘氏重修族谱序》:"于是询谋佥同,就日成立委员会,以董其事。"⑧这种修谱班子人员组成可多可少。多则数十人,少则数人。《苏氏三修族谱》创修序:"余为此惧,敢与族之同志若子建、王甫、玉魁、哲先、见田、德禄、在德、五敦、腾飞、啻佐、啻文、又玉、金声、定弼、伯禄诸辈,搜集源流……"⑨《刘氏三修族谱》卷首《刘氏世系纪略》:"余与伯祖父讳藩、伯叔父讳宪等恐将来代远年湮,必至尊卑失序,贻宗族忧,因集族定谱,命余为序。……"⑩

《南海甘蕉蒲氏家谱》载有《历代修谱芳名录》⑪:

> 明万历四十七年岁己未,八世孙携南、益南,九世孙复吾、益吾、高吾、德泽、清泽,十世孙伯龄初辑。

---

① 马文清:《回族谱序与宗源考略》下卷,吉林文史出版社,2011年,第597页。
② 马文清:《回族谱序与宗源考略》上卷,吉林文史出版社,2011年,第26页。
③ 马文清:《回族谱序与宗源考略》上卷,吉林文史出版社,2011年,第29页。
④ 吴丕清、马祥学:《河北回族家谱选编》,河北人民出版社,2006年,第10页。
⑤ 刘侗:《辽宁回族家谱选编》,天津古籍出版社,1992年,第54页。
⑥ 答振益:《湖北回族古籍资料辑要》,宁夏人民出版社,2007年,第26页。
⑦ 吴丕清、马祥学:《河北回族家谱选编》,河北人民出版社,2006年,第178页。
⑧ 马建钊:《中国南方回族谱牒选编》,广西民族出版社,1998年,第22页。
⑨⑩ 马建钊、张菽晖:《中国南方回族古籍资料选编补遗》,民族出版社,2006年,第7页。
⑪ 吴海鹰:《回族典藏全书》第114册,甘肃文化出版社、宁夏人民出版社,2008年,第4页。

清道光二十八年岁戊申,十四世孙令斯、十五世孙勇修、健文再辑。

咸丰五年岁乙卯,十五世孙占文、十六孙廷芳续辑。

光绪七年岁辛巳,十七传孙溥彰再校并补遗。

光绪三十三年岁丁未仲夏吉旦,十六传孙群昭、杰昭总修;十六传孙献瑞、瑞龙,十七传孙瓒勋督修;十六传孙颂昭、子昭,十七传孙溥彰、荫彰、孔彰,十八世孙肇扬、萼扬编辑;十六世孙年昭、厚芳,十七世孙润华、德彰,十八世孙燕廷、政扬采访;十七传孙越彰,十八传孙照廷绘图。十六传孙荚端校正。

尤以最近一次修谱,分工细致,有总修、督修、编辑、采访、绘图、校正,各司其职。
《脱氏宗谱》记载修谱人名:①

  修谱人 二十二世 脱万庆 字普田
  缮谱人 二十三世 脱宝兴 字子光
  汇集人 二十二世 脱万翔 字鹏九
      二十二世 脱万福 字子厚
      二十二世 脱万权 字秉衡
      二十三世 脱宝华 字洪九
      二十四世 脱朝余 字子稔
  赞助人 二十二世 脱万魁 脱万清 脱万惠 脱万忠 脱万良 脱万贵
          脱万选 脱万福 脱万隆 脱万昭 脱万臣 脱万合
          脱万海
      二十三世 脱宝森 脱宝昌 脱宝财 脱永春 脱宝如 脱宝山
          脱宝庆 脱宝祥
      二十四世 脱洪福 脱洪儒 脱朝友 脱朝有 脱朝凤

《柳园赵氏家谱》记有三次修谱人名:

修谱名次时间:执事赵岱、赵运,大清道光壬年仲春。

次修谱名次执事时间:六世金荣,七世中庆、中治,八世国彰、国显。

---

① 刘侗:《辽宁回族家谱选编》,天津古籍出版社,1992年,第55页。

第三次修谱于辛巳冬,主任:兰河(12/世);副主任:梦祥、鹤云、鹤图、广明、广发(11/世);编辑整理:兰州、兰奇、玉青(12/世)。①

3. 谱费的筹集

纂修家谱需要大量的人力和资金支持。有时宗族在纂修家谱时因为资金短缺而暂停,也有宗族纂修家谱因为资金一时难以筹措而搁置数年或数十年才得以付梓。如《沧州韩氏家谱》在清道光年间就因响应者廖廖而半途而废:"惜同志者廖廖,其力不赡,款无所出而罢⋯⋯"②所以,谱费是回族家谱纂修的重要因素之一。从现存回族家谱来看,其不同类型的家谱在纂修和付梓上所需要的费用,主要通过以下途径解决。

(1) 独立承担

如《青县崇伦堂马氏家乘》"修订马氏家谱序":"修订马氏家谱在马仁圃先生的努力下业已完成。听说他为这次修谱耗巨资⋯⋯"③《青县崇伦堂马氏家乘》"续修马氏家乘序":"仁圃家⋯⋯独立捐资,筹办一是,费数年之力,解数千之金⋯⋯"④马福祥主修《马氏族谱》卷一《发凡》:"此次费用一概负担⋯⋯"⑤

(2) 合族捐资

这种情况在修谱活动中最为常见。如《丁氏宗谱自得序》:"又虑谱之抄录者无以贲观,不若谱之刊刻者可以传久,是以合族敛资付刻,以志不朽。"⑥《下坝马氏家谱》:"故奉命邀约合族捐赀银两⋯⋯"⑦《马氏续修族谱序》:"兹劝族人各捐囊金,以续修前谱⋯⋯"⑧《马氏族谱序》:"爰约族人捐资重订⋯⋯"⑨《宋氏族谱·宋氏族中款约》:"族众宜踊跃相助资,蓄积或置房屋,年终生息,以为每年会族、走坟、诵经、修谱之费⋯⋯"⑩《周氏宗谱·谱序》:"今计费用每部宗谱约为伍拾圆。阖族之内有德高望重者、心系其事者均不吝资财相助,乃偶修谱成功之事。"⑪广西桂林傅氏《怀德堂族众编订本谱序》:"延至民国十九年⋯⋯函约族众,重归祭扫,仍在全兴住宅做'睹尔'。到会者仅列两席⋯⋯当晚筹商办法,随意乐捐。幸得族人踊跃捐集毫银二百余元,立章程,分存罗锦、广泰,会仙圩广

---

① 马文清:《回族谱序与宗源考略》下卷,吉林文史出版社,2011年,第658页。
② 吴丕清、马祥学:《河北回族家谱选编》,河北人民出版社,2006年,第350页。
③ 吴丕清、马祥学:《河北回族家谱选编》,河北人民出版社,2006年,第266页。
④ 吴丕清、马祥学:《河北回族家谱选编》,河北人民出版社,2006年,第267页。
⑤ 吴海鹰:《回族典藏全书》第133册,甘肃文化出版社,宁夏人民出版社,2008年,第20页。
⑥ 马建钊、张菽晖:《中国南方回族古籍资料选编补遗》,民族出版社,2006年,第13页。
⑦ 马建钊、张菽晖:《中国南方回族古籍资料选编补遗》,民族出版社,2006年,第377页。
⑧ 答振益主编:《湖北回族古籍资料辑要》,宁夏人民出版社,2007年,第8页。
⑨ 答振益主编:《湖北回族古籍资料辑要》,宁夏人民出版社,2007年,第9页。
⑩ 马文清:《回族谱序与宗源考略》下卷,吉林文史出版社,2011年,第564页。
⑪ 马文清:《回族谱序与宗源考略》下卷,吉林文史出版社,2011年,第609页。

成,桂林广茂,旧村全兴四家管理。每月每百元以二分五厘行息,除连年会族费之外,蓄积至今,算来尚有百余元,是以复经调查明晰,始得修辑此谱,分给每户,各存一册。"①《马氏族谱》卷一《发凡》:"但族间仁人孝子有乐捐者留积子母,以为二修之费。"②

(3) 变卖附属产业

如《丁氏族谱》:"即将祖茔树五株售出,复栽亦可壮观,作为办公底款。"③

其余谱费来源还有因各种原因所得经费。如因破坏家谱而罚款。《贡氏族谱》:"谱牒数十年一修,工费浩繁,良非易事,各分须择老成谨慎者珍藏之。每遇冬至祭祠,公同交验,如有遗失损落者,罚银十两存祠,以为日后修谱之费。"④

4. 搜集族谱资料

在产生了修谱人员后,就开始收集资料工作。一般来说,家谱资料的来源主要有以下几种:

(1) 前代遗留下来的旧谱资料和口耳传闻。这在回族谱牒中是最常见的一个来源。如《丁氏宗谱自得序》:"奈经鼎革两朝,累遭兵燹,旧谱失传,无从稽考,欲先求先绪于万一,仍不得不广辑宗党之传闻与历代所遗之断简残篇。然幸遗老亦各持草本相示,于鸡公塘得世仁公一纸;于溪头得应试公一纸;于三田里士弘士选二公一抄本,或分序,或合序,俱略而未详。得乃不辞劳瘁,同诸昆弟自瑚、自高、自仁暨侄讳璇、讳瑛、讳□遍采祖茔碑铭,访其渊源,搜罗各家追荐,寻其派别,疑以传疑,信以传信,参互考订,校对详明,勒成全谱,传示来兹。"⑤河北河间《重录白氏家谱引言(三)》:"因检得十一世祖祥远公及堂叔子芳(白宗义)所续家谱各一卷,又堂叔祖果亭公所遗支谱草稿一纸,汇而辑之,重录一遍,并附作历代系统表一幅……"⑥福建泉州郭氏家族《族谱引》:"先大伯父拔正尝有志乎世系,惜平年少而殁,仅留遗书于壁上。余自幼读礼之暇,取先祖义斋公昔时有旧本,就家大人而质正焉。旧本所书未详,仅至十一世止,余未及焉。余复从先祖妣马太宜人问其近世所知者生卒年月时日,至十三世高祖以下及旁支,皆马太宜人口授焉。其百奇之详牒,又得诸下埭侄孙讳瑶金谱草稍校定之。"⑦宁夏银川(陕西咸阳)《马氏家谱》

---

① 马文清:《回族谱序与宗源考略》下卷,吉林文史出版社,2011年,第921页。
② 吴海鹰:《回族典藏全书》第133册,甘肃文化出版社、宁夏人民出版社,2008年,第20页。
③ 马文清:《回族谱序与宗源考略》下卷,吉林文史出版社,2011年,第4页。
④ 马文清:《回族谱序与宗源考略》下卷,吉林文史出版社,2011年,第450页。
⑤ 马建钊、张菽晖:《中国南方回族古籍资料选编补遗》,民族出版社,2006年,第12~13页。
⑥ 马文清:《回族谱序与宗源考略》上卷,吉林文史出版社,2011年,第295页。
⑦ 马建钊、张菽晖:《中国南方回族古籍资料选编补遗》,民族出版社,2006年,第84页。

"宗派题辞":"马堤圈世系,则凭族叔魁公口述,侄培樟记之……"①《大厂海氏家谱》曾有三种稿本,但均毁。出于"为示后人"的目的,本谱"仅就德贤、久恒、德泉等兄长记忆草成"②。山东平邑周氏宗谱也是"经三世奉文公口叙脑忆而成"③。

（2）赴各地调查族人情况。《李氏五修族谱源流辨正》:"我族之谱,清康熙二年癸卯向举、正亮两公偕往江南,远稽世系,跋涉徒劳,清康熙六十年壬寅,大懿、光庭诸公录存草册。乾隆十五年庚午,明焕、光翠诸公搜罗厘订族谱,始有成书……"④安徽安庆《怀宁马氏族谱·续修宗谱序》:"间有未备,延门访察,逐户搜罗……"⑤山东宁阳《王氏族谱》"重续修族谱序":"于是挨户问字,到处询名……"⑥

（3）敦请各支各房自动查考上报。《本房世派引言》:"谨于抄誊旧谱之暇,谆请诸房伯叔兄弟各自查考世系,迟一岁,竟无人造报……"⑦《益都张氏续修族谱序》:"惟外埠如临清象贤祖支并中和、太和、金岭镇各支,均经分别函询。太和、金岭镇等地先后来人报开支系,仍欠完善,惟临清迄无答复,殊为憾事,惟存而不论可也。"⑧《王氏族谱》"族谱续修":"而近者尚有未齐之处,陆续有自写而送来者……"⑨

在第二、三种方式中,一般先有调查簿用以登记族人情况。如六箴堂张氏家谱就说明:"本调查簿已有十二、三世次止,尚未查齐。现在各支派有已经登记者占半数,未曾登记者亦占半数。暂将各派中已经查讫者汇在此簿之内矣,待各派查齐再行按派分辑,到时各归各派。此簿暂为存记,以俟查讫,再为付印。"⑩

（4）其他方式。如有些回族家族修谱时参照他姓家谱。如马氏族谱"为后来金氏重修族谱奠定了资料基础"⑪。也有一些家族成员在平时留心搜集资料,以便下次修谱时利用。如《邵陵蔡氏宗谱》"凡例":"嗣后我族当各留心存簿历,将世次、名字、生娶、卒葬详载明白,俟六十年增修,先采辑各房缮稿接续,已定刊时,更加眼同合对,庶不致参差遗失矣。"⑫

---

① 马文清:《回族谱序与宗源考略》上卷,吉林文史出版社,2011年,第144页。
② 吴丕清、马祥学:《河北回族家谱选编》,河北人民出版社,2006年,第536页。
③ 马文清:《回族谱序与宗源考略》下卷,吉林文史出版社,2011年,第609页。
④ 马建钊、张菽晖:《中国南方回族古籍资料选编补遗》,民族出版社,2006年,第11页。
⑤ 马文清:《回族谱序与宗源考略》上卷,吉林文史出版社,2011年,第90页。
⑥ 马文清:《回族谱序与宗源考略》下卷,吉林文史出版社,2011年,第226页。
⑦ 马建钊、张菽晖:《中国南方回族古籍资料选编补遗》,民族出版社,2006年,第77页。
⑧ 马文清:《回族谱序与宗源考略》下卷,吉林文史出版社,2011年,第576页。
⑨ 马文清:《回族谱序与宗源考略》上卷,吉林文史出版社,2011年,第204页。
⑩ 马文清:《回族谱序与宗源考略》下卷,吉林文史出版社,2011年,第580页。
⑪ 马文清:《回族谱序与宗源考略》下卷,吉林文史出版社,2011年,第612页。
⑫ 马建钊:《中国南方回族谱牒选编》,广西民族出版社,1998年,第151页。

5. 确立谱例、谱法

在家谱纂修中,谱例和谱法直接关系到其具体内容和体系。宋代以欧阳修和苏洵为代表的按照"小宗之法"纂修的谱牒体例,是后世家谱纂修的圭臬。欧阳修采用的是图表亦即"吊线"或"挂线"的方式,按照五世祖以来的家族迁徙、婚嫁、官封、名谥、墓葬及其行事,编成《欧阳氏图谱》。苏洵纂修的《苏氏谱牒》则采用派的方式,将直系六世祖以来的事迹,按照序、表、后录的结构进行叙述。回族家谱纂修体例,大都遵从欧氏或苏氏。如《南海甘蕉蒲氏家谱》"凡例":"本谱宗支图用五世一提,系仿庐陵欧阳氏家谱图式。近世诸名家无不依此。缘此,乃系直图,上一提之元孙即为下一提之高祖,层叠逮下,眉目较清,且后人修谱即可联接增修,无容另起图式,似于目前阅谱、日后修谱两得其便,虽易旧谱法,不以为嫌也。考九江朱氏、沙头崔氏及衍圣孔氏各谱亦皆如此,独崔氏则光绪年间始新用此法也。"[1]

《西赵河刘氏家谱青州之谱原序(二)》:"近之为谱者率宗欧阳、苏氏,而欧谱体例较善于苏,故世多从之。其云'断自可见之世'者,尤谱学不易之言。太史公所谓'疑则传疑',益其甚也。益都刘氏,前明时自直隶沧州徙家于青。其有金岭镇者常重修旧谱,问序于予,为举姓氏异同之辩题其首简。越数年,郡城之族续谱即成,又属序焉。予请其本而复阅之,序次体例不必尽合于欧谱,而世系之始则肇于赠宪副公,为自沧徙青之始,由是而上咸阙焉。所谓'断自可见之世'者,诚得庐陵之遗意矣。"[2]

《马氏支谱源流大纲记》:"是谱三易稿。初稿仿欧谱式,叠书五世,凡男女生没年月日时、住居、葬所、生子几人、生女所适、人品事业,并详书之。五世后,复将第五世居第一层详书,递下及于九世,则亦五世。按五世在服之义,世系图表,俱用此法。咸丰元年将付刊,而寇警,事遂寝。及同治二年,又欲付刊,为字数、板片多工费繁,醵金不敷,事又将寝,因易次稿。世系图仿欧式,叠系五层,世系表仿苏谱式,横排分先后之序详书……"[3]

但亦有各取其优,将两者糅合而创新者。如《赛氏自序牒谱》:"盖论世之牒谱,则姓同而宗异。余家则姓异而宗同。姓同而宗异者,则谱不入;姓异而宗同者,不能不入。顾七世祖以上,嫡则正书,余则横列,以仿欧阳氏之列。下则纵书所出系联,以效苏氏之列。"[4]《赛氏族谱序(一)》:"谨按,源流世次,吾氏谱,略同欧、苏两家,而其实大异。盖赛

---

[1] 吴海鹰:《回族典藏全书》第114册,甘肃文化出版社、宁夏人民出版社,2008年,第21页。
[2] 吴丕清、马祥学:《河北回族家谱选编》,河北人民出版社,2006年,第181页。
[3] 马建钊:《中国南方回族谱牒选编》,广西民族出版社,1998年,第59页。
[4] 马建钊:《中国南方回族谱牒选编》,广西民族出版社,1998年,第161页。

氏自西域入中国,王侯将相传十余世,其功德勋伐,载在史册。而散见于秦、蜀、吴、越之间,惟滇尤烈,非同时下谱牒,祖宗无所表见者,仅于九世内次及之已也。"①安徽安庆《怀宁马氏宗谱》"新增凡例二十款有序":"谱例法兼欧苏,图传合一,庶世系事实开卷了然……"②

一般谱例规定异子不可乱宗,异子不可入谱。石家庄马氏家谱最有创新,该族将同族者载在正谱,而异姓子承祧者则修一副谱载之,这样避免了同姓异姓之争。《马氏副谱序(一)》:"顾谱之体例,本文百世详而列之,尽属同姓,从无异姓者掺入其间:盖'异姓不乱宗'之典亦犹'遗事不入正史'之例也。虽然,族众户繁,孤而无嗣者承继乏人亦所时有。欲于本宗择继,又无相当之人,不得不抚养异姓之子,生赖其仰事,殁赖其承祧。古之人有行之者,今之人亦何莫不然也?无如异姓之子入正谱则未能,不入谱则属□□。度情酌理,于正谱之外另立副谱,庶同姓异宗灿若列眉而无含混之弊也。……其同宗应入正谱者均为详列,无论矣。其异宗之子不可入正谱,又不可不入谱以明其系属,乃于正谱之后附以异宗之副,则同宗、异宗界限分明,俾后之子孙世代相承,知其大义之所在而胥泯夫争执焉。"③《马氏副谱序(二)》也说:"同姓者既载入正谱无论矣,而同族之中有养异姓子承祧者,当如之何?况马氏先祖有'异子不可乱宗'之议,而异子既不可入谱,又恐有争执焉,于是另副谱以载之。同族异姓,分别清析,庶几不至有异姓乱宗之虞矣。"④

山东济阳《丁氏族谱》则采取另一种方式。该谱《凡例》:"续谱务要清楚有别,倘因乏嗣过本支本族之人为嗣,理所当然,兼有过来外姓者,不录谱内,恶乱宗也。然其后子孙曾元相继有人,既以丁为姓,不录殊属无归。今经本族决,凡以外姓承嗣者,书为义子。"⑤这样书写,既有亲疏区别又合情合理。

随着时代的发展,回族家谱中对于妇女的书写也有更新。欧、苏谱例规定"生女不书、继娶不书、娶妾不书"。而《脱氏谱书》则打破了这种规定。该谱《凡例十三条》中第十一条说:"原谱只录男,不录女。续修后,改革重男轻女的旧俗,凡脱氏族人所生之子女平等录之。"⑥

6. 家谱的颁发和管理

回族宗族在家谱刊刻完成之后,对家谱的颁发和管理都有严格的规定。

---

① 马建钊:《中国南方回族谱牒选编》,广西民族出版社,1998年,第162页。
② 马文清:《回族谱序与宗源考略》上卷,吉林文史出版社,2011年,第78页。
③ 吴丕清、马祥学:《河北回族家谱选编》,河北人民出版社,2006年,第475页。
④ 吴丕清、马祥学:《河北回族家谱选编》,河北人民出版社,2006年,第476页。
⑤ 马文清:《回族谱序与宗源考略》上卷,吉林文史出版社,2011年,第8页。
⑥ 吴丕清、马祥学:《河北回族家谱选编》,河北人民出版社,2006年,第522页。

安徽安庆《怀宁马氏宗谱》"新增凡例二十款有序":"明印'礼'字号官谱一套,户长所领户谱一套,敬存试馆,子孙须加意爱惜,不得损坏,如户长轮换即将官谱户谱,交代下手具领,不得执留不交,所以珍重图牒也。此次修后,凡遇遗漏宗支、舛错房头,及生卒坟墓有未开载者,该丁须亲赴试馆,禀请尊长在户谱内注明,下次重修不致再误。"[1]该族《宗条规范》:"本族定一排行,原为萃涣敦睦之举,非仅以此拘束族人。自今排行已定,将必会修谱系,以为世世报本之计。若失实不载之家谱,已分晰详明,毋容淆乱。又本族有移居他地者,必清察其分支缘由,对同旧系,方许登号颁发。或有冒顶绝嗣者,或有图财混收者,查明定拟以混乱冒顶之条,永远逐出。如有不遵划一,该支派先自督责,随送宗长公堂重罚,决不姑息,自蹈不肖之名。所愿族长绅衿高明者严查慎行,毋开罪于当事也,幸甚,幸甚!"[2]

《王氏族谱》:"此谱创修之后,或十年或二十年,必当续修一次,不可置之高阁,以致年久荒落。宗谱分储各村,当择须知珍重之人乃可收藏。不可一家自行私据,如有损污失坠,当出资照旧修补。此次谱某村某支请去一部,均在谱后注清,以备日后稽查。"[3]

《山东商河王氏族谱》"重修族谱凡例":"此册务要珍重宝藏,存于谱套,须托族中性情淑善,通彻伦理者,克负其责。如年延日久,不能胜任,必另择族中精细之人代之,然后缴谱,以明虔诚。"[4]

《贡氏族谱》:"谱牒数十年一修,工费浩繁,良非易事,各分须择老成谨慎者珍藏之。每遇冬至祭祠,公同交验,如有遗失损落者,罚银十两存祠,以为日后修谱之费。"[5]

《戴氏宗谱序》:"尊谱乃尊祖,谱籍、家牒必祀先贤祠之内,珍重存之,切勿乱置。倘有所损,宜摹书重修之。"[6]

《左蠡马氏家谱》"家谱凡例":"戒碎坏家谱。吾家谱纸片片金玉,其有不肖子孙,或敢私自扯落,或敢暗为增损,或敢盗去质当,种种碎坏弊端均予惩责,后有犯者除祖堂杖责外,罚金二十两作纸张银,酒十席戒后。如知因不首者,罪亦同科。"[7]

《脱氏宗谱》"凡例":"十三、谱成后,分与各支系保存,当珍惜,并希在族内广为传阅。"[8]

---

[1] 马文清:《回族谱序与宗源考略》上卷,吉林文史出版社,2011年,第79页。
[2] 马文清:《回族谱序与宗源考略》上卷,吉林文史出版社,2011年,第94页。
[3] 马文清:《回族谱序与宗源考略》上卷,吉林文史出版社,2011年,第206页。
[4] 马文清:《回族谱序与宗源考略》上卷,吉林文史出版社,2011年,第219页。
[5] 马文清:《回族谱序与宗源考略》上卷,吉林文史出版社,2011年,第450页。
[6] 吴丕清、马祥学:《河北回族家谱选编》,河北人民出版社,2006年,第296页。
[7] 马建钊、张菽晖:《南方回族古籍资料选编补遗》,民族出版社,2006年,第244页。
[8] 刘侗:《辽宁回族家谱选编》,天津古籍出版社,1992年,第56页。

《戴氏宗谱》"五法四则"之"四则":"一、尊谱乃尊祖,谱籍、家牒、牌位必祀先贤祠之内,珍重存之,切勿乱置。倘有所损,宜摹书重修之。"①

《马氏族宗支谱总序》:"各支公存一本,各家私录一卷,父兄以讲读训诲子弟,使其咸知夫妇伦纪为要。"②

如需请观家谱,必须净手、漱口、洁室、净案,然后才能阅读,在阅读过程中还需保持恭敬、肃穆。如河北沧县羊三木《王氏族谱》(甲戌本)"凡例":"请观谱书时,须先净手、漱口、洁室、净案而后展读。读时当先端襟敬肃片时,诵读于一字一句间,应先发恭敬之心,如见大宾,如对先哲,当起爱敬之诚,感赞先祖,广思其义,并随时志录其心得,勿任忘失,皆然遵从,以此观之,可谓孝矣。"③《戴氏宗谱》"五法四则"之"四则":"二、祖谱切勿枉请之,祭日则可,至期必请,请必薰沐盥漱,毕恭毕敬,庄严展阅。"④

有些回族家谱还要求修谱时在末尾留出相当空页以便随时续补。如《北平忠恕堂马氏族谱》"忠恕堂马氏族谱志":"起十四世至二十二世,一门一支,名号、职业详加记载,俾后之人,按谱中所定排字诗命名,依次排序,长门二十一世,留纸十页;二门之后,留纸十五页;三门之后,留纸五页。按名记载,万勿脱落。十年后续行考查一次,以便加印,传流不息……"⑤山东济阳《丁氏族谱》"凡例":"丁氏宗蕃支茂,趋向各异,有因名利寄数千里外者,有以支单业累居无定所者,处此时,来音者续入谱内,未到者暂为停止。仍依旧本,迁往他处者,照录谱内。兹谱不及详载五世、十世、十五世、二十世,各五辈,末张留空格纸数页,俟后之有志哲嗣亦可统容续补也。"⑥

四、回族家谱之特点

第一,回族家谱比较简略。

一部完整的家谱,其内容往往包括谱序、题辞、凡例、谱论、恩荣、节孝、像赞、考证、家规家训、祠堂、祠产、墓图、派语、世系、传记、仕宦、专志、杂记、文献、修谱名目、服制图、余庆录、领谱字号等内容。一般传世的家谱都是体例较为完备、内容十分丰富。当然,不同家族的家谱在不同内容上常常有详简之分。回族家谱中如《陈埭丁氏回族宗谱》《济南丁氏家谱》《马氏族谱全集》等体例完备、内容丰富,但相较汉族家谱,大多数的回族家谱还

---

①④ 刘侗:《辽宁回族家谱选编》,天津古籍出版社,1992年,第102页。
② 马建钊、张菽晖:《中国南方回族古籍资料选编补遗》,民族出版社,2006年,第376页。
③ 马文清:《回族谱序与宗源考略》上卷,吉林文史出版社,2011年,第206页。
⑤ 马文清:《回族谱序与宗源考略》上卷,吉林文史出版社,2011年,第125页。
⑥ 马文清:《回族谱序与宗源考略》上卷,吉林文史出版社,2011年,第8页。

是显得较为简略。以刘侗《辽宁回族家谱选编》为例。比如《黑氏家谱》只有三篇谱序和谱系。《冯氏家谱》只有两篇谱序和谱序。《杨氏家谱》仅《家谱本源》、两篇谱序、世系。另一种《杨氏家谱》则更为简单，只有世系，系民国二年从《杨氏宗谱》中单独摘出本支，修续而成此谱。1985年《大厂海氏家谱》仅有一篇序和世系。像这种结构简略的回族谱牒比比皆是，不多举例。

当然，回族谱牒中也有一些谱比较完整，如《怀宁马氏宗谱》《南海甘蕉蒲氏家谱》等。但即使是这些比较完整的族谱，和汉族族谱也是无法相比的。

第二，伊斯兰文化与儒家文化共存。

众所周知，回族是一个信仰伊斯兰教的民族，伊斯兰教在回族发展过程中具有十分重要的作用，伊斯兰文化渗透到回族生活的各个方面。伊斯兰文化在回族族谱中也有明显的表现。

如《傅氏宗谱》："子孙虽愚，经书不可不读。虽科第难期，读书原以明理，念经以明宗教，吾教当行可止之事，载在经典，关系匪轻，不可丝毫违犯。"①

《马氏家谱》："清真规矩须要遵行，学习经典，要端品行，遵守常规，勿信外道，逆来顺受，勿异要求。"②

《金陵马氏四修族谱》："春冬会期置席六……席内不许用酒，违者重罚经理；冬季诵经日置席，以款经师，择首董望者二人陪坐，余皆不得参入；我族本系回教，祠中向无神主，不用牲祭，嗣后永远谨遵祖制，不得妄易更张，违者以欺祖灭宗论……妇女夫死，或守或再醮，各从其志，惟不得转配于法律禁止之人，违者逐；女子不得为外教人养子，亦不得以女嫁于外教人，违者逐……"③（见下页图）

《苏氏三修家谱》："古而巴勒前三日，咸集宗堂，原以尽孝，搭救先人，非徒哺啜之。各家一烟一丁，禁戒饮酒，年必及冠，身必沐浴，衣必明洁整齐，先入宗堂会集，然后徐行，后长先赴王民婆茔前焚香诵经，次赴金鸡形祖山茔前亦然。礼毕，同入宗堂，尊卑长幼，次序矮坐，焚香诵读天经，宣读圣谕，申明规训，大小敬听，毋得强词夺理，颠倒是非，违者公罚……行以'思略穆'为人第一要紧之事。经云，凡人生子，在四岁零四个月，即宜送入经堂，至十六岁配'你客赫'，教'特思他'礼拜，方了父母'汉格'。如人智慧异人，从此日新又新，以至成大阿林，固为承先启后，两世吉庆，美莫大焉；如生质愚鲁，稍知教规条件，

---

① 马建钊：《中国南方回族谱牒选编》，广西民族出版社，1998年，第62页。
② 周建新：《桂林回族家规分析》，《回族研究》，1996年第3期。
③ 马亮生：《湖南回族史料辑要》，湖南出版社，1995年，第51～52页。

宁夏同心县回族王老汉夫妇在家中礼拜

亦不失为念经礼拜把斋之人。本身固求恕饶,而先人望其搭救,子孙望其偶率,亲戚家族沾其美好,实谓庸愚而竟可任其弃哉,并特叮咛嘱咐,念经为第一要紧之事云……吾教相传,凡大小牲牢,必要深知条件之人,见血方可烹食。凡我族服贾于外者,勿贪口腹而乱食牲禽,当思自宰自吃,与死物何异?况禁食各项于各牲之血尤忌,而牛为耕家之本,尤不可妄宰图利,奉劝族人勉行计较,日后必得好回赐,戒之戒之……清真古寺,省府州县何地蔑有。凡我族人,宜谨遵国制,不失其为忠;恪守教规,不失其为孝,庶不念其根本。明敕建清真寺所御赐百字赞附载于前,武宗皇帝评论诸教谓侍臣曰:'儒者之学,虽可以开物成务,而不足以穷神知化,佛老之学似类穷神知化,而不能复命饭真。然诸教之道,皆各执一偏,惟清真认主之教,深原于正理,此所以垂教万世,与天壤久矣。'御制诗云:'一教玄玄诸教迷,其中奥妙少人知。佛是人修人是佛,不尊真主却尊谁?'"①

《昆陵沙氏重辑族谱》在其序后附有诰敕志、御制百字赞、目次、清真论、五功词序、轮回辩、跋轮回辩、戒溺风水说等内容。其中有五种是有关伊斯兰教的文献。版心有"清真醒世"的字样。②

另一方面,回族由于"大杂居,小聚居"的分布特点,在与汉族相处过程中,也不可避免地受到汉族的影响。比如汉族特有的儒学思想就清晰地体现在回族家谱中。

《傅氏宗谱》:"族中尊卑长幼各宜安分,尊长不可凌辱卑幼,卑幼不得违抗忤逆

---

① 马亮生:《湖南回族史料辑要》,湖南出版社,1995年,第53~59页。
② 房建昌:《从族谱看江南穆斯林的宗教制度》,《东南文化》,1992年第3、4期合刊。

尊长。"①

《翁氏宗谱》:"吾族自祖宗以来,皆以孝悌忠信、勤俭勤读、公平正直传家,夫孝以事亲,悌以敬长,忠以报国,信以交友。"②

《苏氏三修家谱》:"凡族内必知孝悌,孝为百行之原,一孝固以顺亲,能为孝子以为悌弟,不孝不悌,大拂父母之心,即为不肖,为人子弟者所当猛省。和睦乃齐家之要,勤俭为持家之本,如张公艺九世同居,道在一忍,此乃处家者不可佩服也。夫妇为人伦之首,娶必取德,勿因势利贫贱而致弃焉……为父宜慈,为子宜孝。如有纳妾续娶者,毋听妻妾言语,致子为不孝,须当各尽其道,斯为慈孝两全。为子不论父母慈与不慈,俱须恪尽其职。天下无不是的父母,总以得亲顺亲为念,倘若奉养不备,兄弟彼推此诿,该亲房鸣族责治,更有强横不循训诫,送官重究不贷。兄弟同气连枝,可同手足,不可稍乖。遇事必须兄宽弟忍,兄友弟恭。间有田业家赀不一,纵不能分多润寡,切不可争长竞短,尤不可轻听妇言,致伤手足之雅……"③

有些回族家谱甚至规定如该族成员出现与回教相符但与儒家伦理不符的情况,则须禁止。如《马氏宗谱(铜柱堂)序》:"予而思之,虑后世支裔繁衍,恐鲜精细,戒后再不许与别马姓结姻。虽我回教论,可同姓不同宗,但与儒家不合,周理有然。既往不咎,后当禁戒。"④《马氏宗谱序》:"是我教结姻,亦失教化,与儒教伦条不合……"⑤

五、回族家谱之史料价值

第一,回族家谱为探究回族渊源提供珍贵资料。

回族家谱的谱序一般都要追述伊斯兰信仰的来由、回族源流、祖籍、世系等。这些关于回族先民的记载对于追索回族渊源、伊斯兰教在中国的传播等都具有宝贵的价值。

《保氏族谱》"凡例":"吾族源于蒙古,初以特穆尔为氏,元之右族也。自库库台特穆尔尊号保保,而入滇始祖亦以阿保名,于是改姓保氏。明代以降,子孙繁衍,其支分派别,殊难统计。有久宦他省,因以忘其源者。有因世变逃避于蛮夷间者。有改姓马氏者。久宦他省而仍以保为姓,以忘其所自来者,如燕、赵、粤、黔诸族是也。逃避蛮夷间与夷同化,而仍以保为姓者,云南陵龙天马关外诸村落族人是也。有从母之故,改姓马者,十七

---

① 马建钊:《中国南方回族谱牒选编》,广西民族出版社,1998年,第61页。
② 周建新:《桂林回族家规分析》,《回族研究》,1996年第3期。
③ 马亮生:《湖南回族史料辑要》,湖南出版社,1995年,第53～59页。
④ 答振益:《湖北回族古籍资料辑要》,宁夏人民出版社,2007年,第31页。
⑤ 答振益:《湖北回族古籍资料辑要》,宁夏人民出版社,2007年,第32页。

世祖天祥公是也。此外,复有因宗教之故,以致两相隔阂,至老死不通往来者,即从回从汉之两派是也。"①可见保姓原为蒙古族,其中一支因与马姓回族通婚而改姓马。

如辽宁《戴氏宗谱》序:"吾高祖号济贫公,与一缠头僧相契。缠头僧敬佩高祖忠爱之志,而劝之言曰:'公利民之心与古教济贫之意同义也。'希吾高祖退佛门而入古教,称西域回族。吾高祖自斯即为回族之称耳。"可见戴氏家族后裔因其汉族祖先皈依伊斯兰教而转化成为回族。②

《温安家乘要录》记载,明永乐年间,苏禄(今菲律宾苏禄岛)东王巴都噶叭嗒喇入华朝贡,病逝于山东德州,留葬当地。二子温哈喇、安都鲁守坟,遂成为北营温、安二姓回族祖先。他们信奉伊斯兰教,又吸收儒家文化,通过科举进入仕途,支派不断繁衍扩大。③

第二,回族家谱有助于研究回族人物。

如以回族历史上著名人物郑和为例,像郑和这样一位中国历史和世界历史上的伟大航海家,洋洋三百三十卷巨著《明史》中只有七百多字的一篇传文,关于他的家世和身世,只有"郑和,云南人,世所谓三宝太监也。初事燕王于藩邸,从起兵有功,累擢太监"寥寥三十个字。除此之外,均无记述。直到1912年发现昆阳马哈只墓碑和1936年发现《马公墓志铭、郑氏世系家谱》,才知道郑和本姓马,云南昆阳州(今云南省晋宁县)人,回族,明太宗朱棣赐姓郑,选为内官监太监——这些信息使我们对郑和有了进一步了解。那么为何朱棣赐姓郑氏呢?《郑氏家谱首序》给我们解答这个问题提供了线索。它说因郑和"数(有)功于郑州,因赐姓郑"。据郑和十二世孙妇墓碑,知郑和为元咸阳王赛典赤·赡思丁六世孙。但世系不明,新发现的《赛氏总族牒》《赛典赤家谱》《马氏家乘》都有关于赛典赤·赡思丁裔孙的谱系,可供我们研究郑和赛典赤关系时参稽。④

又如赛典赤·赡思丁(1211~1279)是元代卓有政声的回族政治家,其后裔累代簪缨,赛典赤氏遂成为回族人中最昌盛的家族。记载赛典赤·赡思丁及其子孙的元代汉文史料和域外波斯文史料都有所记录。在蒙元史领域,赛典赤及其家族的研究是学者们比较关注的话题之一。对此项研究,学界除了传统四部书外,还极为重视家谱的征用。如李清升在《所非尔入宋与赛典赤归元考略——谱牒与史志记载的比较研究》一文中,通过考证谱牒与史志,对赛典赤五世祖所非尔入宋及其本人归元的家世进行分析研究,认为

---

① 白寿彝:《滇南丛话·迤东保氏》,载于李兴华、冯今源编《中国伊斯兰教史参考资料选编》(上册),宁夏人民出版社,1985年,第709~710页。
② 《辽宁回族家谱选编》,天津古籍出版社,1992年,第100页。
③ 邱树森主编:《中国回族大词典》,江苏古籍出版社,1992年,第33~34页。
④ 《郑和家世资料》"序言",人民交通出版社,1985年,第1~2页。

诸谱牒、史志中所收录的有关赛典赤等的资料,弥补了正史的不足,对于云南及中国回族史研究具有重大意义。① 马经《关于赛典赤·赡思丁身世事迹的碑志谱牒》通过大量的家谱、碑铭、史传资料并结合当代研究,对赛典赤的先世后裔做了分析说明,解释了产生差异的原因,同时提出希望随着新的发现,对赛典赤的研究会有更深的发展。② 纳为信《〈元咸阳王赛典赤·赡思丁世家〉序论》③就赛典赤家谱可以肯定的方面和不可信的方面做了说明,同时提出家谱为人们了解认识赛典赤家族一百多年的风云变幻提供了线索,也对赛典赤家族的来源提供线索。马颖生《孤本〈咸阳家乘〉(〈大理马姓家谱〉研究)》④就赛典赤的家谱之一孤本《咸阳家乘》的价值以及与其另一家谱《马氏家乘》的异同做了论述,都具有重要的史料价值和学术价值。⑤

又如蒲寿宬,宋末元初人。关于其行迹,刘倩《元西域人华化之先导蒲寿宬考论》据《心泉学诗稿》卷一有《投后村先生刘尚书》认为,据诗意看,此诗应作于景定三年至五年之间,诗人仍卜居法石,可能此后不久刘克庄即施以援手,使其得为军吏而立功受封为环卫官。至孝宗隆兴二年解职。⑥《粤大记》云:"蒲寿晟咸淳七年知梅州,性俭约,于民一毫无取,每思曾井遗泽,建石亭于上……进士杨圭题其亭,有曰'曾氏井泉千古冽,蒲侯心地一般清。'"刘倩据此认为"那么咸淳七年诗人出知梅州,可能是他再次出仕之始"⑦。而据蒲群昭《南海甘蕉蒲氏家谱》所载《蒲氏初五世太祖刺史公传》:"咸淳七年授山西蒲州府丞,报量循良。逾年,宣授太中大夫,擢本省梅州府刺史。"⑧记载不同,可备一说。

又如马邻翼(1864~1938),字振吾,又字振五,湖南邵阳人。近代著名教育家、社会活动家、伊斯兰学者。其生平可见《(湖南邵阳)金陵马氏四修族谱》卷首。⑨

第三,回族家谱反映了回族的宗族制度。

回族家谱中对确立辈分字派、建立祠堂、管理族产等宗族事务相当重视。辈分字派是宗族辨尊卑、序长幼的重要手段。回族家谱中大都记载了字派排行。

---

①④ 《回族研究》,2004 年第 2 期。
② 《回族研究》,2007 年第 2 期。
③ 《回族研究》,2001 年第 3 期。
⑤ 关于赛典赤家族研究综述可参小军:《赛典赤研究述评(1900~2007)》,2009 年 5 月兰州大学硕士研究生论文。
⑥⑦ 《安徽大学学报》,2009 年第 4 期。
⑧ 吴海鹰:《回族典藏全书》第 114 册,甘肃文化出版社、宁夏人民出版社,2008 年,第 193 页;又参吴海鸿:《宋末回族诗人蒲寿宬研究》,《西北第二民族学院学报》,1996 年第 1 期。
⑨ 白先经、翁乾麟:《中国南方回族历史人物资料选编》,广西民族出版社,2000 年,第 89~90 页;又参答振益:《回族爱国志士马邻翼述评》,《民族论坛》,1991 年第 4 期。

祠堂是宗族的象征和活动中心。如《桂林白氏族谱》记载，白氏在清乾隆年间经族人集资购置房产，桂林市文昌门内文明路九十号房产为白氏宗祠，取燕诒堂为堂名。祠堂三开间五进，后园左右相通。《马氏族谱大房世系图》记载"欲建祠修谱以睦族"，"需则禀告老母撇下妻女每日在祠专理谱事"，"家之有祠以奉祭祀以亲九族之所，值年首事须当料理。遇有破漏随时修整，莫到崩颓需要浩繁"。

族产是维系宗族活动的经济基础。清代设置族产在桂林回族中相当普遍。如《桂林马氏族谱》记载"族中所置产业及所存款项，或赢余或亏折，董事者每年宜出一清册，使同族共晓，不得稍存私心以耗公项"。

宗族的形成是一个不断完善的动态过程，其不仅需要作为外在物化象征的族谱、祠堂、族产等文化符号的存在，更需要族人集体的活动来维系宗族情感、增加宗族认同、整合宗族力量。在桂林回族社会中，这种集体活动主要体现为会族。"所谓会族，是指散居各地的回族某一宗族的成员，到某个特定的日子，比如祖先的忌日，便集中到某一个地方去聚会。"回族家谱中关于会族的时间、地点、内容、程序、功能及意义均有详细的记载。如《池头马家谱》记载："始祖墓在省城桐子园，始祖妣墓在池头村夏家宅，会族之日似难两尽诚敬，今订春秋二季，以二月□日会族于省城，秋季以八月□日会族于池头村，庶得两尽其诚敬。""会族原我同人报本追远之义，即为马氏子孙自尔义不容辞，凡我族人各宜起敬起孝，届期同致礼于祖茔，不得借故推诿，屡不与会，致视祖宗若陌路。"《桂林白氏族谱》记载："族人居处分散，易致生疏，随时议一处所，三年通族之人得聚一会矣。"《张氏族谱》记载："族人住居星散难予认识，众议每年正月十六日同赴祠堂一会，是日清晨竭诚往丽泽门外敬谒祖茔，午间诵经会食。"《马氏族谱大房世系图·凡例》记载："娶妻生子统于每年会族之日开明送祠以好注谱。"①

第四，回族家谱有助于移民史研究。

家谱详细记录了每一个家庭因何原因、从何迁徙的历史，弥补了方志、史料记载的不足。回族家谱大量记载回族先民的移民历程，回族家谱是回族移民历史的记录。

今以河北回族为例。

安徽如《沧州吴氏家谱序》："余家原江南徽州府歙县。大明永乐特授直隶河间府沧州分司。远祖荣弟兄三位：荣、智、礼。礼迁西安府，不知住所；智祖迁山东武定府海丰县

---

① 本节主要参考石春燕：《桂林回族宗族的形成与特征》，《北方民族大学学报》，2014年第2期。

居住;惟荣祖居沧州。"①

金陵如《沧州李氏家谱序》:"我李氏,西秦人。初祖讳天保,携四子至金陵。明永乐间,长讳仁俊以功授金吾右卫指挥;次讳仁杰授锦衣卫前所千户;三讳仁善,商留易州而雄于囊资;四讳仁美,侨居沧州而赘于曹门,即我讳仁美公,吾辈遂尊为始祖焉。"②《西赵河刘氏家谱序》:"刘氏本南京应天府上元县二郎岗人也(今时制更为江宁府)。自前明始祖兄弟三人充洪武银牌先锋,多著战功。后调锦衣卫督指挥,靖难有功,明永乐二年封迁占地,遂于沧州牛进庄、西赵河、南皮县黑龙村三处,兄弟分处而居焉。"③《青县崇伦堂马氏家乘序》:"自宋朝我祖依泽公由西域鲁穆国来中,即于建隆二年特授钦天监监正,因筑居陕西西安府泾阳县永安镇。经十余世,迁居金陵。又数世至我高祖仲良公,于明朝永乐二年来直隶籍青县,旋任彭城卫指挥,遂立茔蒿坡村北。"④

山西如《河北省志·回族篇》载:"大名县有回民近两万人。"据该县几户回族家谱记载,"他们也是明永乐年间迁居大名"。"何姓、金姓、马姓三家则都由山西洪洞县移民迁来"⑤。

总之,家谱是见证回族先民移民史的珍贵史料,值得深层次挖掘整理。

综上所述,回族是善于学习的群体,自从回族先民来到中国后,很快仿效汉儒谱学,积极编撰家谱,从而形成了一套较为完备的家谱纂修理论和管理制度,有力地促进了回族家谱纂修的繁盛。

(作者单位:上海图书馆)

---

① 吴丕清、马祥学:《河北回族家谱选编》,河北人民出版社,2006年,第11页。
② 吴丕清、马祥学:《河北回族家谱选编》,河北人民出版社,2006年,第84页。
③ 吴丕清、马祥学:《河北回族家谱选编》,河北人民出版社,2006年,第169页。
④ 吴丕清、马祥学:《河北回族家谱选编》,河北人民出版社,2006年,第265页。
⑤ 河北省地方志编纂委员编:《河北省志》,河北省地方志编纂委员会出版,1990年,第148页。

一部融家史与家谱为一体的维吾尔语著作
——《穆罕默德·尼牙孜家史》简介

阿布力米提·买买提（维吾尔族）

由先父穆罕默德·尼牙孜编撰的《穆罕默德·尼牙孜家史》遗著,由三部分组成:第一部分为家族简史,第二部分为穆罕默德·尼牙孜本人简历,第三部分为穆罕默德·尼牙孜家族主要成员简介。《穆罕默德·尼牙孜家史》约40万字,内部印刷出版。本书具一定规模,文字通顺,内容丰富,资料翔实,是一部融家史与家谱为一体的维吾尔语著作。在维吾尔语编撰家史家谱方面,《穆罕默德·尼牙孜家史》的问世,具有开创性的学术价值,为中国少数民族家谱园地增添了新的品种,堪称中国少数民族家谱园地中的一朵奇葩。

一、穆罕默德·尼牙孜家族的历史文化背景

穆罕默德·尼牙孜家族是世代生长在中国新疆维吾尔自治区喀什地区泽普县古丽巴格乡的维吾尔家庭。

这片区域曾是古代西域三十六国之一。在公元10世纪时是喀喇汗王朝首都喀什噶尔市所下辖的一个县城,在西辽王朝和成吉思汗时期也隶属于它们的统治;到成吉思汗第七世孙秃黑鲁克·帖木儿统治时期被称作为向阳地,历史上也称作蒙兀儿斯坦的一个小镇;公元1514年至1680年,作为叶尔羌汗国统治时期首都莎车的第一大县城,非常富饶美丽,农业、手工业和林果业高度发达,水利灌溉设施随处可见,是一个道路四通八达、商旅络绎不绝的中世纪繁荣小镇。

叶尔羌汗国覆灭以后,它一直处在准噶尔汗国的统治和以阿帕克和卓家庭为首的新疆世袭大家族的统治之中。然而持续了近半个世纪的宗教斗争,致使叶尔羌和泽普两地的经济文化严重衰退,民不聊生,劳动人民纷纷发动起义,社会动荡不安。直到1762年清朝政府统一新疆后,整个南疆地区包括莎车县、泽普县一带才进入社会发展相对平稳时期。

1864年,在内地太平天国农民运动的影响下,新疆爆发了大规模的农民起义,推翻了

清政府在新疆的最高统治机构——伊犁将军府。1865年中亚浩罕国军官阿古伯入侵新疆并建立了"哲德沙尔"伪政权,割据新疆长达14年之久。1876年清政府派左宗棠收复新疆,至1878年左宗棠全面收复新疆,中央政府重新对新疆进行管辖。1884年由左宗棠建议,中央政府决定在新疆正式建省,同时取消伊犁将军府制和南疆伯克世袭制度。从那以后,新疆重新隶属于中央政府的有效管辖之下。莎车作为新疆南路八城之一,隶属于喀什参赞大臣,泽普县也是如此。

1921年泽普建县进入国民党统治时期。1949年伴随着新疆和平解放,泽普县也进入了新的历史时期。泽普县的主体民族是维吾尔族,它和新疆其他民族一样信仰过佛教、伊斯兰教和其他宗教。从公元10世纪到目前为止,包括泽普县在内的新疆塔里木盆地都处在伊斯兰文化为中心的多元文化形态中,它是古丝绸之路南道的重镇,在历史上发挥过极大作用,创造过灿烂的维吾尔伊斯兰文化。叶尔羌河作为塔里木河的支流,孕育出了独特的塔里木文化,对中亚和新疆历史文化发展做出过杰出的贡献。世界闻名的东方名曲"十二木卡姆",就诞生于莎车、泽普一带。

新中国成立后,泽普县的社会民生和国民经济长足发展,人民的生活水平逐年提高。特别是改革开放以来,泽普县的各项事业稳步发展,以自身资源——国家五星级金胡杨风景区为亮点的现代文化建设,让这片土地再次成为丝绸之路南段上的文化名城。

穆罕默德·尼牙孜家族从公元前一直延续到公元后两千多年的时间里,始终生活在这片土地之上,泽普这座小城是他们的根。

二、穆罕默德·尼牙孜家族谱系

在《穆罕默德·尼牙孜家史》书中,先父穆罕默德·尼牙孜追溯祖先,自其祖父穆沙·阿洪开始叙谱。穆沙·阿洪是本家族从和田迁移到泽普县古丽巴格乡的始迁祖,为叙述方便,下面,我们将先祖穆沙·阿洪作为迁移到泽普县的有文字依据可查的第一代,依世代辈分次序,逐一将各代家族主要成员简况简介如下。

第一代

穆沙·阿洪:维吾尔族医生。可能是今和田地区墨玉县的芒来乡人,是从和田迁移到泽普县古丽巴格乡的始迁祖。妻:拜尼汗。子:尼牙孜·穆沙,女:麻合吐母汗·穆沙、麻斯丹古力汗·穆沙、古丽合力其汗·穆沙、古丽麻希汗·穆沙。

第二代

尼牙孜·穆沙:穆沙·阿洪子。泽普县古丽巴格乡保长。妻:麦苏木汗。子:胡达拜尔地阿洪·尼牙孜、穆罕默德·尼牙孜、萨依木·尼牙孜、麻合木提·尼牙孜、塔里甫·尼牙孜,女:阿依尼牙孜汗·尼牙孜。

第三代

胡达拜尔地阿洪·尼牙孜:尼牙孜·穆沙子。子:买合提·伊明。

穆罕默德·尼牙孜:尼牙孜·穆沙子。1929年6月生于新疆泽普县古丽巴格乡(上二乡)芒来村;1937~1942年读小学;1942~1945年就读于古丽巴格乡中学;1945~1949年回家务农;1949~1954年在乡政府任秘书;1954~1955年就读于中央政法大学;1955~1958年在莎车县检察院工作,任检察员;1958~1960年在麦盖提县检察院工作;1960~1965年在泽普县检察院工作,任检察长;1965~1979年在乌鲁木齐市六道湾煤矿工作,任副矿长、工会主席;1979~1990年在自治区检察院工作,任七处处长;1990年光荣退休;2001年6月15日在乌鲁木齐辞世。妻:再那甫汗·托合提,2003年12月辞世。子:阿布来提·穆罕默德、阿布力米提·穆罕默德、帕尔海提·穆罕默德、安尼瓦尔·穆罕默德、艾尔肯提·穆罕默德,女:迪力拜尔·穆罕默德。《穆罕默德·尼牙孜家史》一书主编。

萨依木·尼牙孜:尼牙孜·穆沙子。妻:阿依尼沙汗。子:苏来曼·萨依木,女:布阿西汗·萨依木、古丽花沙·萨依木。

麻合木提·尼牙孜:尼牙孜·穆沙子。妻:帕夏汗,已故。子:鸦森·麻合木提。

塔里甫·尼牙孜:尼牙孜·穆沙子。妻:吐尔汗·那斯尔,已故。子:马依努尔·塔里甫,女:迪丽努尔·塔里甫、古丽努尔·塔里甫、阿依努尔·塔里甫。

阿依尼牙孜汗·尼牙孜:尼牙孜·穆沙女。农民。夫:艾拜阿訇。子:吐尔孙·艾拜、艾合买提·艾拜、马合木提·艾拜、阿不都拉汗·艾拜、布沙热汗·艾拜、布祖热汗·艾拜、布维尼牙孜汗·艾拜、阿不都勒艾孜子·艾拜。

阿提汗·尼牙孜:尼牙孜·穆沙子。

第四代

阿布来提·穆罕默德:穆罕默德·尼牙孜子。1951年3月生,在乌鲁木齐铁路局工作,现已退休。妻:吐尔逊古力·卡吾力。子:阿尔斯兰·阿布来提,女:古再丽努尔·阿布来提。

阿布力米提·穆罕默德:穆罕默德·尼牙孜子。1954年1月生,在"文革"时期于1966年11月到北京串联有幸见到毛主席、周恩来等国家领导人。1970年下乡。1971年工作,先后在乌鲁木齐市天山大厦任团支部副书记;1978年入新疆大学历史系学习,担任学生会主席、学生党支部书记;担任中国和中亚近代史副教授;乌鲁木齐市文化局副局长、机关党委书记;乌鲁木齐新市区政协主席;中共乌鲁木齐市委员会副秘书长;自治区政协文史专员;乌鲁木齐市政协第九、十、十一、十二届委员。本文作者。妻:巴哈尔古丽·依明,新疆教育学院教师。子:朱西坤·阿布力米提,女:古丽巴努·阿布力米提。

帕尔海提·穆罕默德:穆罕默德·尼牙孜子。1959年3月生,在新疆冶金公司保卫处工作,现已退休。妻:吐尔逊·那依。子:帕鲁克·帕尔海提。

安尼瓦尔·穆罕默德:穆罕默德·尼牙孜子。1962年7月生,担任中国神华新疆集团乌东煤矿党委副书记、副矿长、工会主席、纪检委书记。妻:古丽巴哈尔·白克力。子:艾比努尔·安尼瓦尔、安萨尔·安尼瓦尔。

艾尔肯·穆罕默德:穆罕默德·尼牙孜子。1965年8月生,新疆大学政管专业83级本科生。担任新疆文化艺术干部学校副校长,自治区图书馆党委书记、副馆长。妻:阿孜古丽·库尔班。子:艾克但·艾尔肯、安合尔·艾尔肯。

迪力拜尔·穆罕默德:穆罕默德·尼牙孜女。1958年生,自治区建材公司职工,现已退休。夫:阿巴斯·巴依思。子:迪丽达·阿巴斯、迪丽努尔·阿巴斯、迪丽夏提·阿巴斯。

苏来曼·萨依木:萨依木·尼牙孜子。

布阿西汗·萨依木:萨依木·尼牙孜女。

古丽花沙·萨依木:萨依木·尼牙孜女。

鸦森·麻合木提:麻合木提·尼牙孜子。

迪丽努尔·塔里甫:塔里甫·尼牙孜女。1962年7月生,大连工学院80届毕业生,新疆工学院讲师、新疆大学化学系教授。夫:阿不力米提·买合苏提,新疆维吾尔自治区人力资源和社会保障厅工作。子:祖力阿亚提·阿布力米提、祖力皮亚·阿布力米提。

古丽努尔·塔里甫:塔里甫·尼牙孜女。1968年6月生,泽普县人民医院和乌鲁木齐再克热眼科医院工作。夫:艾力·艾孜子,泽普县驻乌办事处工作。子:祖力皮努尔·艾力、祖力皮卡尔·艾力。

阿依努尔·塔里甫:塔里甫·尼牙孜女。1975年2月生,自治区肿瘤医院工作。夫:努尔买买提。子:伊尔潘·努尔买买提、祖丽米然·努尔买买提。

马依努尔·塔里甫:塔里甫·尼牙孜子。1981年1月生。目前在国外留学。

吐尔孙·艾拜:阿依尼牙孜汗·尼牙孜子。农民。

艾合买提·艾拜:阿依尼牙孜汗·尼牙孜子。农民。

马合木提·艾拜:阿依尼牙孜汗·尼牙孜子。宗教人士。

阿不都拉汗·艾拜:阿依尼牙孜汗·尼牙孜子。宗教人士。

布沙热汗·艾拜:阿依尼牙孜汗·尼牙孜子。县医院工作。

布祖热汗·艾拜:阿依尼牙孜汗·尼牙孜子。农民。

布维尼牙孜汗·艾拜:阿依尼牙孜汗·尼牙孜子。农民。

阿不都勒艾孜子·艾拜:阿依尼牙孜汗·尼牙孜子。乡中学老师。

第五代

阿尔斯兰·阿布来提:阿布来提·穆罕默德子。妻:阿米娜。子:阿扎提·阿尔斯兰、阿力米热·阿尔斯兰。

巴图尔·阿布来提:阿布来提·穆罕默德子。妻:帕提古力。子:毕拉力·巴图尔

古再丽努尔·阿布来提:阿布来提·穆罕默德女。夫:库尔班。子:孜巴然·库尔班、巴哈迪尔·库尔班。

朱西坤·阿布力米提:阿布力米提·穆罕默德子。未婚妻:拉娜·卡吾力。

古丽巴努·阿布力米提:阿布力米提·穆罕默德女。未婚夫:热夏提·肉孜。

迪丽达·阿巴斯:迪力拜尔·穆罕默德女。

迪丽努尔·阿巴斯:迪力拜尔·穆罕默德女。

迪丽夏提·阿巴斯:迪力拜尔·穆罕默德子。

帕鲁克·帕尔海提:帕尔海提·穆罕默德子。

艾比努尔·安尼瓦尔:安尼瓦尔·穆罕默德女。

安萨尔·安尼瓦尔:安尼瓦尔·穆罕默德子。

艾克但·艾尔肯:艾尔肯·穆罕默德女。

安尼卡尔·艾尔肯:艾尔肯·穆罕默德子。

祖力阿亚提·阿布力米提:迪丽努尔·塔里甫女。

祖力皮亚·阿布力米提:迪丽努尔·塔里甫女。

祖力皮努尔·艾力:古丽努尔·塔里甫女。

祖力皮卡尔·艾力:古丽努尔·塔里甫子。

伊尔潘·努尔买买提:阿依努尔·塔里甫子。

祖丽米然·努尔买买提:阿依努尔·塔里甫子。

第六代

阿力米热·阿尔斯兰:阿尔斯兰·阿布来提女。

阿扎提·阿尔斯兰:阿尔斯兰·阿布来提子。
孜巴然·库尔班:古再丽努尔·阿布来提女。
巴哈迪尔·库尔班:古再丽努尔·阿布来提子。

由上述家族世系发展可以清楚看出,穆罕默德·尼牙孜家族人丁兴旺,人才辈出,这是近半个世纪以来国家政通人和在维吾尔族家族发展史上的生动反映。

三、《穆罕默德·尼牙孜家史》的价值

先父穆罕默德·尼牙孜出生在泽普县古丽巴格乡一个开明人士家庭,幼年受过私塾教育和现代文化教育,在农村从事过教育和乡政府秘书工作。20世纪50年代开始学习并从事政法工作,60年代调至乌鲁木齐六道湾煤矿担任领导职务,并且经历了"文革"的磨难。70年代调至自治区检察院从事人民检察工作,直至20世纪90年代退休。(见下图)

《穆罕默德·尼牙孜家史》主编穆罕默德·尼牙孜

穆罕默德·尼牙孜有一定的文字工作能力和丰富的社会经历,他在写这本家史时没有考虑将来要出版,只是想为子孙们留下怎样树立正确的人生观,怎样孝敬父母,以及如何在各种复杂多变的社会历史发展过程中坚持真理、忠诚正直、清白做人等为人处世方面的家训和教诲。因此,《穆罕默德·尼牙孜家史》是一部对家族成员进行家风教育的生动教材。

穆罕默德·尼牙孜亲身经历了泽普县解放前的社会环境和教育发展情况,以及解放后南疆地区土改减租减息运动和政法系统的建立直到开展工作的全过程。更为重要的是他经历了乌鲁木齐及其所在单位六道湾煤矿在"文革"中的两派斗争、夺权风暴,更难以忘怀的是在北京受到毛主席、周恩来等老一辈无产阶级革命家的接见,还有"文革"期间"三反一击"运动的一些鲜为人知的细节。这些切身的所见所闻很有历史价值,《穆罕默德·尼牙孜家史》称得上是新疆地区一部珍贵的历史资料著作。

穆罕默德·尼牙孜家族是泽普县古丽巴格乡人。据《穆罕默德·尼牙孜家史》描述,穆罕默德·尼牙孜的爷爷是穆沙·阿洪,是位维吾尔族医生,可能是现和田地区墨玉县的芒来乡人。"芒来"一词来源于维吾尔语"芒来苏也尔",它是秃黑鲁克·帖木儿时期天山以南和帕米尔以西地区的通称,意思是最先见到太阳的地方,后来先祖穆沙·阿洪从和田迁移到现泽普县古丽巴格乡芒来村子。

值得一提的是,我们维吾尔族在古代和近代没有设家族姓氏的传统,由于从佛教皈依到伊斯兰教后根据阿拉伯伊斯兰文化传统,孩子在起名时要起伊斯兰教名人和圣人的名字,这成为民族文化的一部分,并且流传到现在。另外,语言文字的不断改变等原因也成为维吾尔社会不设姓名的重要因素。"芒来"还可以延伸解释为额头高凸。凡是一个家族有一个外号,如"芒来""羌尕"等,我们尼牙孜·穆沙家族在古丽巴格乡上二乡村叫做"芒来""恰卡日",也就是叫"芒来"寨子或者"芒来"村落或者"芒来人"村子的意思。这就是说:是"芒来"家族居住的地方,它与其他"恰卡日"离得不远,走几十步路就到了。我奶奶的村子和院落叫"羌尕",把整个家族通称为"羌尕拉"。"羌尕"的意思为鸟巢,"恰卡日"是村子或院落。所以我推断,"芒来"和"羌尕",可能是代表一个家族的姓氏而流传过来的。另外在和田地区墨玉县,就有一个叫"芒来"乡的地方。由此可见,穆罕默德·尼牙孜家族的姓氏就是"芒来"。在新疆哈密地区这个做法很普遍,每一个家族都有极具特征的外号。

在漫长的历史长河中,我们维吾尔族除了名门望族、皇亲国戚和宗教大家族以外,在宗教文化习俗方面不允许撰写家谱和家史,这是历代统治集团所不成文的规定和文化统治的方式,也是为了维护统治集团绝对权威的一种文化习俗。历史上除了皇亲国戚和宗教大家族以外,一般普通老百姓和文人、毛拉们都不允许写家谱和家史,只有伊斯兰教先知的后裔和大和卓家族、皇亲们、王公们有权树碑立传、著书立说,对于普通人坟墓的建制也有着严格限制,不然它就成了违犯圣权的行为,绝对不能建高于他们坟墓的圆顶麻扎(gumbezi 麻扎),它是一种宗教思想意识和人生伦理方面的统治方式。在整个南北疆地区历史上,只有皇亲国戚、大和卓家族的陵墓和圆顶麻扎(gumbezi 麻扎)到处可见。如北疆霍尔果斯县惠城附近有成吉思汗的第七世孙秃黑鲁克·帖木儿汗的麻扎;在莎车县有维吾尔化了的秃黑鲁克·帖木儿汗的后裔赛依德汗·阿不都热西提汗的麻扎及阿曼尼萨汗的麻扎;在喀什麦盖提等地有阿帕克和卓家族的麻扎,即所谓的"香妃墓";在阿图什市附近有喀喇汗国开国皇帝苏里丹苏图克布·格拉汗和他的伊斯兰教宗教导师阿布那斯尔·萨曼尼的陵墓;在阿克苏库车等地也有中世纪叶尔羌汗国宗教导师毛兰·艾尔西丁的墓等等。在家谱、家史方面,只有"皇亲国戚传"和《和卓传》流传到现在,普通百姓的家史家谱很少见。所以,《穆罕默德·尼牙孜家史》的面世,对维吾尔普通家族撰写家史家谱而言,具有创造性的重要价值。《穆罕默德·尼牙孜家史》是泽普县著成书籍的第一部家史,也是一部泽普县的社会史,更是一部将家族发展的家史和族人繁衍变迁的家谱融会到一起的重要历史图籍。

(作者单位:新疆乌鲁木齐市市委)

参天之树必有根　怀山之水必有源
——哈萨克族族谱研究

阿扎提（哈萨克族）

哈萨克族（kazakh）是一个具有悠久历史的跨境民族，在全世界有近 1700 万人口，主要分布在中国、哈萨克斯坦、俄罗斯、蒙古和吉尔吉斯斯坦、乌兹别克斯坦，以及土耳其和欧洲的一些城市。我国的哈萨克族主要分布在新疆伊犁哈萨克自治州州直 10 个县、市，以及塔城和阿勒泰地区以及昌吉回族自治州木垒哈萨克自治县、哈密地区巴里坤哈萨克自治县，有少量居住在青海省的格尔木市和甘肃省的阿克塞哈萨克族自治县，据 2010 年第六次人口普查统计有 1462588 人。

伊犁哈萨克自治州四周由著名的天山、阿尔泰山和塔尔巴哈台山所环绕，中间是准噶尔盆地和伊犁盆地。山顶上终年积雪，雪线下覆盖着茂密的原始森林，山麓有绿草茵茵的天然牧场。冰山雪峰融汇成大小河流，纵横奔泻，灌溉着广阔肥沃的良田。伊犁盆地有特克斯河、喀什河和巩乃斯河等河流汇集而成伊犁河横贯而过。准噶尔盆地边缘有额尔齐斯河、额敏河、玛纳斯河和乌伦古河等河流。主要湖泊有乌伦古湖（又名布伦托海）、喀纳斯湖和赛里木湖等，还有大大小小的渠道、小溪、泉眼分布，自然环境十分优美。此外，像巴里坤哈萨克自治县、木垒哈萨克自治县、阿克塞哈萨克自治县也都有着大小不等的河流湖泊和水草丰美的草原。哈萨克族聚居的北疆地区地域辽阔，各地气候差异较大，冬夏两季分别在摄氏零下 20 度到零上 20 度之间，常年平均为摄氏 5 度，雨雪比较适中，适宜畜牧业生产。盆地周围的群山之间，是良好的夏牧场，河流两岸和山谷丘陵地带是适宜的冬牧场，绝大多数哈萨克人在这里从事畜牧业，所饲养的伊犁马久负盛名。伊犁细毛羊和阿勒泰羊，是我国著名的优良品种。阿尔泰山的金矿、克拉玛依的石油闻名全国。天山、阿尔泰山的森林资源十分丰富。天山的云杉，阿尔泰山的红松、落叶松和白桦树都是优质木材。伊犁河、额尔齐斯河等河流和布伦托海等湖泊的水产资源也很丰富。伊犁河的鲤鱼、额尔齐斯河和乌伦古河的鲟鱼、红鱼、黑鱼等远近闻名。此外，哈萨克族居住地区还有许多珍贵的野生动物和药材。[①]

---

① 杨圣敏主编、丁宏副主编：《中国民族志》，中央民族大学出版社，2003 年，101～102 页。

一、哈萨克族历史概况

哈萨克族是我国源远流长的古老民族。它是由古代居住在中国西部地区的许多部落和部族,经过长期的历史发展过程逐步融合而成的。古代的塞种、月氏、乌孙、康居、阿兰(奄蔡)、咄陆(杜拉特)、突骑施(撒里乌孙)、葛逻禄、铁勒、钦察(克普恰克)、乃蛮、克烈、阿尔根、瓦克、弘吉剌、扎剌亦儿、阿里钦等是组成哈萨克族的主要部落和部族。

乌孙人自公元前2世纪起,便繁衍生息在伊犁河谷和七河流域。她融合了原先居住在该地区的塞种人和月氏人,成为哈萨克族的先世。乌孙人曾在伊犁河流域建立过强大的政权,与中原地区的政治、经济和文化联系极为密切。早在汉武帝时,通过细君公主、解忧公主和女使冯嫽与乌孙昆莫(王)、大将的联姻,乌孙与汉朝建立了联盟和隶属关系,抗击了共同的敌人。此后400年内,乌孙与中原封建王朝友好往来,和睦相处,为保卫东西方之间的"丝绸之路"作出了重大的贡献。

公元552年,游牧于阿尔泰山南麓的突厥人建立了突厥汗国。公元583年,突厥汗国分裂为东西两部分。西突厥据有新疆和中亚大部分地区,主要游牧地是乌孙故地。古代哈萨克部落均在西突厥的统治之下。公元659年,唐朝消灭了西突厥割据势力,统一了西域,哈萨克各部均在唐朝的统治之下。以后突骑施部强大,建立了突骑施汗国。该汗国服从唐朝领导。之后是葛逻禄部强盛,建立葛逻禄汗国。葛逻禄汗国也服从唐朝管辖。

10世纪至11世纪,古代哈萨克部落和部族在喀喇汗王朝的统治之下。12世纪,西辽王朝建立,哈萨克部落和部族在西辽王朝管辖之下。13世纪至14世纪,大部分哈萨克部落和部族处于金帐汗国的统治之下,少部分受察合台汗国统治。15世纪白帐汗国发生内讧,分裂为诺尕汗国和乌孜别克汗国两部分。1456年,加尼别克和克烈汗率领哈萨克人反抗乌孜别克汗国的阿布尔海尔汗的统治,向东迁徙,在楚河到塔拉斯河一带广阔的土地上建立了哈萨克汗国。1468年,阿布尔海尔汗死,乌孜别克汗国解体,原阿布尔海尔汗的领地和民众归属于哈萨克汗国。不久诺尕汗国和蒙兀儿斯坦瓦解,其哈萨克人纷纷迁入哈萨克汗国。哈萨克汗国的首府设于突厥斯坦城。

17世纪末,西部蒙古卫拉特四部之一的准噶尔部开始强盛起来,不断向外扩张。17世纪70年代,准噶尔部首领噶尔丹向南扩张到青海和新疆南部,向西进攻哈萨克人和柯尔克孜人。18世纪初,哈萨克族和新疆各族人民一道展开了反抗准噶尔割据政权的艰苦斗争。1723年准噶尔封建贵族集团对居住在塔拉斯河流域的哈萨克族烧杀抢掠,这就是哈萨克族人民在历史上被称为"大灾难"的年代。准噶尔封建贵族集团占据了哈萨克汗驻地突厥斯坦城和塔什干城,大玉兹和中玉兹的一部分被迫臣服于准噶尔封建贵族集团,小玉兹则向西迁移。

1755年至1757年,清朝政府消灭了准噶尔割据政权,解除了哈萨克族的重大威胁。1757年6月,清军追击准噶尔残余势力到中玉兹境内,中玉兹阿布赉汗亲往迎接,表示情愿率哈萨克全部归顺,并遣使到热河行宫贡马,上表清廷,请求收抚。同年秋天,大玉兹阿布勒比斯汗向追捕准噶尔叛逃者至大玉兹境内的清军献马进表,表示归附,愿接受清朝政府的管辖。1763年,在里海东北岸一带游牧的哈萨克小玉兹,得到中玉兹和大玉兹归附清朝政府的消息后,其汗努拉利派遣使臣随中玉兹使臣到北京请求臣属。

自18世纪60年代起,哈萨克族得到清朝政府的许可,开始迁至其故地阿尔泰、塔城和伊犁等地安居。自此,哈萨克人摆脱了长期战乱的困境,有了繁衍生息的环境。清朝政府还明文规定伊犁、塔城、科布多和乌鲁木齐为贸易地点。每年夏秋两季,哈萨克族人民以牲畜和畜产品运到指定地点换取布匹、绸缎、茶叶和粮食。此举对进一步增强哈萨克族与祖国内地的经济文化交流,促进农牧业生产的发展和满足人民生活的需要起了极大的作用。

18世纪末叶起,清朝国势渐衰,无力西顾,沙皇俄国趁机入侵中亚,蚕食哈萨克斯坦草原和清朝伊犁将军所辖的巴尔喀什湖以东以南的广大地区。1824年,沙皇俄国废除了哈萨克可汗制,将约有50万人口的哈萨克地区划分成许多行政单位进行殖民统治。

鸦片战争后,沙皇俄国强迫清朝政府签订一系列不平等的条约,割占了我国大片土地,并要"人随地归"。此后,哈萨克族便分居于中国和俄国领土上。

辛亥革命时期,伊犁各族人民起义,推翻了清朝在新疆的统治。自20世纪30年代起,中国共产党开始在新疆进行革命活动,使新疆各族人民在政治、经济、文化各方面都得到了显著的发展。与此同时,也唤醒了哈萨克族和新疆其他兄弟民族人民。

1944年,伊犁、塔城、阿勒泰三区爆发了反对国民党统治的三区革命,沉重打击了国民党反动派在新疆的统治。

1949年9月25日,新疆和平解放,哈萨克族人民获得了新生,在中国共产党的领导下走上了社会主义道路,并为中国的"四化"建设做出了很大贡献。

解放前,哈萨克族以畜牧业经济为主,兼营农业和狩猎业。牧放的主要牲畜有羊、马、牛、骆驼,而以养羊为主。手工业还没有从畜牧业中分离出来,基本上还属于家庭手工业性质的生产。

哈萨克族是个勤劳勇敢和充满智慧的民族,她开辟了天山以北阿尔泰山以南广阔的优美牧场,为我国国防和经济事业的发展做出了很大的贡献;她创造了独具一格的草原文化,为中华民族文化宝库增添了异彩;她反对外敌入侵,反对民族分裂主义,为保卫祖国的西北边疆和国家的统一写下了可歌可泣的篇章。

自古以来生活在中亚、哈萨克草原和蒙古高原的哈萨克族先民,"追水草而居",创造出了独特的生活方式和别具一格的文化模式,即"游牧生活"和"草原文化"。她包含着两种因素:一是在不同历史时期参与哈萨克民族的形成过程的古代民族的文化。这也是哈萨克民族"草原文化"的文化底蕴;二是在不同历史时期通过政治、经济、军事诸方面往来所吸收的非族源民族的文化,也就是各种宗教活动带来的外来文化因素。

历史上哈萨克族有过自然崇拜、祖先崇拜、英雄崇拜以及多神信仰。后来,这些崇拜和信仰集合在萨满教信仰之下。萨满教和萨满文化是哈萨克族所有文化系统包括世界观、价值观和生命观的形成和发展的基石。哈萨克古代氏族部落也分别或不同程度上信奉过袄教、景教和佛教。后来,伊斯兰教遍及哈萨克草原,与原先的萨满教等融合在一起,成为具有一定特色的"哈萨克族伊斯兰教"。

哈萨克语属于阿尔泰语系突厥语族克普恰克语支。按照语言的形态分类,则属粘着语类型。哈萨克族先民在公元 6 世纪就创造了古代突厥文,即鄂尔浑——叶尼赛文(又称为鲁尼文或如尼文)。哈萨克族至今保留着这种文字的残余,即哈萨克各氏族部落的标记,也可认为是一种族徽。研究哈萨克族历史的许多学者认为这种标记来源于古代突厥文。到了公元 8 世纪,就使用了以古代阿拉米文为基础的粟特文(后又称为回鹘文)。随着伊斯兰教的进一步深入和传播,大部分哈萨克族氏族部落皈依了伊斯兰教,使用了阿拉伯文。

二、哈萨克族主要部落世系

据哈萨克族相关族谱材料,哈萨克族祖先是阿拉什(alaʃ)。阿拉什生哈萨克。哈萨克生三子:长子名别克阿尔斯(bekarəs),次子名阿克阿尔斯(aqarəs),三子名江阿尔斯(ʤanarəs)。

别克阿尔斯的后代称为"大玉兹"(ulə ʤyz),清代文献称"左部哈萨克",或称"大帐"。其主要部落有:乌孙、康居、杜拉特(咄陆)、撒里乌孙(突骑施)、札喇亦儿、阿勒班、苏万、恰普拉什特、乌沙克勒、千希克勒、色尔格勒及其他部落。

阿克阿尔斯后代被称为"中玉兹"(orta ʤyz),清代文献称"右部落哈萨克",或称"中帐"。其主要有阿尔根、乃蛮、克烈、瓦克、弘吉剌特、克普恰克等。

江阿尔斯后代称为:"小玉兹"(kiʃi ʤyz),清代文献称为"西部哈萨克",或称"小帐"。其主要部落是阿里钦。阿里钦的后代有拜乌勒、艾里木乌勒和节特部落。

在大、中、小玉兹各部落内,又分若干部落,如中玉兹的克烈部落分两支,一支为阿恰玛依勒克烈,一支为阿巴科克烈。阿巴科克烈内又分十二个部落:坚铁克依、贾迪克、阙尔乌什、喀喇卡斯、莫勒科、昆沙达克、依铁勒、契巴拉依厄尔、沙尔巴斯、贾斯塔班、蔑尔乞提、契依莫因。

中玉兹乃蛮部落内有九个部落:喀喇克烈、杜尔吐吾勒、萨德尔、马塔依、叶尔克尼克特、巴晏那勒、巴勒塔勒、铁热斯唐巴勒、契尔契提。

小玉兹拜乌勒部落内有阿达依、别热什、阿里钦、贾普巴斯、叶山铁木尔、马勒卡尔、塔孜、拜巴克提、塔那、契尔克什、波色克、克孜勒库尔特等部落。

小玉兹艾里木乌勒部落内有阿里木、铁莫克依、克特、喀喇克色克、喀喇萨卡勒、托尔特喀喇、契克特部落。

小玉兹节特部落内有克尔德热、加戛勒拜勒、克烈依提、铁列吾、塔玛、拉马丹等。

除了以上的三个玉兹以外,哈萨克族中还有一些与哈萨克族三个玉兹没有血缘关系的部落。如,成吉思汗的后裔(被哈萨克化的蒙古人)、托热部落(哈萨克族的贵族群体),在哈萨克草原传教、经商的阿拉伯、波斯人后裔和卓部落,托热部落人的佣人、卫兵群体的后裔——托列恩格特部落等等。他们与哈萨克族三大玉兹没有血缘关系,是以具有独特的历史背景和生活习俗习惯为特点的群体。

哈萨克族除了保存有较完整的部落世系之外,还保存有众多的印记口号。印记口号是游牧民族的重要文化标志之一,它是为适应游牧民族的生产及政治、军事的需要而产生的。

印记是一个民族、部落或部族的标记。古代草原上各部落结盟、缔结协约等,都以印记为遵约信誓的标志,有着古代玉玺、关防的作用。各部落集会、协商,大都在聚会地点的山崖石壁上镌刻自己的印记。

口号在古代游牧民族中也很重要。游牧民族在古代时要经常不断地战斗,口号主要应用于对敌作战,冲锋陷阵时,用来统一纪律,鼓舞士气。可惜各游牧民族的各种战斗口号很少留存下来。而哈萨克族所留存的口号,在一定程度上弥补了这种不足,从而丰富了游牧民族的历史。

各部落的口号一般来源于祖宗或部落内某一个英雄的名字。除每个部落有自己的口号外,整个哈萨克族还有一个共同的口号:阿拉什。据哈萨克族民间传统,阿拉什是把草原许多部落联合起来并建立汗国的人,又称阿拉什汗。

哈萨克各氏族的印记、口号列表如下:

	氏族、部落、部族	印 记	口 号	所属玉兹
1	康居		阿依热马斯(白铁列克)	大玉兹
2	乌孙			大玉兹
3	杜拉特		巴克提牙尔	大玉兹
4	依斯特		加娃塔尔	大玉兹
5	提力克		加娃塔尔	大玉兹
6	斯依克姆		斯依克姆	大玉兹
7	加尼斯		加尼斯	大玉兹
8	乌沙克特		巴赫特亚尔	大玉兹
9	阿勒班		拉依木别克	大玉兹
10	别克布拉提		什木尔	大玉兹
11	锡尔格勒		托纳斯	大玉兹
12	札喇亦儿		布尔拜	大玉兹
13	千希克勒		阿衣热勒马斯(白铁列克)	大玉兹
14	别斯唐巴勒			大玉兹
15	契莫尔		契莫尔	大玉兹
16	恰普拉什特		哈拉赛	大玉兹
17	契科尔加			大玉兹
18	库喇拉斯		波特拜	大玉兹
19	苏万		拉依木别克	大玉兹
20	布特拜		赛明	大玉兹
21	赛姆别提			大玉兹
22	克普恰克		乌衣巴斯,	中玉兹
23	弘吉剌特		阿拉塔乌	中玉兹
24	赛厄勒			中玉兹
25	曼塔尔		姆主卞马勒	中玉兹
26	乃蛮		卞普塔哈依	中玉兹

（续表）

	氏族、部落、部族	印 记	口 号	所属玉兹
27	加那勒			中玉兹
28	塔喇克提		加乌巴沙尔(加乌塔沙尔)	中玉兹
29	阿尔根	○○○○	阿克主勒	中玉兹
30	塔依			中玉兹
31	赛迪尔			中玉兹
32	克烈		喀喇霍加，乌什巴衣(阿克布勒)	中玉兹
33	瓦克		加乌巴沙尔	中玉兹
34	艾尔克尼克特			中玉兹
35	巴勒塔勒			中玉兹
36	喀喇克烈		哈班拜	中玉兹
37	沙尔交马尔提			中玉兹
38	托列		阿尔哈尔	中玉兹
39	克列衣提	|||	阿克沙卡尔(乌衣特木)	小玉兹
40	塔马	||	喀喇布喇	小玉兹
41	阿尔铁			小玉兹
42	喀喇萨哈勒		阿勒达加尔	小玉兹
43	马斯卡尔		哈拉泰	小玉兹
44	别热什		阿嘎泰	小玉兹
45	徐买克依		杜衣提	小玉兹
46	阿勒亭			小玉兹
47	色尔尼莫尔			小玉兹
48	艾色尼铁莫尔		阿勒德王嘎尔	小玉兹
49	居依			小玉兹
50	加嘎勒拜勒		加勒拜勒	小玉兹
51	铁列乌		加那木(加那塔乌)	小玉兹
52	突尔提哈喇		阿衣尔塔乌	小玉兹
53	苏那克		霍加合买提	小玉兹
54	尼锡匀		阿勒特巴斯	小玉兹
55	阿拉恰		阿衣尔塔乌(拜衣铁列克)	小玉兹

(续表)

	氏族、部落、部族	印记	口号	所属玉兹
56	切克特	Y⊆	巴衣姆热尼	小玉兹
57	加普帕斯	Z	拜木拉提	小玉兹
58	塔达尔	⊆		小玉兹
59	艾勒姆（乌勒）	⋛	哈拉克赛克	小玉兹
60	塔本	O	沙热克（提热斯塔汗）	小玉兹
61	铁热斯唐巴勒塔本	♂		小玉兹
62	拉马丹	♀	杜拉提	小玉兹
63	阿布丹（阿勒班）	♀	喇衣姆别克	小玉兹
64	乌尼唐巴勒塔本	♀		小玉兹
65	克尔迭热	ℰ	霍加科买提	小玉兹
66	阿达依（牙喇依）	VVV+6	铁列肯，别克提	小玉兹
67	喀喇克色克	᠊ᠣ᠊	阿克盼	小玉兹
68	卞尔佩克	᠊ᠣᠣᠴᠣ᠊		小玉兹

三、中国哈萨克族的组织制度和部落分布

哈萨克族实行部落组织制度，每个人都属于一定的部落和氏族。部落或氏族是由人数多少不等的、以人们的血缘关系相结合而组成的共同体。一个部落包括若干个氏族，氏族内的牧民又以较亲近的血缘关系为基础，组成一个"叶利"（部落），最小的血缘集团叫"阿吾勒"（牧村），通常是由较亲近的血缘关系的组成，一般以一家牧主或富裕牧民为中心。"阿吾勒"大小不等，有的三到五家，也有的十几家或更多一些。我国境内的哈萨克族以克烈、乃蛮、瓦克、阿勒班、素宛等部落为主，尤以克烈、乃蛮部落的人数较多，每个部落以下又有几个大氏族，大氏族之下还有许多小氏族。

（一）克烈部落：多数分布在阿勒泰地区的六县一市，塔城地区的托里、乌苏、沙湾县和自乌苏以东至巴里坤的天山一带以及甘肃境内。克烈部落下还分成阿巴克克烈和阿夏玛衣勒克烈两大支，其中阿夏玛衣勒克烈主要在哈萨克斯坦境内；阿巴克克烈则主要在新疆境内，其下又分12个大氏族：(1)姜太开。其下辖属3个部落：素云巴依、素云得克、区云夏勒。(2)贾迪克。其下辖属4个部落：依特木根、贾那特、马力克、蒙柯里。(3)杰鲁西。其下辖属3个部落：沙尔特、查普巴什、乌朱克。(4)哈拉哈斯。其下辖属：霍森

姆、纳扎尔、巴依姆(塔城、乌鲁木齐南山一带)。(5)莫勒合。其下辖属:库勒、玛善、姜吉格特。(6)萨尔巴斯。其下辖属:伊尔斯、西雅克、朱兰、朱里沙拉。(7)西巴尔爱依格尔。其下辖属:巴里达、喀里帕、都日克。(8)加斯塔班。其下辖属:阿里西特、穷巴什。(9)蔑尔乞提。其下辖属:库沙里、阿里麻木毕特、沙那艾尔、里培斯。(10)昆萨达克。其下辖属:阿哈巴克特、克伊克、细山、沙尔满。(11)齐莫因。(12)依铁勒。

历史上克烈部落居住在蒙古高原至哈萨克草原广大地区。公元前2~3世纪到公元5~6世纪,他们居住在乌拉尔东端到阿尔泰山以北、蒙古高原一带,过着战乱频繁的游牧生活。公元7~8世纪到公元13世纪,克烈部居住在蒙古高原的克鲁仑、窝弄、图勒、塔木尔、鄂尔浑、色楞格阿尔衮等河流域。公元7~8世纪的战乱时期,克烈部迁移到哈密、焉耆等地居住,并征服了异部。公元1150~1180年间,克烈部落又迁移至阿尔泰山东部和博格达山地区。1203年克烈王汗吐合热勒之子桑坤遭成吉思汗的突袭身亡后,克烈部四分五裂,于是投靠了阿尔泰山以南的乃蛮部。在18世纪以前的500年间,克烈部落居住在哈萨克斯坦东部斋桑、塞米、额齐斯河到奥木布河流域。哈萨克族历史称这一时期为克烈部迁徙时期。克烈部落在14~15世纪成为哈萨克中玉兹的六大分支之一(中玉兹六大部落为阿尔根、克普恰克、克烈、乃蛮、瓦克、弘吉刺特)。这种部落关系一直保留到现在。

(二)乃蛮部落:根据哈萨克族系谱材料,融入哈萨克族中乃蛮部落分九大氏族:(1)喀拉克烈;(2)杜尔吐吾勒;(3)萨德尔;(4)马塔依;(5)艾尔克尼克特;(6)巴晏那勒;(7)巴勒塔勒;(8)铁热斯唐巴勒;(9)契尔契提(哈萨克族各种系谱往往不尽相同,如《哈萨克共和国百科全书》第八卷"乃蛮"条中便有不同的分法)。这个部落主要分布在阿勒泰、塔城、伊犁、博尔塔拉地区近靠哈萨克斯坦的沿边各县,如哈巴河、吉木乃、和布克赛尔、额敏、塔城、博乐、温泉以及伊犁的霍城、伊宁、尼勒克、新源等各县市。自乌苏至巴里坤的天山中也都杂居有乃蛮部落人。乃蛮在我国史籍中有多种译法。《黑鞑事略》作"乃蛮";《北使记》《圣武亲征录》《蒙古秘史》作"乃满";《蒙古秘史》又作"乃马";《元史》有"乃蛮""乃满""乃马"诸译;《南村辍耕录》中有"乃蛮歹"的译法。近代又译做乃曼、奈曼。一般认为这些都是 NAIMAN 一词的同音译法。12~13世纪蒙古成吉思汗兴起时,活动于阿尔泰山周围的乃蛮部被蒙古军灭亡,除一部分融入蒙古人中以外,更多的乃蛮人融入了中亚各突厥民族中。《哈萨克共和国百科全书》讲到:在乃蛮汗国崩溃后,"乃蛮人中的一部分离开故乡迁徙到阿拉湖、巴尔喀什湖、叶斯湖、锡尔河周围地区及乌鲁套山麓。后来,另一部分则成为成吉思汗的子孙完全分裂融入了乌孜别克、卡拉卡尔帕克、吉尔吉斯、巴什基尔等民族的组成中"。在这些民族中，至今仍有名为乃蛮的部族。但是，乃蛮汗国以后的乃蛮人的历史更多地与哈萨克草原上的哈萨克民族有关。早在13世纪上半叶，哈萨克草原上就出现了以钦察（克普恰克）、乃蛮、喀拉克塞克、阿里欣、弘吉拉特、扎拉依尔六个部落组成的阿拉什联盟。他们居住的地方从阿尔泰山至里海，南边以锡尔河为界，成吉思汗以后归入金帐汗国。这个联盟使用的口号——阿拉什，说明乃蛮部很早就成为哈萨克中玉兹的一个重要的部落。

乃蛮部落主要居住在今哈萨克斯坦，在中国境内的乃蛮部落主要是托勒克塔依大氏族。在这个大氏族中，还分喀拉克烈、杜尔吐吾勒、萨多尔、马塔依4个氏族。喀拉克烈氏族住在博尔塔拉、温泉和布克赛尔等县，杜尔吐吾勒氏族住在塔城，加尔波尔得氏族住在哈巴河县、马塔依氏族中的黑宰（即克扎衣的异译）主要居住在伊犁地区的霍城、伊宁、尼勒克、新源等各县市。

黑宰部原是乃蛮部分支。从史料看，黑宰是乃蛮部落中的吐列克台依氏族，是从吐列克台依部落中的玛塔依氏族中分化出来的。清代文献记载，黑宰部"旧属塔尔巴哈台参赞所辖"，俄国史料中也提到：黑宰部"原在巴尔鲁克山中游牧"，当时，黑宰部与十二氏族的克烈部及拜吉格特部（原为乃蛮部分支）同属塔尔巴哈台参赞所辖大臣管辖。从文献中可知，黑宰部落19世末在伊犁地区定居后，没有经过什么大的战乱。因此它的人口发展比较快，成为整个伊犁地区的一个强大的部落。

（三）阿勒班：民国时期阿勒班部落主要分布在伊犁地区的昭苏、特克斯、巩留等县。该部落分沙热、吉布勒两大氏族。该部落与上述两大部落比较，人口较少。

（四）素宛部落：主要分布在伊犁地区伊宁、霍城两县。该部落下分都司巴格斯、坎巴格斯、托加尔斯坦、拜杜格4个大氏族。阿勒班、素宛部落属于哈萨克族大玉兹的部落，乌孙部落的后代。

（五）瓦克部落：杂居在北疆哈萨克族居住区，在历史上常和克烈部落在一起住牧，原住在阿尔泰山及斋桑泊一带，被称为老（旧）瓦克。19世纪30年代又有一批瓦克人迁到托里县巴尔鲁克山东部游牧，被称为新瓦克。后来沙湾县等北疆哈萨克族居住区杂居瓦克部落。瓦克部落属于哈萨克族中玉兹。

上述哈萨克族部落中的克烈部和一部分乃蛮部在民国时期种种原因不断向东迁徙，形成了现在在甘肃省和青海省境内的哈萨克族。

四、哈萨克族系谱

系谱是记载部落和部族历史的最主要的载体。由二百多个部落和部族组成的哈萨克族,每个部落和部族都有自己的系谱和系谱传记人。这些系谱传记人,非常熟悉哈萨克族每个玉兹、部族和兀鲁思的历史。长期以来,哈萨克群众十分重视自己的这一珍贵历史遗产,因此,为了便于记忆,他们把所有系谱改编成诗歌体,并能够口头背诵。记录、保存系谱的人尊称为"xejirexi(谢吉列西)",即系谱传记人。

时至今日,对哈萨克族系谱的搜集和整理,仍处于刚刚起步的阶段,对哈萨克民间保存的有关个别部落或整个哈萨克的族谱也没有进行全面的搜集和整理,更没有进行认真系统的研究。

在哈萨克族民间,仍然普遍地存在着追溯祖辈历史的传统。在民间,一直存在着"祖辈歌谣"和"背诵不出七代祖辈名字的人就是一个孤儿"的说法。这种习俗依然影响着现代年轻人婚姻关系,即不到七个前辈,不得通婚。

古代哈萨克人为后代留下了珍贵的哈萨克祖先的系谱。这些系谱对于研究哈萨克族历史具有重要的意义。过去,牢记自己七代祖先的名字,是每个哈萨克族人不可推卸的职责。而给子女传授前辈的系谱是哈萨克为人父母者应尽的义务。一般情况下,每个哈萨克人都能说出自己七代祖先的名字,只有父母早逝的人才不知其祖先的名字。所以哈萨克有句谚语:"不知七代祖先的名字的人是孤儿。"

在哈萨克族中,能背诵许多代祖先名字的人被认为是聪明人,受到人们的尊重。过去,阿吾勒(哈萨克族传统社会机构)和部落头目十分注重系谱,他们对本部落的系谱十分熟悉。有的人能背诵整个哈萨克三个玉兹的世系和哈萨克七十七代祖先的名称。

哈萨克各玉兹、各部落均有其传系谱的人。这些世世代代相传的哈萨克系谱用鹅毛笔记下来保存在可汗、苏丹和部落头目手中。现在哈萨克系谱包括 7 世纪到 20 世纪的哈萨克部落世系。但是,由于这些系谱是口头流传下来的,只知道一代一代的顺序,至于每一代人生活在什么时代则不甚明了。有些还带有神话色彩。有的叙述也含糊不清,甚至错误。随着伊斯兰教在哈萨克族中的传播,在系谱中又增加了不少宗教观念和上帝造人的观念。尽管如此,自古流传的哈萨克系谱仍然不失为研究哈萨克族历史的重要资料。

诚然,哈萨克族中流传的系谱及其历史传说不能当作历史科学唯一的根据,而应当与古代史籍结合起来加以分析。不过不能忽视人们历代相传的这份文化遗产,而应当充分地加以研究和利用。因为它可与史籍记载相互印证,可以补文字记载的不足。若不科学地进行分析和研究,那就失去了哈萨克族系谱的历史价值。

　　游牧民族的社会组织结构自古以来保持着部落氏族制度,这是生活和生存方式所决定的定律。他们只有通过公共的团聚,部落间的和睦以及部落联盟的团结来稳定其游牧的生活和生产方式,以此得到这种方式所带来的各种有利因素。为治理零散的社会结构,并以此获取影响团结这个群体的媒介(信息场),需要制定凝聚全民的一部系谱制传统。因此,在游牧民族尤其是哈萨克族当中这种传统比较"发达"。这种传统的一个明显特点就是其口耳相传,并便以记忆。在系谱传统比较盛行的群体中,其血缘信息场变成民族性的凝聚力,并影响社会生活、风俗习惯及人际关系。因此,哈萨克族祖先们把自己的系谱除了口传的方式以外,还使用古代突厥文、粟特文、摩尼文、回鹘文、叙利亚文、拉丁文、阿拉伯文、波斯文、老文字(以阿拉伯文为基础的)、斯拉夫文等文字记录各部落、氏族和部落联盟以及民族的系谱。

　　这种记录在册的系谱中收录了个氏族部落的名称以及他们的生产和生活方式、各历史人物的丰功伟绩、各类历史事件等。主要有:《蒙古秘史》、罗卜桑丹津《黄金史》、拉什德《史记》、加马里·哈尔西《乌古斯-钦察部落联盟》和《喀拉汗系谱》、比巴热斯和哈勒顿的《钦察部落谱》、穆罕默德·巴布尔的《巴布尔传》、穆罕默德·哈伊达尔·杜拉提的《拉什德史》、阿布勒哈孜·巴哈杜尔的《突厥谱》、乌鲁赫别克的《诸苏里坦谱》、何德尔哈里·霍斯木·札剌儿的《史记》、乌铁米斯·哈吉的《成吉思汗传》、乔汗·瓦里汗诺夫的《大玉兹谱》、夏克里木·胡达衣别尔根的《突厥、哈萨克-柯尔克孜诸可汗系谱》、努尔江·那恰尔拜耶夫的《哈萨克草原概况》、库尔班哈里·哈里迪的《东方五部史》、穆哈买提江·特尼希拜耶夫的《哈萨克-柯尔克孜族史料集》、马什胡尔·朱素甫·库别也夫的《哈萨克族谱》等。

　　我国哈萨克族系谱的搜集整理情况。党的十一届三中全会后,新疆维吾尔自治区民委为了发展民族文化,成立了自治区少数民族古籍搜集整理出版领导小组,下设办公室,搜集了一批哈萨克文的史书、系谱,如克塔普巴依·阿赫毛拉著、喀玛汗·喀哈尔曼传抄的《人类及哈萨克史》,乃斯依·萨德瓦哈斯搜集的《哈萨克史》,扎克衣·马衣加曼著、达斯达坦·乌玛尔搜集的《哈萨克民族史拾零》,夏衣哈森·江格尔著、艾布勒哈孜传抄的《哈萨克史料拾萃》,夏克里木·胡达衣别尔根著、拉普汗·尼格麦根口述、哈力都拉·努尔塔孔记录的《夏克里木家谱》,夏克里木·胡达衣别尔根著、克里莫夫与胡赛音公司出版社1961年出版的《突厥、柯尔克孜、哈萨克及其汗王谱系》,哈力法·阿勒台编《哈萨克突厥通谱》等。这些史书为研究哈萨克族谱、家谱提供了许多资料。哈萨克族系谱方面发表的论文有 2 篇,即贾合甫·米尔扎汗《哈萨克族系谱搜集和历史研究概述》(《新疆社会科学》1989 年第 6 期)、苏北海《近代新疆哈萨克族宗法氏族部落》(《新疆大学学报》1989 年第 4 期)。前文从古代哈萨克族系谱和文献记载,到 17～19 世纪哈萨克系谱的搜集研究,后文从近代哈萨克族的宗法氏族谈到系谱的搜集整理。

我国哈萨克族主要部落世系表[①]

姜特刻衣氏族世系表一

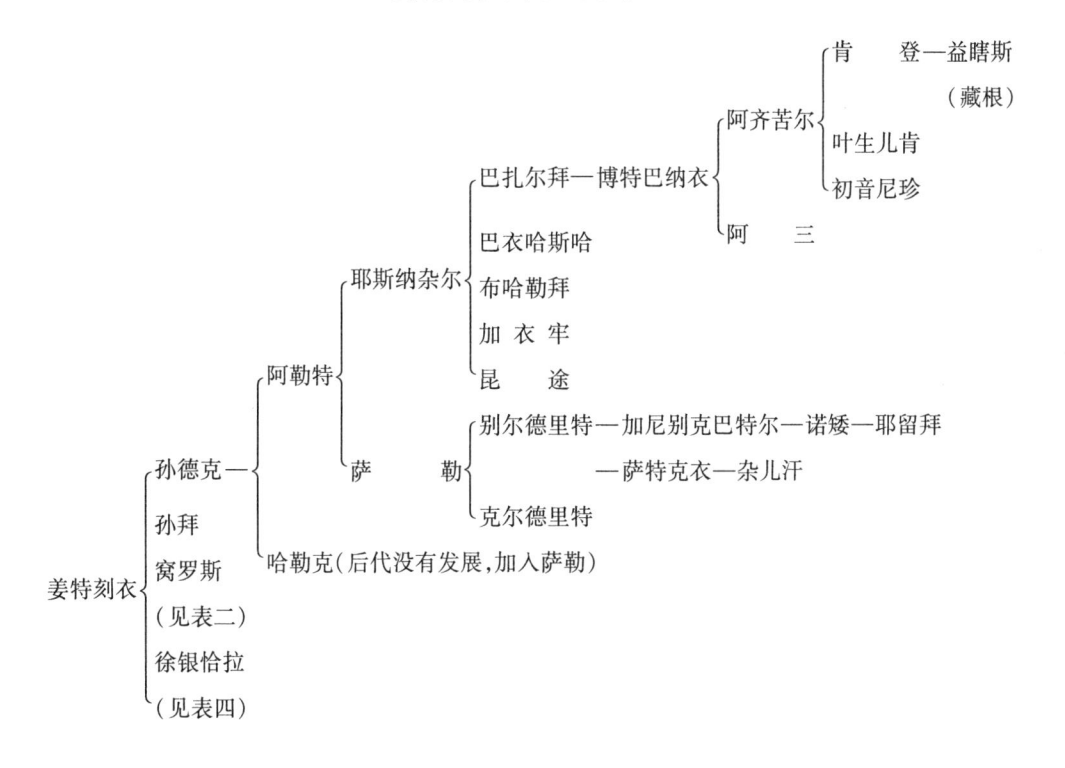

```
姜特刻衣 ┬ 孙德克 ┬ 阿勒特 ┬ 耶斯纳杂尔 ┬ 巴扎尔拜—博特巴纳衣 ┬ 阿齐苦尔 ┬ 肯　登—益瞎斯（藏根）
         │         │         │              │                      │          ├ 叶生儿肯
         │         │         │              │                      │          └ 初音尼珍
         │         │         │              │                      └ 阿　三
         │         │         │              ├ 巴衣哈斯哈
         │         │         │              ├ 布哈勒拜
         │         │         │              ├ 加衣牢
         │         │         │              └ 昆　途
         │         │         └ 萨　勒 ┬ 别尔德里特—加尼别克巴特尔—诺矮—耶留拜—萨特克衣—杂儿汗
         │         │                   └ 克尔德里特
         │         └ 哈勒克（后代没有发展,加入萨勒）
         ├ 孙拜
         ├ 窝罗斯（见表二）
         └ 徐银恰拉（见表四）
```

[①] 此表来自中国科学院民族研究所新疆少数民族社会历史调查组编写的《哈萨克族简史简志合编》一书。

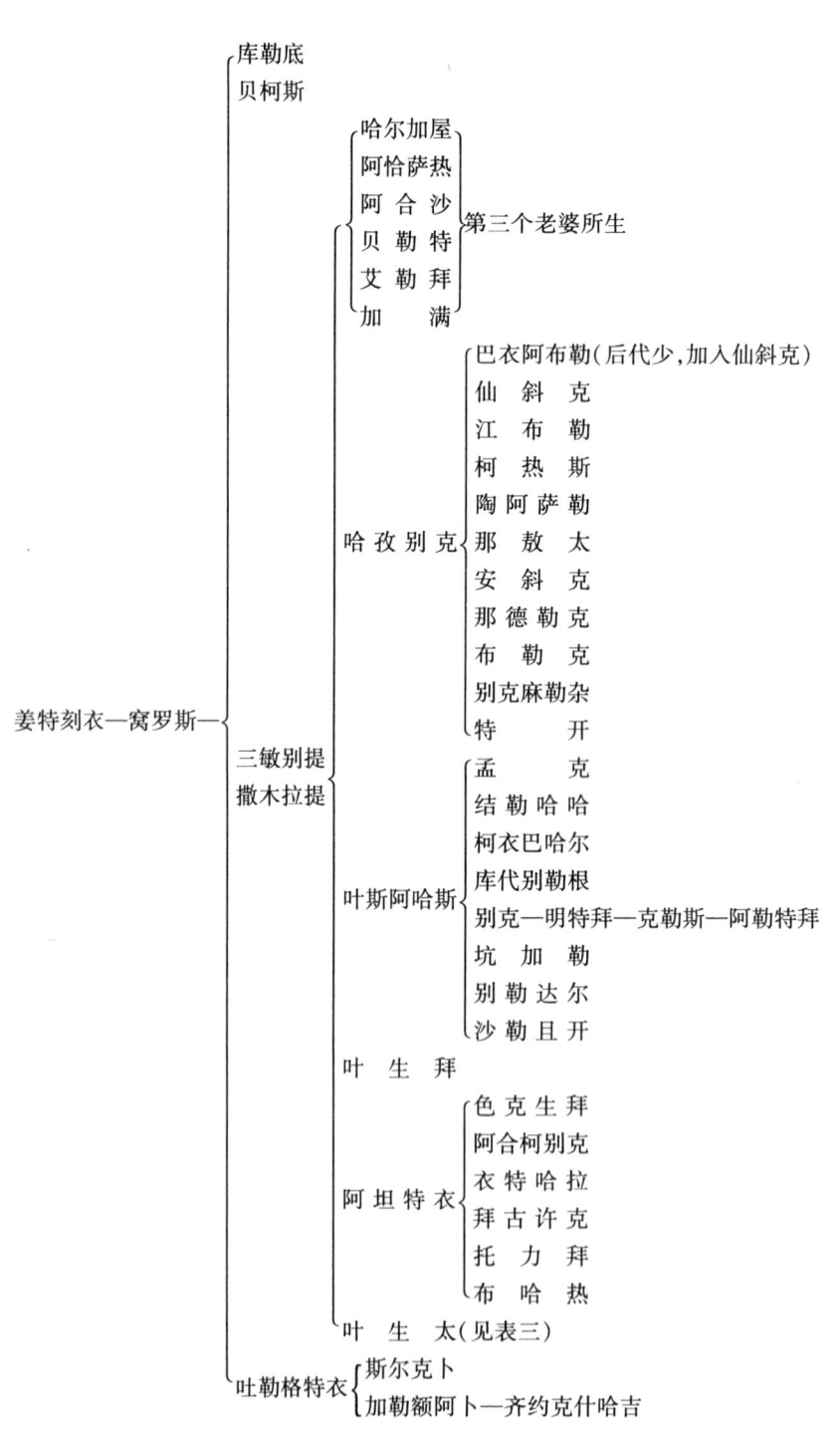

姜特刻衣氏族世系表二

```
                    ┌ 库勒底
                    │ 贝柯斯
                    │                    ┌ 哈尔加屋
                    │                    │ 阿恰萨热
                    │                    │ 阿 合 沙  ┐
                    │                    │ 贝 勒 特  │ 第三个老婆所生
                    │                    │ 艾 勒 拜  │
                    │                    └ 加   满   ┘
                    │                    ┌ 巴衣阿布勒(后代少,加入仙斜克)
                    │                    │ 仙 斜 克
                    │                    │ 江 布 勒
                    │                    │ 柯 热 斯
                    │                    │ 陶阿萨勒
                    │          ┌ 哈孜别克│ 那 敖 太
                    │          │         │ 安 斜 克
                    │          │         │ 那德勒克
                    │          │         │ 布 勒 克
                    │          │         │ 别克麻勒杂
                    │          │         └ 特   开
姜特刻衣—窝罗斯—┤ 三敏别提 │         ┌ 孟   克
                    │ 撒木拉提 │         │ 结勒哈哈
                    │          │         │ 柯衣巴哈尔
                    │          │         │ 库代别勒根
                    │          ┤ 叶斯阿哈斯 别克—明特拜—克勒斯—阿勒特拜
                    │          │         │ 坑 加 勒
                    │          │         │ 别勒达尔
                    │          │         └ 沙勒且开
                    │          │ 叶 生 拜
                    │          │         ┌ 色克生拜
                    │          │         │ 阿合柯别克
                    │          │ 阿坦特衣│ 衣特哈拉
                    │          │         │ 拜古许克
                    │          │         │ 托 力 拜
                    │          │         └ 布 哈 热
                    │          └ 叶 生 太(见表三)
                    └ 吐勒格特衣┌ 斯尔克卜
                                └ 加勒额阿卜—齐约克什哈吉
```

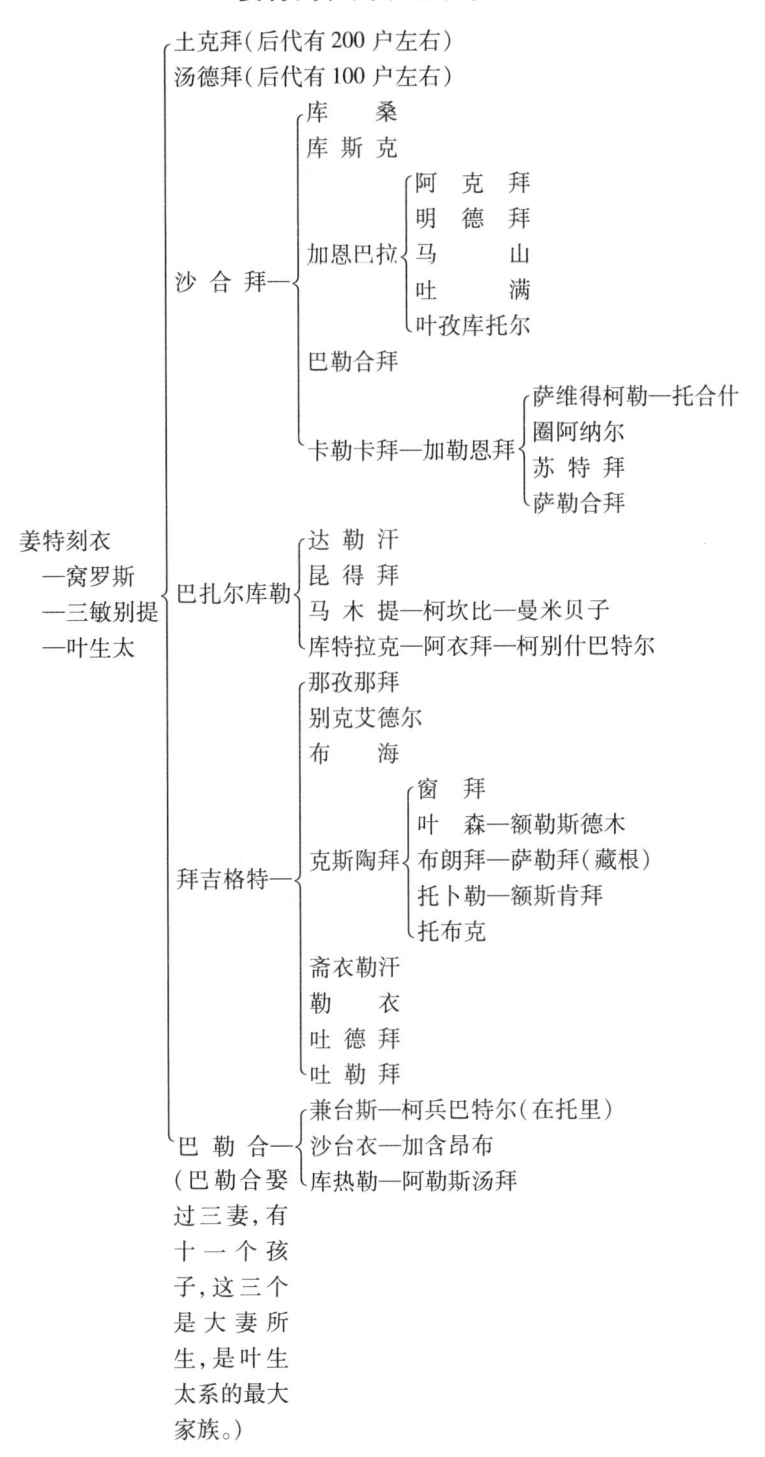

姜特刻衣氏族世系表三

```
                 ┌土克拜(后代有200户左右)
                 │汤德拜(后代有100户左右)
                 │        ┌库 桑
                 │        │库斯克
                 │        │              ┌阿克拜
                 │        │              │明德拜
                 │沙合拜──┤加恩巴拉──────┤马 山
                 │        │              │吐 满
                 │        │              └叶孜库托尔
                 │        │巴勒合拜
                 │        │              ┌萨维得柯勒─托合什
                 │        │              │圈阿纳尔
                 │        └卡勒卡拜─加勒恩拜┤苏特拜
                 │                       └萨勒合拜
                 │        ┌达勒汗
                 │巴扎尔库勒┤昆得拜
 姜特刻衣         │        │马木提─柯坎比─曼米贝子
  ─窝罗斯         │        └库特拉克─阿衣拜─柯别什巴特尔
  ─三敏别提 ─────┤
  ─叶生太         │        ┌那孜那拜
                 │        │别克艾德尔
                 │        │布 海
                 │        │        ┌窗 拜
                 │拜吉格特┤        │叶 森─额勒斯德木
                 │        │克斯陶拜┤布朗拜─萨勒拜(藏根)
                 │        │        │托卜勒─额斯肯拜
                 │        │        └托布克
                 │        │斋衣勒汗
                 │        │勒 衣
                 │        │吐德拜
                 │        └吐勒拜
                 │        ┌兼台斯─柯兵巴特尔(在托里)
                 │巴勒合──┤沙台衣─加含昂布
                 │(巴勒合娶└库热勒─阿勒斯汤拜
                 │过三妻,有
                 │十一个孩
                 │子,这三个
                 │是大妻所
                 │生,是叶生
                 │太系的最大
                 └家族。)
```

姜特刻衣氏族世系表四

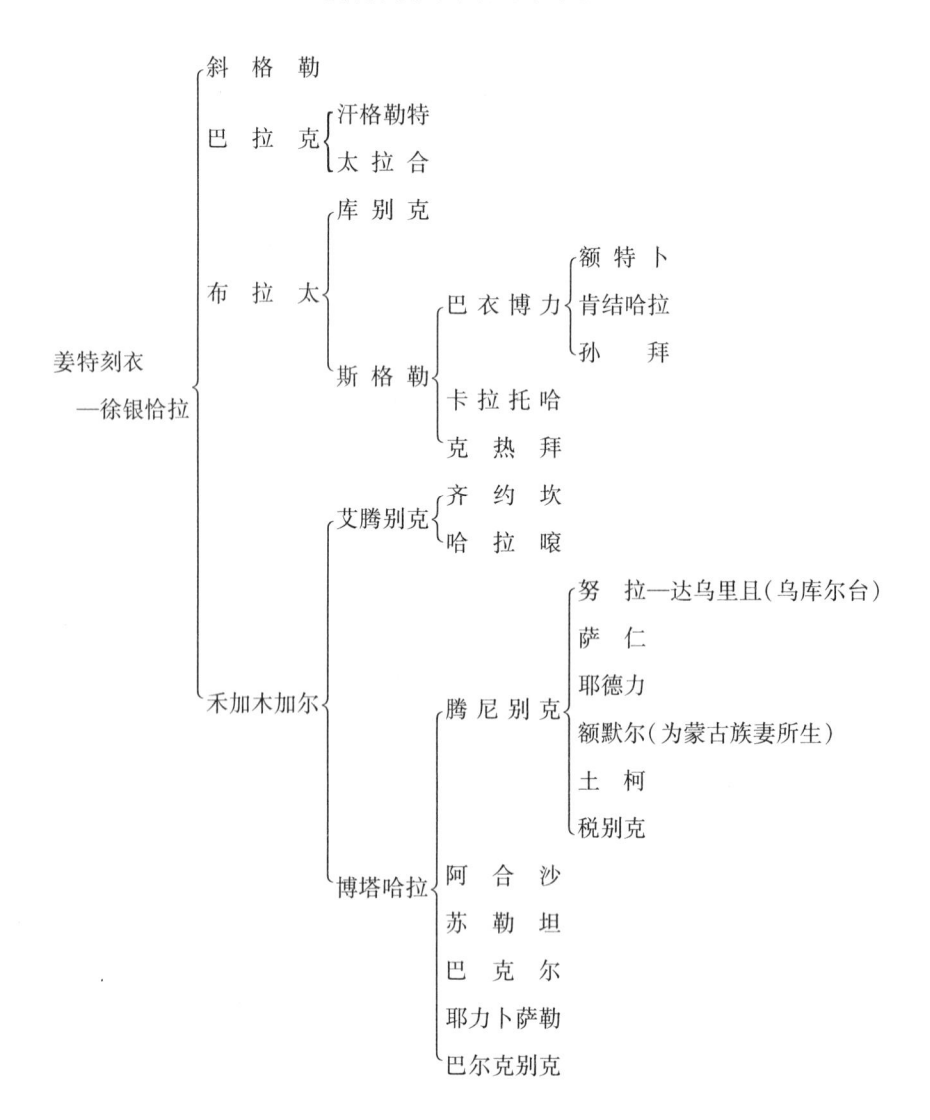

```
姜特刻衣      ┌斜格勒
—徐银恰拉   │
              │巴拉克 ┌汗格勒特
              │        └太拉合
              │
              │布拉太 ┌库别克
              │        │
              │        │巴衣博力 ┌额特卜
              │        │          ├肯结哈拉
              │        │          └孙拜
              │        └斯格勒 ┌卡拉托哈
              │                  └克热拜
              │
              │        ┌艾腾别克 ┌齐约坎
              │        │          └哈拉嚷
              │禾加木加尔
              │        │          ┌努拉—达乌里且(乌库尔台)
              │        │          ├萨仁
              │        │腾尼别克 ├耶德力
              │        │          ├额默尔(为蒙古族妻所生)
              │        │          ├土柯
              │        │          └税别克
              │        │
              │        └博塔哈拉 ┌阿合沙
              │                    ├苏勒坦
              │                    ├巴克尔
              │                    ├耶力卜萨勒
              │                    └巴尔克别克
```

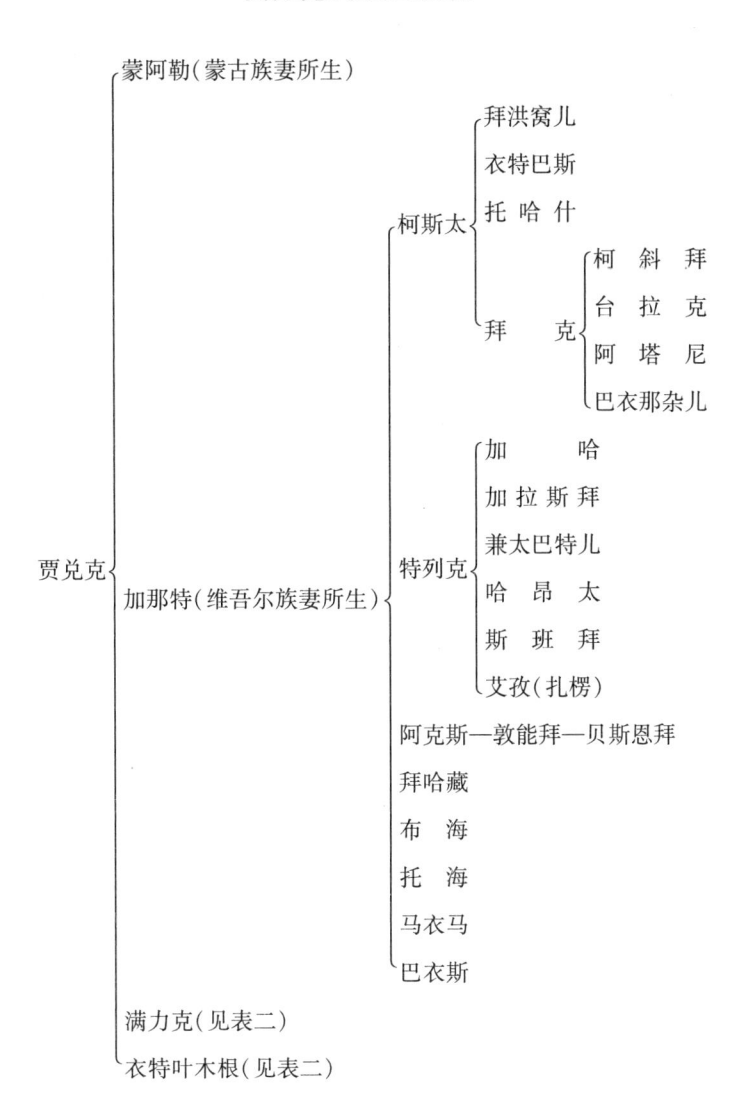

贾兑克氏族世系表一

```
              ┌─ 蒙阿勒(蒙古族妻所生)
              │
              │                              ┌─ 拜洪窝儿
              │                              │
              │                    ┌─ 柯斯太 ┤─ 衣特巴斯
              │                    │         │
              │                    │         └─ 托哈什
              │                    │
              │                    │         ┌─ 柯斜拜
              │                    │         │
              │                    └─ 拜 克 ┤─ 台拉克
              │                              │─ 阿塔尼
              │                              └─ 巴衣那杂儿
              │
              │                              ┌─ 加 哈
              │                              │─ 加拉斯拜
              │                    ┌─ 特列克 ┤─ 兼太巴特儿
 贾兑克 ──────┤─ 加那特(维吾尔族妻所生) │─ 哈昂太
              │                              │─ 斯班拜
              │                              └─ 艾孜(扎楞)
              │                    │
              │                    │─ 阿克斯—敦能拜—贝斯恩拜
              │                    │─ 拜哈藏
              │                    │─ 布 海
              │                    │─ 托 海
              │                    │─ 马衣马
              │                    └─ 巴衣斯
              │
              │─ 满力克(见表二)
              │
              └─ 衣特叶木根(见表二)
```

贾兑克氏族世系表二

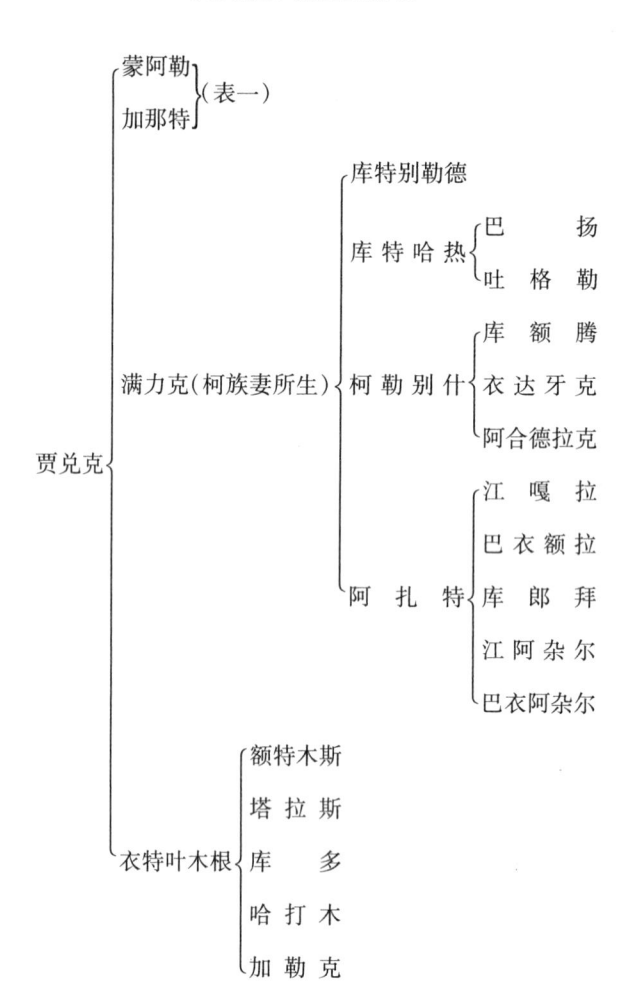

```
贾兑克 ┬ 蒙阿勒 ┐
       │        ├（表一）
       │ 加那特 ┘
       │
       │ 满力克(柯族妻所生) ┬ 库特别勒德
       │                    │
       │                    ├ 库特哈热 ┬ 巴    扬
       │                    │          └ 吐 格 勒
       │                    │
       │                    ├ 柯勒别什 ┬ 库 额 腾
       │                    │          ├ 衣 达 牙 克
       │                    │          └ 阿合德拉克
       │                    │
       │                    └ 阿 扎 特 ┬ 江 嘎 拉
       │                                ├ 巴衣额拉
       │                                ├ 库 郎 拜
       │                                ├ 江阿杂尔
       │                                └ 巴衣阿杂尔
       │
       └ 衣特叶木根 ┬ 额特木斯
                    ├ 塔 拉 斯
                    ├ 库    多
                    ├ 哈 打 木
                    └ 加 勒 克
```

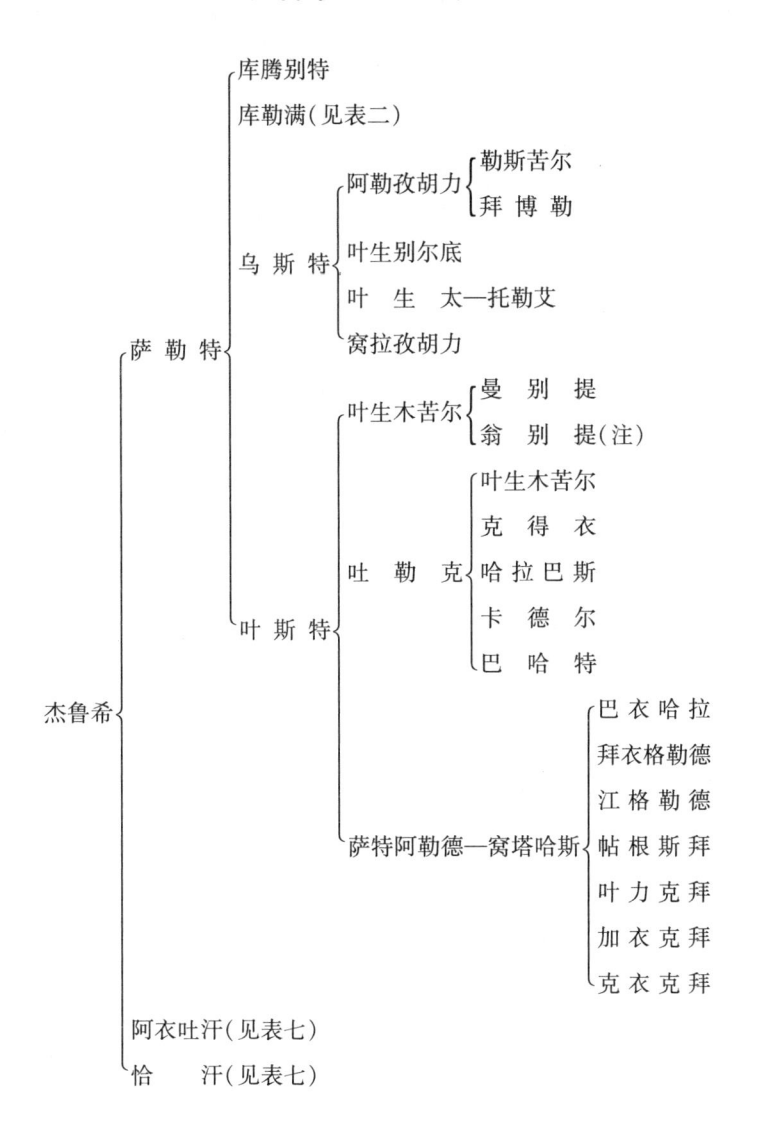

杰鲁希氏族世系表一

- 杰鲁希
  - 萨勒特
    - 库腾别特
    - 库勒满（见表二）
    - 乌斯特
      - 阿勒孜胡力
        - 勒斯苦尔
        - 拜博勒
      - 叶生别尔底
      - 叶生太—托勒艾
      - 窝拉孜胡力
    - 叶斯特
      - 叶生木苦尔
        - 曼别提
        - 翁别提（注）
      - 吐勒克
        - 叶生木苦尔
        - 克得衣
        - 哈拉巴斯
        - 卡德尔
        - 巴哈特
      - 萨特阿勒德—窝塔哈斯
        - 巴衣哈拉
        - 拜衣格勒德
        - 江格勒德
        - 帖根斯拜
        - 叶力克拜
        - 加衣克拜
        - 克衣克拜
  - 阿衣吐汗（见表七）
  - 恰汗（见表七）

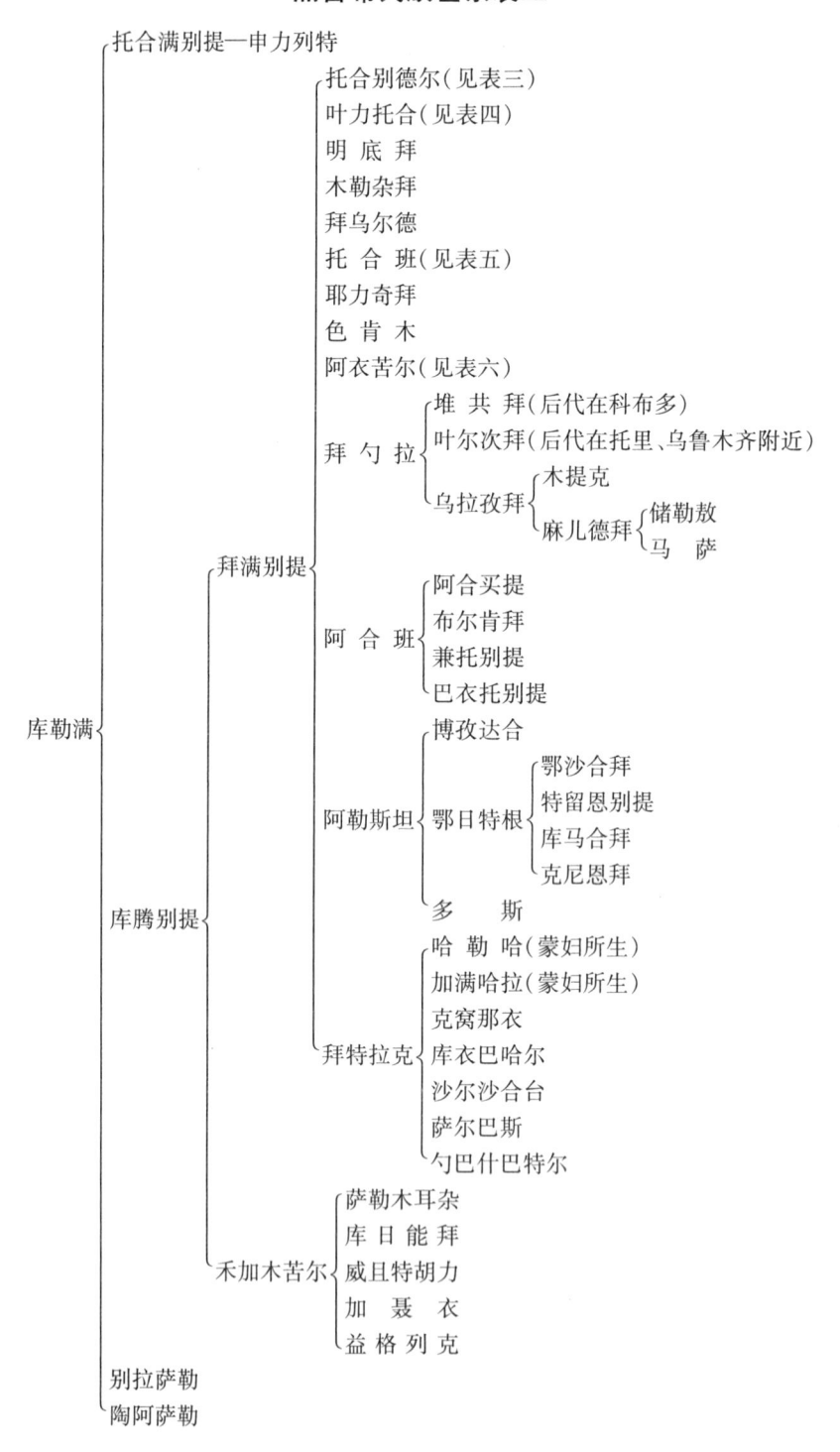

杰鲁希氏族世系表二

```
库勒满 ┬ 托合满别提—申力列特 ┬ 托合别德尔(见表三)
       │                      ├ 叶力托合(见表四)
       │                      ├ 明 底 拜
       │                      ├ 木勒杂拜
       │                      ├ 拜乌尔德
       │                      ├ 托 合 班(见表五)
       │                      ├ 耶力奇拜
       │                      ├ 色 肯 木
       │                      └ 阿衣苦尔(见表六)
       │
       ├ 拜满别提 ┬ 拜 勺 拉 ┬ 堆 共 拜(后代在科布多)
       │         │         ├ 叶尔次拜(后代在托里、乌鲁木齐附近)
       │         │         └ 乌拉孜拜 ┬ 木提克
       │         │                   └ 麻儿德拜 ┬ 储勒敖
       │         │                             └ 马 萨
       │         ├ 阿 合 班 ┬ 阿合买提
       │         │         ├ 布尔肯拜
       │         │         ├ 兼托别提
       │         │         └ 巴衣托别提
       │         └ 阿勒斯坦 ┬ 博孜达合
       │                   └ 鄂日特根 ┬ 鄂沙合拜
       │                             ├ 特留恩别提
       │                             ├ 库马合拜
       │                             └ 克尼恩拜
       │
       ├ 库腾别提 ┬ 多 斯
       │         └ 拜特拉克 ┬ 哈 勒 哈(蒙妇所生)
       │                   ├ 加满哈拉(蒙妇所生)
       │                   ├ 克窝那衣
       │                   ├ 库衣巴哈尔
       │                   ├ 沙尔沙合台
       │                   ├ 萨尔巴斯
       │                   └ 勺巴什巴特尔
       │
       ├ 禾加木苦尔 ┬ 萨勒木耳杂
       │           ├ 库日能拜
       │           ├ 威且特胡力
       │           ├ 加 聂 衣
       │           └ 益格列克
       │
       ├ 别拉萨勒
       └ 陶阿萨勒
```

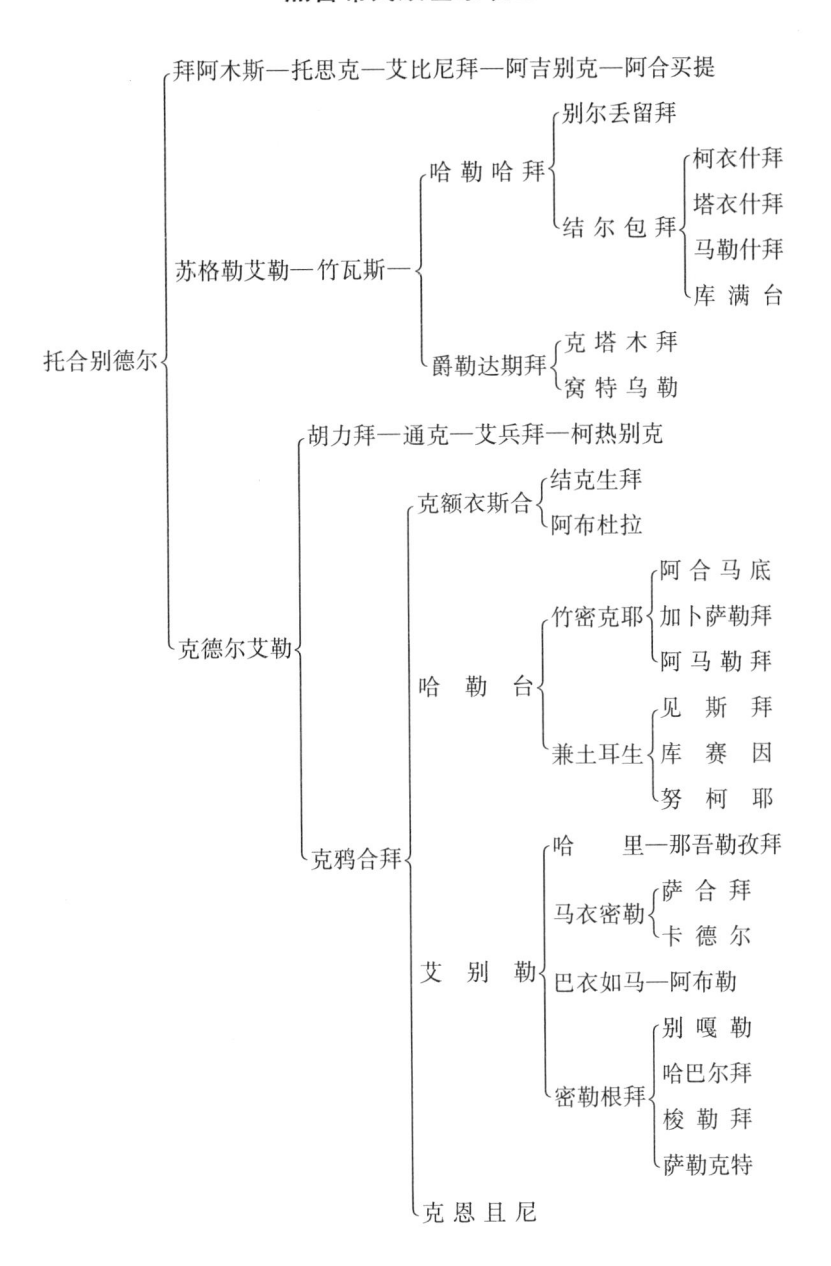

杰鲁希氏族世系表三

- 托合别德尔
  - 拜阿木斯—托思克—艾比尼拜—阿吉别克—阿合买提
  - 苏格勒艾勒—竹瓦斯
    - 哈勒哈拜
      - 别尔丢留拜
      - 结尔包拜
        - 柯衣什拜
        - 塔衣什拜
        - 马勒什拜
        - 库满台
    - 爵勒达期拜
      - 克塔木拜
      - 窝特乌勒
  - 克德尔艾勒
    - 胡力拜—通克—艾兵拜—柯热别克
    - 克额衣斯合
      - 结克生拜
      - 阿布杜拉
    - 哈勒台
      - 竹密克耶
        - 阿合马底
        - 加卜萨勒拜
        - 阿马勒拜
      - 兼土耳生
        - 见斯拜
        - 库赛因
        - 努柯耶
    - 克鸦合拜
      - 哈 里—那吾勒孜拜
      - 艾别勒
        - 马衣密勒
          - 萨合拜
          - 卡德尔
        - 巴衣如马—阿布勒
        - 密勒根拜
          - 别嘎勒
          - 哈巴尔拜
          - 梭勒拜
          - 萨勒克特
    - 克恩且尼

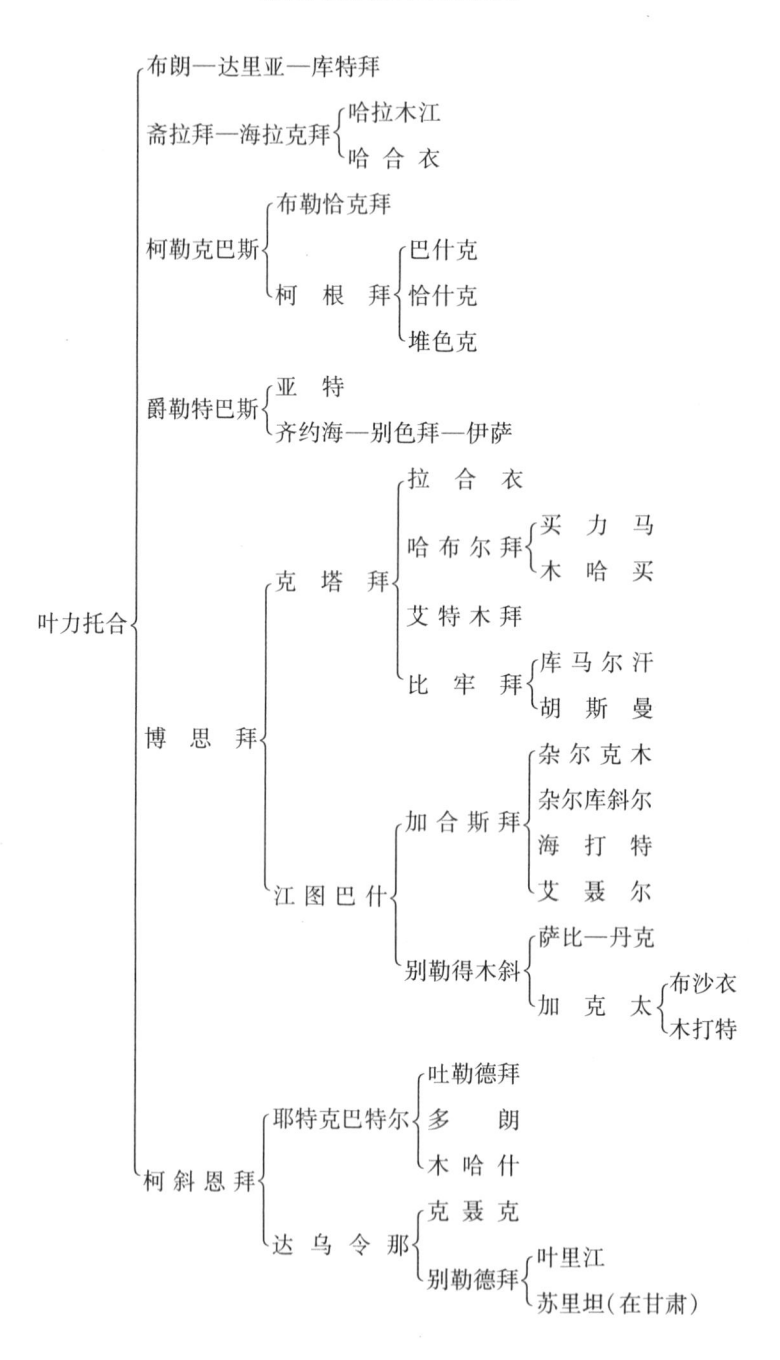

杰鲁希氏族世系表四

```
叶力托合 ┬ 布朗—达里亚—库特拜
         ├ 斋拉拜—海拉克拜 ┬ 哈拉木江
         │                  └ 哈合衣
         ├ 柯勒克巴斯 ┬ 布勒恰克拜
         │            └ 柯根拜 ┬ 巴什克
         │                      ├ 恰什克
         │                      └ 堆色克
         ├ 爵勒特巴斯 ┬ 亚特
         │            └ 齐约海—别色拜—伊萨
         ├ 博思拜 ┬ 克塔拜 ┬ 拉合衣
         │        │        ├ 哈布尔拜 ┬ 买力马
         │        │        │          └ 木哈买
         │        │        ├ 艾特木拜
         │        │        └ 比牢拜 ┬ 库马尔汗
         │        │                  └ 胡斯曼
         │        └ 江图巴什 ┬ 加合斯拜 ┬ 杂尔克木
         │                    │          ├ 杂尔库斜尔
         │                    │          ├ 海打特
         │                    │          └ 艾聂尔
         │                    └ 别勒得木斜 ┬ 萨比—丹克
         │                                  └ 加克太 ┬ 布沙衣
         │                                            └ 木打特
         └ 柯斜恩拜 ┬ 耶特克巴特尔 ┬ 吐勒德拜
                    │                ├ 多朗
                    │                └ 木哈什
                    └ 达乌令那 ┬ 克聂克
                                └ 别勒德拜 ┬ 叶里江
                                            └ 苏里坦(在甘肃)
```

杰鲁希氏族世系表五

托合班 ┬ 布　尔　太—柯什木
　　　 ├ 胡衣汗什木—托克斯拜
　　　 └ 木　苏　满 ┬ 布则克
　　　　　　　　　　└ 朱　马

杰鲁希氏族世系表六

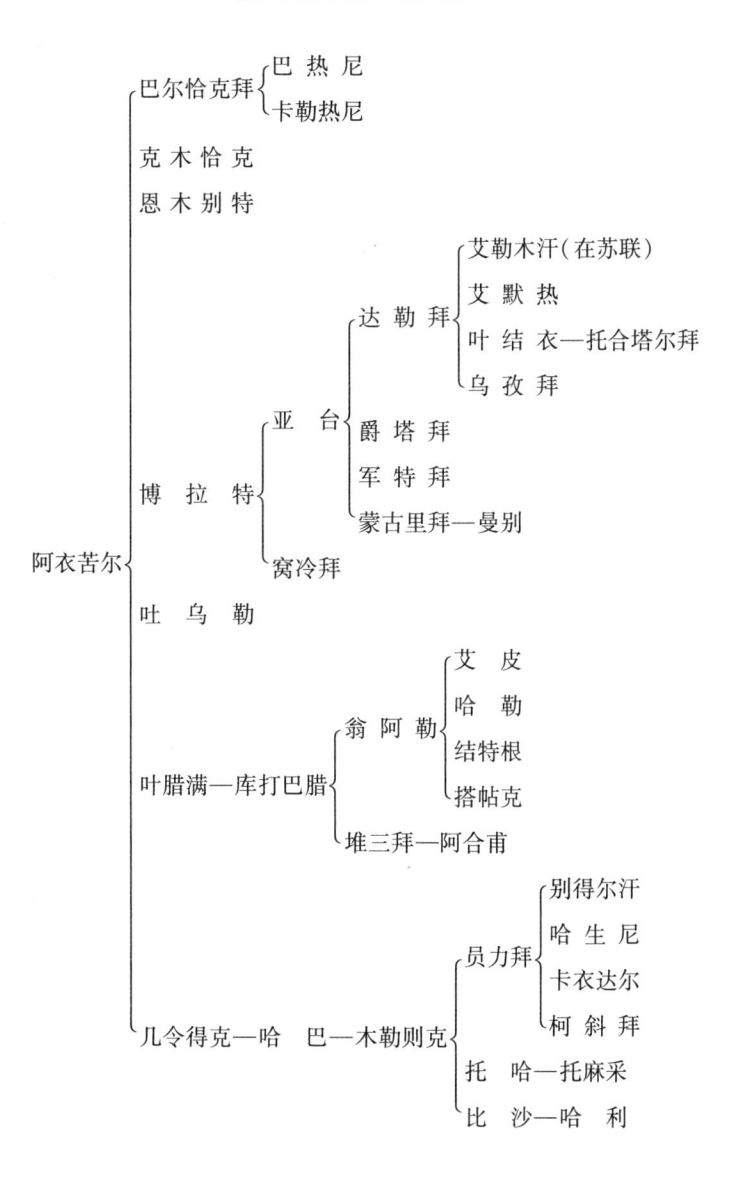

阿衣苦尔 ┬ 巴尔恰克拜 ┬ 巴　热　尼
　　　　 │　　　　　　└ 卡勒热尼
　　　　 ├ 克木恰克
　　　　 ├ 恩木别特
　　　　 ├ 博　拉　特 ┬ 亚　台 ┬ 达　勒　拜 ┬ 艾勒木汗（在苏联）
　　　　 │　　　　　　│　　　　│　　　　　　├ 艾　默　热
　　　　 │　　　　　　│　　　　│　　　　　　├ 叶　结　衣—托合塔尔拜
　　　　 │　　　　　　│　　　　└ 乌　孜　拜
　　　　 │　　　　　　│　　　　┬ 爵　塔　拜
　　　　 │　　　　　　│　　　　├ 军　特　拜
　　　　 │　　　　　　│　　　　└ 蒙古里拜—曼别
　　　　 │　　　　　　└ 窝冷拜
　　　　 ├ 吐　乌　勒
　　　　 ├ 叶腊满—库打巴腊 ┬ 翁　阿　勒 ┬ 艾　皮
　　　　 │　　　　　　　　 │　　　　　　├ 哈　勒
　　　　 │　　　　　　　　 │　　　　　　├ 结特根
　　　　 │　　　　　　　　 │　　　　　　└ 搭帖克
　　　　 │　　　　　　　　 └ 堆三拜—阿合甫
　　　　 └ 几令得克—哈　巴—木勒则克 ┬ 员力拜 ┬ 别得尔汗
　　　　　　　　　　　　　　　　　　 │　　　　├ 哈生尼
　　　　　　　　　　　　　　　　　　 │　　　　├ 卡衣达尔
　　　　　　　　　　　　　　　　　　 │　　　　└ 柯斜拜
　　　　　　　　　　　　　　　　　　 ├ 托　哈—托麻采
　　　　　　　　　　　　　　　　　　 └ 比　沙—哈　利

杰鲁希氏族世系表七

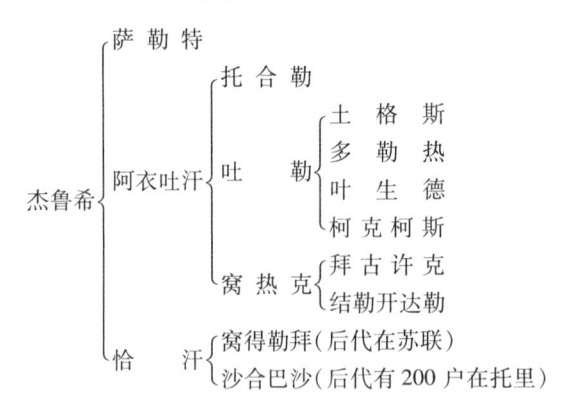

```
              ┌ 萨勒特
              │          ┌ 托合勒
              │          │         ┌ 土格斯
              │          │         │ 多勒热
              │ 阿衣吐汗 ┤ 吐 勒  ┤ 叶生德
 杰鲁希 ─────┤          │         └ 柯克柯斯
              │          │         ┌ 拜古许克
              │          └ 窝热克 ┤
              │                    └ 结勒开达勒
              │         ┌ 窝得勒拜（后代在苏联）
              └ 恰 汗 ┤
                        └ 沙合巴沙（后代有200户在托里）
```

莫尔库氏族世系表

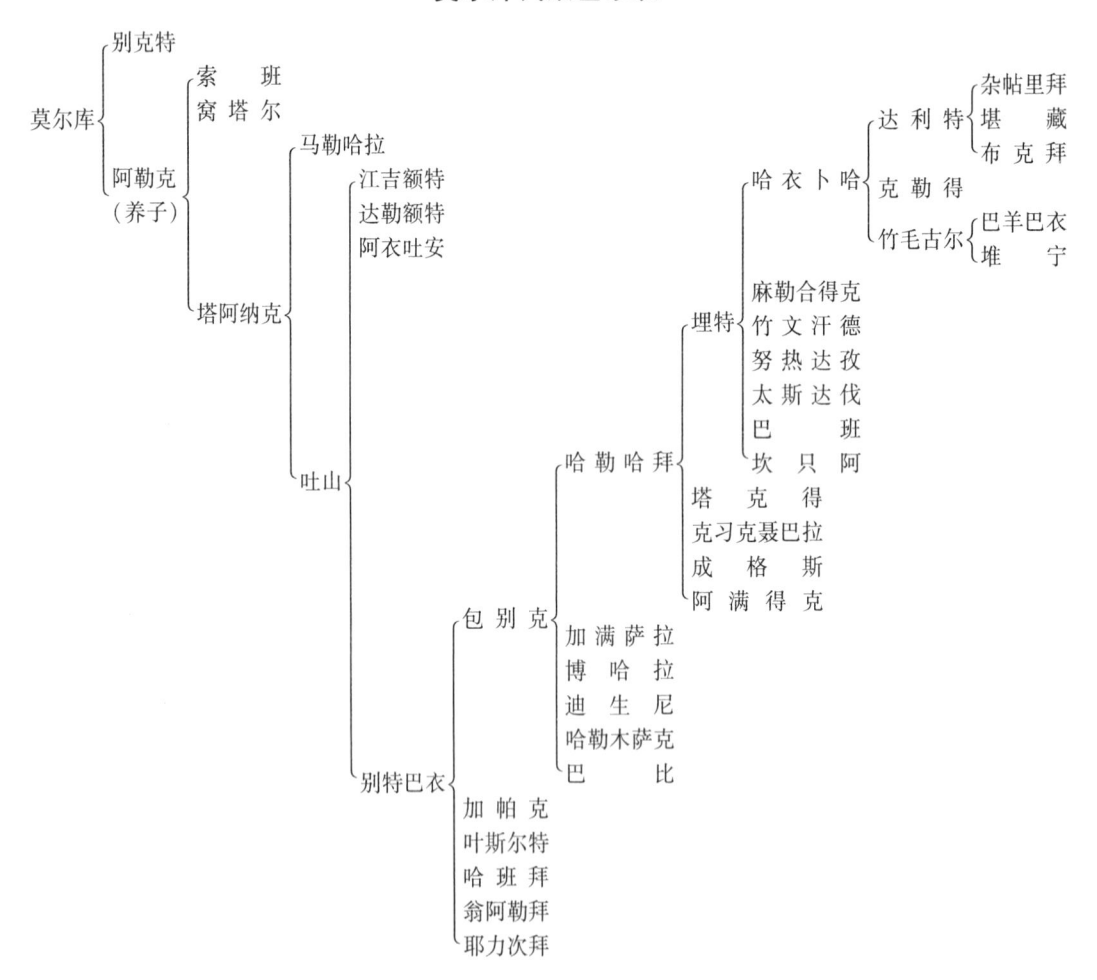

```
         ┌ 别克特
         │          ┌ 索 班
         │          │ 窝塔尔
         │          │         ┌ 马勒哈拉
         │          │         │ 江吉额特
         │          │         │ 达勒额特
         │          │         │ 阿衣吐安
 莫尔库 ┤ 阿勒克 ┤         │
         │ （养子）│         │                                    ┌ 杂帖里拜
         │          │         │                   ┌ 达利特 ──── ┤ 堪 藏
         │          │         │                   │                └ 布克拜
         │          │         │         ┌ 哈衣卜哈 ┤ 克勒得
         │          │         │         │         │         ┌ 巴羊巴衣
         │          │         │         │         └ 竹毛古尔 ┤
         │          │         │         │                     └ 堆 宁
         │          │         │         │         ┌ 麻勒合得克
         │          │         │         │         │ 竹文汗德
         │          │         │         │         │ 努热达孜
         │          │         │         │         │ 太斯达伐
         │          │         │         │ 埋特 ── ┤ 巴 班
         │          │         │         │         │ 坎只阿
         │          │         │         │         │ 塔克得
         │          │         │         │         │ 克习克聂巴拉
         │          │         │         │         │ 成格斯
         │          │         │         │         └ 阿满得克
         │          │         │ 吐山 ── ┤
         │          │         │         │         ┌ 加满萨拉
         │          │         │         │         │ 博哈拉
         │          │         │         │ 哈勒哈拜 ┤ 迪生尼
         │          │         │         │         │ 哈勒木萨克
         │          │         │         │         └ 巴 比
         │          └ 塔阿纳克 ┤ 包别克 ┤
         │                              │         ┌ 加帕克
         │                              │         │ 叶斯尔特
         │                              └ 别特巴衣 ┤ 哈班拜
         │                                        │ 翁阿勒拜
         │                                        └ 耶力次拜
```

莎尔巴斯氏族世系表

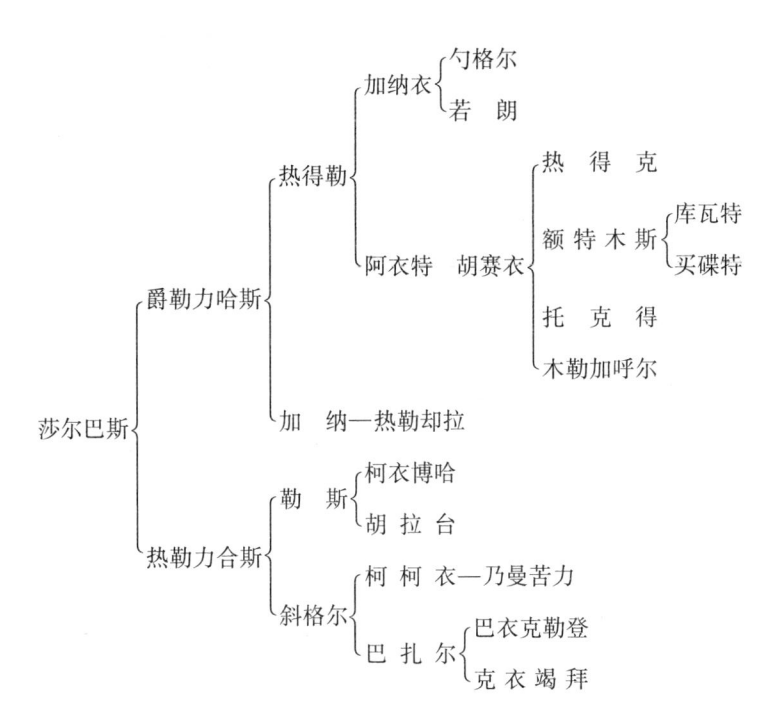

```
                            ┌─ 加纳衣 ┬─ 勺格尔
                            │        └─ 若  朗
               ┌─ 热得勒 ───┤                      ┌─ 热 得 克
               │            │                      │              ┌─ 库瓦特
               │            └─ 阿衣特  胡赛衣 ─────┤─ 额 特 木 斯 ┤
               │                                   │              └─ 买碟特
  ┌─ 爵勒力哈斯┤                                   │─ 托 克 得
  │            │                                   └─ 木勒加呼尔
莎尔巴斯 ──────┤
  │            └─ 加 纳—热勒却拉
  │
  │            ┌─ 勒  斯 ┬─ 柯衣博哈
  └─ 热勒力合斯┤          └─ 胡 拉 台
               │         ┌─ 柯 柯 衣—乃曼苦力
               └─ 斜格尔─┤          ┌─ 巴衣克勒登
                         └─ 巴 扎 尔┤
                                    └─ 克 衣 竭 拜
```

喀拉卡斯氏族世系表

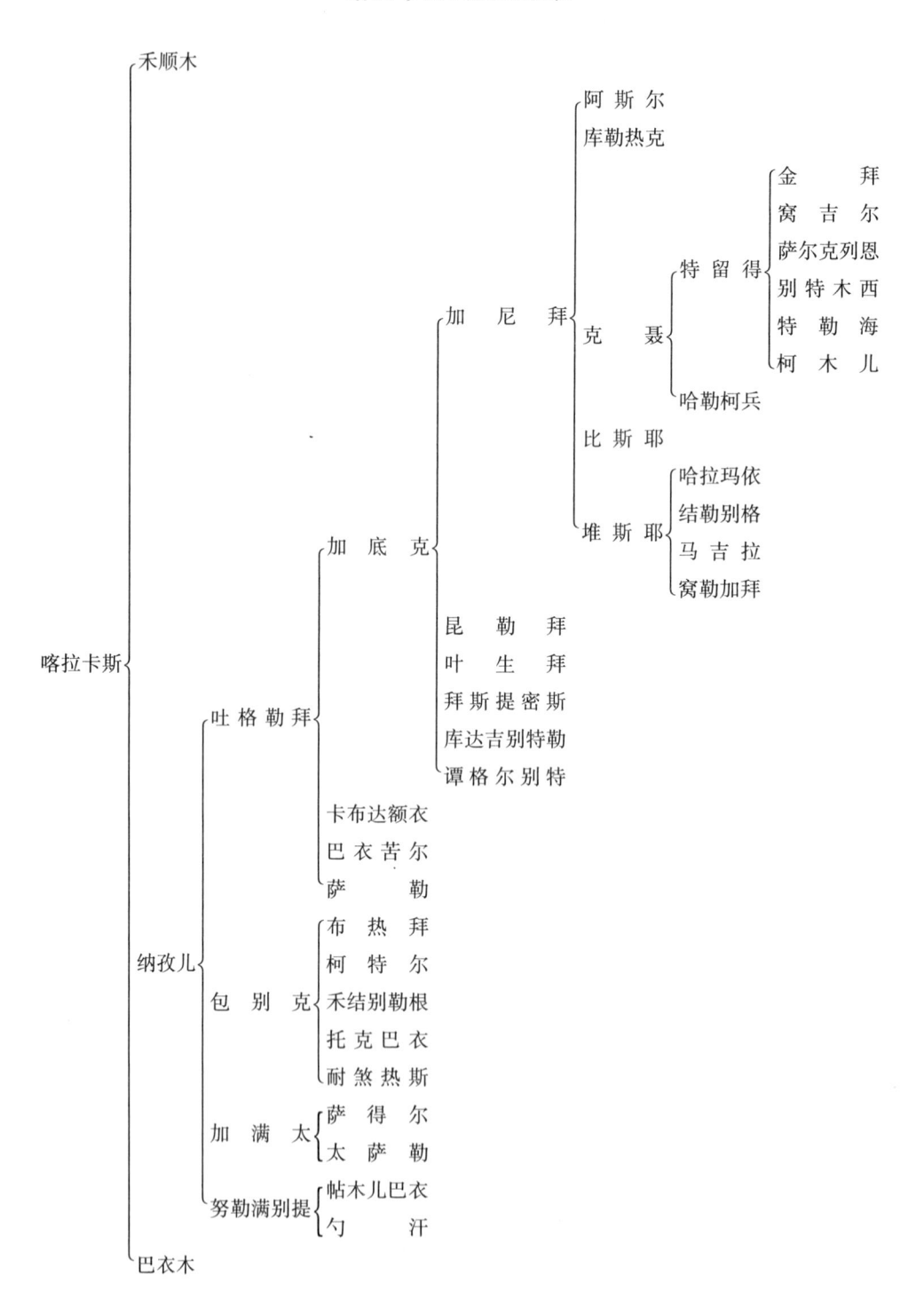

```
喀拉卡斯
├─ 禾顺木
├─ ┬─ 加尼拜
│  │   ├─ 阿斯尔
│  │   ├─ 库勒热克
│  │   ├─ 克聂
│  │   │   ├─ 特留得
│  │   │   │   ├─ 金　拜
│  │   │   │   ├─ 窝吉尔
│  │   │   │   ├─ 萨尔克列恩
│  │   │   │   ├─ 别特木西
│  │   │   │   ├─ 特勒海
│  │   │   │   └─ 柯木儿
│  │   │   └─ 哈勒柯兵
│  │   ├─ 比斯耶
│  │   └─ 堆斯耶
│  │       ├─ 哈拉玛依
│  │       ├─ 结勒别格
│  │       ├─ 马吉拉
│  │       └─ 窝勒加拜
│  └─ 加底克
│      ├─ 昆勒拜
│      ├─ 叶生拜
│      ├─ 拜斯提密斯
│      ├─ 库达吉别特勒
│      └─ 谭格尔别特
├─ 纳孜儿
│   ├─ 吐格勒拜
│   │   ├─ 卡布达额衣
│   │   ├─ 巴衣苦尔
│   │   └─ 萨勒
│   ├─ 包别克
│   │   ├─ 布热拜
│   │   ├─ 柯特尔
│   │   ├─ 禾结别勒根
│   │   ├─ 托克巴衣
│   │   └─ 耐煞热斯
│   ├─ 加满太
│   │   ├─ 萨得尔
│   │   └─ 太萨勒
│   └─ 努勒满别提
│       ├─ 帖木儿巴衣
│       └─ 勺汗
└─ 巴衣木
```

加斯他邦氏族世系表

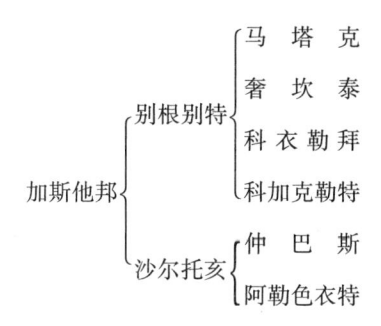

```
                    ┌ 马 塔 克
          ┌ 别根别特 ┤ 奢 坎 泰
          │         │ 科 衣 勒 拜
加斯他邦 ┤         └ 科加克勒特
          │
          └ 沙尔托亥 ┬ 仲 巴 斯
                    └ 阿勒色衣特
```

依特里氏族世系表

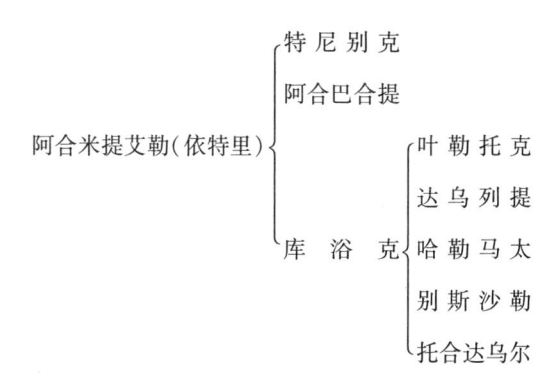

```
                      ┌ 特 尼 别 克
                      │ 阿 合 巴 合 提
阿合米提艾勒(依特里) ┤         ┌ 叶 勒 托 克
                      │         │ 达 乌 列 提
                      └ 库 浴 克 ┤ 哈 勒 马 太
                                │ 别 斯 沙 勒
                                └ 托 合 达 乌 尔
```

附　　表

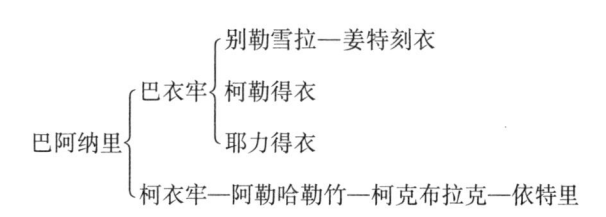

```
              ┌         ┌ 别勒雪拉—姜特刻衣
              │ 巴衣牢 ┤ 柯 勒 得 衣
巴阿纳里 ┤         └ 耶 力 得 衣
              │
              └ 柯衣牢—阿勒哈勒竹—柯克布拉克—依特里
```

这个附表，列的是依特里的祖辈，从表上可以看出：姜特刻衣和依特里二氏族都是巴阿纳里的后代。

丘巴拉衣克尔氏族世系表

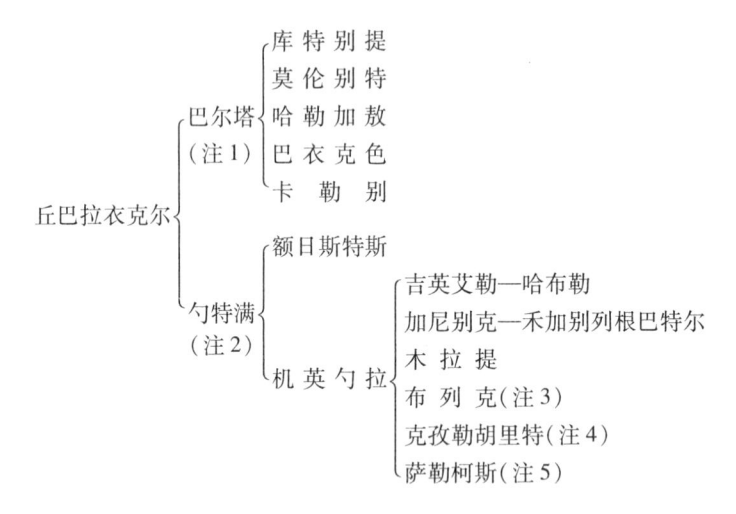

```
丘巴拉衣克尔 ┬ 巴尔塔(注1) ┬ 库特别提
            │              ├ 莫伦别特
            │              ├ 哈勒加敖
            │              ├ 巴衣克色
            │              └ 卡勒别
            └ 勺特满(注2) ┬ 额日斯特斯
                          └ 机英勺拉 ┬ 吉英艾勒—哈布勒
                                    ├ 加尼别克—禾加别列根巴特尔
                                    ├ 木拉提
                                    ├ 布列克(注3)
                                    ├ 克孜勒胡里特(注4)
                                    └ 萨勒柯斯(注5)
```

（注1、2）贾兑克,姜特刻衣,杰鲁希兄弟三人养着几群马,其中有匹种马(斑马)被人偷走。贾兑克带了耶默尔、得尔土去寻找,在一条河边的蒙古包处找到了。本要把斑马拉回去,但那个蒙古包的主人很穷,不能还斑马,便把自己的一个儿子巴尔塔给了他们,巴尔塔的堂兄弟勺特满也跟了他们。后来巴尔塔、勺特满成了养子。人们问过这两个孩子的来历,回答便是:斑马换来的。因此,他们的后代就名叫丘巴拉衣克尔,即种斑马的意思。

（注3）布列克为遗腹子,意为"附加""附带"。

（注4、5）机英勺拉死后,其妻为其弟所娶,生克孜勒胡里特与萨勒柯斯二人。

蔑儿刻特氏族世系表

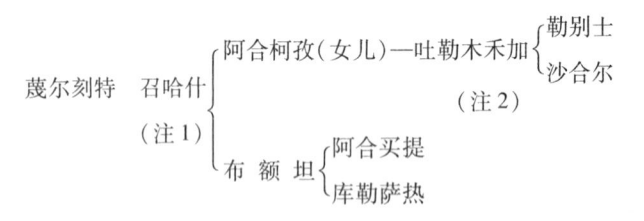

```
蔑尔刻特  召哈什(注1) ┬ 阿合柯孜(女儿)—吐勒木禾加(注2) ┬ 勒别士
                     │                                  └ 沙合尔
                     └ 布额坦 ┬ 阿合买提
                             └ 库勒萨热
```

（注1）召哈什从蔑儿刻特(城市)来到哈萨克地区,和贾兑克氏族的女子结了婚,繁衍成为蔑儿刻特氏族。

（注2）吐勒木禾加从鄂尔昆奇(城市)来和召哈什的女儿阿合柯孜结婚,其子孙即属于阿合柯孜部落系统。

勒别士、沙合尔、阿合买提、库勒萨热,称为吐勒蔑儿刻特,即"四个蔑儿刻特"。

康沙达克氏族世系表

康沙达克 {
- 朝连
- 阿塔和兹
- 科加别克
- 拜衣科别克
}

胡尔台布拉特氏族世系表

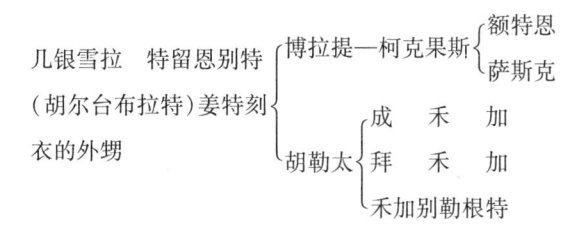

几银雪拉（胡尔台布拉特）衣的外甥 — 特留恩别特姜特刻 {
- 博拉提—柯克果斯 { 额特恩 / 萨斯克 }
- 胡勒太 { 成禾加 / 拜禾加 / 禾加别勒根特 }
}

乃蛮部落世系表一

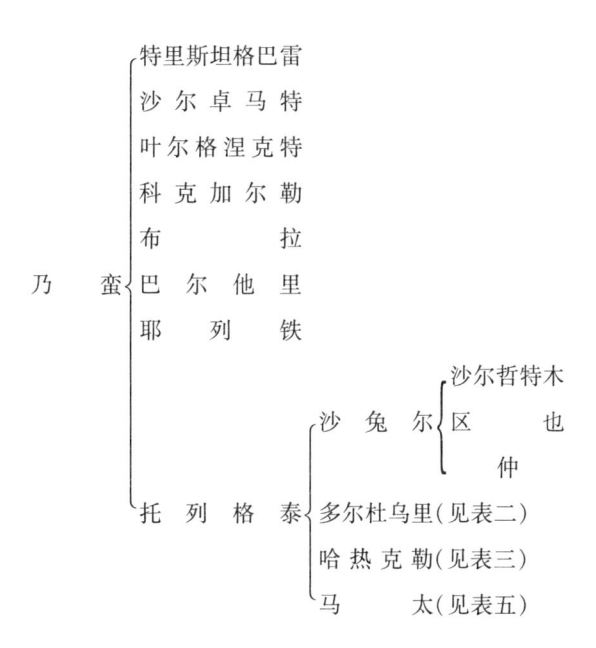

乃蛮 {
- 特里斯坦格巴雷
- 沙尔卓马特
- 叶尔格涅克特
- 科克加尔勒
- 布拉
- 巴尔他里
- 耶列铁
- 托列格泰 {
  - 沙兔尔 { 沙尔哲特木 / 区也 / 仲 }
  - 多尔杜乌里（见表二）
  - 哈热克勒（见表三）
  - 马太（见表五）
  }
}

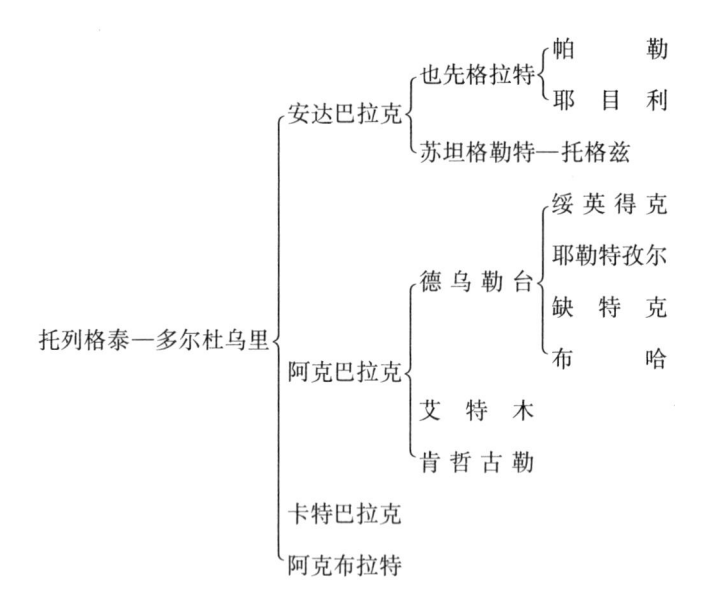

乃蛮部落世系表二

```
托列格泰—多尔杜乌里 ┬ 安达巴拉克 ┬ 也先格拉特 ┬ 帕　　勒
                   │            │             └ 耶目利
                   │            └ 苏坦格勒特—托格兹
                   ├ 阿克巴拉克 ┬ 德乌勒台 ┬ 绥英得克
                   │            │          ├ 耶勒特孜尔
                   │            │          ├ 缺　特　克
                   │            │          └ 布　　哈
                   │            ├ 艾特木
                   │            └ 肯哲古勒
                   ├ 卡特巴拉克
                   └ 阿克布拉特
```

二、西北地区少数民族家谱研究

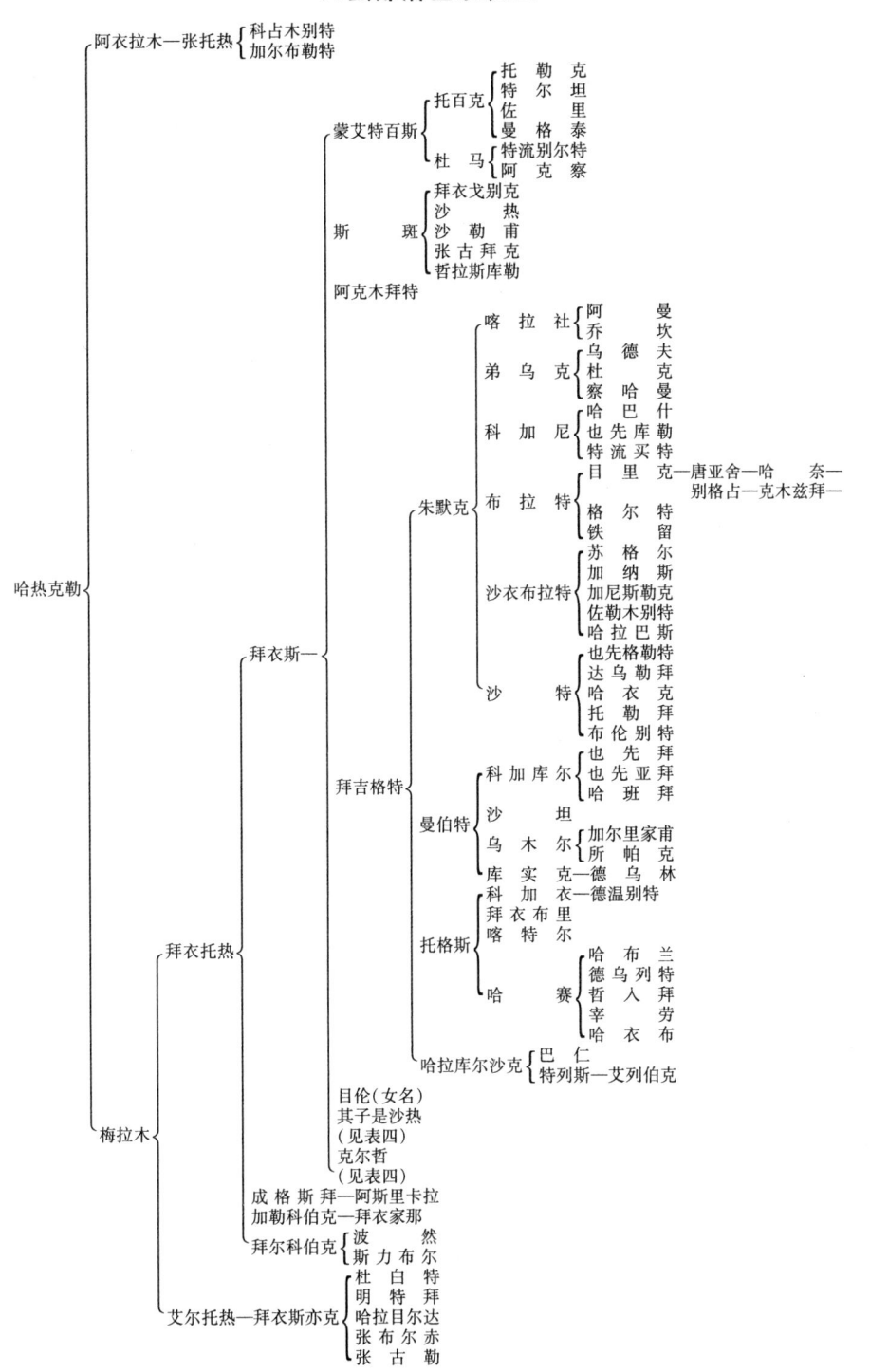

乃蛮部落世系表三

```
哈热克勒
├─阿衣拉木—张托热
│         ├─科占木别特
│         └─加尔布勒特
├─蒙艾特百斯
│         ├─托百克
│         │    ├─托特勒克坦里泰
│         │    └─佐曼格
│         └─杜马
│              ├─特流别尔特察
│              └─阿克
├─斯斑
│    ├─拜衣戈别克
│    ├─沙热
│    ├─沙勒甫
│    ├─张古拜克
│    └─哲拉斯库勒
├─阿克木拜特
├─拜衣斯
│    ├─朱默克
│    │    ├─喀拉社
│    │    │    ├─阿曼坎
│    │    │    └─乔夫克
│    │    ├─弟乌克
│    │    │    ├─乌杜德
│    │    │    └─察哈曼
│    │    ├─科加尼
│    │    │    ├─哈巴什
│    │    │    ├─也先库勒
│    │    │    └─特流买特
│    │    ├─布拉特
│    │    │    ├─目里克—唐亚舍—哈奈—别格占—克木兹拜—
│    │    │    ├─格尔特
│    │    │    └─铁留
│    │    ├─沙衣布拉特
│    │    │    ├─苏格尔
│    │    │    ├─加纳斯
│    │    │    ├─加尼斯勒克
│    │    │    ├─佐勒木别特
│    │    │    └─哈拉巴斯
│    │    └─沙特
│    │         ├─也先格勒特
│    │         ├─达乌勒拜
│    │         ├─哈衣克拜
│    │         ├─托勒
│    │         └─布伦别特
│    └─拜吉格特
│         ├─曼伯特
│         │    ├─科加库尔
│         │    │    ├─也先拜
│         │    │    ├─也先亚拜
│         │    │    └─哈班拜
│         │    ├─沙木尔坦
│         │    │    ├─加尔里家甫
│         │    │    └─所帕克林
│         │    └─乌库实克—德乌
│         ├─托格斯
│         │    ├─科加衣布里
│         │    │    └─德温别特
│         │    └─拜喀特尔
│         ├─哈赛
│         │    ├─哈布兰
│         │    ├─德乌列特拜
│         │    ├─哲人劳
│         │    └─宰哈衣布
│         └─哈拉库尔沙克
│              ├─巴仁
│              └─特列斯—艾列伯克
├─梅拉木
│    ├─目伦（女名）其子是沙热（见表四）
│    ├─克尔哲（见表四）
│    ├─成格斯拜—阿斯里卡拉
│    ├─加勒科伯克—拜衣家那
│    └─拜尔科伯克
│         ├─波然
│         └─斯力布尔
└─艾尔托热—拜衣斯亦克
          ├─杜白特
          ├─明特拜
          ├─哈拉目尔达
          ├─张布尔赤
          └─张古勒
```

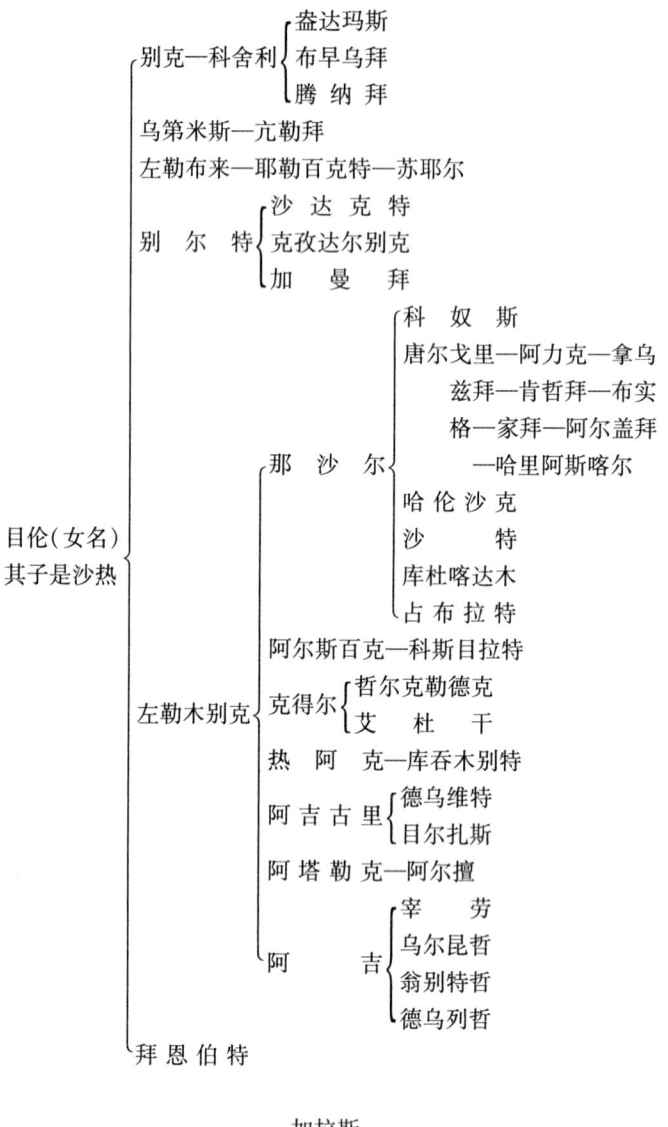

乃蛮部落世系表四

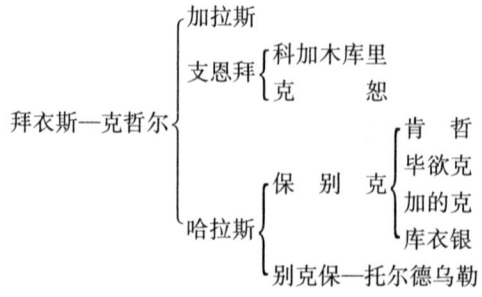

```
                        ┌ 盎达玛斯
            别克—科舍利 ┤ 布早乌拜
                        └ 腾纳拜
            乌第米斯—亢勒拜
            左勒布来—耶勒百克特—苏耶尔
                        ┌ 沙达克特
            别 尔 特   ┤ 克孜达尔别克
                        └ 加曼拜
                                   ┌ 科奴斯
                                   │ 唐尔戈里—阿力克—拿乌
                                   │   兹拜—肯哲拜—布实
                                   │   格—家拜—阿尔盖拜
                        ┌ 那沙尔 ┤   —哈里阿斯喀尔
                        │          │ 哈伦沙克
                        │          │ 沙 特
                        │          │ 库杜喀达木
                        │          └ 占布拉特
目伦(女名)              │ 阿尔斯百克—科斯目拉特
其子是沙热    左勒木别克┤ 克得尔 ┬ 哲尔克勒德克
                        │         └ 艾杜干
                        │ 热阿克—库吞木别特
                        │ 阿吉古里┬ 德乌维特
                        │         └ 目尔扎斯
                        │ 阿塔勒克—阿尔擅
                        │          ┌ 宰劳
                        │          │ 乌尔昆哲
                        └ 阿吉    ┤ 翁别特哲
                                   └ 德乌列哲
            拜恩伯特
```

```
                     ┌ 加拉斯
                     │ 支恩拜 ┬ 科加木库里
                     │         └ 克恕
拜衣斯—克哲尔      ┤                   ┌ 肯哲
                     │         ┌ 保别克 ┤ 毕欲克
                     │ 哈拉斯┤          │ 加的克
                     │         │          └ 库衣银
                     └         └ 别克保—托尔德乌勒
```

乃蛮部落世系表五

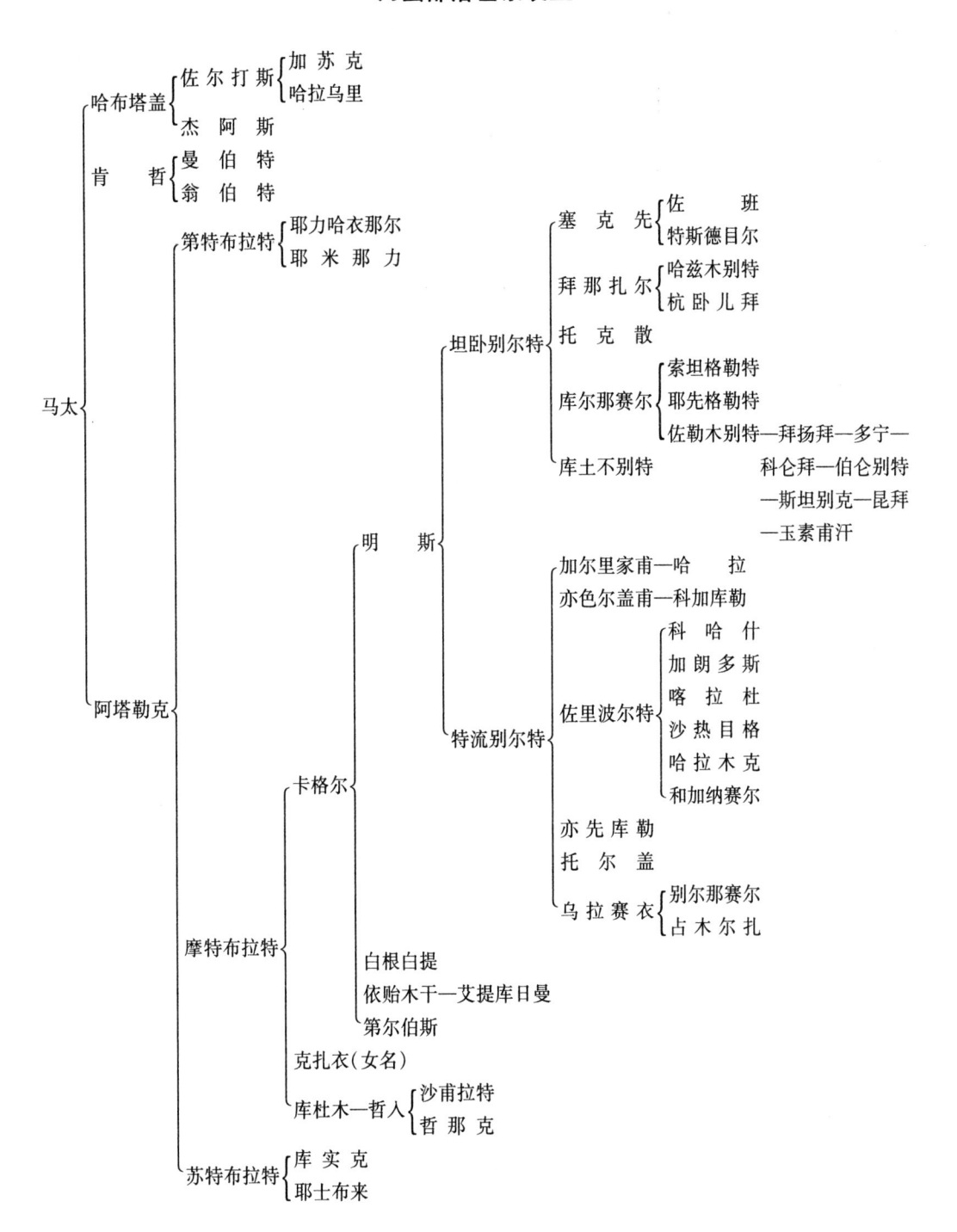

马太
- 哈布塔盖
  - 佐尔打斯
    - 加苏克
    - 哈拉乌里
  - 杰阿斯
- 肯哲
  - 曼伯特
  - 翁伯特
- 阿塔勒克
  - 第特布拉特
    - 耶力哈衣那尔
    - 耶米那力
  - 明斯
    - 坦卧别尔特
      - 塞克先
        - 佐班
        - 特斯德目尔
      - 拜那扎尔
        - 哈兹木别特
        - 杭卧儿拜
      - 托克散
      - 库尔那赛尔
        - 索坦格勒特
        - 耶先格勒特
      - 库土不别特
        - 佐勒木别特—拜扬拜—多宁—
        - 科仑拜—伯仑别特
        - —斯坦别克—昆拜
        - —玉素甫汗
    - 特流别尔特
      - 加尔里家甫—哈拉
      - 亦色尔盖甫—科加库勒
      - 佐里波尔特
        - 科哈什
        - 加朗多斯
        - 喀拉杜
        - 沙热目格
        - 哈拉木克
        - 和加纳赛尔
      - 亦先库勒
      - 托尔盖
      - 乌拉赛衣
        - 别尔那赛尔
        - 占木尔扎
  - 卡格尔
  - 摩特布拉特
    - 白根白提
    - 依贻木干—艾提库日曼
    - 第尔伯斯
    - 克扎衣（女名）
    - 库杜木—哲人
      - 沙甫拉特
      - 哲那克
  - 苏特布拉特
    - 库实克
    - 耶士布来

二、西北地区少数民族家谱研究　185

黑宰部落世系表

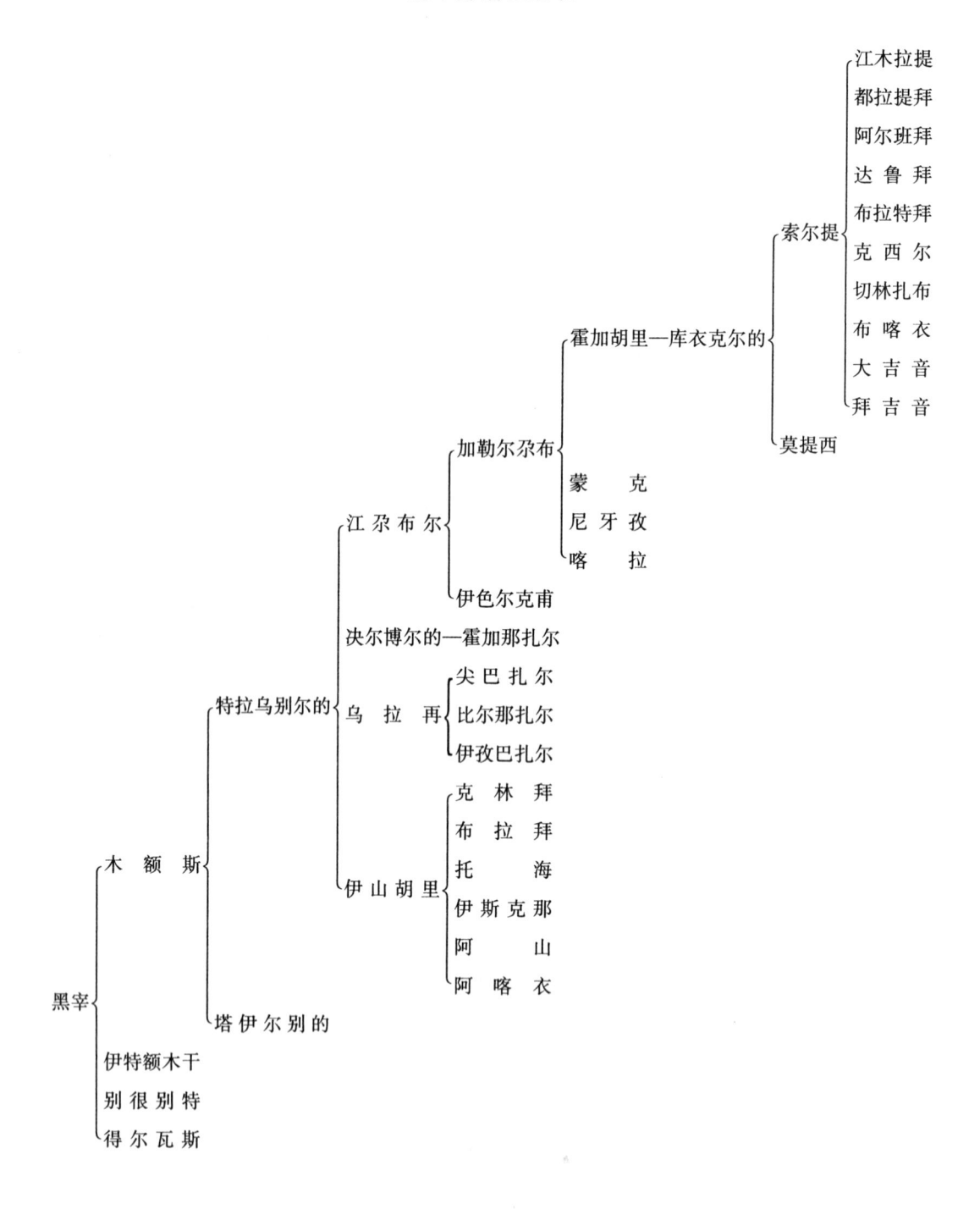

```
                                                                          ┌ 江木拉提
                                                                          ├ 都拉提拜
                                                                          ├ 阿尔班拜
                                                                          ├ 达 鲁 拜
                                                                          ├ 布拉特拜
                                                                    ┌ 索尔提 ┤ 克 西 尔
                                                                    │     ├ 切林扎布
                                                                    │     ├ 布 喀 衣
                                                                    │     ├ 大 吉 音
                                                                    │     └ 拜 吉 音
                                            ┌ 霍加胡里—库衣克尔的 ┤
                                            │                       └ 莫提西
                                    ┌ 加勒尔尕布 ┤
                                    │       │   ┌ 蒙 克
                          ┌ 江 尕 布 尔 ┤        ├ 尼 牙 孜
                          │         │            └ 喀 拉
                          │         └ 伊色尔克甫
                          │
                          │    决尔博尔的—霍加那扎尔
                          │                   ┌ 尖 巴 扎 尔
              ┌ 特拉乌别尔的 ┤    ┌ 乌 拉 再 ┤ 比尔那扎尔
              │           │   │            └ 伊孜巴扎尔
              │           │   │
              │           │   │            ┌ 克 林 拜
              │           │   │            ├ 布 拉 拜
    ┌ 木 额 斯 ┤           └ 伊山胡里 ┤ 托     海
    │         │                       ├ 伊斯克那
    │         │                       ├ 阿     山
黑宰┤         │                       └ 阿 喀 衣
    │         │
    │         └ 塔伊尔别的
    │
    ├ 伊特额木干
    ├ 别很别特
    └ 得尔瓦斯
```

素宛部落世系表

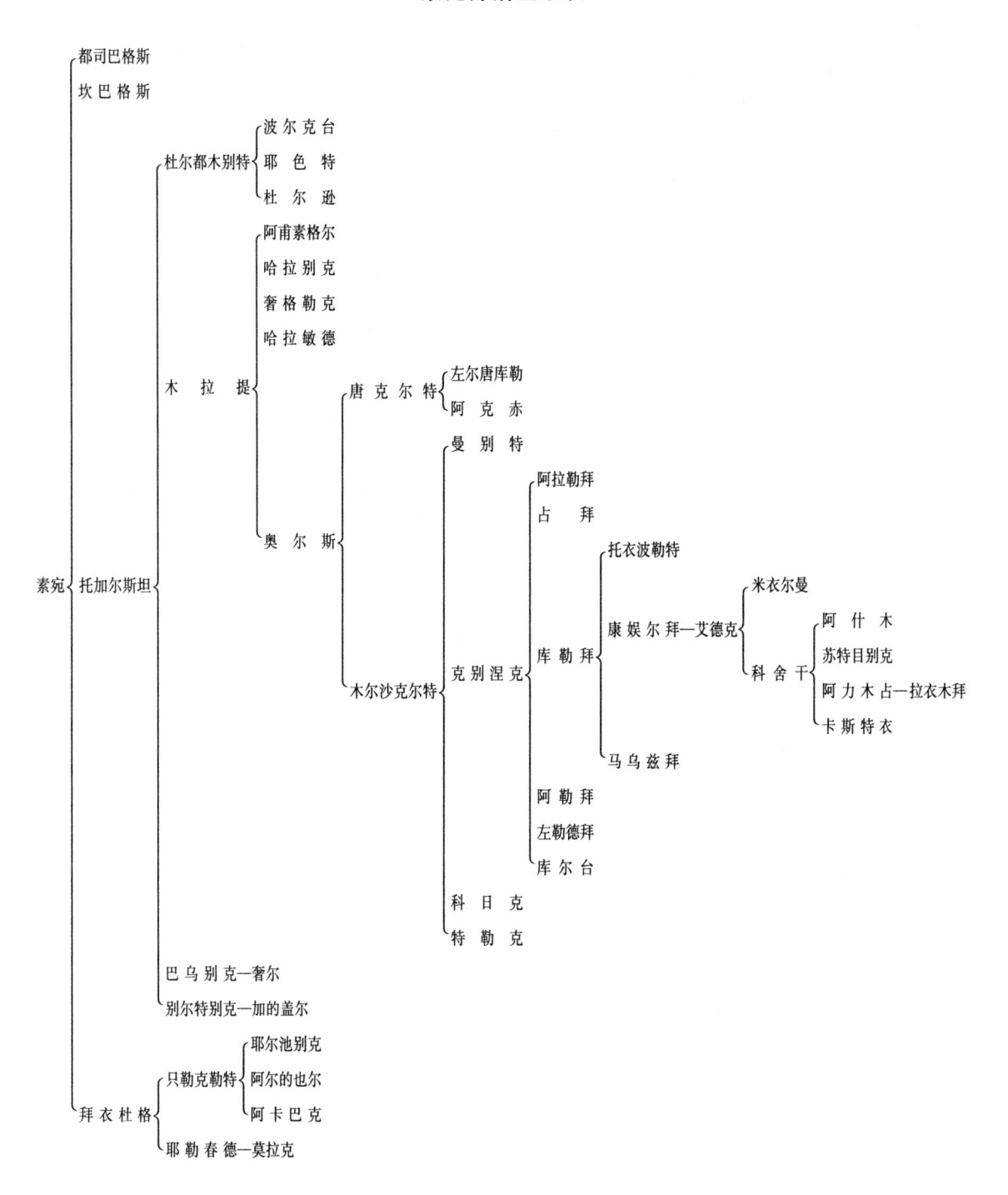

```
素宛┬都司巴格斯
    ├坎巴格斯
    ├托加尔斯坦┬木拉提┬杜尔都木别特┬波尔克台
    │          │      │            ├耶色特
    │          │      │            └杜尔逊
    │          │      ├阿甫素格尔
    │          │      ├哈拉别克
    │          │      ├奢格勒克
    │          │      ├哈拉敏德
    │          │      └奥尔斯┬唐克尔特┬左尔唐库勒
    │          │            │        ├阿克赤
    │          │            │        └曼别特
    │          │            └木尔沙克尔特┬克别涅克┬阿拉勒拜
    │          │                        │        ├占拜
    │          │                        │        ├库勒拜┬托衣波勒特
    │          │                        │        │      ├康娱尔拜—艾德克┬米衣尔曼
    │          │                        │        │      │                └科舍干┬阿什木
    │          │                        │        │      │                      ├苏特目别克
    │          │                        │        │      │                      ├阿力木占—拉衣木拜
    │          │                        │        │      │                      └卡斯特衣
    │          │                        │        │      └马乌兹拜
    │          │                        │        ├阿勒拜
    │          │                        │        ├左勒德拜
    │          │                        │        └库尔台
    │          │                        ├科日克
    │          │                        └特勒克
    │          ├巴乌别克—奢尔
    │          └别尔特别克—加的盖尔
    └拜衣杜格┬只勒克勒特┬耶尔池别克
            │          ├阿尔的也尔
            │          └阿卡巴克
            └耶勒春德—莫拉克
```

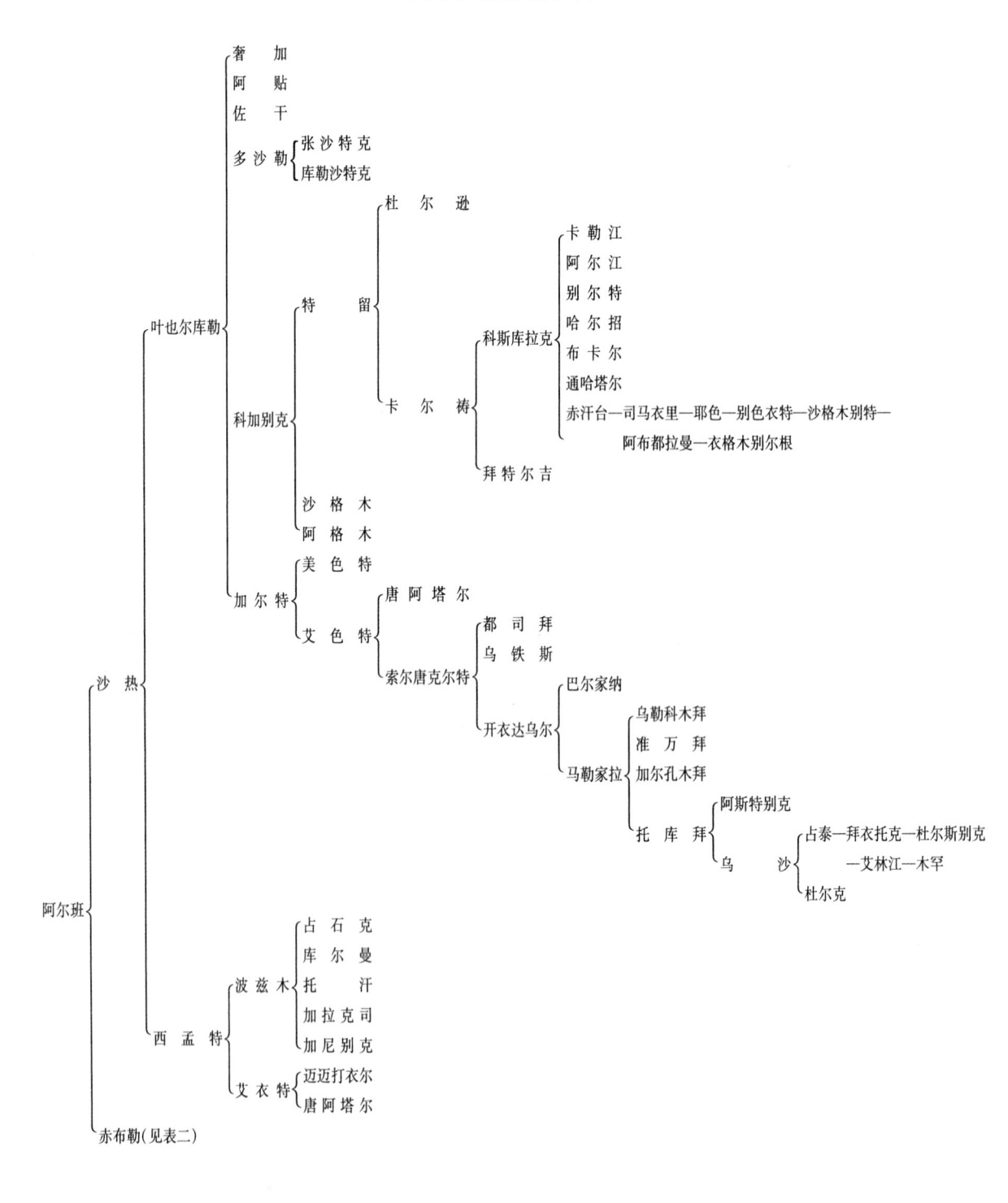

阿尔班部落世系表一

```
                    ┌ 奢  加
                    │ 阿  贴
                    │ 佐  干
                    │ 多沙勒 ┌ 张沙特克
                    │        └ 库勒沙特克
                    │        ┌ 杜尔逊
                    │        │                ┌ 卡勒江
         ┌ 叶也尔库勒         │                │ 阿尔江
         │          │ 特  留 │                │ 别尔特
         │          │        │        ┌ 科斯库拉克 ┤ 哈尔招
         │          │        │        │       │ 布卡尔
         │          │ 科加别克┤        │       │ 通哈塔尔
         │          │        └ 卡尔祷 ┤       └ 赤汗台—司马衣里—耶色—别色衣特—沙格木别特—
         │          │                 │                阿布都拉曼—衣格木别尔根
         │          │                 └ 拜特尔吉
         │          │ 沙格木
         │          │ 阿格木
         │          │ 美色特
         │          │ 加尔特 ┌ 唐阿塔尔
         │          │        │         ┌ 都司拜
         │          └ 艾色特 ┤         │ 乌铁斯
         │                   │         │        ┌ 巴尔家纳
         │                   └ 索尔唐克尔特 ┤   │ 乌勒科木拜
         │                             │ 开衣达乌尔 ┤ 准万拜
         │                             │            │ 加尔孔木拜
         │                             └ 马勒家拉 ┤            ┌ 阿斯特别克
         │                                        │ 托库拜 ┤           ┌ 占泰—拜衣托克—杜尔斯别克
 阿尔班 ┤                                         │        └ 乌  沙 ┤   —艾林江—木罕
         │ 沙热                                   │                   └ 杜尔克
         │
         │          ┌         ┌ 占石克
         │          │         │ 库尔曼
         │          │ 波兹木 ┤ 托  汗
         │ 西孟特 ┤         │ 加拉克司
         │          │         └ 加尼别克
         │          └ 艾衣特 ┌ 迈迈打衣尔
         │                   └ 唐阿塔尔
         └ 赤布勒(见表二)
```

阿尔班部落世系表二

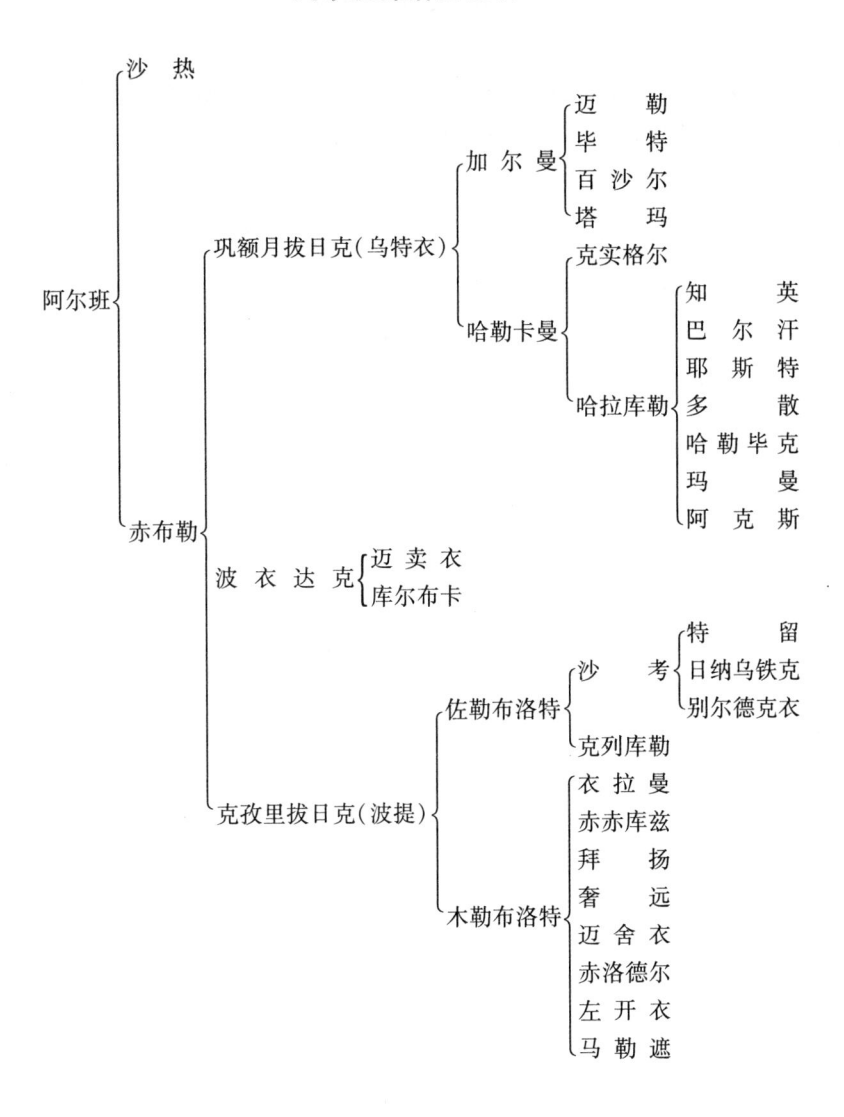

```
                            ┌ 迈  勒
                            ├ 毕  特
                    ┌ 加尔曼 ┤
                    │       ├ 百 沙 尔
                    │       └ 塔  玛
       ┌ 巩额月拔日克(乌特衣)┤
       │            │       ┌ 克实格尔
       │            └ 哈勒卡曼┤
       │                    │       ┌ 知    英
       │                    │       ├ 巴 尔 汗
       │                    │       ├ 耶 斯 特
       │                    └ 哈拉库勒 ┤ 多    散
       │                            ├ 哈 勒 毕 克
  ┌ 沙 热                           ├ 玛    曼
阿尔班┤                             └ 阿 克 斯
  │
  └ 赤布勒
       ┌ 波 衣 达 克 ┤ 迈 卖 衣
       │            └ 库尔布卡
       │
       │                           ┌ 特    留
       │              ┌ 沙  考 ┤ 日纳乌铁克
       │    ┌ 佐勒布洛特 ┤         └ 别尔德克衣
       │    │         └ 克列库勒
       └ 克孜里拔日克(波提) ┤
            │              ┌ 衣 拉 曼
            │              ├ 赤赤库兹
            │              ├ 拜    扬
            └ 木勒布洛特 ┤ 奢    远
                         ├ 迈 舍 衣
                         ├ 赤洛德尔
                         ├ 左 开 衣
                         └ 马 勒 遮
```

杜拉特部落表

```
       ┌ 加 内 斯
       ├ 苏衣科木
杜拉特 ┤
       ├ 赤 木 尔
       └ 波特巴衣
```

五、部分系谱简介

《马依合(哈萨克)族谱》,流传于北疆哈萨克族聚集区和哈萨克斯坦东部。是由哈萨克族近代著名史学家毛斯木拜和诗人、社会活动家卡热拜·唐阿塔尔(1872—1931)编撰的哈萨克族族谱。主要内容为:哈萨克族历史,乌孜别克族历史和其他突厥语民族的历史;哈萨克族草原法典,其中包括刑法、婚姻法、土地法以及盗窃等一些行为的惩罚;一些古城的历史,哈萨克族皈依伊斯兰教的经过,阿拉伯人侵入中亚以及哈萨克族"阿拉西"口号的来历等一些历史事件。研究哈萨克族历史具有重要的参考价值。由拜山哈力·萨德汗讲唱。篇幅为32开纸81页。收入尼合买提·蒙加尼和阿布都热西提编《哈萨克族谱》,伊犁人民出版社1990年出版。

《中玉兹乃满部落谱》,流传于北疆哈萨克族聚集区。由哈萨克族近代史学家吐尔斯别克·玛满编撰、于1903年素赉满·别克别尔地补修的哈萨克族中玉兹乃满部落的系谱。内分乃满部落总谱、江胡勒分支、拜森分支、吐玛-托合马克分支、斯班分支、拜吉格特分支、导林分支、布兰溪分支、萨德尔分支、马泰分支、托合马克-吐玛分支和乌孙分支等共十二部分。主要讲述了哈萨克族乃满部落及其各分支的历史与其有关的传说。研究哈萨克族历史具有重要的研究和参考价值。由新疆特克斯县吾买尔江·沙丹讲唱,杜散别克·吐尔勒霍加记录。篇幅为32开纸66页。收入尼合买提·蒙加尼和阿布都热西提编《哈萨克族谱》,伊犁人民出版社1990年出版。

《三大玉兹系谱》,流传于北疆哈萨克族聚集区。佚名撰。主要讲述了哈萨克族的远古历史、与中原魏朝的联姻过程、古代乌孙部落的族源、哈萨克族三大玉兹的来历,以及他们管辖区域的边界和各自的系谱。研究哈萨克族历史具有重要的研究和参考价值。佚名讲唱,由新疆伊宁县努尔波拉提·乌斯满记录、整理。篇幅为32开纸49页。收入尼合买提·蒙加尼和阿布都热西提编《哈萨克族谱》,伊犁人民出版社1990年出版。

《哈萨克族总谱》,流传于北疆哈萨克族聚集区。佚名撰。主要讲述了诺亚方舟传说,乌古斯、乌孙、契丹、鞑靼、突厥等古代氏族和部落的历史,哈萨克族的来历及其部族结构,哈萨克汗国的建立以及各可汗执政战略情况,各种重要的历史事件,哈萨克汗国与俄罗斯和中国的关系,蒙古准葛尔部之侵略,以及阿布赉汗时期与中国清朝建立的藩属关系之建立情况,各部落简谱等。研究哈萨克族历史具有重要的研究和参考价值。佚名讲唱,由新疆青河县克塔甫拜·阿克毛拉记录、整理。篇幅为32开纸71页。收入尼合买提·蒙加尼和阿布都热西提编《哈萨克族谱》,伊犁人民出版社1990年出版。

《族谱对唱》,流传于新疆伊犁地区。哈萨克族近代著名诗人杜斯皮尔·萨吾热克撰作。这是一部哈萨克族特有的艺术形式"阿肯弹唱"来讲述民族历史的诗歌作品。主要讲述了伊斯兰教世界的一些历史事件,哈萨克族的来历以及乃满部落的系谱。这部族谱的特点就是把哈萨克族历史与阿拉伯人联系起来解释族源历史。研究哈萨克族历史,尤其是乃满部落历史具有重要的研究和参考价值。佚名讲唱,由朱马尔特·库热拜记录、整理。篇幅为 32 开纸 12 页。收入尼合买提·蒙加尼和阿布都热西提编《哈萨克族谱》,伊犁人民出版社 1990 年出版。

《克列部落系谱》,流传于新疆阿勒泰地区。佚名编撰。主要讲述了哈萨克族中玉兹克列部落的来历、一些历史名人的丰功伟绩,以及克列部落属地情况。研究哈萨克族历史,尤其是克列部落历史具有重要研究和参考价值。佚名讲唱,由新疆青河县铁木尔拜·司马胡勒和瓦黑特·哈列勒记录、整理。篇幅为 32 开纸 6 页。收入尼合买提·蒙加尼和阿布都热西提编《哈萨克族谱》,伊犁人民出版社 1990 年出版。

《夏克力木族谱》,流传于北疆哈萨克族聚集区和哈萨克斯坦东部。是由哈萨克族近代著名史学家、思想家、诗人夏克力木·胡南拜编撰。主要内容为:组建哈萨克族古代氏族部落的历史,哈萨克族祖先,大玉兹史,小玉兹史,中玉兹史(此章内分康居部落史、钦察部落史、弘几喇特部落史、吉尔吉斯部落史、克列部落史、塔拉克特部落史、阿儿浑部落史等章节),中玉兹阿儿浑部落谱,可汗系谱,成吉思汗系谱,土耳其及其苏坦们,伊朗和高加索地区的突厥人,维吾尔族源,乌孜别克族源,诺盖族源,巴什基尔族源,卡尔米克族源,土库曼族源和亚库特族源等,是一部研究哈萨克族历史具有重要价值的历史文献。篇幅为 32 开纸 99 页。收入尼合买提·蒙加尼和阿布都热西提编《哈萨克族谱》,伊犁人民出版社 1990 年出版。

《朱素甫别克·霍加·夏依合斯拉木族谱》,流传于新疆伊犁地区。哈萨克族近代著名诗人朱素甫别克·霍加·夏依合斯拉木编撰。主要阐述了哈萨克族源以及大玉兹族谱,对研究哈萨克族历史尤其是大玉兹历史具有重要的参考价值。由新疆特克斯县霍加纳扎尔讲唱,阿布力孜·夏力甫记录、整理。篇幅为 32 开纸 6 页。收入尼合买提·蒙加尼和阿布都热西提编《哈萨克族谱》,伊犁人民出版社 1990 年出版。

《吾热斯拜族谱》,流传于新疆伊犁地区。哈萨克族近代著名史学家吾热斯拜编撰。主要阐述了哈萨克族源以及三大玉兹族谱,对研究哈萨克族历史具有重要的参考价值。由新疆特克斯县吾热斯拜讲唱,哈孜加特·德根于 1930 年记录。篇幅为 32 开纸 10 页。收入尼合买提·蒙加尼和阿布都热西提编《哈萨克族谱》,伊犁人民出版社 1990 年出版。

《毛勒凯族谱》,流传于北疆阿勒泰地区。哈萨克族近代著名史学家毛勒凯于1870年编撰。主要阐述了哈萨克族源,组建哈萨克族各部落之分成三大玉兹的过程以及克列、瓦克(汪古)和乃蛮部落历史。研究哈萨克族历史尤其是研究克列、瓦克(汪古)和乃满部落历史具有重要的参考价值。由新疆哈巴河县赛甫勒马力克·加米收藏,阿尔根·哈纳皮亚整理。篇幅为32开纸13页。收入尼合买提·蒙加尼和阿布都热西提编《哈萨克族谱》,伊犁人民出版社1990年出版。

《四大支部落和克列、瓦克(汪古)部落谱》,流传于北疆塔城地区。哈萨克族近代史学家阿斯力别克·哈依尔额木编撰。主要讲述了伊斯兰教有关人类的创造过程的神话,哈萨克族源,乌孙与汉朝之间的联姻关系,"阿拉西"口号的来意,三大玉兹的划分及其分布情况,托布克特(属阿尔浑部)、叶尔格尼克特(属乃满部)、拜吉格特和阿克乃满等哈萨克族四大支部落的族源,乃满、克列和瓦克(汪古)部落谱,哈萨克族古代著名思想家阿山·萨比特传,12支阿巴克克列部落的系谱,对研究哈萨克族历史具有重要参考价值。由新疆托里县阿斯力别克·哈依尔额木讲唱,其儿子托合江·阿斯力别克记录。篇幅为32开纸29页。收入尼合买提·蒙加尼和阿布都热西提编《哈萨克族谱》,伊犁人民出版社1990年出版。

《托勒格台系谱》,流传于新疆伊犁地区。佚名编撰。主要讲述了哈萨克族源,中玉兹各部落系谱以及乃满部落支部托勒格台大支的系谱,对研究哈萨克族历史,尤其是乃满部落大支托勒格台家族历史具有重要的参考价值。佚名讲唱,由新疆巩留县阿布勒满金毛拉记录、整理。篇幅为32开纸15页。收入尼合买提·蒙加尼和阿布都热西提编《哈萨克族谱》,伊犁人民出版社1990年出版。

《阿巴克克列部落谱》,流传于新疆和甘肃省阿克塞哈萨克族自治县境内。佚名编撰。主要讲述了哈萨克族中玉兹克列部落12姓阿巴克克列部落(主要分布在中国境内和蒙古国克布多省境内)系谱,主要历史事件、历史人物等,对研究哈萨克族历史,尤其是中国和蒙古国境内的哈萨克族历史具有重要的历史参考价值。由阿斯哈尔·塔塔乃等多人讲唱,由哈德斯·加纳布尔等记录整理。篇幅为32开纸312页。伊犁人民出版社1996年出版。

(作者单位:上海市民族和宗教事务委员会民族一处)

参考文献

洪涛:《十三史哈萨克族资料简编》,新疆大学出版社,1993年。

苏北海:《哈萨克族文化史》,新疆大学出版社,1989年。

贾合甫·米尔扎汗:《哈萨克族历史与民俗》,新疆人民出版社,1992年。

姜崇伦主编:《哈萨克族历史与文化》,新疆人民出版社,1998年。

伊犁哈萨克自治州地方志编纂委员会:《伊犁哈萨克自治州志》,新疆人民出版社,2004年。

阿勒泰地区党史地方志编纂委员会:《阿勒泰地区志》,新疆人民出版社,2004年。

姓姓皆有家谱的锡伯族

王鹤鸣

乾隆二十九年(1764)四月十八日,清政府为了加强新疆的防务,从盛京(沈阳)等地征调锡伯族官兵携家属4000余人西迁,经过一年零三个月的艰苦跋涉,终于到达新疆伊犁地区。西迁不仅是一个民族的迁徙,也是一种文化的传播。西迁至新疆察布查尔地区的锡伯族,在长久处于几乎"真空"的生存环境里,强化了他们的民族意识,完整地保留着自己的语言文字和世代延续编修家谱等文化习俗,几乎家家户户皆编修保存家谱,这不能不说是一个民族文化发展史上的奇迹。

一

锡伯族是我国北方一个历史悠久的少数民族,主要聚居在新疆、辽宁、吉林、黑龙江等地。新疆察布查尔锡伯自治县是锡伯族最大的聚居区。此外,在新疆霍城建有"伊车嘎善"锡伯民族乡;在辽宁沈阳市附近建有"兴隆台""黄家"两个锡伯民族乡。

2000年全国第五次人口调查统计,锡伯族人口189357人(含现役军人533人),其中,新疆34566人,主要分布于察布查尔锡伯自治县(18938人),以及霍城、巩留、伊宁、塔城、克拉玛依、乌鲁木齐等县市;辽宁132615人,吉林3168人,黑龙江8886人,北京市1491人。此外,在全国其他省、市、自治区散居一部分,计8098人。[①]

"锡伯"是本民族自称,口语称siwe,书面语谓sibe,系由其祖先鲜卑音转而来。历史上有鲜卑、西俾、私比、师比、室韦、失韦、失必、实伯、须卜、史伯、西伯、席北、席伯、锡北、锡伯等20多种记载,都是音转和异写。"锡伯"之称谓与汉字书写最早见于清代,此后在清代官方文献中虽多用"锡伯"二字,但未能统一,直到辛亥革命以后,始渐趋统一。新中国成立后,"锡伯"才名正言顺地作为一个独立的少数民族而置身于祖国民族大家庭之中。

锡伯族具有悠久的历史,发源于东胡系部族,由东胡—鲜卑(拓跋部)—室韦(失

[①] 《中国少数民族古籍总目提要·锡伯族卷》,中国大百科全书出版社,2007年,第1页。

韦）—锡伯演变而来，经过了两千多年的发展历史。东胡为泛称，意为"东部之胡"，汉文文献将匈奴以东的诸多氏族部落及部族"曰东胡"。秦汉时期，在北方崛起的匈奴不断扩张领地，兴兵征伐东胡，占领其大部分领地，东胡部族联盟瓦解，其中分出鲜卑和乌桓两大部，东胡之称自此消失。

鲜卑内部构成庞杂，其中拓跋、慕容、宇文等部为主要部分。拓跋部经济文化较发达，雄于其他各部，锡伯族即发源于该部。汉代前后该部主要活动于大兴安岭北段所谓"大鲜卑山"，以内蒙古鄂伦春自治旗内的"先帝旧墟石室"——嘎仙洞为狩猎和游牧中心。公元4世纪，拓跋鲜卑大部入居中原，建立北魏王朝，而留居大兴安岭及嫩江流域等地的余众开始以室韦（失韦）、契丹、乌洛侯、库莫奚等自称，自此鲜卑之称渐绝于史。

室韦由数十个部落组成，分布广泛。到北魏时，史称南室韦的一部分由大兴安岭南迁至洮儿河和绰尔河流域游牧的同时，又开始农业生产，基本成为定居部族，他们是锡伯族的直系祖先。

辽朝在锡伯族先民主要聚居地——绰尔河上游设立了泰州重镇，锡伯先民在该州统辖之下从事农业。这时，在上述地区形成了席北、席北绰尔门、席北山、室韦山、锡伯苏苏（苏苏：锡伯语原籍之意）等与锡伯族有关的地名。

明末，锡伯部又被置于蒙古科尔沁部统治之下。1629年，科尔沁蒙古携锡伯等部宣布归属后金。后金在蒙古部实行盟旗制度，科尔沁部被分置为十旗，所属锡伯人也被编入这十旗之中，开始了锡伯族军制生涯。

清康熙三十年（1691），在清政府的干预下，科尔沁蒙古将所属锡伯同卦尔察、达斡尔一起"进献"清政府。至此，锡伯部结束被蒙古族统治400年的历史，直接归满族贵族统治，因其归属较晚，清统治者称他们为"伊彻满洲"（新满洲）。

康熙三十一年（1692），清政府将"赎出"的锡伯族整编为八旗65个牛录（牛录为满语，清八旗组织基本的户口和军事编制单位，约三百人为一牛录，设"牛录额真"一人管理，始正式成为官名，后改名"牛录章京"，汉译为"佐"或"佐领"），调遣到齐齐哈尔、乌拉吉林（今吉林市）、伯都讷（今吉林省扶余地区）等地驻防。这是锡伯族的第一次南迁。

五六年之后，清政府将上述地区的锡伯族军民又调遣至辽宁沈阳、开原、辽阳、义州、金州、兴京、牛庄、抚顺以及京师（北京）等地驻防。除京师外，锡伯族官兵均携带眷属。这是锡伯族的第二次南迁。

乾隆二十七年（1762），清政府在新疆伊犁设立统辖天山南北的伊犁将军。为了加强伊犁地区的防务,乾隆二十九年(1764)清政府从盛京(沈阳)所属的15个城镇调遣锡伯族官兵连同眷属4000余人迁徙伊犁。

乾隆三十一年(1766)初,迁驻伊犁察布查尔地区,组成锡伯营,下分八个牛录,成为"伊犁四营"之一。锡伯营设领队大臣、总管、副总管、佐领、骁骑校、领催等官职,受伊犁将军辖制。锡伯营是集军事、行政、生产三项功能于一体的组织,在边疆地区屯垦戍边,为保卫边陲、建设边疆、平定内乱、抵御外侮作出了巨大的贡献。

辛亥革命后,锡伯营官兵解甲归田,但锡伯营八旗体制仍被保留,一直到1938年初才被废除。新疆三区革命爆发后,宁西县(今察布查尔锡伯自治县)锡伯族组建"锡伯骑兵连",配合民族军与国民党军浴血奋战,涌现出了三十四位英雄,为新疆的和平解放作出了积极的贡献。1949年新疆和平解放,锡伯族人民与各族人民一起获得了新生。1954年3月,新疆察布查尔锡伯自治县成立。改革开放后,锡伯族人民解放思想,转变观念,提高素质,与时俱进,使本民族经济、社会各项事业进一步得到发展。

锡伯族在历史上曾创造了灿烂的文化,清初归属满清后逐步接受了满语、满文,1947年将其改革为锡伯语、锡伯文,至今使用的锡伯语锡伯文实则即为满语满文的继承和发展,并最终成为自己的语言文字。在清末,兴办学校成为锡伯族全社会的一个良好文化风气。重视教育也使本民族的整体素质不断得到提高,其融入近现代文明的速度不断加快。

与此同时,锡伯族还大量吸收满汉文化及儒家思想,一大批译成满文或满汉合璧的儒家经典成为锡伯族生活中不可或缺的文化产品。

锡伯族的宗教信仰中,原始信仰和萨满教信仰特点较明显。原始信仰中包括自然崇拜、图腾崇拜、祖先崇拜、英雄崇拜及各种神灵崇拜。锡伯族萨满将上述崇拜融为一体,形成了多神崇拜、万物有灵的独特的萨满教文化。目前流传的神谕及经典口碑神歌等仍在表现这些文化特点。

萨满教之后锡伯族又皈依了藏传佛教(俗称喇嘛),并留下了不少遗迹和文化现象。锡伯族与蒙古族一起信奉藏传佛教,具有数百年历史。沈阳的"锡伯家庙"太平寺和西迁后修建的锡伯营靖远寺,是两地锡伯族长期以来奉佛祭祀活动的场所,具有浓郁的佛教文化特色。

锡伯族的文化风俗习惯呈现了兼收并蓄、众取所长、以己为本的特点,锡伯族广泛吸取兄弟民族风习的长处和优点,并消化为自己的文化因子,对本民族文化的发展起了良好的催化作用。

二

锡伯族的家谱文化具有鲜明的民族特点。

《中国少数民族古籍总目提要·锡伯族卷》(中国大百科全书出版社,2007年出版)一书中刊载了120种锡伯族家谱提要(参见本文附录"锡伯族重要家谱、家规简况一览表")。下面我们就以这120种家谱为例,先从家谱的外在形式上,即家谱记载所在居住地、记载文字、家谱载体、保存情况等对锡伯族家谱作简要介绍。

在这120种家谱中,明确记载家谱所在居住地的有81种,其中辽宁29种,新疆52种,就是说,居住在新疆地区的锡伯族书写的家谱数量占了2/3,而由上节锡伯族的人口分布可知,居住在新疆地区的锡伯族人仅占全体锡伯族人口的1/5。由此可知,由辽宁西迁居住在新疆地区的锡伯族人将编修家谱放在极其重要的地位,已成为新疆锡伯族人世代相袭的重要文化习俗,这与其西迁的经历有着密切关系。

清初,锡伯族归属满清后逐步接受了满语、满文,进而进一步受到满汉文化习俗的影响。20世纪40年代开始,锡伯族创制了以满文为基础的锡伯文,因此,就锡伯族书写家谱文字而言,存在用满文、满汉合璧、汉文和锡伯文等多种书写形式。但若比较锡伯族新疆谱和辽宁谱的书写文字,则有明显的地区差别。据统计,在52种新疆谱中,满文书写的有30种,1945年以后用锡伯文书写的有21种,1948年以汉文书写的有1种。在29种辽宁谱中,满文书写的2种,满汉合璧书写的5种,汉文书写的则有22种。新疆谱和辽宁谱书写文字的这种区别,揭示了东北地区的锡伯族和新疆地区的锡伯族在接受满汉文化的影响方面有所差异和深浅。满清发源东北,清初,锡伯族归附满清后,留在辽宁地区的锡伯族就近更多地受到满汉文化的影响,因此书写家谱的文字,以汉文居多。如辽宁地区的《锡伯族何氏宗谱》,主要记述何氏宗族原居地、迁徙、辈字、世系等内容,乾隆五十五年(1790)用满文书写,光绪二十九年(1903)续修时用满汉合璧文字书写,到1942年再续修时则用汉文书写。何氏宗谱书写文字上的不同,反映了东北地区锡伯族在接受满汉文化程度上的逐步加深。而西迁至新疆的锡伯族远离东北,加以处在比较封闭的自然环境近二百年,继续保持了清初归附满清时的许多文化习俗,因此,其书写家谱的文字以满文、锡伯文为主也就不难理解了。

锡伯族家谱载体形态主要有谱单和谱书两种。

所谓谱单,就是从本家族始祖或始迁祖开始,将历代家族成员按世系先后次序或按分支世系先后次序平列记载在一幅或几幅纸、布上,包括姓名、任职等内容。

据统计,《中国少数民族古籍总目提要·锡伯族卷》刊载 120 种锡伯族家谱中,共有谱单 88 种,其中纸质 31 种,布质 57 种。

纸质谱单,一般为一纸,但也有二纸,有的如辽宁《抚顺胡氏家谱》则有四纸。纸质谱单,一般为墨汁书写,但也有少数谱单,如辽宁《吴门中锡伯人士火火力祖谱单》,记述始祖火火力等三组祖先牌位及五代人名、官职等,用彩绘书写。

布质谱单一般为白色棉布,但也有一些布质谱单是书写在黄布、红布甚至黄绸上,如新疆《纳达齐牛录艾雅拉氏家谱》书写在黄布上,新疆《扎库齐牛录郭尔吉氏家谱》书写在红布上,新疆《乌珠牛录胡希哈尔氏族家谱》则书写在黄绸上。

无论是纸质还是布质谱单,其大小长短无统一规定,不少谱单宽度在 60 至 80 厘米之间,长度在 160 厘米上下。如新疆《扎库齐牛录富察氏家谱》,为一幅棉布谱单,光绪二十七年(1901)编修,其宽度为 68 厘米,长度为 160 厘米。又如新疆《扎库齐牛录吴扎拉氏家谱(2)》,为一幅黄棉布谱单,民国年间编修,其宽度为 60 厘米,长度为 160 厘米。也有的谱单很宽很长,如新疆《堆齐牛录关氏家谱》,为一幅棉布谱单,同治三年(1864)编修,其宽度为 250 厘米,长度则达 440 厘米。也有的谱单很小,如新疆《堆齐牛录瓜尔佳氏家谱(1)》,为一幅黄布谱单,1937 年编修,其宽度仅为 30 厘米,长度为 40 厘米。

120 种锡伯族家谱中,除 88 种谱单外,其余 32 种为谱书,即书本式家谱。谱书多数是抄本,如辽宁《哈斯呼里氏谱书》,同治十一年(1872)编修,不分卷 1 册,为抄本纸质平装式的书本家谱。也有少数是印本,如辽宁《完颜家系录》,1934 年编修,乃开面 27cm × 17cm 计 9 页的印刷本。辽宁《关姓锡伯调访录》,光绪六年(1880)编修的印本,因采取纸质经折装的形式装订,故书本长度为 24 厘米,宽度达 237 厘米。

上述 120 种家谱大多收藏于各姓(哈拉)或分支(莫昆)人士家中,绝大多数保存完好,平时收藏起来,到大年三十挂在中堂墙上或置于桌上进行祭拜,成为锡伯族家族敬宗睦族最重要的一项祭祀活动。

三

锡伯族家谱的体例一般由谱序、世系、记事栏和家规等部分组成,其中谱序和记事栏记载本家族的渊源等有关内容往往互为补充,为叙述方便,本文按谱序(含记事栏)、世系、家规三部分分三小节对锡伯族家谱从内容上进行探索。本节着重简介谱序(含记事栏)有关内容。

锡伯族家谱的谱序一般置于世系之前。如辽宁《何氏家谱单》,乾隆八年(1743)编修,为四幅宽70厘米、长90厘米的谱单,其中用汉文记述始祖以下三大支人名、官职有关本族世系简况,谱序则置于该世系表前,主要记述本族自席北投归清太宗经过及驻防抚顺情形。又如辽宁《依尔根觉罗西伯肇宗谱》,1932年编修,为44页宽15厘米、长25厘米的谱书,在本族世系表前,谱序比较详细记述了本家族原居地、归附清廷及迁盛京原因、过程,另有族名、命名肇字、"十规要言""八戒要务"等有关内容。再如新疆《霍城何叶尔氏家谱》,1948年编修,为一幅宽120厘米、长200厘米的棉布谱单,用汉文记录了本族12代男性姓名官职和12层排列的世系简况,世系表前的谱序则重点说明第12代四兄弟中三位于1764年西迁新疆戍边的情形,等等。

进一步剖析锡伯族家谱的谱序、叙事栏的有关内容,主要涉及以下几方面。

一是阐述立谱的重要意义。

《沈阳城北岳士屯安佳氏宗谱》序:"从来国不能无史,家不能无谱。家谱之重等于国史,恐世远则易疏,族繁则易乱也。《礼·大传》云:'人道亲亲也,亲亲故尊祖,尊祖故敬宗,敬宗故收族。'欲拜宗族之情,明伦常之理,家谱实不可不修辑也。"①

《图克色里氏宗谱》序:"故谱书也者,对于前以为追远之基,垂于后世以为世守之本。圣人创业,首重厥初,谱系之功,不可忽视。苏明允不云乎,观吾之谱,孝悌之心可以油然而生。然则后世有光明俊伟之子孙,思发扬祖德,而大昌宗功,未始不由此谱系成之。"②

上述锡伯族家谱关于修谱意义的两段引文,前者将修谱提到编国史的高度,征引了《礼记》关于"人道亲亲也,亲亲故尊祖,尊祖故敬宗,敬宗故收族"的论述,后者引用了苏洵关于"观吾之谱,孝悌之心可以油然而生"的著名论述,强调了谱书编修的重要性,表明锡伯族受满汉修谱文化习俗的影响,对修谱意义的认识已达到相当的高度与深度,对照汉族家谱,这两段引文的表达与汉族家谱关于修谱的论述何其相似乃尔!

二是揭示家族的历史渊源。

辽宁《哈什胡里氏谱书》序文简介了本家族自黑龙江迁徙至辽宁盛京(沈阳)的过程:"哈什胡里氏,初定居在黑龙江所属墨尔根城和雅鲁河流域时,始祖雅奇布有子二人。长子名曰乌苏布,次子名曰乌苏买。乌苏布一支,移居白旗堡地方。乌苏买有子二人,长曰鄂尔布,次曰鄂尔胡买。鄂尔布生三子,长子苏色,次子巴果牢,三子巴海。鄂尔胡买

---

① 李云霞著:《中国锡伯族》,人民出版社,2014年,第57页。
② 贺灵、佟克力辑注:《锡伯族古籍资料辑注》,新疆人民出版社,2005年,第365页。

生二子,长曰富尔塔,次曰布得库。当时有一位异姓人,名叫哲梅,以行医治病为业。鄂尔胡买与他结拜为弟,并由此地徙往西边,游居于郭尔罗斯王公所属塔尔浑地方,生息三十余载,从此改称蒙古人了。康熙皇帝施恩,由蒙古王公台吉处赎回锡伯人众,并将鄂尔布之子苏色、巴果牢、巴海,鄂尔胡买之子富尔塔、布得库等,允准记丁,拨往齐齐哈尔驻防,在此处编牛录,住六七年之久。后由齐齐哈尔迁来时,乌苏布、鄂尔胡买等,在伯都讷地方又住了三年。于康熙三十九年,再由伯都讷迁入盛京,编入牛录当差。"①

又如《沈阳城北岳士屯安氏宗谱》序文:"溯我安氏族系锡伯,原籍营城(即吉林营城子),自大清定鼎,附属满洲,于顺治八年移驻盛京(沈阳),编入满洲正黄旗第一佐领下,逐又入伍,随旗充差。或为兵弁,或为官佐,户大丁多,居处不一。或有南遣北移者,姓虽同而伦序不得知了。迨民国成立,档籍毁失,尤无征可考。是以邀集各地族人,撰修谱书,支分派别,并拟定'国振家兴承世泽,精勤多德庆春祥'十四字命名,以俟将来子孙繁殖,按名入载,不限存没,咸登录之。弗便遣诬,更嘱每户各保存一帙,流传百代,以示不忘云尔。"②

锡伯族家谱的谱序保留了许多重要史料,不仅对了解各家族的迁徙历史渊源有帮助,而且对于研究锡伯族历史、研究锡伯族归属满清过程、研究锡伯族文化和道德规范等都有着重要的参考价值。

乾隆二十九年(1764)锡伯族西迁新疆是锡伯族历史上重大事件,也是各家族史上的重大事件,因此各家族家谱谱序上都作了浓墨重彩的记载:

《八牛录果尔吉氏宗谱》:"乾隆二十九年,由盛京所属复州正蓝旗苏尔格纳牛录移驻伊犁。留居盛京的始祖:阿达顺、果诺霍图。移驻伊犁的高祖:佐领阿哈里,披甲多霍。"《八牛录富察氏宗谱》:"原系盛京所属金州正红旗吉灵阿牛录人,乾隆二十九年移驻伊犁。留居东北的始祖:披甲恩杜里。移驻伊犁的高祖:色尔吉纳。"《八牛录瓜尔佳氏宗谱》:"原系辽宁省岫岩城正白旗关保牛录之瓜尔佳氏,乾隆二十九年移驻伊犁。留居岫岩的祖先:永琐(西林保之父)。移驻伊犁的高祖:西林保。"《伊犁锡伯营一牛录永妥里氏宗谱》:"永妥里氏,原系沈阳镶白旗第六佐领锡伯营伍达里牛录之锡伯人。留居沈阳的始祖:陶吉那。其子特格移驻伊犁。"《伊犁锡伯营一牛录佟佳氏宗谱》:"伊犁锡伯营

---

① 贺灵、佟克力辑注:《锡伯族古籍资料辑注》,新疆人民出版社,2005年,第371页。
② 贺灵、佟克力辑注:《锡伯族古籍资料辑注》,新疆人民出版社,2005年,第372页。

一牛录佟佳氏,系盛京锡伯营镶黄旗胡什台牛录居民,乾隆二十九年移防伊犁。高祖:巴当西。"①这些谱序意在告诉本族的子孙后代:我家族的祖籍在何处?始祖是谁?是哪一年迁来新疆的?来疆的始迁祖是谁?留在东北的同宗先祖是谁?这是作为一个锡伯族家族的子孙后代都必须牢牢记住的家族史上的大事。

三是叙述家谱的编修经过。

《沈阳吴氏宗谱》序言中,简要介绍本族原住伯都讷磋草沟(今吉林扶余县),后徙沈阳,"于乾隆十一年,迁丁城西南北营子村,迄今二百余年。原有宗族谱册,因光绪三十年,日俄战争,人民避一空,村中鸡瓦无存,以致房屋谱册同为灰烬,良可慨耶。今存草单一纸,虽不甚详,名讳辈行历历可靠,惟第四世伊喜布、五世音珠、佛珠三氏不知确系某先人之嗣,遍询族中尊长亦无知者,深以为憾。敬特书谱数分,与族中各户,虽然不甚完善,究胜于无,望我族人有志于此者,继我而修焉。并拟族名二十字,以资遵循,凡我族人民庶有可考焉"。②

辽宁佟氏八世宝亲在1929年《图克色里氏族谱》重修谱序中附言:"夫创业垂统先人之本,慎终追远来者之责,此后世欲知先人之来源,重赖乎宗谱之评述也。余年将弱冠,即注意于斯,但因代远年湮,难于考核,后经种种搜求,历三十年之寒暑,始渐成编。然皆著述参差,略而不详,脱稿者十数次,幸今岁告成。其于宗谱之创,可谓幸且至矣!昔刘思贞有言:为之者劳,观之者逸。若余创修此谱,不知历尽几多心血,而后世或有习而不察,视为具文者,其于吾心能无憾乎?特抒数语,以示后世,慎勿虚掷轻视,以负余心也。"③宝亲在这里不仅介绍了本人在编修宗谱时的艰辛,更要求子孙后代"慎勿虚掷轻视"本谱。

四是制订编修家谱的规则。

《图克色里氏族谱》谱序中对如何续修本族家作了如下规定:

排定字辈为:先远垂鸿业,芳承晋文明,守全宣懋振,嘉耀世英荣。计二十字,即二十代也。不论远近宗支,后代均遵此字命名,以为行辈之次第。即不本此命名,亦宜知己所在字,以免行辈凌越。

事迹栏内,以译述先人之事迹及其生平。凡子孙欲传先人之行状者,即注于栏内,不愿注者听便。若事迹繁多,此栏不及备载者,宜注于最后附记事迹栏内。

---

① 贺灵、佟克力辑注:《锡伯族古籍资料辑注》,新疆人民出版社,2005年,第375~376页。
② 贺灵、佟克力辑注:《锡伯族古籍资料辑注》,新疆人民出版社,2005年,第376页。
③ 贺灵、佟克力辑注:《锡伯族古籍资料辑注》,新疆人民出版社,2005年,第368页。

每三十年,合族通修一次,其地点、时间,皆临时核定。但此三十年中,遇有死亡之者,得由子弟记其事迹,以备通修时,记录于事迹栏内。至于通修之手续,可分数项:

1. 选择吉日,召集族人,将三十年内本族已故先人,叙入谱内。如谱纸不敷用时,可另备新宗谱。新谱成立,旧谱纸仍慎敬保存。但本支欲成立新谱者,宜以长房立宗,次房非所宜也。如无长房之可立,再按上辈追求,直至长房乃已。

2. 新谱即叙旧之未备,不必另行更张,使前后衔接。但旧谱未备者,新谱亦可叙明。

3. 关于先人之嘉言懿行,既其行状,可由个人子孙于通修时宣布,书之于事迹栏内,以彰先德。

按设谱规则,于谱表之外,宜另备谱册,注载细则。今取法简便,备有事迹栏,表彰先人之懿行,并女氏之所娶及所适,以备后世查考。

凡乏嗣者,均于名下注成黑点,过继于伯叔者,填有连线,使阅者易于明瞭,等等。①

上述关于制定本族的字辈排行、撰写先人事迹行状、三十年合族通修族谱、乏嗣过继如何记载等编修规定,显然是吸收了汉族编修家谱的做法,同时又结合锡伯族的实际情况而制定出来的。

四

锡伯族家谱,无论是谱单,还是谱书,其记载自本家族始祖或始迁祖开始历代延续下来的世系图表,构成家谱重要的组成部分。

锡伯族编修家谱的文化习俗是在清初受满族的影响而开始形成的,因此,保存至今的谱单或谱书,其续修的家族世系一般在十代上下。如新疆《乌珠牛录顾尔佳氏家谱》,乾隆三十年(1765)编修,为一幅棉布谱单,用满文记录了十代男性姓名、官职,并以十层垂丝塔形图式进行排列。又如新疆《宁固齐牛录巴雅尔氏家谱》,同治元年(1862)编修,为宽80厘米、长110厘米的一幅纸质谱单,用满文记录了本族九代共30名男性姓名、官职,并以九层垂丝塔形图式进行排列。再如新疆《孙扎齐牛录顾尔佳氏家谱》,民国年间编修,为40cm×27cm的书本式家谱,以锡伯文记录了本族十一代141名男性的姓名、官职,也以十一层垂丝塔形图式进行排列。也有少数家谱记录的世系较多,如辽宁《胡氏宗谱单》,为宽70厘米、长130厘米的一幅纸质谱单,记述本族一世祖佛力图,五世祖时衍为四支,其中一支长孙改为胡姓,已历17世。

---

① 贺灵、佟克力辑注:《锡伯族古籍资料辑注》,新疆人民出版社,2005年,第367~368页。

自本家族始祖或始迁祖开始历代延续下来的世系表,一般制成垂丝塔形图式,下面以《沈阳法库县大泉眼锡伯族关氏家谱》的世系表为例。①

沈阳法库县大泉眼锡伯族关氏家谱世系

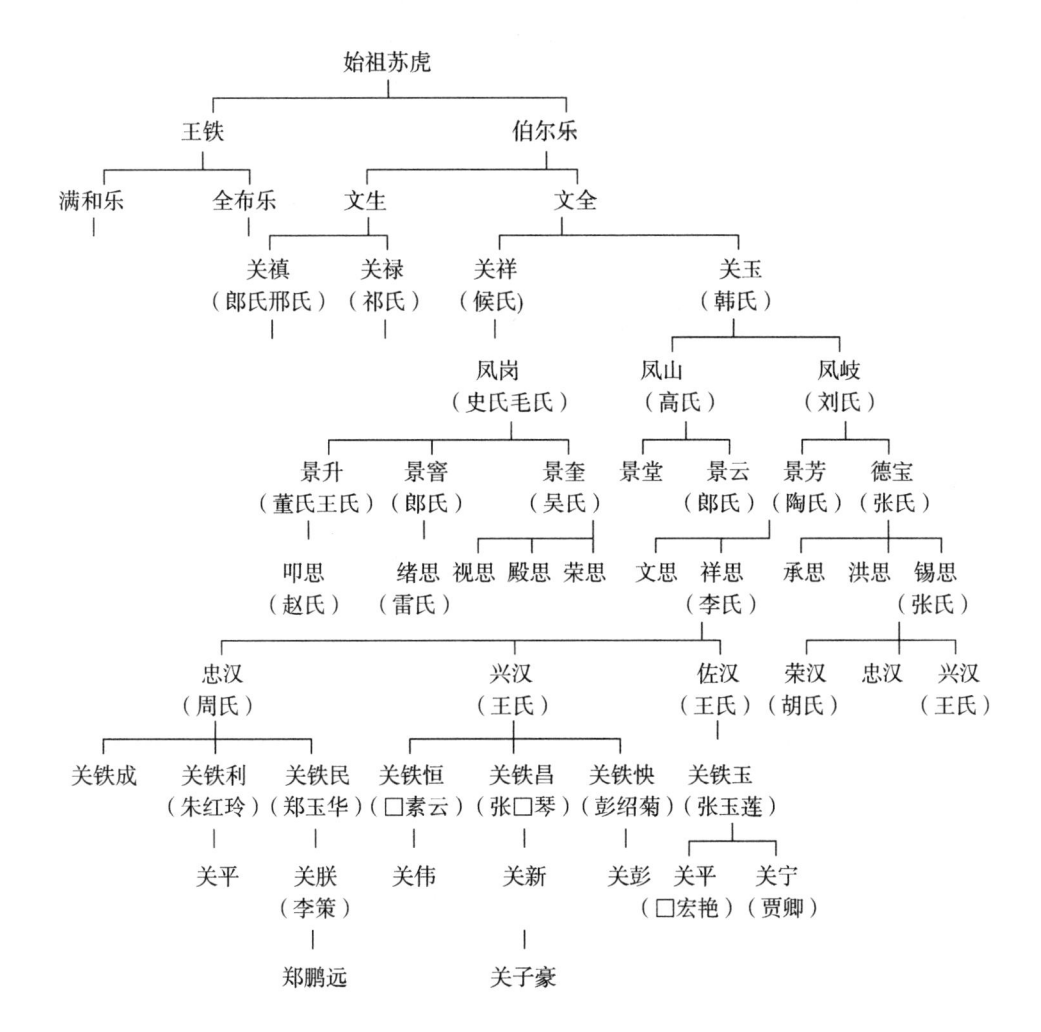

```
                              始祖苏虎
                    ┌────────────┴────────────┐
                   王铁                      伯尔乐
            ┌──────┴──────┐          ┌────────┴────────┐
          满和乐         全布乐        文生              文全
                                ┌──────┴──────┐   ┌──────┴──────┐
                               关禛          关禄  关祥          关玉
                              (郎氏邢氏)  (祁氏)(候氏)        (韩氏)
                                                  │      ┌──────┼──────┐
                                                 凤岗    凤山          凤岐
                                              (史氏毛氏)(高氏)        (刘氏)
                            ┌────────┬────────┐  ┌────┴────┐  ┌────┴────┐
                          景升      景窖     景奎 景堂    景云  景芳    德宝
                        (董氏王氏)(郎氏)  (吴氏)       (郎氏)(陶氏)  (张氏)
                            │        │    ┌──┼──┐       │       │      │
                           叩思    绪思   视思 殿思 荣思  文思 祥思  承思 洪思 锡思
                          (赵氏)  (雷氏)                    (李氏)              (张氏)
                            │              │                │
                           忠汉           兴汉             佐汉    荣汉   忠汉   兴汉
                          (周氏)         (王氏)           (王氏)  (胡氏)       (王氏)
                    ┌──────┼──────┐  ┌────┼────┐       │
                  关铁成  关铁利 关铁民 关铁恒 关铁昌 关铁快 关铁玉
                         (朱红玲)(郑玉华)(□素云)(张□琴)(彭绍菊)(张玉莲)
                            │       │       │      │      │     ┌──┴──┐
                           关平    关朕    关伟   关新   关彭  关平   关宁
                                  (李策)                        (□宏艳)(贾卿)
                                    │              │
                                  郑鹏远         关子豪
```

---

① 关铁玉主修:《辽宁法库县大泉眼锡伯族关氏家谱》,北京时代弄潮文化发展公司印制,2012年。

家谱世系图表是需要不断延续的,家谱世系图表制成后,以后增生的子孙后代如何续上?伊犁锡伯营镶白旗(五牛录)安佳氏族在光绪十九年(1893)编修的家谱中作了具体规定:"立家谱之后,或七八年,或十年,将年龄达十五岁孙子、曾孙等在增填花名册时,用另纸写其父名,后面再写新填入的孙子、曾孙之名,仍按照其祖其父之名,按旧例记入。哪一支的就记入哪一支的花名册,以后分册装订,以便查看,这样容易分辨清楚,不致混乱。将记入家谱之孙子、曾孙之名,写在其父之名下记入,日后不得违章修改。倘若违章记名,容易造成混乱。为此希告后代子孙,并通知初次立谱时,在世之长辈子孙之内若有谢世者,其到了该年龄之后记入花名册。记入花名册时,将其名改用黑笔记录。"①安佳氏在这里提出的延续世系图表的办法是有代表性的,也是切实可行的。

世系图表在家谱居重要分量,往往占到家谱 3/4 以上的篇幅,是家谱的主体部分。记载本族一世祖至编修该族家谱时历代成员的世系图表,是后人寻根谒祖的主要线索,是否有世系图表也是区别家谱与其他家史、家传等书籍的主要依据。

五

锡伯族家规,一般以满文记载,有些置于家谱谱序或记事栏内,更多的则单独为文,以"家规""家训"名之(参见本文附录"锡伯族重要家谱、家规简况一览表")。其载体形式,有的为谱单,不少是书本。每届过大年,长者以此教育和训导后辈。

先举一些例子。如乌珠牛录佟佳氏家规,刊于光绪十八年(1892)编修的谱书内,此谱除谱序、世系外,就是将家规以条目形式记于佟佳氏家谱记事栏内,涉及敬祖睦族、尊老爱幼、讲礼节、爱家乡及对违犯家规者的各种处罚条目等,成为佟佳氏家谱的重要内容。又如乌珠牛录永托里氏宗族族规,是一部专门记载永托里氏家族的家规著作,光绪二十八年(1902)编修,宽18厘米、长22厘米,共计9页,以满文记载了永托里氏的宗族族规共17条,从尊老爱幼、父子长幼关系到如何参与族内婚丧祭祖、奖勤及惩治不孝等都作了具体规定。再如依拉齐牛录顾尔佳氏家族家规,也是一部专门记载顾尔佳氏家族的家规著作,1941年编修,宽30厘米、长35厘米,用满文记述男人、女人、老人、年轻人劳动、生活、尊老爱幼、互相交往应遵守的纪律,共6条。再如鄂尔克勒氏家规,也是一部专门记载鄂尔克勒氏家族的家规著作,1946年编修,宽19厘米、长26厘米,是用满文记述尊老爱幼、和族睦亲、互相帮助等及对违犯者惩罚措施,共8条。

---

① 贺灵、佟克力辑注:《锡伯族古籍资料辑注》,新疆人民出版社,2005年,第391页。

下面以光绪十九年(1893)编修的新疆《伊犁锡伯营镶黄旗(一牛录)佟佳氏家规》为例,对锡伯族的家规内容作进一步剖析。

该家规首先论述了家族"和睦为贵"的重要性:"窃惟自古至今,均以敬祖先,在九族之内和睦相处,亲疏不分为重,是即人有氏族之亲,犹如树木之有茂密之枝叶、水有无数之支溪一样。氏族之中以和睦为贵,家庭之内以孝悌为先。故理应崇尚和睦以固根基。"

其次,阐述了所以制定家规的缘由是与西迁至新疆伊犁新的社会环境密切相关:"由盛京所属胡世台牛录移驻伊犁之时,我族一支之几户几家并无亲疏之分,故离乡之前未带宗谱。今移驻伊犁已四十载之久,日后长辈谢世,人口繁殖,年远日久时,已至忘记根本,以一时之怨恨,难免在氏族内部制造分裂等事之发生。所以,我氏族召集全氏族之会议,商议制定今后子子孙孙遵照行事之宗谱和家规。自此之后,虽年远日久,隔世传代,务须念及祖先养育之恩泽,在氏族内部更加亲密无间,和睦相处,以不忘根源,不得分散疏远,遇有红白诸事,不分辈分,不分尊卑,不分男女,均如一家,各尽其力,积极行走。"

再次,家规的内容以维护家族尊老爱幼次序、和睦家族为重点,对各种违犯家规的惩罚措施非常具体。家规规定共有八条:

一条,"氏族之内部辈分高又有父祖之尊而不能修身齐家,而有下贱邪恶之举和氏族内之大小诸事持不同意见,请而不到并有不顾子孙之体面者,必须召集全氏族会议,当众之面罚一头猪,以祭祖先之灵位。之后,氏族成员共同用餐。所罚一头猪,必须是百斤以上为准"。

一条,"在氏族内身居父叔之尊而不遵照氏族章程,有失和睦相处之道德并对氏族内红白诸事知而不去参加,其言行有失氏族之公德,影响本氏族之声誉,并经常有不轨之行为者,则召集全氏族会议定其罪责,按规定罚羊一只,以祭祖先之灵位。祭祖之后让氏族成员共同用餐。所罚羊只必须是六十斤以上为准"。

一条,"氏族内部遇有氏族成员谢世时,不分亲疏,每家每户必有一人服孝,此孝以七七四十九天为期,一律在四十九大祭之日脱孝。若有不服孝者,在氏族会议上按其辈分与这次丧葬中伊该服何种孝服,就叫他服何种孝服并在服孝前重打三百鞭"。

一条,"对生身父母不尽孝顺,经常犯上欺下,口出狂言,语伤长辈而且在氏族内表现自高自大者,将其重打二百鞭,好好反省"。

一条,"在兄弟之间互不关心,凡事不能互相照顾,一家有事,一家他出干别事者,将其重打一百鞭,之后,必须让他做他所不做之事"。

一条,"不养育妻子儿女,浪荡游街,不务正业,使其妻子儿女失去基本的生活条件,以使全氏族声誉扫地者,将其重打一百鞭,必须让他收养妻子儿女"。

一条,"氏族内身处子孙和儿媳之辈而在长辈面前口出乱言,以使长辈灰心并与父叔并肩而坐,并肩而行者,召集氏族会议,议定罪责,将其重打九十鞭,以示众人"。"妇女、儿媳等犯有上述罪责者,就按照以上各条所定规则,在祖先灵位之前罚跪并行掌嘴之刑,以此示众"。"妇女、儿媳中有多嘴多舌和行为不轨,声名狼藉,不听从父母和丈夫之规劝以及公公婆婆、丈夫均谢世之后,不抚养子女或身负重孝而行为不轨者,将其抓来,设祖先之灵位,让她罚跪,肩挑三重扁担并用鞋底掌嘴百掌,以此示众"。

一条,"在氏族内部凡遇有大小诸事都能和睦相处,男子不能失掉祖辈传统,妇女则不能改节失信"①。

由东北西迁至新疆的锡伯族大多制定了类似的家规。如伊犁锡伯营镶黄旗(一牛录)额尔氏家族,于清乾隆二十九年(1764),由盛京所属正黄旗纳福牛录奉旨移驻伊犁时,即召集全氏族父老兄弟共同议定"世代遵行永世不变更之家规",1947年进一步重修,主要内容为:

一条,凡遇到氏族内大小诸事,得知而不去,派遣而不行走者,必须立即治罪,不得宽宥。

一条,氏族成员在街道以及公共场所相遇长辈而不行礼,不让道或乘车骑马而相遇长辈不下车下马者均打三十大板。

一条,媳妇们若在公共场所或氏族会议上口悬烟袋,脚穿拖鞋,高声喧笑,出言犯上者,行掌嘴之刑,以惩怠慢无礼之罪。

一条,在氏族内有肆无忌惮之行为者,按其罪行之轻重严加惩处,不得宽宥。

一条,身为晚辈而怠慢并侵犯长辈者,召集氏族会议,按所犯之罪行加以惩罚,不得宽宥。

一条,氏族内凡遇到红白等事,每家每户各有一人或数人按时到场,共同行走,若有要事而不得不请假时,则向主持人说明原委请假而去,否则以怠慢之罪惩处。

一条,在本氏族内,凡有人遇到困难或病魔缠身久治不愈或遭天灾时,必须相往来,共同扶持,以重血脉之相连。在外相遇不得像外人一样,必须相互关照。

---

① 贺灵、佟克力辑注:《锡伯族古籍资料辑注》,新疆人民出版社,2005年,第377~378页。

一条,在男娶女嫁时,必须向氏族内长辈请示,经众长辈同意之后,才能许亲或举行应行之一切礼信。此外,今后必须禁止指腹订婚之习俗。若有不遵守以上规定或自行其事者,必须按家规治罪。①

制定规则是重要的,关键是执行。为此,各家族奉时过节祭祀祖先时,族长要宣讲家规,教育族人遵照家规,规范自己言行,男尊女卑,尊老爱幼,家族团结,世代相传,永世遵行。另一方面,为了平时督促本家族全体族人遵循家规,及时发现违犯家规行为,严格按照家规对违犯家规者处以必要的惩罚,因此各家族在修定家规的同时,都相应成立必要的组织机构,以保证家规的执行,达到维护家族和睦的目的。

《伊犁锡伯营镶黄旗(一牛录)佟佳氏家规》于1924年第四次修订时,在家族全体成员参加的大会上,选出唐武泰、萨吉、郭尔米选、灵保、伊克唐阿、来保为新的氏族长,同时又选出破果之妻、灵保之妻、佟精阿之妻、塔尔洪巴吐之妻为媳妇辈氏族长。这次大会还选出佟佳氏各祖支内的氏族长名单:长祖一支:喀拉春、松果尔;妇女中:吴里善之妻、灵保之妻。次祖一支:伯拉克、王连;妇女中:巴尔本泰之妻、万春之妻。四祖一支:德益真;妇女中:德益真之妻。六祖一支:克西克图、宏吉泰;妇女中:士春之妻、精丰泰之妻。②

与汉族家谱家规相比较,锡伯族家规显示了自己的民族特色:一是汉族家规大多置于该族家谱中间,成为家谱有机组成部分,而锡伯族的家规有的是置于该家族家谱中间,与世系、谱序等共同构成家谱的重要组成部分,但很多锡伯族家规则单独成文,独立成册,且内容丰富具体,表明锡伯族将家规放在非常重要的位置;二是汉族家规内容比较全面,包括敬长老、孝父母、友兄弟、尊师长、睦近邻、崇俭朴、恤孤寡、戒奢侈、戒淫逸、禁赌博等伦理规范,而锡伯族家规重点突出,主要以维护家族尊老爱幼次序、和睦家族为主要内容,对各种违犯家规的惩罚措施非常具体;三是为了办理族内大小诸事,督促全体族人执行家规,锡伯族家规中,都明文确立家族及各支系负责人(即家族氏族长、各支系氏族长),特别是专门确立媳妇辈妇女负责人,以保证平时监督全体族人尤其是妇女遵循家规。而在汉族家谱家规中,很少见到类似内容。

六

其实,不只是锡伯族的家谱家规有其鲜明特色,就锡伯族家谱整体而言,与其他少数

---

① 贺灵、佟克力辑注:《锡伯族古籍资料辑注》,新疆人民出版社,2005年,第381页。
② 贺灵、佟克力辑注:《锡伯族古籍资料辑注》,新疆人民出版社,2005年,第379页。

民族家谱比较,更呈现锡伯族家谱文化的独特优势:一是锡伯族家谱数量较多,其家谱数量与人口比例居各少数民族前列;二是锡伯族姓姓户户基本上都保存自己的家谱,保持了续修家谱的文化习俗。

据已经出版的 20 种《中国少数民族古籍总目提要》统计,27 个少数民族古籍中有家谱记载的为 17 个少数民族,家谱数量分别为:土家族 147 种,哈尼族 124 种,锡伯族 119 种,朝鲜族 108 种,苗族 75 种,白族 37 种,侗族 34 种,哈萨克族 15 种,羌族 8 种,达斡尔族 7 种,鄂温克族 6 种,赫哲族 4 种,纳西族 3 种,土族 2 种,仫佬族 2 种,毛南族 2 种,裕固族 1 种。由此可知,锡伯族家谱数量居 17 个少数民族中第三位,但居第一位的土家族人口为 802 万人,居第二位的哈尼族人口为 144 万人,而锡伯族人口仅为 19 万人,因此若以该族家谱数量与该族人口数比例相比较,则锡伯族家谱就遥遥领先了。

锡伯族以部落"哈拉"为姓,目前锡伯族有 60 余姓,"莫昆"为姓的分支,目前有上百个。新中国成立前,锡伯族瓜尔佳、郭尔佳、哈斯胡里、图克色里、安佳、郭罗罗、巴雅拉、吴扎拉、富察拉、觉罗、果尔齐、扎斯胡里、图木尔齐、伊拉里、那拉、永妥里、苏木尔、杨吉尔、温都尔、孔古尔、华西哈尔等六十余姓(哈拉),每一个哈拉都有自己的家谱。长期以来从姓(哈拉)中分出的支系——莫昆亦都有各自的莫昆家谱,规模较大的家族也有自己的家谱。总之,锡伯族哈拉有哈拉总家谱,莫昆有莫昆分支家谱,家族有各家族抄录的副谱。其中,时间最长者已有二三百年历史,多数家谱也有近百年历史。①

锡伯族作为一个人口比较少的北方少数民族,之所以在家谱文化上显示以上特点,与其民族的历史文化有密切关系。

第一,锡伯族保留了原始的结绳家谱。在文字产生之前,我国曾经历过结绳记事的时代,即用绳子打结帮助人们记忆。"古者无文字,其有约誓之事,事大,大其绳,事小,小其绳,绳之多少,随物众寡,各执以相参,亦足以相治也。"②人们不但用绳子记事来过日子记账目,而且用绳子打结来记载本家族历代成员的情况,记载本家族的世系,这就是原始的结绳家谱。

锡伯族"喜利妈妈"绳索称得上是原始结绳家谱的典型代表。锡伯族的原始宗教信仰中,以"喜利妈妈"最为崇拜。"喜利",锡伯语是延续的意思,"妈妈"是娘娘神,是传说中保佑家宅平安和人口兴旺的女祖神灵。锡伯族供奉"喜利妈妈",保佑家庭人丁平安、

---

① 《中国少数民族古籍总目提要·锡伯族卷》,中国大百科全书出版社,2007 年,第 5 页。
② (唐)李鼎祚:《周易集解》引《九家易》,嘉靖三十六年刊本。

兴旺。在民间广为流传的《喜利妈妈的传说》中说道:"很早以前,锡伯族的祖先就生活聚住在大兴安岭地区,以打猎和捕鱼为生。他们没有文字,记一件事情,就在木头上刻个符号。锡伯族盛行祖先崇拜,他们为了传宗接代,也把祖先的辈数刻记在木头上。但是天长日久,记事的木头慢慢腐烂散失,后辈很难记清自己先祖的名称、辈数。后来,人们在劳动实践中想出了一个很好的办法,在屋子对角拉一条绳子,锡伯语叫'喜利',每生一子添一小弓箭、箭袋,每生一女添一小吊床、小布条,而增添一辈人就系一块羊背式骨。这样一代接一代,从不间断。后辈对自己先祖的情况就一目了然了。"①"喜利妈妈"作为象征保佑家宅平安和人口兴旺的神灵,它是用长约 10 米挂满弓箭、箭袋、小吊床、小布条、羊背式骨等物件的绳索组成,平时装入纸袋里,挂在室内西北墙角。每年大年三十,由袋里取出来,从西北墙角斜拉到东南墙角。祭祀时准备纯黑猪一头,主祭人带家人在"喜利妈妈"灵前焚香叩头。祭祀完了将同族人请来吃"神余",即祭祀猪。家庭成员遇有天灾病祸,也要到"喜利妈妈"灵位前许愿。到二月初二再装回纸袋里,挂回原处。

至今,在一些锡伯族家中,仍保留有这种祖传下来的"喜林妈妈"绳索。"喜林妈妈"绳索,形象记载了本家族的世系和各代的男女丁口,是锡伯族最原始的实物家谱,也是我国古代最有代表性的结绳家谱。(见下图)

辽宁沈阳锡伯族吴氏家祭的"喜利妈妈"

---

① 郭德兴:《锡伯族家谱及其价值》,《中共伊犁州党校学报》,2009 年第 2 期。

第二,自古延续的"哈拉莫昆"制,孕育了较完整的具有氏族性质和以血缘为纽带的社会亲族文化系统。

锡伯族的传统社会组织形式是"哈拉莫昆"制,它是以血缘关系为纽带的原始氏族组织,是原始社会的"基本细胞"。"哈拉",是锡伯语 hala 的音译,意为姓。"莫昆",是锡伯语 mukun 的音译,意为氏族或族。锡伯族的家庭是组成哈拉、莫昆的最小单位。锡伯族家庭都是属于某个哈拉之内的,哈拉为同一个祖先的后代,一般传到第五代、第六代之后,便分出莫昆,这时的哈拉就演变成一个胞族。因此,每一个哈拉包括几个莫昆,即家族,每个莫昆又包含若干个家庭,锡伯族的莫昆(家族)是由若干个同一祖先繁衍的后代组成的大家庭。

锡伯族每个莫昆,都有一个"莫昆达"(mukun da,氏族长),由族中辈分高、德高望重的长者担任。莫昆达在族中拥有至高无上的权力,本莫昆内的所有成员都必须服从他的意志。

同姓和近亲不婚是锡伯族婚姻制度的最大特点。锡伯族恪守"哈拉"外婚制,不准同一"哈拉"内郭通婚,更严禁"莫昆"内部通婚。为了遵守同姓和近亲不婚的规定,就必须清楚各哈拉、各莫昆的世代延续情况,这就在客观上促进了各哈拉或莫昆均编修有满文、锡伯文、汉文,或满汉合璧书写的家谱。

第三,清政府为维护自己统治,采取以孝治天下,积极倡导民间编修家谱,促进了锡伯族家谱的编修。

顺治九年(1652),即清朝在北京建都的第九年,清朝政府即将朱元璋的"圣谕六言"——"孝顺父母、尊敬长上、和睦乡里、教训子孙、各安生理、毋作非为"重新颁行八旗以及各省。康熙九年(1670)又进一步向全国颁布"上谕十六条":其中将"敦孝悌以重人伦"列为第一条,"笃宗族以昭雍睦"列为第二条,表明清政府将孝治天下、和睦宗族放在非常重要的位置。雍正帝很重视"上谕十六条",对其逐条解释,成为洋洋万言的"圣谕广训",并于雍正二年(1724)向天下颁布。雍正在对"笃宗族以昭雍睦"条的解释中,明确提出"修族谱以联疏远"的要求,倡导民间编修家谱。清政府还通过各种渠道,宣传"圣谕六言"、"上谕十六条"和"圣谕广训",使之家喻户晓,这就直接促进了包括锡伯族在内的各民族民间的修谱工作。

清康熙三十一年(1692),锡伯族正式编入八旗,编为 65 个牛录,从此处于清朝八旗制度的严格管理之下。清政府严格执行旗人户籍、丁口编审和官职世袭制度,承袭官职必须"预先缮造家谱,存于都统衙门",经过八旗都统"核真伪,稽疏远"后,方上奏皇帝批准。这对锡伯族各"哈拉""莫昆"编修文字家谱,也起到了推动的作用。

第四,西迁这一历史壮行对锡伯族历史产生了重大影响,直接促进新疆地区的锡伯族人保留了追思祖先、不忘祖根的修谱习俗。

前面提到,《中国少数民族古籍总目提要·锡伯族卷》一书中,明确记载家谱所在居住地的有81种,其中辽宁29种,新疆52种。就是说,居住在新疆地区的锡伯族书写的家谱数量占了2/3,但居住在新疆地区的锡伯族人仅占全体锡伯族人口的1/5,由此可知,居住在新疆地区的锡伯族人将编修家谱放在极其重要的地位,已成为新疆锡伯族人世代相袭的重要文化习俗,这与其西迁的经历密切相关。

在16世纪之前,锡伯族先民世世代代生活在松嫩平原和呼伦贝尔大草原上。乾隆二十九年(1764),为了加强新疆伊犁地区的防务,清政府决定"由盛京锡伯内拣其精壮能牧者一千名,酌派官员,携眷遣往"①。这一年的农历四月十八日,清朝政府从盛京(沈阳)等地征调西迁新疆的锡伯族官兵携家属4000余人(其中官兵1020人,家属3275人),和留居东北的锡伯族男女老少,聚集在盛京的锡伯族家庙——太平寺,祭奠祖先,聚餐话别。(见下图)

辽宁沈阳锡伯族家庙

次日清晨,锡伯族官兵及其家属,告别了家乡的父老乡亲,踏上了西迁的漫漫征程。锡伯族诗人管兴才在《西迁之歌》描述:"车辚辚,夜夜餐风露宿;路漫漫,日日劳累已极。""啊!翻越了高耸入云的杭爱山(今蒙古国境内),跋涉那河水纵横的乌里雅苏台

---

① 《锡伯族档案史料》,辽宁民族出版社,1989年,第290页。

(今蒙古国境内)草地,穿过了朔风凛冽的科布多(今蒙古国境内),又往冰雪封冻的塔尔巴哈合(今新疆塔城)进发。"①经过一年零三个月的艰苦跋涉,终于到达新疆的伊犁地区。现在的察布查尔锡伯族自治县就是他们当年的驻地,当地的锡伯人是他们的子孙。

在风沙弥漫的大西北,勤劳的锡伯族人民凿山筑渠,历时六年于嘉庆十三年(1808)修建完成了长达100多公里的察布查尔大渠。潺潺的流水使荒漠的原野变成了阡陌纵横、树木葱绿、瓜果飘香、美丽富足的地方。

西迁不仅是一个民族的迁徙,也是一种文化的传播。西迁至新疆察布查尔地区的锡伯族,在长久处于几乎"真空"的生存环境里,其民族意识得到了强化,显示了顽强的民族性格,至今还完整地保留着自己的语言文字及浓厚的风俗习惯,和世代延续编修家谱的习俗,以表达思念故乡和不忘祖根的情结。这不能不说是一个民族文化发展史上的奇迹。

为了纪念这次西迁,锡伯族把农历四月十八日定为"西迁节",每逢这一天,全国各地的锡伯族男女老少都要穿上盛装,欢聚在一起,隆重开展各种纪念活动。"西迁节"已成为锡伯族的民族传统节日。2006年,"西迁节"被列入首批国家级非物质文化遗产名录。

第五,新疆地区锡伯族保持修谱文化习俗,与近代锡伯族杰出教育家色布喜贤开展系列教育普及活动有关。

色布喜贤从小学习刻苦,博览群书,文武双全,曾在新疆锡伯营中任文书和翻译,后来升任索伦总管。光绪八年(1882),清军收复伊犁,将军金顺进驻,给位于伊犁的各部落、各营官兵补发了一笔资助款。身为索伦总管的色布喜贤面对这笔数额不小的经费,决定办一番造福于民、普及教育的大事业。他亲自张罗,在锡伯营八个牛录(分队)相继创办了公办学校,并不断扩大办学规模,丰富教学内容。这是西迁锡伯族学校义务教育的开始。在此之前,锡伯族尽管有教育活动,但多为私塾教育,不仅受文化教育的人寥寥无几,教学内容也仅限满文和骑射。色布喜贤深谋远虑,提出发展双语教育的构想,从选编教材到聘用教师都贯彻这一原则。学校一方面聘请汉族教习,另一方面选派德才兼备的学生到惠远城学习汉语文。教授内容有《诗经》《三字经》《千字文》、四书五经等。他还特别提倡热爱祖国、尊师重教、尊老爱幼、热爱劳动、肯于吃苦等中华民族的优良风尚。色布喜贤还十分重视女童教育,他提倡妇女应当享有和男子一样接受文化教育的权利。在他的积极倡导和努力下,专门建立了一所女子学校,招收锡伯族女童上学念书。从此,

---

① 吴世旭著:《锡伯族西迁》,辽宁民族出版社,2011年,第224页。

结束了锡伯女童不上学堂的历史。

在色布喜贤先进教育思想影响下,锡伯族中形成了学习多种语言的教育传统,锡伯各牛录相继成立"兴学会",积极倡导男女平等,创办油印的锡伯族文化刊物,介绍先进思想,传播进步文化艺术。

色布喜贤开展教育普及活动也直接促进了新疆锡伯族修谱工作的开展。由本文附录《锡伯族重要家谱、家规简况一览表》中看出,新疆地区锡伯族修谱共52种,其中光绪十一年以后及民国期间修的家谱计42种。这个事实充分说明了,在色布喜贤开展的教育普及活动的影响下,新疆地区锡伯族各"哈拉""莫昆"的修谱活动有了新的发展。

七

过去,锡伯族几乎每个家族都有家谱,但是,"文革"的十年浩劫,很多家谱作为"四旧"被烧被毁,损失很多,《中国少数民族古籍总目提要·锡伯族卷》一书中刊载的120种家谱只是留存下来的一小部分。改革开放以后,随着传统文化的不断复兴,锡伯族民间重修和续修家谱之风也重新兴起。近几十年来新修的家谱,很多是在原有的旧谱基础上续修的,也有的是完全新修的。

如1981年,东北与新疆的锡伯族韩氏家族联谱团聚之后,两地的宗亲就在酝酿着重新续修家谱。从1985年10月起,用了一年多的时间,于1987年终于修成《锡伯族哈什胡里氏谱书》,并举行了隆重的发谱仪式。韩氏家族此次续修家谱,有几个特点体现在新修成的韩氏家谱中:一是成立了"续谱小组",由东北与新疆两地家族中的11人组成;二是将旧谱的谱单改为谱书,封面为蓝色,用汉文和锡伯文对照书"锡伯族哈什胡里氏谱书"烫金大字;三是整理旧谱的序文,满文谱序改为汉译文;四是撰写了新的谱序。新的谱序增加了新内容,体现时代精神与男女平等的原则,十四世后的女子均起名进谱;五是序文后有"说明"和"目录",对续谱方法进行具体解说。

又如辽宁省社会科学院研究员安振泰家族于2002年续修了《锡伯族安佳氏宗谱》。这次续修是在原民国三十六年(1947)所修的《安氏宗谱》的基础上修的。新修的《锡伯族安佳氏宗谱》黄色的封面上有汉文与锡伯文对照的"锡伯族安佳氏宗谱"几个大字,在左右两边分别写有"续修谱牒不忘祖""晓喻后昆代代传",下边用小字注有"岳士屯安氏沈阳市新城子区黄家锡伯族乡"(见下页图)。该谱由续修安氏宗谱序、原宗谱的安氏宗谱纂序、续修宗谱说明、世系全表、注释、续修宗谱寄语、续修安氏宗谱跋、续修宗谱会议纪实、后记等部分组成,共记录十四世,内容较为详细。

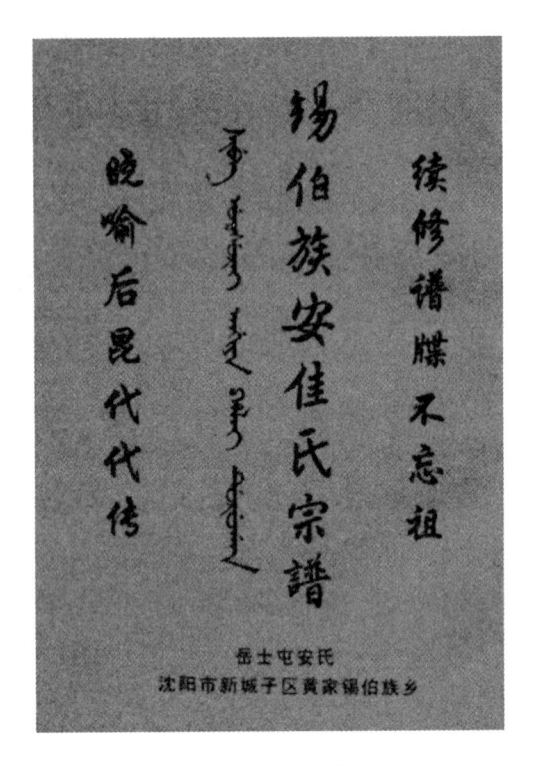

《锡伯族安佳氏宗谱》封面

辽宁省监察厅关在汉家族所修的《锡伯族瓜尔佳氏宗谱》是 2009 年新修的家谱。谱书的黄色封面上印有锡伯文与汉文对照"锡伯族瓜尔佳氏宗谱"几个黑色大字。该家谱采用阿拉伯数字作代码，横向排列，由谱序、家谱、墓碑、后记四个部分组成。墓碑的碑文云：

> 瓜尔佳氏，锡伯族，祖居海拉尔东南扎兰托罗河流域，后迁徙伯都讷措草沟。……康熙三十八年由伯都讷瓜尔佳氏举族拨赴盛京，编镶黄旗，最早落户于今沈阳市法库县丁家房乡大泉眼村，先祖无从考证，口碑传承之先祖为苏虎……历今十世。族内有识之士，期我后人铭记族脉、宗脉，敬祖、祀祖，勿忘祖德、祖训，故设碑以志。

2009 年清明节前夕，关氏家谱修成，关氏族人在老家法库县丁家房乡大泉眼村的祖坟上立一墓碑以示纪念，同时，还举行了隆重的发谱仪式。①

---

① 李云霞著：《中国锡伯族》，人民出版社，2014 年，第 63～65 页。

由内蒙古包头关铁玉于2012年主编的《大泉眼锡伯族关氏家谱》，与2009年新修的《锡伯族瓜尔佳氏宗谱》为同一先祖苏虎。关铁玉在序言中生动地介绍了编修本谱的缘由："1944年9月，我出生在辽宁省新民县东蛇山虽乡西莲花泡村，父亲关佐汉。记得小时候，我家与大伯关忠汉、二伯关兴汉同住在一户大草房里。房子西侧墙上并排挂着关老爷彩像和《关氏家谱》。父亲告诉我这套家谱是他从老家抄来的。1957年5月，父亲从鞍钢调到包头，奶奶领着我和妹妹一块儿迁居到包头。……离开老家转眼间五十余年过去了，父辈们一个个仙逝。……我时常想起自己的家人们，想起老家西莲花泡和父亲抄的家谱。为此，曾几次托人回故乡代我打听家谱的下落，后来知道家谱已不复存在，沮丧极了，绝望之际，后得知在老家大泉眼关世才处有抄本。……于是决心在有生之年续修并出版《关氏家谱》，为关氏家族办件实事，让列祖列宗的英名流芳百世。"①关铁玉抱病主编的《大泉眼锡伯族关氏家谱》，由《西莲花泡关氏支谱》、《关于家乡》、《家族的回忆》、《爷爷关祥恩的后代们》、《锡伯族的简介》和《编后记》等部分组成。该谱记述关氏家族由黑龙江迁吉林再迁辽宁法库县过程，记录先祖苏虎以下11代，11层排列，对第七代锡恩、祥恩支下四代成员作了简介。全书16开，共41页，于2012年由北京时代弄潮文化发展公司出版，称得上是一部比较规范的新修谱书。

锡伯族续修及新修的家谱有一个共同的特点，即一般都是谱书的形式，内容比较完善，基本上都有谱序、世系排列表、后记及修谱人、修谱的年代等内容，封面都是采用汉文与锡伯文对照来书写家谱的全称。多数新续修的家谱与传统时期创立的家谱有一个显著的差别是"女子上谱"，充分体现了新时代的精神与男女平等的原则。这一切，表明锡伯族的家谱文化已发展到一个历史新阶段。

(作者单位：上海图书馆)

---

① 关铁玉主编：《大泉眼锡伯族关氏家谱》，北京时代弄潮文化发展公司出版，2012年，第1页。

附：

锡伯族重要家谱、家规简况一览表

家谱、家规名称	居地	年代	形式	质地	页面(cm)	文字	记载内容	保存
何氏家谱单	辽宁	乾隆八年	4纸		70×90	汉文	记述始祖以下三大支世系、人名、官职。谱序记本氏自席北投归清太宗经过及驻防抚顺情形	完好
乌珠牛录顾尔佳氏家谱	新疆	乾隆三十年	1幅	棉布	170×160	满文	记录10代男性,10层排列	完好
何氏宗谱	辽宁	乾隆五十五年 光绪二十九年 民国三十一年	不分卷1册	纸质	135×80	满文 满汉 汉文	记述原居地、迁徙、辈字、世系	完好
吴氏世代家谱	辽宁	嘉庆十八年	不分卷1册	纸质	120×80	汉文	记述原居地、迁徙、旗佐、修谱经过	完好
扎库齐牛录扎斯胡里氏家谱（1）	新疆	道光四年	1幅	棉布	39×26	满文	记录10代共131名男性,10层排列	完好
纳达齐牛录孔格里氏家谱	新疆	咸丰五年	1纸		39×30	满文	记录10代男性,10层排列	完好
扎库齐牛录觉罗氏家谱	新疆	咸丰五年	1幅	棉布	110×70	满文	记录11代共123名男性,11层排列	完好
扎库齐牛录觉罗氏家族家规	新疆	咸丰五年	不分卷1册	抄本纸质平装	27×20	满文	是家庭和社会共同遵守和制约各种行为的一种家族制度	完好

(续表)

家谱、家规名称	居地	年代	形式	质地	页面(cm)	文字	记载内容	保存
宁固齐牛录巴雅尔氏家谱	新疆	同治一年	1纸		110×80	满文	记录9代共30名男性,9层排列	完好
堆齐牛录关氏家谱	新疆	同治三年	1幅	棉布	440×250	满文	记录12代男性,12层排列	完好
韩氏家谱	辽宁	同治四年	不分卷1册	纸质	80×60	汉文	主要记述世系	完好
哈斯呼里氏谱书	辽宁	同治十一年民国三年	不分卷1册	纸质平装（抄本）	61页8开	满文民3译汉文	记述宗族源流、迁徙、世系宗支	完好
卜姓三处坐落亲脉族内男女家谱册	辽宁	同治	不分卷1册7页	纸质经折装	7页29×16	汉文	记述族源、迁徙、宗支世系	完好
依拉齐牛录苏穆尔氏家谱	新疆	光绪五年	1纸		100×70	满文	记录7代共148名男性,7层排列	完好
富察氏家谱	新疆	光绪六年	1幅	棉布	150×90	满文	记录诸莫其为第一代祖先的7代男性,7层排列	完好
关姓锡伯调访录	辽宁	光绪六年	不分卷1册	纸质经折装	24×237	汉文	记述族名、原居地、世系及历世调查访问记录	完好
乌珠牛录胡希哈尔氏族家谱	新疆	光绪七年	1幅	黄绸	50×27	满文	记录6代共48名男性姓名、职务,6层排列	完好
纳达齐牛录艾雅拉氏家谱	新疆	光绪十一年	1幅	黄布	110×60	满文	记录8代92名男性,8层排列	完好

(续表)

家谱、家规名称	居地	年代	形式	质地	页面(cm)	文字	记载内容	保存
孙扎齐牛录阿雅拉氏家谱	新疆	光绪十一年	1幅	黄布	120×60	满文	记录8代男性,8层排列	完好
依拉齐牛录苏穆尔家族家规	新疆	光绪十五年	不分卷1册	抄本纸质平装	26×19	满文	是家族成员共同遵守和制约各种行为的制度	完好
扎库齐牛录郭尔吉氏家谱	新疆	光绪十六年	1幅	红布	100×64	满文	记录10代男性,10层排列	完好
宁固齐牛录富察氏家谱	新疆	光绪十八年	1幅	棉布	160×110	满文	记录7代男性,7层排列	完好
乌珠牛录佟佳氏家谱		光绪十八年	1幅（谱序谱单）	布质	180×60	满文	记述佟佳氏新疆分支源流及始祖等	注
乌珠牛录佟佳氏家规		光绪十八年	不分卷1册	抄本	180×60	满文	以条目形式记于佟佳氏家谱之上,涉及敬祖睦族、尊老爱幼、讲礼节、爱家乡及对违犯者的各种处罚条目等	注
宁固齐牛录伊拉里氏家谱	新疆	光绪二十一年	1纸		35×30	满文	记录7代男性,7层排列	完好
孙扎齐牛录叶赫那拉氏家谱	新疆	光绪二十五年	1纸		120×90	满文	记录10代男性,10层排列	完好
图克色里氏宗谱	辽宁	光绪二十六年	不分卷1册印本	纸质平装	9页,页面16开	汉文	记述族源、立谱意义、茔地、十规八戒、世系	完好
乌珠牛录图克色里氏家谱		光绪二十六年	1幅	布质	180×60	满文	记述族源、立谱意义、家规	注

(续表)

家谱、家规名称	居地	年代	形式	质地	页面(cm)	文字	记载内容	保存
扎库齐牛录富察氏家谱	新疆	光绪二十七年	1幅	棉布	160×68	满文	记述8代男性，8层排列	
纳达齐牛录富察氏家谱	新疆	光绪二十七年	1幅	棉布	140×110	满文	记录以富伦泰和富鲁阿为祖先的9代男性，9层排列	完好
乌珠牛录永托里氏宗族族规		光绪二十八年	不分卷1册	抄本纸质平装	9页 22×18 10行	满文	从尊老爱幼、父子长幼关系到如何参与族内婚丧祭祖、奖勤及惩治不孝等作了规定，共17条	封面缺损
依拉齐牛录鄂尔克勒氏家谱	新疆	光绪二十九年	1幅	棉布	150×120	满文	记录11代男性，西迁祖宗列第一层，其后10层按辈分排列，共160人	完好
扎库齐牛录陶霍里氏家谱	新疆	光绪二十九年	1幅	棉布	122×88	满文	记录7代共87名男性，7层排列	完好
乌珠牛录托库里氏家规		光绪二十九年	不分卷1册	抄本纸质平装	26×12	满文	1.族内犯上欺下罪及处罚措施；2.在外道德言行违犯者的处罚措施。后记论述家规意义	完好
扎库齐牛录顾尔佳氏家谱	新疆	宣统三年	1幅	棉布	180×70	满文	记录10代男性，10层排列	完好

(续表)

家谱、家规名称	居地	年代	形式	质地	页面(cm)	文字	记载内容	保存
盛京吴扎拉氏家谱	辽宁	清代	1幅（谱序谱单）	布质	150×60	满文	记述族源、修谱始由及有关活动	注
盛京城北吴扎拉氏家谱	辽宁	清代	1幅	布质	180×60	满文	记述源流、迁徙情况、编入八旗历史等	注
乌珠牛录佟佳氏家谱		清代	1幅	布质	180×60	满文	记述佟佳氏新疆分支的源流、始祖	注
乌珠牛录永妥里氏家谱		清代	1幅（谱序谱单）	布质	180×60	满文	记述永妥里氏新疆分支源流及始祖等	注
扎库齐牛录瓜尔佳氏家谱(1)		清代	1幅（谱序谱单）	布质	180×60	满文	记述瓜尔佳氏新疆分支源流及始祖等	注
扎库齐牛录富察氏家谱(2)		清代	1幅（谱序谱单）	布质	160×60	满文	记述富察氏新疆分支源流及始祖等	注
扎库齐牛录果尔吉氏家谱		清代	1幅（谱序谱单）	布质	180×60	满文	记述果尔吉氏新疆分支源流及始祖等	注
扎库齐牛录吴扎拉氏家谱(1)		清代	1幅（谱序谱单）	布质	180×60	满文	记述吴扎拉氏新疆分支源流、迁徙及始祖等	注
扎库齐牛录石家氏家谱		清代	1幅（谱序谱单）	布质	180×60	满文	记述石家氏驻伊犁时间、分支始祖及妻儿等	注

（续表）

家谱、家规名称	居地	年代	形式	质地	页面(cm)	文字	记载内容	保存
扎库齐牛录伊拉里氏家谱(1)		清代	1幅（谱序谱单）	布质	180×60	满文	记述新疆分支移驻伊犁时间、东北居住地及始祖等	注
扎库齐牛录扎斯胡里氏家谱(2)		清代	1幅（谱序谱单）	布质	180×60	满文	记述新疆分支源流及迁徙等	注
扎库齐牛录托库尔氏家谱		清代	1幅（谱序谱单）	布质	180×60	满文	记述新疆分支源流、承袭等	注
开原关氏宗谱	辽宁	1912	1纸		432×31	满、汉文	记述发源地、兄弟3人分迁各处情况及第二支世系	完好
扎库齐牛录扎斯胡里氏家族家规		1912	不分卷1册	抄本纸质平装	30×25	满文	是家族成员共同遵守和制约各种行为的制度	完好
家谱册		1913	不分卷1册	纸质包背装	16×8 16页 14行20字	汉文	记述族名、族源、世系等	完好
乌珠牛录郭尔佳氏家谱	新疆	1918	1幅	白布	120×80	满文	记录11代共250名男性，11层排列	完好
铁岭县心田堡关氏宗谱册	辽宁	1922	不分卷2册	抄本	27页 页面8开	满汉合璧	记述发源地、世系等	完好
师锡家书		1931	不分卷1册	抄本	18×9 69页	汉文	记述原居地、迁盛京时间、世系等	完好

(续表)

家谱、家规名称	居地	年代	形式	质地	页面(cm)	文字	记载内容	保存
依尔根觉罗西伯肇宗谱	辽宁	1932	不分卷 1册	印本	25×15 44页	汉文	记述原居地、归附清廷及迁盛京原因、过程。另有族名、命名肇字、"十规要言""八戒要务"、世系表	完好
完颜家系录	辽宁	1934	不分卷 1册	印本	27×17 9页	汉文	记述族别、族源、原居地、迁来盛京地点、所在旗佐、世系等	封面残损尚可辨认
瓜尔佳氏宗谱	辽宁	1934	1纸	纸质	100×115	汉文	记述迁来盛京时间、过程、修谱意义、世系等	完好
堆齐牛录科罗特氏家谱	新疆	1934	1幅	黄布	100×60	锡伯文	记录8代55名男性,8层排列	完好
宁固齐牛录郭尔佳氏家谱(1)	新疆	1935	1纸		100×80	锡伯文	记录以绰霍泰为祖先的10代男性,10层排列	完好
北营子吴氏宗谱	辽宁	1935	1纸		36×75	汉文	记述族别、原居地、迁徙、旗佐、世系、辈字等	完好
沈阳何舍哩氏谱书	辽宁	1935	1纸	纸质	110×86	汉文	记述迁徙时间、地点、宗支世系	完好
宁固齐牛录郭尔佳氏家谱(2)	新疆	1935	1纸		100×80	锡伯文	记录以绰霍泰为祖先的10代男性,10层排列	完好

（续表）

家谱、家规名称	居地	年代	形式	质地	页面(cm)	文字	记载内容	保存
乌珠牛录图木尔奇氏家规		1935	不分卷1册		180×60	满文	记述长辈、兄弟姐妹之间的行为规范、违规惩罚措施，共9条	注
扎库齐牛录托库里氏家规		1935	不分卷1册		180×60	满文	以条目形式记述于家谱之上，涉及长辈对晚辈教育，子女的文明礼貌及对违犯者的惩罚措施等	注
堆齐牛录瓜尔佳氏家谱(1)	新疆	1937	1幅	黄布	40×30	满文	记录5代男性，5层排列	完好
扎库齐牛录伊拉里氏家谱(2)	新疆	1939	1幅	棉布	100×80	锡伯文	记述13代171名男性，13层排列	损坏严重
苏穆禄氏（徐）家谱	辽宁	1940	不分卷	纸质包背装	23×18	汉文	记述民族、命名字、世系	完好
堆齐牛录瓜尔佳氏家谱(2)		1940	不分卷1册		27×19	锡伯文	记录11代72名男性，11层排列	完好
霍城瓜尔佳氏家谱	新疆	1940	1纸		110×50	锡伯文	记录7代男性，7层排列	完好
扎库齐牛录永托里氏家谱	新疆	1941	1幅	棉布	140×120	锡伯文	记录12代男性，12层排列	完好
寨牛录扎斯胡里氏家谱	新疆	1941	1幅	棉布	140×100	锡伯文	记录11代男性，11层排列	完好
堆齐牛录吴扎拉氏家谱	新疆	1941	1幅	棉布	120×100	锡伯文	记录8代男性，8层排列	完好

(续表)

家谱、家规名称	居地	年代	形式	质地	页面(cm)	文字	记载内容	保存
堆齐牛录顾尔佳氏家谱	新疆	1941	1幅	棉布	200×150	满文	记录12代男性,12层排列	完好
依拉齐牛录顾尔佳氏家族家规		1941	不分卷1册	抄本纸质平装	30×35	满文	记述男人、女人、老人、年轻人劳动、生活、尊老爱幼、互相交往应遵守的纪律,共6条	完好
扎库齐牛录瓜尔佳氏家谱(2)	新疆	1942	1幅	红棉布	120×60	锡伯文	记录本牛录另一支11代男性,11层排列	完好
堆齐牛录赵氏家族坟墓排列谱书	新疆	1945	1幅	棉布	120×70	锡伯文	记录本家族划分坟地、按辈分下葬立墓排列	完好
宁固齐牛录吴扎拉氏家谱	新疆	1945	1幅	棉布	160×120	锡伯文	记录9代男性,9层排列	完好
依拉齐牛录伊拉里氏家谱	新疆	1945	1幅	棉布	140×110	锡伯文	记录9代男性,9层排列	完好
鄂尔克勒氏家规		1946	不分卷1册	抄本纸质平装	26×19	满文	记述尊老爱幼、和族睦亲、互相帮助等及对违犯者惩罚措施,共8条	完好
依拉齐牛录佟佳氏坟墓排列谱书	新疆	1947	1幅	红布	115×70	锡伯文	记录本家族划分坟地、按辈分下葬立墓排列情况	完好
安氏宗谱	辽宁	1947	不分卷1册	纸质包背装	10页,页面16开	汉文	记述族别、原籍、迁来盛京时间、所编旗佐、宗支世系	完好

(续表)

家谱、家规名称	居地	年代	形式	质地	页面(cm)	文字	记载内容	保存
乌珠牛录鄂尔克勒氏家谱	新疆	1947	1纸		45×40	锡伯文	记录8代男性,8层排列	完好
霍城何叶尔氏家谱	新疆	1948	1幅	棉布	200×120	汉文	记录12代男性,12层排列,并说明第12代4兄弟中3位于1764年西迁新疆戍边	完好
孙扎齐牛录顾尔佳氏家谱	新疆	民国编修	不分卷1册		40×27	锡伯文	记录11代141名男性,11层排列	完好
依拉齐牛录安佳氏家谱	新疆	民国编修	1幅	黄布	120×80	锡伯文	记录6代87名男性,6层排列	完好
乌珠牛录瓜尔佳氏家谱	新疆	民国编修	1纸		45×37	锡伯文	记录5代62名男性,5层排列	完好
扎库齐牛录吴扎拉氏家谱(2)	新疆	民国编修	1幅	黄棉布	160×60	锡伯文	记录10代男性,10层排列	完好
孙扎齐牛录吴扎拉氏家谱(1)	新疆	民国编修	1幅	棉布	120×80	锡伯文	记录6代男性,6层排列	完好
堆齐牛录佟佳氏家谱	新疆	民国编修	1纸		45×32	锡伯文	记录8代81位男性,8层排列	完好
纳达齐牛录巴雅拉氏家谱	新疆	民国编修	1幅	棉布	150×130	锡伯文	记录9代男性,9层排列	完好
乌珠牛录图穆尔奇哈拉家谱	新疆		1幅	布质		满文	主体为佛教庙宇形式的彩图,图案上面以牌位形式标有图穆尔奇哈拉(姓)3代世系	完好

(续表)

家谱、家规名称	居地	年代	形式	质地	页面(cm)	文字	记载内容	保存
法库县叶赫氏宗谱	辽宁		1纸	抄本,纸质	110×105	满、汉文	记述原住地、迁徙、旗佐、旗别、姓氏、世系	完好
吴氏宗谱	辽宁		1纸		90×170	汉文	记述来盛京时间、原住地、命名辈字、世系等	完好
锡伯赵氏家谱	辽宁		不分卷1册	抄本,纸质	43×50	汉文	记述族名、原住地、世系等	完好
赵氏家谱	辽宁		不分卷1册	抄本,纸质		汉文	记述族别、旗佐、迁徙、世系等	完好
关氏家谱	辽宁		不分卷1册	旧写本,纸质		汉文	记述原居地、迁盛京后分驻各地情况、命名辈字、世系	完好
吴氏家谱	辽宁		不分卷1册	抄本,纸质		汉文	记述族名、迁来盛京时间、世系、官职	完好
凤城宝山乡大营子白氏家谱	辽宁		不分卷1册	抄本,纸质		汉文	记述原居地、迁来时间、世系表等	完好
宁固齐牛录韩扎氏家谱	新疆		1幅	棉布	110×90	锡伯文	记录10代男性,10层排列	完好
孙扎齐牛录吴扎拉氏家谱(2)	新疆		1幅	棉布	150×130	锡伯文	记录11代男性,11层排列	完好
堆齐牛录富察氏家谱	新疆		1幅	棉布	160×140	锡伯文	记录10代男性,10层排列	完好
纳过齐牛录伊拉里氏家谱	新疆		1幅	棉布	120×100	锡伯文	记录以伊特格尔图为祖先的11代男性,11层排列	完好

(续表)

家谱、家规名称	居地	年代	形式	质地	页面(cm)	文字	记载内容	保存
堆齐牛录郭尔佳氏家谱	新疆		1纸		25×18	锡伯文	记录10代77位男性,10层排列	完好
吴门中锡伯人士火火力祖谱单	辽宁		彩绘1纸		96×76	汉文	记述始祖火火力等三组祖先牌位及5代人名、官职	完好
依拉里氏(胡氏)祖谱(单)	辽宁沈阳		1纸		118×62	汉文	记述始祖佛力图以下8世,皆满语人名。先祖同胞4位东迁抚顺、沈阳等地,4支冠汉字依、胡二姓	完好
依拉里氏宗谱(单)	辽宁抚顺		2纸		80×72	汉文	记述始祖佛力图,本氏族源于"席北",与抚顺胡氏为同祖不同宗	完好
胡氏宗谱单			1纸		130×70		记述一世祖佛力图,五世祖衍为四支,其中一长孙改为胡姓,已历17世	较好
胡氏家谱(单)	辽宁抚顺		4纸		78×60		记述世祖佛力图以下13代,均系锡伯人名	完好
哈尔滨何叶尔氏家谱	黑龙江		1纸				记述何叶尔氏康熙年间从嫩江迁盛京驻防、子孙繁衍生息情形	完好

（续表）

家谱、家规名称	居地	年代	形式	质地	页面(cm)	文字	记载内容	保存
哈尔滨吴氏宗谱	黑龙江		1纸				记述原居吉林伯都纳,后迁盛京及子孙繁衍情形	完好
哈尔滨吴扎拉氏家谱	黑龙江		1纸				记述原居吉林伯都讷,后迁盛京及子孙繁衍情形	完好
呼兰县傅氏家谱	黑龙江		1纸				记述原在黑龙江畔爱辉居住,后迁呼兰河畔及子孙繁衍情形	完好
龙江县何氏家谱	黑龙江		1幅	白布			记述龙江县何氏原籍辽宁法库县,子孙繁衍生息情形	完好
韩赓生家谱	黑龙江双城		1纸				记述原住伯都讷,后迁复州城东,再迁双城居住	完好
吴安平家谱	黑龙江双城		1纸				记述十一世祖由奉天拨驻双城堡右屯情形	完好
于殿全家谱	黑龙江双城		1纸				记述原籍北京顺天府,后迁复州,再拨驻双城垦荒	完好

(续表)

家谱、家规名称	居地	年代	形式	质地	页面(cm)	文字	记载内容	保存
伊兴文家谱	黑龙江双城		1纸				记述高祖胡必士带领三子由伯都讷奉旨拨驻盛京,入册充差	完好
傅振祥家谱	黑龙江双城		1纸				记述原住伯都讷,后迁复州入正白旗,开垦后二十里堡压花屯	完好
赵义伍家谱	黑龙江双城		1纸				记述赵姓自西伯伯册诺四道沟拨金州,共12代	完好
赵文全家谱	黑龙江双城		1纸				记述赵姓由奉天金州迁双城,记6代	完好
哈什胡里氏谱书		1987	不分卷1册	新修谱书		汉文	为东北与新疆的韩氏家族联谱续修,14世后女子均起名进谱	新谱
安佳氏宗谱	沈阳	2002	不分卷1册	新修谱书	A4纸43页	汉文	在1947年《安氏宗谱》基础上续修,安振泰主修	新谱
瓜尔佳氏宗谱		2009	不分卷1册	新修谱书	A4纸8页	汉文	由谱序、家谱、墓碑、后记四部分组成。先祖苏虎。关在汉主修	新谱

(续表)

家谱、家规名称	居地	年代	形式	质地	页面(cm)	文字	记载内容	保存
大泉眼锡伯族关氏家谱	辽宁法库县	2012	不分卷1册	新修谱书	41页16开	汉文	记述关姓由黑龙江迁吉林再迁辽宁法库县过程,先祖苏虎以下11代,11层排列,对第七代锡恩、祥恩支下四代成员简介,主编关铁玉	北京时代弄潮文化发展公司出版

注:该谱译文收入贺灵、佟克力辑注:《锡伯族古籍资料辑注》,新疆人民出版社,2005年。

(以上家谱简况一览表据《中国少数民族古籍总目提要·锡伯族卷》、李云霞著《中国锡伯族》等有关资料编制)

参考文献

贺灵、佟克力辑注:《锡伯族古籍资料辑注》,新疆人民出版社,2005年。

《中国少数民族古籍总目提要·锡伯族卷》,中国大百科全书出版社,2007年。

贺灵主编:《锡伯族百科全书》,新疆人民出版社,1995年。

阿苏、盛丰田、何荣伟:《锡伯族》,辽宁民族出版社,2012年。

胡巍:《锡伯族》,吉林文史出版社,2012年。

《锡伯族档案史料》,辽宁民族出版社,1989年。

李阳等普《锡伯族文化》,辽宁民族出版社,2011年。

吴世旭著:《锡伯族西迁》,辽宁民族出版社,2011年。

贺灵编著:《中国锡伯族》,宁夏人民出版社,2012年。

李云霞著:《中国锡伯族》,人民出版社,2014年。

关铁玉主编:《大泉眼锡伯族关氏家谱》,北京时代弄潮文化发展公司出版,2012年。

吴元丰、赵志强:《锡伯族西迁概述》,《民族研究》,1981年2期。

徐恒晋、马协弟:《锡伯族族源辨正》,《社会科学学刊》,1988年4期。

曹熙:《锡伯族第一故乡考》,《齐齐哈尔师范学院学报》,1991 年 2 期。

吴克尧:《锡伯族历代迁徙研究》,《北方民族》,1994 年 1 期。

文言:《锡伯族源再探》,《辽宁大学学报》,1994 年 3 期。

张博泉:《从名称、姓氏看锡伯的来源与民族》,《北方民族》,1997 年 1 期。

张政:《略论"喜利妈妈"从家谱到女祖神的演变》,《北方文物》,1997 年 2 期。

郭德兴:《锡伯族家谱及其价值》,《中共伊犁州党校学报》,2009 年 2 期。

李小文:《锡伯族家谱面面观》,《寻根》,2014 年 2 期。

裕固族民俗中的兴建家谱现象探析

钟进文(裕固族)

裕固族作为一个游牧民族,传统文化一直以口传方式传承。近年来,随着裕固族地区现代化和城镇化建设步伐的加快,裕固族的传统民俗也在发生着重大变化,其中较为典型的是兴起了建家谱和立墓碑等新的社会组织民俗,而这些在过去的裕固族文化传统中是不曾拥有的。本文以兴建家谱为例,试图探析裕固族社会民俗变迁的一些特点和其中蕴含的社会诉求。

一、裕固族传统文化特点

裕固族在历史上是一个游牧民族,游牧民族的文化是一种"游"动的文化,在"游"的过程中得到物质和精神层面的稳定。游牧文化作为一类象征系统,在很长一段时间内,不仅是一种生计方式,也是一种社会秩序,一种能使人与自然、人与社会之间保持平衡关系的秩序。

不少汉文史书记载,裕固族的祖先曾建立过强大的游牧政权——回纥汗国,也有过辉煌的历史,但是没有留下自己民族文字记载的历史。500年前的历史只靠一首不过百行的叙事诗——《我们来自西至一哈至》来传承;婚嫁礼仪靠一首首口耳相传的歌谣和反复吟诵的《阿斯哈斯》《尧达曲格》等颂辞组成。具体到家庭,过去很多裕固族家庭的孩子不仅没有见过自己的爷爷奶奶,甚至连他们的名字也不曾记得。[1] 这就是裕固族,一个只有万余人口的民族数百年来在"游"动中传承历史和文化传统的模式。[2]

二、裕固族家谱的兴起

进入21世纪后,裕固族地区出现了一些新的民俗现象,建家谱是其中一种。此活动

---

[1] 2009年一位在北京工作20余年的裕固族同胞携全家赴裕固族地区过春节,回京后在一次聚会中非常兴奋地告诉我,今年春节他父亲带他拜访了许多长辈亲戚,最大的收获就是终于知道了自己爷爷的名字。和他相比,我至今还不知道自己爷爷的名字,也许永远无从得知。

[2] 钟进文:《口传与文本哪个更有穿透力——关于农业与游牧文明的思考》,载《中国社会科学报》,2009年8月13日第7版。

首先在一批裕固族退休干部当中兴起。2003~2005 年前后在部分裕固族家庭中间流传着一种以叙述个人成长经历为主要内容的内部印刷品,其中以索国民的《难忘的岁月》和钟天明的《行迹》为代表。该类图书的框架结构基本一致:正文由"家族和家庭""童年和亲人""学生时代""教师生涯""'文革'岁月""步入行政岗位""退居二线""游览祖国大好河山"等部分组成。其中正文前都附有 30~40 张本人及祖母、父母亲、岳父母、伯父叔叔、堂兄弟全家、儿孙、侄子等全家照片。最有特色的附录部分,包括"某户族家庭成员及后代一览表""家族成员简介一览表"和"主要社会关系简介"等内容。

虽然是一部部个人成长史,但是附录及一部分正文叙述文字和家族插图等实际构成了裕固族家谱雏形,作者均在后记中这样写道:"在这部传记中还附录了部分家谱的内容,其目的主要是为了说世系、序长幼、辨亲疏、尊祖敬宗、睦族爱族,且比较关注亲亲之道的提倡。"(索国民);"回忆录中还附录了部分家谱的内容、社会关系简介,以及自己参加革命前后的履历、荣誉方面的情况,其目的主要是为了说世系、序长幼、辨亲疏、尊老敬宗,以便使儿女们不要忘记历史、忘记老辈们的艰难史,予以传统的继承。"(钟天明)

2006 年出现了一本《杨氏家谱》,该书记录了杨氏四代人的发展情况,其中较细致地介绍了杨家第三代兄妹九人组成的 30 个家庭、85 人的基本情况。具体分为祖辈篇、父辈篇、母辈篇、兄妹篇、兄弟五人家庭成员及简历、第四代家庭、空白家谱、家庭组成基本情况等。该书没有具体作者,由杨氏几位兄弟分工完成,有执笔人、收集资料人、责任编辑等,署名《杨氏家谱》编委会。

2010 年原甘肃省张掖市人大主任安维堂编印了一本名为《回眸》的小册子,该书主要篇幅也是书写个人参加工作,尤其是走上肃南裕族自治县县委书记、张掖市人大主任等重要岗位后参与的一些重要事件和开展的一些主要工作情况。但是其中第一部分的"亲人"一节,主要叙述了父亲兄妹七人和母亲的一些至亲的基本情况,同时在"家庭"一节记述了自己妻子和二子一女的基本情况。虽家谱特色不浓,但是也传达了许多裕固族传统文化的信息和价值观念。

2011 年又出现一本《难忘的岁月》,作者系第八届、第九届全国政协委员郭柏林,该书框架结构基本和前文的同名书一致,但是章节标题略有差异,分为"家族概况""家族人物状况""难忘的童年生活""亲人的回忆""回顾工作经历""连任八、九届全国政协委员""周游祖国大好河山"等。正文前也附有近百张照片,其中一半为本人任八、九届全国政协委员时与社会各界名流和政府重要官员合影,一半是上至祖母、父母亲、岳父母及子孙全家照。附录部分是个人专访和政协委员提案,设有"某户族家庭成员及后代一览表""家族成员简介一览表"和"主要社会关系简介"等与家谱密切相关的内容。但是在"家族人物状况"一节对郭氏家族做了较好的记述。"郭氏家族人物从祖辈、父辈到后代取名排字为:祖辈取名占'应'字,父辈取名占'怀'字,后辈取名分别占'柏'和'海'字。"书中对这四辈人的出生、裕固族名字、主要生活经历、娶妻生子及后代作了较好记述,依然不失为一份不错的家谱。

与此同时,还有一批裕固族退休干部正在撰写、或已经完成了关于自己工作经历的回忆录。这些回忆录虽然还没有变成印刷物在家族内部流传,但是经过笔者近几年逐门逐户的调查访问,也搜集到不少。主要有《我和我的一家》(妥有喜口述,妥进武执笔)、《追忆我的几位亲人》(白月琴)、《难忘的记忆》(白文信)、《我的这一生》(杨进智),此外,正在编写当中还有《妥氏家谱》《白氏家谱》等。

三、裕固族家谱兴起的原因

1. 新中国第一批学校教育接受者对"现代社会"书写诉求的产物

虽然裕固族地区的现代学校始于1939年,但是当时学校开设的课程以及接受的教育还不是今日意义上的现代知识,开设的课程主要是国文、藏文、算术、习字等,而且入学的都是裕固族头目、副头目、喇嘛,或家境比较殷实人家的子弟,一般老百姓家的孩子入学堂的还比较少。1949年中华人民共和国成立后,学校教育得到了发展,一批裕固族普通牧民的孩子相继入学。他们从学校毕业以后(有的甚至还没有毕业)就直接参加工作,成为裕固族的一代干部和"文化人"。他们在之后的半个世纪在裕固族地区担任着重要角色,大部分最初都是教育或文秘工作者,最后都走上了县处级领导岗位,成为每一个裕固族家庭甚至户族的骄傲和光荣。

2000年前后,这一批裕固族干部陆续退出了历史舞台。退休以后,虽然他们头顶的光环没有了,但是大半生不平凡的工作经历和获得的种种荣誉依然激荡着家族和个人的晚年生活,由此萌生了书写历史的愿望。

"我从一个不懂事的放羊娃逐步成长为小学教师、区校校长到基层党的领导干部,完全靠党的阳光雨露的哺育——党组织的关怀培养、民族政策的优待和同志们的帮助是分不开的。为此,我……怀着朴素的'报恩'思想默默无闻地为党工作。""尽管我没有干出什么惊天动地的大事,但是我在这六十余年的平凡生涯中无愧于党、无愧于人民,对得起自己良心,为此,记述者本人来讲,即可激励自身保持晚节;对儿孙来讲,既可了解父辈的本来面貌,也可以有所借鉴。""我之所以在退休之后,重握拙笔,回首过去,正是由此而引发的。"(摘自索国民《难忘的岁月》前言)

"我从一个不懂事的放羊娃逐步成长为小学教师、校长、党支部书记、文教局长,直至县人大常委会副主任(副县级),这完全归功党的培养和组织的信任,以及民族政策的普照和同志们的帮助,同样也倾注着父母亲的严格管教和自己的艰辛努力。""每一个人的行迹,都是一部血与泪的历史。回想起自己平凡的一生,乍看似乎没什么辉煌的壮举,更无灿烂花环。""但可以说,在这六十余年的平凡生涯中,我无愧于党、无愧于人民,也还算对得起自己的良心,因此,本人在退休之年,有足够的时间和精力,坐下来把自己一生走过的路,用故事的形式记录下来,既可以激励自身保晚章,安度晚年;也可以为子孙留下一份纪念让他们既了解父辈的思想和坎坷经历,也可以有所借鉴和继承,儿孙来讲,既可了解父辈的本来面貌,也可以有所借鉴……作新世纪有所作为的强人。""如果我的这本回忆录,能让后辈经常不断地接受其中有用的东西,以达到引导、教育、激励子孙成长之目的,教育他们不要忘记过去,不要忘记前辈经过的艰难历程,我就心满意足了。"(摘自钟天明《行迹》前言)

"自己作为一个生在旧社会、长在新社会的裕固族牧民后代,在党的培养教育下从一个不懂事的放羊娃逐步成长为一名领导干部,而一生中的大部分时间在家乡工作和生活。……如果能把自己的成长经历和工作过程记载下来,实际上就是从一个侧面反映了肃南裕固族自治县的发展和变迁,更确切地说就是反映裕固族的发展过程。于是,我静下心来做了一番回顾反思,翻阅了历年保存的所有个人资料,形成了今天的这本《回眸》。"(摘自安维堂《回眸》后记)

从上述前言、后记中可以看出,书写的重点是自己所经历的现代社会,而且主要通过新、旧社会"两重天"的对比叙述来凸显现代社会的优越和先进。但是在这种对比和比较叙述中也对祖辈的来龙去脉、家庭结构、繁衍后代以及子孙延续等进行了梳理,形成了裕固族家谱的雏形。

2. 第一代知识分子对"地方知识"的重视和"文化自觉"的产物

上述裕固族第一代干部,不仅是裕固族家庭的佼佼者,而且也是裕固族的第一代文化人,在此之前,除个别人学习过藏文之外,裕固族可以说是全民文盲。[①] 第一代"知识分

[①] 边疆人民,多以喇嘛寺院为其教育机关,以为充当喇嘛学习藏文经典,即受教育。蒙藏人民,大抵如此。黄番(裕固族)亦然。故黄番教育,仅有少数通藏文经典之喇嘛。在俗人之能通蒙藏回汉文字者,头目犹寥寥如晨星,普通人民,更无论矣。(引自蒙藏委员会调查室编印:《祁连山北麓调查报告》,1942年)

子"的出现,虽然改写了裕固族没有文化人的历史,但是这一代"知识分子"刚参加工作,就赶上了"反封建""革命"等一系列运动。在那特殊的岁月里,由于政治气候的影响,他们无暇顾及和思考有关民族、家庭和个人的问题,一直忙碌于革命工作。退休之后,除了思考、总结个人的一生之外,他们也开始关注民族①和家庭的传承与发展问题,也深深感受到现代社会对传统文化的冲击,以及裕固族"地方知识"的快速流失。与此同时,作为第一文化人,他们认为自己有责任、有义务、也有能力书写自己民族的历史和文化,至少能够把自己家族的基本情况书写清楚。

"杨氏家谱取材于2003年4月明花清明节期间,大家走亲访友,触景生情。在杨家、妥家、白家三大家族闲聊期间,提出了'先有杨家,还是先有妥家'的争论,后来达成共识,需要写一本家谱,以便留于后人。"(摘自《杨氏家谱》撰写说明)

"当《明花区志》出版问世于家乡的时候,郭姓家族的后代及亲朋好友曾多次建议,让我把亲身经历的一些值得留念的事写一写。""2008年清明,我们全家返乡扫墓祭祀,告慰先人在天之灵。随后走访亲人叙旧谈今时,亲人们再次提出把我一生中一些值得留念的事写一写,给我们的子孙后代留下一点精神的东西。""经过反复思考,我想把亲身经历的要事、家庭情况、父母亲一生的经历等方面粗略的记录下来。""当然,我也深知自己的政治水平有限,文化程度不高,写作能力很差,说不清、写不透的一定很多,我将以诚恳的态度征求知情人的意见,进行认真的补充和修改,为后代修下一份真实可靠的史料,以满足全家及家族亲人的愿望。同时,我还想敬赠给父辈亲戚及后代,作为永结同心的留念。"(摘自郭柏林《难忘的岁月》"写在前面的话")

由此可见,裕固族家谱的兴起,是第一代知识分子退出历史舞台后对"地方知识"的重视和"文化自觉"的产物。

四、裕固族家谱的主要特点

1. 初现雏形,尚未形成体系

从前文介绍可知,裕固族家谱,基本上都附着在个人传记或回忆录当中,可以说是一种"嵌入式"家谱。这种家谱受传记叙述方式和叙事效果的影响,在体例上很难达到统一;在叙事内容方面,也受传记主角的影响,每一个体的叙述详略不一。另外,在此之前,

---

① 2000年前后在老干部的积极倡议和参与下,各乡镇掀起了编写《乡志》《村志》的热潮,此可谓是关注民族文化传承与发展的重要举措。

裕固族的家族记忆主要靠口头传承,能够以家谱形式呈现的一般只有四代人(记得祖辈一代名字的很少),所以,目前出现的大部分家谱主要是记载了上至父辈、下至孙子辈的以当下人为主的家谱。

2. 家谱呈现本民族特色

家谱,又称族谱、家乘、祖谱、宗谱等,是一种以表谱形式,记载一个以血缘关系为主体的家族世系繁衍和重要人物事迹的特殊图书体裁。一般来说,家谱以记载父系家族世系、人物为中心,但是,裕固族的家谱与之有较大差异,它是把父系、母系、儿子、女儿全部纳入其中,而且舅舅在家谱中占据重要地位。例如《杨氏家谱》分为祖辈篇、父辈篇、母辈篇和兄妹篇。其中祖辈篇"爷爷辈以上的祖先无从考知。爷爷辈共3男2女5人,其中3男:大爷、二爷去世早,我们无从了解,二爷杨××,无后"。"2女:即大姑奶奶和二姑奶奶,分别嫁于妥家班固和哈斯玛叔、侄两家。"之后重点记述了大姑奶奶生育的5女1男。父辈篇"父亲前辈无从得知。父亲辈据知是亲兄妹3人,2男1女。另有叔伯兄妹4人,3男1女"。母亲篇"母亲辈共有兄妹8人,6男2女"。重点记述了6男2女,即6个舅舅及舅母和母亲及其姐姐的生卒及家庭基本情况。从记述内容详略而言,"母亲篇"所占篇幅要多于"父亲篇"。

之所以出现这样的家谱体系,我认为,主要与裕固族家庭组织与婚姻传统有关。

裕固族历史上有一种"帐房杆戴头婚"(也叫"立帐房杆子婚",东部地区又称"勒系腰婿")"的习俗。

"帐房杆戴头婚"的仪式是:姑娘到15、17岁时(一般取其奇数),家人为姑娘精心制作一套婚嫁服饰(即"头面"),择"吉日"(一般在农历正月初八)宴请宾客,将头面挂在支撑帐篷的佛龛前的房杆上,请一位或两位动作利落的已婚妇女,帮姑娘梳头,将十二根小辫子梳编三条大辫子,左右耳侧各一条,背后一条,将三条头面编入发辫戴好。在佛龛前辫头,就算戴了头。

戴头之后,在父母的帐篷旁给姑娘另立一顶小帐篷。戴头面后,将姑娘的腰带也挂在帐房杆子上,这是一种"信号",标志着姑娘有了与男子交往的权利。从此,就可以与相好的男子同居,共同生活,生孩子也属合法,不受社会非议或指责。

帐房杆戴头婚,也谓之招"房客"。如果男女感情好,可长期居住,所生子女称男子为"叔叔";如感情较疏远和临时性的,称男子为"舅舅"或"巴巴"(即叔叔)。帐房杆戴头的妇女,有的感情比较专一,与一个固定的男子生活到老。但也有中途感情发生波折而分手与另外男子居住的。同居的男子,必须帮助女家劳动,照顾双方的家庭生活,如果不劳动就不受欢迎,尤其不受女方父母的欢迎,严重的则不能继续维持原来的同居生活,被逐出家门。男子虽和女方同居,但无夫妻名分,男子也无财产继承权。一般说戴头妇女在家庭中地位较高,主宰着家庭生活,不受男子约束。男女通过一段时间的交往,关系相对稳固,就成了只有一个男子上门的"从妻居"(时间或长或短)。此种婚俗,夫妻结合不甚牢固,离异频繁而随便。在离异时,男子不能带走任何财产,孩子亦属女方。

由于有这样的家庭组织和婚姻习俗,所以,在裕固族家庭中舅舅具有重要的地位。舅舅虽不是家庭的成员,但与外甥家的关系十分密切,受到特殊的尊敬。外甥家无论有什么喜庆或丧事,舅舅是必到的贵客。尤其举行"帐房杆戴头婚"仪式时,舅舅必须前往,并唱戴头歌。第一个外甥到三岁剃头时,须由舅舅首先开剪,举行"剃头仪式"。凡有财产继承、分家、婚丧等重大事情,必须同舅舅商量,舅舅有权决定一切。所以在裕固族中有不少关于舅舅的歌谣,如:

> 水的头是泉源,
> 衣服的头是领子,
> 人的头是舅舅。
> 帽无缨子不好看,
> 衣无领子不能穿,
> 人无舅舅就无根源。

新娘在出嫁时是这样唱的:

> 栽着陈香树的地方,
> 是我童年的故乡;
> 路经扎过帐篷的地方,
> 就把我的舅舅思念,
> 上到高山顶上,
> 回头把家乡瞭望……

在这类民歌中,首先感激和怀念的是舅舅,其次才是母亲、哥哥、弟弟、妹妹等,唯独没有父亲,由此可见,裕固族家族体系观念的独特性和特殊性。从这个角度而言,"母亲篇"及舅舅进入家谱也是合情合理的。

3. 兴建家谱现象具有地域性

虽然写传记、建家谱的活动主要是在县城工作的裕固族老干部中进行的,但是这些"新民俗"的倡导者和追随者却清一色来自同一地方——明花乡。

明花乡是肃南裕固族自治县的一块"飞地"①,它与肃南县县城所在地——红湾寺镇相距100千米左右,是全县裕固族最为集中的一个乡。全乡有2418人,其中裕固族2088人,占当地人口的86%。其周围有密集的汉族村庄。传记、家谱首先在这一地区的裕固族干部中兴起来,可能有两方面的原因。

一是这一地区的裕固族干部汉文化程度比较高。明花是裕固族学校教育最早开始的地方。位于明花乡的莲花寺小学是1939年宗教领袖顾嘉堪布首批创办的"祁连四校"(莲花寺小学、慈云寺小学、红湾寺小学和西藏寺小学)中最早开办的学校,也是开办比较成功的学校。当地的部落头目和上层人士都积极支持子弟接受旧的汉族私塾教育。有的甚至主动送孩子到酒泉河西中学附小接受新学教育。另外,与之相邻的酒泉黄泥堡裕固族更是早在清代就出现了秀才妥文浩、妥静,而且妥文浩于同治三年(1864)在高台河西堡开学授课;莲花寺小学的第一任国文教师妥九思也是这一代的裕固族。由此可见,从这一带走出去的第一代裕固族干部汉文程度普遍较高。

二是深受周边文化影响。1949年以前,作为纯牧业地区的明花和作为半农半牧地区的黄泥堡连成一片,保持着较现今更为密切的联系,包括族群认同、经济交换、宗教等方面在内的多种关系。由于这样一种密切的来往关系,黄泥堡的农业以及吸收的汉民族文化对明花裕固族有较深的影响。兴建家谱即其中影响之一。黄泥堡很早就有立家谱的传统。笔者2011年8月专程前去调研,不少人家有家谱,尤其妥家和钟家这样的大姓人家几乎都有家谱。沙枣园村有一妥姓人家的家谱悬挂在中堂中央,家谱上有名有姓的有八代。其中祖上四代只有姓名,没有生卒年月,从爷爷辈开始有详细的生卒年月,而且只有男子记入家谱,女子一律不出现在家谱中。

五、家谱建设的意义与作用

虽然目前裕固族的家谱还处于一种嵌入式家谱阶段,和传统家谱、尤其和汉民族家

---

① 肃南裕固族自治县由三块不连片的地区组成,东部是皇城镇;中部由马蹄藏族乡、白银蒙古族乡、康乐乡、红湾寺镇、大河乡和祁丰藏族乡组成,均属山区。北部即为明花乡,境内地势平坦,是自治县唯一的平原区。

谱相比,在规范性、完整性等方面都有一定差距,而且目前只是在部分区域流行。但是从家谱兴起的原因探析,还是具有重要的意义。我认为,这是游牧民族"口承文化"文本化的一种诉求。

前文已经指出,游牧民族的历史文化过去一直依靠口头传统来继承和延续,尤其在下层民众不掌握文字书写能力的时代尤其如此。如社会学家费孝通所说:"在这种社会里,语言是足够传递世代间的经验了。若一个人碰着生活上的问题时,他必然能在一个比他年长的人那里问得到解决这个问题的有效办法,因为大家在同一环境里,走同一道路,他先走,你后走;后走的所踏的是先走的人的脚印,口口相传不会有遗漏。"①

随着新一代文化人的产生和书写能力的具备,裕固族民众开始不满足于过去那种口口相传的传承模式,努力追求文本化的历史和文化传统。②这种诉求不仅体现在一个民族的社会层面,也体现在家庭层面,我认为兴建家谱意义在此。而且这不仅在人口较少的裕固族中如此,在其他民族当中也大致相同。例如,笔者2011年8月赴内蒙古额济纳旗调研,在当地也收集到一本新修的蒙古族家谱——《额济纳土尔扈特聪凯·敏久尔渊源家谱》。据该家谱的倡议者和编著者之一西北民族大学却丹德尔教授介绍,该家谱是当地第一部家谱,两年前修谱成功后引起很大反响,旗领导、活佛参加发行仪式,电视媒体报道,很快在当地掀起一股修家谱的热潮。该家谱前言译文如下:

保存和传承家谱的习俗

这本家谱是300多年来祖上传下来的记录我们家族血脉亲缘、功名业绩的神圣典籍。每一家都应该把家谱保存在最尊贵的地方,即家里上座位置的柜子里。每年春节前祭火时取出来读给孙男侄女们,并记录逝者与新生者。

在孩子成家后单立门户时,父母应该把一本家谱放在哈达上连同所分给的财产记录一起传给孩子。

由于本书主要记录我们家族世系、记录家族变迁,因此除家族成员之间以及图

---

① 费孝通:《乡土中国》,生活·读书·新知三联书店,1985年,第20页。
② 例如回鹘蒙古文在蒙古人中间普及之后,"每一位蒙古贵族都力图成为一个有知识的人,拥有私人的笔帖赤(识字的人)。13世纪前半叶,这些笔帖赤多来自回鹘人,他们成为蒙古各机构的核心,培养了大批蒙古学子"。详见[匈牙利]卡拉著、范丽君译:《蒙古人的文字和书籍》,第13页,内蒙古人民出版社,2004年。

书馆外,不能与外者交换、赠予他人、出售等。

愿血脉永存,家谱万代相传!

查干·却丹德尔
2009 年 12 月 31 日

由此可见,追求典籍文化是当今各个民族的普遍现象,裕固族家谱文化虽不完备,[①]但是昭示着这种意义。

除此之外,现在裕固族取本民族名字的社会需求越来越强烈,但是裕固族传统人名资源却越来越枯竭和萎缩。[②] 对裕固族而言,兴建家谱,通过梳理各家族辈分关系、亲疏远近等,可以整理出一批裕固族传统人名,虽然这是另外一个话题,但是在家谱建设当中已经显示出这一隐含的作用。

(本文原刊《河西学院学报》2013 年第 6 期。
作者单位:中央民族大学文学与新闻传播学院)

[①] 从笔者搜集到的蒙古族家谱可以看出,蒙古族家谱体系中也包括女性世系,而且也是一边修家谱,一边学习家谱知识,如"蒙古族传承家族传统的知识""论继承家族传统"等,详见附录《家谱目录》。

[②] 详见笔者另文《裕固族命名传统与当今发展变异刍议》,待刊。

三、西南地区少数民族家谱研究

本地区包括藏族、门巴族、珞巴族、羌族、彝族、白族、哈尼族、傣族、傈僳族、佤族、拉祜族、纳西族、景颇族、布朗族、阿昌族、普米族、怒族、德昂族、独龙族、基诺族、苗族、布依族、水族、仡佬族、侗族等 25 个少数民族。

据 2010 年全国人口普查：藏族人口 6282187 人，主要聚居在西藏自治区以及青海省、甘肃省、四川省和云南省的有关藏族自治州。门巴族人口 10561 人，主要分布在西藏南部。珞巴族人口 3682 人，为我国少数民族中人口最少的民族，主要分布在西藏东南部。羌族人口 309576 人，主要分布在四川省。彝族人口 8714393 人，主要聚居在云南、四川南部、贵州和广西隆林各族自治县等地。白族人口 1933510 人，大多居住在云南省大理白族自治州，其余分布于云南省、贵州省、四川省有关地区及湖南省桑植县。哈尼族人口 1660932 人，主要聚居在云南省红河哈尼族彝族自治州和墨江、普洱、江城等县。傣族人口 1261311 人，主要居住在云南省西双版纳傣族自治州、德宏傣族景颇族自治州和耿马、孟连及新平、元江、金平等县、市。傈僳族人口 702839 人，主要聚居在云南省怒江傈僳族自治州和有关州、县，以及四川省的部分县。佤族人口 429709 人，主要分布在云南省西南部的沧源和西盟地区。拉祜族人口 485966 人，主要分布于澜沧江东西两面的普洱、临沧两个地区。纳西族人口 326295 人，主要分布在云南省丽江纳西族自治县及邻近各县，四川省盐源、盐边、木里和西藏的芒康县也有分布。景颇族人口 147828 人，主要聚居在云南省德宏傣族景颇族自治州，在片马、古浪、岗房、耿马及澜沧等地也有分布。布朗族人口 119639 人，主要聚居在云南省西双版纳傣族自治州勐海县的布朗山以及西定、巴达和打洛等山区。阿昌族人口 39555 人，大部分聚居在云南德宏傣族景颇族自治州的梁河、陇川、潞西等地。普米族人口 42861 人，主要分布在云南省的兰坪、丽江、维西、永胜等县和宁蒗彝族自治县，以及四川省木里藏族自治县等地。怒族人口 37523 人，主要分布在云南省怒江傈僳族自治州的碧江、福贡、贡山三县等地区。德昂族人口20556人，分散居住在云南省德宏傣族景颇族自治州和镇康、耿马、保山、澜沧等县。独龙族人口6930人，居住在云南省西北部贡山独龙族怒族自治县的独龙河两岸。基诺族人口23143人，主要聚居在云南省西双版纳州景洪县基诺洛克，相邻的勐旺、勐养、橄榄坝以及勐腊县的勐仑、象明等地。苗族人口9426007人，主要分布在贵州、云南、湖南、四川、广西、湖北、广东、海南等省区。布依族人口2870034人，主要聚居于贵州省黔南、黔西南两个布依苗族自治州及安顺地区和贵阳市。侗族人口2879974人，主要分布在贵州省、湖南省和广西壮族自治区有关县市。水族人口411847人，贵州省三都水族自治县是水族的主要聚居地。仡佬族人口550746人，散居在贵州西部的织金、黔西、六枝、关岭等二十多个县。

　　藏语属汉藏语系藏缅语族藏语支，分为卫藏、康、安多3种主要方言，藏文是参照梵文某些字体于公元7世纪前创制的。门巴语属汉藏语系藏缅语族藏语支，无本民族文字，通用藏文、藏语。珞巴语属汉藏语系藏缅语族，珞巴族有自己的语言，但无文字。羌语属汉藏语系藏缅语族，分南、北两大方言，长期使用汉文。彝语属汉藏语系藏缅语族彝语支，有6种方言。1975年通过了彝文规范方案，并开始在四川彝族地区试行。白语属汉藏语系藏缅语族，白语里含有大量汉语借词，汉文很早就成为白族人民通用的文字。哈尼语属汉藏语系藏缅语族，与彝语、傈僳语、拉祜语、纳西语比较接近。哈尼语又分为哈（尼）雅（尼）、碧（约）卡（多）、豪（尼）白（宏）三种方言，1957年国家帮助哈尼族创制了一种以拉丁字母为基础的文字，曾在红河哈尼族彝族自治州试行。傣语属汉藏语系壮侗语族壮傣语支，主要有德宏、西双版纳和金平三种方言。傣文是拼音文字，但各地拼法不尽相同。傈僳语属汉藏语系藏缅语族彝语支，1957年，傈僳族创制了拉丁字母拼音文字方案。佤语属于南亚语系孟高棉语族佤崩语支，有四种方言，1957年，佤族创制了用拉丁字母拼读的新文字。拉祜族有自己的语言，属于汉藏语系藏缅语族彝族支，新中国成立后，中央人民政府为拉祜族人民创制了科学完整的新文字。纳西族有自己的语言、文字，纳西语属汉藏语系藏缅语族彝语支，分东、西两种方言。早在一千多年前，纳西族人民已创制了目前世界上少有的仍在使用的象形表意文字"东巴文"和音节文字"哥巴文"。1957年，纳西族设计了拉丁字母拼音文字方案。景颇族主要使用景颇语，属汉藏语系藏缅语族景颇语支，有以拉丁字母为基础的拼音文字——景颇文。布朗族有自己的语言，属于南亚语系孟高棉语族布朗语支，与佤语和崩龙语有亲属关系。阿昌语属汉藏语系藏缅语族缅语支，分梁河、陇川、潞西三种方言，多数阿昌族兼通汉语和傣语，没有本民族文字。普米语属汉藏语系藏缅语族，大都使用汉文。怒族语言属汉藏语系藏缅语族，怒族大多能够讲怒语和傈僳语、藏语、白语、独龙语。德昂语属南亚语系孟高棉语族佤德昂语支,分布雷、若马、纳盎三种方言,无文字,不少人能通傣、汉语文。独龙语属汉藏语系藏缅语族,与贡山怒族语言基本相通,没有本民族文字。基诺族有自己的语言,属于汉藏语系藏缅语族,与彝语支、缅语支较为接近,无本民族文字。苗语属汉藏语系苗瑶语族苗语支,苗语分为三大方言:即湘西(东部)方言、黔东(中部)方言和川黔滇(西部)方言。1956年设计了拉丁字母形式的文字方案。布依语属汉藏语系壮侗语族壮傣语支,使用汉文,新中国成立后创制了以拉丁字母为基础的布依文。侗语属汉藏语系壮侗语族侗水语支,分南、北两大方言,沿用汉文。1958年,侗族创制了拉丁字母拼音文字方案。水语属汉藏语系壮侗语族侗水语支,过去曾有一种叫"水书"的古老文字,通用的单字只有100多个,仅限于宗教活动中使用,在日常生活中通用汉文。仡佬语属汉藏语系,语族、语支未定,各地仡佬语差别很大。仡佬族中只有四分之一左右的人还会说仡佬话,汉语是他们进行交流的主要工具,没有本民族文字,通用汉文。

西南地区境内山峦纵横,河流众多,有横断山、大巴山、巫山、大娄山、乌蒙山等高山峻岭,有波状起伏的高原、低洼的盆地、平原及起伏和缓的丘陵,还有长江、澜沧江、怒江、红河、伊洛瓦底江、珠江六大水系的大小河流。由于西南地区山地多且地形起伏巨大,垂直变化明显,自古以来西南各民族或居于高山之上,或分布于河谷之中,或居于山间盆地、坝区之内,相应地呈立体状分布。由于地理的、政治的、经济的、历史的因素错综交织,民族内部支系纷繁,语言多样。

由于本地区特殊的历史、地理和文化环境,造成本地区少数民族家谱收藏不仅类别众多,且数量可观。据统计,本地区各少数民族家谱收藏情况如下:门巴1种,珞巴8种;羌族9种,彝族1473种,白族102种,哈尼族3620种,傣族22种,傈僳族1种,佤族21种,拉祜族1种,纳西族102种,景颇族27种,阿昌族3种,普米族4种,怒族6种,独龙族4种,基诺族3种,苗族135种,布依族28种,侗族66种,水族1种,仡佬族1种,合计5638种。

"西南地区少数民族家谱概述"一文对西南地区少数民族家谱收藏情况按省、自治区分别进行了介绍和论述,有助于我们对整个西南地区家谱存世分布概况有所了解。

中国西南地区,深山狭谷,空间封闭,地理环境比较恶劣。生活在这个地区的少数民族,为求生存、求发展,有着强烈的氏族观念与家族观念。与此适应,本地区的彝族、怒族、哈尼族、纳西族、羌族、苗族、佤族、傈僳族、普米族、拉祜族等都流传和遗存有心授口传家谱的文化习俗,其中哈尼族口传家谱最多,已著录的达三千六百余种。这些口传家谱大多为连名家谱,进一步剖析各少数民族口传家谱的形式和内涵,则又可细分为父子连名家谱、母女连名家谱、逆推反连口传家谱和神、人连名谱系等几种类别。这些口传连名家谱,既可区分辈分,又易于记忆,便于心授口传。

尽管纳西族摩梭人一般没有形成文字的家谱世系,但他们在崇先尊祖心理支配下,"口耳相传",对自己直系亲属的记忆是非常清晰的,因此能在短时间内将本家族的成员姓名、相互关系,包括每个人的生卒年龄等都能一五一十地回忆出来。"云南纳西摩梭人母系家族世系表"可以说是当今为数不多的一份母系家族世系表。

哈尼族的梯田文化举世瞩目,哈尼族的口传家谱颇具特色,数量众多,梯田文化和口传家谱相互辉映,成为中华民族文化发展史上一道亮丽的风景线。

佤族人几乎人人都会背口耳相传的家谱,从前佤族人只背自己一姓的家谱,《由隋嘎的族谱看西盟佤族进入父系社会的时间》一文则介绍了隋嘎能背 100 代族谱,由此推断西盟佤族进入父系社会的时间,至少应在 2500 年以前,比以往学界所说的 1000 年整整提前了 1500 年。

四川黑水县色尔古藏寨藏族创造了在门楣悬挂猪下颌骨的方式来表达尊崇祖先、世系传承的文化习俗,这种独特的"猪下颌骨家谱",为中国原始实物家谱类型增添了新的品种。

从全国范围看,土家族归中南东南地区,但《土家族族谱与土家大姓土著渊源》一文主要论述渝黔土家族族谱,故将此文置于西南地区。渝黔土家族族谱追述先祖渊源,均肇祖中原尧舜五帝。但是,其中的部分显姓豪族自先秦秦汉以降世居长江三峡及酉、辰、巫、武、沅五溪山地,早期为南方盘瓠、巴蜑古姓,隋唐以后为"峒蛮"酋,至近代汇合为土家族,其发展脉络明晰。土家族族谱所述先祖渊源实即冒籍中原华夏,伪托郡望,乃西南少数民族汉化进程中的文化现象。

作为羌族一个普通家族的《汶阳郭氏族谱》,向我们生动揭示了本家族具有的家庭和睦、知识改变命运、教育决定未来、位卑未敢忘忧国等优良家风,与中华民族的优良传统是一脉相承的。

产生于贵州省锦屏县亮司苗寨龙氏家族的家谱《龙氏迪光录》,因采用家谱与地方志合一的编纂体例纂修而成,从而使其从形式到内容上都产生了比一般家谱更丰富的内涵和社会价值。从民族文献学的视角,对《龙氏迪光录》所载朝廷文书、地方风物以及文学作品等珍贵资料进行深入分析,在社会教化、文化认同和审美等方面有着独特的社会功能。

布依族黄氏宗谱吸收和改造了儒家的伦理思想,提出了一整套修身、齐家、安民的道德原则,堪称传承和发扬儒家思想、丰富民族文化宝库的典范。

彝族是一个善于系谱而又十分珍视谱牒的民族,从彝族谱牒所包括的氏族系谱、宗族族谱以及名门家传等多个实例分析中可以看出,彝族谱牒不仅内容丰富多样,且与史学研究密切相关,一些重要的民族史难题也能借彝族系谱的研究得以补证解惑。

下面刊"西南地区少数民族家谱概述"和对藏族、彝族、白族、羌族、哈尼族、佤族、土家族、纳西摩梭人、苗族、布衣族家谱分别进行论述。

西南地区少数民族家谱概述

王水乔

一、西南少数民族地理、历史、文化简况

四川、西藏、贵州、广西、云南5省(区)是位居我国西南边疆的多民族地区,有34个少数民族,占我国少数民族总人数的60%以上。西南少数民族分布不受行政区划限制,有不少民族跨省而居,有的甚至跨国境而居,且一族的发展也常因区域不同呈现出较大差异。有些人口较多的多民族居住区域横跨数个省区,其中彝、苗、土家、壮等族分布于川、黔、滇、桂、渝、鄂、湘等省市区,藏族跨越藏、川、滇、青、甘等省区,傈僳、纳西、傣、仡佬、瑶、侗、水、布依、蒙古、普米等族也都分布于两个以上的省区。各民族交错居住,具有大散居、小聚居的特点。

西南地区境内山峦纵横,河流众多,有横断山、大巴山、巫山、大娄山、乌蒙山等高山峻岭,有波状起伏的高原、低洼的盆地、平原及起伏和缓的丘陵,还有长江、澜沧江、怒江、红河、伊洛瓦底江、珠江六大水系的大小河流。由于西南地区山地多且地形起伏巨大,垂直变化明显,自古以来西南各民族就形成或居于高山之上,或分布于河谷之中,或居于山间盆地、坝区之内,相应地呈立体状分布。根据他们的生态环境,西南地区的民族就有山地民族、坝区民族、水滨民族之分。而这些民族的经济生活也受其居住环境的影响,有游牧、游耕和农耕等区别。

在中国西南这个特定的区域内,历史上主要分布着氐羌系民族、百越系民族与当地土著融合而成的民族,以及孟高棉民族和从外地迁入的蒙古族、满族、回族等民族,经过相互影响、吸收和涵化,发展到今天已经形成汉族、壮族、彝族、苗族、瑶族、回族、藏族、白族、哈尼族、土家族、傣族、傈僳族、拉祜族、佤族、纳西族、羌族、景颇族、布依族、侗族、水族、仫佬族、仡佬族、布朗族、毛南族、普米族、怒族、独龙族、阿昌族、德昂族、基诺族、蒙古族等30余个民族大杂居、小聚居的分布格局。[①]

---

① 王文光:《中国西南民族通史》,云南大学出版社,2015年,第6页。

在西南地区,汉族与少数民族之间、各少数民族之间乃至同一民族的不同部分之间,社会发展极不平衡。直到解放前夕,西南地区各民族社会还是封建地主经济、封建领主制经济、奴隶制经济、原始公社等四种社会经济结构并存。分布在平坝的白族、回族等民族,很早就已开始了农耕生产,在明清时已进入封建地主制经济发展阶段。在同一时期的傣族、壮族及藏族等社会中,领主制经济仍处在稳固的发展阶段。而此时聚居在大凉山及小凉山的彝族则还停留在奴隶社会中,并带有不同程度的原始社会残余。在内地地主制经济迅速发展的同时,怒、独龙、傈僳、景颇等民族中的一部分却还处于原始社会末期,从事着刀耕火种的原始农业。同一民族内部由于地区间的差别,也有许多不平衡,清代彝族就存在着地主制、封建领主制、奴隶制经济三种不同的社会发展形态。①

由于地理的、政治的、经济的、历史的因素错综交织,民族内部支系纷繁,语言多样。有时同一民族的支系多达十余支乃至几十支。同一民族使用的语言有一种至几种,又有方言、次方言和土语之别。民族文字也一样丰富多彩,如傣文有德宏傣文、西双版纳傣文、金平傣文和傣绷文四种地方文字,而大凉山、黔西和滇中的彝文,在书写顺序和字体形状方面也各不相同。②

西南民族文化内容丰富,形式各异。从语言来看,属于汉藏语系藏缅语族的有彝族、白族、哈尼族、纳西族、基诺族、景颇族、独龙族、阿昌族、普米族、羌族、土家族等民族。属于汉藏语系壮侗语族的有壮族、傣族、侗族、水族、布依族、仫佬族、毛南族、仡佬族等民族。属于南亚语系孟高棉语族的有布朗族、德昂族和佤族。从宗教来看,西南各民族的宗教信仰有原始宗教、佛教、道教、伊斯兰教、基督教等,其中佛教又分南传上座部佛教、藏传佛教和汉传佛教,呈现多元的宗教文化现象。民族传统节日内容丰富,傣族的泼水节、彝族的火把节、白的三月街、景颇族的目瑙纵歌等。由于各民族交错杂居,其文化的相互影响和交融混合现象也相当普遍。③

二、西南少数民族家谱存世概况

(一)贵州

贵州的民族中,除汉族以外,人口较多的民族主要有苗、布依、侗、彝、水、回、仡佬、

---

① 王文光、龙晓燕、陈斌著:《中国西南民族关系史·序言》,中国社会科学出版社,2005年,第14页。
② 何耀华、袁晓文主编:《中国西南民族研究学会建会30周年精选学术文库·云南卷总序》,民族出版社,2014年,第1~2页。
③ 王文光、龙晓燕、陈斌著:《中国西南民族关系史》,中国社会科学出版社,2005年,第16页;王文光:《中国西南民族通史》,云南大学出版社,2015年,第7页。

壮、瑶、满、白、土家等12个少数民族。

1. 苗族家谱

现存的苗族家谱主要有：黄平县苗陇乡苗族《龙氏家谱》、黄平县翁坪乡苗族《潘氏家谱》、黄平县黄飘乡苗族潘氏口碑家谱、黄平县廖氏革家口碑家谱、黄平县翁坪乡苗族《潘氏家谱》、瓮安县苗族《吴氏口碑家谱》，"从家谱中可以看出，许多少数民族本无汉姓，其谱系皆以父子连名形式记载，后来，为了记载和称呼上的方便，他们遂以小名为姓与世交往，如雷山县西江千家苗寨中的李、侯、蒋、唐、毛、宋、陆、杨、梁、董、顾这十一个姓氏都是因苗名而得姓"①。

《顾氏族谱》，此谱五之堂主舒奇峰所藏，刻于清光绪七年（1881），编纂者顾履均，同治丁卯（1867）科举人，时任威宁学正。入黔始祖为顾成。顾成，字景韶，原籍湖广湘潭，元末投入朱元璋部，被选为帐前亲兵。洪武八年（1375）调贵州卫。洪武十四年（1381）随傅友德征云南，云南平定，回镇贵州。洪武二十九年（1396）任都督佥事，充总兵官。顾氏为苗族。这本族谱所记载的贵阳花溪区王宽寨顾氏，也是顾成的后裔。②

杨文金在《夜郎王"多同"后裔金氏家谱简述》一文中，介绍了作者经过半年多的调查走访和做了艰苦细致的工作，终于觅到了夜郎王"多同"后裔在清代雍正二年（1724）修成的金氏家谱石印本，距今已有271年。从《金氏家谱》及有关史料可知，夜郎王"多同"后裔金氏汉姓的形成是从其第58代后裔才改金姓，时间是明正统四年（1439）。在此之前，夜郎王"多同"后裔都是使用苗名。

金氏家谱修于清康熙四十四年（1705）。共进行过四次补修。第一次，为夜郎王"多同"的第66代后裔金大中、金大薰、金大沐和第67代后裔金瑀四人于康熙四十四年（1705）议定，到康熙五十九年（1720）动笔，至雍正二年（1724）修成。第二次，乾隆四十八年（1783），进行了第二次补修。夜郎王"多同"的第68代后裔金汤植、金汤宣、金汤灏三人作了补修。第三次，宣统元年（1909），夜郎王"多同"后裔第72代金名灿、金名浩和第73代后裔金在渊三人作了补修。第四次，1985年，夜郎王"多同"后裔第75代后裔金邦和金邦礼组织进行了第四次补修。家谱记载的主要内容有：一是记载了民族的族源及来历，二是记载了夜郎王"多同"受爵封王及其历代政治上的兴衰。家谱的一个重要特点是用汉字记苗名。③

---

① 潘世仁：《从家谱看贵州少数民族的特异婚俗》，《贵州文史丛刊》，1995年第3期。
② 王尧礼：《顾氏族谱》，《贵州都市报数字报》，2013年7月31日。
③ 杨文金：《夜郎王"多同"后裔金氏家谱简述》，《贵州民族研究》，1993年第2期。

《祝氏籍谱》,民国十八年(1929)祝士廷用汉文创写。祝士廷,生于清光绪七年(1881),卒于1953年。据谱,祝氏入黔始祖祝开源于明天启五年(1625),由江西吉安府迁至贵州谷脚,三代之后,迁至西苗寨定居至今。谱至十八代。白皮纸手抄本一册,藏贵阳乌当苍坡西苗寨祝氏后裔处。①

《祝氏万古流传》,祝氏第十六代祝朝魁按照古本抄录。祝朝魁生于清光绪三十年(1904),六岁时在谢文溪(汉族)处发蒙,九岁开始跟随父亲祝士廷学习,是附近村寨六耳闻名的师人(巫师)。是谱为祝朝魁用苗语写成,以葬地为分类,由近及远,记载其祖先之名字。谱中载有祭祀文,有祭祀图七幅。白皮纸手抄本一册,藏贵阳乌当苍坡西苗寨祝氏后裔处。②

《刘氏家谱》,是谱原为口述家谱,1984年刘芝良(石头寨苗族跳厂总管)凭记忆,用苗语所记录。据谱,无代之分,只记祖先的名字,由近及远,男女均记。手抄本一册,藏贵阳乌当东风洛湾石头寨关口刘芝良处。③

《刘氏家谱》,是谱原为口述家谱,用汉字标音法所记录。1971年,原石头寨苗族跳厂总管刘国林,抄自老祖公传下来的父子连名谱。老谱最早写于清光绪年间,草创者为刘克昆和刘克章。手抄本一册,藏贵阳乌当东风洛湾石头寨中寨、哥坎刘国林处。④

长顺县水波龙《孙氏家谱》,无修谱时间及撰写人。据谱,孙氏祖籍为山东乐安郡(今山东惠民县),后迁江西,从江西迁湖南郡邵阳,由邵阳迁贵州定番州(今惠水县)。是谱载有序、世次录,谱至二十六代。手抄本,一册,藏水波龙孙芝柏处。⑤

三穗县《吴氏族谱》,清光绪年间,吴应江依据草谱底单,曾进行过整理。民国三十七年(1948),吴以沛、吴应江邀集合族,立志建祠修谱,然祠建成而谱未就。1987年,吴世光、吴绍泉等按原收集之资料重修。据谱,吴氏原籍陕西西安府。明洪武三年(1370),由西安府华荫县七里塘移居入黔,卜居镇远府邛水理民县(今三穗县)。是谱载有吴氏族谱及宗祠序、九族录、续修族谱序、世系图表、艺文等。上溯世次九十六代,从公元前1286年至公元1311年。谱至二十代。三惠县印刷厂承印,藏吴氏后裔处。⑥

黔东南地区苗族族谱则有《贵州黄平王家牌王氏族谱》《胡氏宗谱》《黄平东坡吴氏监正支族谱》、天柱《远口吴氏通谱》《山凯杨氏族谱》、天柱《邓氏族谱》。⑦

2. 侗族族谱

黔东南侗族族谱有龚氏《中华龚氏通志》《田氏谱志》《杨再思氏族通志》、天柱《刘氏

---

①②③④⑤⑥ 孙昊:《贵州民间珍藏家谱提要》,《文献》1998年,第4期。
⑦ 刘秋美、王芳:《对黔东南几部谱书的收集与整理》,《凯里学院学报》,2014年10月,第32卷第5期。

族谱》、石更太平村《杨氏宗谱》。①

黔东南的侗族、苗族家族多由中原迁徙而来。为了使子孙后代明白家族的来源及使家族能长期稳定发展下去,黔东南的侗族、苗族家族非常重视家谱的编写。天柱彭城堂《刘氏族谱》在谱序开宗明义指出:"且夫国以史记,家以谱传,史以载兴废,谱以联支派,谱史之重由来久矣。若族谱不修,前不知所来,后不知所宗,谱之宜修也,亦不重哉。"教育子孙后代要"饮水思源,数典不忘祖"。天柱刘氏认为修族谱和建祠堂同等重要,"盖闻帝胄之谱,演于天潢,金简玉牒,藏于帝库。故天子有山川社稷,诸侯有宫室宗庙,乡间缙绅黎庶,讵无宗祠世谱哉?夫宗祠所以荐先祖之蒸尝,世谱所以联亲疏之支派,固祠谱之宜修,所关甚大也"。这些家谱的内容有,记载家族的历史、叙述姓氏的由来、始祖的渊源、迁徙的经过、祖宗的事迹等。谱中还记载家族的祠堂祖茔及族田族产、世系图表、家训家范、族规族法。②

黔东南家谱,基本上为外来入迁的汉族家族所纂修,可分为清代、民国、当代三个时期。由于一次次续修,序跋也不断增多,彭城堂《刘氏族谱》的序跋近30篇,十贤堂《邓氏族谱》仅新序有13篇。③

天柱的《刘氏族谱》和黔东南的《中华龚氏通志》,可追溯到明代。明清时期是黔东南汉族家族大姓形成和发展的主要时期,也是黔东南各民族交汇融合形成的新的民族时期。但直到清代,黔东南家族的格局才得到最终确立,家族观念逐渐增强,致使修谱风气日盛,出现了大量家谱文献。根据家谱文献,这些家族大多是由外来移民建立的。据记载,明清两代家族入迁黔东南最为集中。入迁的原因,主要还是战乱。④

近代黔东南家谱的内容,可分为简单的和详备的。简单的,只包含家谱的一些最基本的内容,如石更、太平村杨秀青公《杨氏宗谱》,主要包括家族的历史沿革、祠堂、祖墓的坐落位置及略图,家训、家族的世系图表等。详备的家谱,如彭城堂《刘氏族谱》,除了包括上述几方面的内容,凡与家族有关的各种文献资料,如人物传记、艺文等,都收进家谱。⑤

在四川省东南部酉阳土家族苗族自治县与秀山土家族苗族自治县和贵州省东北部江口等县毗邻地区的土家族中,有一个较大的姓氏——杨氏。杨氏是现今当地土家族的"彭、白、李、田、冉、杨、谭、向"所谓八大姓之一。杨再思系侗人,川黔边杨氏既为杨再思

---

①②③④⑤ 刘秋美、王芳:《对黔东南几部谱书的收集与整理》,《凯里学院学报》,2014年10月,第32卷第5期。

后裔,无疑应为侗族。但杨氏源于侗族,并不排斥其为现今的土家族的一个组成部分。同治《酉阳直隶州总志》对杨氏族谱有记述:"《杨氏家谱》,杨氏四长官、三千户,皆祖唐诚州刺史杨再思。再思七传而至再西,再西于宋隆兴元年九月袭父职思州军民沿边等处万户都总管。"《平茶杨氏族谱》卷一《杨氏派系始祖》谓:"第一世再思,居忠次子,仕唐守沅州,授江淮湖广都钤辖。"川黔边杨氏,皆祖杨再思。杨再思的七世孙再西于宋淳熙八年(1181)以思州沿边万户都总管,率子正疆(正强)和少子正纲,开辟川黔边省溪宙逻、铜仁大小两江及安彝等地。①

3. 彝族家谱

彝族先民素有修谱记史的传统。"谱者,牒也。所以记祖宗之由来,使后人知其本始;所以记祖宗之籍贯,使后人知其创考也;所以社祖宗之基业,使后人知其支派也;传所谓数典之不忘祖者欤!"②

贵州省分布有大量的彝文谱牒文献。毕节彝文翻译组收集到《君域根源》《叙母系》《叙笃慕实勺》《克博世家》《阿者简史》《叙谱系》《叙笃慕天君》《叙播勒》《彝族大谱》《德彼族谱》《扯勒世系》《德布简史》《德施氏谱》《扯勒简史》等。赫章县民委收藏有《谱牒志》《克博家史》《十二宗亲》。威宁县民委搜集到《支格阿鲁史》《德彼君长谱牒》《德施君长系谱》等。六盘水市民委保存有《阿鲁谱系》《歌师系谱》《支格阿鲁史》《奎博简史》《鲁歹德施世系》等。③

黔西县李、陈、金、邵四姓家谱,为彝族家谱。大方县鹏程地区有彝族《李氏家谱》。④

毕节县《且兰考》,民国年间,余若泉及各支毕摩根据竹简(彝文)译成汉字后,余若泉按编年体,经过考证之所撰写的一部彝族系谱(部落家族史)。是谱分上下卷,上卷载有民国三十年(1941)毕节周培艺所撰写的《且兰考序言》《且兰旧事考》;下卷载有《且兰旧事考》《且兰历代建置考》《历代世系考》《且兰历代建置总表》,附录《土司仪礼论》《艺文》等。上溯世次三十一代,谱至七十三代。手抄本,一册,藏杨氏后代处。彝族。⑤

黔西《杨氏谱系》,民国年间杨氏后裔据彝文纂修。是谱用汉语文抄录,谱后附有《夷字释略》。载有源流、世系、乌蒙世系(彝汉文对照)、各家支世次、丙午年葬家母于青杠寨奠章文、纠纷照判书、民国四年(1915)杨芳枝任土目袭职稿、水西安文焕公配补块氏老安

---

① 李绍明:《从川黔边杨氏来源看侗族与土家族的历史关系》,《贵州民族研究》,1990年10月第4期。
② 贵州省民族志编委会编:《民族志资料汇编·彝族》第八集,第411页,1989年编印。
③ 华林:《彝文历史谱牒档案探析》,《思想战线》,1997年第3期。
④ 潘世仁:《从家谱看贵州少数民族的特异婚俗》,《贵州文史丛刊》,1995年第3期。
⑤ 孙昊:《贵州民间珍藏家谱提要》,《文献》1998年第4期。

人节孝序等。谱至七十三代。手抄本,一册,藏杨氏后裔处。①

贵州大方县百纳区曾底乡黄姓彝族保存有《黄氏族谱》,包括黄思永撰写的《世系考》和黄崇行撰写的《义夷解》。此谱记载了黄氏家族"其先巴南与水西二国兵争不息"至"西主即额聘我始祖归辅水西"以及"吴贼假道,并吞水西,主迁居定郡"的历史。②

大方县百纳区陈姓彝族珍藏有《陈氏族谱》,道光癸卯年八世孙永昌重修,记载了陈氏家族由滇东北迁入水西地区的历史。③

近年来,贵州省赫章县彝族地区发掘到一本系统记录滇东北、黔西北各彝族支系源流及其发展的珍贵彝文谱系《确匹恒索》。谱原珍藏于赫章县妈姑镇海子村彝族毕摩陈执中老先生家中,1983 年,陈执中毕摩向赫章县民委献出此谱彝文原本,并为之讲述,现已翻译出版。此谱主要记载彝族远祖希弭遮以后的一些家支谱系,共 143 个标题。谱系共记载有恒支系 22 个家支、布支系 24 个家支、默支系 39 个家支等各支系的世系源流,有大宗谱系,也有分宗谱系。《确匹恒索》可视为载录西南古代彝族发展分宗历史之谱系总汇,为研究彝族先民的分布发展和生产生活状况提供了宝贵的历史文献记录材料。④

4. 布依族家谱

贵州黔南布依族苗族自治州三都水族自治县《陆氏族谱》。《陆氏族谱》长 21 厘米,宽 13.5 厘米,共 62 页。内有清光绪十二年(1886)《陆氏族谱叙》、唐天祐二年(905)的《江南陆氏家乘序》、宋绍兴庚辰(1160)《江南陆氏家乘序》、元至正十年(1350)《江南陆氏家乘序》、明嘉靖七年(1528)《大修陆氏族谱序》、明嘉靖九年(1530)《编修陆氏族谱序言》、清康熙三十八年(1699)《继修陆氏家谱序言》。内有凡例、源流图、姓氏考,自汉初一世祖至唐末四十世祖的江南谱系,清康熙三十八年继修的贵州谱系,自唐末一始祖至十世祖的江西谱系,新安程敏政的《朱陆异同注》、元山席《鸣冤录——朱陆异同辨》《朱陆二先生鹅湖唱和志(朱陆异同记)》《答陆子静书朱陆异同解》《与陆子静书》等。⑤

布依族家谱还有:《班氏谱系》,民国六年(1917),班氏第十三代孙班永恒以谱失,得于姑母处之旧谱续修。先祖班壹,扶风人,避于楼烦,后复至陕西扶风郡,元时由扶风迁入江西广信府,元顺帝二十五年(1357)入黔。洪武六年(1373)由定番州(今惠水县)迁至贵阳中曹司。洪武九年(1376)迁至竹林寨至今。谱载明洪武六年及十六年、清咸丰八

---

① 孙昊:《贵州民间珍藏家谱提要》,《文献》,1998 年第 4 期。
②③ 华林:《西南彝族历史档案》,云南大学出版社,1999 年 8 月,第 278 页。
④ 华林:《西南彝族历史档案》,云南大学出版社,1999 年 8 月,第 37~38 页。
⑤ 刘世彬:《从〈陆氏族谱〉看布依族水族的"江西迁来说"》,《贵州民族研究》,1992 年第 4 期。

年(1858)、民国五年等时期的家谱序、家谱遗嘱、谱例、艺文等。上溯五世、入黔至十三代。白皮纸合订手抄本一册。藏贵阳花溪竹林寨班氏后裔处。①

兴仁县《岑氏谱氏》,岑氏第二十代岑翔草创谱系,第二十代岑奇源重修。清咸丰十年(1860),岑氏后裔根据旧谱抄录。校订者为岑士杰、岑维光,谱系残缺较多。据谱,岑氏先祖于元天历三年(1330)由泗城州(粤)入黔。始祖岑耀,周朝时封于南朝,赐姓岑。该谱彩分脉派记录世次。姬耀支,谱至三十二代,枯椹支,谱至二十九代,岑板支,谱从十三代至三十八代,岑奇源、岑奇德兄弟支,谱至十四代。是谱载有管辖地域、寨户、粮田、纳粮(税)、功绩榜文、誉功赏榜等。谱藏兴仁岑氏后裔处。②

贵定县《甘(罗)氏族谱》,民国十年(1921)、十一年(1922),甘泽民、罗奠蛟等根据旧谱续修。民国二十六年(1937),罗启疆在镇远曾发起续修。惜初稿遗失未就。据谱,罗氏远祖为祝融,受封于罗,子孙以罗为姓。明永乐元年(1403),罗海征南丹州有功入黔,后恐姓氏有混,称甘罗氏,乃是避开"趋炎附势,恐其混假,特溯江西祖籍本源,以甘罗氏而别之"。明成化元年(1465),罗国泰入黔,住居巴乡尖坡,已传十五代。是谱载宋时之罗从彦,传民国时,已有三十多代。记有丹门承袭表、各支字辈、分支情况、祖先事迹录等。谱藏罗定后裔处。③

贵阳花溪《金氏家谱》,清雍正二年(1724)金大中创修,宣统元年(1909)金九皋、金名浩、金名灿、金在渊等重修。据谱,金氏原姓金竹,后以官职为姓,称金筑氏。唐时,曾赐姓李,汉朝时金氏始祖为夜郎金筑王多同。明一世祖,为金筑密定。金筑密定之后,始改为金姓。是谱载有金九皋重修家谱序,雍正二年序,乾隆四十八年(1783)跋,宣统元年重修家谱序、跋、金秀松墓志铭,家教约,各支系详细世系图,追远记,祖先墓地,设祭图、春秋祭典仪容图等。从明金筑密定始,谱至二十代。宣统元年刻本一册。藏金氏后裔处。④

5. 仫佬族家谱

仫佬族家谱有黄平仫老族《罗氏家谱》。⑤

6. 仡佬族家谱

仡佬族家谱有务川县申、邹二姓家谱。⑥

仡佬族家谱还有:《高氏族谱》,清乾隆三年(1738),务川高别昭之草创谱。据谱,始

---

①②③④ 孙昊:《贵州民间珍藏家谱提要》,《文献》,1998年第4期。
⑤⑥ 潘世仁:《从家谱看贵州少数民族的特异婚俗》,《贵州文史丛刊》,1995年第3期。

祖高玄寿于明洪武年间,由江西临江新喻迁居贵州思南府务川县。是谱载有序、职官等,谱至十三代。白皮纸手抄本一册,藏凤冈县绥阳场高可寿处。①

7. 蒙古族家谱

蒙古族家谱有《余氏谱牒》,民国二十六年(1937),余有锟据旧谱续修。据谱,祖籍原系南京九华山桂村人,先祖铁世义乃辽东铁龙山铁甲将军。至元顺帝时,为避族诛,改为余姓。明初,有一支移居江西临江清江县,其余八支均迁居四川。入蜀重庆长寿县的一支,后迁贵州遵义,之后又一支迁石阡县中坝河西村至今。此谱首录旧谱之清咸丰十一年(1861)七世孙余卓然"书录铁改余原由"及八世孙余锡光"协修谱序"。有春秋祭始祖文、族规六则、续修谱叙等。1984年手抄本,一册,藏石阡县民委。②

8. 白族家谱

白族家谱有《贵州盘县段氏家谱》。贵州六盘水市盘县特区段姓,于1984年元月,经特区人民政府批示"返本归源为白族"。据谱序,段氏祖籍南京应天府竹园村,始祖平章、平进、平锡、平皇兄弟四人,于明洪武年间,奉调滇黔。段平章居黔地盘县旧普安,生光清、光海、光潮三子。③

9. 革族家谱

革族是分布于贵州省黄平县地区一个待定的少数民族。革族家谱有黄平县黄飘黄猫寨《廖氏家谱》,民国三年(1914)廖文邦草创。据谱,廖氏自古以来居黔地,是黔土著之一,世代忠良,深顺王化,锄耕应役,纳粮久矣。是谱载有廖氏历代与朝廷之关系,以及革家人的斗争情况等叙述四篇。载有父子连名表。凡三十代。手抄本一册,藏廖风廷处。④

(二) 广西

广西世居有壮、瑶、苗、侗、仫佬、毛南、回、京、彝、水、仡佬等12个主要民族,少数民族人口占广西总人口的38.4%。

据不完全统计,广西共藏有广西本土家谱400多种700多册。少数民族(主要是苗、侗)的家谱较少,多见的是壮族的韦、覃、廖、黄等姓,还发现有一些土司家谱留传于世,如《续修忻城莫氏族谱》,民国二十五年编修。在谷口房南、白耀天编著的《壮族土官族谱集成》中也记载一部分。少数民族民国时期的家谱在抄本或碑刻中也可见到一些,如《龙胜苗族杨氏族谱》,中南民委及广西民委调查组1953年搜集。罗城县四把石门仫佬族包氏

---

① ② ④ 孙昊:《贵州民间珍藏家谱提要》,《文献》,1998年第4期。
③ 大理白族自治州白族文化研究所编:《大理丛书·族谱篇》卷四,云南民族出版社2009年,第2353页。

宗支家谱《万古流芳碑》，清光绪二十五年（1899）十二月十八日吉立等。①

谷口房南、白耀天等学者自1991年以来，就致力于广西土司制度的调查工作，注重收集广西土官的族谱、世系表和墓碑。编著的《壮族土官族谱集成》一书记载："数年来，在广西共考察了二十六处土司衙门遗址，在收集的碑文中，特别是在摩崖碑和墓碑中，更是包含有与广西土官族谱相关的资料。包括碑文和手抄以及印刷的在内，收集到的广西土官的族谱有五十种。"②

壮族土官族谱有：《钜鹿宗支南丹知州官谱》《续修忻城莫氏族谱》、泗城《岑氏宗支世系》《田州岑氏源流谱》《知思明府黄公神道碑》《罗阳黄氏袭官世系》、广南侬氏《亲供宗图》《恩城州土官族谱》《龙州土官世系》《上下冻州赵氏土官世系》《东兰州韦氏土官世系》、思陵州韦氏土官《亲供世系宗支图本》《太平州历任袭职名衔》、安平州土官《李氏官谱》《茗盈州土司宗支图》、那地州官族《罗氏宗谱》《下雷州许氏历代宗谱》。③

王晖在《广西土官"汉裔"认同过程：以泗城岑氏为例》一文中认为：明末，泗城土州官岑云汉利用国人的道统观念，通过虚构始迁祖岑仲淑，巧妙地将岑氏土官的族源跟中原汉族衔接起来，初步形成"汉裔"认同。与此同时或稍晚，有人假托名人王守仁之手，杜撰《泗城土府世系考》，并于清初被编入《古今图书集成》中。岑氏汉裔认同也随之上升国家的信史。光绪初年，岑毓英在昆仑关边上修葺标志性的岑仲淑墓，岑氏汉裔认同大功告成。泗城岑氏通过编修族谱实现汉裔认同的做法，为其他广西土官所普遍地、模式化地效法。④

泗城摩崖石刻《岑氏族谱》，是广西境内已发现的最早、最完整的土官族谱之一。全文共1954个字。谷口房男、白耀天认为："可以肯定，此石刻《岑氏宗支世系》是在泗城土官知州岑兆禧还在任上的时候筹划、施工并完成的，其时间是在天启（1621～1627）年间。"⑤王晖认为泗城摩崖石刻《岑氏族谱》应为岑云汉所撰写。

壮族土官这17份族谱除泗城岑氏大约编于明末思宗崇祯初年，其他编于清末至民国初年，主要内容都是模式化的：始迁祖于宋皇祐时期—随狄青征侬智高—留镇广西—世代承袭。所以，作者认为后编的许多广西土官族谱，效法了泗城岑氏族谱的模式。这

---

① 刘小兰：《广西家谱收藏现状与征集对策》，《图书馆界》，2007年12月第4期。
② 谷口房男、白耀天：《壮族土官族谱集成》，广西民族出版社，1998年，第651页。
③ 谷口房男、白耀天：《壮族土官族谱集成》，广西民族出版社，1998年，第1～2页。
④ 王晖：《广西土官"汉裔"认同过程：以泗城岑氏为例》，《广西民族大学学报》（哲学社会科学版），2009年，第31卷第1期。
⑤ 谷口房男、白耀天：《壮族土官族谱集成》，广西民族出版社，1998年，第164页。

些广西土官的"汉裔"认同,通过编修族谱活动逐渐进入一般人们的生活,成为他们追溯自己族群起源的有力证据。广西土官的"汉裔"认同是在汉文化优越于壮文化、壮族人一时不能解释本民族起源的情况下出现的,这种认同的出现和强化,加速了壮族融入汉文化圈的步伐,成为壮汉交流史上的一大转折点。①

(三)四川

四川大小凉山解放前还处在带有原始氏族制残余的奴隶社会。家支是社会组织的基本单位,是生产、婚姻、祭祀、战争等社会活动的主体。谱牒在彝族人民的生活中起着举足轻重的作用。凉山180多万彝族,大小氏族家支有上千个,每个氏族家支都有自成严密系统的谱牒。

彝族以氏族分衍时具有代表性的表征的某一男性祖先之名作为氏族名称,所以谱牒实际上是氏和家支的表征,是男性血缘传承关系的说明书,通过谱牒的分衍流变,可以明了氏族及个体间的历史渊源和亲疏关系。

解放前凉山彝族最主要的社会阶层是"子莫""倮合"与"曲伙"。每个阶层都由众多的氏族家支构成,这些阶层的人们都有极强的家支观念和寻根意识,认为树有根,水有源,人没谱牒不能算作人,因此每个家支都有清晰完整的谱牒传承。②

在四川凉山州彝文编译局收存有3份《毕摩家谱》和20余份家支谱系。盐源县民委收集到数十本凉山地区的彝文家谱。凉山州彝族学者译注出版了《龙云及其纳吉氏族谱系》《岭氏邛部宣抚司系谱》《热柯氏族首领热柯阿鲁子族谱》《巴且家庭系谱》《古侯家支谱系》《曲涅家支谱系》《什列惹古系谱》等。③

(四)云南

1. 彝族

彝族在历史上曾形成过两种彝文谱系。一是"母女连名"系谱,二是"父子连名"系谱。前者存世极少,但在古彝文典籍中仍有遗存。凉山彝文史诗《勒俄特依》说:"远古的时候,吾哲施南一代生子不见父,施南兹额二代生子不见父,兹额地列三代生子不见父……阿书阿俄六代生子不见父,阿俄石尔七代生子不见父,石尔俄特啊要去找父亲,要去买父亲……"以后,石尔俄特最终"娶妻配成偶,生子可见父"。石尔俄特之前七代是母

---

① 王晖:《广西土官"汉裔"认同过程:以泗城岑氏为例》,《广西民族大学学报》(哲学社会科学版),2009年1月,第31卷第1期。
② 胡金鳌、米正国:《试论彝族谱牒的特点及功能》,《民族学研究》第十一辑《中国民族学学会第五届学术讨论会论文集》。
③ 华林:《彝文历史谱牒档案探析》,《思想战线》,1997年第3期。

系氏族七代妇女之名号,他生子见父之后即转入父系氏族制。起始谱系是"石尔俄特一,俄特吾勒二,吾勒曲布三……"。①

在彝族发展史上,彝族长期实行父系家长制度,盛行父子连名制。所谓父子连名制,就是父子名字相连的命名制度。这种父子连名制度,是父系氏族已经确立,并得到发展的时期产生的。由于出现了私有财产,父亲为将财产继承权遗留给自己的亲生子女,便形成了父子连名制。②

楚雄彝族文化研究院珍藏有从武定、元谋、禄劝、双柏收集到的30余份彝文谱牒。比较珍贵的有《阿本颇谱》《彝族家谱》《杨氏家谱》(4册)、《且保谱系》(2册)、《祖先名次》(3册)、《祖先代序》(2册)、《神祖谱》《毕摩谱系》(4册)、《金氏家谱》《团丁张氏家谱》《世布氏谱序》《纳雍张氏家谱》(3册)、《纳雍朱氏家谱》《骂拉祖先名次》《凤氏家谱》《张氏家谱》《杨氏祖先名次》《李氏家谱》等。(见下图)

云南楚雄彝族文化研究院珍藏的彝文家谱(2016年11月)

楚雄州档案馆保存有从武定征集到的《彝族家谱》《抵德氏家谱》和《彝族谱系》。

武定县民委收存有《北部尼家谱序》《叙谱书》(4册)、《发窝普德支系家谱》等6份。

峨山县民委搜集到《龙氏家谱》《鲁氏家谱》《普氏家谱》《李氏家谱》《施氏家谱》(2

---

① 曲木约质译著:《凉山白彝曲木氏族世家》,云南人民出版社,1993年,第4页。
② 普学旺主编:《中国彝族谱牒选编·前言》(上)云南卷,云南民族出版社,2009年11月。

册)等6份。

建水民族研究所征集到《李氏家谱》《普氏家谱》《祖代数书》等8份。

曲靖地区民委收集到《陆家谱》《安氏家谱》《姬氏家谱》《张氏家谱》《普氏家谱》《毛氏家谱》等6份。

石屏县民委登记了《普氏家谱》《笃慕谱系》(2册)、《李氏家谱》等6份。

武定县民委登记了《申氏家谱》《余氏家谱》《杨氏家谱》(彝汉合璧)、《高氏家谱》(彝汉合璧)等5份。

宁蒗县语委、昭通地区民委等也分别保存有彝文谱牒。

国家图书馆珍藏有《叙家谱经》《叙家谱迎祖灵》《凤家的系谱》《阿教颇家的系谱》《古侯曲涅谱系》等。①

《中国彝族谱牒选编》云南卷上卷收录彝文谱牒42种,其中最长者为《诏㚒氏连名谱》,从堵阿青至公元1881年,210代;再后到1993年,又发展6代,共216代。收录汉文谱牒38种,其中最长者为姚州土同知高氏谱牒,记录长达55代。收录口传谱牒12种,其中最长者为楚雄市树苴乡依齐鲁氏谱牒,共62代。下卷共收录古侯、曲涅两大氏族50个家支130多个姓氏家谱,其中最长者为《金克谱》,共80代。②

《中国彝族谱牒选编》楚雄分卷收录楚雄州境及原楚雄州所属禄劝县彝族彝文家谱36份,其最长者为禄劝德勒氏的家谱,共205代。其中雄冠三十七部的武定罗婺部凤氏土官的彝文家谱共164代,收有汉文家谱19份,其最长者为姚州土同知高氏族谱。有明文记载的世系达55代,收有口传家谱19份,其最长者为楚雄依齐嫫鲁氏家谱,共62代。其中,用汉字记彝音的三份彝族宗谱,收录于刘尧汉《彝族社会历史调查研究文集》③。1953年夏秋间,中央民族学院研究部西南民族研究室派刘尧汉到云南西南部哀牢山区作彝族现状调查。1953年7月,刘尧汉在南华县兔街乡摩哈苴村农民罗从林处收集到由夏正寅撰写的《哀牢夷雄列传》残稿,所载为清咸同年间(1851~1874)以李文学为首的哀牢山及其附近地区彝族人民反清起义中的十四位彝族主要人物。其中的张兴癸传第二、杞彩顺传第四、杞绍兴传第六,分别载有夏正寅"因夷巫之助,记音录名"的三份传主谱系,与南诏王室蒙氏有所关联。书末还附有这三位传主的彝汉文对照宗谱。④

---

① 华林:《彝文历史谱牒档案探析》,《思想战线》,1997年第3期。
② 普学旺主编:《中国彝族谱牒选编》(上)云南卷,云南民族出版社,2009年,第615页。
③ 民族出版社1980年出版,第60~62页。
④ 楚雄彝族自治州民族事务委员会编:《中国彝族谱牒选编》楚雄分卷,云南民族出版社,2007年,第554~555页。

明代蒙化彝族左氏土知府、丽江纳西木氏土知府、元江傣族那氏土知府史称云南三大土知府,丽江木氏、元江那氏土知府先后于清雍正元年(1723)、清顺治十六年(1659)改土归流,只有左氏土知府沿袭到清末民初,历经明清两年,时间长达514年,是云南唯一没有改土归流而实行土流合治的土知府,成为云南土司中统治时间最长、地域最广、势力最强的土知府。《中国彝族谱牒选编·大理卷》重点整理选编了在大理历史上发挥过重大作用且具有深远影响的三个家族的谱牒,即南诏谱牒、巍山县左土官谱牒和李文学谱牒。①

彝文家谱的记载方法一般由祖先起源的传说、从希母遮到六祖分支的记述、祖宗的迁居路线、先祖的父子连名谱、家族的分支繁衍及家族的历史发展情况等内容组成。如扯勒家族是滇川黔连接地带彝族芒布、扯勒、乌撒、阿哲等五大统治家族之一,其家谱《扯勒家支谱系》记载了彝族扯勒家族在川南、川西、黔西北的发展简况。其次,谱系记载了扯勒家族从笃慕居住的洛尼山(位于云南的东川、会泽境内)经可乐(贵州赫章境内)、果底舍垮(四川叙永境内)等地最后定居于柏雅訇洪(四川古蔺县城)的迁居历史。第三,谱系记载了扯勒家族的社会历史情况。如谱系记载"那垮本更者,住柏雅妥洪。畜牧业兴旺、牛马遍山岗。掌权又守境,兵丁多而强。深山老箐里,禽兽被收服。武家的宫室,都由彝掌管。粮租收得多,男清查收入,女经理保管,积库可多啊",反映了扯勒家族对柏雅妥洪的管理及彝族土建领主地租制兴起的史实。②

以汉字记录彝族的宗谱,记得较完整的书籍,最早当数唐代樊绰的《蛮书》。该书记述了南诏蒙氏自其先祖到作者成书时的王室传承谱系。自元代起,用汉字记述彝族首领谱系的史书逐渐增多。进入明代,政府为土官传承之需,建立了各土官传袭的专门档案,演绎成《土官底簿》。各土司也建有专门的传承世系档案,以备袭职时查询。有的还用汉文将世系勒石为记,如武定凤氏土知府的《凤英自题世系碑》《凤氏世系碑》等。明代中期以来,记有土官传袭世系的书籍大量出现,且大多流传至今。然而在民间,以汉字记录彝族谱系者极少,直到清末,才有夏正寅为"明夷氏之礼制",在其《哀牢夷雄列传》中因得"彝巫之助",采用以汉字"记音录名"的方式,记录了哀牢山彝族起义首领杞彩顺等人的宗谱。民国时期,彝族的一些富豪之家开始用汉文编写自己的家谱,但由于当时各少数民族处于受歧视、受压迫的地位,所编写的家谱也往往牵强附会。③

---

① 大理白族自治州彝学会编:《中国彝族谱牒选编·大理卷》,云南民族出版社,2008年,第153页。
② 华林:《西南彝族历史档案》,云南大学出版社,1999年,第36页。
③ 楚雄彝族自治州民族事务委员会编:《中国彝族谱牒选编·楚雄分卷》,云南民族出版社,2007年,第544页。

在楚雄州境内,直接以汉文编写自己族谱的彝族人士尚未发现,而较多的是将自己的彝文族谱译成汉文,或在自己的彝文族谱之末用汉文续上后几代祖先的世系。①

彝文谱牒的传承有两种形式。一为谱牒内容载录在其他彝文历史典籍之中。例如,发掘于贵州赫章县的彝文史籍《彝族创世志》中的谱牒志收录了六祖分宗后,恒支系的22个宗族系谱,布支系的24个宗族系谱,默支系的39个宗族系谱。既有大宗系谱,也有分宗谱系。②《爨文丛刻·古史通鉴》《笃慕源流》《夷㚖榷濮》《西南彝志》《赊豆榷濮》《六祖史诗》《洪水与笃慕》《六祖魂光辉》等典籍均从不同侧面对彝人谱系进行了记述。③ 另一种为专门的谱牒文献,大多写在白棉纸上,谱册字序从上到下,行序自右而左,也有自左而右的,这取决于书口的开向。④

彝族汉文家谱最先产生于彝族上层贵族。在历代封建王朝中央政府对西南彝族地区设治经营过程中,彝族统治者接受内地中央政府的封赐,学习吸收汉文化,并使用汉文来记录家族发展历史,从而形成了为数众多的彝族汉文家谱文书档案。这类家谱内容记载彝族上层家族的世系源流、家族主要成员的文治武功及各个历史时期当地社会发展的政治、经济、文化状况,是研究西南彝族社会历史情况的珍贵资料。重要的有:

《尼租谱系》是一部滇南型彝文连名谱牒,收藏于新平县平甸乡昌沅村公所尼租村彝族方德学家,谱牒最后一次重新抄写时间是清光绪二十年(1894)。此谱记载了以"白勒"(黑头翁雀)为图腾的彝族家族洪荒以前的父子连名谱、洪荒以后的父子连名谱、后来的夫妻连名谱及死而断谱续者名谱,一直到1956年才终止,共102代。同时,谱系对彝族祖先的起源、六祖分支历史、祖宗的迁徙路线、清代中叶改汉姓为方氏后该支彝族在历史发展过程中生产、生活以及祭祖祭谱情况都有详细的记载,是研究滇南彝族历史源流及社会经济状况的重要谱牒档案。⑤

《武定那氏谱系》,由武定凤氏彝族土司后人、武定直隶州茂连乡土目那振兴于清道光元年(1821)五月撰成,原藏于那氏土司官署,1943年北京图书馆将原那氏土司档案从那氏后裔那安和卿之手购获,谱系随之转藏于北京图书馆。谱系由以下几部分构成:(1)家世源流。(2)功勋业绩。(3)任职袭替。此外,还有一份清同治八年(1869)不具著者姓名的《传家实绩承先启后赋》,以诗赋的形式描述了武定那氏彝族先祖罗婺部长阿而到

---

① 楚雄彝族自治州民族事务委员会编:《中国彝族谱牒选编·楚雄分卷》,云南民族出版社,2007年,第544页。
②④ 华林:《彝文历史谱牒档案探析》,《思想战线》,1997年第3期。
③ 卢义:《从龙云家谱看独具特色的彝人谱系文化》,《昭通师范高等专科学校学报》,2011年,第33卷第1期。
⑤ 华林:《西南彝族历史档案》,云南大学出版社,1999年,第37页。

凤氏土司、那氏土目等历代家族宗姓源流、祖先重要事迹及配偶子嗣情况。西南彝族地区以诗赋形式记述宗谱尚不多见。①

《南涧罗氏家谱》,系罗氏子裔罗迁珍修于清嘉庆年间,原谱珍藏于云南南涧县新民区营盘乡木家湾鸡街子村中,为白绵纸手抄本。家谱内容载录罗氏彝族世系源流、主要成员历史事迹、任职袭替及婚配子女情况。《南涧罗氏家谱》记述自明洪武二十三年(1390)至清嘉庆九年(1804)约414年罗氏彝族家族发展史,对了解罗氏彝族支系的发展史还是研究当地社会历史,均有极高的价值。②

《蒙化左族家谱》,保存于巍山县永建区西山乡鸡头村左世瑛家中,为巍山左氏彝族土司第十五世孙左熙俊修于清乾隆五十八年(1793)。左氏家族左东潮曾于明嘉靖庚子年(1540)纂修过家谱,已佚。此谱记录了从元泰定丁卯年(1327)到清乾隆五十八年(1793)蒙化左氏左政子到十六世左麟哥左氏家族任职、袭替、世系、政绩、分支等历史情况,是研究元明清巍山彝族土司左氏家族发展历史的珍贵档案。③

《罗甸安氏谱》,由安氏后人一百一十九世孙安秉直等修于清光绪十六年(1890)。谱由序言和世系两部分组成。此谱记载了罗甸安氏家族的兴衰历史,是研究古代水西彝族政治、经济、文化状况的史料。④

《通雍余氏谱系》,清光绪年间余氏后人八十二世孙余昭根据夷书考证而撰,包括谱序、世系考妣等。此谱记述了余氏家族从滇东北迁徙发展到四川古蔺地区,最后进入贵州水西地区的历史过程,对研究余氏家族对四川永宁地区的统治历史有很高史料价值。⑤

云南巍山县永安乡蕨菜坪彝族墨荣家珍藏有一份《墨氏家谱》,计1页,红面白底,长52厘米,宽21厘米,共258字,毛笔直书,修于清光绪二年(1876)。家谱记载了墨氏家族原籍丽江府,迁居蒙化府,本姓沐也的家族迁居发展历史,对研究巍山蕨菜坪、墨家营等墨姓由纳西族融合为彝族有一定历史价值,惜家谱已佚。⑥

南涧彝族自治县碧溪区松林乡乐吾俱村彝族老人查恩惠家收存有家传《查氏家谱》,白绵纸手抄本,记述了查氏支系从先祖查万川、查万登、查万映,原籍四川平定府人氏,贸易为商后移居蒙化府城,到二十二世祖查德才约900余年的迁徙分宗发展史,对了解蒙

---

① 华林:《西南彝族历史档案》,云南大学出版社,1999年,第272页。
② 华林:《西南彝族历史档案》,云南大学出版社,1999年,第273～274页。
③ 华林:《西南彝族历史档案》,云南大学出版社,1999年,第274～275页。
④ 华林:《西南彝族历史档案》,云南大学出版社,1999年,第275页。
⑤ 华林:《西南彝族历史档案》,云南大学出版社,1999年,第275～276页。
⑥ 华林:《西南彝族历史档案》,云南大学出版社,1999年,第276页。

化彝族地区部分汉人的彝化和当地彝族生产生活有一定参考价值。①

南涧县乐秋区葩木大村彝族黄先学家保存有一份《自氏家谱》,白棉纸,共39行,谱牒将其家族始祖追溯为开国楚王。谱牒对先祖迁徙发展历史考据尤为详细。②

南涧县宝华镇无量村委会莫索大村彝族老人李春阳家藏有一份《记录自氏宗谱》,长70厘米,宽50厘米,白棉纸手抄本。宗谱抄于民国十二年,记录了先祖自明洪武年间到民国约430年间自氏家族的世系源流和迁徙发展情况。③

漾濞县龙潭区底册村彝族蒙正和家收藏有一份《蒙氏家谱》,撰写于民国三十五年。家谱记载了原世祖蒙文论,妣罗氏到显考蒙文林共十二世约360年间蒙姓彝族的家世源流和配偶子女情况。④

巍山县五印区鼠街乡河西村左土官后裔左瑞辰家发现一本以文书档案材料撰成的家谱《蒙化左土官记事抄本》,共67页,2万字,抄本每两页间盖有一枚长方形大印,半是满文,半是汉文,分别为"蒙化直隶同知关防",抄本记载了左氏家族从一世祖左青罗到十五世祖左元生十六位土官的主要政绩和任职袭替情况,并对每一任土官的出生、婚配、政事活动、朝贡、子女、辖境和赋税情况均作了记载,并收录有历代皇帝颁给左土官的诰命和中央都察院、户部、吏部、兵部和云南三司及设在迤西的派出机构金沧道等发给左土官的调令、嘉奖令等。⑤

昭通市陇承弼收藏有《芒部土府陇氏谱序》,记载了芒部土府彝族陇氏家族始祖穆齐齐到五十四代祖陇怀玉于崇祯年间加升布政使、晋太仆寺正卿的发展历史。⑥

《罗氏家谱》。此谱的保存地在盐津县普洱镇夷都村。收藏者为罗缉熙,为《罗氏家谱》中第二十世。这部《罗氏家谱》是他爷爷七十年前的重抄本,比十六开本略小,右口棉线装帧,封面为牛皮纸,内页为白棉纸,毛笔书写,全书共118页。罗杓裔孙罗守诚于明景泰四年(1453)首修家谱,讲到始祖罗公,讳星,字杓,太府君,自江西入籍,平叛以来从征有功,遂封为乌蒙王,后卒,葬于住宅后边。始祖罗杓生于1035年,卒于1095年。罗杓于宋神宗熙宁七年(1074)由江西从征讨夷而来,因立有战功被封为乌蒙王,始祖罗杓,二

---

① 华林:《西南彝族历史档案》,云南大学出版社,1999年,第276页。
② 南涧彝族自治县彝学会:《南涧县氏居民族谱牒集》(一),2008年,第46页;华林:《西南彝族历史档案》,云南大学出版社,1999年,第276~277页。
③ 南涧彝族自治县彝学会:《南涧县氏居民族谱牒集》(一),2008年,第48页;华林:《西南彝族历史档案》,云南大学出版社,1999年,第277页。
④ 华林:《西南彝族历史档案》,云南大学出版社,1999年,第277页。
⑤ 华林:《西南彝族历史档案》,云南大学出版社,1999年,第277~278页。
⑥ 华林:《西南彝族历史档案》,云南大学出版社,1999年,第278页。

世罗守诚,三世罗尚礼。谱记共二十世六十一人。《罗氏家谱》可能是明代补修。该谱始修于明景泰四年(1453),后分别于明正德六年(1511)和嘉靖二十八年(1549)续修。罗氏的族属和民籍为土著乌蛮较为可信。①

清人檀萃于乾隆四十三年(1778)修撰的《农部琐录·土司志》,刊录了《武定凤氏本末》。此书记录了自南宋孝宗淳熙年间,罗婺部酋长阿而被大理段氏举为罗婺部长,在滇东地区雄冠三十七部,到乾隆末期约600余年间武定彝族凤氏土司的发展历史。②

他留人是彝族的一个支系,主要分布在云南省永胜县六德彝族傈僳族乡境内。由于受汉文化的影响,永胜他留人的每个家族原来都有家谱、族谱,大多在"文革"期间破四旧时被烧毁。但他留人都称其家谱、族谱记载说其祖先都来自湖广长沙或江西吉安府。在他留人中享有较高威望的兰绍吉老人收藏有《兰氏族谱》,族谱对兰氏的祖籍来源有记载:"经考证,兰氏族先祖原籍湖广府,江西吉安府人氏。自明初洪武调卫,随从征南将领傅有德入云南永北府,后约在1520年迁流东郊阳茂红山角半壁曹斯邑,今六德乡玉水营盘村即他留城堡。"③

2. 白族

白族素有修纂谱牒之风。唐宋元明以来,其中的段氏、杨氏、赵氏、李氏、董氏、张氏、尹氏、杜氏、何氏、苏氏等名家大姓都编修过家谱或族谱。最早的追溯到蜀汉时期,如《李氏族谱》,其一始祖李海,蜀汉时受诸葛亮之命为洱海海口洞长。有从南北朝时期记载的如《大理国国相高氏族谱》,其始祖高光为南北朝时人。有从南诏大理国开始记载的如《大理国国王段氏族谱》,其开国君王段思平。《董氏族谱碑》中的始祖董伽罗尤为大理国国师等。④

白族谱牒档案的历史形成时间可以追溯到唐代。唐代后期洱海地区已有《张氏国史》流传于世,此书佚,但唐初古白崖白子国首领张乐进求家族中张氏早期的世系为诸种云南地方志所载。这是已知最早的白族家谱。宋代大理国时期白族贵族大姓段、高、杨、赵、李、董、张、尹、何等的族谱都已十分完善。元代仍封白族段姓为云南总管。各名家大姓仍有一定权势,各大姓族谱大多得到保存。现存的许多地碑都记述了这些大姓的世系。但由于明朝统治阶级在云南实行汉文化专制政策,销毁了大量地方民族文献,唐宋

---

① 黄民初:《世传盐津"乌蒙王家谱"——"罗氏家谱"初探》,《云南民族学院学报》,1992年第3期。
② 华林:《西南彝族历史档案》,云南大学出版社,1999年,第278页。
③ 黄彩文:《云南永胜他留人的档案史料及其价值》,《云南师范大学学报》(哲学社会科学版),2006年,第38卷第6期。
④ 颜晓云、陆家瑞:《白族姓名文化探微》,《云南社会科学》,1997年第5期。

元明时期修撰的白族谱牒也未能幸免。现存的白族谱牒档案大多是明清以后修纂的。①

白族家谱,种类繁多。有族谱,如喜洲《赵氏族谱》、阁洞村《段氏族谱》等;有家谱,如鹤庆《张氏家谱》等;有家乘,如《云龙董氏家乘》;有编录某家族诗文著述如《太和张氏诗文》等。有长篇巨制的,如喜洲《史城董氏族谱》,十三卷十一册。有篇幅较小的,如剑川《段氏族谱》。有蝴蝶装的如《太和段氏族谱》,有线装的如《史城董氏族谱》。有手抄本如喜洲《赵氏族谱》、剑川《段氏族谱》,有石印本如《史城董氏族谱》。就传承的形式,有口承式、墨书式、石碑式三大类。

徐嘉瑞在《大理古代文化史稿》中列了段氏得国前六代世系表。大理国二十二代国王。元十二代总管的世次。大理喜洲阁洞塝段克瑞家存《太和段氏族谱》载 24 代世系。②

《龙关段氏族谱》藏大理市下关龙尾街段、吴二家,大理州博物馆有复印件。该段氏为宋代大理国王、元代总管的后裔。一世祖改姓黄,名文。二世至十五世姓段,十六世至十九世因入赘吴家又改姓吴。该族大多从二世起至今一直姓段的,仍住下关龙尾街西门一带,已有二十余世。③

《剑川段氏家谱》,此谱内容包括段氏家谱叙、凡例、滇南段氏世系、剑川段氏世系、剑川南门段家巷段氏世系共五个部分。为道光四年(1824)剑川段氏十六世孙段缉编修。段缉《段氏家谱叙》略曰:"从来国之有史,家之有谱,其规模不同而理则一也。稽史而知国之所以治乱,阅谱而知家之所以盛衰。士大夫之家,身居礼法,欲衍箕裘,必有谱系世传。况滇南段族,王爵起家,分支剑郡,忠孝继美。此而无谱以载之,则后之子孙何以观感。且世远族众,各居一方,两不相识,其敝之极。源为一本,婚姻紊乱,岂类于禽兽耶?故而欲家运昌隆,绍箕裘于勿替,乌可得乎?爰是远稽世系,近载生齿,集而成编。"④《剑川段氏家谱》,存该县金华镇段家巷白族段学高家,抄本藏于大理州文物管理所。长 27 厘米,宽 26 厘米,共 44 页。⑤

《太和段氏族谱》,存大理市阁洞塝村段氏家族段克瑞家,有 6 种。1.《太和段氏族谱》,清道光十三年(1833)段景山续修,手抄本,蝴蝶装,167 页,长 52.5 厘米,宽 36 厘米。2.《太和段氏族谱》,清光绪丁酉年(1885)段尽臣续修,手抄本,蝴蝶装,48 页,长 52.5 厘

---

① 杨艺:《现存白族谱牒档案述评》,《中央民族大学学报》(哲学社会科学版),2000 年第 3 期;张锡禄:《白族家谱及其研究价值》,《思想战线》,1990 年第 4 期。
②③ 张锡禄:《从白族家谱看南诏大理国洱海地区的白蛮大姓》,《东南亚》,1990 年第 2 期。
④ 大理白族自治州白族文化研究所编:《大理丛书·族谱篇》卷四,云南民族出版社,2009 年,第 2228 页。
⑤ 大理白族自治州白族文化研究所编:《大理丛书·族谱篇》卷四,云南民族出版社,2009 年,第 2330 页。

米,宽36厘米。3.《太和段氏族谱》,清道光十三年(1833)段尽臣续修,长53厘米,宽30厘米。蝴蝶装。4.《段氏家谱》,主要收录历代谱序。明正德十五年(1520)段德贤修,万历壬辰(1592)段性学续修,清乾隆元年(1736)段炽再续修,手抄本,蝴蝶装,长53厘米,宽30厘米。5.《阁洞塝段氏族附谱》二册,经正德、万历、乾隆三次续修,手抄本,长26厘米,宽24.5厘米,蝴蝶装。6.《段氏家谱》,段克瑞修,手抄本,长40.5厘米,宽30厘米。始祖为连胜公。据该谱《段氏续修族谱序》:"吾段氏僻处西南,素称土著。"①该族明初曾遭镇压,"据现该族长辈段克瑞说,明初,傅、沐、蓝三公来滇之后,灭段氏家族,故该段氏不敢称段姓,改为短姓,或作敦,后来才又复原段姓。现家谱中也有谎称南京句容人,明初有军功,卜居于此,亦为此因"。段氏这种改姓冒籍的情况,不仅阁洞塝如此,喜洲四方街小巷之张家,亦本马久邑之段家,明初为避免株连,逃往喜洲做小手工艺,改姓张,但其家中秘藏之道光时重修的家谱,则明以前都作段,而且对把段改张作了明白交代……现在段、殷、李三家都称是段白王之裔,同宗共祖,互不通婚……明代中叶,大理的著名士大夫杨士云、李元阳都不敢说其祖先是土著,冒籍江南。明代白族大姓家谱,大多数都冒籍。到明代末期,又陆续有人根据墓志碑刻把其祖先连回到南诏、大理时期。②

《鹤庆高氏历代履历宗谱》,此谱记述始于汉元狩元年,始祖高光,封御史兼副中郎将,同博望侯张骞于元封二年始通滇有功,封护国大将军。历汉唐而移居大理。传至明末,凡五十八世,历一千七百余年,记载有高氏历代履历、高氏源流序言和世系谱。据《白族社会历史调查》(四)记载,该宗谱长26厘米,宽14厘米,经折装,有文字记载者26页。一世祖高光。高氏的26世祖高升泰为大理国国王段氏的权臣,世代为相,相继300余年,直至大理被元朝所灭。元代又授高氏31世高惠直为鹤庆都总管同知。以后,高氏在此世代为官,统治鹤庆,直到1949年。③ 在鹤庆,藏有高氏家谱的人家还有很多,但这部保存得较完整。从成书年代来看,明天顺五年(1461)高氏42世孙高温曾重修过,清代、民国又多次续修。值得注意的是,该谱记录了高氏冠姓父子连名制达30代,这是迄今为止白族父子连名制材料中最典型的一个。④

《姚安高氏族谱》,此谱记述了高氏始祖高翔至五十四世高厚德世系事迹、官职、族属及高氏历代土官管辖姚安军民府之属地、疆界。此谱长300公分,宽50公分。原保存在

---

①② 《白族社会历史调查》(四),中国少数民族社会历史调查资料丛刊修订编辑委员会编,民族出版社,2009年,第8页。
③ 《白族社会历史调查》(四),中国少数民族社会历史调查资料丛刊修订编辑委员会编,民族出版社2009年,第10页。
④ 大理白族自治州白族文化研究所编:《大理丛书·族谱篇》卷五,云南民族出版社,2009年,第10页。

姚安光录旧城海西庄高周兴家。谱页接缝和各系名录都钤盖有一边是汉字篆文、一边是满文的印章。谱记至清雍正七年五十五世祖高德怀,五十二世祖为高映。此谱是研究云南历史和高氏世系及其族属的重要资料,特别对研究南诏大理史研究是重要资料。①

《姚郡世守高氏宗谱》,由云龙编《滇录》卷八载《姚郡世守高氏源流总派图》。此谱由云龙得高氏家藏旧本,1924年辑《滇录》时收入。1933年10月云南省教育会排印,此为大理段氏、贵族高氏事迹。自段氏后期专政,分封其子于八府(姚府、威楚、谋统、永昌、腾冲、建昌、会川及鄯阐)等处,世袭镇守,迁从洱海地区居民(白族)于各地,维护统治政权。故云南土官多记高氏统治家族事迹,而姚安所传谱牒,为较完备之本。②

《鹤庆张氏族谱》,抄本,长26.3厘米,宽13.5厘米,为解放前张国清修撰。全谱分图考、世系附墓志、支派、族居、茔墓、附载六部分。记载了始祖讳低蒙苴到张国清85代的世系,该张氏为白子国部落酋长张乐进求的后裔。③ 此谱现存大理州鹤庆县张家登张国清家。该张氏世为白族。据家谱记载,张氏族人在1930年前后于象眠山脚甸南张氏古坟地发现明洪武26年立的古碑一块。碑文说:"张氏清河之右族也。在昔南诏蒙氏时,有乐进求者,显达于时。""于今鹤川曰张忠政者,即乐进求之二十八世孙也。公袭前爵,不陨旧名,亦为世所贵。"据碑文记载,元代张忠政为唐代张乐进求的28代孙,查云南地方史籍,张乐进求为蜀汉时白王张仁果的32代孙,这样,张忠政为张仁果60代孙,张春为62代孙。张乐进求为唐代大将军。张乐进求28代孙张忠政在元世祖忽必烈"南巡驻跸公第,锡公将军,仍使抚治丽江、鹤庆、剑川、澜沧、浪穹等地"。④

剑川《张氏族谱》,白棉纸,线装,手写本,清雍正年间编修,清道光年间张现重修。内容包括古族谱序、重录中科山张氏古坟碑记、古冢碑记、张氏族宗谱短引、合族家谱总纲、张氏宗谱分支目次、分支世系等。现藏于剑川甸南乡张家。⑤

喜洲中和邑《杨氏族谱》,长27厘米,宽16厘米,包括世系图、世次谱表。原谱约为明清之际修撰,后多年失修。民国年间,杨氏后裔18世孙杨杰重修,现藏中和邑杨家。⑥据《白族社会历史调查》(四)记载,从大理喜洲中和邑杨达三家收集到《大理喜洲中和邑杨姓族谱》一部。石印本。现存本为1931年重修,原谱修于明清之际,后多年失修,接着旧谱以兵燹而遗失。关于该族的来历,谱中有两说:一说是来自南京应天府上元县柳树

---

① 大理白族自治州白族文化研究所编:《大理丛书·族谱篇》卷五,云南民族出版社,2009年,第2553页。
② 大理白族自治州白族文化研究所编:《大理丛书·族谱篇》卷五,云南民族出版社,2009年,第2563页。
③⑤⑥ 杨艺:《现存白族谱牒档案述评》,《中央民族大学学报》(哲学社会科学版),2000年第3期。
④ 张锡禄:《从白族家谱看南诏大理国洱海地区的白蛮大姓》,《东南亚》,1990年第2期。

湾。明初,从沐公征云南,以功授千户遂家于大理太和。另一说是杨氏世居太和,始祖有庞于夔王蒙氏,在南诏时,该杨氏就仕官于蒙氏政权,后蒙、高、段即唐代南诏、宋代大理国、元代段氏总管时期,一直为贵州名家。①

白族赵氏族谱,重要的有龙关(大理市下关龙尾关)、喜洲两种。两家的始祖都为南诏时的清平官赵铎些。②

《太和龙关赵氏族谱》,原藏于大理市凤仪北汤天,现存云南省博物馆。1940年,西南联大学者吴乾就前往大理考察时发现此卷。经卷正面为《大般若波罗密多经》第四十一卷,卷末题记"大理国灌顶大阿左梨赵泰昇敬造大波罗经一部……时天开十九年癸未岁中秋望日大师段清奇识"。经卷背面抄有太和龙关赵氏族谱。③ 据《白族社会历史调查》(四):明天顺六年(1462),许廷瑞撰《龙关赵氏族谱》一册。龙关即龙尾关,今大理市下关镇。最初撰于明代,后有续修。谱内有天顺六年(1462)二月《太和龙关赵氏族谱叙》,成化十年(1474)《赵氏族谱后跋》,咸丰六年(1856)赵登瀛《重修族谱叙略》。居住在下关的赵氏白族,从族谱来看从南诏清平官赵铎些一世祖到十一世祖赵行亲,都是父子连名制,到十二世祖赵□始废除。④ 此谱内时见佛语、梵语,并多夹有金体、篆体、草体字等。在诰封、钦嘉之下,均钤有条形印记,印章上角有梵文,下有两直行字"灌顶阿左梨罗智生 为法界有性等敬造"。⑤

喜洲《赵氏族谱》,详细记录了该家族七支人30多代的世系。手抄本,6册,每册长43.2厘米,宽29.5厘米。主要包括世次、世系、阡志、艺文等六个部分,其中用大量篇幅收录了赵氏族人的诗文。据族谱记载,赵氏为唐代南诏国蒙氏清平官赵铎些的后裔。谱牒失于宋。清同治七年后禧昌据访到的元代《元故相副官墓碑》及家中的神主牌等材料写出该谱的初稿。民国九年(1920)32世孙辅仁续修,原藏于大理喜洲城北七舍邑赵家,后由大理图书馆收藏。⑥

《李氏家谱》,现存洱源凤羽白族李治唐家,记载其始祖李海为蜀汉时人,受诸葛武侯之命为洱海海口的洞长。其谱《本支百世》考说:"吾祖海,系留守叶榆之海口,为关寨洞长。海口即今洱源之海口,当日叶榆北方要隘也。"后历唐宋其家一直为海口世袭

---

① 《中国少数民族社会历史调查资料丛刊》修订编辑委员会编:《白族社会历史调查》(四),民族出版社,2009年,第42页。
② 张锡禄:《从白族家谱看南诏大理国洱海地区的白蛮大姓》,《东南亚》,1990年第2期。
③⑤ 大理白族自治州白族文化研究所编:《大理丛书·族谱篇》卷四,云南民族出版社,2009年,第2087页。
④ 《中国少数民族社会历史调查资料丛刊》修订编辑委员会编:《白族社会历史调查》(四),民族出版社,2009年,第30页。
⑥ 杨艺:《现存白族谱牒档案述评》,《中央民族大学学报》(哲学社会科学版),2000年,第3期。

长官。明以后又授职千户,世守其土。其子孙除在洱源外还有腾冲、云龙、泸西等几大支。①

董姓族谱主要有喜洲《大理史城董氏族谱》及凤仪北汤天《董氏族谱碑》两种。

董氏族谱为白族现存的较长族谱之一,以碑文形式记载,则是迄今发现最长者,藏于大理凤仪北汤天村董氏祠堂。碑文共四块,为大理石刻,每块约一平方米,较完整地记载了从董伽罗尤至今的42代人。②

喜洲董氏认为其祖辈董成曾在南诏时任清平官,他们为董成的后裔。据《新唐书·南诏传》记载,董成在唐咸通七年(866)受南诏王蒙世隆的派遣作为入唐使出使唐朝。凤仪北汤天的董氏从大理国时起一直到近代都是世代相传的宗教职业者,为历朝历代的统治阶级所重视。其后裔的一大支仍居住在原地,即今大理市凤仪北汤天村。从大理国时的国师董迦罗尤至现在大理州地震办公室工作的董国胜一支有43代。其中前期近20代为冠姓父子连名制。董迦罗尤—三廊—廊眉—眉聚—□锭—赐—□□—德普—普明—明祥—祥义、祥福—义明—明连—连福—福温—温明—明寿—忠义。③

《大理史城董氏族谱》,石印本,线装,11册。每册长26.5厘米,宽16.5厘米。全书分13卷,其中世次及支派共3卷,叙述了董姓从唐至清的世次及支派分布迁徙情况。艺文志5卷,载有董氏族人的诗文、楹联及其他有关的敕谕,内有碑碣50篇,约6万字,今碑已毁。该族谱已四修,最早在明嘉靖六年(1527),第四次续修在1922年,即今所见之本。该谱现藏喜洲董家。云龙《董氏家乘》一卷,长26.5厘米,宽16.5厘米,为民国二十三年(1934)云龙县董钦辑,较详细地记载了董坊捐资修建功果桥的事迹。④

据《白族社会历史调查》(四)记载:《大理史城董氏族谱》藏喜洲董汝舟家,大理市下关文化馆董浩川家亦有藏本,11册,13卷。昆明开明书局印,石印本,线装。⑤

据《大理史城董氏族谱序》卷一记载:"董氏之谱,创始于明嘉靖间,十八世至二十八世时,又修之。三十世时又修之。今安丞、雅山、吉甫三君之续纂,会农、澄农昆季之刊印。"据卷一所载历代修谱序13篇来看,该族谱已经四修。一是明嘉靖六年(1527),二是道光壬寅年(1842)董正官续修,三是清同治丁卯年(1867)董家杰续修,四是1922年续修,即今所见之本。⑥

---

① ② ③ 张锡禄:《从白族家谱看南诏大理国洱海地区的白蛮大姓》,《东南亚》,1990年第2期。
④ 杨艺:《现存白族谱牒档案述评》,《中央民族大学学报》(哲学社会科学版),2000年第3期。
⑤ ⑥ 中国少数民族社会历史调查资料丛刊修订编辑委员会编:《白族社会历史调查》(四),民族出版社,2009年,第23页。

剑川《赵氏宗谱》,长24厘米,宽14厘米,蝴蝶装,稿本,修于雍正年间,共32页。内容为序、敕命、世系、8世祖赵海后分支、6世祖至18世祖身世业绩、19世祖至35世祖名讳等6部分。已收入《白族社会调查》第四册。①

祥云《杨氏家谱》,长24.5厘米,宽14厘米,棉纸。记载了南诏灭后,大理国建国之前的义宁国国王杨干贞的后裔情况。现存祥云县米甸区清涧美村杨家。②据《白族社会历史调查》(四)记载,此谱修纂时间不详,修纂人为杨俊廷。该谱载杨氏为唐末宋初即南诏灭亡后、大理国建国前的大义宁国国主杨干贞的后裔。③

洱源《王氏家谱》民国八年(1919)抄本。作者为王崧玄孙王瀛。该谱记载了白族王崧的生卒年月及其著作、业绩,现藏于洱源县文化馆。④据《白族社会历史调查》(四)记载,此谱封面书有"己未九月光庭录于顺宁旧城大街馆寓"。顺宁即今凤庆,系民国八年九月光庭录于顺宁的抄件。《王氏家谱》中记载19世祖王药师生、18世祖王药师恭、17世祖王药师保及邓川大楼桥本家2世药师隆等姓名,中间均夹有佛号药师,这种姓名中带有佛号的习俗在大理国至明代中期白族中是普遍存在的。王氏当与白族有关。《王氏家谱》对清代著名白族文人王崧的生卒年月及其著作记载翔实,有一定的参考价值。⑤

剑川《车姓家谱》,棉纸,线装,抄本。清光绪二十二年(1896)庠生车佑周集撰。谱中车姓小家史部分叙述了车氏原籍江西抚州府金溪县第十七都王坊村人,以太医身份随沐英到云南,后因访脉点穴到了剑川等情况,为明嘉靖年间进士车文宗、清康熙年间举人车朝辅等人立有传记。谱藏于甸南发达河车家。⑥

剑川《陈氏族谱》,棉纸,抄本。记载了陈氏十八代宗亲名讳及科第功名业绩,并收录了陈徽言、陈重等文人的著述目次。现为剑川金华镇西门陈家抄藏。⑦

现存白族谱牒还有湖南桑植县保存的《谷氏族谱》《王氏族谱》《钟氏族谱》,贵州威宁的《张姓家谱》。⑧

《邓元善家谱》。邓元善,弥渡人,原籍江西省吉安府吉水县邓家湾。始祖邓俊、邓杰兄弟于明万历十一年(1583)随江西丰城族长邓子龙将军到云南,后留居云南祥云县,成为邓家始祖。后始祖邓俊迁居弥渡县前街。俊、杰两支族人传十余世,宗支繁

---

①②④⑥⑦⑧ 杨艺:《现存白族谱牒档案述评》,《中央民族大学学报》(哲学社会科学版),2000年第3期。
③ 中国少数民族社会历史调查资料丛刊修订编辑委员会编:《白族社会历史调查》(四),民族出版社,2009年,第40页。
⑤ 中国少数民族社会历史调查资料丛刊修订编辑委员会编:《白族社会历史调查》(四),民族出版社,2009年,第43页。

衍,分布于祥云、弥渡、宾川等地。在云南居住的邓氏后裔由于婚姻关系,大部分已加入了白族。[1]

《武陵谷姓族谱》。此谱节录自《武陵谷姓白族志》。南宋理宗宝祐六年(1258)蒙古大汗蒙哥派兵攻南宋,令其御弟忽必烈率兵南下。忽必烈命大将兀良合台从云南取广西、潭州(长沙),攻临安(杭州)。兀良合台在大理招募组成一支寸白军,由前大理国王段兴智之叔父段福率领,于开庆元年(1259)会师鄂州(武汉)。景定二年(1261)战事平息,兀良合台将寸白军就地解散,其中一部分还归云南,另一部分散落江西、湖北一带。寸白军之校尉谷均万、谷均千、谷均百兄弟三人及在军中同时服役而又有姻亲关系之王朋凯、钟千一、熊再时等相结而滞留在江西吉水,相继又结伴徙居湖南大庸、桑植,至今已七百余年,为桑植谷姓始迁祖。今湖南桑植谷、王、钟、熊、李、赵、杨、段、刘诸姓,祖源同为苍洱白族。[2] 据武陵谷姓世谱,按均万、均千、均百昆仲分为三大世系统宗,大世系下之前九代列为谱源,以表总系之。自其第六代文字辈始,分列为房,又从第十代大字辈起,则分为支系以表统之。[3]

《巍山李氏族谱》中的李氏家族是指现巍山县永建镇永利村公所营头村的李氏家族。始祖为明代下关关迤上水朝村李氏的十世孙李瀛,白族,明末清初移居蒙化直隶厅(今巍山县)。[4] 此谱由巍山县永建镇永利村公所营头地李氏家族十世孙李应祥编修,民国二十五年编成,手抄本,一册,由李应祥的孙子李德备收藏。此谱不分卷,卷首为清至民国年间巍山李氏家族主要人物的概况。该谱内容主要有李氏家族本枝百世、李姓世系表、序事、蒙化北山祖茔、李氏祖祠秋祭文、李氏祀祖祭文、祭祖时礼仪、迁蒙始祖瀛公墓序及李氏门宗墓志铭等及唐天宝战士冢序、碑志、诗联、蒙化县第三区永胜乡营尾村世居杨氏宗祖世系派别分支等。[5]

《剑川县南门街忠义巷苏氏家谱》,始祖苏必登,江苏上元人,明末崇祯时宦游滇南,因爱剑川山水,于虬龙山麓建庐定居。[6] 此谱编于1986年。

《祥云张氏家谱》,为祥云县沙龙乡花园村张氏家谱,张氏十一世孙张朝经于民国二十二年编修,手抄本,后人多有增补涂改。[7]

---

[1] 大理白族自治州白族文化研究所编:《大理丛书·族谱篇》卷一,云南民族出版社,2009年,第217页。
[2][3] 大理白族自治州白族文化研究所编:《大理丛书·族谱篇》卷二,云南民族出版社,2009年,第1091页。
[4] 大理白族自治州白族文化研究所编:《大理丛书·族谱篇》卷三,云南民族出版社,2009年,第1289页。
[5] 大理白族自治州白族文化研究所编:《大理丛书·族谱篇》卷三,云南民族出版社,2009年,第1290页。
[6] 大理白族自治州白族文化研究所编:《大理丛书·族谱篇》卷三,云南民族出版社,2009年,第1385页。
[7] 大理白族自治州白族文化研究所编:《大理丛书·族谱篇》卷三,云南民族出版社,2009年,第1397页。

《鹤庆张家登张氏族谱》,此谱为八十二世孙张怀初于民国十六年编修。首有里人杨金铠序言,综述修谱及作此序之始末因由。世系谱乃列始祖仁果公以下传承八十六代之行状。此谱为抄本。据此谱,三十二传为唐首领大将军张乐进求。①

《剑川陆军中将杨公竹君墓表》,谱内有2003年6月赵丰撰《陆军中将杨公竹君墓表》曰:"公姓杨氏,讳益谦,字竹君,白族,县北乡营头村人。"有剑川县长参议长署维西县长张嘉乐撰《杨中将竹君家传》。②

《云龙诺邓段氏家谱》,此谱编于民国二十九年,家谱记载段氏为大理国段氏之后,明初被明朝分迁于各地,段世、段宝迁云龙,段世居于诺邓,段保居旧州,为明初所设云龙土知州。③

《宜良段氏家谱》,载《大理丛书·族谱篇》卷四。民国二十八年国民党陆军军需总监十七世孙段克昌续修并序,云南印刷厂承印,共三卷二十三页,内有序文、世系、题咏。原件藏宜良段昌俊处。新宜良段氏宗谱,为二十世纪末段氏族人续修,全谱载有序、世系表、人物行述、传略、大渡口村段氏介绍、大理总管段氏世系等。谱内有《段希文抗战事略》。④ 昆明师范专科学校历史系段恩溥教授认为:"宜良大渡口段氏是由白族中的一个个体段坚和夷族妇女阿氏夜奇结合而繁衍起来的子孙,经过600多年与汉族和其他民族融合,无论从经济、文化、风俗习惯等方面都汉化了,已经不同于大理白族段氏了。"⑤

《云龙石门董氏族谱》,董氏始祖董成公于唐贞观年间由金陵入滇,仕南诏蒙氏清平官,其后裔于明万历年间移居云龙州石门井。明嘉靖六年董氏先祖董仁公曾事谱序,尔后族人四次续修谱,清咸丰五年修订,光绪十年续修,民国癸酉(1933)订名《云龙石门董氏世次谱》,汇集第十七世至三十世共十四代谱系。本谱为2002年董氏三十世孙董材续编。⑥

《云龙天耳井解氏家谱》,天耳井是云龙县明代人八个产盐的村镇之一,家谱撰于民国二十七年,为解氏后裔解家珍据清代修家谱(已佚)所修。⑦

3. 傣族

流传至今的傣文谱牒文书,按其产生的区域不同,可划分为西双版纳傣族地区谱牒

---

① 大理白族自治州白族文化研究所编:《大理丛书·族谱篇》卷三,云南民族出版社,2009年,第1461页。
② 大理白族自治州白族文化研究所编:《大理丛书·族谱篇》卷三,云南民族出版社,2009年,第1646页。
③ 大理白族自治州白族文化研究所编:《大理丛书·族谱篇》卷四,云南民族出版社,2009年,第2245页。
④ 大理白族自治州白族文化研究所编:《大理丛书·族谱篇》卷四,云南民族出版社,2009年,第2325页。
⑤ 大理白族自治州白族文化研究所编:《大理丛书·族谱篇》卷四,云南民族出版社,2009年,第2329页。
⑥ 大理白族自治州白族文化研究所编:《大理丛书·族谱篇》卷五,云南民族出版社,2009年,第2979页。
⑦ 大理白族自治州白族文化研究所编:《大理丛书·族谱篇》卷五,云南民族出版社,2009年,第3075页。

文书、德宏傣族地区谱牒文书及其他傣族地区谱牒文书。①

在西双版纳,历史上最大的土司为车里宣慰司。车里宣慰司自元代以来,编撰了众多的车里宣慰司谱牒档案,对刀氏世家族的社会历史发展情况作了详尽的记载。记述车里宣慰司刀氏世家族发展史的谱牒文书主要是《泐史》,《泐史》既是一种反映西双版纳傣族地区社会历史发展的编年体史书,也是载录车里宣慰司刀世家族历史发展的珍贵谱牒档案。《泐史》的译文版本很多,主要有《车里宣慰世系考订》《叭真以后各代的历史记载》《叭真及其后代的历史散记》《傣族宣慰使司地方志》《西双版纳傣族近百年大事记——续泐史》《西双版纳召片领世系》《西双版纳召片领四十四世始末》《车里宣慰司世系简史》《四十四代召片领世系》《车里宣慰世系》《先王世系》《车里宣慰世系及礼仪大事记》等。②

此外,其他傣族土司也编修了许多反映家庭历史发展的谱牒档案。景洪县勐龙区曼飞龙农民波艾敦家藏有一本老傣文手抄本《勐龙土司世系》,原书名是《朗丝本勐龙》,书的封面注明书主是景往岭(今勐龙城)的帕雅捧姆玛。此书抄于"庚辰年傣历1242年(清光绪六年即公元1880年)1月下弦7日"。该谱以傣历干支记年,由历代"勒贯"(勐级议事庭)主要官员四卡贞之一,名帕雅龙通记录,系当代官员记录当代事,逐年逐代累积而成。该书记事始于傣历953年(明万历十九年,1591年),到次年第一世召勐龙名帕雅先敢峨起,至傣历1208年丙午(清道光二十六年,1846年)第十世召勐龙名召朗姆玛止,凡255年历史,逐一记录各地召勐龙的姓名、即位和卸职年代、在位的时间及其配偶与封地疆界等,对于勐龙傣族土司政权的典章制度、祭祀习俗、重大事件及其与景洪召片领、邻勐乃至与缅、泰等领邦关系也多有述及。谱系还附录《勐龙沿袭受封的礼仪规程》《召朗姆玛申请袭职的呈文》等材料,是研究勐龙土司家族史、勐龙地方史和考订校补《泐史》的材料。(见下页图)③

景洪县政协文史委征集到一份《勐罕土司简史》,该谱牒系统记述了勐罕(今橄榄坝)土司一世雅版纳,到傣历1296年(1934),宣慰使召孟苏宛帕钪委派他的六弟召孟得任勐罕土司职,共九世约328年间勐罕土司的家族发展历史。景洪政协文史委收集整理的傣文谱系还有:《勐养历代叭龙简史》,记录了傣历900年(1538)叭信糯咬受封为勐养勐养叭龙,至傣历1292年(1930)宣慰司正式委封召孟扁勐为勐养"召孟"(土司),时18

---

① ② 华林:《傣族历史档案研究》,民族出版社,2000年,第132页。
③ 华林:《傣族历史档案研究》,民族出版社,2000年,第133页。

云南景洪县勐龙镇曼飞龙村波艾敦收藏的傣文家谱资料(2017年4月)

岁,在位20年,共14世凡412年的发展历史。《版纳勐很(普文)土司简史》,记载勐很一世土司岩得别于傣历615年(1253)被宣慰使封为勐信沙(今普文)的召邦龙管理站务,傣历1308年(1946)松邦代办土司,在位10年,凡21世共698年的历史过程。《勐旺土把总简史》,记述傣历1090年(1728),提督郝麟以召孟岗从征橄榄坝有协的名义授予他土把总之职,官阶正七品,成为持有双印,身兼傣、汉双职的世袭勐旺土司,直到傣历1301年(1939),各大叭、头目聚会推选召映福承袭勐旺土把总,共10世约850余年的召氏土司发展史。西双版纳还收集到两本《勐泐王族世系》古傣文抄本,两本谱系内容基本相同,但写作方法和叙事的细节及部分内容上仍有差异,谱系内容广泛,如《勐巴腊纳西因王族世系》除讲述勐泐王族在帕雅真以前的历史发展情况外,还包括了建立佛塔的传说、帕雅桑木底制定各项制度以及和内地封建中央王朝政权的联系等,对研究南传巴利语佛教传入傣入地区和帕雅真以前的古代历史有一定价值。[①]

在德宏傣族地区,各地土司傣文谱牒档案以土司世系源流为线索,对土司家族发展

---

① 华林:《傣族历史档案研究》,民族出版社,2000年,第133~134页。

史及当地历史情况进行了考录。如《芒市历代土司简史》,由方一龙译注而成,讲述了世界的产生和人类的起源,记录了从明洪武十五年(1382)到民国二十一年(1931)共560余年土司家族世系,以及其任职求袭、配偶子女和所辖领域等25代家族发展状况。还记述了德宏地区发生的重大历史事件及家族主要人物的史迹功勋。谱系对傣族与其他民族的友好关系也进行了具体的考录。谱系对土司内部及与各朝统治者之间的文书往来及承转关系多有述及,并刊录了部分文书的内容。①

德宏州史志编委会办公室收集整理了部分傣族土司家谱文书,主要有《遮放土司世袭史》,记述多氏家族一世祖多怀们于明正统元年(1436)从征勐卯有功被授陇川宣抚司副使之职,居遮放,至傣历甲戌年(1900)司官多立德"崇尚佛法三宝,遵循佛祖的十戒治理地方"之时,共464年间遮放土司的家族发展史。②

德宏地区保存下来的傣文谱牒文书还有德宏州档案馆珍藏的《陇川土司史》《瑞丽土司祖先史》《芒市司署简史》《遮放土司简史》《猛卯土司史》《干崖土司简史》《芒市土司简史》。盈江县档案馆收藏的《刀思忠以前盏达史》《盏达土司家就业》《干崖土司发展史》。③

《盏达土司刀思氏宗谱条幅》。此谱为汉文墨书的两条直幅,皆用白缎,全长264厘米,宽87厘米。正中从上至下,为盏达土司历代世系,顶端左右两侧,载《盏达刀思氏谱序》,计38行,行字不等。另一幅,长135厘米,宽91厘米,所录世系、分支详细。上部题《历代宗图》,其右上方为《宗图序》。此谱原为盏达副宣抚司刀思氏珍藏,悬挂土司中堂祭供。④ 收集到的盏达副宣抚司刀思氏家谱三种。一是盏达司署的汉文写本过录本,《序》似清康熙年间刀思韬时写的,世系是逐代添上,直到最后一代思鸿升止。二是盈江县政协刀安禄先生提供的已故政协常委思洪让先生的汉文写本,主要反映清末至建国前思氏三代事。还有一种是思洪让收藏的,题为《刀思忠及其先祖史》的傣文抄本,由刀安禄翻译、提供。叙事始于思翰法建果占壁王国起(1342,汉语称勐卯王国),止于明成化十年(1474)。⑤

《干崖宣抚司刀氏傣文家谱》,盈江县档案馆藏,全长60厘米,广30厘米,凡24页,

---

① 华林:《傣族历史档案研究》,民族出版社,2000年,第135~136页。
②③ 华林:《傣族历史档案研究》,民族出版社,2000年,第137页。
④ 傅于尧:《盈江民族历史文物考察》(中),载德宏史志编委会办公室编《德宏史志资料》第十一集,德宏民族出版社,1988年,第178页。
⑤ 傅于尧:《盈江民族历史文物考察》(中),载德宏史志编委会办公室编《德宏史志资料》第十一集,德宏民族出版社,1988年,第135页。

页23行,用傣文横书,行间间有汉文墨批30余处:"南京上元县""郗忠国"等。封面题"刀安济交来盈江历史"。始祖郗忠国,祖籍南京上元县人。明洪武三年随大军征讨思机法叛乱。因军功,授郗忠国为干崖长官司世职。(见下图)①

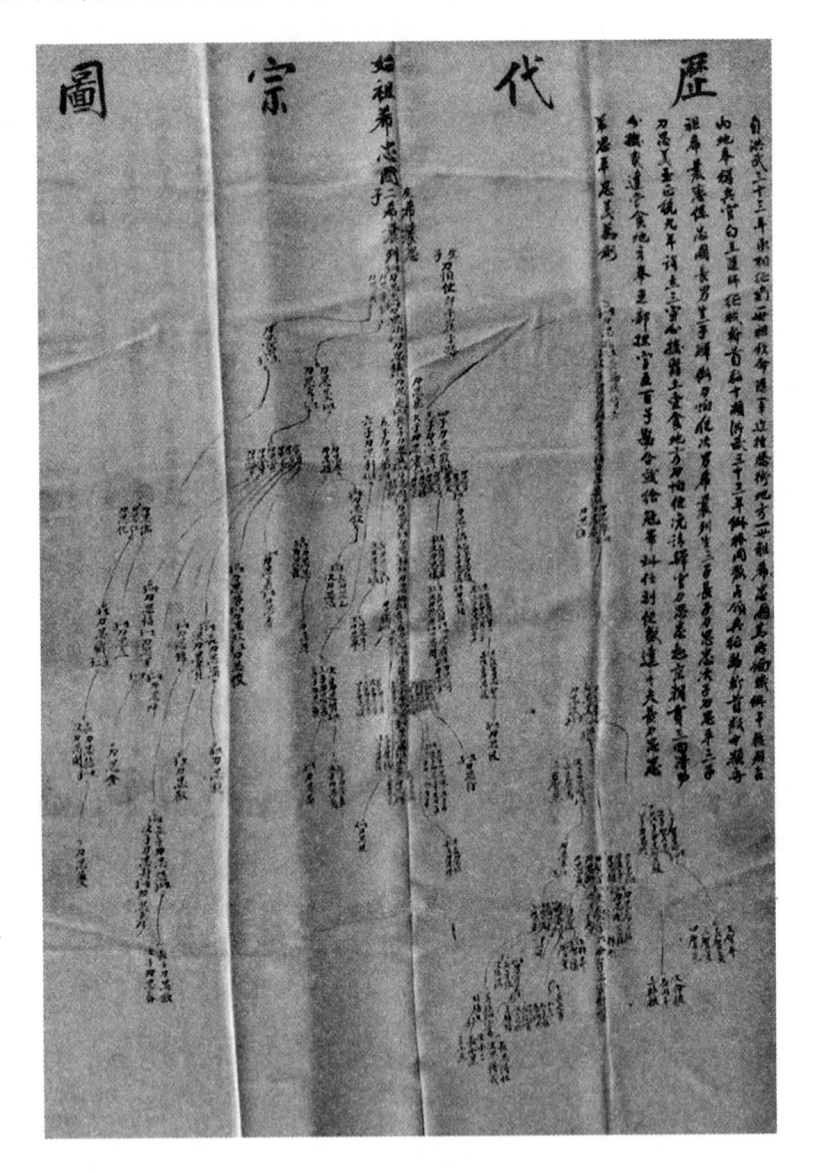

云南盈江县档案馆收藏的傣族《历代宗图》(2017年4月)

---

① 傅于尧:《盈江民族历史文物考察》(中),载德宏史志编委会办公室编《德宏史志资料》第十一集,德宏民族出版社,1988年,第14页。

刀氏家谱有好几种傣文写本和汉文写本，这份家谱初步确定系清同治年间所成，撰写人和译者不详。从抄写用纸看，为解放初期过录本，由吴治湘收存和提供。①

《孟氏家谱》，藏县档案馆，封面题"盏西孟氏祖籍顶辈宗图履历宗谱序"，首页为世系名氏简表，凡二十二世，二十六人。次载孟氏历代土司事迹，及祖籍、族姓源流。谱为清初始纂，后世续修而成。此本为解放初期孟守义据旧本续补之。此谱可窥见土官政权之兴衰，也可了解明清以来沿边民族地区史实。② 收集到的《孟氏家谱》汉文抄本共三种：一是德宏民族出版社孟成信提供的，系1982年过录1861年的抄本。据序所言，其底本来自一个年代较远的本子，记载世系止于明正统年间。另一种是盈江县县志办提供的，系光绪年间过录本，其底本初步确定为乾隆时抄本。第三种见《德宏史志资料》第十一集第171页。③

孟连县档案馆藏有一本《孟连宣抚史》，全书用傣文以诗歌体书写在84页缅纸上，约4000行。谱系中记载"笔者名字叫康朗岗允。孟连土司世系，皇帝世系者是刀派汉讲述的，他有记录本"，"这年属蛇，萨克历（傣历）1159年（1797）"。傣文谱牒一般都没有著者及成书年代，因此，这本谱系是较为罕见的。谱系内容包括从公元1404年到公元1797年共393年间20代孟连宣抚司土司世系、勐卯简况、孟连土司迁徙史、孟连大事记、杂记五个部分。值得注意的是谱系除载录孟连刀氏土司的历史发展情况外，还记录了傣历1158年（1796），札堵、札纳在澜沧江北岸率领傣族人民反抗土司、官府的起义。④

云南傣族分布较广，耿马、孟连、双江、景谷、景东、金平等地都有傣族，也有部分傣文谱牒文书。景谷县城大寨大佛寺主持尚召曾珍藏有一部详细记录景谷土司世系及其境内发生重大事件的《景谷土司世系》，可惜在"文革"中被有关部门收缴而丢失。后来在景谷偏僻小村益智区习俄发现了该世系的副本。世系的作者是曾在佛寺当过比丘而还俗的土司署官员占达洪昆，成书年代未写明，但从记录上看，当在雍正年间。谱系自洪武三十五年（1402）一世刀算党任威远州知州，止于雍正二年（1724）土知州刀光焕被革职流放，共记载322年间的景谷土司发展史。谱系内容由"召艾和召依""开拓者"共十个部分组成，涉及景谷土司的世系源流、功勋业绩、明清王朝在景谷傣族地区的设治经营情况及

---

① 傅于尧：《盈江民族历史文物考察》（中），载德宏史志编委会办公室编《德宏史志资料》第十一集，德宏民族出版社，1988年，第127页。
② 傅于尧：《盈江民族历史文物考察》（中），载德宏史志编委会办公室编《德宏史志资料》第十一集，德宏民族出版社，1988年，第171页。
③ 傅于尧：《盈江民族历史文物考察》（中），载德宏史志编委会办公室编《德宏史志资料》第十一集，德宏民族出版社，1988年，第142页。
④ 华林：《傣族历史档案研究》，民族出版社，2000年，第138页。

抗击外来入侵等诸多史实。①

曾在佛寺当过和尚、佛爷,还俗后在土司署任召法的勐勐后城人宋子皋,根据本人在司署担任召法时的笔录以傣文撰写了《勐勐土司世系》一书,世系追述勐勐土司的历史渊源于勐卯,一世祖罕甸带领部分傣族于傣历747年(1385)来到勐库、勐勐到25世罕富文于傣历1279年(1917)任职,约540余年勐勐土司发展历史。此谱还记录了勐卯素塔贡玛拉时代的历史,思汉法王族世系,明清王朝在边疆设治经营以及边疆土司政权状况,傣族与布朗族、佤族、拉祜族、汉族的关系等内容,谱系以诗歌体撰成,在追述土司世系过程中,还将傣族神话传说、男女对歌、礼仪民俗贯穿记录在书中,为研究双江、耿马等地傣族历史、民俗和文学提供了材料。②

西双版纳傣族地区的傣族土司家谱以傣文撰写者为多,德宏有其他内地傣族地区的傣族土司家谱由于汉文运用的普及,除部分用傣文撰写外,许多谱牒都以汉文形成。③

其他传世的傣族汉文家谱有《南甸土司世录》《芒市土司世系》《陇川多氏家谱》《盏达土司刀思氏家谱》《盏西孟氏祖籍顶辈宗图履历家谱序》《孟连土司历史》《耿马罕氏土司世系简谱》《干崖刀氏土司家谱》等。④

2001年10月,笔者在大理地区考察傣族时,意外见到洱源县三营乡阿允成家藏清代道光年间阿元善编修的《阿氏族谱》手抄本和原刻本,又见到大理市阿惟爱于20世纪末续修的族谱。笔者还同泰国学者素密·比迪帕、沙墨猜·攀素宛赴邓川旧州阿氏宗祠拍摄《邓川州土官知州五世墓表》碑和《郡侯阿氏世谱碑记》。阿氏傣族从元代由勐卯迁到威远(今景谷)再迁邓川700多年的历史从中清晰可辨。

阿氏远祖来自现今德宏鹿指麓川,即今云南省德宏傣族景颇族自治州的瑞丽、陇川、遮放及瑞丽江南岸一带和梁河部分地区,傣语叫勐卯。族谱说,阿氏远祖为刀哀(阿哀)。洪武十六年(1383),刀哀及其长子阿这、次子阿世英率羊塘里戍兵"投军效",协助都督沐英攻破佛光寨立功,刀哀"未封而卒",阿这和阿世英分别被授为邓川州知州、罗川土千户。二世祖阿子贤,因政绩卓著,檄摄大理府篆(知府)。六世祖阿骥,军功政绩卓著。七世祖阿国祯,历功受圣旨钦赏。⑤

---

① 华林:《傣族历史档案研究》,民族出版社,2000年,第137~138页。
② 华林:《傣族历史档案研究》,民族出版社,2000年,第138~139页。
③ 华林:《傣族历史档案研究》,民族出版社,2000年,第297页。
④ 华林:《傣族历史档案研究》,民族出版社,2000年,第298页。
⑤ 王国祥:《大理傣族追踪》,《云南社会科学》,2004年第3期。

4. 哈尼族

哈尼族及东南亚阿卡人的谱系由三大部分组成,即史前族谱、元祖族谱和胞族及家庭谱系。这些谱系的情况各异,带有明显的时代标志,是哈尼族各发展阶段的客观反映,各支谱系发展至今已平均历时五十七代,每代25年计,历时约1500年。哈尼族及东南亚阿卡人的谱系目前尚属流传于民间的口碑型资料。

(1) 史前族谱。指哈尼族及东南亚阿卡人尚未形成独立民族前的谱系。这一谱系被哈尼族祭师贝玛称为"神谱"。这一谱系目前传颂的有三种,三十代谱,十二代谱和九代谱。史前族谱的主要特点:1. 史前族谱在哈尼族雅尼支中流传的较完整、准确。2. 史前族谱带有一定的随意性。3. 史前族谱与其他谱系的显著不同还表现在:一是具有物候取名特征;二是出现了五字名和四字名,这在以后的谱系中不再出现;三是在三十代谱中出现了长段(共十一代)不连名,这与其他谱系连续父子连名显著不同。

(2) 元祖族谱。指哈尼族及东南亚阿卡人形成独立民族后的谱系,即哈尼族史前族谱的第一代"奔送"生了哈尼族元祖第一代"送米窝"后,至第十四代元祖"尊唐盘"这段谱系。元祖族谱的主要特点,名字均用三个字。元祖族谱属于单传。从目前掌握的资料来看,西双版纳、东南亚、元江县、红河县、元阳县、金平县六个地区使用的元祖族谱中,尚未发现分支。从族谱的意义上来讲,属于单传。

(3) 胞族谱系及家谱。哈尼族及东南亚阿卡人的第十四代元祖"尊唐盘"后形成七个胞族分支。胞族及家庭谱系的主要特点:1. 胞族谱系和家庭谱系是一个整体的两个组成部分。2. 进入家庭谱系后,哈尼族社会从胞族中深化出宗族,开始在社会生活中使用宗族号"阿谷"。3. 在家庭谱系中出现了父子连名断代。4. 胞族分支的元祖"尊唐盘"是深受哈尼族崇敬的历史人物。[1]

哈尼族连名谱系是哈尼人用顶真修辞法将神、鬼、自然物、民族英雄、祖先和自我排列起来的一个谱系。哈尼族连名谱系的作用在于,哈尼人被命名后认为自己就与神、自然物、民族英雄、祖先紧密联系在一起,自我将得到神和祖先的保佑。20世纪40年代,我国著名学者罗常培先生在研究我国南方民族时发现,在一些少数民族的家谱中普遍存在着将父亲名字的最后一个字或词与儿子名字的第一个字或词连接在一起从而形成一个长长的谱系现象。罗先生将之称为"父子连名制"。[2]

---

[1] 杨忠明:《哈尼族及东南亚阿卡人谱系初探》,《云南师范大学哲学社会科学学报》,1993年2月,第25卷第1期。
[2] 李少军:《哈尼族连名谱系的哲学解读》,《中央民族大学学报》(哲学社会科学版),2006年第1期。

哈尼族谱系还有元阳县麻栗寨李黑诸家的谱系、金平县金临乡高陇山家的谱系、西双版纳勐海南糯乡姑娘寨王姓家族谱系等。①

5. 纳西族

《杨氏家谱》，内有木坛写的《杨氏十世起缘记》："杨氏始祖，讳辉，楚人也。由湘至滇，由滇至丽，七传，皆以医道为专务。"清代杨氏家族中，先后被荐举为孝廉方正的有数人，科举、卓行、文学等方面也有影响较大的人物。杨本程（1799～1844），字道南，号毅山，由学府拔贡为刑部七品官，中式甲午科顺天府举人，官刑部主事。其子杨晒（1826～1868），据《丽郡诗征》记载："少在京都从戴均帆讲授，英年嗜学，取法乎上，工诗文。"杨元之（1850～1892），字用九，杨晒之子，是一个多才多艺的纳西族诗人。②

《木氏宦谱》共二册，现藏于云南省博物馆，丽江木氏后人所献。一册题为《玉龙山灵脚阳伯那木氏贤子孙大族谱》，共88页，长37厘米，宽24厘米，有明正德十一年（1516）永昌张志淳《木氏宦谱序》及明永历四年（1650）鹤庆梁之杰《木氏宦谱重叙》。另一册题为《木氏宦谱》，共63页，长45.5厘米，宽30.5厘米，有明嘉靖二十四年（1544）杨慎《木氏宦谱序》，及清道光二十一年（1841）陈钊镗《木氏宦谱后序》。《大族谱》是明正德年间丽江土知府阿秋阿公还未袭职时着手修撰的。阿秋阿公即木公，是明王朝赐姓后的第八代土知府。《宦谱》因系宗族谱牒，木家不轻易示人，据说解放前在滇西北一带活动的洛克曾出重金收买，为木氏族人拒绝，后又借势威胁，但遭受舆论谴责，这份材料才得以保存下来。《大族谱》开头是一首用汉文音译意译相混合的关于人类起源的诗歌，接着记载了属于神话传说的十二世，之后提到了木氏始祖叶古年及他后传十七世的秋阳，从秋阳又传至公元十八世纪初期的木钟，共三十七代。文中除叶古年前后二十余世空白外，都系用父子连名。《大族谱》勾画出了纳西族如何经历了几个社会发展阶段的轮廓。其中有以丽江坝子为中心的纳西族形成和发展的历史资料。③

6. 佤族

西盟佤族没有文字，但几乎家家都有家谱。在从前，几乎人人会背家谱。口耳相传的家谱，反映和记载着各个不同姓家族谱系的重要历史信息。西盟佤族的家谱，族谱父子连名，而且逆推反连，从现在一直背回到司岗里。西盟佤族的家谱，族谱是父子连名，

---

① 王清华：《哈尼族父子连名制谱系试探》，《云南社会科学》，1987年第2期。
② 赵银棠：《纳西人与杨氏家族》。
③ 王立政：《丽江纳西族木氏宦谱》，《民族文化》1983年第2期。

所以一般公认,从司岗里开始,西盟佤族就进入了父系氏族。①

7. 景颇族

《景颇族阎氏家谱》,盏西普关乡小崩董山寨景颇族阎永芳家珍藏,系汉文刻印本,一册二十一页。封面署"阎氏合族历代世系流源序"十一字,修于民国九年,为公元1981年10月27日刻印本。首载阎氏家族字派留言、赞世系诗一首、贺族长拟二联及家谱发起人题名,次为《阎氏合族历代世系流源序》《族规十条》及《阎氏合族历代祖宗世系表》共七个部分。明洪武十八年(1385),始祖虎山,系阳武县大槐树高克头上元人氏。为建云南事,蒙恩编充甲,从沐英国公征南。记至七世祖。② 此谱载《族规十条》,内容包括和睦宗族、孝弟忠信、族长权限、民事公诉、刑事纠纷、化合党派、信用图章、禁戒越控、招夫赘婿、族会朝宗。清季,其祖父阎迎春始居景颇山寨,与景颇族世为姻娅。③

8. 阿昌族

《明季诰封世守漕涧武节将军早陶墓志铭》,该墓志铭碑,实为明清漕涧阿昌族左土司的家谱,所以有些直写为漕涧左土司家谱碑。碑原立于云龙县漕涧镇仁山村左氏祖茔左陶墓,1958年该墓被毁,碑文藏在仁德村一户农民家。1988年文物普查时,笔者发现此碑并拓了拓片。碑为大理石质,分3块组合,共75行,正中行直书"明季诰封世守漕涧武节将军早公讳陶号国桢太祖老大人之墓",清道光十八年腾冲明光土司左大雄撰文,明光李德明书丹。民国二十三年左氏家族在重修祖茔时又重新刊刻。碑文记载了居住在云龙县境内的阿昌族左氏土司家族繁衍、分支迁移等情况,其中涉及了清朝后期发生在滇西一带的重大历史事件,是研究阿昌族历史和地方史的重要资料。④

9. 傈僳族

《傈僳族母比家谱》,载《大理丛书·族谱篇》卷三,记始祖至八世祖。⑤

10. 布依族

据刘达成《云南布依族源流及其文化、风俗》一文记载,罗平县和富源县的布依族是由三部分人组成。文中介绍了两县布依族家谱如八达河区乃格寨之吴氏家谱、乃格郎家

---

① 毕登程、隋嘎:《由隋嘎的族谱看西盟佤族进入父系社会的时间》,《思茅师范高等专科学校学报》,2007年第2期。
② 傅于尧:《盈江民族历史文物考察》(中),载德宏史志编委会办公室编《德宏史志资料》第十一集,德宏民族出版社,1988年,第156页。
③ 傅于尧:《盈江民族历史文物考察》(中),载德宏史志编委会办公室编《德宏史志资料》第十一集,德宏民族出版社,1988年,第171页。
④ 大理白族自治州白族文化研究所编:《大理丛书·族谱篇》卷二,云南民族出版社,2009年,第743页。
⑤ 大理白族自治州白族文化研究所编:《大理丛书·族谱篇》卷三,云南民族出版社,2009年,第1835页。

谱记载、今老厂公社吉白大队阿白吉寨和板桥公社长底大队之熊氏家谱等。①

11. 壮族

富宁县原壮族沈氏土司系土知州,从北宋随军入滇落籍富宁,历元明清三朝,计有20余任土司。《沈氏族谱草本》原本于清光绪二十八年(1902)至沈氏第二十二任土司沈定坤进,因改土归流问题,与流官发生武装冲突,在富宁皈朝随土司衙门一起被焚毁。清宣统二年(1910)沈氏第二十二代庶孙沈定贤追述、回忆族谱原本而成。1948年,沈氏第二十四代庶孙沈昆山在富宁皈朝根据沈氏墓地碑文校对《族谱》,并纠正了一些错漏。族谱由四个部分组成。第一部分是两篇序:一是1948年沈昆山校对族谱后所作的序,二是清宣统二年(1910)沈定贤所写的序。第二部分是沈氏第一代至第二十二代嫡系出任土司职(大宗)世系表。第三部分是沈氏第十九代至二十四代庶出各支(小宗)从清末至民国年间家道中落的情况。第四部分是民国年间沈氏族人祭祖上坟之事及沈氏第二十三代庶孙沈怀珍一家清末至民国年间的情况。明初沈氏土司家族原是汉族,后经过长期受壮族人民生活习俗影响,与当地壮人整合,成为壮族。②

三、少数民族家谱的特点

(一)载体方面的特点

1. 石碑谱牒。白族中的许多世家大姓常把家庭世系镌刻在石碑上,存立于宗祠内,从而形成了白族的宗祠世系碑。由于碑谱可以以垂永久,因而在纸谱已广泛使用后,仍有人另立碑谱。如纳西族木氏土司除纂有纸质《木氏宦谱》外,还另立《木氏历代宗谱碑》。③ 有的把谱牒碑竖于祖宗之坟山墓地。如剑川沙溪乡沙坪村《李氏族谱碑》、剑川金华镇南门《赵氏族谱碑》。也有的谱牒碑竖在白族旧式的家祠内,以凤仪一带为多。其中现存的凤仪《董氏族谱碑》最具代表性。碑文共4块,为大理石刻,每块约一平方米。各碑字体大小不一,均属楷书,记载了董氏门中1世至42世列祖列宗及其官阶职衔。大理喜洲《赵氏族谱》也曾抄录于49块石碑。现存积善邑《赵氏宗祠碑序》有一定参考价值。祥云《张氏家谱碑》主要记载了祥云大波那张氏沿革世系。剑川《施代家谱碑》刻于明末清初之际,现藏于剑川龙门邑施某家。④

---

① 刘达成:《云南布依族源流及其文化、风俗》,《民族文化》,1983年第1期。
② 马世雯:《富宁土知州沈氏族谱草本考释》,《云南民族学院学报》(哲学社会科学版),1999年3月,第16卷第2期。
③ 陈子丹:《少数民族谱牒档案探析》,《学术探索》,2004年第6期。
④ 杨艺:《现存白族谱牒档案述评》,《中央民族大学学报》(哲学社会科学版),2000年第3期。

董氏族谱为白族现存的较长族谱之一,以碑文形式记载,则是迄今发现最长者。藏于大理凤仪北汤天村董氏祠堂。碑文共四块,为大理石刻,每块约一平方米,较完整地记载了从董伽罗尤至今的四十二代人。第一块碑文,刻有"敕封阴阳燮理仙术神功天童国师仙胎始祖董公讳伽罗尤亚国夫人蒙氏位"。两旁名列第一至二十三世祖,第三十至三十五世祖,共二百名。末尾刻"系自唐宋元明裔孙董贤立"。董贤是二十四世祖,可见第三十至三十五世祖姓名为董贤之后增刻。北汤天《董氏本音略叙》认为董伽罗为阁罗凤军师,帮助阁罗凤打败了鲜于仲通和李宓。董伽罗辅佐段思平之事,在《南诏野史》中有详细的记载。第二块碑文,正中刻有"敕封伏魔卫正神通五密大我国师二十四世祖董公讳贤命妇淑人杨氏之位"。两旁列名为第二十五至三十六世祖共一百八十名。第三块碑文,正中刻有"敕命开国元勋顺应国师二十三世祖董公讳量之神位"。两旁列名为第三十七至四十世祖,共一百三十名。碑首刻"大清光绪十八年岁次壬辰荷月上浣吉旦"。第四块碑文,正中刻有"本音董氏门中内外老少宗亲神位"。两旁列名为第三十八至四十二世祖,共一百二十名。碑末刻"阖族孙等重立"。①

南涧彝族《左氏祠碑》在南涧县莫萦村,立于清光绪二十六年(1900),其形状似一家墓,上面镶有五块石碑,是居住在南涧县莫萦村、白达村、密底老村、小苴密村、必腊村、沙落村、亦古腊村及景东等地的左姓彝族建造。祠碑不但记载了居住在南涧、景东的左氏世系,而且还记载了巍山县左氏土司的世系。第一块碑为《左氏源流碑》,碑高62厘米,宽42厘米。第二块碑为《左氏历代宗亲远近高曾祖考妣之灵位》,碑高64厘米,宽38厘米,第三块碑为《左世宗族世系谱总图》,碑高62厘米,宽29厘米。第四块碑为《谨按世谱历有明箴迁移兹土者碑》,碑高62厘米,宽29厘米。第五块碑为《谨按世谱历有明箴迁移兹土者碑》,碑高64厘米,宽42厘米。②

彝文谱牒还有镌刻在石壁上的,如云南禄劝县法宜村边峭壁上遗存的武家凤氏土司于明景泰年初题撰的《罗婺贤代铭》即是。③

随着碑谱的广泛出现,其记事范围也逐渐扩大,不仅记载宗族人物世系,还记载宗族其他事迹。如武定彝族凤氏土司于明嘉靖年间题刻的《罗婺盛世铭》除记载凤氏从阿而到凤昭14代的谱系外,还记载了几次较大的征战实绩,以及四次大规模的祭祖活动的实况。由碑谱又逐渐演变成墓志。少数民族古代墓碑铭文(墓志铭)的基本体例是记载死

---

① 董国胜:《白族大姓凤仪董氏族谱碑研究》,《大理文化》,1984年第2期。
② 南涧彝族自治县彝学会:《南涧县氏居民族谱牒集》(一),2008年12月,第38~42页。
③ 华林:《彝文历史谱牒档案探析》,《思想战线》,1997年第3期。

者生平事迹及其家庭的世系源流,这客观上留下了死者家庭的简明谱系。① 这种墓碑铭文是我国少数民族谱牒的重要组成部分。(见下图)

云南大理市博物馆"碑林"收藏明碑"故善士赵公墓志铭"(2016 年 11 月)

2. 纸质谱牒。不仅有用汉文撰写的,也有用少数民族文字撰写的。因生成方式不同,可分为手写的、雕版印刷的、排印的。因记述范围不一样,又可分为仅记载宗族中分化出来的一个独立支派的人物世系和事迹的支谱和记载同一宗族人物世系和事迹的族谱。还有一些所记起止时间较短,代系延续不长,记事也较简单的小型家放着,如白族《云龙董氏家乘》、回族《马氏家乘》等。②

---

①② 陈子丹:《少数民族谱牒档案探析》,《学术探索》,2004 年第 6 期。

3. 少数民族还存在口述谱牒。《西南彝志》一书中说,彝族先民用他们擅长的诗歌形式传诵族谱,直到清代,罗甸水西热卧土目家的一位"慕史"(歌师)才第一次用彝文记下了他们的口述族谱,证明口述谱牒在我国少数民族中流传的广泛性。① 据《怒族社会历史调查》,怒族是一没有本民族文字的民族,他们的世系全靠口头记诵,有一位怒族老人能背诵出连续63代世系。② 原碧江匹河区普乐乡的怒族老人,直到1958年,仍能背诵六十四代的家谱,并称他们是在传到二十一代时从今天的兰坪县梅洛底地方搬迁到怒江峡谷的。③ 1992年7月,笔者作民族调查,亲耳听过怒江泸水县羅本卓乡托托村60多岁的怒江白族支系勒墨人阿泸仈讲述他祖宗辈17代人的历史。1956年,托托村的朵兮薄(主持祭祀的人)恒扒翁能口授出腊修子孙进怒江后的世系,共17代。1957年,金满村村民还能说出鸡氏族进怒江后的世系,共13代。据剑川一些白族老人回忆,解放前白族很多大家族都要求孩子背族谱,以致有的人成年后虽识字不多,却能背诵几十代的祖宗名讳。④

(二)内容方面的特点

1. 连名制族谱。云南的彝族、哈尼族、纳西族、白族、普米族、独龙族、景颇族、基诺族、怒族、拉祜族、佤族、布朗族等12个民族曾流行甚至保存着连名制的家族谱牒,它在形式上有母系型、父系型和混合型三大类。⑤ 母系型采用母子或母女连名的方式,父系型采用父子或父女连名的方式,混合型兼有母系和父系两种类型之中的所有连名方式。⑥

2. 少数民族谱牒不仅有用汉文撰写,也有用少数民族文字撰写的。汉文撰写的少数民族谱牒,又可分为汉文整理、汉字音写、汉译和汉文记载等多种形式。一个民族的同一部著作,往往有多种汉文表现形式,如侗族记载人类起源、祖公迁移和族寨条规的古诗《创世歌》,最早是一部口耳相传的吟诵古诗,后来《创世歌》有了用汉字记侗音的抄本,以后又有用汉文翻译、整理的译本。《北京图书馆藏家谱丛刊·民族卷》中收录的少数民族谱牒除《蒙古世系谱》和彝族三谱《杞彩顺宗谱》《杞绍兴宗谱》《张兴癸宗谱》是从民族文字译成汉文以外,其余都是用汉文撰写的。夏正寅编上述彝族三谱,原谱是彝文,后经夏氏在彝族巫师的帮助下录音记名,增加了汉文音译部分。⑦

---

① 陈子丹:《少数民族谱牒档案探析》,《学术探索》,2004年第6期。
② 陈子丹:《民族档案学专题研究》,云南大学出版社,2013年,第140页。
③ 茶琳:《云南怒江地区的少数民族源流》,《云南民族学院学报》(哲学社会科学版),1998年第3期。
④ 杨艺:《现存白族谱牒档案述评》,《中央民族大学学报》(哲学社会科学版),2000年第3期。
⑤ 陈子丹:《少数民族谱牒档案探析》,《学术探索》,2004年第6期。
⑥⑦ 郭盛:《我国少数民族谱牒文献的特点和类型》,《档案》,2008年第1期。

3. 白族历史上出现过为躲避杀身之祸、灭族之灾而改用姓氏的现象。白族段氏,其族谱表明,多为宋代大理国国王段思平及元代总管段平章的后裔。明初沐英、傅友德、蓝玉出兵西向大理,灭西洱河白蛮大姓,段氏王族首遭其害。为躲避满门抄斩之祸,段氏后裔隐于民间,有的改段为短姓,有的改为黄姓、李姓、张姓等。如阁洞塝段氏一度改姓为张,战乱后又复原姓段。喜洲镇市上街段姓改为张姓后,一直传承至今,但族内规定,本张姓不能与段姓通婚,原因是两姓原本同源一宗,同宗不通婚。关于白族段氏历史上改姓的现象,在不少段氏家谱、族谱中都有所反映。又如下关《龙关段氏族谱》中的段氏为宋代大理国国王、元代总管的后裔,该谱的一世祖由段氏改姓黄,名文。二世至十五世又复姓为段,此后该家族一部分人因十六世至十九世入赘吴家又改姓吴,另一部分则从二世起,至今一直姓段。①

四、西南少数民族家谱的价值

(一)西南少数民族家谱是研究云南地方史、民族史的重要史料

白族《段氏族谱》记载了大理段氏政权兴衰史,对研究古代西南边疆民族文化与中原的关系有参考价值。《高氏源流宗派图》记述了姚郡世守高家54代子孙的事迹,是研究大理国以及元明时期云南史事的重要史料。《木氏宦谱》记录了自元代至清初丽江土司木氏家族的世系,是研究纳西族历史和此一时期云南西北部史迹的珍贵史料。②

南诏国的建立及其王室的族属问题在史学界一直争论不休,后来有学者把彝文谱系与南诏父子连名制作比较,发现彝文谱系与南诏蒙氏谱系系谱方法相一致,有些谱系先祖名追溯到了南诏王室人物。这一材料为人们认识南诏族属打开了一扇窗口。拉古伯里等人声称南诏是泰人建立的国家,白族学者张锡禄用大量的白族家谱证明,1000多年来大理地区的主体居民是白族而不是泰人。③

《武定凤氏本末》,记述自南宋孝宗淳熙年间,罗婺部首领阿而至清乾隆末期约六百余年武定彝族凤氏土司的历史。所述宋、元至明嘉靖十二年(1533)凤氏之历代史事,多出自家乘之资料。第一,它全面记载了罗婺部由盛而衰的历史,为研究云南彝族史提供了具有代表性和典型性的资料。第二,它为我们研究武定彝族社会的封建领主制经济形态提供了系统的资料。第三,它为研究武定彝族地区的改土归流提供了系统的资料。第

---

① 颜晓云、陆家瑞:《白族姓名文化探微》,《云南社会科学》,1997年第5期。
②③ 陈子丹:《少数民族谱牒档案探析》,《学术探索》,2004年第6期。

四,它为研究汉族土建统治阶级的民族压迫剥削政策提供了具体的资料。①

彝文历史谱牒中最有价值的部分是对各彝族支系的迁徙发展历史的详细载录。彝族先民进入封建领主制社会后,在经济关系上开始实行租税制度。除此外,彝族群众所承受的沉重经济负担还体现在家族的重大祭祀活动和领主土司的各种红白喜事之中,这在彝文历史谱牒中均有详细的记录。彝族历史谱牒内容,涉及古代彝族社会历史发展的各个领域,是研究彝族先民的哲学思想、社会形态、政治制度、经济关系、民族源流和宗教民俗的文献资料。②

傣文谱牒对于研究历代封建王朝在傣族地区设治经营、傣族地区各阶层经济关系的发展演变,傣族土司行政区划、官员委任及各种礼仪制度,傣族地区内外战争,傣族地区南传上座部佛教传播,傣族地区法规制度的研究,均具有极高的价值。③

白族《董氏族谱》为现存白氏大姓家史中规模较大、内容丰富、保存较完善的一部。全书13卷,其中世次及支派共三卷,序述董姓自唐、宋迄元、明、清的世次及支派分布迁徙较详。该族谱卷七至卷十一《艺文志》五卷,其中有董氏族人著作及其他有关的敕谕和部宪颁给之文,特别是碑碣50篇,约五六万字。现碑碣已毁,文章赖此保存。这些都是研究地方民族历史包括政治、经济、文化、人口、婚姻、习俗、宗教等的重要资料。④

喜洲《赵氏族谱》存抄了49通碑,其中多数现原碑已毁,碑文赖家谱以存。重要的有元代《元故副相墓碑》,这是研究南诏大理史、元史不可多得的资料。这49块碑刻记述赵氏从唐代南诏和一直到元、明、清、民国初年的兴衰史,绝大多数史料不见正史及地方史所载,是研究白族的历史、宗教、民俗等的重要资料。

史城《董氏族谱》,该族谱卷十、卷十一记载了董氏的诗文、楹联。《赵氏族谱》有《赵公来五遗稿》,录其诗《绕三灵》略曰:"曲唱民家随口道,竹杖斜拖,歪挂葫芦小。一路打通真不老,霸王鞭向长街扫。野外催耕啼野鸟,一路笙歌,要到何时了。皮袄绸衫颠又倒,两旁笑煞男妆巧。"又录其《干旱祈雨》诗略曰:"戊寅之年六月六,禾焦苗槁人抑郁。五月初旬预雨来,下民原以为未足。"又录《夏日田家杂兴》等。⑤ 这些都是研究白族文学史的第一手资料。

---

① 何耀华:《武定凤氏本末笺证》,云南民族出版社,1986年,第7~14页。
② 华林:《彝文历史谱牒档案探析》,《思想战线》,1997年第3期。
③ 陈子丹:《民族档案学专题研究》,云南大学出版社2013年,第163页。
④ 《中国少数民族社会历史调查资料丛刊》修订编辑委员会编:《白族社会历史调查》(四),民族出版社,2009年,第23页。
⑤ 大理白族自治州白族文化研究所编:《大理丛书·族谱篇》卷四,云南民族出版社,2009年,第2030页。

（二）是研究少数民族家族、家谱的重要资料

少数民族谱牒档案不仅记载族源族史、本宗族世系和重要人物事迹，还记载与宗族有关的重大活动及事件及家训家规。如瑶族谱牒把宗族村寨图、山场图、墓图作为入谱记载的重要内容，即有谱必有图，用图形列表各村寨、山场、坟墓的地名和四至范围。①

史城《董氏族谱》卷九《艺文》有《杨士云传》：杨士云，号宏山，太和人，正德丁丑进士，以文望改庶吉士，后授给事中。后"绝意仕进，归来，坐一小楼，左右图书……有侍御以同年过访，仅留一粥，欲登其书楼则不许。有'千秋人物欣相仰，七尺书楼未易攀'之句"。②另有杨慎等人《题宏山公七尺书楼联》。督学胡仰斋云："百年人物忻相仰，七尺书楼未许攀。同邑进士杨鸿渐云：七尺书楼遗翰墨，一枝兰尊锁春风。"嘉庆年间同邑翰林院庶吉士李蟠根云："谏院矢忠贞，奏疏能格君心，所恨宦寺弄权，咫尺间志阻君门万里；书楼研性命，著作有关圣道，不仅乡贤崇祀，百年后名标圣学宗传。"③卷十《艺文》有董正官《怀给谏杨宏山先生》："坚坐书楼数十年，□来山寺访林泉。先生冰雪清机透，贱子风尘俗虑牵。"④卷十三《杂志》有《七尺书楼》："在史城大界北，明宏山公读书处，名人题咏颇多，日久就圮，后人重为修葺矣。"⑤

白族的家谱、族谱，从种类上说有族谱，有家谱，有家乘，有编录某家族诗文著述的。其装帧形式有蝴蝶装、经折装、线装，版本有手抄本、石印本。史城《董氏族谱》，分卷首及卷一至卷十三，凡十四卷。卷首载十四篇序，卷一至卷六分述世系、世次、世谱、世图。卷七至卷十一，分载敕谕之文、部宪之文、备考之文、著述之文及诗联、赠文等。卷十二、十三两卷，分载名录、杂志及后跋等文。这些均是值得我们从家谱的版本、编纂及体例方面进行研究的宝贵资料。

少数民族家谱中所记载的家训家规，作为少数民族的文化遗产，也值得进行整理研究。史城《董氏族谱》卷一载《祖训》："礼义廉耻，谨言慎行。读书明道，克念作圣。勤力务本，守己安分。外睦乡邻，内肃家政。树德务滋，除恶务尽。毋为财痴，毋为酒困。寡过修身，必有余庆。倘有不肖，悖逆不顺。"⑥《武陵谷姓族谱》载《先训》，一为《律身》，二为《治家》，三为《应务》。如《律身》讲道："人生总要学好样，行好事：忠厚居心，勤俭治

---

① 陈子丹：《少数民族谱牒档案探析》，《学术探索》，2004年第6期。
② 大理白族自治州白族文化研究所编：《大理丛书·族谱篇》卷五，云南民族出版社，2009年，第2908页。
③ 大理白族自治州白族文化研究所编：《大理丛书·族谱篇》卷五，云南民族出版社，2009年，第2924页。
④ 大理白族自治州白族文化研究所编：《大理丛书·族谱篇》卷五，云南民族出版社，2009年，第2946页。
⑤ 大理白族自治州白族文化研究所编：《大理丛书·族谱篇》卷五，云南民族出版社，2009年，第2971页。
⑥ 大理白族自治州白族文化研究所编：《大理丛书·族谱篇》卷五，云南民族出版社，2009年，第2715页。

家,谦恭处世,礼义廉耻不失。即不显达,亦可为父母肖子、国家良民。"[1]"天下之财,莫不有一定之数。义所当得,不求亦得,义不当得,求亦不得。人岂可不揆义命,贪营汩没,以自堕丧节行哉!"[2]《蒙化左族家谱》纂修于清乾隆五十八年(1793):谱规十条:一曰敦孝友,二曰励廉耻,三曰谨婚姻,四曰世先业,五曰矢忠义,六曰省先茔,七曰时祭祀,八曰崇节俭,九曰禁非义,十曰开自新。[3]

祠堂,是朝拜祖先、家族议事的场所,在家族中居非常神圣的地位。祠堂也是家谱的重要组成部分,在家谱中居重要位置。[4] 大理史城《董氏族谱》有《宗祠图》。[5]《蒙化左族家谱》记载有《祠堂规制》,如记祭祀议节,就讲到"诣香案前跪,上香,酹酒,俯伏。兴,复位。子孙皆跪,读祝文,俯伏,兴。行亚献礼,诸神位前跪,祭酒,奠酒,进饭,进羹,俯伏,兴,复位"。[6]

在少数民族家谱的收藏方面,也有大量资料值得进行整理。如彝文谱册一般用麻布、棉布或硬纸皮做封面。谱牒要放进特制的木盒里珍藏。如云南峨山县岔河区安基乡玉福村彝族施嘉武家祖传有一份古彝文《施氏宗谱》,收藏在一个用马樱花木制成的祖筒木盒里。[7]

(作者单位:云南省图书馆)

---

[1] 《大理丛书·族谱篇》卷二,云南民族出版社,2009年,第1149页。
[2] 《大理丛书·族谱篇》卷二,云南民族出版社,2009年,第1150页。
[3] 大理白族自治州彝学会编:《中国彝族谱牒选编·大理卷》,云南民族出版社,2008年,第163~165页。
[4] 王鹤鸣:《中国家谱通论》,上海古籍出版社,2010年,第324页。
[5] 大理白族自治州白族文化研究所编:《大理丛书·族谱篇》卷五,云南民族出版社,2009年,第2839页。
[6] 大理白族自治州彝学会编:《中国彝族谱牒选编·大理卷》,云南民族出版社,2008年,第199页。
[7] 华林:《彝文历史谱牒档案探析》,《思想战线》,1997年第3期。

神秘的藏寨　原始的谱系

——四川黑水县色尔古藏寨藏族"猪下颌骨"家谱简介

张　杰

色尔古藏寨是座神秘的军事要寨，千百年来，藏寨族人深受以藏传佛教为主流的嘉绒藏文化的熏陶，创造了在门楣悬挂猪下颌骨的方式来表达尊崇祖先、世系传承的文化习俗，这种独特的"猪下颌骨家谱"，为中国原始家谱类型增添了新的品种。

一、神秘的军事要寨

色尔古藏寨位于青藏高原的东南边，横断山脉中段的四川黑水县境内，寨子依山而建，远远望去只能看见与山同色的寨子轮廓，是一个险要的军事要寨。

色尔古藏寨是岷江上游最早有文字记载的村落，汉史将她早期的形象定格在古蚕陵县那遥远的过去（西汉元鼎年置蚕陵县，治今四川省茂县北叠溪，因蚕陵山为名。西汉属蜀郡，三国蜀汉、西晋属汶山郡。元康八年废），色尔古藏寨属西汉蜀郡蚕陵县管辖。1933年发生松潘大地震，古蚕陵县城永远地沉静在叠溪海子的岷水中，黑水县色尔古藏寨成为旁证古蚕陵县存在的唯一所在。

色尔古这个名字充满野性的诱惑。在当地语言中，"色尔"即豹子，"古"是狼的意思。传说，很久很久以前，这里森林茂密，野兽出没，因此得名色尔古。

色尔古藏寨耸立在山脊的尾部，分上寨、下寨和娃娃寨三个小寨子。

在色尔古随处可见的白色石头堆砌屋顶、门楣、窗楣。这些白色的石头从色尔古祖先最早进入这个地区便镶嵌在寨子的房屋上。相传色尔古的祖先在进入这一区域时常常受到其他部落的侵扰，有一天晚上，寨中人同时做了一个梦，梦见有一个老者告诉他们用白色的石头击退入侵者。梦醒后人们照着梦中老者的说法果真击败了侵扰者，捍卫住了家园，从此白色的石头代表着居住权的符号，就这样镶嵌在房屋的屋顶、窗檐、门楣上。

色尔古藏寨是一个全体村民皆兵的防御性村寨，藏寨依山修建，居高临下，为碉楼式，用片石和黄泥调浆砌墙，基础坚固且冬暖夏凉。幽深、古朴的水渠是当时抵御外敌的安全通道和打击敌人的重要条件，形成了坚不可摧的防御体系。其房屋建筑似八卦迷宫,暗道和空中防御——战争防御的建筑格局,四通八达。

暗道,隐藏在房屋的转角处和房屋中。很多时候走在寨子的巷道中,突然之间就迷了路,闹不清前面的转角是路口还是哪一人家的大门,跨进一扇门进的却不是哪一户人家,而是一条长长的暗道,有的暗道里还有不少分路口。加上地形的复杂就更让人对暗道望而生畏。

空中防御体系最突出的要数娃娃寨,整个寨子的屋顶连在一块,无论上到那一家的屋顶都能将全寨走完。从地上到天上,真可谓是天罗地网。

以藏寨土司的家为例,这是一座保存了1300多年完好无损的老房子,整个建筑似迷魂阵般的布局。土司家计五层,一层是喂牲口的地方,二楼酒坊,三楼为奴隶娃子居住的地方,四楼为土司子孙居住的地方,五楼为土司居住的地方。土司家共有18道出口,就像一个微缩的迷魂阵,令人想到人们与入侵者周旋的情景。

这样的建筑格局是由自然环境和频繁发生战争的形势决定的。色尔古藏寨是个以农业为主的村落,土地贫瘠而狭窄,而战事频繁。在选择修房造屋时,人们首先考虑的是水源,其次才是地势的险要,这两个条件在色尔古祖先刚来到这里的时候就已选定好了。将房屋修在山坡上,一则防止山洪的侵袭,二则节约土地,三则地势的险要便于防御。可见,人们在有限的土地上最大限度地使用着自然提供给的资源。

在农耕社会,粮仓在房屋中总是占据着重要的位置。这里的粮仓人们用原木修筑成一个四方形的大房间,镶嵌在房屋的楼顶或是巷道的入口。整个粮仓不用一颗钉子,整齐的木材横线重叠在一起,形成一堵一堵的木墙,仓门藏在自家最隐蔽的地方。

色尔古每家每户的粮仓,在今天看来无疑是建筑中一道亮丽的风景,而在过去,它那置之死地而后生的建筑总让人心有余悸。大开大合的建造彰显着色尔古人的自信,自信有能力捍卫自己的粮食。而另一层意思更让人肃然起敬,为了不让这维系生存的粮食在战火中被烧毁,粮仓就在房屋最显眼的位置,让人一目了然:这就是粮仓! 这就是粮食! 仗怎么打都可以,不要毁坏粮仓,否则对交战双方都不是好的结局。留下它,大家都可以存活。

在色尔古,常常可见在地上用片石立起的一条条分界线。刻意的摆放、随意的线条让人很难轻易地忽视它的存在。而这一存在对色尔古人来说藏着一个不大不小的含义,那就是私人领地的划分,像这样划分地盘的方式,也许只有色尔古。色尔古的房子都是依山而建,山势怎么长房子就怎么修,从外形上看很难分出那房子是哪一家的。于是,一种简明的划分方式就这样被运用而且约定俗成了。

家门口挂着鸡蛋壳,表示这家有不足月的新生儿,这个风俗已经流传了很久。在早期的战争中,交战双方达成协议:不得伤害婴儿,标志就是门口挂的鸡蛋壳。战败者的代价是沦为奴隶,骄傲的胜利者赏赐给他们生的权利,这样的岁月对一个刚刚出生的婴儿来说,虽然一来到这个世上就要接受这样的现实,但毕竟他存活了下来,延续着这个家族的血脉。

现在,挂鸡蛋壳的习俗仅仅表示这户人家有喜庆的事情,在这期间请外人不要打扰这个刚刚出生的生命。

古今同样的信号,过去是求生存的妥协,今天是对生命的尊重。

二、嘉绒藏文化的村落

黑水县色尔古藏寨位于藏、羌、汉三个民族的交叉地带。公元689年,唐王朝在色尔古设置了悉州府和左封县两个建置的政权机构,并修筑了州府。719年,唐朝在色尔古建置左封县守提,驻兵500人。768年,在与吐蕃的长期拉锯战中,州城被吐蕃攻陷,色尔古进入藏文化的融合阶段。元朝时期色尔古属于叠溪千户管辖。从明朝开始,色尔古进入土司统治时期,白石文化与嘉绒文化的大融合拉开序幕。土司的统治由明朝的杂谷土司至清朝的梭磨土司,色尔古深受处于强势地位的藏文化的辐射和熏陶。到了20世纪30年代,在文化的冲突与融合中,色尔古形成了鲜明独特的以藏传佛教为主流的嘉绒藏文化气质与风貌,被誉为"中国嘉绒藏族第一寨"和"藏羌汉文化交融的活化石"。

嘉绒在四川阿坝州内金川、小金、马尔康、理县、黑水和汶川部分地区,以及甘孜州、雅安地区、凉山州等地,居住着讲藏语方言嘉绒话、并以农业生产为主的藏族,为嘉绒藏民。据汉文史料记载,古代生息、活动于今阿坝州境地区东南部河谷一带,称之为"嘉良夷"(嘉梁)等部落,为这一地区的土著先民,藏区称这地区的藏民为"绒巴"(农区人)。

嘉绒人一直到1954年都被认为是一个独立民族,从民国初年到1953年前的文献都将嘉绒地区的民族称为"嘉绒族"。新中国建国后第一次全国人民代表大会前,国家对全国各民族进行识别,从地域、文化、历史渊源、血统、语言和宗教诸多方面考证调查,识别出原"嘉绒族"其实是古老藏族的一支系。1954年在第一次全国人民代表大会上宣布将"嘉绒族"识别为藏族,从此,为方便称呼便叫称"嘉绒藏族",正如世居康巴地区的叫"康巴藏族",世居安多地区的就叫"安多藏族"。

现在,就让那些岁月凝成的有如星星散落的文化符号,引领我们走进"嘉绒藏族"色尔古人神共舞的神秘世界。

寨子的后山上，两个隔沟相望的山头上，分别有一个寺庙。寨中人称左边山头上的寺庙为男庙，右边山头的寺庙为女庙，女庙位置高于男庙。左边山头上除了一座寺庙，光秃秃的什么都没有；右边山头上除了寺庙，庙门口还有一棵繁茂的树，传说是左边山头上的男庙送给女庙的发簪。寨子里的人讲，谁家想生儿子的就到男庙去祈求，想生女儿的人就到女庙里祈求，两个寺庙的香火都很旺。除了祈求得到自己意愿中的儿女，寨子里的人们大小事情都要到寺庙里祈祷。

色尔古藏寨因历史原因，传承着古老的母系社会文化，实行的是走婚制，重女轻男。在色尔古藏寨，男女婚后男方一般是居住在女方家庭，直到第二个孩子出生才正式搬回男方家里。

受藏传佛教为主流的嘉绒藏文化熏陶，色尔古藏寨族人有着万物有灵和人死后灵魂能上天的信仰。

色尔古藏寨中有块接引石，这是寨中人死后灵魂升天的地方。看上去，这是块很普通的大石头。接引石突兀的坐落在一处高地，火葬场到接引石只有几百米远，一高一低遥遥相望，石头两边修建的房屋将石头夹在一个通道中。通道一面对着寨子的火葬场，一面对着苍天，接引石犹如一个莲台连接着天与地。

当寨子族人去世后，亲人们要在火葬场为他举行一场隆重的仪式，然后将灵魂送上最后一程——从火葬场到接引石。这几百米隔出了两个截然不同的世界，接着天与地的思绪，期望去世族人那交融着痛与快乐的灵魂，能在天国安宁地栖息。

黑水县色尔古藏寨也是十一世大宝法王转世的地方，大宝法王是西藏历史上四大法王之一，而且达赖和班禅圆寂后，只有大宝法王才能认证转世灵童，他是藏传佛教中白教的精神领袖，也是21世纪佛教重要的世界精神领袖之一。传说在大宝法王转世时，黑水县色尔古藏寨天空中出现彩虹直接进入这个家中，天空中并降下很多莲花，莲花岛出现水莲花，色尔古藏寨大山中弥漫着海螺的声音。

三、原始的猪下颌骨家谱

黑水县色尔古藏寨全寨157户人家，590多口人。其祖先大部分来自西藏。

嘉绒地区黑水县解放前的地方土官常说自己的祖先来自西藏，汶川县、金川县、雅安地区宝兴县境的土司等都有渊源于西藏的族谱记载。公元5~6世纪时，嘉绒地区人户很少；7世纪初叶，松赞干布统一了吐蕃，嘉绒地区也统一于吐蕃之中。《安多政教史》载：嘉绒地区的人种大部分是吐蕃法王（按：指松赞干布）安置在唐蕃边境驻军的传人。

据色尔古藏寨土司 38 代传人白金特介绍，他的祖先就是从西藏阿里地区迁来的，至今已一千多年。

中华民族各族人民都有尊崇祖先、寻根问祖、牢记世系传承的文化传统，并通过记载本家族世系、人物事迹的历史图籍或反映本家族世系传承的各种原始实物载体将这种尊崇祖先的情感表达出来，前者如书本家谱、谱单等，后者如结绳记载本家族世系的结绳家谱、将本家族世系镌刻在龟甲、兽骨上的甲骨家谱等。

生活在色尔古藏寨的嘉绒藏人以什么方式来表达自己尊崇祖先、牢记世系传承的情感呢？挂在门楣上首的猪下颌骨！色尔古藏寨藏人称之为"年轮"。

据调查，色尔古藏寨的嘉绒藏人都有在门楣顶上悬挂猪下颌骨的文化习俗。色尔古藏寨 150 多户人家中，就有数十家门楣上首挂有猪下颌骨，其中有些人家因地震损毁了房屋门楣上悬挂的猪下颌骨没有重新安置，至今还有 16 家挂有猪下颌骨。一块猪下颌骨代表一代，门首上挂几块猪下颌骨，表示本家族世系传承已达多少代。这些猪下颌骨必须是没阉割过的公猪，表明尽管色尔古藏寨嘉绒藏人生活习俗中尚有一些母系氏族社会的遗留痕迹，但社会生活中男子已占据了主导地位。

色尔古藏寨中历史上较有地位的土司、头人等，其门楣上首一般都挂有猪下颌骨。

白金特今年 45 岁，他是色尔古藏寨土司的后人，他家门楣上首共悬挂两排共 38 块猪下颌骨，已被烟熏得看不出本来的模样，旁边放有几块能看得出颜色的猪下颌骨，是近百年悬挂上去的。38 块猪下颌骨，表明他家族从西藏阿里地区迁到色尔古藏寨已有 38 代，已经一千多年，他是家族第 38 代传人。

白英钢的祖先是色尔古藏寨的头人，他家大门上首挂有 6 块猪下颌骨，表明他家族可记忆的世系已有 6 代，他是家族第 6 代传人。

每年除夕、春节，各家族都要在门首挂猪下颌骨的地方贡物上香祭祖。

这猪下颌骨不是自己想挂上去就能挂上去的，必须新一代的传承人结婚以后，并由这个家庭的当家人主持隆重的仪式，才能正式悬挂上去。据白金特介绍，他的儿子白明富（尕让）大学毕业后回色尔古藏寨发展事业，待白明富结婚后，要举行隆重的悬挂第 39 块猪下颌骨仪式，诸亲好友参加祝贺，白明富成为家族第 39 代传承人。

猪曾是狩猎的对象，后来又成为饲养的对象，是我国古人的重要食物。生活在色尔古藏寨的嘉绒藏人以悬挂猪下颌骨的方式来表达自己尊崇祖先、牢记世系的情感，反映了古代色尔古藏寨嘉绒藏人对猪的神化与崇拜。

家谱是记载家族世系传承的载体，色尔古藏寨的嘉绒藏人以悬挂猪下颌骨的方式来反映本家族的世系传承,因此,这种悬挂的猪下颌骨我们可以称其为"猪下颌骨家谱"。色尔古藏寨嘉绒藏人独创的这种"猪下颌骨家谱",为我国原始家谱类别增添了一个新的品种。

事物是不断前进的,色尔古藏寨藏人表达尊崇祖先、牢记世系的形式也不断向前发展。以藏寨王青波(南卡)家为例,他家原在门楣上首挂有5块猪下颌骨,但在地震中损毁了,于是他新创以石碑刻字的方式来记载自己家族的世系,世系姓名等内容更具体详细,较之"猪下颌骨家谱",显然大大前进了一步。我们相信,不久的将来,一定会在色尔古藏寨诞生用文字记载本家族世系、人物事迹的书本式家谱。

四、老者——口传文化的传承人

色尔古藏寨没有文字,所有的文化全部来自老人们口口相传,至今已有千年历史。这里的人们都非常尊重老者,在他们看来,尊重老者就是尊重知识和智慧。一个老者就是一本活的百科全书,老者是色尔古不能用任何量化单位来表示的财富。从牙牙学语、蹒跚走路开始,老者的教学渗透在孩子成长的每一个转角处。老者的智慧,从歌声中,从生产劳动中,从生活细节中,一点一滴地承传给后辈子孙。

80岁的恩波扎西,现在是村里最年长的口传文化传承人。

村里的人都知道,吹奏什布里是恩波扎西的拿手好戏。尽管已经年过八旬,这位老者依旧神采奕奕,能够一口气吹2分钟。(见下页图)

什布里是一种乐器,是一种流传了千年的古老声音。当地人对这种乐器的描述是:清凉的音质中,即使是快乐的曲调也夹着丝丝苍茫的悠远情怀。寨中只有男子才吹奏什布里,女人吹口弦。

什布里取两根高山油竹,削成两个方形长管,长约20多公分,将两管并列,在双管等距处开双排六孔,管头各插入一个精制而成的竹舌簧发音管,管身用丝线缠绕固定。吹奏时用鼓腮换气法持笛斜吹,音色明亮。

色尔古的什布里有三种常见的调子:一是离别远行,一是情人相见,一是相互倾诉。还有一种是不常吹奏的,但却响起在最重要的场合,那便是在见女方的父母时才吹奏的答谢曲,感谢岳父岳母对心爱女人的养育之情,今后她就将成为自己的女人了。

古代寨中男子出征临行之时,和妻儿分别,跳起伤感悲壮的舞蹈——"卡斯达温"。这时,出征男子面对自己心爱的女人,一边唱着歌,一边跺脚、摆动臂膀。手和着歌声的节奏有力地舞动,脚踢蹬着大地咚咚作响,互诵的歌声悲壮而凄迷,一唱一和全是离愁别

四川黑水县色尔古藏寨口传文化传承人恩波扎西

恨：你走了，我每天都会想到你。你要打胜仗回来呀，我在家里种庄稼，等你回来过安宁的生活。

"纳玛"是寨中一种歌调的名称，这是在祝福的时候才唱的歌曲，曲调都一样，歌词可以随发生的事情自由改动。寨中的人总是在家里有喜事的时候准备好咂酒请人们为自家唱一首"纳玛"——我的咂酒为你而开坛，酒香飘进你的家。喝上一口我的诚意吧，请把你的祝福送给我。打开你的歌喉唱上一首纳玛。

唱"纳玛"总要在喜事主家开口请求后，人们才会献上这珍贵的祝福。

寨子还有"沙尔普及"舞，当地人称之为"虎皮游寨"。这个舞蹈反映的是一群青年猎手狩虎归来，将猎取的老虎皮挂在一根木棒上，众猎手举着这根木棒到处去游村窜寨的情景。猎手们有节奏地、整齐地喊着"哈——呵——"。到一个寨子后,猎手们取下虎皮,将一个主要猎手放在虎皮上抛向空中,一阵狂呼后,猎手们又举着木棒向另一个寨子走去……

(作者单位:黑水县旅游局)

彝族谱牒的史学研究价值

普珍（彝族）

谱牒是记述氏族、宗族世系和家传的书籍，谱牒之学可上溯至氏族之初。谱牒的发展在我国由来已久，氏族世系最初是借助氏族成员口头背诵的方式得以记忆和传承。文字产生以后，谱牒也通过文字记载得以传承收藏。通常被称为谱牒的文献主要有三种形式：一是氏族系谱；二是宗族族谱；三是名人家传。由于中国社会一直以家族为中心，因而族谱一类的记录，在中国产生得很早。我国谱牒之书，早在周朝就有了。[1] 在先秦时代，只有王公贵族才有谱牒并以此作为他们世袭财产与特权的依据，秦始皇一统中国之后，谱牒不再是世袭贵族的专利，一般的豪族也开始修谱，但尚未成风。东汉以后，由于门第势力的兴起和门阀制度的确立，诸多豪杰之家已十分看重兴修单姓谱，谱牒之学盛极一时。唐代及其以前，修谱还只限于世族大姓，其族谱我们也只能从《史记》《汉书》《世说新语》《唐书》等古籍中看出一点大概情形；唐代以后，由于唐代统治者对世族大姓的抑制和唐末农民战争的打击，传统的世族大姓势力逐渐消亡。因此，从宋代开始，族谱从贵族之家进入到了寻常百姓家，历经元、明、清，特别是明清之时族谱、家谱已是汗牛充栋，直到现在一般百姓都有自己的族谱。目前仅存于北京图书馆者，即有数千种之多，若是再把其他图书馆和私人所藏以及国外收藏统计在内，数量将更为可观。与汉籍存世谱牒形成互补的是彝族谱牒，由于彝族社会历史发展不平衡，直到解放前，滇、川凉山彝族还处在父系氏族奴隶制的发展阶段，而滇、黔绝大部分彝族已进入封建社会实行地主制，仅有极少部分还残留封建领主制。因此，彝族谱牒多类并存，时至今日在彝文古籍和口碑文献中仍保留着数量不等的氏族系谱、宗族族谱和名人家传，尤其是氏族系谱正可弥补中国谱牒之缺憾。这是一笔宝贵的文化遗产，其中具有史学研究的重要价值，有待我们去珍视、去发掘、去研究。

---

[1] 杨知勇：《中国文化与家族主义》，云南大学出版社，2000年。

一、氏族系谱

氏族是人类最初的社会形式，人类学关于氏族的定义，是指源出于同一祖先的具有共同血缘关系的人们所构成的人类群体。① 由于氏族社会初期的婚姻制度是群婚制，一个人生下来之后自然就只知其母不知其父，这就决定了在氏族社会的初期，只是母亲一系的世系是可以确定的，因此，初期的氏族集团必定是由母系的血缘关系联结而成的，这就是所谓母系氏族。人类由原始母系氏族向父系氏族过渡的情况，由于历时悠远已成历史陈迹，但如果我们运用凉山彝族现存氏族系谱的活史料，便有助于人们对这一问题的理解和探查。

凉山彝族是一个沿用和尚存氏族系谱的民族，背诵本氏族的系谱，是滇、川凉山彝族社会生活中最明显的一个特点。按传统习惯凉山彝族男子自幼便开始练习熟诵父子连名系谱，并能滔滔不绝地背诵数十代祖先的名字。一旦具备了这个条件，就为立足社会提供了诸多便利，这正如凉山彝谚所说："走遍氏族（习称家支）的地方，可以不带干粮；依靠氏族，三代人都平安。"由此可知，凉山彝族的父子连名系谱在他们的社会生活中，具有何等重要的意义，因而了解彝族的氏族系谱，对于研究其社会历史渊源，则是入门问津的一条通道。彝语称系谱为"搓茨"，意思是人或人名的连续或绵延，这种系谱的特征是：父名的末一个或两个乃至三个音节置于子名之前。例如，凉山什列氏族的系谱形式如下："什列氏族嘛，先从都木始，后从古候分。候祖木阿乌，木阿乌是一，乌罗罗是二，罗罗摩是三，罗摩布亚四，布亚史拉五，史拉古候六，古候尼恩七……"② 凉山彝族追溯其系谱，各氏族多上至古候、曲涅，乃至共祖"阿普都木"。通常认为，凉山彝族系谱在古候、曲涅之前和之后，都是父子连名，其实不然。仅从古候之前四代"罗罗摩"一名来考察，可以看到它深具历史学和民族学的学术意义。特别值得留意的是，系谱中的"罗罗摩"之"摩"，是一个至关重要的词，因为在彝语里它是表示女性的词，非常明显系谱中反映出了与母系时期有关的历史现象，然而在有的氏族系谱里，则把这个"摩"（或写作"木"）的字音遗漏了。之所以把古候、曲涅前后的系谱全看作是父子连名，这是由于当其父权制巩固之后，人们习惯于用父权的观念去看历史，认为人类自远古以来就是父权、父系，便把母系、母权都遗忘了，以致把表征母系的母女连名也看作是父子连名了。因此，借助凉山彝族氏

---

① 刘宗迪：《姓氏名号面面观》，齐鲁书社，2000年。
② 什列·伍合尔基：《凉山彝族系谱的民族学意义》，《彝族文化》，1987年。

族系谱辨析男女始祖之连名,确实有助于说明其早先母系氏族世系的一点情况。

依据和运用彝族系谱,研究并论证南诏王室族源归属问题,这是云南彝族父子连名系谱的又一重要价值之一——对此,刘尧汉先生作出了有益的尝试。南诏统治者蒙氏家族于7、8世纪间,在云南曾建立过强盛的民族国家"南诏国"(即南诏大蒙国),由其开国君主细奴逻起至舜化贞灭国止,历经十三主,共253年(649~902)。然而,南诏统治者蒙氏族属在学界久悬不决,争论颇多,其中尤以"泰族说""彝族说"备受关注。基于此,为解决南诏统治者蒙氏家族的民族成分问题,20世纪50年代初期,受中央民族学院研究部西南民族研究室的派遣,青年刘尧汉深入到南诏开国君主细奴逻的故乡——蒙化(今巍山县)及至周边哀牢山域进行实地考察,并幸获南诏统治者蒙氏家族后裔的三份父子连名宗谱。这三份宗谱由彝文书写而成,是附在清代夏正寅氏(清代贡生)所著《哀牢夷雄列传》手稿之末。夏氏正是依据张兴癸、杞绍兴、杞采顺这三人的宗谱,分别在其传中追溯他们的祖先由统治者流为平民的迁徙路线及历史渊源。从这三份宗谱的代数来看,由于他们废止用彝名(父子连名)的时间不同和各代寿岁长短有别,于是这三份宗谱的代数也就参差不齐:张兴癸一份是36代,杞绍兴一份是38代,杞采顺一份是40代。就以杞采顺这一支来说,从它废止用彝名到现在已有100年以上,而它原有40代,每代以30年计,应合1200年,加上从废止彝名到现在约100年,共1300多年,由南诏建国至现在时间配合起来看,也是合情合理,并不矛盾。①且三份彝文宗谱皆可上溯到南诏开国君主细奴逻,并查知南诏蒙氏家族也具有彝族现存的灵台、火葬、巫画等多种文化特征。这些与南诏相关的民俗事象与彝文父子连名宗族形成互证,为南诏蒙氏家族属于彝族之说,提供了强有力的民族学研究新证。

彝族父子连名系谱大多是民间世代延续的口传活史,也有部分头人显贵之世传系谱由毕摩用彝文记载下来,成为研究彝族社会历史珍贵的文献资料。于此,我们根据父子连名系谱之口碑与文献互证,便可推断出彝族历史上重要人物"始祖阿普都木"及凉山彝祖"古候""涅曲"的相对年代。例如,彝族典籍《帝王世纪》中载贵州水西土司从其始祖希慕遮到撮朱笃已有30代,从其子笃幕吾到清康熙四年(1665)安坤已有84代,从安坤到民国十九年时又传了六代,加上现在的一代,共有121代,以每代25年计算,121代应有3700年。而进入凉山后的古候、涅曲至今已有70多代了,即有1750多年了。② 从中

---

① 刘尧汉:《彝族社会历史调查研究文集》,民族出版社,1980年。
② 胡金鳌、胡素华:《凉山彝族谱系特点及其研究价值》,韦安多:《凉山彝族文化艺术研究》,四川民族出版社,2004年。

可以看出,彝族历史上的重要人物,有的历史年代是可以通过系谱推断出来的,这是父子连名系谱所具史学研究的重要价值。

二、宗族族谱

彝族的系谱发展呈现出不平衡性。与滇、川凉山彝族现仍保留的父子连名系谱不同,今居于滇、黔的彝族多已仿效汉族使用百家姓,其启用姓氏的缘由,诚如马克思所说:"现代的姓氏也是世系依男系计算的氏族名称的一种遗留。现代的家族,像他的姓氏所表示的那样,是一种没有组织的氏族;血缘关系已被破坏,它的成员也散布在有这一姓氏的各个地方。"[①]具体到汉、彝杂居地区来说,同姓聚居的乡村,仍旧保持"同姓不婚"或"同家族不婚"这一反映氏族外婚观念的传统习俗。应该说滇、黔彝族从氏族过渡到家族的历程并不太久远,从今幸存下来的彝族家族宗谱看,往往在前半部分仍保留着父子连名系谱的历史传统,多可追溯至彝族共认的始祖"阿普都木"或远古原始氏族部落的某一图腾名号。现以滇南彝族"尼租谱系"[②]为例,来揭示家族族谱在补证彝族历史中的突出作用。

尼租谱系是1982年4月在新平彝族傣族自治县平甸乡昌沅村公所尼租村收集到的一部彝文连名谱牒。从宗谱序言中可以判断,谱牒最后一次重新抄誊时间是清朝光绪二十年,即1894年。此谱原珍藏在方姓族人(最大班辈者)方德学手中,族谱一直记载到1956年才终止,全谱共计102代。这是一部滇南型的彝文连名宗谱,其主要内容包括:始祖起源传说、氏族图腾标记、祖宗迁居路线、早期父子连名谱及中后期班辈夫妻连名谱,以及绝后断谱者名谱和敬祖祭谱礼仪等部分组成,其中不乏珍贵的史料价值。

要点一:尼租谱系开端仍依稀可见滇南彝族早先也行父子连名的痕迹。例如,族谱"从祖先数说,司都依乃一,依哦黑乃二,哦黑牛乃三……",显然,尼租谱系中出现的连名记谱,是滇南彝族历史上行用过父系氏族连名制的有力证据,它确切地反映了远去的氏族制度,有助于说明早先的社会历史状况。

要点二:图腾入谱是尼租谱系的一个显明特征。图腾制度实质上是一种原始的命名制度,事实上美国人类学家摩尔根考察发现,图腾的突出作用就是作为原始人类氏族的"徽志"。而这一远古的氏族命名制却在尼租谱系中得以延用下来,尼租谱系记述的图腾

---

① 马克思:《摩尔根〈古代社会〉一书摘要》,人民出版社,1965年。
② 聂鲁译注、陶贵学注音:《尼租谱系》,《玉溪地区彝文古籍译丛》第1辑,云南民族出版社,1989年。

是"白勒",彝意即是"黑头翁雀"。图腾上谱在滇南彝区保存的宗谱中较为常见,通常情况下族人分辨宗支时,往往在图腾的后面加上姓氏,称作"白勒方",以区别于同姓的不同宗支。在新平彝区方姓氏族就有多个宗支,以图腾来说,分为杰吾(一种古鸟)方、獐子方、猪食槽方、大叶茶方、菱瓜方、白鹇方等,而黑头翁雀只是其中的一个宗支。可以说,图腾的符号化为图腾演变为正式的姓氏架起了桥梁。对此,学界有一种观点认为,人类最早的姓氏,必定是由图腾衍变而来的,结合彝族宗谱尚存的图腾遗迹看,这一说法当是有其事实依据的。

要点三:尼租系谱突显彝族始祖的共性与互证。"阿普都木"是滇、川、黔、桂四省区彝族共认的始祖,这在凉山口碑父子连名系谱及在贵州彝文典籍《西南彝志选》中均有传说和记载。同样,在滇南彝文谱牒"尼租谱系"中,对彝族始祖也有其详尽记载:阿普笃乃一、笃慕牛乃二、慕牛切乃三……宗谱前部分是从洪荒前37代到笃慕(彝族始祖),洪荒后20代到聂托聂维,仍是父子连名谱,之后父子连名谱便中断了;宗谱后部分则启用了姓氏夫妻列名谱,这也是滇南彝族宗谱的个性特色。彝族各支系在追溯世系时,多共同上溯到逃过洪灾的始祖"阿普都木"那里去,于是共同祖先"阿普都木"自然起到维系不同地区、不同支系彝族稳定的民族共同体的纽带作用。很显然,尼租谱系再一次印证了彝族共通的历史文化认同,因而,为彝族历史研究及补证提供了宝贵的地方史资料。由此看来,全面系统地收集、整理和校订彝族系谱对彝族历史的研究是有所裨益的。

三、名门家传

家庭是社会的细胞,它是构成家族及氏族的最初级形式。家传的内容主要是为名门望族中贡献杰出、治家训诫等要员要事树碑立传。实际上,家传也可归属于族谱之列,但也有独立成篇的碑文与文献传世。例如,刘字清(彝改汉)在其高祖普楷(彝族头人)墓碑上所撰的带有诫谕后世子孙性质的家传碑文中说:

南山中,林木茂,野兽多。我远祖,农耕少,猎事多,率奴众,逐禽兽,朝夕乐;邻侵界,必战斗。当是时,夏衣麻,冬衣皮,朝食荞,晚食肉,得温饱。明洪武,土头薄,播种一,获八九;自此后,农事繁,猎事少,居住定,不再流。楷高祖,天顺时,土头沃,种一升,获二斗。楷祖时,嘉靖年,开沟渠,稻谷熟。高祖楷,集街兴,商贾出,带银两,购皮物。楷力强,善射猎,力敌百,人莫侮。我曾祖,是赌徒,输庄业,不可赎;白龙庄、改板山、波罗庄、阿底本,是我土,沙坦兰、白龙庄,输商贾。咸、同乱,我建功,沾圣恩,沙坦兰,得返主,我后辈,宜保土。楷父体,火化后,无着落。楷遗体,原葬处,塔枝树,地不利,乖事出。移此后,龙脉旺,万事昌,南山强,惟我庄。

玄孙宇清跪撰
大清光绪三年三月立

这里碑文以家传的形式记述了一个彝族普氏统治家族在明清之际兴衰起落的发展过程。历史上,普楷是云南哀牢山上段南华大马街沙村的统治者,在明末崇祯时,哀牢山区上段,还没有汉族定居,及至普楷之孙钟新(清朝乾隆时),眼看着汉族商人和豪绅的经济和政治势力逐渐侵入彝族山区,威胁着彝族头目的统治地位,已无力与之抗衡,认为若要继续维持其统治地位,就非攀附汉族官绅不可了。于是改姓为刘,弃彝语,除彝服,并与汉族通婚,力求汉化。迄钟新之孙宇清(清道光时),因帮助清朝镇压本山区咸丰年间的彝族革命运动有功,担任当地乡团练,人皆称他为"刘宇清总爷大人"。此家传碑刻撰文就出自其本人,显而易见,这篇家传碑刻文献简洁扼要地反映了沙村在明清两代(1368~1911)的社会经济发展之梗概。另外,刘宇清还写有家传《诫谕诸侄儿》一文,①附于刘氏租簿之首,以警示族人。

星移斗转,这一尘封已久的碑刻文献,是由中国社会科学院民族研究所刘尧汉先生1945年前往哀牢山沙村社区调查时得马鞍山村民彝族鲁师宏引往墓地抄录所获。到1949年再次前往哀牢山沙村补充调查时,又获刘宇清家传遗训《诫谕诸侄儿》一文文献,其调查材料经加工整理形成专题论文《由奴隶制向封建制过渡的一个典型实例》,发表在《历史研究》1958年第3期。不久,便引起学者关注。上海哲学社会科学研究所所长李亚农在其《中国的封建领土制和地主制》一书里,为阐述周宣王(前827~前782)进行由奴隶制向封建制的改革,引用了刘宇清的两篇撰文。李亚农说:这位刘宇清先生简直是一位伟大的史家,起码比那些下笔动辄就是数十万言,还说不清楚由奴隶制向封建制的转化过程的史家要伟大得多,他这两篇总结经验,借以告诫子孙的文章,简单而又明确地叙述了沙村将近五个半世纪(明清两代)的阶级斗争史以及由奴隶制向封建制的转化过程。② 据此,从李亚农先生的评说中,不难看出刘宇清所遗家传文献所具有的史学、民族学研究的重大价值。

---

① 刘尧汉:《彝乡沙村社区研究》,云南人民出版社,2002年。
② 李亚农:《李亚农史论集》,上海人民出版社,1962年。

纵观全文，彝族是一个善于系谱而又十分珍视谱牒的民族，从彝族谱牒所包括的氏族系谱、宗族族谱以及名门家传等多个实例分析中可以看出，彝族谱牒不仅内容丰富多样，且与史学研究密切相关，一些重要的民族史难题也借彝族系谱的研究得以补证解惑。不可否认，彝族谱牒之所以绵延千年而不衰，是因为其在彝族社区中具有多方面的社会功能和文化价值。总体上说，系谱记录氏族、家族历史，一般载有族源追溯、分支发展、迁徙经历、先人业绩、家训族规等情况，因而，谱牒可以成为地方史研究的重要补充，同时系谱还记载延续了彝族的神话传说、图腾遗迹、毕摩文化和风俗礼仪等文化要素，为彝族文化的系统收集、整理和研究提供了可供参考借鉴的宝贵资料。信奉祖先是彝族社会生活的精神支柱，因而，追忆始祖、赞颂先人的神圣传奇和美德善行便成为彝族系谱的重要内容和共性特征，在系谱中"阿普都木"是滇、川、黔、桂四省区彝族共认的始祖，并成为彝族内部不同支系强化民族认同的心理基础和文化支点，因而，系谱依托始祖这一血脉纽带，为联结人心、维护族群发挥了重要作用。但也要看到族谱家谱不足的另外一面，由于历时久远，系谱在追溯族源时，往往出现连名遗漏中断、分支情况不清，甚至比附名贵、荒诞不经，糟粕与精华并存的局面，这就需要研究者有所甄别，发掘系谱研究的史学价值，才能写出符合实际的真正有分量的历史著作来，这也正是对系谱研究冷静思考后的一点启示。

(本文原刊《楚雄师范学院学报》2008年第11期，作者单位：楚雄彝族文化研究所)

论白族家谱的编纂

——以喜洲《赵氏族谱》和史城《董氏族谱》为例

王水乔

大理喜洲在汉代称楪榆,隋代称史城,唐代称大厘城、大利城,宋代称大理,元代以后称喜洲。其居民是白族,多为杨、赵、李、董、段、张等大姓。①

作为西洱河蛮大姓之一的赵姓,在喜洲主要居住在积善邑、城南村、彩云街、染衣巷等处,是继杨姓之后的西洱河蛮的第二名家大姓。在南诏灭亡之后,赵姓贵州首领赵善政一度登上了王位,建立了大天兴王国。②

董姓为西洱河蛮的名家大姓之一,在白族史上占有独特的地位。从大理凤仪北汤天董氏来看,从南诏大理国至今,他们是以世袭的宗教职业者的地位而立于名家贵族之列的。但喜洲董氏则又以官宦世家、书香子弟的形象占有一席之地。③ 作为西洱河蛮名家大姓之一的董氏,无论在唐代还是在宋元明清乃至现代,都是洱海地区的白族大姓之一,并且在文化经济上有很大的贡献。④

喜洲赵氏主要有两大家族,即积善邑(七舍邑)赵氏、城南村赵氏。白族赵氏族谱,重要的有龙关(大理市下关龙尾关)、喜洲两种。两家的始祖都为南诏时的清平官赵铎些。⑤

本文所探讨的喜洲《赵氏族谱》和史城《董氏族谱》,规模宏大,体例完备,内容丰富,可以说是白族家谱中的典范。

喜洲《赵氏族谱》,详细记录了该家族7支人30多代的世系。手抄本,6册,每册长43.2厘米,宽29.5厘米。全谱共六卷六册,按诗、书、易、礼、春、秋,类孔子修正六经之意

---

① 张锡禄:《南诏大厘城河蛮名家大姓世系考——大理喜洲白族十大姓家谱研究》,《谱牒学研究》第二辑,文化艺术出版社,1991年,第80页。
② 张锡禄:《南诏大厘城河蛮名家大姓世系考——大理喜洲白族十大姓家谱研究》,《谱牒学研究》第二辑,文化艺术出版社,1991年,第92~93页。
③ 张锡禄:《南诏大厘城河蛮名家大姓世系考——大理喜洲白族十大姓家谱研究》,《谱牒学研究》第二辑,文化艺术出版社,1991年,第103页。
④ 张锡禄:《南诏大厘城河蛮名家大姓世系考——大理喜洲白族十大姓家谱研究》,《谱牒学研究》第二辑,文化艺术出版社,1991年,第107页。
⑤ 张锡禄:《从白族家谱看南诏大理国洱海地区的白蛮大姓》,《东南亚》,1990年第2期。

诠次。卷一诗,即原族谱一、二、四卷,记录序文、凡例、世次考略、世系总图、后跋及纶音;卷二书与卷三易,即原族谱卷三上下,记录阡志,载有行述、行状、事状、传略、宴序、寿序、墓表、墓志铭、墓碑等凡五十五文;卷四礼与卷五春,即原族谱卷五上下,记录艺文,载有政序、政诗、和诗、酬诗、咏诗、志诗、步诗、遗诗、寿诗、挽诗、图诗、遗照诗、像赞、挽序、孝联、门房联、匾额、碑碣、庙记、碑序、墓表、墓圹志、墓志铭、遗嘱、遗言、琐言、祭文、策文、祭祀表文和祝文,以及竹枝词、白话歌等;卷六秋,即原族谱卷六,记录存考及题名录,载有云龙州雒马井赵氏系分图、邓川州青索鼻赵氏世系分图、太和赵氏世系分图、四川南充赵氏世系分图,以及题名录。

大理史城《董氏族谱》,全书十三卷,其中世次及支派共三卷,序述董姓自唐、宋迄元、明、清的世次及支派分布迁徙较详。卷首为修谱序文、修谱名氏、凡例、纲目。卷一为祖训、祖像、原始考辨,卷二为世系谱旁系附,世系略谱图,卷三、卷四、卷五为世次谱世次附谱,卷六为祠墓功德院、礼图记、祖墓,有宗祠图、祭田、义田,卷七为艺文题名录、敕谕之文、部宪之文、备考之文,卷八为墓碣之文,卷九为他人赠送之文及诗联额,卷十为董氏著述之文及诗联,卷十一为董氏著述书名,卷十二为题名录、取名录,卷十三为杂志。

一

据《赵氏族谱》序言记载,谱牒失于宋,清同治七年(1868)赵氏后裔禧昌据访到的元代《元故相副官墓碑》及家中的神主牌等材料,编成初稿。后赵甲南续修。三十年后,由后裔辅仁续修,对世次存考、代数排列及前人遗迹进行编修,以手抄的孤本存于世。①《赵氏族谱》卷一有序言七篇,分别是清同治八年(1869)张相侯撰的《赵氏族谱府》、清同治七年(1868)赵氏三十世孙禧昌撰的《纂修家谱序》、清光绪二十五年(1899)三十二世孙甲南撰的《续修家谱序》、民国九年(1920)三十二世孙辅仁写的《续修家谱序》、三十三世孙思蔺写的《续述家谱序》。七篇序言较为完整地记录了族谱修纂的大致情况。(见下页图)

清同治八年(1869)张蕖洲《赵氏族谱序》记录了族谱编纂的大致情况,称编纂者"披往牒,剔古碑,旁搜远绍,广询博访,成世谱一书",于是"世次秩然,世系厘然,阡志灿然,纶音焕焉,艺文炳焉,存考备焉,斯为盛矣,斯足传矣。吾因之有感矣。古茂族,如汉金

---

① 《中国少数民族社会历史调查资料丛刊》修订编辑委员会编:《白族社会历史调查》(四),民族出版社,2009年,第31页。

云南大理图书馆刘丽(左)介绍喜洲《赵氏族谱》(2016年11月)

张、晋王谢、唐之萧、宋之吕,鼎盛蝉联,与一朝运会相始终,迨易姓则泯泯无闻焉。而赵氏历数朝贵盛,天之笃祐为已至矣。近代钜家久者,七八世则为墟矣,次或四五世则为墟矣"。"谱之者,有典有则,无略无遗,盖其心力所到,与祖宗之气脉相通,与阖族之精神相贯"①。

谱内民国九年三十二世孙辅仁《缵修家谱序》,更为详细地记录了族谱编纂的缘由和经过。序略曰:"家之有谱,犹国之有史也。盖国不可无史,而家不可无谱。""我赵氏为滇西望族,原人心敦厚,风俗善良,且人物亦有名世,乃提议编辑谱牒,以为一家之政,乌容缓乎。幸谱唐修矣,惜失于宋,后元明代有达人,奈何皆未逮修之者。嗟乎!我先人之遗文几于沦落,记载几于阙如,可不惕哉!幸先大父禧昌出焉,道光间茂才,性孝友,嗜诗书。适先曾大父廷俊太守公,解组归家,藏书甚富,禧昌手不释卷三十余年,藏书无不遍读,而能强记,得博雅名。"禧昌"常怀有志未遂之叹,乃平生敦笃伦常,正当危难之中,遂不禁汲汲皇皇,任纂修家谱为急务者,诚以彰往哲,实以励将来也。于是,课训余,查考世次,联贯世系,纪录阡志,抄誊纶音,缮写艺文,采访存考,举凡一一纲目条例,悉载无遗"。"孝廉甲南弟出焉,自戊戌北上归,居家训读,即借禧昌属稿为资,毅然兴起续修之举。此

---

① 大理白族自治州白族文化研究所编:《大理丛书·族谱篇》卷四,云南民族出版社,2009年,第1886页。

可见为之后者,必有借于前,为之前者,尤有待于后也。原拟甲南之心,诚恐属稿散失,不特近事无征,并先人之功绩,更无从查究。而卒底于成者,盖有不容已之势也。乃禧昌序于谱之创始,甲南序于谱之告成。微甲南而禧昌之功不著,微禧昌而甲南之志不彰,互相因创,实为后先辉映也。每念吾族家谱,始由禧昌完全修之,既序之矣,若无庸赘者。且继述有甲南,广询博访,先人之著述,洵足以考古证今,开来继往。至一切铺张荒诞之事,悉屏不书,尤得其要领。诚吾谱之笔削得宜,其可传信于后无疑矣,更无庸赘者。辅才陋学浅,何敢赞词。于课训之余,举谱复阅其世次、阡志、纶音、艺文,莫不条分缕析,厘然灿然。惟觉其世系存考,于代数排列欠当,曾恐后嗣难于分剖,辅不揣冒昧,将其代数排列成行,一览可辨,以待后继述修辑之者,庶不难于稽考焉。并收罗诸先人之遗绩,全录谱中,以便后世遵循。""特意亲手抄录一部,遗嗣手泽,继后仿此模范,印刷多部。"①

《赵氏族族·凡例》则反映了族谱的体例和内容。《凡例》曰:"世次,代远则易湮,人繁则难识。今自铎至瓒,凡十九世,以次汇而叙之,庶可考其源流。""世系,以别尊卑,以分长幼,非绘为图,则棼然谜目。今承之以线,览者可不辨而自明焉。""阡志,所以证据事实,考核字号,而世次亦因之可征焉。故无论远近,皆次其时代,而备载之。""纶音,君之恩,亲之荣也。亟宜敬录其文,以迓皇仁而扬祖德。""艺文向无专帙,丙辰之变,多毁于兵,其存者惟兹数篇,然亦可见立言之不苟矣。后之君子,当什袭藏之,勿令遗佚,致失先人之手泽。""存考,因其远未能周悉,姑举其概,竣后查考续增。""题名录,附之谱末,盖欲使来者,读书修德,踵武前人,非夸其盛也。"②

喜洲《大理史城董氏族谱》卷之首,载有十四篇序。这十四篇序,有作于嘉靖六年(1527)的《旧谱序一》《旧谱序二》《旧谱书后》,也有作于嘉庆二十一年(1816)的《纂修谱序一》,作于道光年间的《纂修谱序二》《纂修谱序三》《纂修谱序四》《纂修谱序五》,也有撰于民国十年(1921)的《续修谱序一》《续修谱序二》《续修谱序三》《续修谱序四》。但此谱将民国两大文化名人陈荣昌和赵藩所作的序放在卷首,可见其中的含义。据卷一所载历代修谱序来看,该族谱已经四修。一是明嘉靖六年(1527),二是道光壬寅年(1842)董正官续修,三是清同治丁卯年(1867)董家杰续修,四是1922年续修,即今所见之本。③

---

① 大理白族自治州白族文化研究所编:《大理丛书·族谱篇》卷四,云南民族出版社,2009年,第1891页。
② 大理白族自治州白族文化研究所编:《大理丛书·族谱篇》卷四,云南民族出版社,2009年,第1893页。
③ 《中国少数民族社会历史调查资料丛刊》修订编辑委员会编:《白族社会历史调查》(四),民族出版社,2009年,第23页。

关于《董氏族谱》的编纂，1922年昆明陈荣昌在《大理史城董氏族谱序》中讲道："董氏之谱，创始于明嘉靖间，十八世至二十八世时，又修之。三十世时又修之。今安丞、雅山、吉甫三君之续纂，会农、澄农昆季之刊印……今观董氏之谱，有正有附，正谱为经，附谱为纬，经以纪其常，纬以穷其变，若网在纲，有条不紊。此固董氏一家之法，而吾谓滇西之立族谱者，皆当取此以为通法也。其他不具论，即斯二者，二十年一修谱，则于时为宜。谱有正有附，区别之，使不乱，则于地为宜。宜于时，宜于地，法之大善也。"①

同年，赵藩写了《大理史城董氏四修族谱序》，也对此谱的编纂作了评价。其中讲到："大理史城董氏自唐迄今，绵历一千余年哉，蔚为钜族。其谱凡四修，创稿于明嘉靖间表溪巡检仁，清道光正官续之，同治间家杰续之，今民国辛酉维邦与家彬、广元又续之。参各家谱法，由略而详，由疏而密，取其赅尤取其核，称完备矣。"②

《董氏族谱·凡例》则清楚地介绍了此谱的体例和内容。《凡例》曰："我族谱旧缺祖训一条，兹敬拟四言四十八语补之，启迪后人，俾有遵守，不可无此训词也。""族须有谱，所以征忠孝廉节，用寓劝惩，所以纪近派远支，借联亲义，使后人知报本追远，敬长爱亲。""世次谱有正副两法，所以重血系扶伦常也。世固有因出为人后或抚他姓子，年代稍疏，无所考证，遂联姻戚致兆舛乖。我祖有鉴于此，厘斯二法，隐寓别嫌明微之旨，但谱虽有正附，其实二而一也。""副谱拟分四项。一忘所自出，二迁居外县，三出嗣他姓，四扶他姓子。不能不稍示区别，以清眉目。如无四项情节，须一并放正谱。""自道光间辑修至今，历年既久，采访殊不易易。伟才公虽曾接修，然其时戎马倥偬，着手仅及世次，迄今倘再失修，祖宗功德已尽弃于无形矣。兴言及此，若芒在背。语云三世不修谱，君子比其罪于不孝。又云，三十年为一世。兹为慎重谱务起见，日后约缩短期限为二十年续修一次，以免久而无征之虑。""我族支派蕃衍，间有一二世不事诗书者，遂竟忘所自出，毫无征考，良堪浩叹。嗣后各支，平素须照谱例，悉心记录，续修时预备，则他日着手较易为功。""世系最忌存疑，如乏嗣无考，忘所自出，迁居外县，出嗣抚子等类，与夫亲生儿子某某者，既经详细访询，自宜据实分载正附两谱，但间有本身出姓邻近，欲待子或孙归宗者，可从权入正谱一二代，以便将来接续，否则以遵旧例为妥，免致混乱不清。"③

二

关于白族族谱的价值，相关学者已展开了研究。张锡禄撰有《白族家谱及其研究价

---

① ② 大理白族自治州白族文化研究所编：《大理丛书·族谱篇》卷五，云南民族出版社，2009年，第2703页。
③ 大理白族自治州白族文化研究所编：《大理丛书·族谱篇》卷五，云南民族出版社，2009年，第2713～2714页。

值》,载《思想战线》1990年第4期。杨艺撰有《现存白族谱牒档案述评》,载《中央民族大学学报》(哲学社会科学版)2000年第3期。陈子丹撰有《白族档案史料研究》,载《中央民族大学学报》(哲学社会科学版)2002年第2期。他们的研究认为,白族族谱在关于南诏大理国史研究、白族族源研究、白族的家庭、婚姻、宗教制度的研究、白族的人口研究、白族的文学史研究等方面,均具有一定的史料价值。

本文认为,白族族谱编纂过程中所透露出的一些信息,尤为值得我们关注。

在典型的宗族中,祠堂、族田和族谱是重要的标志。① 族谱对于维系一个宗族的发展来说,起着至关重要的作用。对于一个宗族的兴衰而言,族谱居于首要因素。

如前所述,编纂《赵氏族谱》的其中一个主要原因,除了防止"属稿散失",以免"不特近事无征,并先人之功绩,更无从查究",更主要的是为了"重血系""扶伦常""彰往哲""励将来"。民国十二年(1923),赵氏三十三世孙赵思藺在《继述家谱序》一文中,把修谱之意更是表述得淋漓尽致,略曰:"盖国必有史,而后礼法、制度、文艺、政治足以考,后世之人,始皆有前车之鉴。或遵其是,或惩其非,或假之更有所发现,或扩之渐臻于完备,益演益进,国于是以至于文明。史之于国,其关系之重有如此者。夫家犹国也,谱犹史也。家亦必有谱,而后昭穆、亲疏、次序、统系易于明,以至祖宗之丰功伟德,嘉言懿行,始不致淹没而弗彰。子孙欲敬族收宗,报本追远,亦不致迷罔而无据。或思继祖业,或谨守家风,始皆有所遵循而知奋勉,兢兢业业,家于是可致兴隆。家国之势虽殊,谱史之义则一。是故藉谱牒之缺备,以觇一族之盛衰,亦犹藉史乘之早迟,以判一国之文野。谱之于家,其关系之大有如此者。"② 因此,在大难临头之际,族谱也和族人始终形影不离。据《赵氏族谱》卷三所载《清庠士赵公敛之先生墓志铭》一文记载:"丙辰兵燹,地方遭难,全家逃往江尾。公命嗣子,身负先人神主,并家谱一部而逃,别无携带。俟定归,而家业全空,惟家谱神主宛在。可见公于患难之中,犹报本追远,敬宗笃伦如此。"③ 在卷三所载《清庠士先考少鹤赵公行状》一文中也讲道:"自咸丰丙辰变起,而生祖考承地方人民屡逼办公,不能辞卸。后杜氏文秀再三征辟,至己巳实不得已,接踵五堂叔祖考申之孝廉公,并胁受伪职。壬申清廷平杜氏,一时兵练四出,杀戮焚掠。喜洲逼近榆城,名望素著,受祸尤酷,嗣祖孝命先考弟兄分负先人神主并家谱一部而逃,辗转流离,寝食与共。兵乱既定,仍负以归。时慈母携女负儿,偕家逃至海东,苦不堪言。稍定归家,百物齐空。惟神主家谱,以

---

① 麻国庆:《家与中国社会结构》,文物出版社,1999年,第81页。
② 大理白族自治州白族文化研究所编:《大理丛书·族谱篇》卷四,云南民族出版社,2009年,第1892页。
③ 大理白族自治州白族文化研究所编:《大理丛书·族谱篇》卷四,云南民族出版社,2009年,第1949页。

随身负出,得以保全。"①

更何况《赵氏族谱》和《董氏族谱》,都是白族族谱上的宏篇巨帙。同治年间,《赵氏族谱》的编纂者赵禧昌,"于家谱不忘遗命,期于必成。乃于课读之余,仍事编辑。虽事属创始,凭藉无资,乃广谘博访于阡志纶音之类。曾王考则不惮辛劳,躬率子侄生徒,踞而抄誊于坟墓之侧。惜年深日久,半多残缺。幸有元故相副官遗碑,其世次世系,俱得可考。惟托始于铎些公,按凤阳原籍之祖宗,则已无从考据。故曾王考之编列世次,亦不得不本此遗碑,付远祖于缺如,非敢忽也,日久无据,莫可奈何云尔。曾王考竭生平之力,积数载之功,苦心劳身,无间终始,卒至材料已备,头绪已清,只待编辑成书,即可弥数百年列祖列宗之遗憾,不负先人之命,建合族不世之功。"②赵氏三十三世孙总结了《赵氏族谱》的一大特色是"一重同祖之支派,一防异姓之乱宗。或夺或予,深得春秋严正之旨,所见者大,所虑者深,足以救既往而示将来"③。

而董氏一族,"始祖讳成公,自唐咸通间,由金陵入滇为南诏清平官,卜居史城,历年千五十余载,传系三十有余世,支蕃派衍,莫可纪极。不有应元、钧伯,微特世次紊乱,即祖功宗德、人物事迹,且将湮没不彰矣,谱之修其可缓乎?选集族父老、子弟会议,佥谓自同治丁卯邑庠生家杰公出力,家钰公出资,续修以至于今,行将一周甲子。其时戎马倥偬,着手仅止世次,历年既久,万不可再事迁延。复得族曾孙万川昆季,心乃祖家钰之心,行乃祖家钰之行,慷慨解囊,担任印刷,是亦我族之一大幸事也"。④ 此谱在编纂过程中,"世次分正附两谱,以次补入,成例可遵。艺文类,旧谱一人诗文并列一处,少觉牵混,归类为宜,且分别旧选新增,前功亦显。至若题名录,自科举停,学校兴,国体变,或古有而今无,或古无而今有。其中人物一部,旧谱分忠义、孝友、宦迹、文学、边臣、土职、方技、仙释、寓贤九门,世易时迁,泥古反贻拘执之诮,乃酌忠义为忠烈义士,添乡贤、卓行、节孝、选举、仕宦、军功、武职、毕业生八门。而以荫袭附仕宦,警职附武职,复以原有土职附边臣,寓贤附隐逸,方技附仙释。因革损益,势不能不斟酌以时宜"⑤。有时修谱难于修建宗祠。民国十年(1921)董万川撰写了《续修谱序四》,其中讲到,"自甲寅移建宗祠,至是已六阅寒暑,而正堂、照壁、坊门与夫角屋周墉虽壮丽,而祠两廊缺焉未备,因商同族人自愿出资增建,修祠修谱,两方并行。惟是两廊告竣,而修谱工程浩大,究非旦夕所能圆

---

① 大理白族自治州白族文化研究所编:《大理丛书·族谱篇》卷四,云南民族出版社,2009年,第1960~1961页。
② 大理白族自治州白族文化研究所编:《大理丛书·族谱篇》卷四,云南民族出版社,2009年,第1892页。
③ 大理白族自治州白族文化研究所编:《大理丛书·族谱篇》卷四,云南民族出版社,2009年,第1893页。
④⑤ 大理白族自治州白族文化研究所编:《大理丛书·族谱篇》卷五,云南民族出版社,2009年,第2710页。

满"①。族谱编纂之难,由此可见一斑。但对一个家族而言,尤其是赵氏、董氏一类"钜族"而言,其族人充分意识到"三世不修谱,君子比其罪于不孝"②,因此,编修族谱显得尤为重要,"族须有谱,所以征忠孝廉节,用寓劝惩,所以纪近派远支,借联亲义,使后人知报本追远,敬长爱亲,并可备志乘采择之一途","谱乃维持家族主义"③。

正因为族谱对维系一个家族的重要性,所以《赵氏族谱》的续修者赵辅仁"于课训之余,手抄全部,以防原谱之损失,以遗手泽于子孙"④。并作诗《钞谱有感》,其一云:"族谱亲钞苦厥躬,一生精力罄其中。本遗手泽垂家范,聊述心传表我衷。惜祖纂修无卒业,今孙缵辑敢言功。绳绳继继光前业,善始原来须善终。"其二《学叠字》云:"修修家谱勿荒唐,世系绵绵世世昌。后代子孙如蛰蛰,先人面目耀堂堂。根根深也蒂必固,源源远兮流自长。一一抄完遗泽久,亲亲分手绝诗狂。"⑤

当然,无论是《赵氏族谱》还是《董氏族谱》,还透露出一个重要信息,就是这类大规模族谱的编纂,必须有一定的文化底蕴为基础。民国十二年(1923)三十三世孙赵思蔺作《继述家谱序》,称高祖秀峰太守公所遗六千余卷之子史经书,禧昌公"不肯出仕,居家课训子侄,粝食粗衣,泊如也。手不释卷三十余年。太守公所遗六千余卷之子史经书无不尽读,而又过目成诵,皆能悉记其精华"⑥。族谱所载《清庠士赵公敛之先生墓志铭》,称道光年间族谱的编纂者赵禧昌为赵铎些三十世孙,"至伯大父秀峰公,致仕归家,藏书甚富。公乃手不释者,三十余年。藏书无不遍读,而能强记,得博雅名"⑦。《赵氏族谱》的续修者赵甲南为孝廉,"自戊戌北上归,居家训读,即藉禧昌属稿为资,毅然兴起续修之举"⑧。据资料记载,赵甲南为光绪十九年(1893)举人,日本宏文学院速成师范毕业。⑨

《董氏族谱》第十、十一卷则记载了董氏的诗文、楹联。董氏历代以诗文著录于世。其始祖董成在唐代南诏时任清平官,写下了不少诗篇,《全唐诗》就选录了他的优秀诗篇。如《听妓洞云歌》《思乡作》。后历元、明、清其族诗人辈出,如杨士云、董难、董振裘、董正官等。⑩ 卷九艺文部分有《杨士云传》一文云:杨士云,号宏山,太和人,正德丁丑

---

① 大理白族自治州白族文化研究所编:《大理丛书·族谱篇》卷五,云南民族出版社,2009年,第2712页。
② 大理白族自治州白族文化研究所编:《大理丛书·族谱篇》卷五,云南民族出版社,2009年,第2711页。
③ 大理白族自治州白族文化研究所编:《大理丛书·族谱篇》卷五,云南民族出版社,2009年,第2713页。
④ 大理白族自治州白族文化研究所编:《大理丛书·族谱篇》卷四,云南民族出版社,2009年,第1893页。
⑤ 大理白族自治州白族文化研究所编:《大理丛书·族谱篇》卷四,云南民族出版社,2009年,第2050页。
⑥ 大理白族自治州白族文化研究所编:《大理丛书·族谱篇》卷四,云南民族出版社,2009年,第1892页。
⑦ 大理白族自治州白族文化研究所编:《大理丛书·族谱篇》卷四,云南民族出版社,2009年,第1948页。
⑧ 大理白族自治州白族文化研究所编:《大理丛书·族谱篇》卷四,云南民族出版社,2009年,第1891页。
⑨ 宋文熙、张楠选注:《历代诗人咏大理》,云南人民出版社,1990年,第128页。
⑩ 《中国少数民族社会历史调查资料丛刊》修订编辑委员会编:《白族社会历史调查》(四),民族出版社,2009年,第24页。

进士,以文望改庶吉士,后授给事。后"绝意仕进,归来坐一小楼,左右图书,非庆吊足不出户……有侍御以同年过访,仅留一粥,欲登其书楼则不许。有'千秋人物欣相仰,七尺书楼未易攀'之句"。① 卷九还有杨慎等人反映董氏族人杨士云的《题宏山公七尺书楼联》的诗句及对联:"百年人物忻相仰,七尺书楼未许攀。""七尺书楼遗翰墨,一枝兰萼锁春风。""谏院矢忠贞,奏疏能格君心,所恨宦寺弄权,咫尺间志阻君门万里;书楼研性命,著作有关圣道,不仅乡贤崇祀,百年后名标圣学宗传。"②

(作者单位:云南省图书馆)

---

① 大理白族自治州白族文化研究所编:《大理丛书·族谱篇》卷五,云南民族出版社,2009 年,第 2908 页。
② 大理白族自治州白族文化研究所编:《大理丛书·族谱篇》卷五,云南民族出版社,2009 年,第 2924 页。

传承优良家风的羌族《汶阳郭氏族谱》

郭勇基（羌族）

一、《汶阳郭氏族谱》续修经过

我国民间素有修撰族谱的习俗，这对于弘扬中华民族的优良传统功不可没。汶川县绵虒镇郭氏家族未有族谱传世。第十五代如崇公十分重视族中大事的记载，他终身坚持写日记就是最好的证明。在如崇公积累的资料基础上，第十六代伍贤公于20世纪30年代着手修撰了《汶阳郭氏填赙宗支薄》，以方便族人祭祀填赙。虽然只录入已谢世族人的生庚和忌日，但在开篇也有对家族历史的概略叙述，且各支各代承继关系明确，这在当时的历史条件下是十分宝贵的。伍贤公直至20世纪50年代初去世之前，每年都坚持了修订补充。可惜的是该宗支薄于20世纪60年代中期失传。

20世纪80年代，族中第十七代大都年事已高，只有他们对族中之事了解较多，续修家谱一直是他们的夙愿。族中人也一致认为，如不抓紧将失去修撰的最好时机。十七代德必、德以、德宣、德可、德尔、德容、德昌、郭华、德雍、德忠等极力促成，族中其余长少亦表示热情支持。此后，十七代德必公以古稀之年开始了资料收集，并对基础史料进行了必要考证，为族谱的修撰积累了基础资料。1999年德必公逝世，84岁高龄的他为此倾注了十多年的心血。德必公一生喜欢资料积累，记忆力超人，原宗支薄的序言以及如崇公和高氏祖婆的简历等，他几乎是原文照录，《汶阳郭氏族谱》续修得以取得成功，德必公功在第一。

2001年下半年起，十八代勇基（本人）继续修撰。在熟悉史料之后发现，许多事情需要研讨，由于居住分散，当时的交通也十分不便，约定时间成了难题，因而研讨的次数屈指可数，参与人数也十分有限。本家族到绵虒定居的时间跨度已逾500年，族人繁衍已20代，族人400余人，其中已谢世的180多人。经过努力，终于将现有资料理出头绪，同时陆续进行了现存族人的资料收集、核实。本家族史料的主要来源有：

（一）十六代伍贤公修撰的《汶阳郭氏填赙宗支薄》。虽然该宗支薄失传，但用过看过的族人在十七、十八两代中为数不少，靠他们的回忆，将主要内容汇齐理清，既是本次修撰的基础，也起到了承上启下的作用。

（二）始祖惠民至六代的情况是德必公转录于下水里龙溪田坎上郭氏族谱，上有绵虒十代祖郭璜（清雍正癸卯科举人）所作序文。可惜只抄录很少一点，后失传。

（三）绵虒街后有祖茔上下二处，原有墓碑很多，由于修路、改土、"文革"变迁等，现残存数量不多，但其上的碑文帮助弄清了部分承继关系及相应的年代。

（四）抢救口碑：十七代德以介绍三官庙郭鼎祖后裔一支有关本先祖近支的情况；德宣介绍上街郭玉祖一支15代以下的情况；德可介绍拐拐上郭鼎祖直系的补充史料。这三位十七代老人均已70以上高龄，先后在20世纪辞世。

（五）文献摘录

1. 十五代如崇公《民元至民十八年日记》有关我族的史料选择录用。

2. 十七代德雍保存的《辛亥革命平息松乱，汶城人士支援前线往还书函卅余件》有关综贤公、伍贤公史料选择录用。

3. 清嘉庆汶川县令李锡书编修《汶志史略》、民国三十五年汶川县长祝世德主编《汶川县志》这两册地方志有关我族的史料选择录用。

（六）走访族中长者多次。以90岁高龄辞世的十七代罗天玉老人、十七代郑德荣老人、郭德尔老人等，尚健在的高德荣老人对近代族人的有关情况给予了核实或确认，族中各家协助完成了生庚收集工作。

在上述工作的基础上，数易其稿，并在2003年由十七代德尔、德雍，十八代寿基、顺基、遂基、勇基进行了初审。数月后又先后征求了十七代德尔、德雍、德忠，十八代顺基、秀基，十九代郭雄等族人的意见，同年初稿完成。

这以后审定工作因故未能进行，又遇汶川大地震，绵虒系重灾区，数年恢复重建已完成。预计本族谱审定及付印也将提上日程。

二、祖籍源流

汶阳是绵虒的古称之一。十六代伍贤公修撰宗支薄以及贯名"汶阳"是经十五代如崇公安排并定名的。关于祖籍源流的查考，十七代在积累资料时多次与德以、德可、德尔等反复推敲。又据十七代德雍、十八代寿基二人回忆原宗支薄所载惠民始祖到汶川绵虒的情况也是重要依据。他们共同得出了惠民公是作为到汶川赴任的县令的亲随而定居绵虒的结论。上述族人都常常参阅和使用过原宗支薄，其中数人的记忆力突出，他们得出的结论是可信的。

原宗支薄的序言称"汶阳郭氏，祖籍陕西，唐末中原战乱频仍，先世避乱，由陕入鄂，由鄂入川，因此滞留蜀郡。"明孝忠弘治十三年，岁次庚申（1500）前后，其一支后裔即汶阳郭氏始祖惠民,由川西坝区入山,定居于汶川县城绵虒拐拐上,以此当地人称之为"拐拐上郭家"。汶川县治由威州迁于县南四十里之寒水驿——绵虒的时间是明宣宗宣德七年(1432)。据此,绵虒作为汶川县城已近七十年。惠民公娶妻韩氏,是当地土著羌族居民之女,推测应为我族与羌族通婚之始。始祖坟墓在县城小城角岷山之麓,坟墓不大,墓前竖有黑色石碑,上镌"明故始祖郭公惠民、祖妣韩氏之墓"的碑文。修筑成阿公路时,墓碑毁损。这比"湖广填四川"的移民史实早约两个世纪。明末张献忠农民起义军攻占重庆、成都建立大西国后,曾遣偏师试图将势力范围扩展至松茂汶一带,军行至彻底关,遇瓦寺土司士兵扼险坚守,转而折入太平驿沟茂州所属马厂,经石泉(今四川省北川县)回师。可见松茂汶山高路险,在当时却相对安定,这或许是先世继续在汶川定居的重要原因。

综上所述,我族祖籍陕西,唐末避乱辗转入川并在川西定居。始祖惠民于明孝宗弘治十三年,岁次庚申,即公元1500年前后,由川西坝区来汶川绵虒定居,并非是清初湖广滇四川而到四川定居的。

三、主要内容

除上所述,本族谱的主要内容还有以下几个组成部分。

(一)始祖惠民至十四代世系表。这部分因史料少,考证难,只能简略列出。

(二)本先祖入继史略及嫡嗣。

1. 入继史略

拐拐上十二代祖郭锜与三官庙郭氏一支均为八代祖郭鼎之后。锜祖之独子相森不幸青年病逝,不久锜祖也离开尘世。

锜祖之妣氏张氏祖婆虽是当地土生土长的普通女子,但她有主见、明大义、睿智过人。在失子丧夫的巨大打击面前,以超乎常人的坚毅支撑起家务。好在房产地产还足够生活所需,她忍着巨大的悲痛开始考虑入继大事,脚踏实地着手化解断绝香火的重大危机。当时居于县城的晚辈不少,好些都由其长辈出面,表示愿给祖婆为孙。面对此情,祖婆没有贸然行事,而是细心观察和了解情况,在比较中择优。在她看来,县城晚辈可供选择者多不能吃苦耐劳,非兴家立业之人。而三官庙郭氏后裔既是嫡亲近房,大都世代务农,有的是工匠,均为勤俭朴实的劳苦人家。她做出了自己的决断,看中了十三代祖相仪的长子本先。一切还算顺利,于是本先入继拐拐上为张氏祖婆之孙,她终于解决了承继香火的大事,时间在清道光六年(1826)左右,本先时年10岁。据此推断,本先祖的生年当为清嘉庆二十一年(1816)。本先祖生在农家,体格健壮,朴实挺秀,入继之后很是孝顺,深得张氏祖婆钟爱。由此可见张氏祖婆的眼光,她并未因此而稍有懈怠,反而是含辛茹苦为本先祖的成长安家耗尽毕生精力。本先祖成年后,由张氏祖婆为其择偶,女方系县城大姓鸿庆店高氏,高氏贤淑,为乡里称道。高氏数位兄弟皆为县城名宿。从此,高郭两姓有数代姻亲,后人对两姓的良好关系、相互扶持的美德均应铭记。本先祖与高氏祖婆约于清道光十九年(1839)完婚。

2. 本先祖嫡嗣

本先祖与高氏祖婆育有六男。

长男如屾生于清道光二十一年(1841),岁次丁丑,逝于清同治七年(1868),终年27岁。

二男、三男无法查考,可能是幼年即逝。

四男如岗生年约为清咸丰元年(1851),岁次辛亥前后。

五男如□生年约为清咸丰四年(1854),岁次甲寅前后。

幼男如崇生于清咸丰七年(1857)四月初九日,岁次丁巳。

本先祖与高氏祖婆于清同治初年,约为1864年左右相继辞世,终年在50岁左右。

这部分入继史略是族中大事,所以在本族谱中予以重点介绍,并对本先祖近支的其他情况作了概略介绍。

(三) 如崇公祖妣简历

十五代如崇公,生于丁巳年四月初九日,时值清咸丰七年(1857),系本先祖之幼子,弟兄共六人,公排行老六。原名如崑,后改为如崇,字玉辉。逝于己巳年八月二十四日酉时,时值民国十八年(1929年9月26日),终年73岁。童年时,双老相继逝世,受抚于长兄如屾公夫妇,11岁时长兄又逝,赖长嫂看护。因母系上街鸿庆店高家,故多得舅家扶持得以入学。公资质聪颖,初读私塾,自幼工书法,笔力遒劲。县试考中秀才,名列前茅(廪生)。后晋省乡试、录备取,学政张之洞赠联"吟声达旦豪于昔,腕力盘空大过声"以勉之。功名上以思贡生终其身。为人高风忠义、守正不阿,颇得街乡尊崇。历任县令及学署教谕对公都刮目相看,非常器重,曾主持县城石纽书院教政。清光绪末,1907年前后,瓦寺二十三世索代兴(字怀仁)继承瓦寺土司职位,经县令吴功溥(清翰林庶吉士,广东番禺人,光绪三十三年任)力荐为瓦寺土司书幕。土司书幕一职是土司与地方汉官之间的联系者,在乡绅中才德兼备者里物色。继任县令关念谷(甘肃泰州进士,宣统至民国元年任)对公亦很器重。民国二年(1913)四月初八日怀仁土司逝世,如崇公辞去书幕职位,任职六年左右。其间怀仁土司政务及家事经营等,公均以桑梓安定为宗旨,全力以赴,谨慎从事,受到土司及地方政府的肯定。之后公又短期在汶城高初两等小学堂执教。此后数年公又投师学医于蓉城,又经自学,终精于中医医道,能自制膏丹丸散、咀片,在本地、蓉城及灌县购得原料药及成品药,开设了自己的"致祥堂"中医诊所,汶理茂及过往军队、客商前来就医者甚众。他悉心服务乡里,如遇急病更是不论昼夜及时出诊,费用收取合理,医德享誉乡里。购存医书数百部,熟读深研,终生坚持。经史子集之书购存亦丰,深受中华传统文化熏陶,并以此教育子孙,为子孙营造了重视传统文化的氛围,树立了终生好学的榜样。他自拟的对联很多,每逢新年,大门和堂屋均要更换新联,民国二年新春堂屋的对联为"稍有藏书不为贫户,虽非名士却是亮家",同年末在日记的封底新拟的对联是"一腔方义酬乡里,满腹菁华付子孙"。于此,我们对如崇公的抱负和为人可窥见一斑。

尤为可贵的是,公虽出身贫寒,自幼在贫困中长大,身处时局动荡之中,始终能保持生活严肃、勤俭好学、摒弃烟赌。他敢于担当,艰苦创业,维系了一大家人的基本生活,为子孙的成长创造了基本条件。他爱好广泛,于雕刻、竹工、钟表修理、花木栽培都有涉足。结合行医,许多药用植物都是自己栽培的。难能可贵的是日记终身坚持,直至逝世前一周才停笔。日记的内容涉及农事、政治、灾变、气象、酿造、物价、家事等,足见其勤奋守恒的秉性。公虽为人严肃但待人和蔼,乡里皆敬而亲之。又因其人品学识,公与上层人士交往甚密,留下的文化遗产被文化教育部门所采用。他的书法造诣颇深,曾与于右任先生有过切磋,被十六代伍贤公称之为楷模,并要求"后生小子,永宜保之"。之所以重点介绍如崇公,是因为汶阳郭氏人丁兴旺自他开始,而他一生勤奋好学、生活严肃的高尚品德永远是后辈的楷模。

十五代祖妣高氏讳体裕,生于清咸丰五年(1855)岁次乙卯四月十七日。汶川县城高鼎臣(清代曾任松潘知县,讳继珩)之女。清同治、光绪交替年间(1874~1876)与如崇公婚配来郭家。慈眉善目,秉赋忠厚,相夫教子,育五男一女,奠定郭氏之繁盛皆祖妣福泽所赐。他来郭室之后,妯娌间和睦无间,推衣推食共度维艰,对儿孙慈爱有加,悉心看护耐心教诲。其时正值清末民初政局纷乱之时,阖家数十口人,家庭收入十分有限,面对这种情况,家庭的经济收支、生活安排、人情往来皆亲自料理,艰难之状可以想见。她教导家人与街邻友好相处,里外操劳,不辞辛苦。祖妣长祖考两岁,于祖考逝世后的同年九月初四日辞世,相隔仅十一天,终年75岁。

(四)从十五代起,因是近现代,通过抢救口碑、本人提供、专人收集,族人的情况就比较详实,是本族谱的主要组成部分,采取分支逐一列出。对各支重点人物的情况则在简历中稍详介绍,既丰富了本族谱的内容,又增强了实用性。缺点是较为散乱,拟在审定中采用丝线图等较好形式予以解决。对族人反馈的意见也要酌情考虑,力争简明实用。

（五）每个家族都有重大事件发生。为此，本族谱也将惠民始祖来绵虒定居近500年的情况进行梳理，经过比较按时间先后列出了几件事作为大事记载入。

大事记除将惠民始祖到绵虒定居的史实列出外，还将本族迁出外地的两支列出。其中一支迁至今都江堰市龙池镇，时间为明万历末期，另一支是清顺治年间迁至郫县安德镇雷庄。由于当时的交通条件极差，迁出的这两支与绵虒族人的交往极少。

大事记中列出的十六代参贤公一家七口在数日内因瘟疫而满门皆灭，时间是1935年10月。是什么瘟疫已难以查考，列出此事是因为我族遭遇了如此突然的人间惨剧，它让我们联想到当时的医疗条件、医疗水平、自然环境、卫生状况、交通条件等均处于十分原始和低下的水平，它让我们猜测可能是传染性痢疾、流感、禽流感才造成了如此悲惨的事变，也许这些可怕的疾病是早就伴随人类而存在，让我们深切认识到环境保护的重要性，也让我们当代人体会到日益进步的医疗技术、方便快捷的通讯与交通、丰富多彩的物质文化生活、日益发达的教育事业等带给我们的幸福感是那么的真切，我们应当倍加珍惜并为此不断努力。

大事记中列出了两位在抗日战争时期参军参战的十七代德克、郭荣，其中郭荣在对日作战中为国捐躯。在他们身上体现出了中华民族的传统美德——"国家兴亡，匹夫有责"的责任担当，列入族谱既是对他们的缅怀，也是对后人莫大的激励。（见下图）

羌族《汶阳郭氏族谱》书稿封面

四、关于民族融合

绵虒地处青藏高原东缘,是藏、羌、回、汉民族聚居区。

民族作为一个历史范畴,经历着从产生、发展到消亡的漫长进程。其中,既有民族自身的分化,更有民族间的融合。在我国历史上,各民族在长期交往、建立紧密联系的基础上,发生了大量民族融合的现象,其最主要的是以汉民族为民族融合的主体,各少数民族融合于汉族。比较典型的就有清朝立国入主中原以后仍实行尊崇儒家思想、实行科举制度选录各级官员、大量任用汉族官员,满族子弟也普遍接受儒家传统文化教育,满族渐渐融入汉民族。

新中国成立后,党的民族政策得到认真贯彻,民族区域自治的实施使得少数民族同汉民族一样成为新中国的主人。国家对少数民族的语言文字加以保护,信教自由、不信教自由、保护寺庙等政策得到落实,民族地区双语教育普遍开展。国家对民族地区的文化教育、经济建设、地区扶贫等均采取了力度很大的倾斜政策。维护国家统一、维护民族团结、维护地区稳定深入人心,汉族离不开少数民族、少数民族离不开汉族已成共识。可以说少数民族地区的社会经济各项事业进入了最好的发展时期。

绵虒郭氏家族始祖惠民娶妻韩氏系当地土著羌族之女,推测应为我族与羌族通婚之始。由于交通极其不便,加之经济状况不佳,明、清两朝我族参与科举考试取得举人、贡生者虽有数人,受制于当时的吏治,外出为官者极少。以十五代如崇公为例,参加省乡试,录备取,据汶川县志记载系恩贡候选直隶州判,用现在的话说是后备干部,然而由于前述原因,如崇公在功名上以恩贡生终其一生,在已毁的墓碑上刻有清故甄(征)仕郎字样就是证明。再从族人的生活轨迹看,大多在县内,婚姻关系的地理范围也就在方圆50公里范围之内。再加上当地经济以自然经济为主要特点,生产力发展水平十分低下,民众生活普遍处于贫困之中。在这样的历史条件、经济条件、地理交通条件下,我族与藏族、羌族通婚的情况极多也就是再自然不过的了。

从十八代起,时值新中国成立之后,如前所述,党和国家民族政策的贯彻,民族团结进一步增强,族人的婚姻关系有所变化,首先是地理范围扩展至阿坝藏族羌族自治州范围,还有为数不少在外地接受高等教育之后,在外地工作生活与汉族通婚安家外地。本家族的族别有藏、羌、回、汉,民族关系亦更加和谐,民族团结更加巩固,族人安居乐业,生活状况极大改善,正同全国各族人民一道在党和政府的带领下走在奔向全面小康的路上。

五、传承优良家风

汶阳郭氏尊唐代名将郭子仪为先祖,本族谱对其中有关情况有简要叙述,对郭子仪的生平则有较详介绍。笔者已是古稀之人,幼年祭祖的情形还清楚记得,特别是对每年除夕夜的祭祖印象深刻。年夜饭之前,父辈备好刀头,点腊、奉香、烧纸钱,同时口中念念有词。大意是,新的一年即将来到,祈望风调雨顺,祈望郭氏历代先祖保佑后辈子孙平安吉祥等。我和众兄弟姐妹一帮小孩闻到作为刀头的腊肉香肠的香味,心里馋得发慌,平时一月甚至更久都难有肉吃,这时巴不得祭祖仪式快些结束。父辈们总是规规矩矩,不紧不慢地将那些程序做完,然后行跪拜之礼。之后,我们一帮小孩行跪拜之礼,仪式才告结束,这时一家人才开始吃年夜饭。

汶阳郭氏尊郭子仪为先祖有何依据?原宗支簿在序言中说:"汶阳郭氏,祖籍陕西",与子仪的籍地相符。又说"唐末中原战乱频仍,先世避乱入川,因此滞留蜀郡",这与历史相符。然后是惠民公由川西坝区入山,定居于绵虒,交代也大致清楚。郭子仪戎马一生,在军事上达到很高的造诣;他曾因宦官的谗言被罢兵权,三起三落而胸怀坦荡;他重兵在手,位尊职显,权倾朝野,始终忠于职守,效忠国家,其责任担当和敬业精神堪称后世楷模。他叱咤风云的一生已永载史册,是华夏民族的优秀人才,族人为有这样的先祖而自豪。

我族的神位上有对联一副,左联为"大富贵亦寿考",右联为"多福禄宜侯王"。幼时不明其意,至今族人中也有好些人有偏颇的理解,以为是祈望历代先祖护佑后辈子孙能做大官、拿高薪,能富富贵贵、长命百岁,这实在有些荒谬。我曾有幸与父辈诸公交谈并探讨,这副对联其实是对郭子仪一生的概括总结,除前述而外,他以84岁高龄而辞世。这副对联推测是十五代如崇公所拟,目的是激励后辈子孙以子仪先祖为楷模,争做对国家有用之人。

说到家族的优良传统,作为一个极为普通的家族,其优良传统与中华民族的优良传统是一脉相承的,概括说来有如下几点:

位卑未敢忘忧国。据20世纪80年代所修汶川县志记载,抗日战争中,汶川县城共有八人参军出征,我族就有两人,他们是十七代的德克和郭荣。其中,郭荣为伞兵,在对日空降作战中为国捐躯。十七代的其他族人在那样恶劣的社会条件下,不断为生存而抗争,他们的善良本性和报国之志始终没有泯灭。新中国成立后,十八代、十九代族人中,无论身处何业,均能遵纪守法敬业奉献,许多人是中共党员,他们在追求政治进步的同时,自身事业亦各有千秋。

知识改变命运，教育决定未来。以惠民始迁祖来汶至今已500余年。汶川是偏僻之地，生产力水平十分低下，族人生活处于极度贫困之中，一日两餐、一稀一干是常态，遇有天灾人祸，生活还难以为继。就在这样的环境条件下，在科举时代族人中也有数人取得功名，九代安世公为清康熙己酉科举人，经世公为康熙辛酉科举人，十代郭璜公为清雍正癸卯科举人。较近的十五代如□公为清武秀才、如崇公为清恩贡生。从十七代起族人中有接受现代高等教育之人。新中国建国后，十八代、十九代受正规学历教育的本科生渐多，开始有研究生学历之人，走成人自考之路取得专科、本科学历的更不在少数。再就是十六、十七、十八三代受师范教育并以教师为业者较多，这原因主要仍是家庭无力供给接受普通教育的能力，在当时选择师范也就选择了接受教育的机会。上述情况充分表明，重视教育确为本家族的优良传统。

家庭和睦，孝老爱亲，团结互助，与人为善。在相当长的时间里，族人是以维系几个大的家庭而生活的。他们虽是一群衣衫褴褛、时时处于饥饿中的人，但兄弟之间、妯娌之间、长少之间均能识大体、顾大局，并且以礼相待、和睦相处，这在贫穷年代是十分难能可贵的。建国以后，家庭趋于小型化，但家庭和睦、互助互济、尊老爱幼的传统仍得以发扬。互助互济、从身边做起已成常态，族人均能从自身和周围去发现。至于与人为善，族人之间理应如此，与他人交往也应如此，这是人与人之间交往的原则。十五代如崇公学识、品德俱佳，在充任瓦寺土司书幕的数年中，总是以地方桑梓安定为原则，妥善地沟通了土司与地方政府的关系，土司与地方政府均表满意。如崇公与其长子易贤公两代从医，总是以悬壶济世为宗旨，药费收取公平。他们父子皆为县城名宿，易贤公还较长时间充任地方公职，他们与人为善和以桑梓安定为处世原则，调解了不少地方纠纷，他们因而在地方享有很高的威望。尽管一大家人的生活维持得相当艰难，但他们也并未因此而违背自己的处世原则，在地方上传为美谈。惟其如此，虽然当时社会经济条件十分恶劣，但换来的是族人的平安和人丁兴旺。

总之，我们家族的优良家风还可以列出不少，但人贵有自知之明，我们应当反思自身的缺点和不足，从而努力克服，才能摒弃陋习，不断提高自身的素质，才能适应新的时代。愿族人都能以"爱国守法、明礼诚信、团结友善、勤俭自强、敬业奉献"的公民道德规范共勉，愿国家兴旺，民族兴旺，家族兴旺。

2015年11月6日
（作者单位：四川省岷山机械厂）

哈尼族的口传家谱

王鹤鸣

哈尼族的梯田文化举世瞩目，哈尼族的口传家谱颇具特色，梯田文化和口传家谱相互辉映，成为中华民族文化发展史上一道亮丽的风景线。

一、哈尼族的历史文化

据2010年第六次全国人口普查统计，我国哈尼族人口为1660932人。其中，70%以上的哈尼族聚居在云南省哀牢山区的红河、元阳、绿春、金平、墨江、元江、江城诸县；无量山区的澜沧、景谷、景东、普洱、镇沅和澜沧江流域的勐海、勐腊、景洪诸县市，是哈尼族第二人口密集区；东起红河，北迄禄劝、双柏、屏边等十余县，也有哈尼族散居，人口有10万左右。

哈尼族系一个跨境民族，除主体分布在中国云南省外，在缅甸、泰国、老挝、越南诸国尚有50万～60万人。

哈尼族的历史脉络十分清晰，大体可分为四个时期。

1. 民族发祥和形成期——约在新石器晚期至春秋战国之际

此时期，哈尼先民诸羌部落自青藏高原沿澜沧江、怒江、金沙江流域高山深谷"民族迁徙走廊"南迁而来，其携带的文化是北方游牧文化，后在大渡河、雅砻江、安宁河流域与云贵川高原溯江而上的以百越为中心的夷越民族相际遇，经过漫长历史时期的融合，稻作文化取代了游牧文化，形成了一个新型的、以梯田稻作为经济主体的农耕民族——"和夷"。"和夷"是哈尼族见诸《尚书·禹贡》史籍的最早称谓。在此时期，哈尼先民以开放的意识，吸收了夷越民族的稻作文化，完成了由游牧到农耕的文化转型，也完成了民族的发轫和成形。

2. 从大渡河、雅砻江、安宁河流域向云南高原迁徙时期，约在春秋战国至唐宋之际

哈尼族的新兴引发了与周边民族僰人、濮人、越人及其他民族的矛盾，加之瘟疫和自然灾害，不得不离开民族发祥地向南迁徙。唐宋时期，哈尼族在云南和国外的越南、缅甸、老挝已有广泛分布。滇东北乌蒙山区芒布即为哈尼族，总称"和泥"。明王朝曾于此

置"和泥芒布府","和泥"在此广大地区称雄千年。滇西南,唐宋时大理洱海地区与楚雄州境广有哈尼族分布,称"和蛮",并有大首领统率其间。滇池区域,自唐以来有哈尼族(和泥)居于此。到唐开元、天宝时,包括今景谷、景东、镇沅、墨江、普洱、元江、江城、红河、元阳、绿春、金平诸县市以至越南、老挝北部边境2万平方公里地域,即有哈尼族分布。唐宋之际,六诏山地区(今云南文山州境)亦有哈尼族聚居。

3. 开拓滇南三江两山时期,时当唐宋以降,至中华人民共和国成立

这一时期长达1300多年,各地哈尼族的情况发生了巨大的变化。乌蒙山地区"和泥"、洱海地区"和蛮"和滇池地区"和泥"逐渐融入其他民族,滇东北地区现已无哈尼族,其他地区尚有零星分布。哀牢山"和泥"因远部、思陀部、落恐部、溪处部和六诏山的"和泥"维摩部、强现部、王弄部成为云南"三十七部蛮"中的主力,协助段思平摧毁了杨氏"大义宁国",建立了大理国政权,并受大理国主封赏甚多。嗣后六诏山"和泥"以强现部首领龙海基为首,与宋王朝发生密切关系,上贡名马、锦布等类物品,龙海基因此受封于宋室,世领六诏山,成为滇东南(今文山州为中心)最高领主。哀牢山区"和泥"到11世纪时渐趋强盛,因远部在礼社江畔(今元江县境)筑"罗盘城",建立"罗盘国"政权,最高首领称"罗盘主",幅员包括今元江、新平、墨江、镇沅、普洱、江城和景谷诸县市境。思陀、落恐、溪处三部亦势力日盛,辖今禄春、元阳、红河、金平四县境,北接罗盘国,南入越南北部地区,面积达2万平方公里。两地"和泥"向宋王朝入贡甚丰。元代,大理国灭,云南设行省,在滇东南立"阿僰万户府",以龙海基九世孙龙建能为总管,辖今红河、文山两州境。元云南平章政事赛典赤·赡思丁降伏罗槃主阿禾必,毁罗盘城,并对各部和泥加强辖治。明清两代中央王朝实行"改土归流",着力削弱各地土官势力。洪武年初,大量迁江西、湖南、湖北、南京等内地汉族入滇"实边",称为"军户""民户""匠户"。他们带来了先进的生产工具和经验,对"和泥"地区的经济、文化产生了较大影响。此时期"和泥"地区发展迅速,14~17世纪由于中央王朝奖农桑、兴水利、办交通、开矿产,明临安府"繁华富庶,甲于滇中"。

4. 中华人民共和国时期

哈尼族地区发生了历史性的变化,1952~1985年,先后成立了红河哈尼族彝族自治州、江城哈尼族彝族自治县、墨江哈尼族自治县、元江哈尼族彝族傣族自治县、镇沅彝族哈尼族拉祜族自治县和普洱哈尼族彝族自治县(2007年1月更名为宁洱哈尼族彝族自治县),人民政府的民族区域自治法保障了哈尼族人民政治、经济、文化的自治权益。改革开放以来,哈尼族地区工业、农业、交通、文化、教育、卫生、科技等方面取得长

足发展。①

民族学和历史学界对哈尼族的历史和文化渊源主要有三种观点:(1)氐羌南迁说。(2)红河两岸土著说。(3)两向族源多种文化融合说。第三种观点立论新颖,论说有力。

"哈尼"是本民族的自称,其意为"山居之民"。其支系繁多,自称尚有豪尼、白宏、多尼、卡多、雅尼、阿卡、碧约、锅锉、哦努、阿木、卡别、海尼、腊咪、艾乐、奕车等。1950年,按照本民族人民的共同意愿,经中央人民政府批准,以人数最多的自称单位"哈尼"为全民族的统称。

哈尼语属汉藏语系藏缅语族彝语支,划分为哈雅、碧卡、豪白三大方言区,其下又分为哈尼次方言、雅尼次方言、碧约次方言、豪尼次方言和白宏次方言,次方言内又分若干土语。部分地区的哈尼人兼通汉语,而墨江、元江、红河、元阳、江城、普洱等县市部分哈尼人则会说彝语,西双版纳地区有不少哈尼人会说傣语。

1949年以前,哈尼族只有语言而没有文字。1952年,中共中央、国务院为了帮助哈尼族人民解决文字问题,组织了有哈尼族干部参加的哈尼语文工作队伍,开始进行哈尼语调查研究,经过几年的努力,于1957年写出了《关于划分哈尼语方言和创制哈尼文的意见》的哈尼语调查报告,制定了拉丁字母形式的《哈尼文字方案》(草案),哈尼文以哈雅方言的哈尼次方言为基础方言,以绿春县大寨哈尼语的语音为标准音。这个方案于1957年3月召开的云南省少数民族语言文字科学讨论会上通过,1958年经国家民族事务委员会批准试行,为目前通用的哈尼文。

哈尼族是半山腰民族,长期生活在半山腰上,吃的是山,靠的是山,成天看到的是山,山就是他们生活的全部环境、全部空间,山就是他们心目中的整个世界。按马克思主义的宗教观,宗教是现实的反映,半山的民族形成了半山人独特的宗教观念、宗教信仰。

哈尼族的宗教信仰是万物有灵的原始宗教,在万物有灵观念的支配下,产生了自然崇拜、祖先崇拜和天神崇拜等。哈尼族认为世间万物皆有灵和神,天有天神、地有地神、山有山神、树有树神、水有水神、风有风神、雷有雷神、火有火神、寨子有寨神、庄稼有庄稼神等,属于原始的多神教,没有形成虔诚统一的神崇拜。但尽管如此,哈尼族的天神崇拜在诸种崇拜中是最高的崇拜。哈尼族认为,在诸多神灵中天神"俄玛",是世间至高无上、无所不能的主宰者。哈尼族把世界分为三部分:天上、地上和地下,认为天神"俄玛"和先祖的灵魂生活在天上,地上生活着人畜万物,地下有鬼神,还有被鬼带下去做苦役的活人

---

① 参见《中国少数民族古籍总目提要·哈尼族卷》,中国大百科全书出版社,2008年,第2~4页。

之魂。只有哈尼族宗教活动的主持者——"摩批"才能"入地上天"。①

二、哈尼族的梯田文化

哈尼族是中国56个兄弟民族中的一员,在漫长的历史时空中创造了堪称世界之最的梯田文化。在2013年第三十七届世界遗产委员会会议上,红河哈尼梯田被正式列入世界文化景观遗产名录,哈尼族的梯田文化进一步引起世界的关注。

在中华民族创造的文明遗产中,迄今仍在为人类创造实用价值的,一个是都江堰,另一个是哈尼梯田。

哈尼梯田是指红河南岸哀牢山区以哈尼族为主的各族人民,利用"一山分四季,十里不同天""山有多高,水有多高"的特殊地理气候,发挥聪明才智和创造精神开垦的农业生产奇观。

哈尼梯田历史悠久,见于史料记载的就有1200多年。早在唐代樊绰《蛮书》中说到"蛮(哈尼族)治山田(梯田)殊为精好",明代大农学家徐光启《农政全书》将哈尼梯田列入全国七大田制之一,称为"世外梯田"。清代不少文献也记载了哈尼梯田的壮丽景观。

哈尼梯田整体呈现一个以梯田为中心的"综合性人居环境"。在哀牢山南段优越的气候、土壤条件下,居民在背山向阳的红河南岸山坡地,选择了海拔高度适宜(1800米左右)、水源状况良好的凹塘区域缓坡地作为村寨建设用地,依山就势,建设集中的村寨。哈尼族对村寨位置的选择极其严格,有着一整套严厉的法规。村寨均坐落在山峦环合、古木怀抱的"凹塘"(山窝),座座山腰有无数银带般的水渠,保证了连天接云的梯田长年饱水。

哈尼族在村寨下方及周边地区开垦梯田,形成以"上森林、中村寨、下梯田、水利系统贯穿其中"为具体内容的江河、梯田、村寨、森林的"四素共构"的"人居环境和梯田生态系统"。这里的村寨人口规模,根据周围可开垦梯田量而确定,人口的增加伴随着新村寨及开垦区的选址建设,形成"一片寨田、一座村寨、森林成片、梯田成片"的整体布局。从适应生态环境的角度,最大限度地保存和展现了哀牢山区原始生态系统,梯田农业生态与自然生态通过互相补充、完美融合而创造了一个自然、良性的人居环境。

哈尼梯田绵延整个红河、元阳、绿春及金平等县,仅元阳县境内就有17万亩梯田。元阳县的梯田修筑在山坡上,最高级数达3000级,举世罕见。自古以来,以哈尼族为主

---

① 李泽然等编著:《中国哈尼族》,宁夏人民出版社,2011年,第183~184页。

的各民族在红河南岸蛮荒的土地上开发了上百万亩的梯田,规模宏大,气势磅礴,与哀牢山特殊的自景观相结合,形成了世界农耕文化中壮丽、雄伟、独特的奇观,成为农耕文明的典范。

1200多年来,哈尼人民倾注了数十代人的智慧与心力,不仅解决了稻作的水利问题,其森林涵养、梯田灌溉等更形成了充满活力的生态系统与农耕文化,梯田至今仍然是哈尼人民物质和精神生活的根本,更是哈尼人民与哀牢山和谐相处的伟大创造,是文化与自然巧妙结合的不朽产物。①

哈尼族源于青藏高原的古羌族群,经过由北而南的漫长迁徙定居哀牢山后,依山凿田,靠林引水,开垦梯田,养育了一代又一代的哈尼人。尽管哈尼族没有自己的文字,但他们在长期的梯田农业生产中,勇敢探索,认真总结,将获得的生产、生活经验以诗歌、神话、俗语、风俗习惯等形式世世口耳相传,代代补充完善,最终构成一个属于自己的、以梯田农耕为核心的文化系统,这就是哈尼梯田文化。

像在中国西南部哀牢大山中奔腾不息的红河和藤条江一样,哈尼梯田在中国农耕历史的长河中,至少存活1200多年。由哈尼族人民在漫长的农耕生涯中创造出来的红河哈尼梯田文化,在中国和世界文化的长河中,也潺潺流淌了一千多年。

哈尼族人民在其特有的世界观和人生观的指导下,辛勤劳作,在险恶的环境里,经过世代努力,用生命和汗水开垦出层层梯田,创造了令人惊叹的梯田文化,达到了农耕文明的高峰,实现了人与自然、人与人的和谐与协调。梯田文化蕴藏的智慧,对于今天我们所要实现的可持续发展战略也有积极的意义。

三、哈尼族的口传文化

哈尼族以古籍为核心的传统文化浩瀚绚丽,以其独具的特点和丰富的内涵,引起学术界的关注。

哈尼族古籍是哈尼族历史文化的载体。它像一艘巨大的船,承载着哈尼族的意识形态和生产生活知识,包括宗教、哲理、文学、艺术、道德、社会规范和生产生活技艺等内容,对民族的实际生活有着较大的作用,它的发生、发展与哈尼族数千年漫长历史同步。

在民族发祥和形成期,最早的古籍是巫觋的歌咒。其中最著名的歌篇是流传于红河地区的大型古歌集《窝果策尼果》和《十二奴局》,它们是此一时期古籍文化的代表作。

---

① 李泽然等编著:《中国哈尼族》,宁夏人民出版社,2011年,第129~130页。

在民族大迁徙时期,产生了大批反映这一血与火时代的迁徙歌、迁徙传说和故事,在此基础上,集粹成一批以唱叙民族整体迁徙史为经线,着力表现民族在各迁居地的生产生活和社会变迁,热情讴歌在历史的搏战中伟然矗立的民族英雄的长篇迁徙史诗。其代表是流传于红河地区的《哈尼阿培聪坡坡》《普嘎纳嘎》和流传于西双版纳地区以及东南亚的《雅尼雅嘎赞嘎》。

唐宋以后,伴随着民族大迁徙、大征战的结束,一个开发、建设滇南三江两山地区的和平时代来到了。哈尼族古籍在安定的社会环境中,在物质生活资料远较过去更为丰足的背景下变得丰富绚丽起来。尤其是围绕着千山万岭上层层梯田的开发和片片村寨的建设,一整套与梯田农耕相适应的文化模式正式建构,往昔的古规古礼在新的条件下更加圆满和充实。这一时期哈尼族人民有充分的时间和精力将传唱千年的古歌打磨得古色古香,使之成为典范,同时根据新的情况创造出大量表现现实生活的传说、故事、歌谣、童话、谚语、格言、笑话,严格的宗教祭祠也变得活泼而富有人情味,出现了百花齐放的兴旺景观。

中华人民共和国成立以后,哈尼族古籍依然在民间广为流传,并继续发挥着对现实生活的指导作用。20世纪六七十年代虽有几次极左思想的影响,但哈尼族人民对自己民族古籍的热爱、保护,使之并未被根绝。改革开放后,随着政策环境的宽松和民族文化的发扬,演唱古歌、奉行古规古礼的民族文化活动得到政府的支持和法律的保护,使世代相传的哈尼族传统文化得到系统搜集、整理、研究、保存和出版。[1]

哈尼族古籍传统文化总其类有神话、传说、故事、童话、寓言、笑话、谚语、格言、神话古歌、叙事歌、儿歌、情歌、山歌、风俗歌、史诗、祭词、咒语、谱牒、碑刻、文书等。

哈尼族历史上没有表达自己语言的文字,哈尼族丰富绚丽的传统文化主要以心授口传的方式留传下来。哈尼族的口传文化,由两大板块构成:一是神话、传说、故事、童话、寓言、笑话、谱牒等以散文性的方式传承;二是神话古歌、山歌、情歌、儿歌、风俗歌、史诗、祭歌、咒语、谚语、格言等以韵文性的方式传承。第一个板块可称之为"散文文化",第二个板块叫做"韵文文化"。散文文化传承的最大特点是"讲",即讲故事;韵文文化传承的显著特征是"唱",即吟唱。

哈尼族的传统文化之所以有如此可观的景象,一个重要的原因是千百年来职司宗教祭礼的千千万万个"摩批"为之耗费了大量的精力和心血。

---

[1] 参见《中国少数民族古籍总目提要·哈尼族卷》,中国大百科全书出版社,2008年,第5~6页。

哈尼族的"摩批"也叫"贝玛""比摩"等,也译作"莫批""磨批""摩匹"等。"摩批"是哈尼族社会中从事传统宗教祭祀活动的祭师。他们既要主持丧葬祭礼、超度亡灵、杀牛祭祀等重大活动,又要主持村社和家庭的一般公祭和祭祀活动,为其占卜、求神、驱鬼、叫魂等。他们不仅是宗教活动的主持者,而且是哈尼族历史文化的保存者和传播者,"摩批"与头人和工匠一起被哈尼族称为三种能人,还被群众誉为哈尼族的知识分子,在哈尼族中享有很高的威望。

要想成为一名合格的"摩批",就要接受严格的教育,必须具备专门的知识和与神鬼打交道的"特殊本领",这就需要专门的学习和教育。"摩批"教育的内容很多,主要有以下几点:

1. 哈尼族的历史知识。哈尼族的历史是一部迁徙的历史。无论从汉文典籍对哈尼族历史的零星记载,还是从各地哈尼族普遍流传的口传资料来看,哈尼族都是从青藏高原向南迁徙而来的。

2. 神话传说知识。哈尼族的神话已形成自己的体系,神话故事已成系列,主要包括宇宙万物的由来、人类的诞生、神和人的谱系、动植物的谱系等内容,涉及开天辟地神话、洪水神话、日月神话、自然神话、物种起源神话、文化起源神话、祖先神话、英雄神话、火神话、图腾神话等;哈尼族的传说分为:祖先传说、史事传说、风物传说、习俗传说、人物传说、动植物传说等。

3. 神鬼知识。哈尼族的宗教属于原始的多神教。哈尼族普遍认为万物是有灵的:天有天神、地有地神、寨有寨神、山有山神、树有树神、雷有雷神、庄稼有庄稼神等。并认为神既能保佑人畜和庄稼,给人以幸福,又能伤害人畜和庄稼,给人带来不幸和灾难,所以人们经常祭祀和讨好它们,决不能得罪它们。哈尼族人的"摩批"是人与神和人与鬼之间的中介,直接与鬼神打交道,所以有着丰富的鬼神知识。

4. 祭祀知识。哈尼族的口头文献中大部分涉及有关宗教的内容,这些文献是"摩批"从事祭祀活动的重要依据。祭祀仪式是"摩批"在吟诵祭祀中进行的,所以吟诵祭词是祭祀活动的重要组成部分。

5. 家谱和地理知识。"摩批"除了要熟记哈尼族祖先的迁徙路线之外,还必须熟记各家族、家支的谱系和其祖先在历史上生活的空间环境和发生的重大事件,了解哈尼族地区的山河地貌。在哈尼族葬礼的送灵仪式上,"摩批"一方面要赞颂死者一生的伟绩,目的是让死者的后人铭记死者生前的功绩,发扬其创业精神。其次要背诵死者家族、家支的家谱,一方面借机向本族后代传授家谱,让族人了解本家族家谱的分支源流、分支家谱的发展情况以及家族中各家支的分布地区,进而了解与本家族相关的社会发展脉络;另一方面好让死者的亡灵被送回到祖居地后能顺利地找到本家的先灵们。"摩批"在为亡灵念指路经时,要按死者生前所属的家族、家支及其居住地,一站一站把亡灵送回祖居地——努玛阿美。在指路时,要描述沿途各地的地形地貌和自然环境,以利亡灵顺利通过;同时,凡是本家族的祖先在历史上发生过重大事件的地方,都要向亡灵作介绍。因此,家谱和地理知识是"摩批"教育中的重要内容。

此外,尚要具备民间故事知识、生产生活知识、医药知识等。①

"摩批"教育是一种师徒式的传承教育。"摩批"只限于男性。传承方式有两种:一种是只传嫡子嫡孙,在绿春县这种传承方式居多数。另一种是除传给嫡子嫡孙之外,还收外人为徒加以传授。这种传承方式在元阳县则是多数。很多人从小就学习如何做"摩批",如记诵各种祭词,掌握祭祀程序,选择祭日、祭品等,其中,祭词是学习的重点。祭词内容很多,范围很广。上至天文,如祭星辰、观天象;下至地理,如选宅基地,择坟址,看地形和山脉走向等。哈尼族的祭祀种类繁多,而且在每一种类型里又有无数套不同的祭词,每套祭词都很长,记诵这些祭词需要数年,是件"苦差事"。因此,中途退学的人很多。

"摩批"队伍里分大"摩批"和小"摩批"。有的记熟几套后出师,自己主持祭祀活动,但活动范围很小,只限于家庭内部的祭祀,这些属于小"摩批";有的虽然掌握了几套,但不主持祭祀活动,也属于小"摩批";有的"摩批"既从事祭祀活动,也主持大的宗教活动,他们常被人们称为大"摩批"。"摩批"知识很高深,套路很多,有一部分人能够掌握比较丰富的摩批知识,而且他们还兼具诅咒(咒语)、预测、占卜等能力,被族人誉为"高级知识分子"。他们为族人驱邪治病,从而成为远近闻名的大"摩批",这些"摩批"在村寨中名声大,地位高,受人尊敬。②

"摩批"是哈尼族的宗教祭司,同时是哈尼族主掌精神文化的代表性人物,与头人、工匠成为哈尼族社会的三种能人。"摩批"、头人、工匠三位一体的管理体制,是哈尼族从古至今一脉相承的社会职权体系。新中国成立后,头人的职能为政府部门和村干部所取代;随着商品贸易的发展,外地更先进的生产工具大批进入哈尼族地区,工匠的职能也逐渐消减。但长期以来,"摩批"依然在哈尼人中享有极高威信,直到今日,所有年节祭仪仍需他们主管,所有传统文化仍由他们诵传。(见下页图)

---

① 李泽然等编著:《中国哈尼族》,宁夏人民出版社,2011年,第85~88页。
② 李泽然等编著:《中国哈尼族》,宁夏人民出版社,2011年,第81~82页。

云南哀牢山地区首届哈尼族"摩批"会照片(1981)

"摩批"作为哈尼族的文化大师在执掌繁琐的宗教祭仪的同时,通过心传口授的方式,把哈尼族传统文化系统地加以传扬。他们过耳成诵,感情丰富,长于记忆,善于创造,将博大精深的哈尼族传统文化通过口传接力棒的形式一代一代传承下来。才华卓著的"摩批"更会把现实生活的变迁加以升华,从而创造出新的文化,使哈尼族传统文化犹如一棵生命之树,伴随着时代而茁壮成长。

四、哈尼族的家谱文化

哈尼族的家谱文化是哈尼族神话中关于天、地、神、人、动物之间一套严密谱系的重要组成部分。

这一点,只要对哈尼族在民族发祥、形成时期流传于红河地区的大型古歌集《窝果策尼果》的叙述稍加清理即可看出。

《窝果策尼果》中说,远古时,"世界只是一片黑雾,像漆黑的大锅盖在大海上,世上唯一的生物是一条九千九百九十九庹(1庹约合5尺)长、'七十七个缅花戚里'(目之所及的最大范围)宽"的金鱼娘。亿万年后,金鱼娘醒过来,它把天地来生养,生过天地,又生出太阳神约罗和月亮神约白、天神俄玛和地神密玛……"俄玛"是最高最大的天神,金鱼娘生下天上地下的大神后,又生下两个美丽的姑娘烟姒和玛奔,这是专司"流传到今的十二种古规古礼"的法典女神。"俄玛"又生下人神玛窝,从此开启了"俄玛—玛窝—窝觉—觉涅……"的人类家族世系连名谱系。她又生下一系列自然神——光神、雷神、风神、雨神、云神、天河神等天神,以及山神、江神、崖神、树神、石头神、青草神等地神。她还

"生下一位最能干的姑娘",这就是万能的神王"阿匹梅烟"(老祖母梅烟),由梅烟神王执掌万神与万物。

这样就构成了一个组织完善、互相统属的神、鬼、人、飞禽、走兽、水族协调统一的神圣家族体系。

由上简述可知,人的世系是由天神"俄玛"开启的:天神"俄玛"生下第二代祖玛窝,玛窝生下第三代人窝觉,以下按照连名谱系排列下去,即窝觉—觉涅—涅直—直乌—乌突—突玛—玛约—约涅—涅本—诗米乌—乌突里—突里佐—佐梅烟—梅烟恰—恰乞形……一直排到念诵此谱系的歌手本人,计有八十代之多。这第一、第二代人祖,"他们生着什么脸,他们长着什么脚,肩上扛着几个头,头上生着几张嘴,这些神的事情,最大的'摩批'也说不清,只知他们会用背走路,两代人分不出大小"。第三代"窝觉"虽贵为天神,但愿住到地上来。第四代"觉涅"遍体长毛,鬼脸("涅"即"鬼")。第五代"涅直"仍是鬼。第六代"直乌"从蹲踞状态向直立状态发展("乌"即"活起来")。第七代"乌突"呈连蹲带站状态,还站不稳。第八代"突玛"就是直立行走的人了,所以又叫"阿培突玛",即"直着身子走路的祖先"。但是她很懒、很笨,常常为一些琐碎小事上天去找天神帮忙。神们不胜其烦,就砍掉她的9个头,只留一个好让她专心想事,神又砍断天梯,使其不能再上天。第九代"玛约"已能住进树洞或崖洞("约"即"洞")。第十代"约涅"已稍许聪明一点("涅"除"鬼"外,还有"聪明"之意)。第十一代"涅本"脑筋就开窍了("本"即"开通""聪明"),而且耳朵也听得见别人说的话了。第十二代"诗米乌"已能认母亲了("诗米乌"即"不会吃错奶头")。第十三代"乌突里"已有固定的男女交配对象("乌突里"即"钥匙放进锁洞里",喻男女交合),"银打的钥匙放进金打的锁,男女相交也不会认错,阿爸也会认了,阿妈也会认了,母亲肚子大起来,也会用手把小娃接到世上"。第十四代"突里佐"和第十五代"佐梅烟"就结成了部落("佐"即"部落")。第十六代"梅烟恰"则生殖机能尤其强大,她第一次生出人的直系祖先恰乞形,由此接着排下哈尼祖先的连名谱系。①

在上述世系中,最重要的是第一代的"俄玛"和第十二代的"诗米乌","俄玛"是最高最大的天神,是开启人间谱系的天神,"诗米乌"的意思就是"不会吃错奶头",即已开始能认母亲了,也就是说,从"诗米乌"这一代开始,已具备母系血缘关系了。

哈尼族几乎每个家族都有心授口传自己家族谱系的文化习俗。杨六金编著的《红河

---

① 《中国少数民族古籍总目提要·哈尼族卷》,中国大百科全书出版社,2008年,第7~13页。

哈尼族谱牒》（民族出版社2005年）共刊载从90余份口传家谱中选择出来的56份谱系，而《中国少数民族古籍总目提要·哈尼族卷》（中国大百科全书出版社2008年）一书则刊载口传家族谱系达124份（其中部分与《红河哈尼族谱牒》一书重复）。据这100余份口传家族谱系统计，其第一代始祖大多就是"俄玛"，也有少数以"诗米乌"为第一代始祖。以《红河哈尼族谱牒》刊载的56份谱系为例，其中将"俄玛"列为第一代始祖的达42份，将"诗米乌"为第一代始祖的计12份。这一切表明，由于各地历代"摩批"广为吟唱口传大型古歌集《窝果策尼果》，使其神话中关于天、地、神、人、动物之间一套严密谱系深入千家万户，因此使哈尼族各地各家族的谱系大多以天神"俄玛"为第一代始祖，或以已具备母系血缘关系的"诗米乌"为本家族的第一代始祖。

如流传云南元阳县的《洞浦村朱氏谱系》就以"俄玛"为第一代始祖，其谱系为："俄玛—玛窝—窝和—窝作—作念—念最—最乌—乌突—突玛—玛永—永念—念毕—阿培送咪窝—窝突里—突里佐—佐莫烟—莫烟铲—铲特史—特史里—里波辈—波辈乌—乌和然—和然聪—聪莫依—莫依最—最堂朋—堂朋沙—沙鲁补—补哈毕—哈毕欧—欧莫佐—莫佐鲁—鲁依波—依波欧—欧练通—通练热—热为毕—为毕聪—聪弄祖—祖毕最—毕最生—生窝车—车空—空批—批主—主楼—楼哈—哈达—达科—科毕—毕忠—忠龟—龟者—者木—木沙—沙最—最弄—弄果—果周—周热—热科—科到—到木—木然—然祖—祖贤—贤呼—□□—□□—□□。"共69代。[1] 本谱系以天神"俄玛"为第一代始祖，已具备母系血缘关系的"诗米乌"则被列为第十三代先祖"阿培送咪窝"，"送咪窝"即"诗米乌"。这是一份从天神到族人的谱系表。其中，从第一代到第十三代，是从神到人的世系，从第十三代开始，则是洞浦村朱氏家族族人的世系。

流传云南元阳县的《大渔塘村何氏谱系》则以"苏咪乌"（"诗米乌"）为第一代始祖。其谱系为："苏咪乌—乌退里—退里左—左阿耶—阿耶洽—洽贴息—贴息哩—哩保白—保白捂—捂合然—合然搓—搓末与—末与直—直塔婆—塔婆撒—撒鲁白—白哈标—哈标约—约毛作—毛作鲁—鲁兵波—兵波明—明鲁扎—扎鲁溪—溪簸—簸则—则其—其忠—忠矮—矮通—通们—们洛—洛统—统咱—咱簸—簸扣—扣窝—窝则—则斗—斗忠—忠举—举惹—惹木—木候—候主。"共45代。[2] 本谱以已具备母系血缘关系的"苏咪乌"（"诗米乌"）为第一代始祖，完全是一份大渔塘村何氏家族族人的谱系表。

---

[1] 《中国少数民族古籍总目提要·哈尼族卷》，中国大百科全书出版社，2008年，第72~73页。
[2] 杨六金编著：《红河哈尼族谱牒》，民族出版社，2005年，第73~75页。

由于哈尼族各地方言发音不同,笔录各家族口传谱系刊载时必然会出现许多谐音,因此在众多的哈尼族口传谱系中,"俄玛"还有"奥玛""凹玛""母翁""明翁""咪翁""哦麻""哦玛""奥皮""莫咪"等提法,"诗米乌"则有"司米锐""算米月""思米语""苏咪依""送咪窝""苏咪乌"等提法。

以"俄玛"为始祖的谱系中,都有"诗米乌"作为本族先祖之一列在各家族谱系里,但其所居世系位置不一,有的如同《窝果策尼果》歌剧中所叙述的,列为第十二代先祖,有的则列为第六代,或第七代,或第八代,或其他各代,上述《洞浦村朱氏谱系》中"送咪窝"则列为第十三代先祖,等等,这说明:《窝果策尼果》在各地吟唱流传过程中出现了多种不同的版本。

哈尼族的口传谱系是连名制。所谓连名制,如上述《洞浦村朱氏谱系》和《大渔塘村何氏谱系》所揭示的,上一代名字的后一二字,为下一代名字的前一二字,这样既可区分辈分,又朗朗上口便于心授口传。

哈尼族的口传谱系是父子连名制。大型古歌集《窝果策尼果》告诉我们,天神"俄玛"为神圣谱系的第一代,第十二代"诗米乌"则已能认母亲了,即开始具备母系血缘关系了,表明哈尼族同中华民族中的其他民族一样,远古哈尼族先人从群婚关系进入血缘关系,首先进入的是母系氏族社会。后来由于生产生活资料的所有权由女性转向男性,男性在社会生活中占据了主导地位,因而取得了对社会的统治权。为了巩固父系族的主导地位,产生了父子连名制,通过父子连名的方式把血亲集团凝聚起来,以稳固父系氏族的统治权利。父子连名谱系的产生,标志着哈尼族完成了母系氏族向父系氏族的过渡。

新中国成立后,有的民族还保留父子连名,有的民族不再保留父子连名。哈尼族"父子连名制"与其他彝语支民族不同的地方在于,哈尼族连名谱系既是家族血缘的连名,又超越家族血缘连名,是从天神到族人的谱系表。

《中国少数民族古籍总目提要·哈尼族卷》共刊载124份口传谱系,代数最多的是72代,最少的是16代。其中30至39代之间的有5份,40至49代之间的有25份,50至59代之间的有43份,60至70代之间的有49份,平均代数为55代。"哈尼族连名谱系始于何时? 由于哈尼族没有文字,口头历史讲述也只说是很久很久以前哈尼族祖先就传下了连名谱系。从哈尼族连名谱系本身看,若按55代计算,一代按人类学公认的为25年,那么,哈尼族连名谱系至今已有1375年的历史。对此,从汉文典籍来看,哈尼族连名谱系至少从唐代南诏时期就开始存在,至今有1356年。"①

按照哈尼族父子连名制的古习,谱系只传子不传女。然而在家族实际传承过程中,也时而会出现只有女而无子、有子但幼时夭折、有子但发育不健全、或男子非正常死亡等状况,遂使这一代没有合适的男子成为这一代继先承后的先祖,为使宗族谱系传承下去,就由舅舅方面(即母系)找人过继到本家族,或者由"摩批"帮助找人过继到本家族,从而使本家族的谱系正常传承下去。家族谱系中,如发生过舅舅方面(即母系)找人过继到本家族,或者由"摩批"帮助找人过继到本家族情况的,在家族谱系中的名字上,也会反映出来。

2017年4月17日,笔者在云南红河州博物馆采访绿春县"摩批"白阿明,他介绍:1944年出生,今年73岁,有4个儿子,1个女儿,11个孙子,是当地的"摩批",歌手。白阿明说:

> 我30多岁开始背家谱,是多次参加各种仪式,与别人交流才知道如何举行仪式背诵家谱的。我家家谱有60多代,其中神谱8代,人神60代。家谱是不能随便背的,要举行一定的仪式。今天要我在这里背,我先要告诉一下先祖:因为有远方的客人来,请你们原谅,同意我在这里背诵家谱。下面我就背:
>
> 1.培苏米、2.苏米威、3.威推里、4.推里宗、5.宗米烟、6.米烟怡、7.怡七西、8.七西里、9.里宝白、10.宝白伍、11.伍敖然、12.敖然初、13.初木威、14.木威追、15.追挑朋、16.挑朋山、17.山鲁伯、18.伯哈配、19.哈配威、20.威木作、21.木作鲁、22.鲁丙波、23.丙波阿、24.阿里涛、25.涛里优、26.里优偏、27.偏农、28.农阿、29.阿本、30.本多、31.多娘、32.娘董、33.董车、34.车追、35.追曲、36.曲涛、37.布哲、38.哦哲、39.哲机、40.恢吕、41.茶莫、42.莫沃、43.沃仍、44.仍在、45.在老、46.生梭、47.刻崔、48.崔表、49.表缀、50.缀黑、51.黑扰、52.扰阿、53.阿焉、54.焉仍、55.仍龙、56.龙苗、57.苗波、58.波才、59.才目、60.目哲。

白阿明说:家谱平时是不能随便念的,只有家中老人去世时,要举行仪式,邀请"摩批"到场,才能念。要杀牛,或杀猪,至少要杀一只大公鸡,然后开始念。家属念一代,"摩批"跟着念一代。先顺念,自始祖念到当代,然后再倒念,从当代,再一代一代上推到始

---

① 李少军:"哈尼族连名谱系的哲学解读",《中央民族大学学报》(哲学社会科学版),2006年第1期。

祖。在念的同时，"摩批"用竹筒不断敲打地面，意在告诉刚去世的老人，不要走到其他歪路上去，要依念的祖先的清白道路，回到先祖那里去。悼念时，如有亲属带上牛、猪、大公鸡前来祭祀，则要重复将家谱顺念、倒念一次。如家属成员非正常死亡，或不到30岁去世，就不必举行以上仪式，人不入谱，将死者推到村外野坟堆里简单处理，成为野魂孤鬼。当然，过节时，也要对他们安抚一番，简单在门外先对本家族的野魂孤鬼进行祭祀，然后在家里对入谱的历代先祖再进行隆重的祭祖仪式。

哈尼族历史上没有自己的文字，对子女的教育通常用口传心授的形式进行。在所传授的众多知识中，除了实用性的生产生活知识外，适用于口传的知识很多，家谱、谚语、故事、酒歌、情歌、摩批祭词等都属于这个范畴。这些口传知识里，包含很多人生哲理、生活真谛，是祖先积存下来的智慧的结晶。

哈尼族在对子女口传心授的教育中，最重要的是要牢记、吟诵本家族的谱系。每个哈尼族男子都要求能熟练地念诵自己的谱系。在哈尼族内部，至今仍保持着父子连名制，每个男子都可以通过背诵家谱来确认多少代前，哪些家庭同属于一个祖先。每个哈尼族家庭都能根据自己的谱系，十分准确地推断出宗族分支，明确亲属间的亲戚关系。家族内的成员之间知道这些，就有了相互保护、援助的义务，在日常生产、生活方面相互协作，如族内搬运木料建房、农事活动、婚丧喜事等，一起前来帮忙，共同参加家族祭祀活动，同时严格禁止家庭成员之间通婚。对谱系的熟练程度，成了衡量一个哈尼族男子汉学识强度的重要标准和争取社会地位和公众敬意的一种方式。

总之，哈尼族的口传家谱是哈尼族文化的标志之一，它是理解哈尼族文化的钥匙，它是一座无形无字而又铭刻在哈尼人心中的纪念碑。哈尼族的口传家谱历史悠久，内容丰富，传承规范，影响深远，是我国优秀传统文化中值得总结研究的一笔重要的历史文化遗产。

（作者单位：上海图书馆）

参考文献

《哈尼族社会历史调查》，云南民族出版社，1982年。
《中国少数民族古籍总目提要·哈尼族卷》，中国大百科全书出版社，2008年。
李泽然等编著：《中国哈尼族》，宁夏人民出版社，2011年。

南马著:《无字诗篇——哈尼族口传文化与梯田农业》,云南美术出版社,2010年。
史军超著:《文明的圣树——哈尼梯田》,黑龙江人民出版社,2005年。
杨六金编著:《红河哈尼族谱牒》,民族出版社,2005年。

由隋嘎的族谱看西盟佤族进入父系社会的时间

毕登程(哈尼族)、隋嘎(佤族)

一、家谱不一定就完全等同于族谱

什么叫做家谱呢?《辞海》的定义是:"旧时记载一姓世系和重要人物事迹的谱籍。"《现代汉语词典》的定义是:"家族记载本族世系和重要人物事迹的书。"相较而言,笔者认为《辞海》的定义是更准确的。因为从实际情况看,不论汉族还是少数民族(包括佤族),在背自己家谱的时候,一般就只背同一姓氏的谱系,顶多两个姓氏的谱系(自己这一姓的加上最初的、还未分支的老祖那一姓的),而并非把整个宗族、家族的谱系都背完整。但是,《辞海》又接着说"家谱又名'族谱'、'宗谱'、'家乘'"。所谓宗族是指同一父系的家族,可同一父系的家族并不一定全都一姓到底。相反,从实际情况看,汉族的同一家族在历史上可能会改姓。比如因为避难或因为皇帝赐姓等。佤族的同一家族在历史上改姓的情况就更复杂、更多,因为他们尚处于姓氏产生、发展的初期,稳定性差。有的因为出现了新的、有名气的祖先,会用他的名或官职作新的姓;有的会用所迁徙到的新的地方的地名和人名相结合作新的姓;有的会用某一社会现象、自然物之名作新的姓;近几百年来,佤族又出现了随汉人之姓而改的汉姓。

总之,假如一个人的宗族、家族从古至今就只有过一个姓氏,那他(她)的家谱自然就等同于他(她)的族谱、宗谱;假如一个人的宗族、家族从古至今改过许多个姓,那他(她)的家谱就只是族谱、宗谱的一个阶段。

二、隋嘎能背 100 代族谱

西盟佤族没有文字,但几乎家家都有家谱,在从前,几乎人人会背家谱。口耳相传的家谱,反映和记载着各个同姓家族谱系的重要历史信息。佤族说:"地可以荒,水酒可以不泡,祖宗不能忘。"

背家谱、族谱必须从小练,日久才背得。隋嘎原是(解放前)西盟佤山打洛部落头人的儿子,解放后当过西盟佤族自治县县长、县政协主席,同时是佤族有名的民间故事家、民间佤文化专家。他从小爱好历史、文化，又总跟着爸爸，所以能跟父背85代族谱，他的哥哥们就只能背20多代。

隋嘎的父亲虽能背85代族谱，但在他那时，有些地方并未完全确定。隋嘎当政协主席时，在不少政协委员中进一步调查，又曾到中科、埂妥、耿马等地访问不少老人，对他的族谱有了进一步认识。2004年上半年，隋嘎与其兄弟一起到缅甸佤邦总部及岩城一带作了访问调查，终于比较彻底、全面、准确地弄懂了整个族谱。

佤族的家谱、族谱父子连名，而且逆推反连，从现在一直背回到司岗里。隋嘎现在的族谱，如果从他孙子隋盟磊开始的话，刚好有整整一百代，即：隋盟磊(100)、磊巩(99)、巩嘎(98)、嘎垮(97)、垮堪(96)、堪布勒(95)、布勒捆(94)、捆耍(93)、耍木朗(92)、木朗写(91)、写莱(90)、莱港(89)、港格朗(88)、格朗嘎词(87)、嘎词赛(86)、赛木络(85)、木络家(84)、家章(83)、章勒(82)、勒歪(81)、歪拥(80)、拥抢(79)、抢猜(78)、猜安(77)、安谢(76)、谢来(75)、来三(74)、三江(73)、江窝(72)、窝澳(71)、澳黄(70)、黄莫(69)、莫折(68)、折克里亚(67)、克里亚克伦(66)、克伦埂(65)、埂妥(64)、妥腊(63)、腊图(62)、图棉(61)、棉兰(59)、兰甩(59)、甩日岩(58)、岩纲目(57)、纲目若(56)、若方(55)、方董(54)、董刘(53)、刘洼(52)、洼案(51)、案给牙(50)、给牙克(49)、克西(48)、西陪(47)、陪克伦(46)、克伦工(45)、工夸(44)、夸莫伟(43)、莫伟捷莱(42)、捷莱苦呵(41)、苦呵佣(40)、拥瓦(39)、瓦冬(38)、冬格(37)、格刀(36)、刀腊(35)、腊秧(34)、秧高(33)、高香(32)、香地亚(31)、地亚赖(30)、赖克露(29)、克露麦(28)、麦荣(27)、荣克也(26)、克也昆(25)、昆明(24)、明板(23)、板仆喂(22)、仆喂宇(21)、宇路(20)、路按(19)、按墨(18)、墨永(17)、永且(16)、且你(15)、你能(14)、能当(13)、当特旺(12)、特旺锡(11)、锡哥拉(10)、哥拉改(9)、改光(8)、光讷(7)、讷俄(6)、俄三(5)、三木络(4)、络佤(3)、佤岗(2)、岗里(1)。

如果从岗里还要往上连的话，可以这么连：里拐—拐侬—侬历—历弱—弱寡—寡团—团挂—挂勒—勒洱—洱尾。（历和弱是一而二、二而一的，即分开、合并都是指水中最初的生命，字面是"蝌蚪"。同样，寡与团也是一而二、二而一的，都是指土中最初的生命，字面是"蟋蟀"。"挂"的原意是极小极的洞顶。"勒"意为"泥巴"，"洱"意为"我"，"勒洱"即"我的泥巴塘"，指勐梭龙潭陷落之前的泥巴塘所在地。"尾"意为"不有了"。）

西盟佤族的家谱、族谱是父子连名，所以一般公认，从司岗开始，西盟佤族就进入了父系氏族。当然，从父权制开始到完全确立，必然有一个漫长的过程，所以20世纪50年代，莫窝岩扫所讲的司岗里传说故事说，从司岗里出来，女人还统治了30代，才由男人统治。因为从前专家学者们所搜集到的佤族家族谱系一般都只是同一姓氏的,最多只有四五十代(云南人民出版社20世纪80年代出版的《佤族社会历史调查》中收有许多佤族家谱,代数最多的是第2册第115页上说的翁嘎科"不塞"姓艾彭的家谱,说是有52代,但艾彭只能背42代),所以一般史书、论文断言,西盟佤族父权制的确立已长达一千多年的时间(每代以25年计)。现在看来,这自以为的"长达",实际上还说得太少了(当然还有说得更少的,如《佤族社会历史调查(一)》第113页上说:"以马散而言,其家谱代数最多的达27代。这就告诉我们,佤族的父系氏族社会至今不过七百多年的历史。")因为隋嘎的族谱可背到100代,说明他的家族进入父系氏族的时间,至少在2500年以前。

　　至于西盟佤族的整个氏族历史,那就长得多了,因为在父系社会之前,还有漫长的母系社会。妈侬、安木拐,实际上就是母系社会的始祖母,而且决不能说整个知母不知父以前的母系社会就只有那么两代祖先,她们无疑只是所有早期母系社会难以确知的女祖先们的典型化、集中化的代表而已。万古昧如夜,悠悠母系社会到底有多漫长,我们就难以断定了,但决不会少于父权制的历史吧?那么,神奇阿佤山的氏族公社史,想必也不会少于四五千年了。

　　神话当然不会完全是事实,但远古的人们也只能、只会通过神话表现并记住历史,因而有的地方神话也必然惊人地接近历史事实。照西盟佤族神话传说,西盟佤族祖先达佤等人出了司岗里之后,突遇大洪水,把他们冲到了公明山,等洪水退去,半人半神(当时已升天化灵重回人间)的圣母安木拐又带达佤等人去到沧源勐来,在那里,他们看见牙日永正用崖画记录洪水之前佤族生产、生活、娱乐场面。而据研究人员用放射性碳素测定,沧源崖画的历史已有3000年左右。这个年限恰是一百多代人生。这也可以作为西盟佤族走出司岗(同时步入父系社会)已不下100代的佐证之一。

三、一般佤族人所背的只是家谱而非族谱

　　如前所说,并非所有的家谱都等同于族谱。家谱仅只是同一姓氏的家族谱系,而由于佤族姓氏的特殊性,同一家族在历史上往往有过不同的、甚至多个姓氏。在这种情况下,一个古老宗族的族谱应该是它在历史上接连使用过的姓氏之家谱的依次连接。就拿隋嘎的家族来说吧,如果就他的姓"管贝"来说,至今也只有20代,即从勒歪那一代开始。可实际上管贝姓之前,他的家族早已经历了十几个姓。他经多年调研,知道这一秘密,所以全部连起来背,这才终于背出整整100代族谱,为我们揭开西盟佤族走出司岗里以来的历史年限提供了最有力的证据。

但是，并非所有佤族人都明白自己所背的家谱确实只是家谱——同一姓氏之谱，而非族谱走出司岗里以来整个宗族谱系。相反，大多数佤族人认为，他们所背的就是自己的宗族、家族走出司岗里以来的全部谱系，所以他们有的说自己的宗族、家族走出司岗里只有20代（约500年），有的说自己的祖先走出司岗里已有50代（约1000年）。何以产生这样的误解呢？原因有二：其一，佤族人背家谱最后都要归落到司岗里，这就容易让人以为，他们的祖先走出司岗里就只那么几代了；其二，佤族很少有人知道，在自己的姓氏之前，他的宗族、家族可能早已使用、改换过若干姓氏，却自认为从司岗里以来，祖先就只有过他这一个姓氏。他们这么认为，自然也就这么给去佤山进行历史文化调查的专家、学者这么说了。

（本文原刊《思茅师范高等专科学校学报》2007年2月。作者毕登程工作单位：思茅财经学校，隋嘎工作单位：西盟佤族自治县人民政府）

参考文献

《辞海》，上海辞书出版社，2000年。
《现代汉语词典》，商务印书馆，1996年。
《佤族社会历史调查》（一）至（四），云南人民出版社，1983～1987年。

土家族族谱与土家大姓土著渊源

黎小龙

近十年来,发掘、利用宗族族谱资料研究历史,以补正史、方志之不足,已为学术界所广为运用。20世纪90年代初,原四川黔江地区民委组织所属五个自治县民委(酉阳、秀山、黔江、彭水、石柱)对黔江地区土家族史料进行了系统收集、整理,由四川民族出版社于1993年出版了《川东南少数民族史料辑》一书。该资料辑列有"谱牒"专辑,收录渝、黔、鄂三省市少数民族族谱凡13姓17部。按地域划分:四川(今重庆)黔江10部,贵州黔南6部,鄂西1部;按姓氏划分:田姓4部,杨姓2部,余则冉、白、张、何、马、段、邵、王、窦、安、秦11姓各1部。这批族谱,大多为清代纂修,繁简不一,收录者重在各姓渊源世系、家族历史、人物传记,各谱原貌虽难以全面展现,对于各姓渊源之考订则颇为方便。以上13姓,除秦、王二姓族谱资料太略,无有渊源来历外,余11姓,大约可分为三类:可考其渝黔土著渊源者;可考其移民来历者(或渊源明晰,或来历明晰而渊源不清);目前资料难定其渊源来历者。涉及汉族移民来历及渊源部分将另文讨论,本文专考渝黔冉、田、白、张等土家大姓之土著渊源。

一、族谱所载土家大姓的渊源

清咸丰《黔江县志》云:"考黔江自宋元以来,久为龚、胡、秦、向四土豪占据。"(清张绍龄《黔江县志》卷二《古迹》。)渝黔湘鄂四省市土家族分布区,自古以来都由冉、田、向、彭、杨、马、张、李、白、龚、覃、秦等大姓控制当地政治,且世代沿袭。宋明以降,这些大姓多纂修族谱,追溯先祖渊源,颂扬历世祖先业绩。据这些族谱追述的土家各大姓先祖渊源,均肇祖中原尧舜五帝,冒籍中原华夏同姓,伪托郡望,且编造逼真,不留自相矛盾痕迹,这在西南各少数民族族谱中,可谓罕有可比者。

西南各民族族谱,大多为本民族原始谱,经汉译而流传开来,如贵州彝文经典《帝王世纪》中的水西安氏土司家谱,或译作《人类历史》《古史通鉴》,收入丁文江编纂之《爨文丛刻》(1936年商务印书馆出版,编入中研院史语所专刊之十一,贵州大定彝族罗文笔译成汉文),云南傣文《麓川思氏宦谱》等(《麓川思氏宦谱》,或译《麓川思氏谱牒》,方国瑜译,《云南史料目录概说》477～479 页录有译文),以及民改以后五六十年代民族社会历史调查时期对西南各族连名制的调查。此外,就是明清以降受汉文化影响形成的汉文族谱,影响大、史料价值高的有清木钟等编纂的云南纳西族《丽江木氏宦谱》(《丽江木氏宦谱》,清木钟等编,清同治写本,存云南省博物馆),武定彝族《凤氏本末》(《武定凤氏本末》,传抄本存云南省博物馆)、四川蒙古族移民《余氏族谱》(收集有三种版本:李绍明收集的西昌礼州《余氏族谱》,复印本存四川省民族研究所;胡昭曦收集的合江)等。以上族谱的祖先追溯,多有真实性,绝无伪托中原郡望、冒籍华夏同姓之举。西南各少数民族的汉文族谱中,伪托郡望现象较多的,主要是受汉化影响较深的民族,云南以大理白族为最,渝黔以土家族为最。但是,白族、土家两族族谱比较,渝黔土家族各大姓祖先渊源的伪托郡望,冒籍中原同姓做得最为干净,了无痕迹,而白族各大姓族谱的祖先渊源追述则破绽明显,自相矛盾。

云南大理张锡禄先生对大理白族大姓杨、赵、李、段、董、尹、高、何、杜、张的世系渊源有翔实的考证。大理白族十大姓的家谱材料中多有伪托郡望之现象,且大多冒籍长江下游之江南移民,如杨姓原籍"南京应天府",明初"从沐公征云南",而赵、张两姓原籍江南凤阳,或唐初或元代至滇,董姓则"唐时由金陵入滇"[①]。但是,以上冒籍江南的杨、赵、张、董数姓的家谱资料、墓志铭和家族传说中又都自称"九隆之裔"[②],为云南土著。可见,大理白族大姓的冒籍江南移民,伪托郡望的痕迹甚为明显。

而土家族族谱资料中的伪托郡望则可谓至为巧妙,不露痕迹。如酉阳大姓《冉氏族谱》称:"按史冉本凤姓。颛顼生称,称生老童,老童生重黎及吴回。……其支子食邑于冉,遂为冉氏。"由中原五帝之颛顼,言及周代受封于冉地而得冉姓,下及春秋汉魏,以至渝黔土家族冉姓后裔共祖的唐代冉仁(人)才和宋代冉守忠。[③]

黔南《田氏宗谱》:"考田氏出妫姓,为陕西京兆路兰田县人,其后武王克商,封舜后于陈。春秋时……食采于田,因而命氏。""自隋唐间宗显、惟康父子奉敕南来,由陕而黔,历唐宋元明……田姓诸公辟疆拓土,控半壁于西南,剿贼平凶,服群蛮而一统。"[④]

酉阳《白氏族谱》谓白姓来自江西,"后常祖登第,即升江西吉安府吉水县之职……生二子:白文、白武。文祖移居云贵,生息繁衍,几遍滇黔。……洪武二年得闻西溪蛮贼作

---

① 张锡禄:《南诏大厘城河蛮名家大姓考——大理喜洲白族十大姓家谱研究》,《谱牒学研究》第二辑,文化艺术出版社,1991 年。
② "九隆"神话见《后汉书·哀牢夷传》注引东汉杨终《哀牢传》,亦见晋常璩《华阳国志·南中志》。
③ 清代《冉氏家谱》,现存重庆黔江开发区酉阳土家族自治县图书馆。
④ 《田氏宗谱》,《民族志资料汇编》第九集《土家族》,贵州省志民族志编委会编,1989 年。

乱,意欲入地征讨……移居里耶大江坪住扎。……洪武三年,我祖兴兵,蛮贼望风逃窜"。于是"我祖统辖后溪五洞五甲五族野民"(《白氏族谱》,原载《南阳氏族谱》,现存酉阳白长培家)。遂为酉阳土家大姓,世袭其职。

黔南《张氏族谱》:"叙张氏者,以为张出于姬姓,轩辕子青阳氏第五子曰挥,始造弓矢,主视弧星,赐姓为张。……即如吾先祖张香……本陕西西安府咸宁县人氏也。……三子张恢由进士任四川夔州路马步兵马府武功大夫,宋绍兴年间……征剿思州三十六洞苗蛮有功,晋秩亚中大夫。……(子张焕因功)初授思州宣抚司同知,奉命留镇思南焉,因以为家。其后子孙繁衍,支分派别,巍然为清河之望族。"[1]

以上土家族四大姓均肇祖中原,自称移民川黔,在这些土家大姓的族谱资料中,反复追述移民川黔的事迹,并极力追溯本姓先祖。但考诸史志,正史志书材料与土家大姓谱牒资料中各姓的来历、渊源颇多矛盾、抵牾。

二、土家大姓中的土著渊源考

前引土家族冉、田、白、张四姓族谱所载渊源,均不可信。详考其来历,实为自古活动于长江三峡及酉、辰、巫、武、沅五溪山地的土著居民。

考历代史志所载活跃于三峡五溪之地的大姓,隋唐以前渊源各异,冉、田两姓出自巴蜑,白为盘瓠古姓之一,而张则为巴巫之姓。隋唐以降,逐渐合流,成为"峒蛮"大姓,并进而汇合为近代的土家族。

土家冉、田大姓始见于南北朝时期,《北史·蛮传》:"又有冉氏、向氏、田氏者,陬落尤甚,余则大者万家,小者千户,更相崇树,僭称王侯,屯据三峡,断遏水路,荆蜀行人,至有假道者。"这时的冉、田大姓已雄霸巴渝三峡,僭称王侯,为一方强宗豪姓。冉、田族属,史书亦甚明确,梁萧子显《南齐书·祥瑞志》称:"建元元年十月,涪陵蜑民田健所住岩间……获古钟一枚,又有一器名淳于,蜑人以为神物奉祠之。"冉、田、向三大姓在南北朝时期雄霸三峡,曾受大军征伐,南朝"天和元年,诏开府陆腾督王亮、司马裔等讨之,腾水陆俱进……斩首万余级……又别下其二十余城,获蛮帅冉三公等。腾乃积其骸骨于水逻城侧为京观,后蛮蜑望见辄大哭"[2]。冉、田大姓为"蛮蜑"首酋,亦为蜑民之属。这时期

---

[1] 邹立发、张著森整理:《张氏族谱》,《民族志资料汇编》第九集《土家族》,贵州省志民族志编委会编,1989年。
[2] 《北史》卷九五《蛮传》。

对冉、田、向三大姓的习惯性称呼有："酉溪蛮王田头拟"①，群蛮"蛮帅向镇侯、向白虎等"②，"蛮帅冉伯犁、冉安西"③，蛮王、蛮帅都是当时对蛮蜑首酋地位的通称，冉、田、向三大姓在三峡地区蜑民中的首酋地位甚为明晰。蜑人，为南方古代民族。晋常璩《华阳国志·巴志》记录先秦巴国境内的民族种类云："其属有濮、賨、苴、共、奴、獽、夷、蜑之蛮。"任乃强注："'蜑'字一作诞……又作'巫蜑'。《山海经》有'载民之国'称为'巫载'。载、蜑、诞、蛋皆夷语异译。巴族本出于载。今沿海水居之'蛋民'，亦出于此。"④蜑人是巴渝地区古老民族，古代巴人的来源与之有关，而南北朝时期活动于三峡、武陵地区的冉、田、向大姓则是"蛮蜑"的首酋。

周隋唐时期，李吉甫《元和郡县图志》云：后周"宇文周保定四年，涪陵蛮帅田恩鹤以地内附，因置奉州，建德三年改为黔州，隋大业三年又改为黔安郡"⑤。唐段成式《酉阳杂俎》"有武陵蛮田强"事迹。⑥ 唐樊绰《蛮书》云："今巴东姓田、雷、冉、向、蒙、旻、叔孙氏也。……盘瓠皮骨今见在黔中田、雷等家，时祀之。……夷蜑居山谷，巴夏居城郭，与中土风俗礼乐不同。"⑦冉、田、向三姓仍是巴东三峡大姓，"夷蜑"与"巴夏"分区，三姓仍是"夷蜑"显姓。

五代以降，冉、田两姓仍为显姓，光绪《秀山县志》云："地陷于蛮，冉氏既据土千里，兼有今县东北诸地。……自明万历之后，数洞之地尽入冉氏，置宋农洞长，仍以田氏为之，遂世为酉阳宣慰司。"⑧

冉、田两姓族谱资料中，自唐宋以后，其发展脉络、世系至为明晰。冉姓，"迄宋高宗时，(冉)守忠公始以平夷有功，得封于酉，子孙世袭。雍正十三年乃改流焉。由守忠公以至于改流，凡二十五世"⑨。 田姓，"自隋开皇二年(582)诏封黔中，明永乐十二年(1414)任历九朝，辅弼六十二主，世袭二十七世宣慰，历年八百二十余载"⑩。

由南北朝时期的"蛮蜑"首酋，历隋唐五代，至宋元以降的酉阳、黔南土司，冉、田两姓始终是长江三峡及五溪地区强宗豪姓，历代正史、地理志与两姓族谱资料的记录亦相吻合、呼应。土家族冉、田两姓土著居民的渊源来历应非常明确。但是，族谱资料中对于隋

---

① 《南齐书》卷二二《豫章文献王传》。
②③ 《北史》卷九五《蛮传》。
④ 任乃强：《华阳国志校补图注》，上海古籍出版社，1987年。
⑤ 唐李吉甫：《元和郡县图志》卷三〇《江南道(六)》。
⑥ 唐段成式：《酉阳杂俎》(前集)卷七《酒食》。
⑦ 唐樊绰《蛮书》卷一〇《南蛮疆界接连诸蕃夷国名》。
⑧ 《秀山县志》卷一《地志》。
⑨ 清《冉氏家谱》，现存重庆黔江开发区酉阳土家族自治县图书馆。
⑩ 《田氏宗谱·民族志资料汇编》第九集《土家族》，贵州省志民族志编委会编，1989年。

唐以前本土"夷蜑"首酋的冉、田二姓历史不予采用,而于隋唐间穿插了田、冉两姓一段宗族来历的另一种说法,陕西田姓于隋代有田宗显为黔中刺史、太守,平川地叛乱,诏令宗显"镇管黔中思州……子孙世袭思州宣慰职,军民两管"①。而北方冉姓于唐代有冉仁才,于"唐武德中……以驸马持节夔万"②。至宋高宗建炎三年,"时叛苗流劫思南、涪、渝等地,(冉)守忠率诸洞獠夷助剿有功,册为宣慰,是为迁酉之始祖"③。由此,土家冉、田两姓渊源均肇祖中原五帝,而与三峡、五溪土著"蛮蜑"脱离干系。

据方志和族谱资料,李绍明先生对涉及土家冉姓渊源的两个关键人物冉人才、冉守忠的来历进行了考证。据同治《直隶酉阳州总志·舆地志·沿革》云:冉人才墓在万县西废武宁县东十三里。又据道光《冉氏家谱·冉氏世系》,冉守忠受职酉阳后,曾回万县祭祖,守忠卒后亦归葬故乡奉节燕儿窝,还立有碑记。可见,冉人才、冉守忠的故乡都在重庆峡江地区,并非外来移民。④ 李先生的考证是可信的。还需要进一步说明的是,从南北朝迄明清,长江三峡和五溪地区冉姓土著居民如此显明地、一脉相承的发展历史进程中,即使有北方冉姓移民的进入,也难以动摇世袭"蛮蜑""蛮峒"首酋土著冉姓的地位。土家冉姓的肇祖颛顼,只能是宋明以降汉化影响的结果。

土家田姓渊源,宋黔州别驾于观云:"彭水之入周、隋,实自田思鹤归化而始,其前后如田豆渠、田乌度、田都广、田祖周、田罗驹等,并皆桀骜之才,《北史》所谓夔、开间首领以冉氏、田氏、向氏世为之长,是也。今此三姓,自唐以后,半萃于思、黔、施、酉等州,而佑恭者,实即黔阳田氏之裔。"⑤

于观文中所列田豆渠、田乌度、田都广等人为南北朝迄隋唐时称雄长江三峡及五溪地区的田氏大姓人物,而田思鹤则为"涪陵蛮帅",于北周保定四年"以地内附",置奉州,建德改黔州,故有彭水之地入周、隋"自田思鹤归化而始"之说。宋代统治思州的田佑恭,是今渝黔湘鄂交界地带土家族田姓公认的祖先。于文将南北朝"蛮帅""蛮酋"田姓人物与宋代田佑恭直接加以联系,强调其一脉相承"实即黔阳田氏之裔"的土著身份。不过,他没有谈到田氏族谱资料中立下赫赫战功,始迁黔地的黔南田氏始祖田宗显事迹。据清咸丰六年(1856)田太璞撰《补修田氏宗谱序》载,田宗显于唐代曾受上谕统率张、杨、安、邵、李、何、冉、谢、朱、覃十大姓军兵讨平川地叛乱,由此世袭思州宣慰职,"其余十大姓各

---

① 《田氏宗谱·民族志资料汇编》第九集《土家族》,贵州省志民族志编委会编,1989年。
②③ 清《冉氏家谱》,现存重庆黔江开发区酉阳土家族自治县图书馆。
④ 李绍明:《川东酉水土家》第三章《民族历史》,成都出版社,1993年。
⑤ 同治《增修酉阳直隶州总志》卷三《地舆志·冢墓》。

遵守分地方去居管理。"①对这段历史,康熙年间任职贵阳的张大受《田氏宗谱序》云:"田氏子衿皆曰:'吾祖汗马开疆,起于京兆,受赐黔南。'余则疑以为世远,言荒弗征而未可信。及访郡志,并伊谱而参之,果自隋唐间宗显、惟康父子奉敕南来,由陕而黔,历唐宋元明,田氏代产异材……辟疆拓土,控半壁于西南……后之观者慎勿谓予言为无稽也。"②言之凿凿,与宋人于观的考证大相径庭。宗显、惟康父子事迹,唐宋正史、志书无载,这应是于观文中不言的主要原因。这轰轰烈烈的田氏创业史,主要传于田氏子孙及其家谱,志书载此事则相对较晚,而清《何氏族谱》③则称此次十姓大军的征伐金头和尚之叛为宋绍兴年间,与《田氏宗谱》置于唐代而两相抵牾,故十姓平乱,"茅土之赐"的可信性有待进一步考证。不过,土家田氏与冉氏同样,从南北朝迄明清的发展脉络在史志典籍中至为清晰,即便有中原田氏迁入其地,也为土著文化所淹没、融合。所以,土家冉、田两姓的渊源,还应上溯隋唐前的"蛮蜑",为长江三峡及五溪地区的土著居民。

白、张二姓的渊源,古代文献典籍记录中没有冉、田二姓那么清晰,零散而稀疏,但仍有蛛丝马迹可寻。

白姓渊源,宋《太平御览》载:"《唐书》曰:黄国公冉安昌者,槃瓠之苗裔也,世为巴东蛮帅,与田、李、白、邓各分槃瓠一札,世传其皮,盛以金函,四时致祭。"④槃瓠为渝黔湘鄂南方数省"南蛮"传说中的祖先,白姓为"槃瓠之苗裔",故有四时家祭槃瓠先祖之俗。至明代,重庆石柱十三大姓中有白姓一族,据清石柱《马氏家乘》云:马克用于明初"袭石柱安抚司……分境内户口为十三族,大山外有陈、汪、高、崔、罗、向六族;山以内有谭、刘、秦、何、冉、江、白为七族。土司无城郭而有峒寨,令十三族皆得各主寨栅"⑤。明石柱十三大姓中的白姓,应与宋以前奉槃瓠为祖的白姓有其渊源关系。重庆秀山"居万山间,陇谷荒蟠",宋以降,土著大姓兴起,清光绪《秀山县志》云:"宋兴,始以土酋领职,渐显官号,而世世相承,别异中土。……于时种落豪长杨、田、彭、白称大姓。"⑥"其土著大姓杨氏、田氏、吴氏、彭氏、白氏,或千家,或数百家。"⑦这已是十足的强宗豪姓。事实上,白姓土著居民分布在渝黔湘数省市,据乾隆《贵州通志》:"红苗在铜仁府者,多有吴、龙、石、麻、白五姓。"⑧民国《贵州通志》:"松桃厅属皆红苗,有五姓,吴、龙、石、麻、白最著。麻、白近湖

---

① ② 《田氏宗谱·民族志资料汇编》第九集《土家族》,贵州省志民族志编委会编,1989 年。
③ 重庆彭水(光绪)《何氏族谱》,何馥堂手抄本,存彭水县龙溪乡。
④ 宋《太平御览》卷七八五《四夷部》。
⑤ 重庆石柱《马氏家乘》,清道光木刻本,现存石柱县图书馆。
⑥ 《秀山县志》卷一三《土官志》。
⑦ 《秀山县志》卷七《礼志》。
⑧ 乾隆《贵州通志》卷七《地理·苗蛮》。

广界,吴、龙近四川界,石占铜仁、松桃境。"①清《黔南识略》卷二〇记松桃厅土著:"苗民以吴、龙、石、麻、白五姓为多,白姓多居铜仁,松桃则以田姓易白姓,为苗民五大族。"显然,自唐宋迄明清,长江三峡及五溪地区依然是白姓土著居民生息繁衍之地。

土家族张姓的土著来历,仍有线索可考。张姓,为巴地古姓。《后汉书·灵帝纪》注引刘艾《灵帝纪》云:"时巴郡巫人张修疗病,愈者雇以五斗米,号为五斗米师。"巴郡"五斗米道"实为流行于巴蜀的民间宗教。张修为"五斗米师",即专掌民间巫术的巫师,自应是世代居于巴地的土著,因其颇有影响力,遂有后汉中平元年"七月,修聚众反,寇郡县,时人谓之'米贼'"。至宋代,巴渝蛮夷大姓中亦有张姓豪族。顾炎武《天下郡国利病书》卷七〇"上川东道"引《渝州志》云:"黔涪徼外有西南夷部……宋初以来,有龙番、方番、张番、石番、罗番,号五姓番,皆常奉职贡受爵命。(治平)三年,有张汉兴各以方物来献,授……汉兴捍蛮将军,并节度使。……元丰中,张番乞添贡奉人至三百,诏不许。……诸番部族数十,独五姓最著,程氏、韦氏比附五姓,号西南七番云。"宋代"西南七番"中的张姓与宋中央王朝多次直接发生关系:受封、上奏、下诏,足见其地位的重要。所谓"五姓最著",张姓排序第三,仅次于龙、方二姓,宋代长江三峡及五溪地区的土著大姓中,张姓豪族地位之尊,应甚明。渝黔两地土家族族谱资料常有"金头和尚"为乱,各姓平叛受封崛起的记录。据清《冉氏家谱》收录的《附考金头和尚之事》一文:"又云:龙泉坪特姜长官司张应禄,于元顺帝至正间征古州苗彝金头和尚。""又云:顺帝至正初年,龙泉坪长官司张瑞隆从思州宣抚田仁厚征古州金头和尚。""且考《田氏谱》,田仁厚系田茂烈之子……至正十八年,古州八万苗夷叛,公命部僚张应隆、应铭兄弟领兵攻之,有功。保任应铭授武功承节郎,应隆任沿边溪洞军民万户。"②在平息"金头和尚"叛乱和"古州八万苗夷"大规模动乱中,张氏族人起了重要作用,至有封授土官之誉。张氏为渝黔土著大姓亦有史可证。

三、"金头和尚"传说与土家大姓渊源

渝黔十余姓族谱中,冉、田、何、安、杨等大姓族谱有"金头和尚"(或"金头妖僧")为乱渝黔事迹记录,且均有诸大姓奉敕平乱,朝廷"茅土之赐",世官渝黔边地的叙述,每每牵及各大姓渊源来历。这些传说也见载渝黔两地明清方志,但其事实多有抵牾。

---

① 民国《贵州通志·土民志》。
② 《田氏宗谱·民族志资料汇编》第九集《土家族》,贵州省志民族志编委会编,1989年。

（一）"金头和尚"事迹之矛盾、抵牾

其一，事件发生时间不一。

据族谱及方志资料，各大姓征伐"金头和尚"叛乱的历史时期从隋末唐初迄元至正年间，相距数百年，且有隋末唐初、宋代、元代等数种说法。

隋末唐初说法，见于黔南《田氏宗谱》清咸丰年间田太璞撰《补修田氏家谱》："陕西天鹅又出白莲教金头和尚，动阴兵叛乱。圣上晓谕，有人除叛贼者，大加封赏。我祖宗显见谕启奏，即封为帅出征。……祖生于隋（按：应为陈）文帝天嘉三年壬午（562），卒于唐贞观七年（633）。"[1]族谱资料中，田显宗是田氏由陕入黔的第一世，把"金头和尚"事与他牵连上，自应上溯至隋末唐初。

宋代有三种说法：宋高宗建炎年间、绍兴年间和徽宗大观年间。重庆彭水县清光绪《何氏族谱》云，宋"绍兴元年，因南渡时有古夷名金魁，号金头和尚，于绍兴二年（1132）作叛为害"（重庆彭水光绪《何氏族谱》，何馥堂手抄本，存彭水县龙溪乡）。而章牧凯《续修酉阳州志稿》则称宋"建炎三年（1129）叛贼金头和尚流劫思南及涪、渝等州县"（同治《增修酉阳直隶州总志》卷一四《土官志·酉阳司》）。贵州德江《昌后图书》云："徽宗丁亥至庚寅四年（大观元年至四年，1107～1110），黔南妖僧（亦号金头妖僧）任则天倡寇作乱。"[2]

金头和尚事迹最晚的年代为元顺帝至正年间。据清人冉崇文考订《思南府志》记录金头和尚事凡四条，其中多处称"元至正初年"。

同为金头和尚叛乱事，其发生时代何以有如此多的说法，且前后相差达600余年之久。

其二，主持平叛主帅、族姓的歧异。

据谱载，平定金头和尚叛乱事件中的主持人物和族姓将获朝廷厚赏，特别是圣谕"茅土之赐"的承诺。所以，族谱、方志资料中均详记平叛主持者及族姓在该事件中的作用。但是，这方面亦存在极大的歧异，仍不能统一。大致有：冉姓（或冉守忠，或冉世昌），田姓（或田宗显，或田祐恭），张、田两姓，杨姓或安姓主持平乱等数种说法。

冉姓，清酉阳《冉氏家谱》卷一《家传录·守忠公传》附录收入章牧凯《续修酉阳志稿》："冉氏为酉阳土司，凡六百年。其先有冉守忠者，宋建炎三年，叛贼金头和尚流劫思

---

[1]《田氏宗谱·民族志资料汇编》第九集《土家族》，贵州省志民族志编委会编，1989年。
[2]《贵州德江昌后图书·民族志资料汇编》第九集《土家族》，贵州省志民族志编委会编，1989年

南及涪、渝等州县,守忠率酉阳诸寨獠夷助剿有功。"①冉世昌为冉守忠之孙,而同是《冉氏家谱》同卷的《家传录·世昌公传》中又称:"思州夷民乱,有僧金头和尚者。"冉世昌主其征伐事,其部将田某献计诈降刺杀金头和尚而乱平。不同时代(宋、元)的祖孙二人均主其平叛事,同谱同卷收入,自相矛盾,令人费解。

田姓,唐田宗显平叛之说在《田氏家谱》中甚为明确。但在参与平叛的其他大姓族谱中则有不同说法,清《何氏族谱》称宋绍兴年间发生叛乱,"钦差少师田祐恭奉敕,何贞公协副将冉守忠等……奉令征剿有功"。据谱载,宋田祐恭为唐田宗显第十四世孙,且田祐恭与冉守忠为渝黔土家冉、田两姓历史上最为主要人物,二人在《何氏族谱》的征剿金头和尚事件中相会,是史事,或是传说,亦颇费解。

张、杨二姓共主其事。明《思南府志》:"龙泉坪特姜长官司张应隆,于顺帝至正间征古州苗彝金头和尚。与思州田仁厚捕获主谋逆贼。"

杨姓主持平叛。邑梅《杨氏谱·水德司世系》云:"元至正间,杨浚、杨润兄弟以征金头和尚功,皆封卷帘大使。"

安氏主持平叛,称宋安焘守蜀地,金头妖僧事起,率张、杨、何、冉、谢诸将平乱。

以上诸说,莫衷一是,如此矛盾、混乱。

其三,事件发生地区的不同。

金头和尚事,主要发生于渝黔两地,但仍难一致,说法不一。

《田氏家谱》谓唐金头和尚叛乱发生地在陕西天鹅山,逃窜至四川、重庆,为田宗显所灭。

章牧凯《续修酉阳州志稿》称金头和尚流劫于思南及涪、渝等州县。

同一历史事件,发生时期、地点及其主要历史人物在各大姓族谱和志书记录中存在如此多的分歧和矛盾。

(二)平定"金头和尚"叛乱事迹之一致

族谱资料中对于"金头和尚"事迹的记录,也有一些能够一致起来的方面,序列于下:

其一,参与平叛的族姓及其顺序排列一致。

笔者所见载有金头和尚的田、冉、何、安、杨等族谱中,明确记录参与平叛大姓且排列其序者,有两谱:黔南《田氏家谱》云:"随征统领张、杨、安、邵、李、何、冉、谢、朱、覃十大姓军兵";重庆彭水《何氏族谱》"会同张、杨、安、邵、李、何、冉、谢、朱、覃等十大姓"(两谱出

---

① 清《冉氏家谱》,现存重庆黔江开发区酉阳土家族自治县图书馆。

处同前,不明出处之田、何二姓谱亦同)。比较两谱所列十大姓,完全相合,且排序一致,前三名均为张、杨、安三姓。惟有田姓未列入,但两谱均称田氏为平叛主帅。

其二,平叛大姓来历一致,"茅土之赐"结局相同。

族谱资料中,不特以上两谱所载主帅田氏及参与平叛的十大姓来历均为中原籍贯而奉诏征伐,其他族谱中记载的讨伐金头和尚各姓人物与以上十姓来历一致,均为中原人士。讨平叛乱后,参与平叛的主帅、主将及各大姓氏受朝廷封赏,成为渝黔两地各级土官,留居五溪之地。如《何氏族谱》云,平叛后"朝廷不负汗马功劳,敕安思州思南府,令田宣慰听调十大姓各随所任之处"。而何姓"二男封思南思州府。其余纪功授职,赐以地土管辖"[1]。《田氏家谱》于分土之事叙述更详,主帅田家显及随征统领杨通表、冉奇高三人不仅招为驸马,朝廷命"(冉)奇高镇守酉溪一十八洞,杨通表镇守播州一十八坪,命我祖显公镇管黔中思州一十八保、沿河四十四渡,兼辖军民两属……子孙世袭思州宣慰职"。主帅田氏又"与十大姓派分,令张姓住大堡,杨住毛岭,安住龙泉,邵住邵桥,李住黄镇坝、冉黎坪,谢住务川,朱住乐沱,覃住峰岩坝"。有此渊源,渝黔五溪土家族各大姓均可祖述中原华夏,平蛮立业,子孙世袭土官之职亦有了充分的根据。

以上比较可知,流传于川黔两地的土家各大姓平定金头和尚叛乱的传说,凡于具体事实(时间、地点、人物等)各姓均各持一说,至为随意;凡于各姓渊源来历,以及平叛后美好之结局,则众口一辞,获高度统一。

而考诸史志,金头和尚一事,唐宋元正史、别史、志书无载,主要载于元以后之方志和土家各姓族谱。

综合以上现象,土家各大姓族谱津津乐道的"金头和尚"传说难作信史,各土家大姓渊源来历的考证须根据各姓的具体历史情况,结合长江三峡及五溪地区历史发展的实际,方可作出较为可信的结论。

(本文原刊《西南师范学院学报》2000 年 6 期。作者单位:中国三峡博物馆)

---

[1] 重庆彭水(光绪)《何氏族谱》,何馥堂手抄本,存彭水县龙溪乡。

云南纳西摩梭人母系家族世系表

王鹤鸣

纳西摩梭人主要生活在云南宁蒗县永宁乡和四川盐源县,人口约 5 万余人。他们的先祖是汉代开始南迁到这里的古代羌人,元代蒙古军南征时也留下一部分居住在这里。居住在云南的摩梭人归纳西族支系,居住在四川的摩梭人归蒙古族支系。

本文介绍的这份云南纳西摩梭人口传母系家族世系表,是笔者在 2012 年 11 月探访摩梭女儿国时获取的。

因实施国家社科基金项目、上海社科重大项目《中国少数民族家谱整理与研究》课题的需要,我们上海图书馆相关研究人员一行于 2012 年 11 月 15 日,前往云南搜集有关资料。在云南省图书馆大力支持下,我们先后来到楚雄、大理、丽江等地,搜集了彝族、白族、纳西族等少数民族家谱的资料。21 日上午前往此行的最后一站:宁蒗彝族自治县。

在宁蒗县文化局及图书馆领导的陪同下,到达摩梭人居住地永宁乡泸沽湖。自县城至泸沽湖约 70 公里,在临近泸沽湖的一处道路高地上居高临下,摩梭女儿国生活的自然环境尽收眼底。这一片土地,高山环绕,环山中间,约有 100 平方公里的范围,其中一半是清澈碧蓝的泸沽湖,另一半则是沃土平原,这里人称为坝子。号称格姆女神的山峰则昂立在狮子山顶。(见下图)摩梭人世世代代就居住在这里。

云南宁蒗县女儿国狮子山上格姆女神

永宁乡主要居住的是纳西族摩梭人,约有 18000 人,也有纳西、彝、白、普米等族人居住在这里,但人数不多。摩梭人有自己的语言和生活习惯,延续的是母系社会的习俗,由老祖母掌权,传女不传男。婚姻实行走婚制:男子晚上到自己的阿注(女朋友)家里居住,清晨即离开女方回到自己家里。子女由女方抚养,姓氏随母亲,当然父亲也要尽些责任,如送些钱物等,多少不论,女方并无苛求。婚姻无书面的契约关系,年轻男女走婚,可能关系不固定,但日子一长,一般都有固定的走婚关系,特别是有了子女以后,走婚关系公开。到农忙时,男子往往要到女方家住一段日子,帮助做些农活。如几个月男子不到女方家,则男女双方心中都有数,男子可寻找新的走婚对象,女方也可接待新的男子,离异自由,男女双方不会责怪对方,没有怨言和嫉恨,他人也无非议。整个婚姻关系不受法律的约束,也不受神权、族权或家规的干涉,双方以爱情为基础,结合自愿,离散自由。

我们探访女儿国的重点,是了解摩梭人是否有反映家族世系延续的家谱,哪怕是最原始形态的实物之类的雏形家谱。为此,在杨馆长安排下,我们一行走访了摩梭彩塔家族,来到彩塔家族的老祖母屋。在摩梭人的家庭中,一般都有一间老祖母的房间,平时子女吃饭、活动都在老祖母房中进行。彩塔家族的老祖母房有 30 余平方米,墙上挂着藏传佛教的图像,保持着藏传佛教的生活习俗。(见下图)

云南宁蒗县摩梭人祭祀转塔

老祖母房屋中间烧着一个火盆,我们围着火盆坐着。老祖母宾玛拉姆已 70 岁,由其在丽江旅游部门工作的 37 岁的女儿甲茨玛接待我们。

在一番问候寒暄后,我们直奔主题,请甲茨玛介绍摩梭人有无家谱的情况。据她介绍,摩梭人一般家庭都没有文字家谱,包括最原始的家谱。我问她:"那你们如何记住自己的老祖宗呢?"她回答得很快:"口耳相传呗!"既然如此,我们就请她与其母一起回忆,并由我们与她合作笔录了其家族的世系表:

云南省宁蒗县永宁乡摩梭彩塔家族世系表

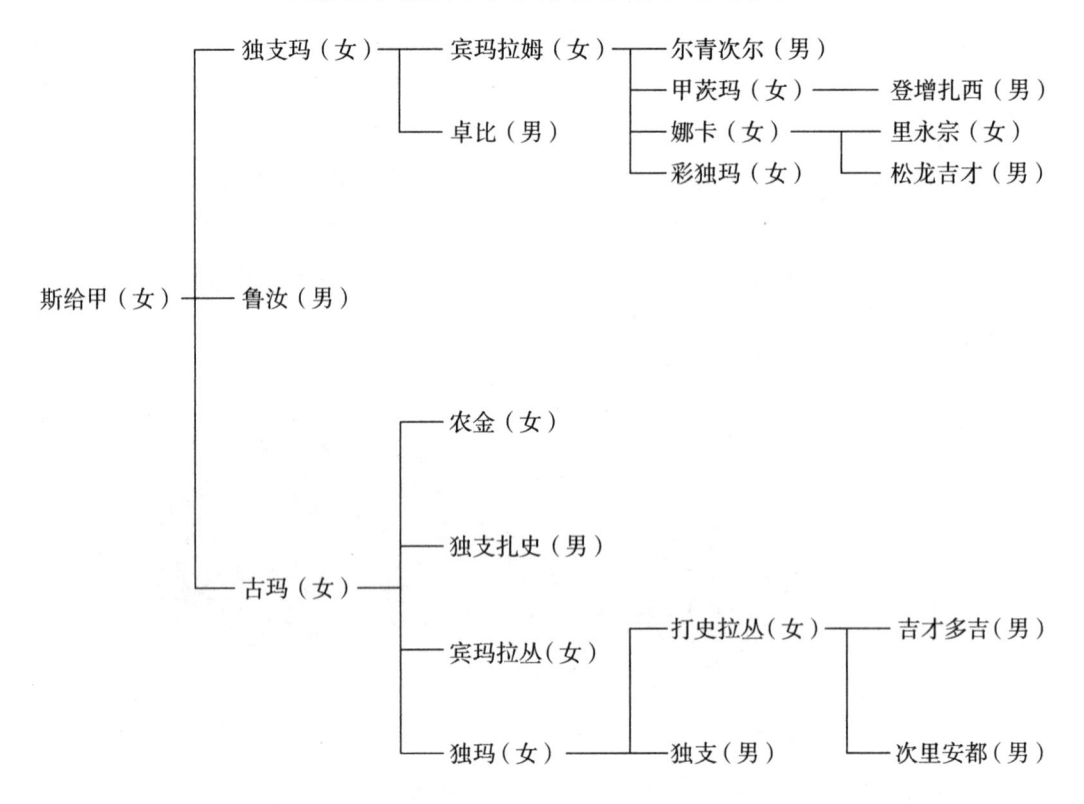

```
           ┌─ 独支玛(女)─┬─ 宾玛拉姆(女)─┬─ 尔青次尔(男)
           │              │                ├─ 甲茨玛(女)───登增扎西(男)
           │              │                ├─ 娜卡(女)─────里永宗(女)
           │              └─ 卓比(男)      └─ 彩独玛(女)───松龙吉才(男)
           │
斯给甲(女)─┼─ 鲁汝(男)
           │
           │              ┌─ 农金(女)
           │              │
           │              ├─ 独支扎史(男)
           └─ 古玛(女)─┤
                          ├─ 宾玛拉丛(女)─┬─ 打史拉丛(女)───吉才多吉(男)
                          │                │
                          └─ 独玛(女)─────┴─ 独支(男)───────次里安都(男)
```

由上述世系表可看出:

第一,尽管摩梭人一般没有形成文字的家谱世系,但他们在崇先尊祖心理支配下,"口耳相传",对自己的直系亲属记忆是非常清晰的,因此能在短时间内将本家族的成员姓名、相互关系、包括每个人的生卒年龄等都能一五一十地回忆出来。

第二,这是一份深深打着母系社会烙印的母系家族世系表,母权至上,辈分最高的是一位老祖母,家族传女不传男,子女只知其母和舅父,且将自己母亲的姐妹都称作妈妈,比自己母亲大的叫"大妈妈",比自己母亲小的叫"小妈妈",但不知其父,或者知其父而世系中没有记载。

第三,婚姻实行走婚制,即使到现在,婚姻夫妻关系仍以走婚为主。甲茨玛告诉我们,她同一辈有四位姐妹(甲茨玛、娜卡、彩独玛、打史拉丛),她因为在丽江旅游部门工作,嫁了一个汉人,所以登记办了结婚手续,并取了个汉族名字"曹新花",其他三位都是走婚。

第四,尽管这份世系表只记载了五代二十一人,却是一份十分珍贵的母系家族世系表,因为至今存世的七万余种中国家谱世系表,都是父系家族世系表,即老祖宗是男子,从始祖父开始传子传孙,只传男,不传女,按父系计算家族世系。至今,曾在数以千计的彝族口传连名家谱中,发现几份母系家族世系表,而这份摩梭彩塔家族世系表,按母系血缘计算家族世系,是一份典型的母系家族世系表,因此可以说是当今为数不多的一份母系家族世系表。

甲茨玛叹了一口气告诉我们:"我生了一个儿子(登增扎西),打史拉丛生的两个也是儿子(吉才多吉、次里安都),幸亏娜卡生了一个女儿(次里永宗),否则我们就要断后了。""重女轻男"心态溢于言表。

回到"女儿国大酒店"已经是深夜11点了。我脑海中始终萦绕着这个问题:为什么摩梭人能将母系氏族社会的习俗保存到今天呢？解放已经60余年了,为什么摩梭人的婚姻仍以走婚为主呢？

泸沽湖在川滇两省交界处,湖域面积50平方公里,海拔2690米,平均水深45米,居中国淡水湖第三位。湖水从东南四川的草海流出,经盖祖河流入雅砻江汇入金沙江。泸沽湖的摩梭名称叫做"黑纳咪",意思是母亲湖。泸沽湖上散落着黑瓦俄、里俄别等大小七个岛屿,零零落落地镶在平静的湖面上。一泓清波,涟漪荡漾,千娇百媚,比那个浓妆淡抹总相宜的西湖更多了一种处子的宁静。从西藏飞来越冬的水鸭安静地觅着食,真是一幅"'朝晖'与孤鹜齐飞、秋水共长天一色"的优美画面。(见下页图)

距泸沽湖5公里是永宁坝,是个四面环山的小盆地,方圆七万亩,集中了大部分可耕地,尽管是海拔2600米以上,但盛产水稻、荞麦、玉米、土豆等农作物,是摩梭人的天然粮库。当年,这里也曾是忽必烈大军远征大理然后统一中原的出发地,那个唤作"日月和"的大草坪便是他的屯兵处。几十万大军从这里浩浩荡荡出发,永宁成了忽必烈征服中原大业的开始处,于是这里就有了所谓"开基河""开基桥"。

泸沽湖、永宁坝周围,则由狮子山、石佛山等群山环绕。崇山峻岭,茫茫森林,出没着野猪、獐子、麂子、兔子等动物,山坡上则盛产各种瓜果。

云南宁蒗县泸沽湖

  泸沽湖、永宁坝旁边，住着分布几十个村落的摩梭人。

  这里真称得上是"世外桃源"。我想，正是温性的山、柔情的水、肥沃的地，养育了世世代代在这里辛勤耕耘的摩梭人，自给自足，丰衣足食。也正是这里独特的自然地理环境，使摩梭人将母系社会的重要习俗保持到今天。

  从宁蒗回丽江途中，驱车在金沙江边盘山公路上曲折前进。有关摩梭人一些深层次的问题也在我脑中盘旋：摩梭人的族源属于中国古羌后裔，是从中国北方迁至滇、川古羌族的一支，主要定居在宁蒗永宁泸沽湖地区，至今已1500多年。尽管经历了不同历史时期，摩梭社会的政治体制也已经变革，但其母系氏族社会的经济基础得以保留，母系文化的主干母系婚姻家庭形态随之得以保存下来，除了特定的自然地理环境外，还有什么原因呢？直到21世纪的当今高度文明时代，摩梭母系文化生命力仍绵长不绝，仍葆有其固有的特质，摩梭母系婚姻家庭虽早已脱离了原始母系氏族社会的"原版"，但传延了上千年的母系家庭仍具有生命力。走婚这种婚姻制度学术上称为"阿夏婚"，其婚姻家庭形态与世界上任何国家任何民族都不同，是含有母系文化遗存因素的一种婚姻，是母系单亲血缘性质的家庭，既是血缘组织，又是生产生活单位，是摩梭社会的基本单位。有的学者概括"阿夏婚"具有八大优点，选择这种婚姻家庭的摩梭人到现在仍占到80%以上，这是什么原因呢？诸如此类。显然，这些问题已远远超出了《中国少数民族家谱整理与研究》课题的范围。

（本文刊2013年第4期《寻根》。2015年6月修改。作者单位：上海图书馆）

论苗族家谱《龙氏迪光录》的社会功能

王 波 胡展耀

中国是一个历史悠久的、多民族互融共生的国家,各民族在各自独特的生产生活实践历程中,创造并积淀传承下来了独具本民族特色的民族文化,并成为中华民族文化不可分割的重要组成部分。异彩纷呈的民族文献,无疑是记录各民族文化及其形成和演变过程的重要载体。不仅如此,民族文献本身也是文化的重要组成部分。而在各类民族文献中,家谱是记载家族历史最重要的方式,它记述着一个家族乃至一个民族的发展历史,是中国特有的文化现象。[①] 中国少数民族家谱历史悠久,种类繁多,虽受到汉族家谱的影响,但始终保持着自己的民族特色。异彩纷呈的少数民族家谱,不仅极大地丰富了我国家谱的内容,更为我们研究少数民族的历史和文化提供了十分难得的参考资料。近年来发现于贵州省黔东南苗族侗族自治州锦屏县亮司苗寨龙氏家族的家谱《龙氏迪光录》,堪称少数民族家谱中的奇葩。该谱采用家谱与地方志合而为一的方式进行纂修,其中除了一般家谱中常见的家族谱系之外,更有大量诸如朝廷文书(第一卷《君恩第一》)、地方风物(第二卷《地灵第二》《人杰第四》)以及文学作品(第四卷《遗文第六》)等弥足珍贵的文献资料。可以说,《龙氏迪光录》名为一部少数民族家谱,但其意义实则远远超出普通家谱之外。本文试从民族文献学的视角,深刻分析和阐释《龙氏迪光录》在教化、审美以及认同等三个方面的独特功能,以期促进这部珍贵民族文献遗产得到充分的认识和挖掘利用,使其更好地造福于原创社区。

一、教化功能

对我国家谱稍加梳理便不难发现,《龙氏迪光录》仅从谱名上就显示出与一般家谱的极大不同。我国家谱文化历史悠久,有关家谱文献的名称也纷繁复杂。有学者曾做过统计,自产生以来,我国家谱的名称大概不低于80种,常见的如:谱、谱牒、族谱、族志、祖谱、宗谱、宗簿、宗系谱、家乘、家牒、世谱、世家谱、家传簿、宗世谱、玉牒、系谱、图谱、源流

[①] 王华北:《中国少数民族家谱研究》,新华出版社,2013年。

考、房谱、祠谱、谱录,等等。① 而《龙氏迪光录》与其他家谱相比,在谱名上的最大特点就在于"迪光"二字。"迪光"指的是龙氏先祖的宏伟业绩之光,以此启迪后世,激励后人,使龙氏家族"本培而末盛","源濬而流长"②。不言而喻,龙氏家族之所以纂修《龙氏迪光录》,最重要的宗旨之一就是要大力弘扬家族先辈的丰功伟绩,从而启迪和教育后人。

《龙氏迪光录》的教化功能,首先是体现在对龙氏家族后人的道德伦理教化方面。在《龙氏迪光录》第一卷《祖德第二》中,收录了"三世祖训""庆爵公九戒""杜纂篇""碑镌训言"和"约齐家训"等五篇先辈训言戒律,其中所蕴含的内容十分深刻和丰富,涉及名利、是非、孝悌、诚信、勤懒等现实生活的方方面面。譬如,庆爵公的"九戒":一戒纵闺门,二戒索饮食,三戒忘恩德,四戒恃富豪,五戒行刁唆,六戒欺孤弱,七戒好游戏,八戒侵田园,九戒重货财。再如,华国公碑镌训言:一明伦理,二崇厚道,三正体统,四尚直道,五戒用势,六戒生事。这些内涵丰富的训言和戒律,归根结底,就是龙氏家族先辈们在生产生活实践中长期积累形成的人与人、人与社会、人与自然和谐相处的生存性智慧的高度总结和概括,通过言传和身教,对后人伦理道德的培育具有重要的影响。党的十八大提出,倡导富强、民主、文明、和谐,倡导自由、平等、公正、法治,倡导爱国、敬业、诚信、友善,积极培育和践行社会主义核心价值观。社会主义核心价值观,毫无疑问是与《龙氏迪光录》中所弘扬的伦理道德观念是高度契合的,在本质上都是中国传统道德的精髓。因此,我们在培育和践行社会主义核心价值观的过程中,需要进一步总结并吸纳少数民族的传统智慧。

除了伦理道德的教化之外,《龙氏迪光录》还承担着对后世进行家族和地方传统知识的教化功能。如前文所述,《龙氏迪光录》除了记载龙氏家族的世系之外,更重要的是收录了数量庞大、内涵丰富的文献资料,这些文献资料无不蕴含着龙氏家族先辈对人、社会、自然的认知和理解,对后人具有重要的教化作用。其中最典型的当属第二卷的《地灵第三》,该部分记录了大量亮司及其周边区域的名物,深刻反映了龙氏先祖对自然和地理风水的认知特征。对于名物的记载,在我国文献史上可谓由来已久。"名物"一词首见于《周礼·天官·庖人》:"掌共六畜、六兽、六禽,辨其名物。"所谓名物,是关于具体的特定物体的名称,根据物体的特征、颜色等进行划分。刘兴均在《〈周礼〉名物词研究》一书中对名物进行了较为详尽的解释:"名物是古代人们对具体特定之物加以辨识、分类的结

---

① 徐建华:《家谱的地方性特色及价值》,《福建论坛》(人文社会科学版),2005.9。
② 单洪根:《黔东第一苗寨——亮寨》,贵州人民出版社,2003年。

果,是关于具体特定之物的名称,它体现了先民对现实世界的感知领悟以及对万物类别属性的把握。"①譬如,在《地灵第三·邱墓》中,记载有一个叫做"虎掌形"的地名,编纂者注释认为,该坟山是在龙李司下属的文斗寨后面,形如伏虎,所以叫做"虎掌形",这是龙氏家族按照形状对坟山进行命名的分类认知习惯。编纂者还进一步注释指出,这是明朝时期先祖妣安人朱氏,因为丈夫的死亡而到文斗寨痛哭,死后就被安葬在"虎掌形"。除了这些之外,在第四卷《遗文第六》中还记载了大量有关名胜古迹和动植物的名物词,对龙氏家族后人都具有重要的教化作用。

二、审美功能

在厚达 1650 页的《龙氏迪光录》中,着墨最多、内容最丰富的莫过于第四卷——《遗文第六》。此部分独立成卷,收录了序、记、碑记、碑文、上梁文、寿文、帐文、祭文、启、禀呈、引、书后、论、考、书、墓志铭、纪、传、跋、寓言、诗、赋、地课、冢图等二十余种体裁的文学作品,共计 135 篇。当地的文人用诗性思维,诗化书写当地的风土人情。

孔子早在 2500 多年前就精确提出文学作品"可以兴,可以观,可以群,可以怨"的社会作用,其中排在第一位的就是"兴"。也就是说,包括诗歌在内的文学作品,可以激起人们的情感,引发人们的想象,使人们在无限遐想中获得审美享受。在《龙氏迪光录》第四卷《遗文第六》的一开篇,编纂者就开宗明义地指出:"家乘纪实何取乎文?然文亦所以文,其实也。流连光景之篇,君子所不录。若乃前人著作,卓然可传,网罗散失,固子孙事也。至如后人诗古文辞,苟能表扬祖烈,及先代所建祠庙有记序吟咏,可以感人心、厚风俗者,往往一唱三叹,绰有余音,是何可不录也?夫事无所激,则其情不动,而其人不深。凡在本支,检阅家乘,载考艺文,知必有缠绵感发,油然而不能自已者。试思,观陈琳草檄而头风忽愈,观公孙舞剑而草书顿进,况其为历代之嘉言懿行乎?以《遗文》殿,盖有深意存焉。"在编纂者看来,该部分收录的文献,都是对包括"祠庙"在内的当地风土和人物的真实描绘,但又不仅仅是一般的描绘,而是包含先贤的事迹,可以感发人心的励志作品。

在这一部分谱文中,《文昌阁序》《吉寨庵序》《万园阁序》等文,文辞华丽,虚实结合,生动描绘了亮司周边的名胜古迹及其历史背景;《亮川风土论》等文,观点鲜明,论而有据,全面阐述了以亮司为中心的亮江中游平地的风土人情;《龙姓分合源流杂考》《土司建

---

① 刘兴均:《〈周礼〉名物词研究》,巴蜀书社,2001 年。

置考》《十二司沿革分属考》等文,文风严谨,措辞周密,详细考证了龙氏家族以及亮寨蛮夷长官司的渊源及发展演变历史;《蕨粉赋》《黄瓜菜赋》等文,笔触细腻,内容详尽,系统介绍了蕨粉、黄瓜菜等亮司当地盛产的土产的外观、品性及食用价值。这些体裁多样、内容丰富的文学作品,通过诗化的语言,营造一种朦胧的意境和含蓄的气氛,从而使得后人在无尽的审美体验中增强对家乡依恋的情感。

三、认同功能

人类赖以生存的这个纷繁复杂的社会,之所以能够有秩序地运转,重要原因就是人类对自身以及社会世界的分类认知。就人自身而言,可以有多种不同的分类方式:按照性别,可以将人分为男人和女人;按照肤色,可以将人分为黄种人、白种人、黑种人等;按照年龄,可以分为老年、中年、青年、少年和童年等;此外还可以按照党派、职业、性格、亲属关系、宗教信仰等不同的标准划分为不同的类别。社会也是如此,人们总是按照不同的标准——如族群、政治制度等对其进行分类。在分类的同时,人类却又无时无刻不在寻求自己的类别归属。正如美国当代著名政治学家塞缪尔·亨廷顿(Samuel P. Huntington)在其经典著作《文明的冲突与世界秩序的重建》一书中所指出的,人民和民族所面临的最基本的问题就是"我是谁"。他还进一步认为,回答这一问题最有意义的事物就是祖先、宗教、语言、历史、价值观、习俗和体制等,也就是文化认同。① 简言之,就是人们对赖以生活的某一特定民族或地域内最具本民族或本地域特色的事物的一种肯定性认知。"当社会组织从家庭扩大到氏族和部落,成员的联系纽带从血亲扩大到姻亲观念认同时,氏族成员的认同便已经初步具备文化的内涵。"② 作为家族记忆的家谱,无疑是增强家族后代对家族认同的重要媒介。

有学者认为,家谱最初是"适应于人类社会防止近亲通婚、私有财产继承和祭祀的发展需要而逐步产生和发展的",它的原生功能就是"明血统,辨昭穆"③。作为家族记忆的《龙氏迪光录》,记载了自明代洪武四年(1371)始祖龙政忠因征白岩塘、铜关等地有功而受封亮寨蛮夷长官司正长官至今六百余年完整的家族谱系。更为值得关注的是,迄今为止,亮司龙氏家族仍然保持着定期修订家谱的传统,并且每次修订都由专人撰写序言,说明修订的目的和过程。在不断续修的《龙氏迪光录》中,龙氏家族每一位成员由字辈而确

---

① [美]塞缪尔·亨廷顿著、周琪等译:《文明的冲突与世界秩序的重建》,新华出版社,2010。
② 钱雪梅:《论文化认同的形成和民族意识的特性》,《世界民族》,2002(3)。
③ 方荣:《家谱的起源、价值、作用和内容》,《档案》,2014(7)。

定其在整个家族谱系中的位置,关系一目了然。如果说谱系的记载可以维系后人对家族的认同的话,那么在《龙氏迪光录》前四卷中收录的大量文献资料,无疑会极大地增强龙氏家族后人对家族的主观心理认同。尤其是在第一卷《君恩第一》中,收录了4篇记载中央王朝加封亮司龙氏家族的敕令,在封建时代,这对一个家族可谓是至高无上的荣耀,从而激发后人对家族的自豪感和心理上的认同感。除此之外,第二、三、四卷中,大量有关龙氏家族的杰出人物、名胜古迹的描述,同样会从心理上增强后人对家族的认同感和向心力。

正如前文所述,就内涵而言,《龙氏迪光录》已远远超出一部家谱的价值,而应当被视为珍贵的地方史志。除了上述特殊的社会功能外,它还具有宝贵的史料价值。首先,就龙氏家族的家族史而言,《龙氏迪光录》毫无疑问是最全面、最详细记述龙氏家族的起源、迁徙、发展演变以及家族荣耀的文献,是了解和研究龙氏家族史最可靠的史料之一。其次,就亮江乃至清水江流域的社会史而言,《龙氏迪光录》比较详尽地记载了自明代洪武四年以来该区域的自然、物产、政治、社会、文化等方面的内容,对了解和研究清水江流域的社会史具有不可替代的参考作用。再次,就苗族的民族史而言,亮司苗族是整个苗族大家庭中的一分子,《龙氏迪光录》中记载了龙氏家族从江西几经征战逐步迁徙至亮司的过程,对亮司苗族迁徙历史的记载,对我们研究整个苗族的迁徙史同样具有重要的史料参考价值。

(本文原刊《黔南民族师范学院学报》2015年9月。作者单位:贵州师范学院)

布依族《黄氏宗谱》与儒家伦理

王芳恒（布依族）

明代是贵州文化和思想发展的一个重要时期，虽然《华阳国志》有所谓尹珍"首开南疆之学"的说法，但明代以前，贵州文化的发展是相对缓慢的。有明一代，以儒学为主要内容的中原文化在贵州获得了较大发展，主要表现在创办了一批卫学、司学、府州县学、书院及社学，并不断向国子监输送生员，同时开启了科举取士。

明代儒学在贵州兴起的重要原因，与当时封建政治形势和统治者在西南地区实行的政策有关。洪武二年（1369），朱元璋谕中书省臣："朕惟治国以教化为先，教化以学校为本。京师虽有太学，而天下学校未兴。宜令郡县皆立学校，延儒师，授生徒，讲论圣道，使人日渐月化，以复先王之旧。"[①]明朝初年的统治者对西南少数民族采取"怀柔"政策，目的在于通过怀柔来安定边疆，其重要手段则是通过教化。朱元璋把"移风善俗，礼为之本；敷训导民，教之为先"定为安边的基本国策，在政治、军事统治为主要手段之外，辅以儒学、佛教、道教等文化的教育，主张通过"广教化，变土俗，使之同于中国"。就是说，通过儒学等的教育功效，使西南各少数民族接受传统礼教文化，从文化上归顺朝廷。

一、忠君与爱民

明、清两朝，中国儒家传统思想主要通过司学、县学、卫学、科举等途径得以在贵州传播。司学主要设立在少数民族土司地区，培养对象主要为少数民族子弟。卫学是一种集政治、军事和文化教育为一体的办学组织。司学、卫学均为官学，与当时的府学、州学、县学等交叉在一起，共同承担着文化教育的任务。

修订于明成化二年（1466）的罗甸县土司《黄氏宗谱》，在追述了从宋至明的400多年间，本氏族的祖先遵从中央王朝的调遣，征战辽西、粤西、黔中，甚至"跨海南征"之后，训戒子孙说：

[①]《明史》卷六九志第四十五《选举一》。

沐雨栉风,鞠躬尽瘁,无非以忠君爱国传家之意。故祖训八条,首以忠爱展其端。全悉旧世,追维往训,推广教诲之心,先申忠爱之义,用是以尔子孙等宣示之。孔子曰:"臣事君以忠。"是知为臣之道无他,为在忠而已矣。盖忠始能敬尔在公,忠始能慎乃有位,忠始能惨惨畏咎,忠始能蹇蹇匪躬,忠始能致其身而不顾其身,忠始能敬其事而鲜败其事。……有官守者,食其上当报其恩,为其臣当敬其事。受恩不报,非忠也;执事不敬,非忠也。我事君不忠于君,民事我亦不忠于我,上行下效,若是其甚,可不惧歟!夫为臣不忠,独不思君之所赐,我以斯土者何为,而我之所以守斯土者又何为。於戏,青蛇有献珠之日,胡为人不如虫?黄雀有衔环之时,何以人不如鸟?①

这些家训内容,实际上是对先秦以来儒家学的忠君思想作了系统、明确的阐述。它把忠君提升到了封建政治、伦理规范的首位,并对其合理性、必要性作了论述。它认为忠君之必要、合理在于维护封建伦理关系,假如"我事君不忠于君,民事我亦不忠于我,上行下效"。这样一来,封建的社会秩序,土司家族的地位就不能维系了。另一方面,《黄氏宗谱》还从人之所以为人者的高度,提出了忠君思想的合理性,以"报恩"来解释"忠",认为忠君即为对君之报恩,而这是人不同于动物、高于动物的本性;人而不知忠君、报恩,就不成其为人甚至连禽兽都不如了。所以《宗谱》说:

凡属一官一职,当念惟清,如履薄冰,如临于谷,凛天威于咫尺,务民事于宵旰。不惟有功于朝廷,抑且不失其疆土,祖宗赖以长享,子孙赖以常保,有司表为忠臣,乡党表为孝子,光前裕后,岂不美哉。②

《黄氏宗谱》的积极意义,在于能够把忠君与爱民的思想统一起来,因此,提出所谓"致君与泽民并重"的观念,把忠君与爱民并提、并重,强调:

致君与泽民并重。民者君之子,以爱子之心爱民;君者民之天,即敬天之诚敬君。愚昧焉不察,致自弃于臣职之外,苟能敬慎自凛,而知事君难,治民不易,无时忘忠君爱子之心,不愧朕之股肱,可以为民之父母,人臣之职庶尽矣。孟子曰:"不以舜

---

①② 《贵州民族研究参考资料》,第19集,贵州民族研究所1983年编印,第11页。

之所以事尧事君,不敬其君者也;不以尧之所以治民治民,贼其民也。"尔子孙其毋视为具文焉。①

中国本是一个伦理型的农业社会(梁漱溟语),中国社会最基本的细胞是家庭,而家庭最初是建立在土地之上。因为"普天之下莫非王土",故中国社会的伦理和准则就是家庭伦理的推衍和拓展。《黄氏宗谱》把封建的君民、臣民关系都解释为父母与子女的家族血缘关系,要求"以爱子之心爱民","为民之父母",这是对儒家伦理思想的继承和发扬。这种思想相对于那种把人民看成土司、领主的奴仆、牛马的奴隶制思想和农奴思想来说,有其进步和积极的一面,它有助于缓和阶级矛盾,保持社会稳定和民族内部的团结。当然,它也不可避免地存在虚伪、空想的内容,封建土司对群众的压迫、剥削并未因此而消除,他们对人民也决不会成为仁爱的父母。

《黄氏宗谱》把忠君作为封建伦理思想的首位,目的在于维护封建社会伦理秩序,维护大一统,但在客观上又起到了促进边疆各民族团结的进步作用,因而有其积极的意义。

二、敦孝悌以尽人伦

明、清两朝政府均严格规定贵州各官学的内容,要求教官、教授等严格按照国家颁布的书籍进行教学。课程内容主要为皇帝修撰之《性理精义》《资治通鉴纲目》,以及官方校订之《十三经》《二十二史》等,强调以儒家思想为教育的主要内容。朝廷认为"治统源于道统","循之则为君子,悖之则为小人"。儒家传统思想在历史上一直是人们行为的主要规范和准则,是历代封建统治的"道统"。在官学外,明、清两朝政府还鼓励在贵州少数民族地区开设社学、义学,以教育少数民族子弟。雍正八年(1730),张广泗等人上书雍正皇帝,建议《设两游新疆义学疏》,建议将义学发展到"苗疆"地区。就义学的教育内容和管理办法,张广泗等人提出:"训课此等苗人,非同内地俊秀,要在开其知识,使渐晓礼法。应于每处义学,俱先将《圣谕广训》逐条讲解,俾令读熟然后课以经书。如苗民子弟中能勉力趋学,日就领悟,则令各该管官不时稽查,随予嘉赏,并将其父兄一体奖赉,以示鼓励。"这一办学建议得到清政府的认可,于是,社学、义学在贵州"苗疆"兴起并得到迅速发展。

除政府提倡外,嘉、道间贵州义学的发展,与当时的社会政治和文化发展形势密切相

---

① 《贵州民族研究参考资料》,第19集,贵州民族研究所1983年编印,第11页。

关。首先,随着社会的发展,各少数民族与汉族之间文化上的相互影响和交流日益增强。据文献记载,永从县黑苗一百五十七寨,"与汉民不甚悬殊",仁怀"仲家能通汉语,渐染华风"[1]。文化交往的日益增强,促进少数民族对汉文化的认同,产生了学习汉文化和儒家传统思想的迫切要求。虽然,朝廷倡导各民族学习儒家传统礼教的目的,在于维护封建政府的日常统治,但在客观上却促进了少数民族文化的发展。在中原文化影响下,少数民族同胞诗书习礼日渐增多,据史书记载,黎平府侗族"男子耕凿诵读,与汉民无异",苗族"近亦多薙发,诗书应试"[2]。都匀府"苗民于务农纺织之外,亦间有诗书应试者";黔西"虽属边鄙,渐摩教化已久,户诵家弦,咸知诗书为贵";古州义学虽"未几汰去,而弦诵之声如故也",安南县"苗寨亦多社馆"。再者,清政府严厉镇压了乾嘉苗民起义,使阶段矛盾进一步激化,为缓解矛盾,稳定社会,封建政府转而从文化上安抚和"怀柔"边地少数民族,以达到巩固其政治统治的目的。因此,清政府认为,"是义学之役,文教所关,风化所系,实力举行,在黔省尤急"(《铜仁府志》卷十)。总之,嘉道间,贵州各少数民族普遍学习中原汉文化,尤其是儒学思想,其中又以罗甸布依族黄氏所修宗谱对儒家思想的吸纳最为典型。

在布依族《黄氏宗谱》中,提出了《祖训八条》,其中贯穿着儒家的伦理观念。《祖训八条》分别为:"敦孝悌以尽人伦","笃宗族以昭亲睦","正男女以杜蒸淫","勤农桑以足衣食","设家塾以训子弟","修祖祠以荐蒸尝","保人民以固土地"等。"敦孝悌""正男女"等思想与儒家的伦理观念是完全一致的。《祖训八条》首先强调孝、悌。

《黄氏宗谱》云:

> 孝悌也者,天之经、地之义、人之行也。人不知孝顺父母,独不思父母爱子之心乎。方其未离怀抱,饥不能自食,寒不能自衣,为父母者审声音察行色,笑则为之喜,啼则为之忧,行动跬步不离,疾病寝食俱废,以养以教,至于成人。复为之据家室,谋生理,百计经营,心力俱瘁,父母之恩德实同昊天罔极。人子欲报父母于万一,外竭其力,冬温夏清,昏定晨省,无论贵与富,止求绳以诚。孝惟在乎色难,孝不在乎能养。爱之喜而不忘,恶之劳而不怨。卧冰岂能酬就湿之思,哭笋稍可极移乾之惠……致若父有家子称之家督,弟有伯兄尊为家长。凡日用出入,事无大小,尔弟子

---

[1] 《黔南识略·黔南职方纪略》(点校本),第261页。
[2] 《黔南识略·黔南职方纪略》(点校本),第178页。

当咨禀焉。执尔颜,坐必安。正尔容,听必恭。有赐不敢辞,有对则必让。于豆觞则受其恶,于衽席则坐于隅。行宜后而莫先,居宜下而莫上……在朝为忠义之臣,在行间为忠勇之士。尔子孙宜体其意,务使出于心诚,竭其力之既尽,一念孝悌,积而至于念念皆然,身体力行……尧舜之道,孝悌而已。

"仁"是儒家人学的核心,而"孝、悌"又是仁之本。孔子的弟子有若说:"君子务本,本立而道生。孝悌也者,其为仁之本与!"(《论语·学而》)有若的思想即代表孔子的思想。《祖训八条》不仅把孝悌看成天经地义,且将之作为政治规范的基础:"尧舜之道,孝悌而已。"因而,"务使出于心诚,身体力行"。而所谓"行宜后而莫先,居宜下而莫上",则反映出黄氏宗族不仅受儒家思想影响,而且也受道家思想的熏陶。

三、正男女与杜蒸淫

其次,《祖训八条》强调"正男女",其训云:

《易》曰:"乾道成男,坤道成女。"是知男正位于外,女正位于内,天地之大义也。……为伯翁者坐必别室,勿围婶媳之炉;为婶媳者,行不履堂,须避伯翁之面;则伯翁之道正矣。叔嫂虽无避面,亦有嫌疑。子与妹虽属同根,当顾廉耻。盖子叔年轻,六尺不行嫂妹之闱;嫂妹贞守,十年不入子叔之室。有秩序之别,无戏谑之风,则子妹叔嫂之道正矣。至若族侄孙伯叔妣以及伯叔祖妣,无论上治下治旁治,自服外及服内,本友百世,皆无不然。若男不男,女不女,不畏父母诸兄……实为家法所难容,而国法所不恕也。尔子孙务交胥正,将见家道昌隆,子孙万亿矣。

用现代眼光审视,这里反映出的"男尊女卑"以及妇女贞节观念,是应该受到批判的,但《祖训八条》所规定的伦理准则,恰恰十分符合封建时代农业社会的实际,在当时具有一定的进步意义,它有利于维护布依族地区社会的稳定。

再次,《祖训八条》特别强调了维护宗族和谐和团结的重要性。其训云:

明人道,必从睦族为重也。夫家有宗族,犹水之有分派,木之有分枝,虽远近深浅不同其势,巨细疏密各异其形,要其本源则一。故人之待家族宗族者,必如一身之有四肢、百骸,务使血脉为之相通,疴瘁为之相关,悲欢为之相应,则宗族亲睦,则祖宗默慰,俾尔炽而昌矣。

布依族人民自古具有勤劳、好学的传统,《祖训八条》又将布依族这种优良传统与孟子等儒家伦理道德思想相结合,并进行发挥,提出"勤农桑以足衣食""设家塾以训子弟",以之作为社会道德规范。其训云:

> 养生之本在于农桑,此乃衣食之所由出也。一夫不耕或受之饥,一女不织或受之寒。古者天子亲耕、后亲桑,躬为重尊犹且不惮勤劳,况为至卑男女者乎。夫衣食之道,长于时,聚于为,本务所在,稍不自力,坐受其困。故勤则男有余粟,女有余布;不勤仰不足以事父母,俯不足畜妻子,其理然也。……愿吾子孙尽力农桑,勿好逸恶劳,勿始勤而终怠,勿呼卢而唱雉而轻弃田园,勿走射业而荒故业,勿雕文刻镂以旷农事,勿衣朱佩紫尚华饰以害女红。……既能开其源而使之通,又节其流而使之塞,则俯足以有资,凶荒足以有备矣。……务使野无旷土,家无游人,男则胼足胝肩不□农耕,女知荷锄提筐无废蚕织,即山泽园圃之利,鸡豚狗彘之畜,亦皆养之有道,取之有时,以佐农桑,又逮而衣食之源博矣。

即训导族人勤于农桑,自力更生,勤俭持家,强调这是家庭生活的基础和个人的美德。

有明一代,贵州除官方主办之司学、卫学及府、州、县学外,各种民间自发集资兴办之书院、义学及私塾亦比较发达。"私塾"即为罗甸县布依族黄氏土司学习、传播儒家伦理思想的重要途径之一。《祖训八条》提出"设家塾以训子弟"。其训说:

> 高曾祖既训汝曹以勤农桑以足衣食,继又立家塾以训子弟者何哉;盖饱食、暖衣、逸居而无教,则近于禽兽。故衣食足而礼义可兴矣。汝子孙宜遵德训,设家塾,延明师,务使子弟贤者、智者、愚不肖者周旋□文,北面而受业。今日之官僚,无非昔日之子弟;今日之子弟,岂非异日之官僚? 即有丁零孤苦,陋巷寒门,质美而力有不足者,合族共为之提撕。庶几贤者能及,智者有为,学既富乎五车,躬必荣乎驷马。文江家运重逢,山谷蛮声复振。此闾里之所推荣,国家之所倚重者也。至于勤不肖,力不及此,然孜孜苦读,业精于勤,或入个学,出个贡,补个廪,云胡不美。即不然者,学诗自然能言,学礼自然能立。纵家徒壁而笔舌耕伐,亦可为家人终岁计。即水旱

螟蝗，砚田本无恶岁……明人伦，知礼奔□，喻法律，耻非为，入能孝以事亲，出则能悌以事长，子弟之学，胥在是矣。

孔子、孟子都重视并关注人民的物质生活，孔子提出"庶—富—教"的主张。《论语》记载：

> 子适卫，冉有仆。子曰："庶矣哉！"冉有曰："既庶矣，又何加焉？"曰："富之。"曰："既富矣，又何加焉？"曰："教之。"（《论语·子路》）

孔子认为，治国应先使民"富之"，然后"教之"。孟子认为，应使民有"恒产"以无饥无寒，然后"谨庠序之教"。布依族《祖训八条》的上述思想和孔孟的思想是一致的，都认为社会在实现温饱之后就应对人民进行教育，达到"衣食足而礼义可兴"的目的，这是有积极意义的。

（本文原刊《贵州民族学院学报》2007年第6期。作者单位：安顺学院）

四、中南东南地区少数民族家谱研究

本地区包括壮族、瑶族、仫佬族、毛南族、土家族、畲族、黎族、京族、高山族九个少数民族。

据2010年全国人口普查：壮族人口16926831人，是我国少数民族中人口最多的一个民族，主要聚居在广西壮族自治区、云南文山壮族苗族自治州及广东、贵州、湖南省的部分县。瑶族人口2796003人，主要居住在广西壮族自治区及湖南、云南、广东、贵州等省。仫佬族人口216257人，聚居在广西壮族自治区的罗城仫佬族自治县等地。毛南族人口101192人，主要分布在广西壮族自治区西北部的环江、河池、南丹、宜山、都安等地。土家族人口8353192人，主要分布在湖南省湘西土家族苗族自治州、湖北省恩施土家族苗族自治州以及重庆市、贵州省有关地区。畲族人口708651人，主要居住在浙江景宁畲族自治县和福建、江西、广东、安徽等省的部分山区。黎族人口1463014人，主要分布于海南省。京族人口28199人，主要聚居在广西壮族自治区防城港市东兴区的万尾、巫头、山心三个小岛上，素有"京族三岛"。除中国台湾省外，全国其他地区有高山族4009人。台湾省的高山族主要分布在台湾的山地、东部沿海部分地区，内部有阿美、达悟、赛夏、泰雅、排湾、布农、鲁凯、卑南等不同名称，新中国成立后，统称为高山族。

壮语属汉藏语系壮侗语族壮傣语支，分南北两个大方言，文字是1955年创制的拉丁字母拼音文字。瑶族有自己的语言，属汉藏语系苗瑶语族瑶语支，没有本民族文字。仫佬语属汉藏语系壮侗语族侗水语支，其语言与毛南语、侗语、水语很接近。多数人通汉语和壮语，使用汉文，无本民族文字。毛南语属于汉藏语系壮侗语族侗水语支，几乎所有毛南族人都兼通汉语和壮语，没有本民族文字，通用汉文。土家语属汉藏语系藏缅语族，语支未定。土家族无文字，大多数人通汉语，通用汉文。畲语属汉藏语系苗瑶语族，接近于汉语客家方言的语言，本民族无文字，通用汉文。黎语属汉藏语系壮侗语族黎语支，不同地区有不同方言,1957年创制了拉丁字母拼音文字方案。京族语言系属未定,其语言与越南语基本相同,绝大部分京族通用汉语的广州方言及汉文。高山语属南岛语系印度尼西亚语族,高山族内部语言差别比较大,但都有共同的基本特点,都属于多音节的没有声调的黏着语。

据统计,本地区各少数民族家谱收藏情况如下:壮族147种,瑶族86种,仫佬族13种,毛南族4种,土家族329种,黎族2种,畲族448种,高山族317种,合计1346种。

壮族人口达1692余万人,居全国各少数民族人口第一位,本地区壮族家谱数量比较可观,类别多样,既有主要记载土官世系为核心的官谱,也有普通百姓编修的民谱,且数量越来越多,几乎绝大多数的壮族家庭都保存有或简或繁的家谱。既有书本家谱,也有石碑家谱,而广西百色市凌云县泗城镇的五指山崖刻《泗城岑氏族谱》,更称得上是石刻家谱的精品。

从全国范围看,苗族、侗族属西南地区,其有关家谱理应置于西南地区来进行论述,湖南图书馆几位专家撰写的是主要论述湖南省范围的苗族、侗族家谱,其与瑶族等家谱一起,带有湖南的地方特色,故将其放在中南东地区范围与瑶族家谱等糅合在一起来进行论述。作为湖南省主要土著的苗族、侗族、瑶族和土家族的家谱特点是很明显的:一是家谱中保留了许多本民族特征;二是由于诸多历史文化原因,少数民族极为讳言土著,往往在家谱中援附中原华胄,伪造始迁源流;三是民族成分相互交错,许多家谱时苗时侗时瑶时土,此苗彼侗彼瑶彼土,或亦苗亦侗亦瑶亦土,或与汉族交错,从而为我们提供了中华各民族"你来我往、我来你往、我中有你、你中有我"相互融合过程的生动画面。

分布于福建、浙江、江西、安徽、广东五省80多个县内部分山区的畲族,人口70余万人,是我国中南东南地区重要少数民族之一。畲族家谱生动显示了在畲汉两族漫长交往共处中,畲族深受汉文化影响,是历史上受汉族影响较大的少数民族之一,同时又保留了本民族文化心理所需要的、寄托民族信仰要求的社会习俗。

高山族是居住在中国台湾地区的少数民族,在远古主要来自祖国大陆东南沿海。《高山族家谱初探》一文依据《台湾高砂族系统所属の研究》有关资料,对高山族泰雅、赛夏、布农、邹、鲁凯、排湾、卑南、阿美、雅美9个族群291个部落与309份谱系资料进行了梳理,揭示了高山族家谱为连名口述家谱、记录的世系通常在五至十代间、女性名字被著录在家谱中等特点,对了解高山族各族的族源、还原部落的迁徙经过以及族人的婚姻、血亲信息等具有重要的资料价值。

下面对壮族、湖南苗族、侗族、瑶族家谱和畲族、高山族的家谱分别予以论述。

壮族家谱概说

黄家信（壮族）

在《现代汉语词典》里，家谱被定义为"家族记载本族世系和重要人物事迹的书"。族谱则是"家族或宗族记载本族世系和重要人物事迹的书"。家族"包括同一血统的几辈人"。宗族是"同一父系的家族"或"同一父系家族的成员"。其实，在壮族民间，人们观念里的家谱，几乎都是等同于族谱的。因此，本文讨论的对象——壮族家谱，可视同壮族族谱。

壮族家谱，大致而言有以下特点：有官谱，有民谱；先有官谱，后有民谱；官谱完整，民谱简陋；普遍攀附汉裔；有的镌刻在摩崖上。

一、官谱的编修

壮族先民，先秦被笼统称为蛮，秦西汉时期称为西瓯、骆越，东汉南北朝称为俚、僚等。到唐宋时期，逐渐形成单一的民族。当时，壮族地区先民居住的地方，广置羁縻州、县、峒，长官世袭。随着汉文化水平的提高，一些羁縻地方的世袭长官，他们可能已开始编纂有最早的家谱。比如，从北宋初年开始以迄民国，南丹莫氏土官的世袭传承，几乎都能够在"二十四史"里和地方志里找到完整的记录，假如没有一定数量的家谱材料支撑，恐怕很难维持如此久远、如此连贯的世系确认。此时期，因为数量太少，加上环境潮湿、战乱兵燹、家族没落等诸多因素的影响，壮族家谱实物很难长久保存。从目前的研究成果来看，壮族较为完整的家谱记载，是从明代开始的。

明初，为了防止冒袭情况发生，壮族土官袭替，要预为勘定，造册报官，然后再按照既定程序，按部就班承袭。经过多年实践，壮族土官开始重视追溯祖先源流，逐渐将家谱世系模式化。及时修订和完善家谱，成为壮族土官承袭程序之中最为重要的依据之一。因为这些壮族土官家谱，无论是土官本人修订还是土官主持人员修谱，都以嫡长男（或直系男丁），以及后来不断完善的庶、同族、女、婿等若干补充形式的完整世系，记录该土司领地上土官的承袭世系。简而言之，以记录土官传承世系为核心内容的家谱，人们称之为官谱。

明洪武二十六年（1393），中央政府规定土官承袭"务要验封司委官体勘，别无争袭之人，明白取具宗支图本，并官吏人等具状，呈部具奏，照例承袭"。在土官承袭之前，必须按照"宗支图本"的"范本"填写,递交给相关的行政机构,由他们进行资格审查、身份确认、官吏签署意见,然后才能获得承袭资格。为了适应明中央王朝的管理要求,壮族土官开始重视世系代际家谱的记录。随着时间推移,家谱材料积累也就越来越多。与此同时,壮族土官与汉族的知识阶层和民间人士的交往越来越频繁,汉族家谱自然而然地开始成为壮族官谱仿造的模板。

壮族居住的地区位于亚热带,气候温暖湿润,特别是春季的回南天就连墙壁都会"出汗",纸质物品非常难以长久保存。迄今为止,人们所能找到的最早的壮族官谱,是刻在墓碑上或摩崖上的。明永乐年间(1403~1424),大学士解缙应思明土知府黄广成所托,为他的父亲黄忽都撰写《知思明府黄公神道碑》,全文有874个字。碑文收录在《粤西文载》及解缙文集《文毅集》里,但《文毅集》不是解缙本人编定,是后人多次编辑而成。据《明史·解缙传》,永乐五年(1407),解缙被贬官交阯,八年回京,碑文应该是在这期间写成。杜树海曾专门针对这篇碑文的来龙去脉、是否伪托等进行较为系统的论述。

《知思明府黄公神道碑》

大明朝列大夫知广西思明府黄公墓在乡之莫萌岭。翰林学士国史总裁庐陵解缙大绅刻其墓道之碑曰:

黄氏系绪陆终之封于黄,今湖广黄州故国也。春秋时与会盟,尊周室。后并于楚,子孙益显且蕃。思明著族。宋仁宗时,狄武襄奏补成忠郎,充路分官,镇遏境土,遂以得民,葬思明周南岸之离山。相传卜吉,连世有官。至训武君,二男:长游元都,累官奉政大夫,同汉阳路;次袭知思明州,元世祖命镇南王脱欢讨交阯,为向导供给,从王入朝,世祖说之,手抚其背,亲酌赐之衣服金帛,授勋虎符龙虎上将军、广西两江道都元帅,仍思明路军民总管,娶南宁宣化莫氏大姓,讳用元,是为公之高祖。至武毅将军兼南宁路总管,讳克顺,是为公之曾祖。其讳万山,公之祖父,娶于万承许氏,六子皆贤,武略将军思明路总管,赐金虎符。讳武胜,公之伯也,继为总管,升擢广西两江道宣慰使都元帅。讳武宗,公之父也。公母夫人龙州赵氏,杞梓盛宗,世储休庆。

公讳忽都,字曰朝显,弱冠而孤。时方大乱,邻寇陆梁,镇之以静,抚民治兵,以俟天命。后三年,为洪武戊申,国朝兵下广东,转指南宁,即遣送印章,受约束以归。民皆安堵,不知有兵。明年己酉,诏以思明路为府,赐诰命印章,仍惮之,戒莫敢犯。暇则与其属人弋游娱乐,讲习御武,其属人皆亲附之,境内晏然安堵。公真可谓豪杰人也。后十八年,为洪武丙寅,十万山象出害民稼穑,诏两通候率兵二万余驱而捕之,建立驯象卫。思明府率其民助治城堑,向道山险峻,除兽害。未几,得白象以献,太祖赐赉之甚厚,因言地瘴僻远,不足立卫。又明年,有诏迁卫横州,明年己巳三月二十公以疾卒。生至正丁亥五月三十,享年四十有三。

夫人赵氏先卒。生广平,年十二。继室以元海北道元帅知上思州英杰之女。生子广成,甫七岁,英氏扶持其家。后三年,广平袭为知府,卒年方十六。又六年,广成入朝,嗣为知府。比岁从征,不遑启处。公先葬在乡那垄,卜云匪吉,圹有水泉。广成咨询谋度,梦寐惨伤,以永乐元年癸未十月八日始得于吉所,仍举赵氏合葬。果去水泉,迁于高爽。而墓道之碑未有刻辞,流涕而跪曰:"余家守此,将三百年,而当两世革命之际,前有训武公,后有朝列公,实宠绥之,不有彰徵,其何以示子孙,俾思明之人有所考见哉?"斯言亦信,可书而刻之。广成字静学,有子曰玹,今为丘温卫指挥。璘、瑢、瑗、琭、琮、珚、琉、瓛。

其辞曰:思明黄氏世阀阅,宗历再纪疆里截。元室肇基光烈烈,锡以虎符兼玉节。归朝稽首刃不血,黎民安堵笑哐哐。耕凿岂知蒙帝力,家庆绵绵由善积,与国咸休子孙食。我铭斯文勒其石,亿万斯年哭东壁。

叙述思明土知府黄氏 10 代世系:训武—长男、次男—(次男子)高祖用元—曾祖克顺—祖万山—父武宗—忽都—子广成—广成子静学—静学子玹、璘、瑢……该文是黄忽都的神道碑,其生平事迹也就记载尤详。此文虽属墓志铭体,但具备了家谱"记载本族世系和重要人物事迹"的基本构成元素,因此,可视为思明土知府黄氏的家谱、官谱。

这则神道碑,还具备了作为一般壮族家谱的基本要素:用汉字记载,直接(或假托)出自汉族文人手笔或仿照汉族家谱体例,提到了宋仁宗时期的狄青或侬智高。古代,一些壮族知识分子利用汉字六书,创造出古壮字,以记录自己的宗教典籍、文契、山歌等。学术界一般认为,古壮字最早见于唐代(681)碑文,到南宋范成大写《桂海虞衡志》时已普遍使用。就笔者所知,迄今还没有发现使用古壮字抄写或铭刻的壮族家谱,见到的都是用汉字书写。

明成化八年(1472),恩城州(今属崇左市大新县境)土官赵福惠撰写序言的《恩城州土官族谱》,刻在恩城街的石壁上,序言后面,故意留空栏,方便后来人把承袭土官的名字继续添加上去,逐渐形成较为简单的家谱。虽然该家谱仅仅记录土官的世袭情况,与后来成书的家谱还无法比拟。但是,在摩崖上镌刻,留空栏让后人不断填补,也算是一种创新。

经过梳理历史文献,人们发现较早的壮族家谱,可能是泗城州的岑氏族谱。明弘治十八年(1505)三月,泗城土官族人岑九仙向朝廷奏报"自始祖岑彭以来,世袭土官,至岑豹子、知州岑应罹难,恩城州(今属百色市平果县境——引者)知州岑钦之祸,子孙灭亡殆尽。其弟岑接,众推护印,累著劳勋,乞令袭职,俾掌辖夷众"。但是,兵部尚书刘大夏对明孝宗说:"臣大夏先在两广,见岑氏谱系云:始祖木纳罕于元至正年间与田州知府之祖伯颜一时受官。今岑九仙妄援汉岑彭世次,尘渎圣听,请治其罪。其岑接应袭职与否,前已行令镇巡等官勘报奏处,其岑九仙虽曰夷人,难以深究,亦当谪发以破其奸。上从之。命押回镇巡官处收查发落。"①刘大夏于弘治十四年(1501)提督两广军务时见到岑氏族谱。这是迄今为止,人们所能看到的最早提到的泗城岑氏族谱。从岑九仙、刘大夏留下的话语资料,不难看出,当时的泗城土官已有"妄援世次"现象,就是后来学者批判的攀附汉裔思想。另外,不可否认,弘治十八年以前,泗城岑氏、田州岑氏都已经有了家谱,刘大夏见到的"岑氏谱系",应该就是泗城、田州岑氏土官承袭的公文或衙门档案。到了天启年间(1621~1627),泗城土官岑云汉撰写的五指山摩崖石刻《泗城岑氏族谱》,内容就比较丰富了。先是虚构北宋初期的历史人物岑仲淑,跟随狄青攻打侬智高,立功驻守邕州,成为粤西岑氏的始迁祖。然后,记载各世土官姓名、官职封号、功绩、子嗣等,有关房份情况也有所反映。从格式、体例上看,这份石刻文字已经较为接近族谱的形制,其核心的表述,为后来诸多的岑氏族谱所继承。

《泗城岑氏族谱》②

派自余姚善	仲淑公卒亭		
于医道立武	公权都督事		
功于	时有流官		
宋高宗朝授	公罢职以邕—岑	翱—长房未	
麒麟武卫怀	州还□□□	袭故	翔公卒
远将军随狄	朝廷将欲束		英公袭
襄公征侬志	装还里沿边		父爵金
高克林州城	土民遮留事	亭公卒翔	紫光禄
破邕州志高	闻	公奉	大夫沿

---

① 《明孝宗实录》卷二二二,弘治十八年三月甲辰。
② 2006年11月,黄家信与周爱传以黄振忠收藏本为底稿,直接对着摩崖一个字一个字校对,每人分别校对两遍。陈锦恩、黄合做、罗宗壮、凌加展等地方干部提供各种协助,黄振忠到场观摩并参与有疑问地方的讨论。完全保持原文状态,只将原来竖排改为横排。

四、中南东南地区少数民族家谱研究

岑仲淑—迁 善后驻镇邕 州建元帅府 郡督桂林象 郡三江诸州 兵马以御志 高始通使市 马于水西大 火合兵扫荡 西南夷据有 牂牁露布上 京封粤国公 奔广南襄公 朝仲淑公→岑自亭—勒封亭公金 紫光禄大夫 沿边安抚使 来安路军民 都总管仍挂 麒麟武卫怀 远大将军迁 入桥利定居 土民属焉跨 有牂牁西土 子孙承继不 绝 朝廷 勒封金紫 翔—光禄大夫→岑 麒麟武卫 上将军沿 边安抚使 边安抚 英—使来安 路军民 都总管 仍挂麒 麟武卫 怀远大 将军

黄家信等人准备拓印百色市凌云县泗城镇的
五指山崖刻《泗城岑氏族谱》(2006年11月)

现存壮族官谱,大多数是清中期以后增订、续修。有的是土官家族保存,有的被地方志书所引用。其中,最完整、最典型的,是乾隆九年(1744)忻城县土官莫景隆纂修的《莫氏宗谱》、光绪二十二年(1896)重修的《田州岑氏源流谱》以及民国二十五年(1936)莫萱莚修撰的《续修忻城莫氏族谱》等,无论在格式、体例、内容以及编纂思想,与一般汉族大家族的族谱几乎一模一样。唯一的区别,是土官家族的世袭制,往往延续数百年,贯穿两三个,甚至更多个朝代。其中时间最长的南丹莫氏,从宋太祖开宝七年(974)莫洪□归附,到光绪三十一年(1905)莫泌死去的931年中,共传了34代50任土官,中间没有任何记载缺失,非常罕见。

此外,嘉庆六年(1801),土官王言纪修、朱锦纂的《白山司志》,名为白山土巡检司(今属南宁市马山县境)地方志,但核心内容还是记载土官的家世、与土官管理相关的内容,可视为土官族谱。道光六年(1826)抄存的《思陵土州志》,又称《思陵州韦氏家乘》,与《白山司志》类似,可视为该土州的土官族谱。

明清时期,中国的宗族组织,经历着一场郑振满称为"宗族庶民化"[①]的运动,逐渐摆脱士大夫阶层的藩篱,在民间社会普及和推广,形成一种全国性的潮流,对于基层社会的影响极为深远。这一潮流,也波及到了南疆的壮族地区,并且首先在壮族的上层——土官阶层中,发生诸多直接的、明显的影响,编修土官家谱,便是这种影响的表现之一。

据龚荫统计,明代广西设置土司最多时有347家,其中土长官7,土知府5,土知州42,土知县10,土正巡检76,[②]这些府、州、县、长官司及部分巡检司的土官,几乎都修纂有家谱。然而,只有其中少数家谱能够以原版形式存世,绝大多数则以土官后裔续编的形式保留。

此外,在今云南文山州,明代设有广南府、富州、教化三部长官司、安南副长官司、八寨长官司、王弄山长官司、维摩乡土舍、[③]牛羊寨土舍等壮族土司,广南侬氏、富州沈氏都编有完整的官谱。在今广东有龙门副巡检司、乐昌巡检司等,是否编有官谱,无从知晓。

二、民谱的编修

壮族的一般家谱,姑且称之为民谱,是相对于以主要记载土官世系为核心的官谱而言的。民谱的修纂,应该是在官谱流行较长时间之后,并且受到官谱的较大影响。随着

---

① 郑振满著:《明清福建家族组织与社会变迁》,湖南教育出版社,1992年。
② 龚荫著:《中国土司制度》,云南民族出版社,1992年,第998页。
③ "土舍"的原意是土司子弟及族人,后来演变成一级土司职官,为未入流。

时间推移,晚清以降,民谱数量越来越多,迄今数量更是庞大,几乎绝大多数的壮族家庭都保存有或简或繁的家谱。从空间范围来看,分布在广西东部及云南文山广南等地的壮族,受汉文化影响最早、最深,编辑的家谱与成熟的汉式家谱相比,几乎没有太明显的差别。左右江、红水河流域的壮族,除了一些汉文化水平较高的知识分子,他们编修的家谱可与一流汉族家谱相媲美,但大多数还是略显简陋。

在众多壮族民谱之中,比较著名,而且影响较大的,当属光绪年间西林人岑毓英主修的《西林岑氏族谱》。修此谱的时候,他正担任云贵总督,他死之后,其胞弟毓宝曾短暂代理云贵总督之职,其子春煊更是担任两广总督等职,三人世称西林"一门三总督",位高权重,社会影响大。为什么把此谱归民谱,把《田州岑氏源流谱》等划归官谱?西林原属上林长官司,在康熙五年(1666)已被改土归流,《西林岑氏族谱》的主干内容,已经不再是土官世系,而是一般的壮族家庭血缘关系谱系,官谱、民谱惟以内容区分。

《西林岑氏族谱》设有卷首,包括诰命、敕书、旌典;卷一渊源分族世表、卷二系图世记、卷三祖训、卷四家传、卷五科名仕宦、卷六文艺、卷七武备、卷八派名定字;卷九典礼,包括祭礼、祭器图、丧礼服制图;卷十土田,包括茔墓图、家庙图、义产经费。内容丰富,体例严谨。发行之后,分给宗族收藏。凌云县泗城镇岑耿亦收藏有一部,"文革"时期,藏到荒凉地方的岩洞里,以躲开红卫兵抄家,改革开放之后才又拿回家中收藏。笔者多次访问岑耿,他没有拿出该版族谱,大约2003年,他借新的《岑氏族谱》给笔者拿回百色复印。

广西岑氏族谱编纂理事会编的《岑氏族谱》,于1997年8月出版,16开,582页,80万字,有中共凌云县委宣传部准印证编号。收录有名字的家庭,需要本书的,需付200元。包括序言、卷一源流谱图、卷二古谱世表、卷三各地新谱图集、卷四岑氏名人传略、卷五岑氏文化遗产、卷六附录。以广西境内岑氏为主,兼收云南广南、富宁,贵州罗甸、安龙,广东新宁的岑氏。

广西玉林市有700万人口,少数民族最集中的地方位于兴业县山心镇的4个壮族村落,这是汉族汪洋大海中的壮族族群岛。其中一个石柜村民委辖下的牛口,卢氏聚居于此,2013年12月15日编辑而成的《广西兴业县山心镇石柜牛口卢家族谱》,包括前言,始祖——九代(海乘一至四代),太祥支系,太生支系(村儿),太同支系(垒卧),文盛支系,大中专生、干部、职工、村干部名录,一至七代先辈墓葬地等八部分,内容也算是丰富。他们说,祖先是从广东东莞"朱矶巷"来的(笔者写"珠"字,他们说好像不是这个,应该是姓"朱"那个),到贵县(今贵港)做生意,后来住贵县郊蓝田,再迁牛口。他们受当地汉族重商、重教育,甚至"珠矶巷"传说的影响较为明显。

桂林市荔浦县马岭镇,荔浦县《马岭龙氏族谱》编修理事会编的《马岭龙氏族谱》包括:一修谱组织机构、二前言、三荔浦马岭龙氏彦海公修谱序、四认祖寻根、五龙氏彦海公分衍源流及简图、六四世真禄公世系源流及简图、七五世仕超公世系源流及简图、八五世仕庆公世系源流及简图、九五世仕定公修谱序、十四世真朝公世系源流及简图、十一四世真英公世系源流及简图、十二都林龙氏谱序、十三知名人氏录、十四龙氏彦海公后裔族训、十五各村各支已用字号简表、十六六村共用字谱、字谱解说及启用新字谱说明、十七文章集萃、十八编后语及附言。龙氏六村包括马岭镇的大塘岭、小塘岭、甲板塘、龙村、小青山,加上今属阳朔县高田乡的都林。2015年7月,笔者到过大塘岭、龙村和小青山,经询问和接触,得知大塘岭、小塘岭龙氏是壮族,其余是汉族。为何会是这样?在大唐岭,族谱编纂者之一龙泽启说:"马岭龙姓是从湖南零陵迁来的,已有22代。到这里之后,从大地村的龙村再分出去。如何分?年久失传。我们为何是壮族?我也不晓得是怎么回事。也许是老祖宗到壮族人家上门,时间久了,变成了壮族。这一条河下去,都是壮族。"

龙泽启参与编辑并收藏的桂林市荔浦县《马岭龙氏族谱》,壮族、汉族同谱

今崇左市扶绥县中东镇,原来设有罗阳土县,黄氏土官在这里世袭。1998年春节,黄锡夫手抄本《先祖东堂后裔录》完稿,包括:先祖东堂原籍官职世袭简况、二十八代世袭官职录、东堂直系后代记、东堂第十一代宗信后代简录、第十三代景洪后代记、第十四代钰龙后代记、第十五代黄积后代记、第十六代金迈后代记……同正县志一小段、续补世袭官职简况、罗阳土官家族简况、白马县考、倡议书、结果。其中的"白马县考"道:

> 自宋朝以来,世居南宁一带以及广西各地的许多姓氏族谱,如黄、陈、梁、刘、邓、罗、曹、覃、韦、曾、卢、宋、苏、赖、林、凌,等等,都志为他们各自的祖籍是山东省白马县,这些姓氏在广西各地人口估计有数百万以上。到底是否有山东省白马县? 据南宁市地方志办公室覃之馨前去实地调查,非也。山东地域自古至今没有白马县(或津、城、驿),白马县是在今河南省滑县……

云南广南县是壮族比较集中的地方,这里的侬氏土官是壮族最后一个被任命和改流的土司。末代土官侬鼎和同一辈人侬鼎升于2004年4月编成《云南侬氏族谱》(初稿),包括:一族源、二分支、三人物、四革命烈士,五解放后任县、处级以上、高级技术职称、部分乡以上干部及大专学历人员,六已统计各村寨户数。在"说明"里,他说:"这本族谱初稿重点是搞清各县族源,经过深入访问,查对碑文与史志结合对照等方法,基本达到了目的。对一些因改朝换代、政治变故对家族的影响也弄清了脉络,但对每个具体村寨的祖先来源,则因无文字可考,口传不可靠故不能一一弄清。……我们初步调查,我云南侬氏,总数不下五六千户,所属村寨不下200个,因人才太少,目前能联系上的约三分之一,还有三分之二尚未联系上,希望族人中有志愿者参与此项工作,有志愿者请告知:广南侬天义、砚山侬天才、文山农伟民、西畴侬天利、侬臣宦、富宁农贤生,争取大多数族人能登记入谱……"

这些叙述之中,还有一段"侬、农一家"的历史遗留问题。按照民间传说,北宋初年,侬智高被镇压之后,侬族四处逃跑,有的改名换姓,把"侬"去掉单人旁,变成了"农",有的躲藏起来,坚决不改,保持原来的"侬"姓。这份"说明"最后一段,就出现了侬、农共祖的真实情况。

在来宾市武宣县三里镇原有廖盛泰墓,民国五年(1916)重立碑,2008~2009年其后裔集资建设陵园,原来有文字的碑刻16方,加上建陵园捐款50元以上的人名碑刻数十方,两者加起来整个陵园留下廖氏数千人名,是一处可视为"另类"家谱的形式。在《墓园志》里,有这样一段:

> 六百多年来,以廖盛泰公为一世至今已繁衍到二十六世,总人口达十万之多,主要分布在广西的武宣、贵港、桂平、平南、来宾、象州、柳州、柳江、柳城、鹿寨、玉林、宾阳、灵山、兴业、浦北、横县、融水等二十多个县市,还有部分迁徙到越南、马来西亚、新加坡等国的海外兄弟姐妹至今尚未联系上。

还提到廖盛泰的子廖总彩、孙廖政任"勒马滩巡检司巡检"、曾孙廖庆思、玄孙廖贵真等等历史人物，其中廖政及其职务是准确的，在正史里有明确记载。笔者未见到纸质的廖氏族谱，但去陵园考察当天的出租车司机是廖氏后代，就是他介绍才知道还有此陵园的。在武宣、桂平考察期间，较多人都对此陵园有印象，因为它位于进入大藤峡入口勒马滩的公路旁边，非常显眼。

民谱存世数量众多，内容千姿百态，体例繁简不一，质量参差不齐，很难做出完整的评判。随着汉文化的普及，经济、交通与电子信息的巨大推动，壮族民谱的地域差距、阶层差距已经不复存在，各种形式的修谱行为方兴未艾。

三、载体与文字格式

壮族的家谱，从载体来看，有碑刻，有摩崖石刻，有纸载，当代还有电子文档甚至网络数据库。不同载体，保存结果千差万别，电子文档只要不被删除应该是最好的，也是最不会走样的。摩崖石刻镌于崖壁，相对固定，大山不塌，文字不灭，但是近年来污染较重，对此类文献损害较大。另外，崖壁上有水渗出，文字极易被湮灭，也是一大问题。比如，凌云五指山《泗城岑氏族谱》原来位于偏僻之处，现在二级公路就在前边 20 米左右地方经过，县城原来只有三五千人，现在两三万人，再加上崖壁上渗水，一些文字就慢慢被损毁了。原来刻有 1954 个字，迄今已损毁 45 个字。碑刻容易搬动，时间长了，牛马践踏，人为损坏，风吹雨淋，保存不易。像明永乐《知思明府黄公神道碑》，如果不是撰写者解缙身份特殊，留下个人文集和清初汪森辑录于《粤西文载》，后人可能很难找到原文。纸载的族谱，最为普遍，最为常见，占绝大多数。方便传播，容易普及，可为各种丛书、图书馆、藏书家等所收录收藏。纸载的族谱，除非有专业的收藏方式，否则在壮族地区的气候环境下，很难长久保存，能够保存一百年的纸质族谱都算是非常罕见了。

壮族家谱的文字格式，大抵上可以分为三种形式。

第一种，分层、分代记录。大多数都采用此种方法，从上到下，或者从左到右，有的画框，有的画直线，有的靠文字排列区分。凌云县五指山摩崖《泗城岑氏族谱》就是这种格式的典型。首先把摩崖铲平，辟出平面，划分区域，再镌刻内容。具体来说，以代为序，上下分层，竖排文字，按个人的嫡庶、官职、功绩等叙述。第一层为始祖岑仲淑，每行 5 字。

第二层岑自亭，第三层岑翱、岑翔，第四层岑英，第五层岑雄，第六层岑世坚、岑世兴、岑世昌、岑世隆，按此模式依次排序，每行最多 22 字，也有 15 字、5 字、4 字、3 字、2 字、1 字的，以 5 字、3 字为最多。这样的格式，代序清楚，易于阅读，要言不烦，无论撰写、排版、阅读,都很容易,因此也就被人们采用最多。

第二种,先叙姓氏起源,再述家族世系。永乐年间解缙执笔的《知思明府黄公神道碑》,就是采取这种形式。开头叙述"黄氏系绪陆终之封于黄,今湖广黄州故国也。春秋时与会盟,尊周室。后并于楚,子孙益显且蕃"。接着,叙述黄氏10代世系,其间重点突出碑主黄忽都的生平事迹。先叙郡望,再述先祖追随狄青征侬智高、立功授官、世代绵延的写作格式,几乎都成了后来壮族土官和民间家谱的"范本",获得广泛应用。

第三种,将上述第一、第二种结合起来,再补以恩荣、仕宦、忠孝、节义、坟墓、著作、耆寿、预立字辈等等内容。这种类型以光绪《田州岑氏源流谱》为代表,该谱设有:岑氏源流谱叙、岑氏源流支派图、田州岑氏嫡派正系大宗图、粤西岑氏历代官职、余姚岑氏粤西源流世谱、17支分派记、忠孝志、节义志、岑氏历代坟墓等分目。[①] 民国《续修忻城莫氏族谱》则分有:先世事略、懿行谱、仕宦谱、寿老谱、科目谱、节妇谱、恶行谱、姓氏考略、祠堂对联、族人著作、预立字辈等11个分目。这些都是壮族官谱中最为完备的文本。民谱很多虽然列有一二十个目,但真正涵盖的内容也就七八项,如崇左市扶绥县中东镇的《先祖东堂后裔录》虽列有18个目,但其中有10个目是叙述族支世系的,真正主题也就八九个。

壮族家谱实物始见于明,盛于清,并于清代臻至完善。其文字格式多模仿汉族族谱。

四、普遍攀附汉裔

明永乐年间解缙执笔的《知思明府黄公神道碑》,说黄氏"系绪陆终之封于黄,今湖广黄州故国也",还提到为现代学者质疑的狄青平定侬智高事件"宋仁宗时狄武襄奏补成忠郎,充路分官"。成化八年,土官赵福惠撰写序言的《恩城州土官族谱》第一段:"赵仁寿,本贯系山东青州府益都县人氏,跟随总兵官狄青来征邕州南蛮侬智高,获功绩,得水土一方归附。祖赵仁寿特令恩城州世袭土官知州职事,子孙相继,承授祖业,传之后嗣,耿耿不泯。故此刻石以为之记。时成化八年岁次壬辰三月三十日,致仕知州赵福惠立。"明孝宗弘治十八年(1505),泗城土官族人岑九仙上奏说:"自始祖岑彭以来,世袭土官。"然后推荐岑接承袭泗城土司职。但是,兵部尚书刘大夏却对明孝宗说,他在两广,见到的岑氏谱系,认为岑九仙"妄援汉岑彭世次"。到崇祯天启年间(1621~1627)镌刻在凌云县五指山山麓的《泗城岑氏族谱》直接说成岑仲淑是浙江余姚人,跟随狄青征侬智高,立功留守

---

① [清]岑氏族人撰、黄明标校点:《田州岑氏土司族谱》,广西人民出版社,2011年,第5页。

邕州,成为广西诸岑氏土官的始迁祖。此后,清代、民国,以迄当代,类似攀附汉裔现象,越演越烈,几乎都成了普遍规律。

绝大多数的壮族家谱,在追溯族源时几乎都提到,他们的祖先从北方迁来,攀附中原同姓汉族的郡望,穿凿附会,将自己的家族历史,跟中原古代望人、望族、望地联系起来。其中,最著名、影响最大的一种说法:宋仁宗皇祐年间(1049~1054),壮族的始迁祖随名将狄青来到广西,参加镇压侬智高叛乱,立功受封,镇守一方,子孙世袭,延至当代。这就是壮族史上争议最大的事件之一,即各家族谱叙述民族渊源所普遍采取的汉裔攀附思想。

广西部分土官家谱始迁祖一览表

土司	族谱名称	自称祖籍地	始迁祖	迁桂时间	迁桂原因
南丹	钜鹿宗支南丹知州官谱	山东青州府益都县白马米街	莫伟勋	宋太祖开宝	征蛮
忻城	重新续修莫氏族谱	江南太仓州白米巷	莫亮	元初	无考
泗城	岑氏宗支世系	浙江余姚	岑仲淑	宋仁宗皇祐	征侬智高
田州	岑氏源流谱叙	浙江绍兴府余姚县上林乡石人里岑王村	岑仲淑	宋仁宗皇祐	征侬智高
思明	知思明府黄公神道碑	湖广黄州	无记	宋仁宗皇祐	征侬智高
罗阳	罗阳黄氏袭官世系	山东青州府溢都县	黄东堂	宋仁宗皇祐	征侬智高
恩城	恩城州土官族谱	山东青州府益都县	赵仁寿	宋仁宗皇祐	征侬智高
龙州	龙州土官世系	山东益都县	赵鼎	宋仁宗皇祐	征侬智高
思陵	亲供世系宗支图本	山东青州府白马县	韦延寿	宋仁宗皇祐	征侬智高
太平	太平州历任袭职名衔	山东青州府益都县白马街	李茂	宋仁宗皇祐	征侬智高
茗盈	茗盈州土司宗支图	山东青州府益都县白马街	李德卿	宋仁宗皇祐	征侬智高
那地	罗氏宗谱	江西南昌府	罗黄貌	元末	征蛮
下雷	许氏历代宗谱	山东青州府益都县	许天全	宋仁宗皇祐	征侬智高

资料来源:根据谷口房男、白耀天编著《壮族土官族谱集成》(广西民族出版社1998年版)整理。该书收录17份壮族土官家谱,现录13份,其余4份,广南侬氏从南宋末侬郎恐始,上下冻州赵氏从龙州赵氏分出,安平州与太平州同宗,东兰州韦氏从"宋有韦君朝者,居文兰洞,为土夷长"始记。

明万历年间(1573~1619),魏浚曾担任广西学政三年,大约在万历四十一年(1613),他把自己在广西的见闻写成《西事珥》。在书中,他说:"土州诸岑姓不一,皆称岑彭之后,有为子弟乞附博士籍者,自云先代上应列宿,画像云台,遥遥华胄,不知何自而起?"①但是,从明末开始,壮族的民间及土官、土官后裔们,很多人都接受"汉裔"的观念。现代学者粟冠昌、谈琪等人,在他们的著作里,早已旗帜鲜明地对这种攀附汉裔思想进行了系统的批判,认为壮族土官们的族属是地道的壮族,不是北方来的。然而,壮族人攀附汉裔现象,从明孝宗弘治年间的刘大夏开始,以迄当代的壮学界,学者大多数人持否定和批判的态度。但是,民间的攀附汉裔现象,不仅不收敛,反而影响越来越大。学者微弱的声音,几乎很难阻止民间高涨的浪潮。

2005年4月7日下午,笔者拜访当时已73岁的忻城县莫树春,他是一位当地的退休干部,正在编纂第五版忻城《莫氏族谱》。他说,《莫氏族谱》前面三版都是"官谱",第四版虽然"官民结合","但缺了半边天,不符合时代要求",要将家族中的女性入谱。在第五版的"莫氏源流"里,有这样两段:"水有源,树有根,人有祖先。揭开香火堂(即钜鹿堂——引者)的秘密后,顺藤摸瓜,找到四千六百多年前有文字记载的老祖先——黄帝。""据《史记》载:莫氏源头在陕西,上古时的五帝纪、周部落、西周皇朝都在陕西,周平王东迁洛阳为东周,由河南到河北,由河北到江苏,由江苏来广西,我们这支莫氏的流向大体如此。"他认为新谱把莫氏先祖上溯到黄帝,既是特色,也是他的功劳。前几谱都是以明洪武时期的莫保为始迁祖开始记载,这下可好,一位退休几年的县政府干部直接把自己家族的祖先向古代推进了3200年,若要问有什么根据,人家还引用司马迁《史记》做证据呢。又如,2015年10月9日,笔者在玉林市兴业县山心村牛口垒卧采访退休教师卢孙义,他亲弟说,卢氏是从广东东莞迁来的,是从"朱矶巷"迁出来,还希望笔者帮他们查清楚"朱矶巷"到底在哪里?

历史学者都遵循:说有容易说无难。随着汉文化普及程度的巨大提高,几乎每个受过正规教育的壮族人,都能编撰自己的家谱。其中,怕有百分之一、千分之一甚至万分之一的人任性,说祖先如何如何迁徙、繁衍,然后学者要证明这种种白纸黑字的祖先故事纯粹是"无稽之谈",可能就难于上青天了。

攀附汉裔思想是古代封建王朝民族歧视、民族压迫的产物,是歪曲历史事实的行为,任何正式出版物,要正确地判断壮族民间各种版本的叙述。

---

① [明]魏浚撰:《西事珥》卷八《姓氏之异》,北京图书馆藏本。

五、目前趋势

壮族家谱数量众多,形式繁杂,分布面广,要总结出规律性的发展趋势,可能是困难的。然而,民间人士的创新能力与时俱进,无穷无尽,只要稍加留意,不难发现其间的一些闪光点。

2015年7月,笔者在桂林荔浦县新坪镇寨背屯收集到《广西荔浦新坪李氏族谱》,署名"寨背李弟宗支合族重修",16开,101千字,2004年4月第1版第1次印刷,印数200册,该册标识为"第171册",其中的数字是红色。

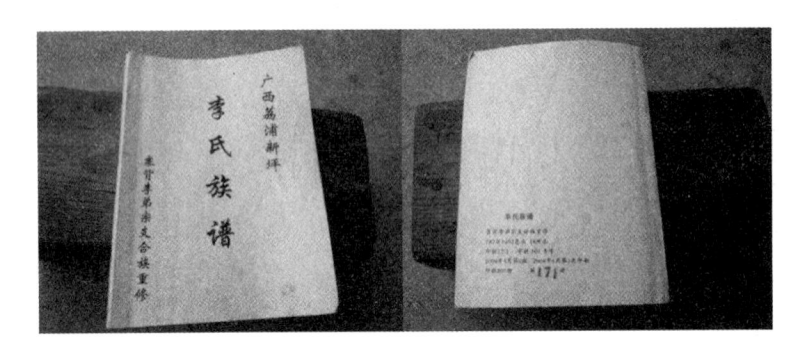

桂林市荔浦县新坪镇寨背屯李承南收藏的《广西荔浦新坪李氏族谱》

据谱中叙述,2004年的时候,寨背屯有80户,334人。该谱附有较为详细的"凡例",其中的一些规定,反映了目前壮族家谱的一些趋势。为说明问题,先把原文整理如下:

> 我寨背李氏一脉始祖李弟系唐太宗李世民第41代裔孙、入闽始祖李火德15代裔孙,自明万历年间由西粤庆远迁至荔浦寨背,至今已400余年,繁衍子孙14代。多数裔孙仍居寨背,尚有分布全国各地,二十五世李子明、二十七世李先哲及后代定居台湾……本谱自1997年夏筹划,2000年春动笔……(李泽军序,2004年清明)
>
> 凡例
> 一、本谱依据本族旧谱及参阅昭平《李氏族谱》福建上杭《李氏族谱》修撰而成。
> 二、横排世辈部分,远祖从少典、黄帝至未受姓之理征,再从受姓李利贞起一世至八十二世李珠。然后又从入闽始祖李火德重起一世沿世辈排至二十九世编叙。由于十七世李仕佑迁修仁四排,因年久疏于联系,故有待2004年(从下文看应为2034年——引者)三修族谱加以编叙。编排中一般以一世为一层。

编排开头起段,一般一人为一段,起段按某某世、书名、排行、原名、又名及改名、生终时间、年寿、葬址、生育子女,配偶生终,有资料则记,无则缺。

世系图从入闽始祖李火德起及相关旁系排至现在人丁。

三、不为生人立传,已故且有影响者,可立传。

四、解放前的地名、机构、官职,均用当时名称。文中古地名与当今地名有异的,注今地名。

五、公历世纪、年代、年、月、日,一律采用阿拉伯数字。

六、另外的几条凡例:

1. 男丁少年而亡(未满18岁)无继承者,不记谱,不排班辈。

2. 国家实行计划生育后,所生女性,未婚皆记谱,婚配后子女不随本姓者,不记谱。

3. 本姓继入可谱;他姓血缘继入或随娘带归者,如跟随本姓,亦可谱。

4. 本姓入赘他姓所育后代如跟随本姓可谱;他姓入赘本姓生育子女,跟随本姓可谱。

5. 为谋求本族统一,本族按字辈次序排列,此前由于历史、外迁等诸多原因而自行取名者,今修谱仍记载。自2005年1月1日起,凡我寨背李弟宗支之族裔不按字辈取名者(含外迁族裔),2034年三修族谱时不予记谱,敬请各宗亲为新出生子女取名时谨记勿忘,取名格式:李+字辈+名,请查阅族谱记载同辈取名用字,切勿重名、同音,以免造成不必要的误会。

6. 从二十七世起按年龄大小排行。

7. 世系图只列男丁。

8. 寨背李弟宗支《李氏族谱》,现定每30年为一修,后世有识裔孙,万望担负起修谱续宗之重任,切勿数典忘祖。

9. 本谱载人记事,起自原始人群,止于2004年1月。

从"明万历年间由西粤庆远迁至荔浦寨背"叙述,几乎可以肯定,他们就是明代"狼兵"为加强桂东防守而迁徙来此地定居的。寨背屯距离明代中峒土巡检司内城遗址只有两三百米,附近各村屯都还有零星的世居壮族分布。

从参阅梧州昭平、福建上杭《李氏族谱》的行为分析,随着教育普及,交通便利、信息通畅、经济条件巨大改变,从前不可想象的许多事情,完全可以轻而易举地完成。壮族祖先源自山东青州白马、益都,江苏太仓(忻城莫氏),浙江余姚,广东"朱矶巷"等等,可能都像寨背李氏一样,在现实生活中成功"对接"起来,普遍出现壮族与汉族共奉同一位祖先的情形。学者的种种批判,也许都会被民间无比强大的信息所淹没。

对女丁、继人、人赘、起名等作出具体规范,考虑周详,表述简洁,易于操作。特别提到了"国家实行计划生育后",可见,严格的计划生育执行多年之后,家庭人口结构变化,也会直接影响到家谱的编修。

不按字辈起名,30年之后续修不予入谱的强硬立场,也许是对改革开放之后,起名混乱的反思和补救。但是,效果如何,还有待检验。按一般情势,不外乎两种选择:置之不理,我行我素;变通应对,入谱按字辈起名,行世用个性名字,以兼顾两边。

此外,许多家族都建设有互联网。像岑氏宗亲网是由广西岑氏宗亲会建设和维护,设有岑氏要闻、岑氏渊源、岑氏典故、小说连载、宗氏留言、经贸论谈、通讯录等栏目,几乎收录了稍微重要的、能寻找到的与岑氏有关的纸质文字和部分视频,历时性、共时性资料均有收录,是一个非常庞大的数据库。这样的网页,也为世界各地有共同诉求的宗亲提供虚拟性质的、甚至真实性的交流平台。

(作者单位:广西民族大学)

湖南的苗族族谱

寻 霖

一、湖南地区的少数民族

距今10万至1.5万年前,为湖南历史上的旧石器时代。自1987年于新晃侗族自治县发现旧石器时代文化遗址之后,湖南全省境内已发现旧石器时代文化遗址数百处,分布以沅水、澧水流域为多。距今1.5万年左右,湖南进入新石器时代。至20世纪90年代,湖南境内发现的新石器文化遗址有1000多处,遍布全省各地,其中澧水中下游和洞庭湖区域最多,湘东、湘南区域较少。可见今湖南少数民族聚居地的湘西地区,其史前文明远较今以汉族为主的湘东地区发达。

旧石器时代和新石器时代,是人类社会发展史上的"史前原始时代"。在新石器时代和原始时代后期,形成了氏族部落和部落联盟。传说在距今5000年前(约新石器时代中期),在中国北方黄河流域生活着三个主要的部落联盟:炎帝部落联盟、黄帝部落联盟及蚩尤九黎部落联盟。炎帝部落与黄帝部落曾联合起来打败蚩尤部落,并迫使其退往长江中、下游区域,成为以后南方"苗蛮"民族的最初先民。炎帝、黄帝与蚩尤共称为"中华三祖",而湘中原古瑶民聚居的今梅山区域更是被认为是蚩尤文化的发源地及保存地。

大约与尧、舜、禹三代同时,即距今四五千年左右,南方又出现了一个新的氏族部落集团——三苗。学者认为三苗即原蚩尤九黎之后,其活动区域据《战国策·魏策》载:"昔者三苗之居,左彭蠡之波,右洞庭之水,汶山在其南,衡山在其北。"则今洞庭湖区及湖南北部一带都是三苗部落的主要活动区域之一。传说三苗部落因不满帝尧禅让于舜并放逐欢兜,因而与欢兜部落联合起来反叛,最后以失败而告终。《史记·五帝本纪》载:"三苗在江淮荆州数为乱,于是舜归而言于帝,请流共工于幽陵,以变北狄;放欢兜于崇山,以变南蛮;迁三苗于三危,以变西戎;殛鲧于羽山,以变东夷。"崇山在今张家界市,据明万历《慈利县志》载:"欢兜墓在崇山,舜放欢兜于此,后死,遂葬于山上。"今湘西苗族中"仡欢""仡颛""仡俫",仍奉欢兜为祖先。三危在今甘肃境内。但大部分三苗族人战后离开江淮、洞庭、彭蠡平原地带,避居于湖北、湖南山林溪峒,成为夏、商、周三代的"荆蛮"。

商周时期的"荆蛮"主要包括苗蛮系民族(苗、瑶等族的直系先民)、百越系民族(壮、侗等族的直系先民)、濮人系民族(后一部分融合于苗瑶民族,一部分融合于楚人)及一部分南迁至此的华夏系民族(楚人)。春秋战国时期,湖南基本属由楚人建立的楚国疆域。楚人与当地苗蛮系、百越系、濮人系土著氏族及自川东鄂西迁来的巴人(土家族的直系先民)共同生活在这块土地上。秦灭楚后,在湖南设立郡县,一部分土著氏族已融入中原华夏民族。秦汉至魏晋南北朝,湖南大部分土著氏族已经汉化,蛮族人口及区域已大为减少,多分布于湖南西部、南部及中部崇山峻岭之中。湖南蛮族按地域可分为武陵蛮、五溪蛮、盘瓠蛮、溇中蛮、澧中蛮、零阳蛮、酉溪蛮、长沙蛮、零陵蛮、桂阳蛮、荆雍州蛮等。这些蛮族实际上是湖南境内所有原始土著民族的统称,也是当今湖南少数民族的先民。

唐宋以来,中央王朝对少数民族聚居地实行羁縻州郡制度,由少数民族酋长自行管辖,中央政府不作干涉,少数民族区域与中央政府间保持"纳贡"与"回赐"的关系。元明二朝对少数民族区域实行土官制度,土官虽由中央政府册封,但仍由少数民族豪酋担任,且可世袭。清代初年"改土归流",废土司,设流官,将少数民族区域完全纳入国家版籍。

随着时代的发展,湖南原少数民族大部分已汉化,只有一小部分仍保留其独特生活文化习俗,而成了今天尚存的湖南各少数民族。

湖南是个多民族的省份,据1990年第四次全国人口普查统计,其时湖南共有52个民族60657992人,其中少数民族51个,4823649人(土家族1794710人,苗族1557073人,侗族753768人,瑶族458581人,白族114516人,回族93205人,壮族20917人,维吾尔族5739人,满族5303人,其他共9536人)。在湖南51个少数民族中,已形成氏族聚族而居者有土家族、苗族、侗族、瑶族、白族、回族、壮族、维吾尔族、蒙古族、畲族10个民族。其余则多为解放以后因工作或婚嫁而迁入湖南者,人口较少。

在10个形成氏族的湖南少数民族中,土家族、苗族、侗族、瑶族为湖南的土著民族,先秦以来即生活在湖南,分布比较广。白族为宋末元初自云南迁入,今多聚居于桑植县。回族、维吾尔族、蒙古族多为明初自北方随军迁入,今多聚居于常德、邵阳等市县。壮族多为自湘桂毗邻的广西宾州、贺县迁入,今多聚居于江华。畲族则为明末清初自福建、广东迁入,分布于湘东南汝城、桂东等县。

今湖南少数民族在分布上呈现出"大分散、小聚居"的状态,所谓"大分散",指全省各地都有少数民族分布;所谓"小聚居",指少数民族主要聚居于各少数民族自治州(县)及民族乡。

中华人民共和国成立后,在少数民族聚居区域实行"民族区域自治"制度。1952年湖南省成立了湘西苗族自治区，1957年又扩大为湘西土家族苗族自治州，当时辖龙山、永顺、保靖、花垣、吉首、古丈、泸溪、凤凰、桑植、大庸十县（1982年吉首撤县建市。1988年桑植、大庸划为张家界市管辖，仍享有自治地方政策）。1954年成立通道侗族自治县，1955年成立江华瑶族自治县，1956年成立新晃侗族自治县。这是湖南第一批民族区域自治县（州）。1987年又成立了芷江侗族自治县、靖州苗族侗族自治县，1988年成立麻阳苗族自治县。此外在湘东、湘南、湘西北如辰溪、洪江、会同、沅陵、绥宁、隆回、新宁、蓝山、江永、宁远、道县、祁阳、新田、双牌、慈利、桂阳、汝城、资兴、常宁等还存在着90多个民族乡。

由于各少数民族只有语言，没有文字，对本民族的历史往往通过口耳相传而缺乏文字记载。汉族史籍中虽有零星记载却不系统准确，往往以"三苗"或"苗""蛮"统称南方土著少数民族，如《尚书·益稷》"苗顽弗即工"、《左传》昭公元年"于是乎虞有三苗"、《韩非子》"三苗之不服者"等。"三苗"是其时南方土著部落的统称，并不一定专指湖南现今苗族。唐宋以后的史籍中才出现"莫徭""苗""土人""仡伶""峒""僮"等专门称呼少数民族的名称，如宋代朱辅《溪蛮丛笑》载："五溪蛮，皆盘瓠种也。聚落区分，名亦随异。沅其故壤，环四封而居者，今有五：曰苗、曰瑶、曰僚、曰僮、曰仡佬。风声气习，大抵相似。"

二、湖南苗族的姓氏

湖南湘西苗族往往自称"果雄"。学者一般认为，湖南苗族为古"九黎""三苗""荆蛮"之嫡裔。

唐宋以后，随着苗族影响的增加，"苗"作为一个单一的民族称呼开始出现。唐代樊绰《蛮书》载："黔、泾、巴、夏四邑苗众……祖乃盘瓠之裔。"宋代朱辅《溪蛮丛笑》载："五溪蛮，皆盘瓠种也。聚落区分，名亦随异。沅其故壤，环四封而居者，今有五：曰苗、曰瑶、曰僚、曰僮、曰仡佬。风声气习，大抵相似。"《明史·土司传》载："成祖永乐三年……生苗廖彪等各遣子入贡。"清代时有关苗族的记载更是丰富。由于苗族人口多、居住广、影响大，史籍中往往毗邻的少数民族都称作苗族，而其他的少数民族也往往把自己混同于苗族，如湖南图书馆所藏旧抄本《苗款八十二种》中所谓"夷苗""仲家苗""侗苗""水家苗""倮倮苗"，其实"夷苗""仲家苗"是布依族，"侗苗""水家苗""倮倮苗"则分别是侗族、水族和彝族。这也是少数民族族谱民族成分混乱的一个重要原因。

苗族有汉姓、苗姓之别。苗姓是苗族的自身所固有的姓氏，而汉姓是苗族各支系在同汉族接触过程中，特别是在"改土归流"时编户入籍时所借用的汉姓。因为苗族没有文字来书写自己的苗姓,只能用汉字书写汉姓,以致使人误认为苗族只有汉姓,而不知有苗姓。

苗姓是"子父连名制"或"子祖连名制"。黔东南支的苗姓是"子父连名"。例如某人的苗名叫做"xa"(夏),其父苗名叫"ju"(久),那么这个人的苗族姓名就是"xaju"(夏久)。川黔滇支和湘西支的苗姓是"子祖连名"或"子父祖连名",例如某人的苗名叫"du"(都),他的祖父苗名叫"la"(拉),那么这个人的苗族姓名就是"dula"(都拉);假如他的高祖或始祖苗名叫"wu"(乌),那么这个人的苗姓名又是"dulawu"(都拉乌)。

据苗族文献《古老话》载,苗族有十二个宗支,即十二大苗姓。经苗族学者石宗仁整理翻译为"仡濮""仡楼""仡慷""仡芈""仡灌""仡卡","仡削""仡徕""仡侃""仡宿""仡劳""仡雄吾"。龙炳文整理翻译则有"仡莱""仡恺""仡卢""仡弄""仡辽""仡芈"等。二者基本相同,只是所用的一些记音的汉字有别。"仡"为语气词,有时又可汉译为"果""禾",加在姓的前面带有尊重的意思。平常也可加"代",而不用"仡"。

唐代樊绰《蛮书》中记载苗族汉姓有杨、雷、向、田、冉等,《明实录》记载明初"苗首"有廖彪、罗哲、吴者泥、石各野等。1949年以前,少数民族学者为强调"苗汉同源",会刻意讳言苗姓,而只称汉姓。如20世纪30年代,湘西永绥(今花垣)苗族学者石启贵对乾州(今吉首)、凤凰、永绥(今花垣)、保靖、古丈五县苗族实地调查,著《湘西苗族实地调查报告》一书,载:"苗民南迁,僻处边陲,生活日久,语言服饰有异,姓氏名称有别。就姓氏言,如杨、张、赵、欧、秧、伍、田、刘、洪、梁、施、罗、尹、王、孙、尤、邓、余、胡、高、向等姓很多。而湘西苗区最著者有吴、龙、廖、石、麻。此五姓当年迁居湘西时,部落多而势力强,经济文化其为独优,故在社会上成为有名之大姓也,俗称之五姓财苗。"

现今苗族,已全部使用汉姓,而且汉族的大多数姓氏在苗族中都可以找到。《古老话》记载,苗族共有148个汉姓。

苗族汉姓的由来大致有:

1. 官府文献立姓。由于湖南土著少数民族名字只有读音没有文字,官府文献在记录某人某事时,只能根据其名字读音,参考相近汉姓而拟定姓氏及名字。这种拟定往往具有很大的随意性,如田思飘、向宗头、田豆渠、吴者泥、吴不尔、吴担竹、龙麻羊、龙母叟、龙求儿、吴黑苗、李癞子、吴老览、吴老叟、石各野等。少数民族汉姓往往在史籍中记载不一,如东汉早期"五溪蛮"首领相单程,其后裔多作"向"姓,五代时有溪州土酋向宗彦名列于"溪州铜柱",至今仍聚居于湖南沅陵县莲花池一带的苗族向氏及由此外迁的向氏应为其后裔。东汉安帝元初三年(109)"零阳蛮"羊孙、陈汤叛,"羊"姓后多改作"杨",今湖南湘西土著多杨姓。五代时"梅山蛮"首领扶汉阳,史籍又作苞汉阳或符汉阳。湘西土著"覃"姓,时作"谭",时作"秦"。

2. 入册造姓。清康熙雍正年间,对湘西少数民族区域废土司,设流官,实行改土归流,原未纳入国家版籍的所有人都须登记进入官府档案,登记人员往往根据其名字读音拟定一姓氏,如苗姓"所古"(或"夸古"),汉字音译为"古";苗姓"姆尤",汉字音译为"尤"。有时则根据部落头领名字读音将该区域民众一并归入某一姓氏,如贵州雷山一带白姓苗族,其头人叫"绍白寡",编户入籍时这支苗族皆为白姓。或全部采用部落头领已有的汉姓,如"吴、龙、廖、石、麻"为湘西苗族清代以来五大巨姓,也是各族头领普遍采用的姓氏,登记人员造册时,往往会将各头领所辖民众一并纳入其姓氏下。估计这也是湘西"吴、龙、廖、石、麻"五姓人口特别多的一个原因。

3. 相邻各宗族间相互引用。如贵州都匀平浪司苗族头领"阿四"取汉名"王聪",以"王"为姓。而湖南永顺龙塔王氏,今为土家族,其1934年族谱却称:始祖墨着王,原籍江西吉水县娥媚湾,支系太原。先世避秦奔楚,开辟蛮荒,苗土向化,称为墨着,即土语"王"。传四世值吴敖骈乱,王明、王亮、王清、王聪四公闻有吉水邻人彭瑊者为辰州刺史,暗约平蛮后分治其地。蛮平功奏朝廷,敕封彭氏为溪州刺史;明公授王家村长官司;亮公授分巡把水司;清公授暴武总理司;聪公长官分巡司兼授西古村长官。墨着又作麦着,麦着黄洞一直是湖南湘西土家族、苗族聚居地,其地土司又有以"黄"为姓者。麦着黄氏与墨着王姓原本应为一支。据《清史稿·土司一》和乾隆《永顺县志》载:元朝时该地叫麦着土村,属思州,以黄麦和踵为洞民总管。黄麦和踵去世后,其子黄答谷踵袭任为该洞洞民总管。明洪武五年(1372),改麦着土村为麦着黄洞长官司,改属永顺宣慰司,以原洞民总管黄答谷踵为长官司,准许世袭。清雍正五年(1727)改土归流,最后一位麦着黄洞土司黄正乾纳土归顺。又据《明孝宗实录》载:初保靖蛮酋彭万里,以洪武六年归附,即其地设保靖宣慰司,授万里宣慰使领白岩、大别、大江、小江等二十八村寨。万里故,子勇烈嗣。勇烈卒,子药哈俾嗣,年幼。万里弟麦谷踵之子大虫可宜,讽土人奏已为副宣慰,同理司事。因杀药哈俾而据其十四寨,事觉逮问,死狱中。革副宣慰,不许承袭,而所据寨如故。其后,勇烈之弟勇杰嗣,传子南木枰、孙显宗、曾孙仕垅,与大虫可宜之子忠、忠子武、武子胜祖及其子世英,代为仇敌。可见湘西黔东苗族、土家族王、黄、彭三姓之间实有千丝万缕的联系,其姓与汉姓原本并无关联,而今该三姓族谱莫不自称太原堂、江陵堂、彭城堂。

苗族采用汉姓,无论是通过哪一种方式,都有很大的随意性,并没有什么定则和规律可循。但其传统流行的苗姓,却是十分严格的,且世代遵循不变。这就造成在苗族中汉姓与苗姓关系的复杂性。由于各种不同的原因,或因时因地而异,原苗姓相同的一些支系却采用了各不相同的汉姓;另一方面,往往又有不同的几个支系却又采用了同一个汉姓。如湘西苗族中,苗姓"禾瓜",有廖和石两个汉姓,汉姓石的苗族,又分属"禾瓜"和"禾卡"(仡侃)两个不同的苗姓,前者称"大石",后者称"小石"(又写成"时");"禾卡"中除石姓外,有一部分还采用了汉姓"麻";而麻姓苗族又有一部分是属"禾流"(仡辽)苗姓的;"禾孝"(仡削)这一支系的苗族,则分成了吴和伍(武)两个汉姓。

苗族在历史上与汉族一样,都奉行"同姓不婚"的婚姻制度。所谓"同姓"则是指苗姓,只要苗姓相同,即同属一个支系和宗支,无论采用的汉姓是否相同,双方就不允许缔结婚姻关系。而相同的汉姓之间却可以通婚。

三、湖南苗族族谱的特征

1. 数量少

在湖南图书馆所藏 6000 余部家谱中,少数民族族谱仅 100 余部。其中以土家族最多,其次回族,其次苗、侗,其次瑶族,壮族、维吾尔族最少。而其中土家族、苗、侗、瑶族中,又多为 20 世纪 80 年代后所划分的新少数民族或已汉化的少数民族。

宗祠与族谱本是汉民族家族制度的重要组成部分,汉民族无无谱之族,无无谱之人。湖南土著纯少数民族由于没有文字以及宗族观念及文化的影响,最初并不修谱。石启贵《湘西苗族实地调查报告》载:"苗族自清代盛行科举后,读书识字,日渐增多,历有百年,较为进化。在百年前,无人识字,对于田地之买卖,全凭中人之口舌为凭证。""苗民生活于山溪穷谷中,数千年来,历代受压,以故文化经济一落千丈。时至清末,重视科举,额定奖励,始有秀才举人辈出。""乾嘉以后,设屯征租,始拨学谷为经费,建立义馆数十所,以苗化苗,教授苗民子弟。""惟未建立公共宗祠,以资联络,所以行动意志难于统一。姓氏系别亦未有文字记载,但地方人士对此个个知之。除姓别外,又有许多系别。系别无汉音,纯以苗语呼之。"

苗族由于没有文字,虽然也有一定的宗族制度,但无法像汉民族一样,族谱已成为宗族制度中不可缺少的组成部分。汉民族族谱三十年一小修,六十年一大修,已形成严格的续修制度和完善的内容结构及纂修体例。直至清代末年以后,一些汉化较早、族中人文较盛的少数民族家族支系或村落才开始仿照汉民族宗族制度开始建祠修谱。

2. 援附中原华胄,伪造始迁源流

苗族汉姓其实与汉族姓氏并无关系,解放以前,由于民族压迫与歧视,苗族同胞都讳言苗族及苗姓,而以汉姓当作自己的本姓,自然族谱中也就出现了许多"郭崇韬拜郭汾阳"的现象。

如靖州黄氏,至今人数达十数万,今为苗族。1935年《渠阳黄氏族谱》"渠阳黄氏世系"载:"落诞祖讳俊国,印龟年,字德邵,别号鲁颈,寄寓南京十字街洗马巷(其先人居福建永福县,后迁江西吉安府吉水县鹅颈大丘圳脚。公父复迁洗马巷)。登宋徽宗崇宁进士,屡官河北西路提举,旋附驸马,升殿中侍御史,迁吏部及兵部尚书。绍兴二年劾桧,罢其相。绍兴八年桧借张浚力复入朝,旋相。恐掣肘于公,因奏辰洪苗叛,请帝遣公平蛮。帝乃命公率领明星、潘友月、姚兆大、蒙万户等四将及龙、凤、虎三公将兵南征。公由辰以达古、洪二州。诸蛮畏威怀德,翕然臣服。上以我祖久役未回,乃召之还。公见渠阳山水清秀,又有奸臣桧在朝,遂无意回京,辞不赴召。上见公不回,乃遣部将谭鳌赍诏封为兴国侯,坐镇边疆。公遂落诞渠阳龙宝乡之上黄寨,并劝谭亦勿归。谭恐获罪于上,乃去言为覃,并以覃黄二姓名其地曰覃黄团。其后裔分迁靖县、会同、绥宁、通道、黔阳、芷江、宝庆、城步、武冈、桃源、天柱、剑河、三穗、锦屏、榕江、黎平、镇远、松桃、都匀、八寨等县及川滇两粤各省。"谱以黄俊国为始迁祖,以黄俊国为宋代尚书黄龟年。据黄氏族谱记载:俊国娶宋哲宗之女,诰封一品夫人,生三子:秀龙、秀凤、秀虎。俊国南征渠阳时,又娶吴氏,本当地苗蛮首领"吴王"吴太玉之女。谱称绍兴初,太玉闻岳飞数败金人,未审朝廷专主议和,上书愿率健儿万人助剿金寇,乞令郡县给予粮秣,讵忤奸相意旨,奏辰洪苗叛,请诏黄龟年帅师平蛮。龟年诛太玉而娶其女。又生六子:秀安、秀边、秀千、秀秋、秀奇。九子均随父居渠阳,为渠阳黄氏各支分派始祖。该族自称清康熙间创修草谱,乾隆二十八年(1763)、乾隆四十五年(1780)、道光二十二年(1842)、光绪八年(1882)、1935年续修。各修序言对黄俊国的描绘是愈后修愈详细,愈后则愈接近黄龟年,如乾隆二十八年序公称:"本支籍缘福建,继寓江西,再迁南京,而落诞渠阳,迄今数十世矣。"道光二十二年序则称:"我祖龟年公,大宋尚书,官拜御史,其出处进退生配忌葬与夫支分派别,七百余年犹昭昭在人耳目间者。"至1935年续修时,黄俊国、黄龟年已完全合二为一了。谱中所载黄俊国史事除劾秦桧照抄《宋史·黄龟年传》外,其余征苗及以后事皆与史不符、与情不合。其实六朝隋唐时期,湘南岭北今湘、粤、桂、黔相毗处就生活着所谓的"黄洞蛮",有时也作"黄峒蛮"。"黄洞蛮"之称最早出现于陈朝《陈书·淳于量传》,"天嘉五年(564),世祖使湘州刺史华皎征衡州界黄洞"。又《陈书·孙玚传》载"仍迁衡州平南府司马,破黄洞蛮贼有功"。唐代李绰《尚书故实》载:"黄本溪洞豪姓",《新唐书·西原蛮》载:"西原蛮,居广、容之南,邕、桂之西。又有黄氏,居黄橙洞,其隶也。其地西接南诏。"元人胡三省注《资治通鉴》称:"黄洞蛮即西原蛮,其属黄氏者,谓之黄洞蛮。"在与汉民族的不断交往融合中,黄洞蛮大多汉化,而生活于桂北者则多为壮族,生活于湘南则多为侗族、苗族。其族人则以"黄"为姓。而靖州正是古黄洞蛮生活、活动之处。

龙氏为湘西黔东苗族巨族,皆称为龙禹官之后。如绥宁苗族龙氏,以西汉太守龙伯高公为始祖,伯高以巨鹿人官楚,遂家楚之武陵。二十四世暹公任道州学政,遂家道州。二十八世庚公唐末由道州任江西吉水,因择居永新。庚公三世孙况公,生五子:钦、琮、瑊、瑀、琳。第二子琮裔七世孙采濂,字高儒,行三,应天府黄池县人,宋英宗时任会稽令,宋神宗时迁居河南汲县。子禹官随外祖居吉安府泰和县白下驿,元丰四年(1081)任南昌节置副使,既而南蛮作乱,调升湖南安抚招讨使,卒葬常德南门外。生五子:宗麻、宗朝、宗灵、宗廷、宗旺。宗麻公,字元爵,南平侯,随父任湖南宣抚处置副使,平定长衡永宝岳常沅靖等地,不二年苗民感服,移营绥宁东山,寝疾乞休,遂家铁冲,为东山始祖。其清宣统元年(1909)《敦厚堂合修宗谱》以东汉初零陵太守伯高为京兆世系一世祖,以庚公为江西永新世系一世祖。清同治三年贵州锦屏苗族龙氏《迪光录》也称:"至若吾宗之盛于楚南者,则自禹官公始。禹官,采濂公长子也,礼崇所自出,故以采濂公为一世。一世祖讳采濂,字高儒,应天黄池人,宋仁宗嘉祐五年庚子举于乡,任浙江会稽县令。……二世祖禹官字相承,生而英勇,沉毅有大志。妣罗氏,金山县令罗公腾万女也。……罗□(江西)泰和人,复归泰和,公乃随罗入吉安,择泰和之白下驿,地名黄龙巷家焉。子五:宗麻、宗朝、宗灵、宗廷、宗旺,皆成立于泰和。时吐蕃、夏人猖獗,尚武功。我禹官公以澄清自誓,仗策从戎。神宗元丰四年辛酉,任南昌节置副使。治兵临阵,屡著奇勋,当事嘉之,升镇黔省,苗民畏服。未几,南蛮乱,内阁司马光、范纯仁同奏:黔与楚邻,苗民畏服者,武臣龙禹官也,宜调近以服之。于是晋荆湖南路安抚招讨使。公临楚,恩威并用。岁余,诸蛮平。时坐镇常德之花园,以疾乞休,归常五月而卒,时哲宗之元祐二年丁卯八月八日午时也。上闻,赐葬,召其子袭职,长子宗麻为湖南宣抚处置副使。"龙禹官既然事迹如此显赫,为何《宋史》等文献却无片言只语记载?自古以来,即有人对龙禹官提出质疑,如清乾隆十八年(1753),会同知县于文骏所撰《龙氏族谱序》称:"儒者出宰方隅,苟有关于人心风俗,莫不诱而张之。诚以治乱起于风俗,风俗本乎人心,两者厚而操刀无难矣。……迄乾隆十八年,余奉宪檄修邑乘,(龙)艳衢偕兄任数人恳以太祖忠悃登志。余命呈谱以验,乃宋世中叶禹官父子也,何为而至今不阙也?"

会同梁氏，今多为苗族、侗族，其族谱称鼻祖赳公，唐僖宗朝进士，因剿平黄巢，复取长安，功封山东万户侯。子镇，世袭此职，徙居大梁。孙沂，宋太宗雍熙间宰。曾孙桓，宋仁宗天圣间翰林，生四子：长子延缱、次子延继。延继公，原籍河南开封府祥符县云骥桥，受职宋徽宗政和时，佐山西平阳府临晋县迪功郎。胞兄延缱言王安石新法之非，黜湖广永平县尉，秩满偕子过会，择居乾溪口。其子进义挈家归汴。延继解组后于宋高宗绍兴十三年(1143)挈子传奉制置札送会同，遂家焉。后裔聚居于会同县上方村，散居溆浦、常德、麻阳、新化以及贵州、广西、四川等省。族谱称该族明万历四十年、清康熙五十四年、乾隆十八年曾三修族谱，之后各支分修。1930年会同彰、卿、清三公之裔七修。其二修谱序中，有署名秉极者，其序竟照抄苏洵《苏氏族谱引》，仅将"苏"改作"梁"。谭其骧《近代湖南人中之蛮族血统》一文称："宋淳熙中徭蛮梁牟等寇沅州，劫墟市。近代靖属各邑及武冈、城步一带多梁氏，疑与此有关。会同紧邻沅州，尤称极盛，计明代有贡生十九人，清代有举人一人，拔贡七人，恩岁贡二十七人，为阖县首族。"①

麻阳滕氏，其族谱称：周文王姬昌封十四子叔绣为南阳郡守，故历代有南阳堂门第。至武王伐纣，一统河山，封叔绣于滕，后遂以国为姓。叔绣公五十八世孙相公，原籍山东莱州。十传至仲三、仲四公，因宋时金元乱华，携眷由北京真定府赵州乌鸦溪黄栗岭逃难至湖广辰州府北江洞，后移卢阳县，即沅州府。不久，仲三公奔云南；仲四公号凤翔，始奔麻阳齐天坡，又先后迁移谷牛坪、江漆塘、牛隘，复迁麻阳车头硚溪口大河埠低村落脚田。因水溢，元世祖十年(1273)徙居高村坪。至1948年，已传28代，族人2万余人，原铁道部长滕代远即属该族。

凤凰田氏，自称始祖宗显公，隋开皇元年(581)授黔州刺史，遂家黔。越十四世至宋祐恭公，知思州军民事，遂为思人。又八世至明儒铭公，以征十五峒功封定蛮威武大将军，任沱江宣抚使，五子从征有功，各以所辟地分膺长官。

民国或民国以前湖南少数民族族谱中，只有回族、维吾尔族、蒙古族并不讳言其非汉族，如清光绪八年(1882)桃源《马氏族谱》称："唐太宗时，太史卜宫中邪魔滋扰，遣使往回族借兵压之，回主命哈、马、沙、达四将总领回兵三千镇守唐室，爱娶汉女，以安室家。"桃源薛氏，始迁祖廷车公，从翦常黎镇守常郡，有功于朝，安业于桃源，卒葬陬市薛家岭。其清光绪十五年(1889)族谱称："闻之回民锡姓不一，哈、马、沙、达见于唐，未闻有薛氏者。传闻丁山子四：猛、勇、刚、强，刚酿祸，强避乱入回国，为回民。"桃源翦氏，今为维吾

---

① 《近代湖南人中之蛮族血统》，《史学年报》第二卷第五期，1939年，第249页。

尔族,其1992年族谱称:始迁祖哈勒八士,籍本回部,明洪武五年(1372)奉旨南征,封镇南将军,赐姓翦,殁于疆,葬常德东门外黄龙冈。子二,长子常蒲,辞官北归;次子常黎,袭父职,居桃源剪旗营牌楼冈;等等。这主要是因为这些民族迁湘日短,其生活习惯、宗族信仰与汉民族都有很大差异,如族中只有礼拜堂,而无宗祠,或名宗祠,但不设神龛。一时未能完全与汉民族融为一体,且以占领军身份进驻湖南,政治地位自然较其他民族优越,因此也就无法且无必要攀附华夏名流。

而苗、侗、瑶、土等少数民族则极为讳言土著,无不编造一迁湘过程,由土著氏族转变为迁湘氏族。目前湖南所有土家、苗、侗、瑶、白、壮等少数民族族谱没有一家坦言其为土著,无不称辗转自江西等迁来。一般说来,湖南少数民族族谱伪造始迁主要有两种形式,一为随大流,湖南绝大多数氏族之家谱都称明洪武间自江西迁来,故少数民族族谱也沿袭此说以求他族认同,这主要体现在湘西北土家族、白族族谱中。如1948年《桃源县志初稿·氏族志》中汉族、土家族氏族皆称明永乐二年自江西吉水拖船埠迁来。二为攀荒远,自称唐宋间即已迁湘,再以"年湮代远,谱牒散佚"来掩饰,湘南、湘西、湘西南苗、侗、瑶族族谱多持是说,如1922年城步《杨氏通谱》"源流总序"称:"居忠唐僖宗乾符元年甲午生,昭宗时奉命守邵州,有贼首贺大王作叛,公单骑擒之,以功封镇国大将军,光化元年戊午岁,家遭回禄,隋朝玉牒被焚。"新晃蒲氏族谱称:"先世豫章南昌府丰城县七里街朱氏巷马头寨,至晋洪隋公,为来楚始祖,由楚迁黔,至六龙山、米贡山,见其地山川秀丽,遂卜居于此。至元初添统公,授辰沅总镇,四子:子佳、子臣、子裕、子昆,同徙居晃州西晃山。因昔朝兵火,谱牒无存。"

20世纪80年代以来,随着改革开放及海外华人寻根问祖热的兴起,湖南民间族谱纂修活动得以恢复。由于少数民族地位的不断提高,在新修族谱中,少数民族都不讳言民族成分,甚至有一些汉族贪国家民族政策之利而自认为少数民族者。

3. 民族成分相互交错

苗、侗、瑶三族世代杂居,相互交融,许多家族时苗时侗时瑶,此苗彼侗彼瑶、或亦苗亦侗亦瑶。如渠阳(今靖县)黄氏,其谱称宋时与明、潘、姚、蒙诸姓一并自江西迁来,今靖县、城步等地黄氏为苗族,而分迁鄂西者又为侗族。新晃蒲氏为侗族,而由此分迁怀化者为瑶族,分迁武冈、邵阳者却又为汉族。隆回虎形山奉氏为瑶族,而同源的新化奉氏又是汉族。沅陵莲花池向氏为苗族,而由此分迁湘西、湘西北者多土家族,而迁武冈、新化、安化、邵阳者又为汉族。会同梁氏今多为苗族、侗族,谭其骧先生《近代湖南人中之蛮族血统》一文疑为猺蛮后裔。吴、龙、廖、石、麻为湘西苗族五大姓,而吴、龙、石等姓同时又是侗族姓氏的主干。谭其骧《近代湖南人中之蛮族血统》一文称:"吴、龙二氏不特为镇筸苗大姓,又为靖州苗巨族。吴氏尤甚,且自宋以来,即著闻于辰州迆南一带。宋淳熙十一年,沅州生界仡伶副峒官吴自由率峒官杨友禄等谋为乱。元延祐二年,辰、沅峒蛮吴于道为寇。明洪武中叶,靖州有吴面儿、吴朝万之乱;嘉靖二十年,城步有吴光亥之叛。清康熙五年,通道又有吴老潘之祸。而吴氏实为通道清代科第首族,龙氏明清二代,并盛于绥宁、会同、靖州、城步,及其近邻武冈,亦皆有此二姓。通道在明代以杨氏为首族,吴氏仅贡生一人,至清代吴氏激增,计有举人一人,拔贡四人,贡生二十三人,遂超越于杨氏之上。"[1]在这段文字中,谭其骧就将侗族杨氏、吴氏混同于苗族。

湖南少数民族成分混乱的原因,一是古代民族区分不细,文献中往往以"苗""蛮"统称湖南南方所有土著少数民族,以致历史上许多侗族、瑶族资料都淹没在苗族史料中,许多南方土著少数民族都以"苗蛮"的身份出现,特别是苗、侗二族,由于长期杂处于湖南西南部,基本上是混为一谈,如湖南图书馆藏旧抄本《苗款八十二种》载:"侗家苗在荔波县,青衣长不过膝,岁首以肉酒饭祭盘瓠,择近水而居之。善种棉花,女能纺织。男子虽通汉语,不识文字。凡事以木刻为信。""杨保苗在遵义、龙泉二县,婚姻葬祭有挽思哀悼之情。"清人李宗昉《黔记》卷三"洞苗在天柱、锦屏二属。择平坦近水地居之,种棉花为务。男子衣着与汉人同"。这里所谓"侗家苗""杨保苗""洞苗",实际上都是指侗族。二是民国以后,不同族源的同姓民族之间随意联谱,相互援附。如2002年散居于湘、黔、川、渝、滇、桂六省区市六十八县融合了汉、苗、侗、土家、瑶、布依、水等各民族的数十万杨姓纂修《杨再思氏族通志》。2012年,湘西、湘西北及鄂、黔等26县"官府田""廪卡田""大庸田""麻阳田""保靖田""鹤城田"等联修《田氏族谱》,以田完三十五世孙如云公为始祖。三是20世纪80年代新一轮的民族自治县、民族乡的划定中,一些地方往往不加鉴定将某一区域人口全部划为某一民族,人为造成少数民族成分扩大化。其结果是将该区域内不是少数民族的汉族划为了少数民族,同时也将该区域内的其他少数民族统一划为了某一少数民族。四是父母一方有一人为少数民族,子女也主动随着划归为该民族。这都是造成当今少数民族成分混乱的重要原因。

湖南少数民族中,民族成分最为复杂者莫过于杨氏。杨氏至今人口数十万,散处湘、黔、滇、桂、川、渝六省(区、市),民族成分汉、侗、苗、瑶、土、布依、水各族皆有,来源莫辨,皆祖杨再思。1914年通道《杨氏三公合款家谱》(三檀堂木活字本)称:其始祖为东汉太

---

[1] 《近代湖南人中之蛮族血统》,《史学年报》第二卷第五期,1939年,第250~251页。

尉杨震。下传十一世,至杨盛帐,当隋开皇九年,授淮南白沙县。帐生三子,曰林琅、林党、林牒。牒生三子,曰居安、居忠、居本。居忠自淮南徙叙州,生再思、再韬。后梁高祖四年,马殷遣吕师周破飞山蛮后,杨再思率众附楚,授诚州刺史,马殷以女妻之。再思生十子,散掌州峒,号称十峒首领。作为飞山蛮酋的杨再思,正史无载,其事迹全出于清人所撰方志、家谱中,而方志的内容又来源于家谱。如《靖州志》载:"再思为宋诚州刺史杨通宝之祖,有功于郡,宋绍兴三十年追封威远侯,淳熙十五年封英济侯。"自古以来,湘黔边即遍布飞山庙,飞山神是湘黔边不同姓氏的苗族侗族民众普遍信仰的神祇。飞山神信仰起源于宋代,清光绪《靖州直隶州志》卷十一《艺文》收录宋淳熙间曾在靖州任职的谢郦《飞山神祠碑记》载:"飞山之神自有靖州以来已著灵迹。元丰六年赐庙显灵,□□三十年封威远侯。"文中并未提及飞山神姓氏名号。至明人碑文中始有飞山神杨姓的说法,如明嘉靖十六年倪镇《重修飞山神祠碑记》:"越嘉靖丙申,实今清平云崖金公分守之明年,一夜,梦神素服白马相谒。问其姓,答曰木姓也。及谒庙,宛如所梦。因悟杨从木从易,是为神姓。见其倾圮,捐俸修之。"但还是不知道具体名字,民间有杨家将杨老令公杨业及传说中飞山蛮首领杨再思两种说法。直到清代晚期杨氏编撰家谱时,杨再思才取代杨业登上杨氏祖先的神坛。如五品衔翰林院典簿黎平胡长新光绪五年(1879)撰《黎平县佳所杨公墓表》称:"考侯(杨再思)事迹,正史不详。"《宋史·南蛮传》:诚、徽,唐溪洞州,宋初杨氏居之,号十峒首领,以其族姓散掌州峒。太平兴国四年,首领杨蕴始来内附,八年杨通宝始入贡,命为诚州刺史,要皆侯之后裔。惟道光间,铜仁杨果勇侯芳自叙家谱,称杨氏系出汉太尉伯起公震,世居关西。"溯伯起公至再思公二十四世。"杨芳为清朝道光年间平定新疆叛乱并生擒张格尔而受封果勇侯的贵州松桃苗族将领。杨芳自叙家谱时,自称为再思后裔,又称再思是东汉太尉杨震的二十四世孙。其说连胡长新也不太认可,只能说"是虽私家谱牒,然果勇为当代大人,读书博洽能文章,其言当可信"。

4. 多以村落为单位进行修谱

族谱是记载族人血缘关系的文献类型,汉民族族谱由于纂修较早,续修及时,史料保存完备,纂修时都是以族或房为单位,一族或一房之人,无论远近聚散,在族谱中都能集中在一起,血缘关系清晰。而少数民族族谱因纂修年代晚,文献缺乏,族人间血缘莫辨,因此纂修时只能以人口较少、历代聚居、血缘关系比较清晰的村落为单位进行纂修,再合若干村落为一谱。虽然谱中各村落间血缘关系也得以反映,但其中不无传说或造伪的成分。如1935年(靖州)《渠阳黄氏世谱》按一地一房之制,共编成386房,实际上是386个村落。其例言称:"本族散居数省,苟不以地命房,则难寻查。故本谱以仿文节公之世谱规例为宜,非惟可免数典忘宗之讥,亦并便于清理。""本谱纂法既以地为主义,根据地以分房,则宜以落诞地为主干,以出迁地为分枝。其叙落诞地房则从落诞祖直叙至今,其分迁者由何代出迁,在落诞地即由何代截止其名,而于名下载明分迁何处,其后裔详某房字样以便寻览,而后根据所迁之地另立一房,其叙法则从该地始迁祖直叙至今。出迁至二人以上而不同一地者,则依出迁人之长幼次序分编之,同一地者则依长幼次序合编之(必须同支,否亦必分),均由始迁祖直叙至今,由分迁地再迁者,其纂法同前。"因此在一部族谱中出现了数百个始迁祖。当然以村落为单位纂修族谱并不唯一是少数民族的作法,湖南南方汉族土著氏族也多采用这种方式。

5. 族谱中保留了一些民族特征

如苗族丧葬,原以土葬为主,不讲究棺椁殓尸,不择吉日,不测风水地势,人死即葬,不积土为坟,不树不标,也无所谓服丧期限。(道光)《凤凰厅志》载:"苗人临丧亦哭泣,但无衣衾棺椁之殓,裹麻经带之服。"改土归流之后,汉族葬俗在苗区逐渐推广,但仍保留了一些苗族的葬俗。如 1935 年《渠阳黄氏族谱》列举家训 32 条,其中有"重丧葬"规定"丧葬必内尽其哀,外竭其力,对于衣衾棺椁固不宜薄";"诚祭祀"规定"斋戒沐浴虔诚致敬,务期文情兼尽,而后不背孔氏如在之训";"建墓碑"规定"无论贫富,必将先人坟墓一一竖碑,将其生殁年月以及孝男孝孙之名完全刻于碑上";"勤挂扫"规定沇"清明既届,必约合支兄弟子侄一同登山,纵有其他要事,亦必撇开搁置"等内容。可见该族以往于先人祭祀挂扫,确有不周之处,故于族谱一一载明,谆谆教导。

汉民族宗祠制度,是宋代理学家朱熹根据儒家理念建立起来的,严格排斥释、道二氏。这在许多汉民族族谱的家训祠规中都得到了充分的反映。而少数民族笃信宗教,特别是佛教,因此其宗族制度也不得不稍作变通。如渠阳黄氏,其宗祠中竟同时建有观音庵。谱中《增修观音堂记》载:"稽古人之祭,各有其鬼,祠堂胡为而有观音也?缘祠建州治之东,有司率多懒怠或浪慢,兼之屠酒收畜,交结匪人,污秽祠宇,而先人之禋祀将安托哉。故招住持,不得不招浮图,招浮图以奉先灵,又非其所宜祀之神也。故于乾隆丙申岁创修后殿之时,并建观音堂于殿右,堂内塑修金像,门外另砌花台,树植名葩,垒以山石,俾浮图住守祠内,仍睹西竺兜率也。嘻,奇矣。夫浮图乃方外人也,偶而游乎方内,得无拘牵而肘制,使彼不能自靖耶。夫孰知其朝夕奉祀吾祖而明禋不绝,逮祀乃明神而香焰亦如夫旧,是吾祖祢之所以庇佑吾子若孙者,吾子若孙亦将以其所朝夕之奉祀,寄托彼浮图也。将所谓方内之局,即不啻彼方外之游,而真心之悟、实意之修,亦无不可以明心见性,又何观音之堂、观音之像,不可并竖于祠右哉。"

6. 各族族谱之间相互攀,以达各族之间守望相助、一荣俱荣之效

《渠阳黄氏族谱》称绍兴八年始祖黄龟年率领明星、潘友月、姚兆大、蒙万户等四南征,又邀部将谭鳌共居覃黄团。靖州《覃氏族谱》亦称本姓谭,绍兴初年,始祖谭鳌,江西泰和人,以将军南征辰州,与黄俊国同镇靖州,共居于覃黄团。靖州《蒙氏族谱》称始祖万户公,原籍山东登州府海城离城十里九龙江桂阳桥峨眉湾白沙场人,宋绍兴间,楚江苗蛮作叛,领兵剿古、洪二州及辰、沅、永、靖,后落业渠阳(靖州)长塘。会同《明氏族谱》称始祖星公,字太玉,号泗溪,派名顺德,南宋绍兴间由江苏省淮安府清河县因奉命来湘征讨苗瑶,而落业于湖南省靖县勤慎乡石碑桥。今渠阳黄氏、城步潘氏多为苗族,而新晃等地明、姚、蒙氏却为侗族。

7. 编造悠久世系

汉民族族谱虽然也普遍存在攀援现象,但一些家族的族谱会本着求实的精神,其源流世系仅自始迁祖开始。而少数民族族谱为强调其血统,其源流世系往往多至数十代,甚至百余代。如靖州渠阳黄氏,其乾隆、道光族谱世系仅自黄俊国之父进科始,至1935年重修时,谱中世系竟长达一百五十余世,共分三期,第一期为未得姓以前,为黄帝以前源流考,共十一世,凡四百九十年;第二期从得姓以后至渠阳始祖黄龟年前一世,为黄氏世系提纲,共一百零三世,凡三千二百九十四年;第三期从落诞渠阳始祖黄龟年起直至1935年,共八百四十七年,为渠阳黄氏世系。黄俊国为黄帝一百零四世孙。考证可谓至详至细,其中抄录臆造成分也可以想象。1922年(湘西)《杨氏通谱》以受姓始祖杼公为一世,三十五世杨震,四十七世隋文帝杨坚,四十八世隋炀帝杨广,四十九世元德太子杨昭,五十世昭第三子代王杨侑,杨侑子福积,唐贞观八年(634)由长安徙居淮南,五十三世杨盛,由淮南徙居江西吉安府泰和县桐木冲鹅颈大丘,五十九世居忠,唐武宗时功封镇国将军,生再思、再韬、再兴。

8. 有些族谱内容较为详尽,与汉族族谱区别不大

能纂修族谱的少数民族都是该民族中汉化程度较高、族中人文较为发达的一些家族,在纂修过程中,也会尽量沿袭汉民族族谱的内容及体例,以求与汉民族的统一。如清宣统元年(1909)绥宁《龙氏宗谱》十二卷,卷首诰封、源流、序,卷首上圣谕、朱子治家格言、卧碑、家训、五服图、仪礼、墓图、节孝、衣冠、儒行、耆旧、碑记,卷首下首士名目,卷四至卷十二世系。1935年靖州《渠阳黄氏世谱》四十八卷,卷一目录、执事人名、宋高宗御赐谱赞、总序、宋明老谱序、长沙省谱序、乾隆旧谱序、道光旧谱序、光绪旧谱序、本届修谱赠序、本届修谱自序、文强公遗像及像赞、瑕公遗像及像赞、龟年公遗像及像赞、族长肖

像、主笔肖像、本届修谱执事人员合影、家庙图、龟年公墓图、吴夫人墓图、丧服图、大宗小宗图,卷二例言、处世箴言、朱子家训、祠规、族规、文强公传、龟年公传、赵夫人传、吴夫人传、宋高宗如龟年公还京诏、高宗封龟年公为兴国侯诏、西江沅江杏花村故居八景诗、增修观音堂记、戏楼记、石缸铭、花架铭、祠联、祠祭节文、世次韵语、世次对照表、忠义贤儒传赞、节孝传赞。卷三至四十六黄姓以前源流考、黄姓世系提纲、各地世系,卷四十七仕宦录、军功录、科甲录、毕业录、寿考录、贞节录、诰封录,卷四十八本届修祠谱乐捐录、各房墓图、祠产契据、领谱字号、谱跋、补遗世系。内容之完备,远超过一般汉族族谱。

9. 旧字派多循环使用

派语循环使用,是湖南苗、侗少数民族的共同特征,如新晃侗族蒲氏以"朝秀正承启文廷"七字为派循环使用,后因"七代下之孙俨七代上之祖,以下僭上,似蔑君臣父子之伦",而采用续派:毕谷添志子,茂永祖腾朝,启世善运自,成家国代久。湘西苗族、侗族杨氏与新晃侗族姚氏皆以"再政通光昌胜秀"七字为派循环使用,直到清末及民国间,各族才重新拟定不重复的续派。会同杨氏重订派语:廷进再政通,光昌盛世宏,国运荣其远,家声吉庆同,继承思祖泽,万代永兴宗。新晃姚氏拟定新派:绍祖本源茂,敦伦瑞应长,彤廷隆选建,英哲定联芳。渠阳黄氏世次韵语原以"昌传汉保进,俊秀仁公定,真良均同秀,万元再通光"二十字为序周而复始,之后采用全省黄氏通用派语。

(作者单位:湖南省图书馆)

湖南侗族家谱

蒋江龙

关于侗族的族源,主要有"土著说"与"外来说"两种。土著说认为侗族的先人是先秦以来即居住于湘、黔、桂交界处的"骆越",这一区域正是现今湖南侗族的主要聚居地。外来说认为侗族的先人是原居住于东南沿海的"干越"。二说都认为侗族主要源于先秦时的古越民系。

侗族自称gaeml、jaeml、仡伶等。黔东方言的苗族称侗族为daigu,瑶族称侗族为gamdan,水族、仫佬族称侗族为gem。毛南族、壮族称侗族为dong。这些都是侗族自称的变音。侗族在古代中国史籍中常称"洞""㑢""峒""獞""僮""僚""仡僚""仡偻""仡伶""山瑶"等,其中又以"仡伶""仡僚"的称呼较多,如宋陆游《老学庵笔记》载:"辰、沅、靖州蛮,有仡僚,有仡偻(伶),有山瑶。"宋朱辅《溪蛮丛笑》载:"五溪之蛮……沅其故壤,环四封而居者,今有五:曰苗、曰瑶、曰僚、曰仡伶、曰仡佬。"《宋史·西南溪峒诸蛮传》载:"沅陵之浦口,地平衍膏腴……乃以其田给仡伶杨姓者,俾田作而课其租。"乾道十一年"沅州生界仡伶副峒官吴自由子三人货丹砂麻阳县,巡检唐人杰诬为盗,执之送狱。自由率峒官杨友禄等谋为乱"。

中国古代史籍中,常以"溪洞"代称湖南南方土著少数民族,如《宋史·蛮夷传二·西南溪峒诸蛮下》:"湖南州县多邻溪峒,省民往往交通徭人,擅自易田,豪猾大姓或诈匿其产徭人,以避科差。"宋苏辙《论渠阳蛮事札子》:"杨晟台等手下兵丁虽止五六千人,然种族蟠踞溪洞,众极不少。晟台桀黠,屡经背叛,惯得奸便。"明田汝成《炎徼纪闻》中记载:"猫(苗)、仡、伶、僚四种,皆溪洞民。"溪洞亦作"溪峒"。"溪""洞"其实是湖南中部及南部山区丘陵地区的河谷或小块平地。"洞"即湘北、湘东地区的"冲""塅"或"坑"。地名至今犹存,如桂阳下溪邓氏谱称:始祖少卿宋仁宗崇宁间由九嶷偕弟至桂阳,逢"溪"落马,少卿开派郡北下溪,五八郎开派上溪,山公九郎开派林溪,林公十郎开派连州,少卿三世孙小五开派交溪,十一世均善开派陈溪。有的地方也称"源",如《蓝山县志》称明洪武初年,瑶人赵景华自广东连山迁江华小江源,长子友德居下雾江天师庙山场;次子友旺居紫良源、高良源。友旺次子启满则居大桥白龟源。明弘治十六年(1503),启满之子朝城、朝胜、朝友、进骄及凤流金、流喜、周芳由等三姓七人又迁凌江冲,自称"本地人",史称"高山瑶"。少数民族聚居于此,一溪、一洞或一源即为一村,同村皆为一姓之族众。

在一些史籍中,"洞"或"峒"更像一级行政区划单位,如宋范成大《桂海虞衡志》载:"羁縻州峒……自唐以来内附,分析其种落,大者为州,小者为县,又小者为峒。"又如《元史·顺帝本记》载:"至元四年五月,诏湖广行省元领新化洞、古州、潭溪、龙里、洪州诸洞三百余处、洞民六万户,分隶靖州。"

湖南南方和西南地区的土著居民居住地多以"溪""洞"为名,故史籍中亦以"溪""洞"代称其民,称其居民为洞(峒)民、洞家、峒(洞)人。但洞(峒)民、洞家、峒(洞)人并不仅仅指当今的侗族。壮侗语族诸民族在历史上都曾有过这样的他称,如壮族自称为 zung 或 jung,汉文献记载为"侗"或"僮","僮"字于 1965 年依据周恩来的提议改为"壮"字。"僮"字读 dung,与"侗"字的古今读音完全相同。布依族自称为 bujai,文献记载为"仲家"。"仲"字史籍《广韵》读为直众切,其读音也与"侗"同。"僮""仲""侗"这三种族称都与溪峒有关。

与侗族杂居的民族除汉族外,还有苗族、瑶族、水族、仫佬族、毛南族、壮族等。中国历代史籍对各少数民族区分不严,往往以"苗""蛮""苗蛮""洞蛮"统称中国南方所有土著民族,所以侗族往往又被称为"洞苗"。直至中华人民共和国成立后才确定为"侗"族。

目前湖南侗族主要分布于通道侗族自治县、新晃侗族自治县、芷江侗族自治县、靖州苗族侗族自治县、城步苗族自治县以及会同、洪江、黔阳、绥宁、溆浦等县市。人口 80 万余。

湖南侗族都采用汉姓,姓氏以杨、吴、姚三姓为多,宋代时,杨氏、吴氏即已各霸一方。吴氏据沅州,成为今新晃、芷江侗族的主干;杨氏据靖州,成为今通道、靖州、会同、绥宁、三江、黎平侗族的主干。其余还有龙、谢、梁、石、陆、粟、欧、罗等。其中一些姓氏又是苗族的大姓,如吴姓,既为湘西苗族巨姓,又为侗族大姓,二族皆以吴盛为始祖。

与其他少数民族族谱一样,湖南侗族族谱数量亦少,今湖南图书馆所藏不足 10 部。以杨姓居多,其余为姚、吴、梁等姓。苗族、侗族虽是两个不同的民族,由于长期杂处,因此在古代及民国间,侗族往往混淆于苗族之中,以致苗族与侗族的族谱在内容上也存在着太多的相似或相同。

1. 攀援中原华胄,否认土著氏族

攀附华胄,是中国族谱的普遍现象,这也是族谱最受诟病的主要原因。而湖南土著少数民族因以往深受三座大山的压迫,更是攀援华胄,伪造迁徙源流,以掩饰其土著民族的本来面目。如新晃姚氏,谱尊河南鼻祖云公,汉侍郎,为一世,居河南陕州硖石。二十五世尚忠徙江西瑞州新昌县,至四十二世良删(一字珊),行三,始居江西瑞州新昌灵源,继迁南昌府丰城县滥泥湾,明永乐十四年(1416)奉旨辰州卫,删公偕兄长能、德二公应诏来楚,卜居沅陵一都灰窑长坪。删公宣德八年(1433)复迁沅州岩子坪;能公析沅陵四都罗衣溪千龙坪,旋迁浦市江东沙堆角;德公仍居长坪。删裔四十六世文献,字君赞,明时迁晃县之伞寨,子再聘、再榜、再麟、再行,衍至七世有兄弟十二,分居于脚寨、沙坪寨、石柳坡、颜家寨、地东寨、蒲寨、丈溪、旧惆、扶罗寨、田家寨、禾滩等地。会同、新晃吴氏称:季札传十世至番阳令芮,佐汉高平秦定楚,以功封衡山王,改封长沙王。又四世至汉公,佐光武中兴,有功,位大司马广平侯。传二十七世至唐史臣兢,以直谏名世。又四世至九江德化令簠,家于庐山,生十子,第八子晰主簿永新,遂家邑之烟冈廉里,为上中贰院派始祖。又十六世始迁祖盛公,曾任南宋大理寺丞,因得罪奸臣贾似道,遂弃官回江西吉安县原籍。南宋淳祐年间,盛公为避贾似道寻衅迫害,携妻彭氏,子八郎等举家西迁,落诞荆湖北路靖州会同县远口(今隶贵州省天柱县,天柱县清雍正前属湖南靖州所辖。)置田200余顷,载税粮600余石,世称"吴半州"。1937年新晃《吴氏族谱》凡例称:"水木必有本源,我族实为汉族,汉族实出黄帝。故由始祖上溯及之以敦本源也。"这种攀援难免会出现与史实不符或前后矛盾的现象,如史籍中并无吴盛之人。又如1922年城步《杨氏通谱》"源流总序"称:"居忠唐僖宗乾符元年甲午生,昭宗时奉命守邵州,有贼首贺大王作叛,公单骑擒之,以功封镇国大将军,光化元年戊午岁,家遭回禄,隋朝玉牒被焚。二年己未岁,自淮南徙居溆州,生子三:再韬、再思、再兴。"而同册《通谱序》则称:"居忠生三子:再思、再韬、再兴。兴后未详。韬生正云、正昂,云后未详。正昂奉命守西土,世袭安抚之职,生通照,徙居山西太原府应州。通照生继业,面如重枣,须分五髯,配徐、吕二氏。五代时北汉高祖有功封赤山王金刀令公。宋太宗三下河东,镇太原,闻名杨无敌,即时下诏,太平兴国四年归宋。"以下内容则完全采自戏曲或民间传说,甚至出现潘仁美、穆桂英等名字,胡乱攀附,毫无史学常识。为强调其淮南华胄,该序又称:"再思公授楚王分地以来,子孙繁衍,凡居官者为民,诸徭杂族称杨氏曰家传清白、四知家声。杨王子孙即《渠阳志》载谓史孙是矣。长沙武陵诸夷多是繁瓠之后,《荆州记》为(谓)沅陵县上武阳乡为繁瓠之子孙,今靖之徭俗,祀者多曰古壮、曰跳香,其种之别曰仡僚、曰仡狼猪,尧之时所谓三苗也。盖《荆记》所载详矣。""夫既以杨氏为贵族,本河淮间人,辟地来此,其诸夷(裔)皆入官资,子孙官帖承袭如常,称之曰官,谓其所部有馆,虽异种殊姓且有团著者。蛮亦曰官不若杨氏之盛也。"其文诘屈聱牙,本意是想说明杨姓有别于诸繁瓠之后的"异种殊姓",结果却愈辨愈黑,不知所云。

少数不攀援者,也会伪造一个迁湘源流,曲讳其土著性质。如会同粟氏,人文较他族发达,族人粟荣训,清乾隆元年(1736)进士,授茂名、感恩知县,钦州知州,广州府通判。因此其族谱内容较他族严谨。该族自称衍自江陵,后迁江苏江宁府上元县东方厢柑子坪。元初年间顺朝公以武进士镇楚之南寇,携长子荣富、次子荣贵及弟顺京、顺主、顺位、顺仁就食于官。嗣后殁于王事,子孙遂居通道文坡。四弟各择乐土,渠阳、黔阳皆其裔也。明洪武十八年(1385),荣贵子通魁公徙居会同高溶村。长子总会公世居于此,次子总全公又徙城东之清溪小坡旧寨。五世克元、克先二公再徙龙塘。族谱始修于清乾隆十九年(1754),嘉庆十一年(1806)、咸丰四年(1854)、光绪十八年(1892)续修。首修时有粟荣训序,称:"今检姓氏谱录,惟汉三国时有魏郡太守粟举,宋宝元间有武宣神童粟大用,九岁能通五经,召试称奇,赏赐褒厉,后为南雄太守。明自洪永至天崇,如粟恕、粟林等十余人,虽亦显达,然星罗棋布,颠末难详。兹俱不敢强附,但据旧谱,录其初迁湖南以为始祖。"谭其骧《近代湖南人中之蛮族血统》一文称:"粟氏为广西蛮巨姓,东北延蔓于省境之沅、靖、城步一带。宋淳化二年,晃州管砂井步蛮人粟忠获古晃州印一钮。元祐二年,渠阳蛮杨晟台结西融州蛮粟仁催为寇。清乾隆五年,城步横岭峒苗粟贤宇作乱。近时通道县有苗里四,其一曰粟家。近代湖南粟氏长沙、武冈、常宁、沅陵、黔阳、桃源、华容等县皆有之,而每邑不过二三人。独会同甚盛,明清二代有进士三人,岁贡十三人,见于县志人物传者,有十二人。会同在靖属北端,距晃州不远也。通道粟氏尚未得列名科第,仅清代有例贡一人。"[1]《沅陵志》称"沅邑皆江右来者,北河粟姓一户独系老籍,今其家腊犹从秦时令,族丁甚蕃,可证粟氏实为湘西南之土著民族"。

又如新晃蒲氏,谱称鼻祖衣子启,原居山西平阳府河东郡池上,为蒲坂虞帝师。禹帝即位,遂封衣裔,传家于蒲坂,因以为氏。汉惠帝时,武公封为殿侯,因吕氏专权,不仕,遂隐居豫章南昌府丰城县七里街朱氏巷马头寨。至晋洪隋公,为来楚始祖,由楚迁黔,至六龙山、米贡山,见其地山川秀丽,遂卜居于此。至元初添统公,授辰沅总镇,四子:子佳、子臣、子裕、子昆,同徙居晃州西晃山。因晋朝兵火,谱牒无存。清嘉庆十五年(1810)始修草谱,清宣统二年(1910)续修。谱中于洪隋公、统公之间关系并未说明。宗祠位于芷江城内。字派原以"朝秀正承启文廷"七字循环使用,后拟定续派:承启文廷朝秀正,光昭祖德庆长春,尊宗规范贻谋远,继世簪缨沛泽新,礼义隆师钦士瑞,清廉辅主颂儒珍,渊源久

---

[1] 《近代湖南人中之蛮族血统》,《史学年报》第二卷第五期,1939年,第248页。

绍重华代,美善同臻作相臣。

２．体例、内容皆较为简略

汉民族一部完整的家谱,往往包括谱序、题辞、目录、凡例、谱论、服制图、恩荣、家规家训、祠堂、祠产、墓图、派语、世系表、齿录表、艺文、传记、修谱名目、余庆录、领谱字号等内容。一般说来,一些汉化程度较高的土家族、苗族或已经汉化的原瑶族族谱与汉族族谱并无区别,很难从内容及体例上认定其为少数民族。在湖南所有少数民族族谱中,侗族族谱却较为简略,如清光绪三年会同《杨氏族谱》,卷首有圣谕、朱文公治家格言、序、服制图、祀典、地图、八景诗、二公记、凡例、寿考、绅衿、首事、直图、横图、往来集等,内容似乎完备,实则极其简略,如序文凡旧序一篇,续序十篇,其实每序仅400余字;《朱柏庐治家格言》误作为《朱文公治家格言》;地图也仅一幅。全部卷首仅80余页。清宣统新晃《蒲氏族谱》内容仅有圣谕、序二篇（首篇由邑贡生杨翠亭代撰)、孝弟忠信礼义廉节八字家训、服制图、世系图。1922年城步《杨氏通谱》仅三册,不分卷,第一册总序一篇、通谱序一篇、赠序一篇、圣谕十六条、朱柏庐治家格言、服制图、杨氏受姓源流,第二、三册世系。1934年芷江《江氏族谱》卷首仅冠《江氏源流及迁徙纪略》一篇。1937年(新晃)吴氏族谱,卷一吴氏先世本源图、吴氏先世本源纪、延陵季子传、功臣芮传、广平侯传、唐史臣传,卷二世系图。1944年新晃《姚氏族谱》世系前仅冠序二篇、传赞一篇。1947年(城步)《杨氏续修德公房谱》不分卷,凡4册:第一册题辞、圣谕十六条、青年守则十二条、朱子家训、凡例、服制图、班次、合修源流总序、序、飞山威远广惠侯王再思公实录、传赞,第二册墓图、案卷,第三、四册世表。

３．各族相互攀附,又相互矛盾

如清光绪三年会同《杨氏族谱》称始迁祖通碧公,原籍江西吉安府泰和县鹅颈大丘中排屋基,其孙昌国公于宋末元初携子盛隆、盛榜徙楚之靖城,旋隆、榜二公徙会同水一里瓦窑平。盛榜公子四:廷秀、廷茂、廷先、廷科,秀、茂二公徙居会同水二里高椅村。派语:廷进再政通,光昌盛世宏,国运荣其远,家声吉庆同,继承思祖泽,万代永兴宗。1914年新晃《杨氏族谱》既称始祖天应公为再思公十二世孙,又称天应公高祖总公、曾祖寿公因避元乱,散住八闽豫章,承袭遂绝。祖凤公由江西泰和移居武陵龙阳(今汉寿),父康公,叔父宁公徙居城步县罗蒙寨,复徙靖州飞山。明永乐年间天应公又徙居新晃中寨出云洞。字派:再正通光昌胜秀,承先宗序顺天长,世遵清德风标远,学绍名儒手泽芳。1943年芷江《杨氏族谱》称始祖朝公系河南开封人,宋嘉定九年进士,任新宁知县。二世督总公,迁于沅州托口,遂家于沅。旧派:朝督永子炳思大,高再扬通光单廷。1947年(城步)《杨氏续修德公房谱》称："我祖德公单传也,家藏遗筒载:自江西迁居大竹坪,适际陶金之乱,避居红江,贼平,转徙赤水里铺头之射禁山居焉。不数年嫌非仁里,意择邻,因卜宅于坐碑头即今之苓楼边。"旧派:通光昌盛进再正,远大宗支开文运。四族或以再思为始祖,或不以再思为始祖,或自江西迁来,或自河南迁来,从派语上可知,该四族先世原本同源,皆湘西土著杨姓。

少数民族族谱的相互攀附,不仅出现在同姓同族之间,也往往出现在不同的姓氏、甚至不同的民族之间。如渠阳黄氏称绍兴八年始祖黄龟年率领明星、潘友月、姚兆大、蒙万户等四人南征,又邀部将谭鳌共居覃黄团。今黄、谭多为苗族,而明、潘、姚、蒙却多为侗族。会同、新晃吴氏,自称始祖盛公,三传至节幹公,节幹公次子六六公,讳亮,号月江,官任巡检,第三子世万,字斯年,号炽南,行七十六,先世由江西徙广西,后徙湖广会同远口,元至正间举茂才武略科,同兄奉旨救乱,兼平黔楚苗猓有功,封千户五品,留夜郎。后猎于沅芷之西溪,见山明水秀,遂于明永乐间邀同人姚君赞、龙奇盛、谢天飞并携外甥杨天应等均适乐土而家焉。新晃姚氏称文献公(君赞)素与吴世万相契,二人虑及将来人稠地窄,因偕同沿溪而上,共寻荒野开辟,忽值杨癫子(案:杨天应)来前,亦欲卜居,于是三人同行,跋涉渴极,绝无井泉,癫子将竹插地,清泉顿涌,喜出望外,姚、吴私语曰:"今日云雾开泉涌,莫非天应其人?"乃与结盟兄弟。吴氏族谱称杨天应为吴世万之甥,而姚氏族谱却称姚君赞、吴世万、杨天应为结盟兄弟。又据诸家族谱所载,杨天应生于明洪武二十三年(1390),吴世万生于元至元二十六年(1289)杨天应长姚君赞50岁,吴世万长杨天应101岁,又长姚君赞151岁,三人年龄悬殊。各谱之间相互攀援,又相互矛盾,不能自圆其说。

4. 首修年代较晚

湖南一些氏族早在宋代、明代即已修纂家谱,在清代已形成一个民间修谱的高峰期。随着少数民族汉化程度的加深,其政治地位、经济实力不断提升,一些氏族也开始仿效汉族宗族制度修纂家谱,但首修年代则较汉族晚得多,多集中在清朝末年及民国年间。如新晃吴氏,自称宋宁宗嘉定五年(1212)始修族谱,元元贞元年(1295)二修,大德四年(1300)三修,元统三年(1335)四修,明洪武元年(1368)五修,洪武八年(1375)六修,洪武十年(1377)七修,天顺三年(1459)八修,成化十九年(1483)九修,嘉靖十三年(1534)十修,1937年十一修。其凡例称:"家谱与国史相表里,是编以唐宋元明清旧谱为根据,而参考历代图史以正之,欲有征而传信也。"但十修以前各届谱序内容都未涉及新晃,可知抄袭他族谱序或伪造无疑。新晃姚氏,自称谱牒一修于河南陕州硖石,二修于江西瑞昌灵源,三修湖南辰州浦市,乾隆末晃州四修,道光末五修,光绪十二年六修,1944年七修,实际六修为新晃姚氏首修。新晃蒲氏,自称前朝老谱毁于兵火,清嘉庆十五年(1810)始修草谱,清宣统二年(1910)续修。

5. 所录人口较少,族谱篇幅较小,印刷简陋朴实

湖南少数民族虽然人口不多,但在分布上呈现出大分散、小聚居状态,即在某一区域内,少数民族人口还是相当可观的,如湘西、湘西北、湘西南一直是湖南少数民族的聚居地。然而即使是同一民族的同一氏族,也只有其中一些汉化程度较深、政治地位较高、经济较为丰裕的家族才能纂修族谱。因此许多湖南少数民族家谱篇幅都较为简略,所录丁口较少。如1922年(城步)杨氏通谱不分卷,仅3册。1947年(城步)《杨氏续修德公房谱》不分卷,仅4册。汉族族谱卷首所冠名人或族贤序文往往会据其手迹采用雕版刷印,谱中图像包括祖先像图、祠堂图、墓图也丰富多彩,艺术价值较高。而侗族族谱却相对简陋,序文几乎全采用木活字印刷,没有据作者手迹雕版影刻者,1947年(城步)《杨氏续修德公房谱》虽前冠题词数页,然仅为县长、县议会议长、中学校长之类。除寥寥数幅墓图外,侗族族谱一般少有其他图像。

6. 仍具有一些地域民族特征

湖南土著少数民族族谱,无不讳言土著,大多自称由江西迁来。其族谱无论形式与内容,都尽量仿照汉民族族谱,如1947年(城步)《杨氏续修德公房谱》,其家训十条:忠国家、孝父母、友兄弟、和夫妇、训子弟、敬师友、睦宗族、和乡党、重农桑、尚节俭。家戒十二条:戒藉谱生事、严侵葬、严废公项、严皂隶、严盗贼、严争讼、严转婚、严同姓为婚、严悔婚拆离、严开场聚赌、严开设烟馆、严绝嗣。与汉民族族谱并无两样。然而也有一些侗族族谱仍具有少许地域民族特征,如清光绪十二年新晃《姚氏族谱》,其家训共十七条:戒不孝、戒不弟、戒犯族、戒争讼、戒奢惰、戒淫欲、重农桑、正学术、严婚姻、明婚丧、详丧祭古制、笃戚属、和邻里、过继随母、嫡庶分辨、归宗笃姓、藏族谱。其中"详丧祭古制"条称:"今习俗相沿者,专俗浮图,临丧随请僧道看经演教,相传人死开路,且鼓歌闹丧,不闻号泣,俗尚之陋如此,其于《文公家礼》所载概莫之行。"所谓"人死开路"为侗族古老丧礼之一,即为死者的灵魂引道开路,当逝者的灵柩还停放在家中时,即请道士或法师来念诵"送祖词",从近祖一直念到先祖的来源之处,以助死者灵魂渡过"阴阳河",去阴间与历代祖先的灵魂相聚,从而达到避免死者灵魂四处游荡作祟于人的目的。"送祖词"中讲述了侗族的由来。由于这种习俗与汉民族丧礼不符,所以在族谱家训中被当作陋习而戒除。今侗族少数地区仍旧存在。又如清光绪三年会同《杨氏族谱》,世系图称"直图",世

系表称"横图",墓图称"地图",领谱字号称"谱额",皆与汉民族常用的称呼不一。1943年芷江《杨氏族谱》祠图、墓图冠序前,亦与汉民族族谱有很大的区别。

与苗族一样,侗族汉姓相同者不一定有血缘关系,同姓不一定同宗,原本可以通婚。然1947年(城步)《杨氏续修德公房谱》"家戒·严同姓为婚"条称:"姻亲务联二姓,《周礼》最忌同宗。乃世俗联亲者执同姓不宗之说以盖其愆。殊不知既出一姓,何非同源。如我杨氏虽则各宗各谱,而追源溯本,谅非异姓可比。凡我族人当深戒焉。"此条为不顾实际而盲目附会汉民族族规。

(作者单位:湖南省图书馆)

湖南瑶族的族谱

杨 佳

瑶族是我国的主要少数民族之一,聚居在南方6省(区)的140多个县市。湖南的瑶族曾广泛分布于湘中、湘南大部分区域,今则主要聚居于江华瑶族自治县及蓝山、宁远、江永等若干瑶族乡。人口约70万。

由于瑶族没有自己的文字,汉文献对瑶族的记载又极零碎,往往将瑶族先民与壮、苗、畲等族混杂。学者一般认为瑶族与苗族一样,都崇拜盘瓠,皆为古三苗后裔。

秦汉之际,湖南境内土著少数民族统称为"蛮"。南北朝后,"徭"作为单独的一个民族称呼开始出现。《梁书·张缵传》载:"零陵、衡阳等郡有莫徭蛮者,依山险为居,历政不宾服,因此向化。"《隋书·地理志》载:"长沙郡又杂有夷蜒,名曰莫徭,自云其先祖有功,常免徭役,故以为名。"《宋史·诸蛮传》载:"蛮徭者,居山谷间,其山自衡州常宁县,属于桂阳之郴、连、贺、韶四州,环纡千余里,蛮居其中,不事赋役,谓之徭人。"中华人民共和国成立后,"徭"改称为"瑶"。

由于瑶族在历史上主要是长期与汉族发生大规模的接触,其姓氏和字辈也深受汉民族文化的影响。自古以来,湖南土著少数民族在与汉族接触和共生过程中,为了缩小与汉等民族的对比性差异而都会主动或被动地采用汉族姓氏。

有关瑶族姓氏的传说,据瑶族文献《评皇券牒》所载,盘瓠与评王公主生下六男六女,得赐十二姓,较为常见的说法是"盘、沈、包、黄、李、邓、周、赵、胡、冯、蒋、雷"。有时也会稍有差异,如有的盘瑶称其"十二姓"为"盘、黄、李、邓、赵、冯、沈、包、周、胡、唐、雷",有的则无包、唐二姓,换成了蒋、邝二姓;有的则无李姓,换成了郑姓等。20世纪初,我国早期人类学家胡耐安通过对湘南粤北过山瑶调查后称:"过山瑶的姓有盘、赵、邓、黄、李、周、祝、莫、唐、房、冯、陈、张、成、戴、邵、五、邝十八种,其中盘、赵、邓三姓似乎移住最早。""其中也有汉族出身同化为瑶族人的人,或是由(连南瑶族自治县)八排瑶归化来的人。例如莫姓原来就是连县的汉人,他们在瑶山长期经营商贩业,后来娶了瑶女为妻,同化为瑶族。另外,唐、房二姓原来是八排瑶的大姓,因此,过山瑶中的唐、房二姓系由八排瑶移入而同化者。"与粤北连南瑶族自治县毗邻的湖南江华、江永一带瑶民中有盘、赵、李、唐、周、邓、沈、郑八姓。而祁阳、宁远瑶民除上述姓氏外,还有冯、彭、韩、黄、柏、陈、奉、芳八姓。现在,瑶族姓氏呈增加趋势,主要是汉族瑶化所致,如蓝山高良源、紫良源的吕、江、余、林、缪五姓原本汉族,迁居山区后,从瑶俗,与瑶族通婚,隶属瑶籍。江华虞姓也是汉人瑶化的瑶族姓氏。

清人屈大均《广东新语》称:"诸瑶率盘姓……以盘古为始祖、盘瓠为大宗。其非盘姓者,初本汉人,以避赋役,潜窜其中,习与性成,遂为真瑶";"曲江瑶,惟盘瑶八十余户为真瑶,其别姓赵、冯、邓、唐九十余户皆伪瑶"。此说过分夸大了盘姓在瑶族姓氏制度中的地位以及瑶族姓氏变迁中瑶汉人口融合关系的作用,当今学者对此多不认可。

在瑶族与汉民族交流融合过程中,汉人瑶化毕竟是支流,主流仍是瑶人汉化。

与苗族有"汉姓""苗姓"之分一样,瑶族也有"明姓""隐姓"之别。由于瑶族采用的汉姓种类不多,往往会使姓氏的功能发挥受到阻滞,如汉族的姓氏有"辨血缘,别婚姻"的功能,有"同姓不婚"的传统。为作调整,瑶族会在同一汉姓(明姓)下产生多个所谓的亚姓(隐姓)。美国学者龙巴德、珀内尔以及日本学者竹村卓二等人对瑶族的亚姓曾作过研究,认为盘瑶十二姓中至少有盘、邓、赵、陈、李、黄、冯七姓中存在着亚姓,如邓姓有邓、邓酸、邓亦,冯姓有冯红、冯白,陈姓有大陈、小陈,赵姓有大赵、小赵,李姓有李鱼、李喜、李青、李凤、李日、李大,黄姓有黄大肚、黄三国等亚姓。汉姓是少数民族借用的姓氏,亚姓才是其本土姓氏。汉姓同而亚姓不同的宗族间可以通婚。

不知何种原因,在湖南图书馆所藏百余种少数民族族谱中,瑶族族谱数量最少,至今没有发现纯土著瑶民的族谱。1948年湖南省文献委员会纂修省志,氏族志为其中一重要分册。文献委员会制定表格,要求各氏族将其迁湘源流、人口、宗祠及族谱纂修概况填表呈报,其时全省共有2000多个氏族呈报,然其中很少有瑶族氏族,即使呈报者,材料中也都没有族谱纂修概况,如江华李姓为湖南瑶族大姓,自称先世由千家峒迁桂林省平乐府富川县连山乡七都八界岭铜盆村,于元末之时又迁江华南区苍梧乡竹子尾宿按子团。至1949年,已传32代。邻近宁远、蓝山、新田、江永李氏以村落为单位,共20余支,都没有一支曾纂修过族谱。蓝山赵氏,县志称明洪武初年,瑶人赵景华自广东连山迁江华小江源,长子友德居下雾江天师庙山场;次子友旺居紫良源、高良源。友旺次子启满则居大桥白龟源。明弘治十六年(1503),启满之子朝城、朝胜、朝友、进骄及凤流金、流喜、周芳由等三姓七人又迁凌江冲,自称"本地人",史称"高山瑶",也没有修纂族谱的记载。2015年《湖南永州唐氏通谱》收录永州2区9县唐氏迁徙源流、族谱纂修概况及字派名人等,其中江华瑶族唐氏10支,都没有记载纂修过族谱。

目前湖南图书馆所藏数种瑶族族谱,实际上都是已汉化的原瑶族,其族谱纂修年代为民国间及当代,其内容及谱式,与汉族族谱并无太大区别,如1934年(桂阳上溪)《邓氏七修族谱》十四卷末一卷,卷首叙、上溪图记、八景诗、礼教四则、凡例、律例、丧祭礼制、服制图、历修经理名目、衣冠行状,卷二至末世系。1937年(桂阳下溪)《邓氏宗谱》十二卷首三卷末一卷,卷首一序、修谱人名、排行、分居先后人名考、谱论、谱例、家戒、衣冠录、八景诗,卷首二、三世系图,卷一至十二齿录。谱中家戒十条:戒忤逆、戒溺女、戒争讼、戒奢惰、戒赌博、戒滥婚、戒姑息、戒强夺、戒行窃、戒信佛。1936年《蓝山钟氏八修族谱》十二卷,卷一题词、序,卷二族规、族训、祀事,卷三建置,卷四村聚,卷五山场,卷六水利,卷七教育,卷八仓储,卷九人物,卷十茔兆,卷十一世系,卷十二传记。都很难从内容上辨别其为少数民族族谱。然其族谱世系上推数十世、百余世至肇姓祖甚至黄帝、炎帝始。世系中,凡名字不确定者,则以行派代之,如少十六郎、行五十七郎、小四公、小五公之类,是又为湘南土著氏族族谱的一大形式特征。

奉氏、邓氏是古代瑶族中二大姓氏,也是当今湘南氏族两个大姓。谭其骧《近代湖南人中之蛮族血统》称:"明洪武十八年,宁远土贼奉虎晚等流劫村市。崇祯九年,广西富川长塘源瑶贼奉四等犯永明。十年,江华瑶奉天爵父子倡乱。奉氏甚稀见,明代宁远有贡生二人,清代江华、祁阳各有贡生一人,当与奉虎晚、奉天爵等为同宗。近代湖南之奉氏以新化为最盛,明代有举人二人,贡生四人,今境内有奉家、锡溪、龚塘三村,皆以奉为大姓。据《县志》称奉家及江东二村在明代尚有未尽同化之瑶,足证奉家村附近,实为历代瑶人聚居之地,惟奉氏之变蛮为汉,则当在明代以前。今之溆浦瑶有七姓,奉居其一。溆浦与新化接壤,二地奉氏盖属于同一宗派,只以文野有别,世人遂目之为异族矣。"①

奉姓原为古越族,《千家姓》中记载为"桂林族"。周显王三十五年(楚威王熊商六年,前334)楚国征古越,古越一支辗转至江南两广海滨一带,另有一支向岭南腹地、中南半岛迁移。在古越族语言中,"俸(奉)"字意为"分离、分散、分裂"之意,世代相传,至今在傣族、瑶族的语言中,"俸(奉)"仍保留有原义。为纪念此次族民的大迁徙,许多古越族支均以"俸(奉)"为族号,后演化成为姓氏,称"俸"氏,汉朝时又部分简化为"奉"氏,唐、宋之际普遍为"奉"氏。现今奉氏族人在广西地区的大部分为瑶族,而在云南地区的则为傣族;而湖南地区的奉氏则大多为汉族,少数为瑶族。瑶族奉氏是湘南、湘西南少数民族中操持南亚语系孟高棉语族的瑶族大姓。讲南亚语系高棉语族瑶语支的盘瑶,其《过山榜·十二姓》中即有奉氏;讲汉藏语系汉语族平语方言的"平地瑶",其姓氏以盘、

---

① 《近代湖南人中之蛮族血统》,《史学年报》第二卷第五期,1939年,第248页。

奉、包、沈、唐、黄、李、廖、邓、任、高（徐）、彭（翟）十二姓为主；而讲汉藏语系苗瑶语族的花瑶、八洞瑶中也有奉氏。

今湖南奉氏以新化为多，新化奉氏今为汉族。1998年《新化奉氏十二修族谱》称该族本姓嬴，秦献公生二子，长名渠梁，即秦孝公，次名季昌。因孝公用商鞅，坏古制，开阡陌，私智自矜，刑及公族，季昌睹权臣之乱政，痛旧典之沦亡，逆鳞累批，爰鞬犯禁，效采药遗踪，由桂林象郡徙江西吉州永丰，潜隐于濠，易姓为奉，更名吉。敛迹韬光，以避其难。传至宋绍熙间朝瑞公，字半周，原籍桂林，登进士第，筮仕江南为访察都运使，奉命南征，袭武略将军之职，加升镇国上将军，后补充防遏使，著功，卜居江东，列籍梅邑（今新化）坪下。族人多分布在邵阳、溆浦、安化、东安、武冈及四川、云南、湖北、陕西等处。清乾隆间建宗祠于永靖乡坪下，今属新化奉家镇。1948年时，已传38代，全族人口共42020人。今奉家镇奉氏占全镇人口一半左右。又称族谱一修于元大德11年（1307），1998年时已十二修。

而至今居隆回、怀化、溆浦、零陵、宁远、江华、江永、道县、蓝山及广西恭城的奉姓皆为瑶族，而这些地方的奉氏多自称由新化迁出，如蓝山舜乡长滩奉氏，始迁祖锡会公，清时来自新化。至1931年，凡4户，男8人，女11人，共19人；溆浦奉家园奉氏，始迁祖国封公，清康熙四年（1665）自新化徙此；溆浦油洋奉氏，始迁祖廷训公，由新化徙此；溆浦唐家林奉氏，由新化徙此。

自古以来，以新化、安化为中心的古梅山地区一直是湖南瑶族的聚居地，是湖南中部最后一块被开发的区域。现代梅山更是被认为是蚩尤文化的发源地及保存地。北宋熙宁五年（1072）"开梅山"，置新化、安化二县。其地居民虽有大量汉民涌入，但更多的却是当地"蛮族"汉化。然纵观目前湖南图书馆所藏二县数十姓氏族谱，竟无一家称土著，连汉代以来梅山著酋苏姓、扶姓族谱，也无不自称自江西迁入。回避土著，讳言"蛮"族，是湖南土著民族及少数民族族谱的一个最明显的共同特征。新化奉氏自称原籍江西永丰则不可信；自称由桂林迁来则大致不差。新化奉氏应该是已汉化的湖南土著瑶族。

邓氏是湘南的土著大姓，也是瑶族一个重要姓氏，为瑶族十二姓氏之一。传说瑶族勒当氏改汉字单姓为邓。

谭其骧《近代湖南人中之蛮族血统》称："陈氏、李氏、邓氏、唐氏、黄氏，此五姓为湘南蛮中著姓。陈最先见，后汉元初三年，零陵蛮陈汤等抄掠百姓。李次见，南齐永明三年，湘州蛮陈双、李答等寇掠郡县。邓、唐、黄皆始见于宋庆历中蛮瑶之乱，其中首领有邓文志、唐和、黄文晟、黄士元诸人。自后此五姓蛮酋迭为乱于衡、永、郴、桂一带，屡见不鲜，历南宋及元，至明代稍衰，入清始罕闻。此五姓中之李、陈为天下习见之姓，邓、唐、黄亦习见于湖南全省,然以湘南为特盛。"①

目前湖南图书馆没有发现土著瑶族邓氏族谱,仅1942年零陵、祁阳《邓氏族谱》载:始迁祖曰福公,原籍江西吉安府泰和县鹅颈圫,元末兄弟三人徙永州,长孝公欲为瑶,今祁阳茨木塘、长溪山皆其裔;次良公欲为民,今祁阳秧田、花山皆其裔;三福公,始为军,官指挥使,落业零陵牛鼻滩、仙人桥,三传宽公、信公迁祁阳大忠桥、旗头町等处,敏公、惠公仍居牛鼻滩。清光绪三十二年(1906)始修族谱,1942年续修。这也是湖南图书馆所藏唯一一部自称部分族人为瑶族的1949年前的族谱。然今祁阳茨木塘、长溪(吉)山邓氏皆汉族。这也说明少数民族与汉族之间民族成分的不断变化。

与湖南氏族多称自江西迁来不同,湖南桂阳上溪、岐山邓氏对江西迁来之说都采鄙弃态度。上溪邓氏族谱旧谱曾称始祖少十六郎,先世江西泰和鹅颈大丘人,南宋时迁此。其后子若孙散布于桂阳、永州、郴州、耒阳间。十六郎之子为六十七郎,父子名字弗传。六十七郎生四子,长不详,次则二十四郎,名楚贤,又生二子:福翁、寿翁,福翁没于王事,遗一孤;寿翁为郴阳教谕,生四子,二公之后椒聊蕃衍,遂如罗浮两峰屹立天半。明万历二十六年桂阳廪生邓良楠曾著撰《源流考订》一文,称:"俚言叙:少十六郎公系江西泰和十一都鹅颈丘野蜡树下人也,时产德色女,宋选入后,后思鹅颈水,朝使岁扰,遂以灭水诬后。太史奏闻,因触上怒,真宗元年正月十一日,凡鹅颈丘民十一姓尽流桂阳府。噫,此说谬甚,不足凭也。尝考《汉纪》,殇帝时邓后临朝,至宋真宗有刘后无邓后,或谓虽未为后,疑亦列于嫔御。然嫔御无关于天下,何以应太史之占而流百姓乎?此其误者一也。桂阳在汉为郡,晋为监,隋唐以来因其旧,宋改为军,元改为路,本朝洪武元年始升为府,九年降为州。盖宋时为军未为府,此其误者二也。少十六至寿翁仅四世,寿翁生于淳祐壬子,自真宗祥符元年戊申至淳祐壬子,该二百四十五年,若寿翁之前止有三世,何以经历如许岁数,宁有八十岁而后生一人乎?此其误者三也。殊不知上溪下溪同一'九嶷传芳',盖两龛世书'九嶷传芳',莫知其所自。至玄庵讳俞官永州府东安县儒学,适零陵有邓姓者,亦九嶷传芳也,因得谱系颇详,谓邓姓系出虢叔之后。虢叔本王季子,文王弟,武王叔,受封于虢,即古之南阳等处也。至春秋初,晋人以垂棘之璧、屈产之乘,假道于虞以伐虢,后不可考。南阳宛城邓禹者出,以元勋封高密侯,和帝时孙为后,后以殇帝临朝而邓骘辅焉。至三国有邓芝者,仕蜀汉。已而三国并于司马炎,是为西晋,因以邓禹马援之后尽窜岭表,即今九嶷是也。唐昭宗诏还五十余人,而支庶无复还焉。至宋南渡后,有往

---

① 《近代湖南人中之蛮族血统》,《史学年报》第二卷第五期,1939年,第251页。

零陵者,有往桂阳者,此之谓九嶷传芳也。且自九嶷而来,始至高唐,即今母冲渡是也。随而分派,一居上溪,一居下溪,此上溪下溪宗亲也。由是上溪一衍而有高丘头之派,下溪一衍有木林桥之流,何者不自九嶷而来耶?"

邓良楠序否定江西迁来之说,认为桂阳邓氏与零陵邓氏一样源于九嶷,却仍以东汉邓禹为始祖,而不知九嶷恰是湖南古瑶族的聚居地之一。至清道光六年桂阳进士曹德赞《赠上溪邓氏四修族谱序》时,实际上是对桂阳邓氏"邓禹之后"的说法提出批评,曹序称:"顾今之修谱者,吾惑焉,其述祖也,则累数十世以上,半皆闻人。其肇迁也,必曰江西鹅颈丘;其书生卒茔兆也,则综核无遗而纪载必备。推其意非不欲张大其族以传信于后也。而遥遥华胄久为有识者所笑,鹅颈丘之说尤为不经。且自秦汉以来几经鼎革,琐尾之余文献无征,乃欲于数百年之后讲求乎数百年以前,使之至纤至悉而足恃,亦已难矣。善乎,杨勤悫公之言曰:'年代久远,变革屡经,若每一姓必溯之唐宋以前及于汉魏,甚或及于周秦以上,以求世次井然,盖势所不能,而必欲牵合之、附会之,尚可谓之传信乎?'此其说最足与鄙趣相发明,吾取以为普法焉。"

湖南少数民族民族成分的转化不仅出现在少数民族与汉族之间,也同样出现在不同的少数民族之间。如湖南蒲氏以新晃居多,今新晃蒲氏为侗族。在今湖南湘西的怀化、辰溪、溆浦三县交界的罗子山一带居住着两万多瑶族同胞,人称为"七姓瑶":蒲、刘、丁、沈、石、陈、梁。其中蒲姓即自新晃迁来。七姓族谱皆称其原籍为江西吉安府。湖南邵阳、武冈二地至今也生活着大量汉族蒲姓,亦源于新晃蒲氏。新晃蒲氏族谱称:添统公生子佳、子臣、子裕、子昆;子佳生宏恩、宏膏;宏恩生秀满,秀满公生仁武,仁武生祖兴,祖兴生仕文,仕文生文教,文教生永能,永能生仁武,仁武生祖法,祖法生文汉,文汉生金凤,金凤生汝保,汝保生茂盛,茂盛生正龙,正龙生承凤,承凤生启达,号山公,葬米贡山梅子冲两河口龙形。启达生七子:长文龙,次文彬、三文标、四文虎、五文榜、六文松、七文柏。文彬公先迁芷东顺溪铺,后转徙尖坡,插白旗为标。彬公生明景太二年辛未年十月初六巳时,明"成宗辛酉年间举人,援文林郎,升威宁州华部县知县,分住芷江下乡"。彬公生五子:长永宗,次永洪,三永权,四永宁,五永才为二十世祖,永才葬让管坡坳上。而清光绪三十年(1904)武冈、邵阳《蒲氏武邵合修族谱》称:一世文彬公,始籍江西南昌府丰城县猪屎巷,明洪武间以功调升南藩卫,略定辰沅等地,因风水土物宜人,插白旗为记。第五子永才,生二子:蔚昊、蔚旻,蔚昊曾孙志明迁居邵西木梁村,蔚旻后裔迁武冈黄桥铺。其《源流考》称:"洪武四年辰澧诸蛮作乱,帝命邓愈为征南将军,讨湖南广西蛮。时慈利土司覃垕率诸蛮为寇,出没岩峒。杨璟讨之不能克,周德兴讨之不获平。我太祖文彬公奉随征，竖白旗于沅芷，入五溪之深谷，剿抚兼用，峒蛮率服，主上襄勋酬庸，命镇南藩，而子男五人，若永宗、永洪、永权、永宁、永才，世袭有差……嗣后狼烟久平，鸿飞踪迹，其支子与宗、洪、权、宁四公迁晃，迁迥溪，迁天雷之上下乡，又分迁怀化驿及黔阳之安江司，惟我迁基祖才公为太祖爱怜少子，磊落英多雅，善堪舆……卜居（沅）州东大塘铺。"该族仅以文彬公为一世，文彬以上盖阙而不叙，似有意识地回避与新晃蒲氏的联系。

虽然湖南至今没有一部1949年前纂修的族谱自称为瑶族，但仍有一些族谱与瑶族存在着千丝万缕的联系，如1936年《蓝山钟氏八修族谱》称：始祖大十五公，四传至嫩七公，名艺润，字沥液，号负岌，元延祐间自江西泰和迁湘，护衡岳以居。由嫩七公四传至荣卿公，殖产蓝山，为蓝山始迁祖。荣卿公子二：文福居高阳，文德居溪头。明嘉靖时九世富光公平瑶有功，奖抚瑶世职。1937年桂阳《岐山邓氏族谱》亦称：始迁祖少卿公，行五七郎，宋仁宗崇宁时由九嶷零陵偕弟五八郎至桂阳，卜居郡北下溪官口冲岐山，二传为迎公，三传为小四、小五二公。小四公仍居故地，小五公开交溪各户。小四公派下十世元时彬仲公由辟举官抚瑶将军。二族皆称因征瑶而任瑶官，实际上也说明了二族与瑶族之间的有着某种渊源。

一些家族的族谱中还保留了大量瑶族史料，如1917年（江永）《锦堂毛氏族谱》卷二"部文"记载：道光三年，江华瑶人李进禄冒名邓明禄进京控告毛炳等占管瑶田一案。李进禄原系江华县薙发瑶人。永明县向有古调、清溪、扶灵、勾蓝四瑶名目，扶灵瑶人邓公胜与翟庆宾之祖人翟千乙及陈、蒋、黄五姓瑶人原有公管地，名栎头源籽粒瑶田一十八石三斗五合，应完饷银九两八钱一分二厘，载总户名邓公胜。景德年间，先由邓姓领照开垦，嗣后邓姓丁稀，转交瑶人翟、陈、邓、黄、蒋各姓分地垦种，仍归邓公胜总户名完粮。清乾隆间，翟、陈、邓、蒋、黄等姓各因贫乏，将瑶田辗转卖民人毛姓管业。嘉庆二十三年，该县扶瑶赵有富、邓明礼、邓明徐、邓明德、李成官、俸金全等见毛炳等所管大朝岭山内树木丛密，而公尖江华瑶人李进禄出名呈控。李进禄乃改名邓明禄，冒为邓公胜后裔，进京控告栎头源系伊祖遗山田，为毛炳欺占。后经官府查明，李进禄以及诬罪杖一百流三千里，而毛氏所买瑶田仍照原价由瑶人赎回。1936年《蓝山钟氏八修族谱》"东山记"载："蓝之高山，瑶居无定处，与古招摇字义相近。且层峦叠嶂，民无能名。西通八寨，南入八排，山径交错，苗瑶错处。其中自古为患。追明中叶，我钟、成二族，讨平瑶洞，擒渠魁，定税则，立堡寨，设学劝农，蒙上宪奏，广瑶学三名，遂开文明之象。……其民风土俗也，男椎髻花巾，女花巾戴箭，衣花斑烂，尚巫好猎。"

（作者单位：湖南省图书馆）

畲族家谱略述

宗亦耘

一

畲族是我国东南部的一个少数民族,分布于福建、浙江、江西、安徽、广东五省80多个县内的部分山区。中国大陆有畲族710039人(2000年人口普查),居少数民族中第19位。其中人口分布前三位省份:福建省有畲族375193人,占畲族人口的52.8%,主要分布在福州、三明、漳州、宁德、龙岩等地区的十一个县市内;浙江省有畲族170993人,占24.1%,主要分布在温州、丽水、金华三个地区的十多个县内,景宁是全国唯一的畲族自治县;江西省有畲族77650人,占10.9%,散居在鹰潭龙虎山、铅山县、贵溪、吉安、永丰县、全南县、武宁县、资溪、兴国县等地。

早在公元7世纪初,居住在闽、粤、赣三省交界地区的少数民族被泛称为"蛮""蛮僚""峒蛮"或"峒僚"。直到公元13世纪中叶南宋末年,汉文史书上才正式出现"畲民"和"輋民"两词并用的族称。前者指福建漳州一带的畲民,后者指广东潮州一带的畲民,二者字异音同,都是指同一个民族。宋代淳祐至咸淳年间福建莆田人刘克庄在《后村先生大全集·漳州谕畲》中曰:"畲民不悦(役),畲田不税,其来久矣",西畲、南畲"皆刀耕火种,崖栖谷汲"。可见"畲"字作为民族名称,体现了畲民到处迁徙,开荒刀耕火种的经济生产特点。《天下郡国利病书》称"粤人以山林中结竹木障覆居息为輋",说明"輋民"为"在山里搭棚居住的人"。畲民通常自称"山哈"或"山达"。

畲族的族源众说不一,长期无定论。一说,与瑶族、苗族同源为武陵蛮后裔,汉晋时居住在湖南长沙一带,因受汉族封建统治者迫害,其中一部分陆续向附近地区迁徙,分布在五岭山脉西部的称瑶族,住在东部的发展成今天的畲族。二说,畲族是古代"百越"的后代,隋唐之际已在闽、粤、赣一带生息繁衍。三说,畲族族源具有多元因素,是闽、越土著、南迁的武陵蛮和南移的客家人长期交融形成的一个民族。

根据文献记载,至迟在7世纪隋唐之际,闽、粤、赣三省交界地区已经是畲族的聚居区。唐以后开始往东北迁徙。宋元时期,畲族居住区已扩大到泉、潮、汀、漳一带,一部分人迁入闽东北的山区。明清时期,畲族逐渐向浙南山区移动。后来又有迁安徽和江西的。

畲族有本民族语言,99%以上的畲族使用接近于汉语的客家方言(部分为潮州方言),但在语音上与客家话稍有区别。畲族没有文字,通用汉文,现今则大多改为使用汉语。

畲族民间家喻户晓地流传着"盘瓠"传说,这一传说把盘瓠描绘成为神奇、机智、勇敢、英勇杀敌的民族英雄,尊称为"忠勇王",推崇为畲族的始祖。他们把"盘瓠"视为至高无上的尊神,成为畲族的宗教信仰,被贯穿到畲族的宗教仪式中。同姓氏的畲族在祭祖时,不仅祭祀同祖同姓族人的祖先,还虔诚地祭祀整个民族的共同始祖"忠勇王"。此外,畲族民间还有鬼神崇拜的风俗。

畲族汉化取汉姓后,很多以钟姓、蓝姓、盘姓、雷姓作为畲族的四大姓氏。浙江畲族族谱中还有李氏、吴氏等姓氏,其中李氏是汉族与畲族通婚而演变为畲族。

二

我们通过近几年来的调查,计著录畲族家谱条目424种。编纂年代分布如下:清代家谱144种,民国家谱215种,1949年以后的家谱59种,年代不详的家谱6种。清代家谱中乾隆时期4本,嘉庆时期3本,道光时期17本,咸丰时期6本,同治时期22本,光绪时期84本,宣统时期8本。

畲族家谱主要集中在这几个姓:蓝姓家谱166种,雷姓家谱132种,钟姓家谱111种,此外还有李姓家谱11种,吴姓家谱4种。

族谱是宗族谱系的物化形式,追溯了宗族的来源,历数了开基祖为宗族的生存与繁衍所付出的艰辛。借助谱系的文字记载,每一个族人都可以在其中找到自己的位置,产生一种心理上的归属感,血缘上的认同感。

畲民十分重视纂修家谱,是因为家谱是确立他们群体归属感的重要方式。《连江鲖川蓝氏家谱》(清同治十年,1871)称"谱之缺系大矣。语云,无祠不成族,无谱不成家。三十年不修谱,谓之不孝,谱不修,则故老沦亡,典籍朽蠹,其中事迹,难以稽查矣。世情徒知,亲在则亲疏供养,亲没则棺椁衣衾,以此即谓之孝。讵知孝在尊祖,尊祖故敬宗,敬宗故修谱,修谱则亲爱,而孝于是乎全"。福建福安春雷云《冯翊郡雷氏宗谱》中的《家范十则》有一则敬祖宗:"物本乎天,人本乎祖。故祖宗虽远,祭祀不可不诚,而坟茔、谱牒尤所宜重,愿吾后裔尚宜识之。"尊祖敬宗的观念是畲族修谱的原因。

通常汉族家谱的内容有：像赞、目录、修谱名目、谱序、凡例、恩荣录、谱论、姓氏源流、世系、传记、家法、风俗礼仪、祠堂、坟茔、族产、契约、艺文、字辈排行、领谱字号。畲族家谱仿照汉族家谱撰写，但并不是所有的家谱都这样体例完备，有些也很简单，如福建罗源《汝南蓝氏支谱》（清咸丰八年手写本），仅有谱序、家规、附录议约于后、字行次、世系等内容。侯官钟大焜纂修《颍川钟氏支谱》（清光绪二十七年刻本）也只有谱序、后序、谱引、告示、世系图、会试朱卷等。此外在结构顺序上，汉族家谱一般有相对固定的顺序，畲族家谱的顺序不完全遵守这个顺序。

畲族作为一个拥有独特文化的少数民族，其家谱既受汉族家谱影响，又有独特之处：

谱序：大部分畲族家谱都有谱序，记载了家族源流、修谱原因等内容。但也有没有的，如《浯洲金門城藍氏族譜》就没有。

祖先源流：这部分是畲族家谱特殊的地方。盘瓠传说在一些家谱中记载颇多，如福建福安的《汝南郡蓝氏宗谱》中有《敕封姓氏祖图公据》《蓝氏历代诸公图》，福鼎岭兜的《冯翊郡雷氏族谱》中有《广东盘瓠氏铭志》《加敕历代始祖荣封列左》，把盘瓠忠勇王列为第一祖。《广东盘护王祠记》《广东重建祠记》，福安春雷云的《冯翊雷氏宗谱》中有《凤凰山祖祠记》《凤凰山祖祠图》《帝誉高辛氏敕封盘护王铭志》《广东盘护王祠志》，福鼎丹桥的《颍川郡钟氏族谱》也有一篇《系》，主要也是记录盘瓠王。这些文章或是记录盘瓠王的传说，或是记录传说的衍生内容。我们在调研中还看到随同畲族家谱一同出现的祖图，即用连续的图画的形式表现盘瓠传说的内容。（见下图）

浙江云和县畲族文化传人蓝观海
讲解自己绘制的15米长的畲族"祖图"（2017年4月）

凡例：畲族家谱借鉴了汉族家谱的形式，所以凡例内容和汉族家谱类似，如福建崇安的《汝南郡蓝氏宗谱》中的《凡例》，揭示该谱借鉴欧苏谱式，其他家谱中的世传、坟墓、祭祀、吊图、死者称呼、谱例重昭穆、广同姓、大宗族以及要求各家族要珍藏家谱、统一补改等有关内容都模仿汉族家谱提出了具体要求。

姓氏源流：畲族家谱中的姓氏源流有两个：一个是盘瓠传说中的盘、蓝、雷、钟四个姓氏，这个在盘瓠传说中都有记录，后来演变为蓝、雷、钟三个姓氏。还有就是来源于汉姓，也有仿照汉族家谱内容，追述姓氏来源，比如有的蓝姓家谱就认定蓝采和为其祖先。

世系：一般畲族家谱中都有世系图及世系传，追溯到远祖盘瓠，近祖本支始祖。也有直接把汉族族谱的祖先作为本宗族始祖的，如广东东源《蓝氏族谱》中，追述受姓始祖为昌奇，分封于汝南（今河南省），全国蓝姓皆其后裔，后再分江南建康开基始祖、东源漳溪蓝氏开基始祖。[①] 也有不同于通常家谱的地方，如《浯洲金门城蓝氏族谱》中，部分世传同时附坟图，不像汉族家谱把世系和坟图分为两部分来撰写。

传记：畲族家谱中对于历史上有影响的人物，往往还转载一些史书中的资料。如《浯洲金门城蓝氏族谱》中就刊有《清史稿·列传》中蓝知理、蓝鼎元等蓝姓名人的记载。福建崇安的《汝南郡蓝氏宗谱》中附录了《明史》《四库全书总目提要》中记录的蓝氏人物，及《永乐大典》内蓝姓人的著作《蓝涧集》；宁化茜坑的《冯翊郡雷氏家谱》（民国三年），附有《清史稿·列传》《四库全书总目》《清稗类钞》《郎潜纪闻二笔》《清代名人轶事》中刊载的雷姓名人资料。这种做法，和汉族家谱类似。

家法、家规：又称族规、族约、祠规、家范等，是家族自己制定的约束、教化族人的家族法规。族规家法犹如国之法典，关系到风俗的好坏。畲族族谱中的家规、家训担当着教化族众，向子孙后代宣传灌输道德伦理观念的重任。

如福建三徵堂鉴修《汝南郡蓝氏宗谱》的《族规引》中有五劝规：一劝孝顺父母；二劝和睦兄弟；三劝急公完粮；四劝省费节用；五劝莫斗殴争讼。五戒规：一禁乱伦灭礼；二禁非种承祧；三禁族党赌博；四禁盗买坟山醮田；五禁鬻身充皂。

福建福安春雷云的《冯翊郡雷氏宗谱》中的《家范十则》有：一孝父母，一和兄弟，一敬尊长，一别夫妇；一训子弟，一睦宗族，一肃闺门，一教勤俭，一息构讼，一务农业，一善治家，一戒赌博，一训少年。

这些内容和汉族家谱中的家规族规十分相似。

[①] 《广东畲族古籍资料汇编——图腾文化及其他》，中山大学出版社，2001年，第29页。

契约:经济生活在畲族家谱中占有重要地位,很多家谱有契约、家族祀田、祭产的记录,福建金门的《浯洲金门城蓝氏族谱》还有纳税记录。

修谱过程:畲族修家谱也和汉族修谱一样要设谱局:如永安曹远蔡地《汝南郡蓝氏族谱》的《修谱董事题名》,记录参加修谱的有总理、稽考世系、录稿对读、掌盘督修、绘图、房长举事、谱师等。订章程:如钟大焜修五省钟姓连环谱,所定《颍川钟氏修辑总谱章程》有二十八条。畲民把参与修谱视为一件十分光荣的善举。

排名:畲族的排名用字是"念、大、小、百、千、万",其中蓝姓用六个字,雷、钟两姓只用五个字,但入清以后,畲族宗谱排名也有改为多字,与汉族谱趋同的情况。

告示:畲族家谱中刊有政府告示,体现了畲族民众和政府的关系。如福鼎岭兜藏本《冯翊郡雷氏族谱》中有《平阳县告示》,侯官钟大焜纂修《颍川钟氏支谱》有《告示》等。

修谱仪式:在畲民风俗中,修谱是异常隆重的,修谱伊始,畲村须举族祭告祖宗,仪式庄严肃穆。汝南郡蓝氏族谱内有《修谱开局祝文》,就记录了隆重的开谱仪式。修谱完成后,还要在祠堂行祭谱礼、演祭谱戏、集魂祭等。

此外,畲族家谱中还有墓志铭、墓表、墓记、祭祀物品、坟图、祠堂记、祠堂图、像赞、艺文等内容,既受到汉族谱牒文化的影响,又打上了本民族的文化印记。(见下图)

浙江云和县畲族钟氏宗谱

三

畲族家谱生动显示了:在畲汉两族漫长交往共处中,畲族深受汉族文化影响,是历史上受汉族影响较大的少数民族之一,同时又保留了自己民族文化心理所需要的、寄托民族信仰要求的社会习俗。畲族家谱有着重要的历史文化资料价值。

（一）记载了畲族的祖先起源

关于畲族祖先来源,畲族家谱中有两种记载:一是神话"盘瓠传说",一是类同于汉族家谱的世系记载。在广东、福建、浙江的族谱中都出现了这两种情况。

盘瓠是春秋时代一位历史人物,在公元前744年的楚与卢戎战争中,盘瓠杀敌立功、受封以及与公主结婚,是历史的真实记载。盘瓠传说之所以能演变为神话,也正是图腾标志使然。盘瓠传说最早载于文献是东汉末应劭《风俗通义》,此后,两晋之际的郭璞注释《山海经·海内北经》提到:"昔盘瓠杀戎王,高辛以美女妻之,不可为训,乃浮之会稽东海中,得地三百里封之,生男为狗,生女为美人,是为狗封之国也。"晋人干宝在《搜神记·盘瓠》有记载,南朝范晔编撰《后汉书》以《搜神记》为蓝本,首次将盘瓠传说写入正史。

在广东、福建、浙江的畲族家谱都有关于盘瓠王的记载,还常有《重建盘瓠祠序》（或为《盘瓠氏重建祠序》等）文,并配有"盘瓠祠图"和"盘瓠王坟图",有的还有《敕赐开山公据》《盘瓠世考》等。这些记载对盘瓠神话故事演绎得更加生动,而且加进了吏部尚书,各省州县,显然是后人的不断补充。

这些关于盘瓠的传说强化了畲族这个群体的独特性,对于畲族的民族认同、民族识别有十分重要的意义。以盘瓠传说为中心的关于祖源记载的歌谣传唱、敕谕文书以及祖图、谱牒,目的在于建构民族的历史记忆,是畲族作为一个族群的集体记忆。

同时,由于受汉族文化的影响,一些畲族家谱的起源是和汉族家谱类同的,是本姓氏渊源为主的普及型,属这一类型的畲族族谱与汉族同一姓氏族谱的渊源开篇是一致的。

有些畲族家谱借用汉族的族源说,比如浙江龙泉《花桥钟氏宗谱》中《重编钟氏族谱序》《颍川郡钟氏历代世系宗谱序》则完全采自汉族的姓氏来源,称"颍川钟氏世系出自殷汤之裔,至纣王无道,周武王伐之,封微子启为殷之后于宋其嗣,食采于钟,因以钟姓。微子启,乃帝之长子,纣王之庶兄也。其国在宋,系河南所隶,浒州颍川者属焉。至南北朝齐高祖肖道成之时及拓跋氏改姓元魏,迁都洛阳,钟氏子孙多在魏及南朝为官宦者。唐僖宗广明元年（880）黄巢作乱,挈家避难,支分派别,各自去处。钟氏该房流寓白虎村,一迁再迁"。

如将广东畲族蓝氏族谱与汉族《蓝氏族谱》对照,渊源是相同的。从炎帝神农氏第11世榆罔帝之子昌奇公被赐姓蓝,分封汝南郡（今河南省汝南县）为蓝姓鼻祖,全国统一世系,至108世明德公迁居建康为江南开基祖,123世吉甫公迁徙福建,及至127世7个儿子,由念一郎排至念七郎,其裔孙遍及闽、粤、赣三省。

类似这样的记载还有很多。同一个民族家谱中有两种祖先来源的记载,有时甚至是在同一个家谱中记录,这样互相矛盾,显示了畲族古老而不断前进的发展历史。

(二)提供了畲族的迁徙情况

据浙江、福建、广东、江西等省畲族现存部分族谱及地方志等记载,都一致认定畲族先民早于唐宋之际已活跃在闽、粤、赣三省结合部,筚路蓝缕,在此移动迁徙,繁衍生息。现存广东、福建、江西以及浙江等省畲族民间所收藏的族谱或宗谱有不少家谱证明了这一迁徙路线图。

隋唐之前,畲族先民就聚居在潮州凤凰山,畲族的历史歌谣、祖图、文书和谱牒,都对此有所记载。畲族族谱中清晰地勾画出从粤东向闽西闽北至浙南,或从粤东移江西的迁徙图。家谱中记录的畲族的《盘瓠王歌》或高皇歌在这些地区广为流传,歌中叙述始祖龙期立功为驸马,有了三子一女后,不爱荣华富贵,向往青山去作田,于是来到广东潮州凤凰村。歌曰:自种山田无税纳,蓝雷三姓去作田,山高作田无米食,赶落别处去种田。后面还记载畲族自广东迁福建,再自福建迁浙江的路径。

福建福安坂中畲族乡仙岩村仙岩《钟氏宗谱》,谱序载明:唐五代时先祖自河南登封县东(颍川郡)居住地向南方迁徙,经豫、鄂、湘到粤东潮州凤凰山,再由潮迁入福建汀州一带,其中一支迁居南台(今福州市),再迁罗源,经多年辗转,迁至韩阳坂(福安市城关),为逃避荒乱,第十七世裔孙熙公(名声远),迁往韩阳邑西馒头岗居住,后于明正德四年(1509)迁至大林定居,为方大林村肇基始祖。

福建福安《蓝姓家谱》记载,本支由广东迁福建福州台市岭头,复迁罗源、宁德,始迁祖名不详,清嘉庆间自宁德迁入福安大车乡二十八都半岭过洋(今甘棠镇过洋半岭)。

更多的族谱关于迁徙记载历史不长,比如福建闽东谱多是福建各地之间的迁徙。浙江谱多是明清间自福建罗源等地迁浙江各处,这也说明了浙江畲族多是从福建迁来。

据《畲民考》(清乾隆四十一年吴楚椿撰)指出,处州畲民于清顺治间(1644～1661)由琼海徙浙,处郡十县尤多,并援引《浙江通志》"顺治十八年(1661)浙江巡抚朱昌祚因闽海交讧,迁滨海之民于内地,给田给牛,俾安本业,是由交趾迁琼州,由琼州迁处州"等记载。

《松阳县志》卷六(民国十四年)主修高焕然为该志《风土卷》所作的畲民情况调查实录。此文先叙畲民于清顺治十八年(1661)"由交趾迁琼州,由琼州迁处州丽水、云和、景宁、遂昌四县较多,松阳、宣平、青田各县次之"[①]的来历。《景宁县志·风土·畲民》记载"畲民瑶壮别种盘瓠之后也,自粤而闽以暨处之松、遂、云、龙诸邑皆有"。

---

① 《中国地方志集成》67册,上海书店,1993年,第351页。

在家谱中也有类似记载:浙江松阳《村头蓝氏宗谱》中蓝姓原籍广东潮州,后迁福建罗源,唐代黄巢起义时,由闽迁云和八都石塘南山居住。浙江云和《坪垟岗蓝氏宗谱》载太祖开皇三年(583)从广东潮州始迁,经罗源、茶陵、飞泉、吉州、长乐、揭阳等县游居,明嘉靖二十四年(1545)谨传公自福建罗源迁云和坪垟岗居住。

浙江龙游《高头蓝氏宗谱》详载太祖一可公于唐贞观年间(627~649)从粤始迁,数代人经闽汀上杭、罗源、古田、连江、福安等地游居,第175世祖敬泉公于明正德年间由福建福安鬐蓝迁徙浙江云和小葛开基创业,第189世祖春发公于清同治年间(1862~1874)从景宁二都潘庄迁徙龙游北乡余岗村高头自然村开基创业。

畲族家谱中清晰的勾画出畲民的迁徙路线,与其他种类史书相互印证。

(三)记录了畲、汉民族文化融合的情况

家谱最早出现于汉族,而畲族家谱从内容到体例都是受汉族家谱的影响,畲族家谱多出现于清代以后,这正是汉族编修家谱风习普遍的时间。福建畲族族谱的修撰所受汉族族谱的影响十分明显:

首先,在修谱宗旨上:晋江《雷蓝二氏族谱》谈到修谱的宗旨时满口的春秋纲常:"盖闻木有本,水有源,二人则有祖者也。自天子至于庶人,报本追远,礼不可易,敦敦孝展,亲情不可离,是一祖泽虽遥,《春秋》乃百世之巨典,孙支即衍盛,昭穆立万古之纲常——伦次等级,因此莫越。"(《雷蓝二氏族谱》,厦门大学人类学系抄本,录晋江丰山《雷氏族谱》,《雷信国所记先祖事迹》)。闽东福鼎等地的《蓝氏族谱》则把宋儒朱熹、范仲淹、苏洵、欧阳修、韩琦等有关修谱的论述直接引载于谱中,作为修谱的指导。

其次,从家谱纂修者的变迁看。由于畲族在接受汉文化教育方面相对薄弱,因此有些畲族族谱,是邀请汉族知识分子撰写的,汉族儒士在编修族谱的过程中,既融入了汉人谱牒修纂的基本范式,又始终对畲民的家族文化心理保持相当的尊重。而畲民对长期在畲乡修纂谱牒的先生们也十分信任,因此往往出现汉族先生两代人前后相继为某个畲民家族修纂族谱的事情。陈支平在《福建族谱》中记载了闽东蓝姓畲民在清代同治、光绪年间分别延请王聘三、王作梅父子修纂族谱的情况。而宁德猴墩村《雷氏族谱》,在光绪二十三年(1896)由童山缪书亨修纂,至民国十六年(1927)由其子缪培琛续修。晋江《蓝氏族谱》则是聘请惠安县的苏友梅纂修,该族谱载有苏友梅《叙修谱来由》,闽东福鼎、霞浦等地的《钟氏族谱》也是请郑、张等姓的汉族知识分子纂修的,闽东畲族的《雷氏族谱》则聘请到邻省浙江温州、处州的汉族儒士纂修。现存的清代闽东畲民族谱大多由当地汉人修纂,因而注入了汉族家族伦理精神,但也保留了大量的畲民家族文化的内容,是福建现存的畲民谱牒中最具本民族特色的一部分。①

到了民国时期,闽东畲族乡村出现了自己的修谱先生,他们修纂的族谱,反而抽去了部分有关畲民历史传说的内容,更强化了汉族家族伦理思想。这是"由于闽东地区在封建社会末期是民族歧视的重灾区,深受其害的畲族知识分子对此是刻骨铭心,他们想以'廓清'本民族历史、重写与汉民族相类的历史,并从而以向汉族家族文化靠拢的特殊方法来捍卫本民族的自尊,故他们有时的做法较之清代汉族修谱先生,反而偏离了畲民家族义化的本真。这种对本民族的传说历史讳莫如深的文化心理一直沿袭至今,仍反映在闽东、浙南的一部分畲族文化人的言行之中"②。

其三,从家谱的具体内容看。现今能看到的畲族族谱主要有雷、蓝、钟等姓,其追溯祖先来源上承认汉族祖先,这样写,无论当初的意图如何,其客观上在畲族历史的传承上起到了民族融合的作用。如福鼎《钟氏宗谱》,道光年间序言称其先祖"志深公肇自高辛及东汉之钟离、西汉之钟仪,递传于兹千百余年。虽孔子删书断自唐虞,而《史记》所载至今如昨,明炳日月,非杞宋无征、文献不足可同日而语也"。并称"尝考钟氏起源于微子,盖微子封宋之桓公,曾孙伯州黎仕楚,食采钟离,因氏焉。至汉弃离字,而以钟为姓,居颍川,故钟氏为颍川郡。光武时有钟兴、授太子、诸王侯《春秋》,赐爵关内侯,实开钟氏人文。七世嗣是子孙蕃衍,或居汀州武平县,或迁福省罗源,人文蔚起"③。

三徵堂鉴修汝南郡蓝氏宗谱(光绪甲申年重镌)中《蓝氏世谱原序》记录蓝氏来源:吾宗蓝氏,则由春秋楚大夫亹者仕为蓝田尹,而蓝姓之所自出。至战国时,亹之后曰诸者,仕为中山大夫,生五子,曰雍、曰奋、曰宏、曰交、曰简。汉改古蔡之地为汝南郡,蓝迁汝南,遂以汝南迁焉。其子孙蕃衍,各以显宦散居江淮、闽、浙、两广,自是族派不可统一矣。唐光启中,有睦州刺史讳敏者,则中山大夫五子中名宏之裔孙也,居玉山,睦州之次兄曰采和者,居余杭得道仙去。

其四,记录历史上畲民与政府的关系,这也显示了畲、汉民族的融合,不仅是长期生活的结果,也是上层人士引导的结果。

畲民作为少数族裔,在历史上曾受歧视,并引起官府的注意。福鼎岭筼藏本《冯翊郡雷氏族谱》分别录有清康熙三十七年五月十六日、嘉庆七年八月十七日的《平阳县告示》,嘉庆年间的告示记:据畲民雷向春、钟子评、雷文锦、蓝士嘉、李子远等呈称,身等蒙前代

---

① 《福建少数民族古籍丛书·畲族卷》序《畲民家族的谱牒》,第1~5页。
② 《福建少数民族古籍丛书·畲族卷》序《畲民家族的谱牒》,第6页。
③ 《颍川钟氏宗谱》世系考,道光年序,见陈支平《福建族谱》,福建人民出版社,2009年,第287~289页。

高辛氏赐姓蓝、雷、钟、李四姓迁居各处,开山为田以供赋税,各省皆然。现在连江、罗源、宁德、福安、霞浦、福鼎、景宁等县各勒石示禁,不许里堡地棍藉端索扰。① 告示禁止汉民滋扰畲民。

同谱《学政全书》中刊载了嘉庆八年浙江学政文宁、巡抚阮元仝的奏疏:关于"处州府属青田县有畲民钟正芳等呈请与土民一体应试一事。查《学政全书》,并无畲民与考明文"。认为畲族"素行并非秽贱,只因畲妇头戴布冠与本处妇女稍有不同,土著者指为异类,廪生等惑于俗说不敢具保,致畲民不得与试"。认为重要的是"国家休养生息人文蔚起,而处州所属十县皆有畲民,未便因其妇女服饰稍异概阻其向上之心,应咨请部示期明立章程,以免无识愚民藉词攻讦"②。书里公告指出汉民不能因为畲民服饰而歧视他们。

后有道光二十七年的《温州府谕禁阻考告示》"平阳县畲民雷云应准予考。该县各童阻扰显违定例,自应严行查禁。请饬府查叙例案出示晓谕,毋许再行攻讦"③。这篇告示指出畲民可以参加应考。

钟大焜是福州府侯官县人,清同治九年中举,光绪三年成进士,为四品衔刑部主事侯官。钟大焜组织纂修《颍川钟氏支谱》中刊《告示》号召畲民改从汉俗,免得受到歧视。"光绪二十四年八月十二日,据家丁林添禀称,家主刑部主事钟大焜因修谱到福宁所属各县,见有一种山民,纳粮考试与百姓无异,惟装束不同,群呼为畲。山民不服,时起争端。家主向山民劝改粧束与众一律,便可免此称谓,无不踊跃乐从。惟各山民散处甚多,禀请出示晓谕。"钟大焜认为:"古来盘瓠之说本属不经,当今中外一家,何可于同乡并井之人而故别其族矣! 自示之后,该山民男妇人等务将服饰改从民俗,不得稍涉奇寮。所有冠丧婚嫁,应遵《通礼》及《朱子家礼》为法,均无稍有僭逾,授人口实。百姓亦各屏除畛域,等类齐观,勿仍以畲民相诟病。喁喁向化,耦俱无猜,以成大同之治,本署司有厚望焉。"

身为畲民的钟大焜劝导畲民着汉服,消除畲汉间的服饰差异,以使各族"等类齐观",并认为畲民的盘瓠之说荒诞不经。官府也采纳了钟大焜的建议。

从以上分析看出,畲族家谱从一个独特角度体现了畲族独有的民族文化及发展历程,是十分有价值的。

(作者单位:上海图书馆)

---

① 《福建少数民族古籍丛书·畲族卷上》,第362页。
② 《福建少数民族古籍丛书·畲族卷上》,第363页。
③ 《福建少数民族古籍丛书·畲族卷上》,第364页。

参考文献

《中国少数民族古籍总目提要·畲族卷》,国家民族事务委员会全国少数民族古籍整理研究室,中国大百科全书出版社,2013年。

《福建省少数民族古籍丛书·畲族卷·家族谱牒(上)》,福建省少数民族古籍丛书编委会,海风出版社,2012年。

《闽东畲族文化全书·谱牒祠堂卷》,缪品枚编撰,民族出版社,2009年。

《浙江畲族民间文献资料总目提要》,吕立汉主编、施强副主编,民族出版社,2012年。

《丽水畲族古籍总目提要》,吕立汉主编,民族出版社,2011年。

《广东畲族古籍资料汇编图腾文化及其他》,朱洪、李筱文编,中山大学出版社,2001年。

《畲族研究论文集》,施朱联主编,民族出版社,1987年。

《畲族》,施联朱著,民族出版社,2005年。

高山族家谱初探

顾 燕

一、高山族简介

高山族是我国少数民族之一。从广义上说,它是指中华人民共和国政府对台湾南岛语系各族群的统称,即台湾岛及其附属岛屿上汉族及其他中国大陆民族以外的"中华民族"人口。从狭义上说,它仅指长期居住在台湾地区的少数民族。我们这里讲的高山族,通常指的是后者。在台湾,高山族又统称为"原住民"。

民族学家陈国强教授在《台湾高山族研究》一书中根据台湾考古发现的材料,认为高山族在远古主要来自祖国大陆东南沿海,并结合文献记载和民族学特点比较,认为其属于古代"百越"的一支。流传至三国时称"山夷",隋代称"流求土人",唐代以后陆续有马来人和其他民族迁入、融合,明代称"东番""夷",清代称"番族""土番"等。日本侵占台湾期间,称为"蕃族""高砂族"。1945年后,我国政府对台湾少数民族统称为"高山族"。居住于台湾的高山族分化为两部分:一部分定居平原,与汉族融合,称为平埔人;另一部分仍定居于山区,因受汉族影响较少,至今保留着高山族族语言、风俗、习惯等特点。现高山族,一般指这一部分少数民族。

1954年3月14日,台湾当局规定:高山族包括泰雅、赛夏、布农、曹族(1998年11月更名为邹族)、鲁凯、排湾、卑南、雅美、阿美9个族群;后相继又有邵人、噶玛兰、太鲁阁、撒奇莱雅、赛德克5族被认定,至2008年末,台湾地区已确认的高山族为14个。这些族群分布在约占台湾全省面积2/3的中央绿地、东台纵谷、东海岸平原及兰屿岛等地,聚居在海拔约500至2000米之间的地区。据陈金结等编《中国高山族》统计:赛德克人分布于南投县仁爱乡,花莲县秀林乡、万荣乡等地;赛夏人分布于苗栗县南庄乡、狮潭乡,新竹县五峰乡等地;泰雅人分布于南投县仁爱乡,台中县和平乡,苗栗县泰安乡、南庄乡,新竹县尖石乡、五峰乡,桃园县复兴乡,台北县乌来乡,宜兰县大同乡、南澳乡,高雄县三民乡等地;太鲁阁人分布以花莲县秀林乡、万荣乡、卓溪乡为主,寿丰乡、南澳乡、吉安乡等地亦有少量分布;布农人分布于南投县信义乡、仁爱乡,高雄县桃源乡、三民乡、茂林乡,花莲县卓溪乡、万荣乡,台东县海端乡、延平乡等地;阿美人分布于花莲县凤林乡、寿丰乡、吉安乡、丰滨乡、光复乡、长滨乡、瑞穗乡、奇美乡、玉里镇、富里乡,花莲市,台东市,屏东县满洲乡等地;撒奇莱雅人分布于花莲市等地;噶玛兰人分布于花莲市附近、台东县长滨乡,主要集中在花莲县丰滨乡新社村等地;卑南人分布于台东市、台东县卑南乡;邹人分布于嘉义县阿里山乡、高雄县三民乡、桃源乡等地;邵人分布于南投县鱼池乡日月潭日月村等地;排湾人分布于屏东县泰武乡、春日乡、三地门乡、玛家乡、来义乡、狮子乡、牡丹乡、满州乡,台东县达仁乡、金峰乡、太麻里乡、大武乡等地;鲁凯人分布于屏东县雾台乡,高雄茂林乡,台东卑南乡、金峰乡等地;雅美人分布于台东县兰屿乡红头、渔人、椰油、东清、朗岛、野银村等地。

据台湾当局内政部门2015年1月最新统计,2014年底台湾少数民族人口540023人,平均年龄33.7岁。其中山地高山族286307人,占53%。族群分布中以阿美人200604人占37.1%最多,排湾人96334人占17.8%次之,泰雅人85888人占15.9%居第三,三族合计占高山族总人数达7成;人数最少的是撒奇莱雅人,仅600余人;邵人居倒数第二,为700余人;噶玛兰人居倒数第三,有1200余人。各县市少数民族人口以花莲县91675人占17%最多,台东县79622人占14.7%次之,桃园市65440人占12.1%居第三;少数民族人口占该县市人口比率则以台东县35.5%最高,花莲县27.5%次之,屏东县6.9%居第三。

考古发现表明,早在3万至2万年前的旧石器时代,已有人类在台湾岛活动的迹象。1968年在台东县长滨乡八仙洞发现的距今3万至1.5万年前的"长滨文化"被认为是台湾最早的古文化。《太平御览》卷七八〇《东夷》中引三国时吴国丹阳太守沈莹所著《临海水土志》曾述及夷州土人的生活习俗,如:"地有铜铁,唯有鹿格(角)为矛以战斗,磨砺青石以作弓矢。""能作细布,亦作斑文布","以粟为酒,木槽贮之","甲家有女,乙家有男,仍委父母,往就之居,与作夫"等相关的风俗人文记载。夷州土人即今日的高山族,此记录系汉文中有关台湾的最早记载。明代,高山族先民与外来族源融合,逐渐形成了近年民族学意义上的高山族。明代陈第所著《东番记》中考察了高山族的生活文化,将高山族称为"东番",从地理分布、社会组织、婚丧习俗等方面,详细记载了生活在台湾东南沿海地区文明程度最高的一部分少数民族的生产和生活情况,后被一些学者认为高山族自明代开始作为一个族体形成的证据。

高山族有自己的语言,语属南岛语系印度尼西亚语族,各地区语言差别较大。据统计,至少有14种语言,大致可分为泰雅、赛夏、赛德克、太鲁阁、布农、邹、卡那卡那富、沙阿鲁阿、阿美、撒奇莱雅、卑南、排湾、鲁凯、雅美语等,散居在大陆的高山族通用汉语。

高山族没有自己的民族文字,散居于大陆的高山族通用汉文。但在布农人和排湾人中,历史上曾有过类似文字的记事历板和绘画木板,记载了相关的祭仪生活习俗,上面的符号已经具有了象形文字的雏形。

高山族各族群的神话传说及民歌等口头文学非常丰富。特别是神话传说,其包含的内容十分广泛,涵盖族群起源、日月星辰、山川河流、动物植物、农耕、狩猎、饮食、宗教、信仰、生育、丧葬等方方面面。

高山族的姓氏来源可分两种:一是清乾隆二十三年(1758)清政府所赐,计有卫、金、钱、廖、王、潘、黎等七姓。二是民国三十四年(1945)抗战胜利后,台湾归还中国时高山族同胞所改,计有安、武、岳、郑、洋、田、杜、汤、白、江、米、月、力等79姓。由于民族间日益交融与同化,现大部分高山族的姓氏已与汉族没有太大的区别。

在社会制度方面,高山族的氏族社会具有母系、父系和贵族宗家等多种社会制度形态。母系氏族社会以阿美、卑南、噶玛兰、平埔族为代表。据《彰化县志》记载:"(平埔族)生女谓之有赚,则喜。生男出赘,谓之无赚。"父系氏族社会以泰雅、赛夏、布农、邹、邵、雅美、太鲁阁人为代表;贵族宗家以排湾、鲁凯人为代表。排湾人由长嗣继承,不分性别,鲁凯人主张长子或长女继承家族财产,其余子女皆在婚后自立门户,谋求发展。高山族一般以"社"为聚居单位,一社一般有六七十户。各社有氏族处理公共事务的机构,如部落会议、长老会议等,负责处理部落公共事务及各项政策决议,持着部落的运作的制度和规范。各社首领由全社的群众经由民主推选产生,他们是部落中威望最高、能力最强的人。

高山族婚姻实行一夫一妻制。男女一般通过自由恋爱结合,少数族群奉父母之命。阿美、卑南人等母系氏族族群落实行"女娶男嫁"的婚姻制度,女方在婚姻关系中占主导地位。其余族群多实行"男娶女嫁"的婚姻制度。

高山族保留着原始宗教的信仰和仪式。原始宗教以灵魂主义和泛神主义为信仰基础,"灵"是其信仰的中心,涵盖天体物象的神灵、自然物的精灵以及人的灵魂等抽象而模糊的超自然存在。这种信仰建立在高山族原始的狩猎、采集与农耕的生产方式上。排湾、鲁凯、邹、阿美、卑南都产生了简单的神祇观念。排湾人、鲁凯人等由于生活在蛇类出没的亚热带地区,对蛇的属性、特点有较多的了解,因此他们将"百步蛇"当作神灵的化身,认为是祖宗的灵魂附在上面,因而不能杀害,并把它作为神灵加以崇拜。

二、高山族家谱

由于高山族没有自己的民族文字,因此高山族家谱皆为口传,并无文字记录,家谱始终蒙上了一层神秘的面纱,令外人无法触碰和了解。直至17至19世纪间,日本、荷兰、德国及美国等国学者深入了解一些高山族部落,他们在走访调查时根据当地人口述所记录整理了一些宝贵的资料,从而使得我们有幸初窥到相关的族谱资料。特别是以日据期间由台北帝国大学土俗及人种学研究室三名人类学者:移川子之藏、宫本延人、马渊东一,耗费三年实地访查与两年资料整理,得以完成《台湾高砂族系统所属の研究》一书,书内阐述了泰雅、赛夏、布农、邹、鲁凯、排湾、卑南、阿美、雅美九个族群的分布区域、发祥地与神话传说、民族移动扩散的途径、部落迁移的原因与经过,各小社与大社之间的从属关系等。最为珍贵的是,该书记载了所访问的291个部落与309份根据当地族人口述整理的谱系资料。其中泰雅人118份(含33份现划归太鲁阁人),赛夏人5份,布农人36份,邹人18份,鲁凯人14份,排湾人70份,卑南人13份,阿美人33份,雅美人2份。这是日治时代第一次,也是唯一一次由学术界发起的,对台湾岛上的少数民族居住区域所做的全面性的访查,是至今可见的对高山族族谱记录最多、最完整的谱系书籍。需要说明的是,由于该书中的很多信息均根据高山族人口述而成,高山族又没有自己的文字,故很多文字系音译而成,或者用拼音字符拼凑而成。

(一)高山族家谱的基本组成要素

经后人整理后的高山族家谱主要包含以下几种信息:

1. 世系图表

世系图表是家谱最主要的核心内容,内记录了自口述者起的第一世祖先至最新的一代族人世系及相互间的传承关系。该书中现存的世系大多为各部落头目或氏族大家长的口述家谱,总计记载了309组各家族的家谱。

世系表中的人名后,还会记载一些与该人有关的信息,如性别、婚姻状况、疾病及死亡原因、配偶、有无子嗣等信息。男性用m表示,女性用f表示;婚姻状况用"未婚""离婚""独身"等表示;疾病及死亡原因用"白痴""残废""夭死""病死""被某族人杀害"等表示;配偶信息用配偶的名字、配偶来自哪个族群或部落等表示;无子女者用"无子嗣"表示。

2. 种族

标明泰雅、赛夏、布农、邹、鲁凯、排湾、卑南、阿美、雅美九个种族中的哪一族。

3. 社群和族属系统

记录了该族属于哪个种群或社群,哪个社族或系统,如:太鲁阁万大社 Perugawan 系统、太鲁阁群西宝社、拔仔社 Tsirangasan Patsilar 氏族。

4. 谱籍地

谱籍地指该族主要聚居的地方。如:泰雅人眉原社南阿冷社系统居台中州能高郡(后属台中县仁爱乡)、布农人卓社群希希拉布社 Qalavangan 氏族居台中州新高郡(后属南投县仁爱乡)、排湾人 Chaoboobol 地方雾里乙社 Patagotai 家居高雄州潮州郡(后属屏东县狮子乡)等。

5. 口述者及其性别、年龄

将口述这份家族世系者的名字、性别和年龄记录下来。如:泰雅人台湾桃园志继社家族口述者为 Hajun-Saiho,男 50 岁;阿美人池上社 Kakopa 氏族口述者为 Riaba-Kakopa 女约 70 岁。

6. 通译者

通译者是指对该份家族世系口述者进行翻译的人。如:泰雅人台湾桃园志继社家族通译者为川濑清次;阿美人池上社 Kakopa 氏族通译者为大高正一。

7. 采录者及采录时间

采录者指对该份家族世系进行现场采集录用的人。如:泰雅人台湾桃园志继社家族采录者为宫本,采录时间为昭和 6 年(1931)3 月 3 日;阿美人池上社 Kakopa 氏族采录者为马渊,采录时间为昭和 6 年(1931)4 月 19 日。

8. 部落标高及户数、人口

有一些家谱中记录了该部落居住地的标高高度以及居住民的户数和人口统计,反映了记录采集时段各族各部落间的居住环境及人口数量。如:泰雅人台湾台中万大社 Perugawan 系统,该部落标高为 4320 尺,户数为 157 户,其中男 249 人,女 262 人;邹人台湾嘉义伊姆兹群全仔大社、伊姆兹大社 Muhozana 氏族,该部落标高 2700 尺,户数 4 户,人口 23 人。

9. 译注

部分世系图表末尾会有一些附加的说明,有助于读者的理解。如:鲁凯人台湾屏东德文社及上排湾社家族口述世系译注:"德文社由 Tokubul、Suligus、Tavagas、Makusa、Sarailip 诸多部落所构成。Sarailip 属于排湾人的 Raval 系统。口述者 Ranpau-Pulun 也是德文社的头目。他的祖先据传是 Ajigurood 的姊姊。"

（二）高山族家谱的特点

1. 高山族家谱都为口述家谱

高山族没有自己的民族文字，因此今天所存的高山族家谱皆为口传，大多由部族首领或头目进行口述，然后由整理者进行记录与后期加工而成。《台湾高砂族系统所属の研究》一书中所收录的 309 份世系资料，全系口述家谱。

2. 记录的世系通常在 5 至 10 代间

因口述人记忆力有限，世系中所记世代不会太多，一般在 5 至 10 代间。其中最长的谱系长达 64 个世代，采自居于台东市的卑南人射马干社部落家族；最大的家系多达 389 个人，采自居于花莲秀林乡的泰雅人太鲁阁群（此家族后划归太鲁阁人）古白杨社部落家族。值得注意的是，特别长的系谱，世代越长，口述者对于旁系的记忆越单薄，有的已经从记忆中消失，有的到底共有几个世代，也无法说清楚，因此长的世系有时也欠缺准确性。最短的系谱，只记录二三个世代，如居于苗栗县狮潭乡的赛夏人坑头社部落家族，共记录了三代人；居于屏东县三地门乡的排湾人三磨溪口社部落家族，仅记录了三代人，每代仅一人而已。

3. 女性名字被著录在家谱中

与汉族家谱女子不入谱的规定不同的是，高山族家族世系不摒弃妻子和女儿，她们的名字也尽可能会在世系图表中有所反映。特别是那些奉行母系氏族制度的族群中，还以女性作为家族世系的传承者来传续家谱。另外高山族各族多奉行一夫一妻制，夫妻双方的名字左右并排或上下并列表示。

4. 从家谱中可以反映各族群的氏族社会所属

由于高山族留存着父系、母系氏族，故父系氏族如泰雅、赛夏、布农、邹、鲁凯、雅美等族群一般尊男子为始祖，而阿美人则是母系继承，卑南人也有母系继承的倾向。唯独排湾人是长嗣继承，不分男女，只要是长嗣，就可以继承。如果该族群属于父系氏族制度的，那么世系传承则大多由男性担任；反之如果该族群属于母系氏族社会，那么世系传承则大多由女性担任。如：在属于父系氏族的五份赛夏人家谱，都以男性族人作为始祖。居于新竹县五峰乡大隘社豆姓赛夏人家族，家族始祖名为 Tain-Alao 的男性，生有九个孩子，其中老大至老五皆为男性，老六至老八为女性，老九名字不详。口述谱系中，仅保存了长子 Raman-Tain 和九子之后的几代世系，几位女儿的后续世系则不再记录。又：属于阿美人母系氏族的家谱，大多以家族的女性成员来传承世系，直到离口述时间近的几代才会记录男性后代。如：居住于花莲县光复乡的马太鞍社 Tsiwidian 家族，家谱共记录了十三代世系,从一至十代都为女性传承,并且大多为长女传承世系。除非家族中都为男性,才由长男继承家系。如:居住于花莲县瑞穗乡的奇密社 Kiwit 家族,在传到十六和十七代时,相继遇到了家中没有女性的境况,因此由这两支的长男继承了家系。

5. 谱系中族人的名字采用连名制

泰雅、赛夏、阿美、卑南等族群实行"亲子连名制"。父系社会的泰雅、赛夏人,子女名字后面一般连上父亲的名字,女儿的名字后面则连上母亲的名字;母系社会的阿美、卑南人,子女名字后面连上母亲的名字;雅美人实行"亲从子名制",即第一个孩子出生后,其父母和祖父母便失去了自己原来的名字,被称为"某某的父亲""某某的母亲"等。雅美、排湾、鲁凯人还有家名,即在个人名字后面附上家名;布农、邵、邹人在个人名字后连上氏族名。布农、排湾、鲁凯人在个人名后面甚至可以连上配偶的名字。此外除了正式的名字外,高山人一般都有绰号,名字还可以改换。卑南、赛夏人在遇到重大的人生挫折时可以改取异性的名字。

6. 从家谱中可以考察高山族各族群的族源

通过高山族家谱中的族源信息,可归纳出高山族有以下几个族源:

(1) 高山发祥地。如:泰雅人传说人类始祖源自古代高山上的男女二神,自相婚配后所生子女即为人类始祖。居于苗栗县大泰安乡的泰雅人泽敖列群马那邦社家族,传说从大霸尖山(今新竹县与苗栗县交界处,该山被泰雅人尊为"圣山")裂开的石头中诞生了三男二女,其中一男 Taimo-Wait 便是马那邦社家族的始祖;阿美人传说人类始祖源自二兄妹,洪水泛滥后乘舟漂流至高山后结为夫妇。

(2) 平原或海岸发祥地。如:赛夏人传说人类始祖源自部落遭洪水入侵后唯一遗存的男人。

(3) 神造物发源而来。如:布农人传说人类始祖源自瓢箪和土釜内出生的一对男女;排湾人传说人类始祖源自女神所投两块石头而生,右手投石即为马兰社祖先,左手投石即为卑南社祖先。雅美人以传说人类祖先源自神灵而造。①

(4) 从海外岛屿渡海而来。如:阿美人中若干氏族等,在不同的年代,各自的祖先从红头屿(兰屿)或火烧岛(绿岛)渡海而来,分别在台湾本岛东海岸秀姑峦溪口附近的大港口,或台东方面的海岸猴仔山等地登陆。分布于台湾东北部宜兰平原的噶玛兰人也声称从外岛渡海而来。

---

① [日]铃木作太郎:《台湾の番族研究》第二章,台湾史籍刊行会,1932年9月。

（5）源自动植物或神灵，此类来源又可分"虫生""蛇生""蛋生""树生""竹生""土生""石生"等说法。如：布农人传说来自"虫生"，祖先被蚂蚁蚊蛆等虫将两个匍匐于地的无骨人形者包围后而生。卑南人传说来自"竹生"，始祖源自东方海岸的神人，神人将一根竹子插入泥土，从竹子上节诞生了男人，次节诞生了女人。邹人传说来自"土生"和"树生"两种传说，这两种传说都离不开一位叫哈莫（hamo）的巨人。"土生"传说讲的是哈莫降临到了玉山，一脚踏在特富野村，另一个脚踏在达邦后山上后便繁衍出了人类。"树生"传说讲的是哈莫摇动了一棵枫树，树种落地便诞生了人类。排湾人传说来自"蛋生""蛇生""石生"等说法。居住于屏东县玛家乡的排湾人布曹尔北排湾系统玛家社 Baborogan 家族，该族的始祖是来自太阳蛋所生的女子和百步蛇 Kamabanan 相结合而来，因此家族禁止猎杀百步蛇。居住于屏东县牡丹乡的巴利泽利敖群高士佛部落传说，该族的男女始祖诞生于一块位于卡依纳巴慷的开裂的石头中，是为"石生"说。

7. 从家谱中可以还原部落的迁徙经过、所遭受的变故等历史事件

高山族家谱中所传诵的世代，可以追溯过去的年代部落家族所发生的历史故事，如部落的迁移、部落曾经遭受的自然灾害、部落间发生的战争等。对于无文字的原始种族而言，系谱的传承，比结绳纪年、结绳记事等家谱载体形式更加进步。

如：泰雅人家谱中记载的居于花莲县秀林乡的赛德克太鲁阁群巴达冈社家族（此家族后划归为太鲁阁人），为我们讲述了一段家族悲惨的历史。族人过去曾住在巴达冈社的上方，在一次山崩的灾祸中，部落族人几乎全部惨死，仅两人幸存，这两人逃难到海岸边"清水驻在所"辖区内的石硿仔社，族系才得以留存。又如：邹人家谱中记载的居住于嘉义县信义乡的伊姆兹群全仔、伊姆兹大社的口述世系，则为我们讲述了一段伊姆兹族群迁徙、演变的心酸历史。该族先世居于玉山，后迁居至特富野与达邦两社处定居，再繁衍至嘉义县的海岸处。后来由于该地周围汉族人口的不断扩张，导致两族不和，纷争不断，伊姆兹族群被迫返回特富野与达邦两社处，又辗转至竹头崎的鹿麻产、阿拔泉等地，最强盛时曾社分社于鹿窟仔、田蓁、二路头、草岭、屈仑等地。不幸的是，邹人内部彼此反目相斗，最后伊姆兹族群被特富野族群打败，几乎濒临灭亡，加上恶疫流行，导致人口大减，幸存者寥寥。这份口述内容为我们了解邹人伊姆兹族群的历史与变迁提供了珍贵的资料。

8. 家谱里叙述了族群社名的由来

一些社族名称来历颇具生动有趣，被记录于口传世系中。如：居住于屏东县满州乡的排湾人蚊蟀社 La-lalari 家族，该族第二代头目 Kalingasan 在世时，曾跟随卑南人知本社南下，一路沿着东南海岸到达一个叫 Kaliutsin 的地方，因属于擅自入侵，满州社人与对方

大战于满州山,因此该乡以地名满州作为乡名。在这次战争中,很多满州社的战士阵亡,尸体发出臭味(Vangtsur),当地语"臭味"意思为"蚊蟀",社名因此而来;居住于台东县玛家乡的排湾人北叶社(Mashirits)社人,因先祖打猎到这里,谁知猎犬不停地蠕动身体而不肯回去,先祖便决定居住下来,由于"身体蠕动"在当地语言被称作 Mashirits(北叶),北叶社因此得名。

9. 家谱中记录了族人的婚姻和血亲信息

高山族家谱中保留了族人的婚配情况。最常见的是嫁娶信息,即某男娶了某地之女,某女嫁了某地之男;又有离婚、丧偶、续弦、入赘、收养、与异族或异国人通婚、交换婚姻、近亲结婚等信息。

如:居住于新竹县关西镇的泰雅人泽敖列群马武督社族,第四代 Sabi-Batto 和堂妹 Kuyu-Watan 都从 Sirak 社招赘了丈夫,Sabi-Batto 的儿子 Marai-Sabi 在妻子去世后,又续弦了一位妻子;居住于台湾花莲的泰雅人太鲁阁群(后该族划归太鲁阁人)托布拉社家族,该族世系口述者 Yawan-Uilian 属于近亲结婚,她的丈夫 Tayin-Naomao 和父亲 Uilan-Nawai,是属于堂兄弟的关系,即异母兄弟的关系;居住于花莲县秀林乡的泰雅人太鲁阁群伊坡厚社(后该族划归太鲁阁人)家族,则记录了一宗离婚的信息,第二代女子 Maxon-Poxok 原先嫁到了 Seqaulau 社,离婚后又回到了娘家伊坡厚社;居住于台北县乌来乡的泰雅人赛考列克群乌来社家族,该族第三代 Yawai-BAtto 嫁给了汉人,第五代 Washak-Nomin 嫁给了日本人,他们的长女取日本名字"初子",初子后来也同其母亲一样嫁给了一位名叫"宇津木一郎"的日本人;居住于高雄县桃源乡的布农人峦社群上宝来 Takesitaulan 氏族,有着交换婚的习俗,即相互婚娶对方家族的兄弟姊妹,该族的世系口述者 Lanixo 与另一人 Pake,他们的妻子是对方的姊姊,他们住在 Totokoban 社时,实行交换婚。从以上诸多例子中可以获知,高山族在婚姻和血亲观念上比较民主开放,他们客观真实地反映了高山族人的血亲与伦理观,这与汉人家谱将此类信息隐去或不入谱的做法有着截然不同之处。

10. 家谱中提供了族人的死亡原因或病理信息

高山族家谱中记录了很多族人的死亡或病理信息,其原因多种多样,有的为夭折,有的为疾病,有的为自杀,有的为意外导致,有的为与他人冲突或因战争而引发的伤亡。

如:泰雅人家谱中居住于花莲县秀林乡的太鲁阁群古白杨社家族(此家族后划归为太鲁阁人),提供了很多族人死亡原因的资料:始祖 Boga-Naui 及其丈夫 Mek-Mojau,原先居住于南投县仁爱乡,而 Mek-Mojau 被汉人杀害,才导致 Boga-Naui 被迫带着子女迁居到太鲁阁居住。家族第五代女子 Appai-Shiyod 被毒蛇咬死,她的弟弟 Umin-Shyod 则因踩到竹钉而死。第四代男子 Payen-Wallis 被南投县仁爱乡 Chikayau 社人射杀致死,他的侄子 Yabo-Umin 原先为太鲁阁群的总头目,然而在大正三年(1914)太鲁阁讨伐战中,被日军杀害,同样被射杀的还有 Yabo-Umin 的儿子 Robek-Yabo。家族第五代男子 Bohill-Iban 因在焚烧田地开垦时不幸被烧死。家族第六代男子 Rahan-Gashiri 和他的两个妹妹 Ippai-Gashiri、Komo-Gashiri 都因罹患阿米巴痢疾而死。又有第六代男子 Rihan-Shiup 则是因为被误杀而死,令人扼腕痛惜。居住于宜兰县南澳乡的泽敖列群武塔社家族,家族有 4 人夭折,2 人残废,还有 3 人都为白痴。这些资料或许可为研究家族遗传学方面提供参考。

(本文摘要刊《寻根》2016 年 3 期。作者单位:上海图书馆)

参考文献

(明)陈第:《东番记》。

(日本)铃木作太郎:《台湾の番族研究》,台北台湾史籍刊行会,1932.9。

(清)李廷璧、周玺:清道光《彰化县志》,《中国方志丛书》第 16 号,台北成文出版社,1983 年。

黄拓荣、罗鼎:1963~1964 年《台东县志》,《中国方志丛书》第 84 号,台北成文出版社,1983 年。

陈国强:《台湾高山族研究》,上海三联书店,1988 年 10 月。

(北宋)李昉:《太平御览》,中华书局,1996 年。

许良国等:《台湾少数民族研究论丛》1~7 期,民族出版社,2006~2007 年。

陈杰:《台湾高山族丛书——台湾高山族概论》,台海出版社,2008 年 9 月。

(日本)台北帝国大学土俗·人种学研究室调查、杨南郡译注:《台湾高砂族系统所属の研究》,台北南天书局有限公司,2011 年 1 月。

陈金结等:《中华民族全书——中国高山族》,宁夏人民出版社,2011 年 7 月。

附　　录

（一）中国少数民族家谱论文目录（1958～2015）

白寿彝、马寿千：《几种回族家谱中所反映的历史问题》，《北京师范大学学报》1958（2）

福建泉州海外交通史博物馆调查组：《陈埭丁姓研究》，《海交史研究》（福建泉州）1979（创刊号）

亦邻真：《中国北方民族与蒙古族族源》，《内蒙古大学学报》1979（1、2）

何耀华：《论凉山彝族的家支制度》，《中国社会科学》（北京）1981（2）

吴元丰、赵志强：《锡伯族西迁概述》，《民族研究》1981（2）

杨定康：《〈哀牢夷雄列传〉中三份彝文宗谱质疑》，《中央民族学院学报》（北京）1982（1）

汤开建：《唃厮罗家族世系考述》，《青海社会科学》（西宁）1982（1）

马汝珩等：《土尔扈特蒙古系谱考述》，《民族研究》（北京）1982（1）

赵鹏翥：《鲁土司家族简介》，《兰州学刊》（兰州）1982（2）

（彝族）阿果楞葛：《彝族支系源流浅议》，《民族文化》（昆明）1982（6）

（白族）王立政：《丽江纳西族"木氏宦谱"》，《民族文化》（昆明）1983（1）

张云：《班洪佤族部落王世系》，《民族文化》（昆明）1983（1）

顾吉辰：《就唃厮罗家族世系的一些问题与汤开建同志商榷》，《青海社会科学》（西宁）1983（1）

高自厚：《甘州回鹘世系考》，《西北史地》（兰州）1983（1）

刘达成：《云南布依族源流及其文化、风俗》，《民族文化》1983（1）

郑天挺：《从〈清太祖武皇帝实录〉看满族族源》，《社会科学战线》（长春）1983（3）

王成国:《渤海王族大氏考》,《黑龙江文物丛刊》(哈尔滨)1983(3)

万仑:《清初瓦尔喀部安楚拉库、内河二路考异:三家子屯〈他塔喇氏家谱〉剖析》,《黑龙江文物丛刊》(哈尔滨)1983(3)

方国瑜等:《大理段氏与三十七部盟誓碑有关的几个问题》,《思想战线》(昆明)1983(4)

陈佳华:《清代一部官僚士族的家谱:〈正红旗满洲哈达瓜尔佳氏家谱〉研究》,《民族研究》(北京)1983(5)

李士厚:《郑和的后裔与家谱》,《云南日报》(昆明)1983,6.5

屈六生:《清代玉牒(皇族的家谱)》,《历史档案》(北京)1984(1)

潘雄等:《冼夫人的族属及俚人遗裔考》,《岭南文史》(广州)1984(1)

冯尔康:《清史的谱牒资料及其利用》,《南开史学》(天津)1984(1)

李士厚:《郑和的家世、宗教信仰及赐姓》,《文汇报》(上海)1984,1.23

董国胜:《白族大姓凤仪董氏族谱碑研究》,《大理文化》1984(2)

阿勇:《关于达斡尔的族源问题》,《内蒙古社会科学》1984(2)

王道成:《慈禧的家族、家庭和入宫之初的身份》,《清史研究集》(成都)1984(2)

张宗洽:《郑成功家世考》,《福建论坛》(福州)1984(4)

(日)森田宪司、顾原:《〈成都民族谱〉小考(续)》,《成都文物》1985(1)

李士厚:《从新发现的赛典赤家谱中进一步探讨郑和的家世源流》,《云南文史丛刊》(昆明)1985(1)

石光伟:《〈石氏家谱〉对于清代打牲乌拉总管衙门研究史料的新补充》,《图书馆学研究》(长春)1985(2)

刘德鸿:《曹雪芹的族属》,《民族文学研究》(北京)1985(3)

俞炳坤:《慈禧家世考(待续)》,《故宫博物院院刊》(北京)1985(3)

班马文等:《藏族族源初探》,《西藏研究》(拉萨)1985(4)

纳古单夫:《关于〈尹湛纳希家谱〉》,《内蒙古社会科学》1985(5)

俞炳坤:《慈禧家世考(续)》,《故宫博物院院刊》(北京)1985(4)

(日)冈田英弘著、忽刺安译:《蒙古编年史与成吉思汗系家谱》,《蒙古学资料与情报》(呼和浩特)1985(3~4)

陈子彬:《纳兰性德的家世和生平简介》,《承德师专学报》(河北承德)1985(4)

郑勉之:《郑和的家族与家谱》,《南京史志》(南京)1985(4)

俞炳坤：《慈禧家世考》，《故宫博物院院刊》（北京）1985（特刊）

王咏曦：《清代达斡尔族中的郭博勒氏》，《北方文物》（哈尔滨）1986（1）

陈达生：《泉州杜安沙碑与赛典赤·瞻思丁后裔关系考》，《甘肃民族研究》（兰州）1986（1）

周锡银：《凉山彝族家支问题研究概述》，《民族研究动态》（北京）1986（1）

C·P·费茨杰罗德著、凌小榕译：《五华楼：对大理民家族之研究》，《大理文化》（云南大理）1986（2）

蜀春：《努尔哈赤和皇太极时期家族关系的特点及其演变》，《史学集刊》（长春）1986（2）

马肇曾：《安徽〈怀宁马氏宗谱〉》，《中国穆斯林》（北京）1986（2）

张元庆：《略论傣族三种家庭的并存》，《民族研究》（北京）1986（3）

曹纳木：《蒙古帝王世袭谱》，《内蒙古社会科学》（蒙文版）1986（1）

张锡禄：《白族家谱漫谈》，《民族文化》1986（5）

翟立伟：《从两部家谱看吉林满族祭祀旧俗》，《吉林师院学报》1987（2）

石文炳：《吉林满族办家谱述略》，《吉林师院学报》1987（2）

北图第二阅览部家谱整理小组：《北京图书馆藏满族宗谱叙录（上）》，《文献》1987（2）

北图第二阅览部家谱整理小组：《北京图书馆藏满族宗谱叙录（下）》，《文献》1987（3）

王清华：《哈尼族父子连名制谱系试探》，《云南社会科学》1987（2）

曹自强：《萨迦昆氏家族初探：兼及元朝中央政府在西藏地方的施政》，《甘肃民族研究》（兰州）1987（3）

毛佑全：《哈尼族父子连名制新探》，《民族学与现代化》（昆明）1987（4）

易谋远：《凉山彝族宗族〔家支〕制度研究的三个问题》，《西南民族学院学报》（成都）1987（4）

张永国：《关于思洲田氏土司的兴衰及其族属》，《贵州文史丛刊》（贵阳）1988（2）

王继光：《安木多藏区土司家族谱探研：以〈李氏宗谱〉、〈鲁氏世谱〉、〈祁氏家谱〉为中心》，《西北民族研究》（兰州）1988（2）

纳古单夫：《〈蒙古博尔济吉特氏族谱〉版本述略》，《文献》1988年（2）

（日）村上正二著、张永江译：《关于蒙古部族及成吉思汗祖族孛尔只斤氏集团世系》，《蒙古学资料与情报》（呼和浩特）1988（3）

（联邦德国）W·海西希著、米吉森格译：《〈蒙古博尔济吉特氏族谱〉导论》，《蒙古学

资料与情报》(呼和浩特)1988(3)

郑广南:《从"陈""丁"族谱及古籍方志看漳州历史的发展》,《福建历史》(福州)1988(3)

李巨炎:《爱新觉罗后裔冠汉字姓略考》,《黑龙江民族丛刊》(哈尔滨)1988(3)

李绍明:《传为蒙古族之西昌〈余氏族谱〉考辨》,《四川文物》(成都)1988(4)

徐恒晋、马协弟:"锡伯族族源辨正",《社会科学学刊》1988(4)

李松茂:《蒲寿庚及其后裔事迹》,《历史教学》(天津)1988(6)

张晓光:《从〈付察哈拉家谱〉谈打牲乌拉总管衙门的形成》,《图书馆学研究》(长春)1989(2)

薛虹:《努尔哈赤的姓氏和家世》,《清史研究通讯》1989(4)

贾合甫·米尔扎汗《哈萨克族系谱搜集和历史研究概述》(《新疆社会科学》)1989(6)

苏北海《近代新疆哈萨克族宗法氏族部落》(《新疆大学学报》)1989(4)

孙官生:《从传说与历史看哈尼族族源》,《云南社会科学》(昆明)1990(2)

张云樵等:《叶赫部世系补订》,《吉林师范学院学报》1990(2)

张锡禄:《从白族家谱看南诏大理国洱海地区的白蛮大姓——兼驳"南诏是泰族建立的国家论"》,《东南亚》1990(2)

乌云达赉:"达斡尔族的起源",《内蒙古社会科学》1990(3)

关鹤童:《开原大湾屯锡伯族关氏世谱及其涉及的有关问题》,《满族研究》(沈阳)1990(4)

张玉兴:《〈八旗满洲氏族通谱〉述评》,《清史研究通讯》(北京)1990(4)

张锡禄:《白族家谱及其研究价值》,《思想战线》1990(4)

蓝承恩:《忻城莫氏土司五百年》,《中央民族学院学报》(北京)1990(5)

李绍明:《从川黔边杨氏来源看侗族与土家族的历史关系》,《贵州民族研究》1990年10月第四期

林梅村:《卢文时代鄯善王朝的世系研究》,《西域研究》(乌鲁木齐)1991(1)

苏晋仁:《潘(蕃)唐葛尔〔论氏〕世家(上)》,《中国藏学》(北京)1991(1)

金少萍:《云南回族宗族制度探析》,《回族研究》1991年(2)

苏晋仁:《潘(蕃)唐噶尔〔论氏〕世家(下)》,《中国藏学》(北京)1991(4)

刘铭恕:《蒲寿庚家谱始祖蒲宗孟及其性行》,《海交史研究》(福建泉州)1991(1)

(彝族)王光荣:《从民族民间谈彝族谱牒家支》,《贵州民族研究》1991(3)

李林:《满族文化的瑰宝:〈凤城瓜尔佳氏宗谱〉初探》,《辽宁大学学报》1991(3)

王光荣:《从民族民间文化谈彝族谱牒家支》,《贵州民族研究》(贵阳)1991(3)

易谋远:《读刘汉尧先生"家支就是氏族"后的意见》,《西南民族学院学报》(重庆)1991(3)

曹熙:《锡伯族第一故乡考》,《齐齐哈尔师范学院学报》1991(2)

盖兴之:《云南少数民族父子连名制新探》,《云南民族学院学报》(昆明)1991(3)

余宏模:《播勒彝文谱牒与罗殿王族遗裔》,《贵州文史丛刊》(贵阳)1991(3)

答振益《回族爱国志士马邻翼述评》,《民族论坛》1991(4)

傅朗云:《〈八旗满洲氏族通谱〉与东北夷后裔》,《北方民族》(长春)1992(1)

赵东升:《罗古屯满洲镶白旗赵姓依尔根觉罗氏家谱探源》,《北方民族》(长春)1992(1)

那启明:《浅谈瓜尔佳氏家谱》,《满族研究》(沈阳)1992(1)

王正贤:《彝族呗勒大宗初探(上)》,《贵州民族研究》(贵阳)1992(1)

王正贤:《彝族呗勒大宗初探(中)》,《贵州民族研究》(贵阳)1992(2)

王正贤:《彝族呗勒大宗初探(下)》,《贵州民族研究》(贵阳)1992(3)

瀛云萍:《从四部宗谱看锡伯族源》,《满族研究》(沈阳)1992(3)

滕绍箴:《读〈凤城瓜尔佳氏四修宗谱〉》,《清史研究》(北京)1992(3)

黄民初:《世传盐津"乌蒙王家谱"——"罗氏家谱"初探》,《云南民族学院学报》,1992年(3)

钟莉:《〈黎氏家集〉简介》,《贵州文史丛刊》(贵阳)1992(3)

景爱:《本溪县泥塔村爱新觉罗氏考》,《满族研究》(沈阳)1992(3)

房建昌《从族谱看江南穆斯林的宗教制度》,《东南文化》1992(3~4)

云广英:《略述〈鲁氏世谱〉》,《内蒙古图书馆工作》(呼和浩特)1992(3~4)

王志斌:《应重视海南族谱的研究》,《海南师院学报》(海口)1992(4)

刘世彬:《从〈陆氏族谱〉看布依族水族的"江西迁来说"》,《贵州民族研究》1992(4)

李衡眉:《探寻父子连名制的历史轨迹》,《学术月刊》(上海)1992(8)

毛佑全:《哈尼族父系血亲家族探析》,《楚雄师专学报》(云南楚雄)1993(1)

杨忠明:《哈尼族及东南亚阿卡人谱系初探》,《云南师范大学学报》(昆明)1993(1)

白崇人:《蒲松龄为回族人后裔考》,《回族研究》(银川)1993(1)

王素:《吐鲁番出土〈某氏族谱〉新探》,《敦煌研究》(兰州)1993(1)

何溥滢:《满族他塔拉氏家谱中的汉文化因素》,《满族研究》(沈阳)1993(1)

杨文金:《夜郎王"多同"后裔金氏家谱简述》,《贵州民族研究》(贵阳)1993(2)

赵宇辉:《关于乌拉国的世系和家族》,《北方民族》(长春)1993(2)

崔羲秀:《从朝鲜族传说看努尔哈赤祖先和发祥地》,《满族研究》(沈阳)1993(2)

陆可平:《清代"玉牒"探析》,《满族研究》(沈阳)1993(2)

何溥滢:《从吉林他塔拉氏看清代后期汉族宗教文化对满族的影响》,《中央民族学院学报》(北京)1993(3)

赵维和:《〈福陵觉尔察氏谱书〉探微》,《满族研究》(沈阳)1993(3)

李正清:《滇东北〈芒部土府陇氏族谱序〉法》,《昭通师专学报》(云南昭通)1994(1)

李凤姣:《土家族〈覃氏族谱〉初探》,《中南民族学院学报》(武汉)1994(1)

宇晓:《苗族父子连名制的社会功能析略》,《民族论坛》(长沙)1994(2)

宇晓:《苗族父子连名制度的基本结构类型》,《中南民族学院学报》(武汉)1994(2)

庄景辉:《陈埭丁氏回族扳丁度为祖的由来及其影响》,《厦门大学学报》(厦门)1994(2)

吴克尧:《锡伯族历代迁徙研究》,《北方民族》1994(1)

文言:《锡伯族源再探》,《辽宁大学学报》1994(3)

董万崙:《努尔哈赤先世家族谱牒》,《满族研究》(沈阳)1994(2)

赵殿坤:《介绍三部〈叶赫纳兰氏族谱〉及其他》,《北方民族》(哈尔滨)1994(3)

赵东升:《浅谈满族家谱》,《北方民族》1994(3)

赵雨:《满族宗谱研究》,《满族文学》1994(9)

张涛:《小说的陌生化:从赵雨的〈满族宗谱研究〉谈起》,《满族文学》1994(9)

赵维和:《满族故地〈爱新觉罗氏谱书〉》,《北方民族》(长春)1995(1)

王亚南:《云南民族的民间口承古谱系》,《云南社会科学》(昆明)1995(2)

潘世仁:《从家谱看贵州少数民族的特异婚俗》,《贵州文史丛刊》1995(3)

纳古单夫:《关于〈蒙古博尔济吉特氏族谱〉之版本》,《内蒙古社会科学》1996(1)

王绣:《河南赛氏〈咸阳族谱〉》,《文物天地》(北京)1996(1)

吴海鸿:《宋末回族诗人蒲寿宬研究》,《西北第二民族学院学报》1996(1)

赵殿坤:《额腾额〈叶赫纳兰氏八旗族谱〉试评》,《北方文物》(哈尔滨)1996(2)

赵维和:《满族宗谱中汉军八旗氏族修谱特点简析》,《北方民族》1996(2)

中国第一历史档案馆著、李保文编选:《蒙古博尔济锦氏族谱》(上卷),《历史档案》

(北京)1996(3)

中国第一历史档案馆著、李保文编选:《蒙古博尔济锦氏族谱》(下卷),《历史档案》(北京)1996(4)

白耀天:《壮族赵姓土官群类观》,《广西民族研究》(南宁)1996(4)

赵维和:《论满族宗谱在史学研究中的史料作用》,《北方民族》1996(4)

周建新:《桂林回族家规分析》,《回族研究》1996(3)

马肇曾:《明清怀宁回族马氏闻人考述:〈怀宁马氏宗谱〉》,《安徽史学》1997(1)

张博泉:《从名称、姓氏看锡伯的来源与民族》,《北方民族》1997(1)

张政:《略谈"喜利妈妈"从家谱到女祖神的演变》,《北方文物》1997(2)

赵阿平、张晓光:《萨布素家族与〈付察哈拉家谱〉的初步调研报告》,《满语研究》(沈阳)1997(2)

华锡初:《乾隆家世新证》,《苏州大学学报》(苏州)1997(2);《清代朝鲜族旗人文氏族谱浅析》,《满语研究》1997(2)

华林:《彝文历史谱牒档案探析》,《思想战线》(昆明)1997(3)

傅波、张德玉:《满族谱书研究的几个问题》,《清史研究》1997(3)

李玲:《略谈图书馆馆藏族谱抄稿本的著录》,《图书馆论坛》1997(1);《清代朝鲜族旗人文氏族谱浅析》,《满族研究》1997(2)

佟悦:《清入关前的爱新觉罗宗族》,《清史研究》1997(3)

刘琨:《郑和赐姓问题探讨》,《郑和研究》(昆明)1997(4)

颜晓云、陆家瑞:《白族姓名文化探微》,《云南社会科学》1997(5)

董万仑:《努尔哈赤先祖谱系研究》,《大陆杂志》(台湾)1997(6)

钱成润:《为各民族谱写新篇章:谈民族志编修心得》,《云南史志》1997(6)

庄景辉:《〈陈埭丁氏回族宗谱〉的编校出版及其价值》,《中国史研究动态》1997(8)

赵维和:《满族〈佟佳氏族谱〉研究》,《北方民族》1998(1)

茶琳:《云南怒江地区的少数民族源流》,《云南民族学院学报》(哲学社会科学版)1998(3)

东升、讷言:《满族史研究的新贡献:〈满族家谱研究〉评介》,《北方民族》1998(2)

子肇曾:《〈怀宁马氏宗谱〉及历代主要人物考(上)》,《回族研究》(银川)1998(3)

子肇曾:《〈怀宁马氏宗谱〉及历代主要人物考(下)》,《回族研究》(银川)1998(4)

薛虹:《王努尔哈赤的姓氏和家世》,《清史研究通讯》(北京)1998(4)

孙昊:《贵州民间珍藏家谱提要》,《文献》1998(4)

杜家骥:《清皇族宗谱〈玉牒〉的人口资料价值》,《中国人口科学》(北京)1998(5)

刘丽:《白族家谱在思想道德建设中的积极意义》,《云南图书馆》1998(3)

王淑年、王继光:《蒙古族鲁土司家族史料系年》,《西北第二民族学院学报》(银川)1999(1)

曹万仑:《努尔哈赤先祖谱系研究》,《北方民族》(长春)1999(1)

王淑芳、汪小军:《青海西祁土司家族史料系家》,《西北民族研究》(兰州)1999(1)

马世雯:《富宁土知州〈沈氏族谱草本〉考释》,云南民族学院学报(昆明)1999(2)

冯其利:《〈爱新觉罗宗谱〉初探》,《北京文博》(北京)1999(2)

孙秋云、钟年:《从新旧谱牒的比较看鄂西土家族地区宗族组织的变迁》,《贵州民族研究》(贵阳)1999(3)

杨子忱:《满族谱牒文化与长白山》,《北方民族》2000(1)

周学军:《旧土尔扈特蒙古郡王帕勒塔家系订补》,《西域研究》(乌鲁木齐)2000(3)

(德)史卫国著、才旺南加译:《西藏东部贵族噶斯家族世系史》,《西藏研究》(拉萨)2000(4)

王继光:《〈安多藏区土司家庭谱辑录研究〉后记》,《西北民族研究》2000(2)

黎小龙:《土家族族谱与土家大姓土著渊源》,《西南师范大学学报》2000(6)

杨艺:《现存白族谱牒档案述评》,《中央民族大学学报》2000(3)

韩启昆:《边台哈什胡里氏(韩)家谱研究》,《沈阳教育学院学报》(沈阳)2001(1)

吴景山:《青海省民和县冶姓回族先民的碑石资料及其收藏整理方面的相关问题》,《西北民族研究》(兰州)2001(4)

谢滨:《福建畲族族谱档案及其价值》,《档案学研究》2001(5)

谢滨:《福建畲族族谱档案及其价值》,《福建档案》2001(4)

翁乾麟:《论广西回族的族谱及其史料价值》,《回族研究》2001(3)

定宜庄、胡鸿保:《从族谱编纂看满族的民族认同》,《民族研究》2001(6)

萨枝新:《试论馆藏族谱的开发与利用》,《图书馆论坛》2001(1)

吴景山:《家谱资料在少数民族人口史研究领域中的作用》,《中国少数民族人口》2001(3)

纳为信:《〈元咸阳王赛典赤·赡思丁世家〉序论》,《回族研究》2001(3)

叶绪民:《中国上古神话中神族谱系探源》,《中南民族学院学报》2001(6)

赵锦铎：《泰安〈米氏族谱〉——一个回民家族的历史印痕》，《寻根》2002(1)

陈子丹：《白族档案史料研究》，《中央民族大学学报》（哲学社会科学版）2002(2)

钱雪梅：《论文化认同的形成和民族意识的特性》，《世界民族》,2002(3)

和钟华：《阴阳相谐的摩梭母系制》,《寻根》2003(3)

巴音：《内蒙古最大的家谱图——鄂尔多斯左翼后旗家谱图》,《中国档案》,2003(10)

许旭尧：《谈畲族谱牒文化的基本特点》,《图书馆工作与研究》（天津）2003(3)

谢梅英、蔺炜丽：《宁夏图书馆回族家谱文献的史料价值及特点分析》,《当代图书馆》2003(4)

张文广：《悠悠族谱,民族瑰宝：喀左蒙古图琳固英族谱》,《今日辽宁》2003(6)

郑伟强：《彝族谱牒之研究》,《江西财经大学学报》（南昌）2004(1)

李绍连：《从古代部族到现代民族》,《寻根》2004(1)

张德玉：《〈多尔衮家族〉面世》,《北方民族》（长春）2004(1)

马颖生：《孤本〈咸阳家乘〉(〈大理马姓家谱〉)研究》,《回族研究》（银川）2004(2)

姚继德：《〈偰氏宗谱考略〉序》,《回族研究》（银川）2004(3)

郭永利：《甘肃永登连城蒙古族土司鲁氏家族的衰落及其原因》,《青海民族研究》（西宁）2004(3)

赵维和：《满族〈凤城瓜尔佳氏四修宗谱〉与〈佛满洲苏完瓜尔佳氏家谱〉比较研究》,《北方民族》2004(3)

章彦：《蒙古族雁门萨氏家谱编撰志略：福建省少数民族古籍丛谈之一》,《福建民族》2004(3)

周兴茂：《湖北苗族的"无字族谱"》,《贵州民族学院学报》2004(4)

钟红英：《开发地方文献建立永州〈家谱〉数据库》,《高校图书馆工作》2004(4)

庄吉发：《溯源追远：从院藏满文家谱看清代满族文化的变迁》,《故宫文物月刊（台北）》2004(10)

覃慧宁：《弱势族群的生存策略：对桂江黄氏船民族谱的文化解读》,《广西师范学院学报》2004(1)

高志超：《满族人的婚姻习俗：从〈唐氏家谱〉家训篇看满族人家族生活》,《佳木斯大学社会科学学报》2004(1)

李炼：《凤城满族家谱》,《满族文学》2004(2)

王国祥：《大理傣族追踪》,《云南社会科学》2004(3)

薛柏成:《〈叶赫那拉宗族谱〉述评》,《满族研究》2004(4)

陈子丹:《少数民族谱牒档案探析》,《学术探索》2004(6)

姚继德:《穆斯林航海家郑和的家世与功绩》,《中国穆斯林》(北京)2005(2)

卞孝萱:《〈仪征厉氏支谱〉资料的发掘利用:清代家族文化个案研究之一》,《文献》(北京)2005(3)

穆鸿利:《金元女真姓氏谱及改汉姓之分类与特点》,《满族研究》(沈阳)2005(4)

郝时远:《河南〈邓州台湾土番垦屯陈氏家乘〉考辨》,《民族研究》(北京)2005(5)

王华北、王苹:《回族家谱与文化》,《北方民族》2005(4)

徐建华:《家谱的地方性特色及价值》,《福建论坛》(人文社会科学版),2005(9)

赵维和:《满洲八旗〈叶赫那拉氏族谱〉研究》,《满族研究》2005(2)

李幹:《洪湖〈陆宦宗谱〉考辨:阿里不哥后裔落籍洪湖》,《内蒙古社会科学》2005(4)

刘圣道:《七百年前家谱今面市达姓子孙皆为回族人:六合达氏家族研讨会上海座谈会纪实》,《上海穆斯林》2005(4)

文刀:《从白氏宗谱看回族伊斯兰宗教信仰情结》,《中国穆斯林》2005(1)

雷翔、龙子建:《清代西部开发的民间文本:建始龙氏族谱个案研究》,《中南民族大学学报》2005(3)

刘治立:《吐谷浑王族后裔今何在——读〈镇原慕氏族谱〉》,《寻根》2005(2)

金少萍:《滇东、滇东北马姓回族名称来由浅析》,《回族研究》2005年(4)

李少军:《哈尼族连名谱系的哲学解读》,《中央民族大学学报》(北京)2006(1)

陈启生:《宕昌马土司家谱研究》,《甘肃民族研究》(兰州)2006(1)

张佳生:《读〈叶赫那拉氏家族氏研究〉》,《满族研究》(沈阳)2006(1)

刘小萌:《关于清代北京旗人谱书:概况与研究》,《文献》(北京)2006(2)

张德玉、赵岩:《满族"八大姓"再探:从〈八旗满洲氏族通谱〉研究看满族八大姓问题》,《北方民族》(长春)2006(2)

孙春日、沈英淑:《论我国朝鲜族加入中华民族大家庭的历史过程》,《东疆学刊》(吉林延吉)2006(4)

张德玉:《浅论满族家谱的文化特征》,《北方民族》2006(3)

杜家骥:《〈他塔喇氏家谱〉及其所反映的清代东北驻防旗人家族》,《东北史地》2006(3)

黄彩文:《云南永胜他留人的档案史料及其价值》,《云南师范大学学报》(哲学社会

科学版)2006年,第38卷第6期

王旭:《谱牒资源开发的经济与文化意义研究》,《东疆学刊》2006(3)

刘荣:《家谱的调查与思考:以陈东农村为例》,《甘肃民族研究》2006(1)

刘正发:《试论彝族家支家谱教育习俗》,《民族教育研究》2006(5)

达力扎布:《〈喀喇沁左翼旗乌梁海氏家谱〉评介》,《清史研究》2006(4)

寻霖:《湖南少数民族家谱的特征》,《图书馆(长沙)》2006(5)

王献军:《失而复得的海南回族族谱:〈通屯宗谱全书〉探研》,《广东技术师范学院学报》2007(1)

覃圣敏:《广西覃氏祖源辨正》,《广西民族研究》2007(3)

李婷:《中央民族大学图书馆馆藏古籍满族家谱综述》,《贵图学刊》2007(3)

薛柏成、姜小莉:《满文〈那氏谱单〉及神本述评》,《吉林师范大学学报》(吉林四平)2007(6)

王芳恒:《布依族〈黄氏宗谱〉与儒家伦理》,《贵州民族学院学报》2007(6)

胡青、马良灿:《回族家谱的三个维度:族源、族规与人伦:以云南昭通回族谱牒为例》,《回族研究》2007(2)

马经:《关于赛典赤·赡思丁身世事迹的碑志谱牒》,《回族研究》2007(2)

赵彦昌、李国华:《从清代玉牒看清代的宗法制度》,《满族研究》(沈阳)2007(1)

毕登程、隋嘎:《由隋嘎的族谱看系盟佤族进入父系社会的时间》,《思茅师范高等专科学校学报》2007(1)

刘小兰:《广西家谱收藏现状与征集对策》,《图书馆界》2007(4)

金冲及:《中华民族是怎样形成的》,《江海学刊》(南京)2008(1)

于鹏翔、许淑杰:《东北地区民族族谱的收集整理及其史料价值》,《满族研究》(沈阳)2008(2)

谭黎明、杨永旭:《从八旗宗谱看满族的民族构成》,《吉林师范大学学报》(吉林四平)2008(4)

林德春、聂有财、张丹丹:《满族家谱述略》,《吉林师范大学学报》(吉林四平)2008(4)

许淑杰:《东北地区满族谱的收集整理及其史料价值》,《吉林师范大学学报》(吉林四平)2008(4)

庄小虎:《一部江南望族的百科全书:重修〈毗陵庄氏族谱〉述略》,《常州工学院学报》2008(5)

普珍:《彝族谱牒的史学研究价值》,《楚雄师范学院学报》2008(11)

郭盛:《我国少数民族谱牒文献的特点和类型》,《档案》2008(1)

李积庆:《少数民族谱牒与文化认同:以泉州回族族谱为例》,《福建民族》2008(1)

陈鸿钧:《广州蒲氏源流再考:兼正〈南海甘蕉蒲氏家谱〉若干之误》,《海交史研究》2008(2)

于鹏翔、王宏一、国晓娟:《从满族谱牒看满族孝道》,《吉林师范大学学报》2008(4)

林得春、聂有财、张丹丹:《满族家谱述略》,《吉林师范大学学报》2008(4)

王伟、王丹:《从满族家谱看满族家训内容》,《吉林师范大学学报》2008(4)

谭黎明、杨永旭:《从八旗家谱看满族的民族构成》,《吉林师范大学学报》2008(4)

杨锡春:《满族的家谱》,《满族文学》2008(5)

李婷:《中央民族大学图书馆藏古籍满族家谱综述》,《满族研究》(沈阳)2008(1)

赵维和、邢宝峰:《满族谱牒研究中相关问题的剖析》,《满族研究》(沈阳)2008(1)

李小凤:《论回族家谱的特点和史料价值》,《西北第二民族学院学报》2008(3)

陶渝苏、蒙祥忠:《从文本看水族道德伦理观》,《西南民族大学学报》2008(7)

陈华:《浅谈畲族家谱中的"行第"》,《福建民族》2009(3)

郁辉:《论满族家谱〈来室家乘〉的纪年方式》,《满族研究》(沈阳)2009(1)

刘庆华:《慈禧太后家世新证:〈德贺讷世管佐领接袭家谱〉》,《满族研究》(沈阳)2009(2)

匡达晒:《历史记忆、国家意识与族群互动:〈灌溪匡氏宗谱〉的社会文化人类学研读》,《青海民族研究》2009(2)

郭德兴:《锡伯族家谱及其价值》,《中共伊犁州委党校学报》2009(2)

王晖:《广西土官"汉裔"认同过程:以泗城岑氏为例》,《广西民族大学学报》(哲学社会科学版),2009年,第31卷第1期

钟进文:《口传与文本哪个更有穿透力——对农业文明与游牧文明的一点思考》,载《中国社会科学报》,2009年8月13日第7版

哈正利:《建构家族意识,拯救民族认同——刍议南方回族谱牒中的文化认同》,《回族研究》(银川)2010(01)

姜又春:《七姓瑶族谱中的风水书写、风水实践与社会整合——以蒲氏族谱为中心(下)》,《怀化学院学报》(湖南怀化)2010(01)

穆庆宽:《满族宗谱中所见对"长白故里"的认同》,《沈阳故宫博物院院刊》(沈阳)

2010(02)

翁乾麟:《一份珍贵的族谱——广西回族〈白氏族谱〉考略》,《回族研究》(银川)2010(03)

沈林、沈延林:《谈满族家谱研究与民族历史文化知识教育的关系》,《满族研究》(沈阳)2010(04)

张银锋、张应强:《姓氏符号、家谱与宗族的建构逻辑——对黔东南一个侗族村寨的田野考察》,《西南民族大学学报(人文社科版)》(成都)2010(06)

刘冰:《爱新觉罗宗谱》,《图书馆学刊》2011(01)

张海超:《祖籍、记忆与群体认同的变迁——大理白族古代家谱的历史人类学释读》,《北方民族大学学报(哲学社会科学版)》(银川)2011(01)

韩晓梅:《马佳氏满文家谱研究》,《满语研究》(沈阳)2011(02)

吴雪娟:《清代八旗户口档与家谱整理研究——以瑷珲满族扎库塔氏为例》,《满语研究》(沈阳)2011(02)

张詠:《成熟的象征与存在的延续——回族家谱与回族家族形成初探》,《回族研究》(银川)2011(04)

王丹:《从满族家谱看满族家训的来源、制定和实施》,《青年文学家》2011(11)

陈支平、刘婷玉:《闽台畲族族谱搜集整理札记》,《人民论坛》2011(35)

谢晓辉:《联姻结盟与谱系传承——明代湘西苗疆土司的变迁》,《中国社会历史评论》2012(01)

龙泽江、李斌、吴才茂:《"王化"背景下的族谱编撰与身份建构——贵州清水江下游清代苗侗家谱研究》,《原生态民族文化学刊》2012(01)

纳巨峰:《赛典赤家族元代家谱初考》,《民族研究》(北京)2012(01);《〈回族谱序与宗源考略〉公开出版发行》,《回族研究》(银川)2012(01)

刘金德:《满洲瓜尔佳氏及相关文献研究》,《满语研究》(沈阳)2012(02)

赵殿坤、隽琳:《〈叶赫纳兰氏八旗族谱〉补遗》,《满族研究》(沈阳)2012(03)

杨忠谦:《金代女真皇族谱牒文化述论》,《中州学刊》2012(03)

王敌非:《〈沙金傅察氏家谱小引序〉初探》,《黑龙江民族丛刊》(哈尔滨)2012(06)

高歌、佟有才:《长白佟氏考》,《科技信息》2012(08)

杨春俏:《〈爱新觉罗宗谱〉宗室科举史实补正》,《唐山师范学院学报》(河北唐山)2013(01)

郗玲芝:《古苏禄东王留华后裔两份家谱的比较研究》,《中南民族大学学报(人文社会科学版)》(武汉)2013(03)

孙明:《论东北民间满族谱牒的历史演进及其特征》,《哈尔滨工业大学学报(社会科学版)》(哈尔滨)2013(03)

张杰、李秀莲:《黑龙江苏完瓜尔佳哈拉满文谱书初探》,《清史研究》(北京)2013(03)

吕欧:《满汉族家谱对比研究——以黑龙江省五常地区为例》,《东北史地》(长春)2013(04)

常裕铖:《满族家谱的文化特征及其史料价值》,《满族文学》2013(05)

丁丽珊:《网络环境下白族家谱文献资源建设思考》,《科技信息》2013(05)

丁丽珊:《浅谈白族家谱的数字化资源建设》,《黑龙江科技信息》2013(06)

张杰、李秀莲、杨勇、彭赞超:《黑河市富察哈拉满文家谱调查——江东六十四屯后人叙事缩影》,《黑龙江史志》(哈尔滨)2013(06)

钟进文:《裕固族民俗中的兴建家谱现象探析》,《河西学院学报》(甘肃张掖)2013(06)

葛政委:《祖先再造与国家认同——容美土司〈田氏族谱〉和〈塞氏族谱〉的人类学解读》,《三峡论坛(三峡文学.理论版)》2013(06)

郗玲芝、刘卫宁:《苏禄东王后裔两份家谱的对比》,《图书馆理论与实践》2013(08)

东潇:《贵州省大方县蒙古族明嘉靖余氏族谱调查》,《兰台世界》(沈阳)2013(35)

王尧礼:《顾氏族谱》,《贵州都市报数字报》,2013年7月31日

李咏梅:《白先勇回族家世溯源及文化性格探析》,《民族文学研究》2013—8—15

李佳佳、徐晓东:《浅析东北地区满族家谱》,《齐齐哈尔师范高等专科学校学报》(齐齐哈尔)2014(01)

薛柏成:《慈禧家世史料——〈德贺讷世管佐领接袭家谱〉再论》,《延边大学学报(社会科学版)》(吉林延边)2014(02)

张詠:《回族家谱研究文献概况》,《图书馆理论与实践》2014(02)

沈林:《从八旗节妇和满族家谱妻室探究满洲姓氏——广州世居满族姓氏研究的途径》,《满族研究》(沈阳)2014(02)

李小文:《锡伯族家谱面面观》,《寻根》2014(02)

王妍:《清康熙帝生母佟氏家族旗籍与民族属性考析》,《满族研究》(沈阳)2014(02)

邱轶皓:《伊利汗国的成立:异密·部族·集团——以〈五族谱〉为中心》,《元史及民族与边疆研究集刊》2014(02)

马良灿、刘砺:《试论乌蒙山回族谱牒文化及其当代价值》,《宁夏社会科学》(银川)2014(03)

李继青:《从家谱档案看李南哥及其后裔》,《青海师范大学学报(哲学社会科学版)》(西宁)2014(04)

李小文:《达斡尔族家谱〈黑水郭氏家乘〉》,《寻根》2014(04)

石春燕《桂林回族宗族的形成与特征》,《北方民族大学学报》,2014(2)

乔良、李新宇,:《满族家谱凡例简析》,《金田》2014(04)

薛柏成:《叶赫那拉氏家族史研究新证——〈叶赫呐喇氏宗谱〉述论》,《社会科学战线》(长春)2014(05)

何俊伟:《白族家谱研究现状及价值探析》,《大理学院学报》(云南大理)2014(05)

王敌非:《〈叶赫那拉氏宗谱序〉初探》,《黑河学院学报》(黑龙江黑河)2014(05)

孙明、王立:《论清代东北满族家谱的形成与编纂分期》,《黑龙江民族丛刊》(哈尔滨)2014(06)

吴智嘉:《〈清代满族家谱选辑〉评叙》,《黑龙江民族丛刊》(哈尔滨)2014(06)

黄青松:《毕兹卡族谱》,《花城》2014(06)

鲁旭:《家族历史填补超越"字辈"的信息——对山东西南Z村回族杨氏新编谱牒的讨论》,《黑龙江史志》(哈尔滨)2014(09)

刘秋美、王芳:《对黔东南几部谱书的收集与整理》,《凯里学院学报》,2014年10月,第32卷第5期

叶清:《满族的"祖宗板"与"子孙绳"》,《新长征(党建版)》(长春)2014(11)

何俊伟:《白族家谱的特色及价值》,《大理学院学报》(云南大理)2014(11)

郭福亮:《从客居"王裔"到入籍"平民"德州苏禄东王后裔的祖先认同》,《回族研究》(银川)2015(01)

温春香:《明清以来闽粤赣交界区畲民的族谱书写与族群意识》,《贵州民族研究》(贵阳)2015(01)

潘洪钢:《从家谱看清代驻防八旗族群社会及其变迁》,《满族研究》(沈阳)2015(01)

孙明:《清代东北满洲旗人家谱的编纂》,《历史档案》(北京)2015(01)

艾晶:《辽宁满族家法族规的女性视角研究》,《满族研究》(沈阳)2015(01)

刘明新、马莲:《散杂居满族家谱功能探析——以山东省青州市北城满族社区为例》,《满族研究》(沈阳)2015(02)

刘秋美、王芳:《彭城堂侗族〈刘氏族谱〉的教育价值》,《教育文化论坛》2015(02)

张凯:《明代土司地区的宗族制度——以永顺彭氏土司为例》,《青海民族研究》(西宁)2015(02)

李仲良、杨铭:《青海东祁土司谱系及相关问题研究》,《青海民族研究》(西宁)2015(03)

王鹤鸣:《从麻纸谱单到历史图籍的达斡尔族家谱(一)》,《寻根》2015(03)

王鹤鸣:《从麻纸谱单到历史图籍的达斡尔族家谱(二)》,《寻根》2015(04)

王波:《苗族家乘〈龙氏迪光录〉的文化功能研究》,《河西学院学报》(甘肃张掖)2015(04)

王波、胡展耀:《论苗族家谱〈龙氏迪光录〉的社会功能》,《黔南民族师范学院学报》(贵州都匀)2015(05)

辽宁省档案馆编研展览处:《图琳固英族谱》,《兰台世界》(沈阳)2015(05)

吉吉伍果:《试析凉山彝族家谱的误传现象——以苏呷、阿候、吉吉等家支为例》,《中国民族博览》2015(06)

孙明:《论东北民间满族家谱档案的来源、内容及价值》,《兰台世界》(沈阳)2015(08)(沈思越协助整理)

(二)中国少数民族人口一览表

族　别	1953年第一次全国人口普查(人)	1964年第二次全国人口普查(人)	1982年第三次全国人口普查(人)	1990年第四次全国人口普查(人)	2000年第五次全国人口普查(人)	2010年第六次全国人口普查(人)
蒙古族	1462956	1973192	3416881	4806849	5827808	5981840
满族	2418931	2700725	4304160	9821180	10708464	10387958
朝鲜族	1120405	1348594	1766439	1920597	1929696	1830929
赫哲族	—	718	1476	4245	4664	5354
达斡尔族	—	63595	94014	121357	132747	131992
鄂温克族	4957(库雅特和索伦)	9695	19343	26315	30545	30875
鄂伦春族	2262	2709	4132	6945	8216	8659

(续表)

族别	1953年第一次全国人口普查(人)	1964年第二次全国人口普查(人)	1982年第三次全国人口普查(人)	1990年第四次全国人口普查(人)	2000年第五次全国人口普查(人)	2010年第六次全国人口普查(人)
回族	3559350	4488015	7227022	8602978	9828126	10586087
维吾尔族	3640125	4004402	5962814	7214431	8405416	10069346
哈萨克族	509375	491867	908414	1111718	1251023	1462588
柯尔克孜族	70944	70175	113999	141549	160875	186708
锡伯族	19022	33451	83629	172847	189357	190481
塔吉克族	14462	16236	26503	33538	41056	51069
乌孜别克族	13626	7717	12453	14502	12423	10569
俄罗斯族	22652	1326	2935	13504	15631	15393
塔塔尔族	6929	2294	4127	4873	4895	3556
东乡族	155761	147460	279397	373872	513826	621500
土族	53277	77484	159126	191624	241593	289565
撒拉族	30658	34680	69102	87697	104521	130607
保安族	4957	5125	9027	12212	16505	20074
裕固族	3861	5717	10569	12297	13747	14378
藏族	2775622	2504628	3374035	4593330	5422954	6282187
门巴族	—	3809	6248	7475	8928	10561
珞巴族	—	—	2065	2312	2970	3682
羌族	35660	49241	102768	198252	306476	309576
彝族	3254269	3388940	5457251	6572173	7765858	8714393
白族	567119（民家）	709673	1132010	1594827	1861895	1933510
哈尼族	481220	630245	1059404	1253952	1440029	1660932
傣族	478966	536399	840590	1025128	1159231	1261311
傈僳族	317465	270976	480960	574856	635101	702839

（续表）

族　别	1953年第一次全国人口普查(人)	1964年第二次全国人口普查(人)	1982年第三次全国人口普查(人)	1990年第四次全国人口普查(人)	2000年第五次全国人口普查(人)	2010年第六次全国人口普查(人)
佤族	286158（佧佤）	200295	298591	351974	396709	429709
拉祜族	139600	191241	304174	411476	453765	485966
纳西族	143453	157862	245154	278009	309477	326295
景颇族	101852	57891	93008	119209	132158	147828
布朗族	—	39411	58476	82280	91891	119639
阿昌族	—	12032	20441	27708	33945	39555
普米族	—	14298	24237	29657	33628	42861
怒族	—	15047	23166	27123	28770	37523
德昂族	—	7261	12295	15462	17935	20556
独龙族	—	3090	4682	5816	7431	6930
基诺族	—	—	11974	18021	20899	23143
苗族	2511339	2788800	5036377	7398035	8945538	9426007
布依族	1247883	1351899	2122389	2545059	2973217	2870034
侗族	712802	888254	1426335	2514014	2962911	2879974
水族	133566	156388	286487	345993	407000	411847
仡佬族	—	26852	90426	159328	579744	550746
壮族	6611455	8402483	13388118	15489630	1618163	16926381
瑶族	665933	857866	1403664	2134013	2638878	2796003
仫佬族	—	52949	90426	159328	207464	216257
毛南族	—	22419	38135	71968	107184	101192
京族	—	4293	11995	18915	22584	28199
土家族	—	525348	2834732	5704223	8037014	8353912
黎族	360950	439587	818255	1110900	1248022	1463064
畲族	—	234320	368832	630378	710039	708651
高山族	329	366	2909	1549	4488	4009

据《中国少数民族民俗大辞典》（内蒙古人民出版社,1995年）等有关资料编制。

（三）中国少数民族语言系属及宗教情况一览表

族　名		宗　教　信　仰
回族	汉藏语系汉语	伊斯兰教
壮族	汉藏语系壮侗语族壮傣语支	信仰万物有灵、道教、巫教
布依族	汉族语系壮侗语族壮傣语支	信仰鬼神，崇拜祖先，少数人信奉天主教、基督教
傣族	（同上）	小乘佛教
侗族	汉藏语系壮侗语族侗水语支	信仰多神，崇拜祖先
水族	（同上）	原始宗教，万物有灵
仫佬族	（同上）	信仰万物有灵
毛南族	汉藏语系壮侗语族侗水语支	信仰多神，道教、巫教有一定影响
黎族	汉藏语系壮侗语族黎语支	祖先崇拜和自然崇拜
藏族	汉藏语系藏缅语族藏语支	藏传佛教
羌族	（同上）	信仰多神
门巴族	（同上）	藏传佛教，原始苯教
珞巴族	（同上）	崇拜鬼神
彝族	汉藏语系藏缅语族彝语支	崇奉多神，主要是祖先崇拜和自然崇拜，此外还有道教、佛教
傈僳族	（同上）	信仰万物有灵，部分信仰基督教
纳西族	汉藏语系藏缅语族彝语支	东巴教，部分信仰喇嘛教，佛教、道教、基督教也传入
白族	（同上）	奉祀"苯主"，信仰多神，又佛教、道教，极少数信仰天主教、新教
拉祜族	（同上）	自然崇拜和祖先崇拜
哈尼族	（同上）	信仰多神，崇拜祖先
基诺族	（同上）	万物有灵，祖先崇拜
阿昌族	汉藏语系藏缅语族载佤语支	信仰万物有灵和崇拜祖先，小乘佛教
景颇族	汉藏语系藏缅语族景颇语支	信仰万物有灵，部分信仰基督教

(续表)

族　名		宗　教　信　仰
独龙族	(同上)	信仰万物有灵
普米族	汉藏语系藏缅语族(语支未定)	信仰多神,原始宗教丁巴教,部分信仰喇嘛教
怒族	汉藏语系藏缅语族(语支未定)	信仰万物有灵,奉行自然崇拜,部分信仰喇嘛教、天主教和基督教
土家族	(同上)	多神崇拜,以祖先崇拜为主
苗族	汉藏语系苗瑶语族苗语支	信仰多神,崇拜祖先,部分信仰基督教
畲族	(同上)	原始宗教,祖先崇拜,信奉鬼神
瑶族	汉藏语系苗瑶语族瑶语支	信仰道教,崇拜多神
仡佬族	汉藏语系(语族未定)	自然崇拜,祖先崇拜
京族	汉藏语系(暂定)	佛教、道教,少数信奉天主教
维吾尔族	阿尔泰语系突厥语族西匈语支	伊斯兰教
哈萨克族	(同上)	伊斯兰教,并保留原始宗教
撒拉族	(同上)	伊斯兰教
乌孜别克族	阿尔泰语系突厥语族西匈语支	伊斯兰教
塔塔尔族	(同上)	伊斯兰教
柯尔克孜族	阿尔泰语系突厥语族东匈语支	伊斯兰教、藏传佛教
裕固族	西部裕固属突厥语族东匈语支,东部裕固属蒙古语族	藏传佛教
蒙古族	阿尔泰语系蒙古语族	藏传佛教
达斡尔族	(同上)	萨满教
土族	(同上)	藏传佛教
东乡族	(同上)	伊斯兰教
保安族	(同上)	伊斯兰教
鄂伦春族	阿尔泰语系满——通古斯语族通古斯语支	萨满教
鄂温克族	阿尔泰语系满——通古斯语族通古斯语支	萨满教

(续表)

族　名		宗　教　信　仰
满族	阿尔泰语系满——通古斯语族满语支	萨满教、祖先崇拜、佛教
锡伯族	（同上）	萨满教、藏传佛教
赫哲族	（同上）	萨满教
朝鲜族	阿尔泰语系（暂定）	原始宗教、檀君教、儒、道、佛、基督、天主教
佤族	南亚语系孟高棉语族瓦德昂语支	崇拜自然,信奉鬼神,部分信仰佛教、耶稣教
布朗族	（同上）	自然崇拜,小乘佛教
德昂族	（同上）	小乘佛教
高山族	南岛语系印度尼西亚语支	信奉万物有灵和祖先崇拜,部分信仰佛教、天主教、基督教
俄罗斯族	印欧语系斯拉夫语族东斯拉夫语支	东正教
塔吉克族	印欧语系伊朗语族东伊朗语支	伊斯兰教

据《中国少数民族民俗大辞典》（内蒙古人民出版社,1995 年）等有关资料编制。

（四）中国少数民族主要节日一览表

民　族	主要节日	时　间
朝鲜族	元日	农历正月初一
	上元节	农历正月初五
	寒食节	农历四月初五
	端午	农历五月初五
赫哲族	赫哲年	农历正月初一
达斡尔族	春节（阿涅）	农历正月初一
鄂伦春族	春节	农历正月初一
鄂温克族	米阔鲁节	农历五月二十二日
满族	颁金节	农历十一月十三日
	庙会	农历四月

(续表)

民　族	主要节日	时　　间
蒙古族	蒙古族新年	农历正月初一
	那达慕大会	农历七～八月
保安族	圣纪节	伊斯兰教历三月十二日
	开斋节	伊斯兰教历九月三十日
	古尔邦节	伊斯兰教历十二月十日
哈萨克族	圣纪节	伊斯兰教历三月十二日
	开斋节	伊斯兰教历九月三十日
	古尔邦节	伊斯兰教历十二月十日
回族	圣纪节	伊斯兰教历三月十二日
	开斋节	伊斯兰教历九月三十日
	古尔邦节	伊斯兰教历十二月十日
东乡族	圣纪节	伊斯兰教历三月十二日
	开斋节	伊斯兰教历九月三十日
	古尔邦节	伊斯兰教历十二月十日
俄罗斯族	复活节	公历三、四月
柯尔克孜族	圣纪节	伊斯兰教历三月十二日
	开斋节	伊斯兰教历九月三十日
	古尔邦节	伊斯兰教历十二月十日
	诺劳孜	农历正月初一
土族	擂台会	农历二月初二
	火神节	农历正月二十九日
	端阳	农历五月初五
维吾尔族	古尔邦节	伊斯兰教历十二月十日
	开斋节	伊斯兰教历九月三十日
	努鲁斯节	伊斯兰教历八月十四日
乌孜别克族	古尔邦节	伊斯兰教历十二月十日
	开斋节	伊斯兰教历九月三十日
	圣纪节	伊斯兰教历三月十二日
锡伯族	春节	农历十二月二十三日至次年正月初二

(续表)

民　族	主要节日	时　间
撒拉族	开斋节	伊斯兰教历九月三十日
	圣纪节	伊斯兰教历三月十二日
	古尔邦节	伊斯兰教历十二月十日
塔吉克族	古尔邦节	伊斯兰教历十二月十日
	迄脱迄迪尔爱脱节	农历三月
塔塔尔族	肉孜节	伊斯兰教历九月三十日
	古尔邦节	伊斯兰教历十二月十日
	开斋节	伊斯兰教历九月三十日
裕固族	送年节	农历三月初七
	春节	农历正月初五
	端午节	农历五月初五
阿昌族	火把节	农历六月二十五日
	会街节	农历九月初十
	泼水节	农历二月二十九日
	撒神	农历七月初一
	尝新节	农历八月十五日
白族	三月节	农历三月十五日
	火把节	农历六月二十四日
	渔潭会	农历八月十五日
布朗族	开门节	傣历十二月十五日
	关门节	傣历九月十五日
	泼水节	农历二月十九日
布依族	六月六	农历六月初六
	三月三	农历三月初三
	四月八	农历四月初八
哈尼族	十月节	农历十月初一
	六月节	农历六月二十四日

（续表）

民　族	主要节日	时　　间
基诺族	打铁节	农历一月
	火把节	农历六月
德昂族	泼水节	农历四月十五日
侗族	芦笙节	农历六月至九月
	侗年	农历十一月十九日
	斗牛节	农历二月
	吃新年	农历六月至七月
独龙族	卡崔哇	农历十月中下旬
仡佬族	灯杆节	农历正月初一
	仡佬节	农历三月初三
	尝新节	农历六、七月
拉祜族	库扎节	傣历三月
	火把节	农历六月二十四日
	尝新节	傣历十二月
傈僳族	收获节	农历九月
	澡塘节	农历正月初三
	过年节	农历正月初一
	刀杆节	农历二月初八
珞巴族	旭独龙节	藏历二月
	隆德节	藏历四月
景颇族	目脑节	农历正月十五日
傣族	泼水节	傣历六月六日
	开门节	傣历十二月十五日
	关门节	傣历九月十五日
苗族	龙船节	农历五月二十四日
	吃新年	农历六月初六
	赶秋节	农历九月
	苗年节	农历十月初五
	四月八	农历四月初八

(续表)

民　族	主要节日	时　　间
纳西族	正月农具会	农历正月二十日
	三月龙王庙会	农历三月十五日
	七月骡马会	农历七月十五日
怒族	鲜花节	农历三月十五日
普米族	大过年	农历正月初七
	大十五节	农历十二月十五日
	尝新节	农历九月
	转山节	农历七月十五日
佤族	火把节	农历六月二十四日
	播种节	农历三月十五日
	新米节	农历七、八月
门巴族	藏历年	藏历正月初一
	望果节	藏历八月间
羌族	羌族大年	农历正月初一
	青苗会	农历三月十二日
	端午节	农历五月初五日
水族	借额节	农历九月
	卯节	农历五、六月
彝族	歌节	农历三月初三
	二月八	农历二月初八
藏族	中秋节	农历八月十五
	藏历年	藏历正月初一
	望果节	藏历八月间
	雪顿节	藏历七月一日
京族	哈节	农历六月初十
高山族	新年祭	农历十二月
黎族	三月三	农历三月初三
仫佬族	依饭节	农历十月
	后生节	农历正月或七月

(续表)

民 族	主要节日	时 间
土家族	过赶节	农历十二月二十九日
	祈禳节	农历正月初三
	牛王会	农历八月初八
毛南族	庙节	农历五月
	南瓜节	农历九月初九
畲族	分龙节	农历五月十五日
瑶族	圣纪节	伊斯兰教历三月十二日
	盘王节	农历十月十六日
	尝新节	农历八、九月
壮族	三月三	农历三月初三
	中元节	农历七月十四日

据《中国民族统计年鉴》(2010年版)等有关资料编制。

（五）中国各少数民族家谱数量统计

民族	数量(种)	民族	数量(种)
满	2111	朝鲜	30
赫哲	4	蒙古	407
达斡尔	33	鄂温克	6
回	395	土	8
裕固	1	维吾尔	3
哈萨克	121	锡伯	120
门巴	1	珞巴	8
羌	9	彝	1473
白	102	哈尼	3620
傣	22	傈僳	1
佤	21	拉祜	1

(续表)

民族	数量(种)	民族	数量(种)
纳西	102	景颇	27
阿昌	3	普米	4
怒	6	独龙	4
基诺	3	苗	135
布依	28	侗	66
水	1	仡佬	1
壮	147	瑶	86
仫佬	13	毛南	4
土家	329	黎	2
畲	448	高山①	317
古老民族②	8		
合计:10231 种③			

(顾燕据《中国少数民族家谱目录》编制)

---

① 高山族又分 10 个族群,其中泰雅族家谱 123 种,赛夏族家谱 5 种,布农族家谱 36 种,邹族家谱 13 种,南邹族家谱 5 种,鲁凯族家谱 14 种,排湾族家谱 71 种,卑南族家谱 13 种,阿美族家谱 34 种,雅美族家谱 2 种,待考家谱 1 种。
② 僚族 1 种,古契丹 2 种,古乌桓 1 种,古鲜卑 1 种,古党项 3 种。
③ 因个别少数民族家谱涉及几个少数民族,故本统计数约有数十种为重复统计。

图书在版编目(CIP)数据

中国少数民族家谱通论/王鹤鸣等著.—上海：
上海古籍出版社，2018.11
(中国少数民族家谱丛刊)
ISBN 978-7-5325-8717-9

Ⅰ.①中… Ⅱ.①王… Ⅲ.①少数民族—家谱—研究—中国
Ⅳ.①K820.9

中国版本图书馆CIP数据核字(2018)第024684号

中国少数民族家谱丛刊
中国少数民族家谱通论
王鹤鸣　王洪治　等著
上海古籍出版社出版发行
(上海瑞金二路272号　邮政编码200020)
(1)网址：www.guji.com.cn
(2)E-mail：guji1@guji.com.cn
(3)易文网网址：www.ewen.co
上海展强印刷有限公司印刷
开本787×1092　1/16　印张29.75　插页13　字数529,000
2018年11月第1版　2018年11月第1次印刷
ISBN 978-7-5325-8717-9
K·2429　定价：138.00元
如有质量问题，请与承印公司联系